Tours

1875

Lecoy de La Marche, Albert

.e roi René, sa vie, son administration, ses travaux artistiques et littéraires, d'après des documents inédits

Tome 1

LE

ROI RENÉ

Paris. — Typographie de Firmin-Didot frères, fils et Cie, rue Jacob, 56.

LE ROI RENÉ

SA VIE, SON ADMINISTRATION
SES TRAVAUX ARTISTIQUES ET LITTÉRAIRES

D'APRÈS LES DOCUMENTS INÉDITS
DES ARCHIVES DE FRANCE ET D'ITALIE

PAR

A. LECOY DE LA MARCHE

TOME PREMIER

PARIS
LIBRAIRIE DE FIRMIN-DIDOT FRÈRES, FILS ET Cie
IMPRIMEURS DE L'INSTITUT, RUE JACOB, 56

1875

PRÉFACE.

René d'Anjou appartient au petit nombre des princes du moyen âge dont le nom est resté populaire. La sympathie que sa figure éveille prend sa source dans trois considérations auxquelles le cœur humain est rarement insensible : il fut malheureux, il fut bon, il fut artiste. Je viens de résumer d'un mot chacun des aspects qu'il offre à notre étude et chacune des trois divisions de cet ouvrage.

Mais, en dehors de ces généralités, la majeure partie du public, et même du public lettré, possède fort peu de notions exactes sur la vie si agitée, si remplie de ce fils des Valois. Il se présente aux regards environné d'une sorte d'auréole légendaire, dont l'effet le plus clair est de déguiser ses véritables traits. Les historiens qui ont entrepris de les mettre en lumière ont eux-mêmes contribué à les altérer, en s'inspirant plutôt d'une admiration passionnée que du sentiment de la réalité. L'œuvre du plus sérieux d'entre eux, M. de Villeneuve-Bargemont[1], porte elle-même d'une façon évidente le caractère d'amplification apologétique. C'est un livre très-remarquable à certains points de vue : il est bien écrit, plein de renseignements intéressants sur bon nombre de personnes et de faits, particuliè-

[1] *Histoire de René d'Anjou*, Paris, 1825, 3 vol. in-8°.

rement sur ceux qui regardent la Provence. Mais il se ressent trop du défaut de critique inhérent à l'époque qui le vit paraître. Il y a cinquante ans, l'on n'avait pas encore fait de l'histoire une science exacte; puiser aux sources n'était pas une règle obligatoire, et, si l'on consultait quelques chroniqueurs privilégiés, il fallait appartenir à un cercle fort restreint d'érudits pour connaître et pratiquer les dépôts d'archives. C'est ce qui fait la faiblesse, et en même temps l'excuse de l'historien de René d'Anjou. Il a essayé de remplacer par les ressources d'un talent fécond les éléments solides qui lui manquaient, et il est vraiment arrivé, sous ce rapport, à un résultat digne de satisfaire ses contemporains. Son défaut de méthode s'explique moins naturellement : non-seulement il enfreint l'ordre logique des matières, en rejetant à la fin de chaque volume, dans des notes introuvables, les explications les plus importantes; mais il intervertit les dates mêmes des événements, par suite d'une confusion perpétuelle entre les habitudes du quinzième siècle et celles d'aujourd'hui relativement au commencement de l'année. Pour cette raison seule, n'offrît-il pas d'inconvénients plus graves, son ouvrage serait à refaire. M. de Quatrebarbes, venu longtemps après lui, a publié une somptueuse édition des *Œuvres du roi René*[1]. Ne s'étant pas proposé pour but spécial de raconter l'histoire de ce prince, il s'est contenté de placer en tête de son premier volume une biographie qui n'est, comme il le déclare lui-même, que l'abrégé du livre de M. de Villeneuve-Bargemont,

[1] Paris, 1845-46, 4 vol. in-4°, avec planches et fac-simile.

en y ajoutant quelques documents nouveaux, mais en laissant voir plus encore peut-être le parti-pris du panégyriste. Plus récemment, M. Vallet (de Viriville) a, dans un article de la *Biographie générale*, esquissé brièvement le même sujet[1]. Sa notice n'a pas les défauts des travaux précédents ; elle porte l'empreinte de l'érudition originale et brillante qui distinguaient ce savant regretté : toutefois il lui était impossible d'aborder, dans un cadre aussi restreint, les différentes faces de la question, et il est facile de s'apercevoir qu'il ne l'avait point approfondie. Je n'en ai pas moins mis à profit les écrits de ces trois devanciers, et je me plais à reconnaître qu'ils m'ont souvent servi de guides.

Étais-je capable de faire mieux qu'eux? Nullement; mais j'ai l'avantage d'avoir été placé dans des conditions plus favorables pour entreprendre une œuvre d'ensemble. Appelé à classer le précieux fonds d'archives de la Chambre des comptes d'Angers, réuni depuis longtemps aux Archives nationales (série P), j'ai puisé là le premier dessein et les principaux éléments du livre que voici. Aucune idée préconçue ne m'a donc mis la plume à la main, et, si j'ai moi-même été amené à défendre ou à louer celui dont j'avais à retracer la carrière, j'ai subi l'entraînement de l'évidence bien plutôt que celui de la passion. Élargissant ensuite le champ de mes investigations, j'ai demandé aux autres fonds du même dépôt un premier complément de matériaux. La section dite historique m'en a fourni une certaine quantité, surtout le volumineux recueil où est conte-

[1] *Biogr. gén.*, art. RENÉ D'ANJOU.

nue l'analyse détaillée du trésor des chartes de Lorraine (série KK). Les originaux d'une partie de ces chartes sont aujourd'hui conservés à la Bibliothèque nationale; je les ai également dépouillés, ainsi que les collections de lettres et les manuscrits contemporains que renferme ce riche établissement. Ayant ainsi recueilli les vestiges laissés par René dans ses duchés d'Anjou, de Bar et de Lorraine, je me suis élancé sur ses traces en Provence et en Italie. Encouragé par l'appui du gouvernement français, qui avait bien voulu donner à mes explorations le caractère d'une mission officielle, j'ai interrogé à leur tour les monuments écrits de ces deux contrées, et je puis dire que j'ai vécu pendant plusieurs mois de la vie de mon personnage, chez les Marseillais qui l'aimèrent, chez les Napolitains qui combattirent avec lui, chez les Lombards ou les Génois qui l'exploitèrent. Dans la Chambre des comptes d'Aix, qui forme la meilleure portion des Archives des Bouches-du-Rhône (série B), j'ai trouvé une abondante moisson. Un recueil de lettres de chancellerie du roi de Sicile, acquis par la bibliothèque de la même ville en 1856 (n° 1064), et qui a successivement appartenu à César de Nostredame, à Peiresc, à la famille de Simiane, puis à M. Lautard, m'a été assez utile, et l'eût été sans doute davantage, si le manuscrit n'était pas incomplet et relié avec le plus grand désordre. A Naples, la collection des registres *della Zecca*, ou *registri Angioini*, conservée dans les Archives de l'État, offre, pour le règne de René, une lacune considérable; j'ai pu cependant la combler en partie, au moyen des comptes d'Alphonse d'Aragon, compétiteur de ce prince, et des chartes des couvents supprimés, récemment réunies au même dépôt. Deux des nombreuses bibliothèques napolitaines, la *Nazionale* et la *Brancacciana*, renferment des documents inédits d'un haut intérêt pour les annales de notre pays. J'ai emprunté à la première (ms. IX, C, 22) une histoire inédite d'Alphonse, où sont exposées la lutte des Aragonais contre les Angevins et les causes de son dénouement. L'auteur, Gaspard Pérégrin, est un courtisan du monarque espagnol, et sans doute un de ces historiographes à gages qui le suivaient partout; il a, de plus, un style ampoulé, obscur, et, malgré toute la peine qu'il s'est donnée pour imiter les grands écrivains de l'antiquité latine, il n'est arrivé qu'à faire un pastiche mal réussi. Mais sa partialité, son langage prétentieux ne lui ôtent pas le mérite d'avoir assisté à la plupart des événements qu'il raconte; c'est pour ce motif que j'ai cru devoir utiliser et reproduire ses huitième, neuvième et dixième livres. Il est bon, d'ailleurs, de contrôler par le témoignage d'un adversaire celui des amis et des complaisants. La *Cronica del regno di Napoli*, dont j'ai trouvé le texte à la Brancacciane (ms. 2, G, 11), est également l'œuvre inédite d'un contemporain, originaire du royaume de Naples et fixé, selon toute apparence, dans cette ville même. Sa sécheresse est rachetée par son évidente sincérité, non moins que par l'intérêt des détails relatifs au siége que René eut à soutenir et aux expéditions de son fils. Le *Diario di cose occorse in Napoli*, ou Journal Napolitain, dont j'ai rencontré un manuscrit à la même bibliothèque (n° 2, F, 12), est déjà connu : il a été publié par Muratori d'après un autre exemplaire, et sans nom d'auteur [1]. Suivant une note placée en tête du premier manuscrit, qui paraît une copie écrite au seizième siècle, il faudrait attribuer cette importante chronique à Tristan Carracciolo, partisan de la maison d'Anjou, mort vers l'an 1500, qui a laissé plusieurs ouvrages historiques, dont deux se trouvent transcrits avec celui-ci. Cette origine est assez vraisemblable, et il est d'autant plus utile de la faire connaître, que le *Diario* est la plus instructive et la plus complète des sources de l'histoire napolitaine pour la période qu'il embrasse (1266-1478). D'autres documents, moins étendus, mais plus ignorés, m'ont été fournis par le même dépôt, entre autres une instruction du pape Eugène IV à ses ambassadeurs en France, dont la teneur éclaire les plus graves questions de la politique générale du temps.

Après les bibliothèques de Naples, j'ai consulté les célèbres archives de l'abbaye du Mont-Cassin, qui prit elle-même une part active à la lutte franco-espagnole; celles de Florence, où la correspondance de la Seigneurie, les délibérations des gonfaloniers, les notes des ambassadeurs m'ont livré des renseignements plus abondants; celles de Venise, où j'ai pu suppléer quelque peu, à l'aide des registres des Conseils de la république (*Libri partium secretarum*), à l'absence des rapports diplomatiques, dont la riche série ne remonte pas tout-à-fait à l'époque du roi René. A la bibliothèque de Saint-Marc, j'ai eu la bonne fortune d'exhumer un nouveau récit des évé-

[1] *Rerum italicarum scriptores*, tome XXI.

nements accomplis sous le règne de ce prince (ms. italien 42) : les mémoires du savant Domenico Delello, citoyen de Gaëte, écrits en 1481 par un Vénitien auquel il avait raconté lui-même ses souvenirs, offrent toute l'authenticité désirable; ils nous révèlent, entre autres détails curieux, comment le roi d'Aragon fut amené à tenter la surprise qui le rendit maître de Naples en 1442. Milan et Gênes, qui furent mêlées si intimement aux affaires de la maison d'Anjou, me réservaient un dernier butin, et non le moins utile. La première de ces deux cités, plus heureuse que Venise, a conservé les plus anciens monuments de sa diplomatie : dans les instructions et les relations de ses ambassadeurs, ainsi que dans la correspondance des Visconti et des Sforza, j'ai puisé autant de matériaux que le permettait le désordre de ces fonds. Les archives de Gênes, dont le classement est encore moins avancé, contiennent trois séries qui n'ont pas été moins fécondes pour moi : les délibérations, les traités politiques, les lettres des doges. On trouvera le compte-rendu détaillé de toutes ces recherches dans un rapport spécial que j'ai adressé, en 1873, au ministre de l'Instruction publique [1].

Les pièces officielles forment donc la substance de cet ouvrage. Je n'ai invoqué que subsidiairement le secours des chroniqueurs, estimant que leurs appréciations, surtout dans les moments de trouble et de discorde, où chacun d'eux est emporté par sa passion ou son intérêt, ont moins de poids que le témoignage

[1] *Journal officiel*, n°s du 31 octobre et du 1er novembre 1873. *Archives des missions scientifiques*, 3e série, tome II, p. 315-356.

des actes. Cependant j'ai mis à profit, outre les annales particulières dont je viens de parler, toutes celles que Muratori a réunies dans son grand recueil des *Scriptores rerum italicarum*. Je ne pouvais négliger non plus, pour les événements se rattachant à l'histoire intérieure de la France, des auteurs tels que Monstrelet, Basin, Commines, Chastelain, etc. Bourdigné, le chroniqueur de l'Anjou et l'apologiste déclaré de ses princes, m'a inspiré plus de défiance : le caractère légendaire de ses récits, l'époque plus récente de leur composition leur ôtent beaucoup d'autorité. Les œuvres modernes auxquelles j'ai dû recourir sont principalement l'*Histoire de Lorraine* de dom Calmet, les *Annales d'Italie* de Muratori, l'*Histoire de Provence* de Papon, l'*Histoire de Louis XI*, de Duclos, et, parmi les livres contemporains, l'*Histoire de Charles VII* de M. Vallet, une autre *Histoire de Louis XI* que M. Urbain Legeay a fait récemment paraître, l'*Histoire de Charles VIII*, par M. de Cherrier, la collection des *Documents inédits sur l'histoire de France* (*Négociations de la France avec la Toscane*, par M. Desjardins; *Mélanges*, par M. Champollion), etc. Pour tous ceux de ces ouvrages qui ont eu plusieurs éditions, j'ai cité, en général, la dernière, et, pour les chroniques j'ai suivi de préférence les excellents textes publiés par la Société de l'histoire de France.

Renouvelée à l'aide d'éléments si nombreux et si variés, l'histoire du roi René prend des proportions plus larges et devient, pour ainsi dire, celle de son siècle. De 1409 à 1480, il n'est presque pas de question politique où il n'ait été mêlé, lui ou sa famille.

Les principaux événements de son existence sont étroitement liés aux affaires publiques de France, d'Angleterre, d'Italie, d'Espagne. Il faut donc voyager avec lui ou les siens dans ces différentes contrées, le suivre à la cour de Charles VII, en Lorraine, en Barrois, en Anjou, en Provence. La tâche est compliquée, et le récit risquerait d'être fort embrouillé si, par un heureux hasard, les divers âges de sa vie ne répondaient à autant de situations et de résidences distinctes. En d'autres termes, on peut faire coïncider la division du sujet par matières avec sa division par périodes. Ainsi, de 1409 à 1419, René, enfant, est associé aux destinées de la reine Yolande, sa mère, et du jeune prince Charles, son beau-frère. De 1419 à 1438, il est duc de Bar et de Lorraine, et se consacre à ces deux pays. De 1438 à 1442, il poursuit le recouvrement de ses États d'Italie : il est avant tout roi de Sicile. De 1443 à 1461, rentré en France, il y joue avec assiduité, avec éclat, le rôle de duc d'Anjou, pair du royaume. Dans les dix années suivantes, il y réside encore le plus souvent; mais la politique du nouveau règne lui fait une situation plus effacée, et, s'il est encore le duc d'Anjou, il n'est plus le conseiller intime du souverain. Enfin, de 1471 à 1480, il est retiré dans son comté de Provence; ce sont les affaires provençales qui tiennent la plus grande place dans ses occupations. Telle est la distribution de notre première partie, qui a pour objet le récit de sa vie ou son histoire politique. Chacun des six chapitres qui la composent porte ainsi sur une matière spéciale, sans cependant que l'ordre chronologique soit sacrifié, et sauf, bien entendu, les digressions nécessaires.

Une seconde partie traite de l'administration intérieure des États du roi de Sicile, particulièrement du duché d'Anjou. L'administration civile, l'organisation judiciaire, les affaires militaires, les affaires ecclésiastiques sont successivement passées en revue, et cet examen permet d'apprécier, en même temps que les efforts peu connus tentés par René pour améliorer le sort de ses sujets, le mécanisme du gouvernement de la France en général; car celui de l'Anjou était calqué, pour ainsi dire, sur celui des provinces relevant directement de la couronne.

Les travaux personnels du prince, la part prise par lui au développement des arts et des lettres forment la troisième et dernière partie. On savait que cette part était considérable : elle apparaîtra plus grande encore, ou du moins plus nette, lorsqu'on l'aura successivement étudiée, à la lumière des textes, dans l'architecture, la peinture et la sculpture, la tapisserie, l'orfévrerie, le mobilier, le costume, la musique et les fêtes. Les chapitres consacrés à ces différents sujets reposent presque uniquement sur les documents que j'ai déjà publiés sous le titre d'*Extraits des comptes et mémoriaux du roi René* [1]. Ce dernier volume est donc un recueil de preuves à l'appui du présent travail; il en est l'appendice et le complément naturel. Au tableau des beaux-arts vient s'ajouter celui de la littérature, comprenant non-seulement l'analyse des compositions du roi de Sicile, mais l'esquisse de ses rapports avec le monde littéraire de son temps.

[1] *Documents historiques publiés par la Société de l'École des chartes*; n° 1.

Les pièces justificatives les plus longues et les plus importantes, au nombre de cent une, ont été scrupuleusement reproduites à la fin de l'ouvrage : il y en a en français, en latin, en italien, en catalan ; elles sont rangées simplement par ordre chronologique. Une quantité d'autres, qui sont d'une étendue moindre ou qui n'avaient pas besoin d'être insérées *in extenso*, figurent dans les notes mises en regard du texte. J'ai joint aux documents un travail minutieux composé avec leur secours, et qui sert lui-même à justifier plusieurs passages du livre : c'est un itinéraire du roi René, contenant, pour chaque jour, l'indication du lieu où il se trouvait et la source à laquelle cette indication est puisée. Cet itinéraire, naturellement, n'est pas complet, et ne pouvait l'être ; mais il est, pour bon nombre d'années, suffisamment rempli, et ne présente aucune lacune importante. J'aurais pu le grossir au moyen de synchronismes et de faits certains constatés dans la biographie du prince ; mais j'ai préféré m'en tenir aux renseignements fournis par les pièces officielles, de manière à donner à cet itinéraire une autorité hors de toute contestation. Enfin une table alphabétique générale termine tout l'ouvrage ; elle abrégera, je l'espère, les recherches de l'historien, de l'archéologue et du simple lecteur, qui, dans un cadre aussi vaste, auraient pu s'égarer.

En livrant au public le fruit de plusieurs années d'un labeur opiniâtre, il m'est doux de rendre hommage aux personnes bienveillantes qui me l'ont facilité. Dire que je me suis adressé, cette fois encore, à

M. Léopold Delisle, le célèbre savant qu'une justice tardive vient de placer à la tête de la première bibliothèque de Paris, c'est dire que j'ai rencontré, comme toujours, la science et l'amabilité incarnées. A Marseille, MM. Blancard et Reynaud, mes confrères, m'ont fait profiter avec empressement de leur connaissance approfondie du dépôt confié à leur garde, celui des Archives départementales des Bouches-du-Rhône. A Naples, M. le commandeur Trinchera, directeur général des Archives, M. Minieri Riccio, l'érudit le plus versé dans l'histoire de la dynastie angevine, MM. Beatrice et Minervini, bibliothécaires, ont montré à mon égard une complaisance de tous les instants. Les bons Pères du Mont-Cassin m'ont accueilli avec cette large et touchante hospitalité dont les vieilles institutions monastiques ont su, malgré leur dénûment actuel, conserver le secret. MM. les conservateurs des archives de Florence, de Milan, de Gênes, de Venise et de la bibliothèque de Saint-Marc ont droit aussi à l'expression de ma gratitude.

Il m'était difficile d'utiliser toutes les richesses mises à ma disposition par un tel concours de dévouements. Gêné par l'abondance des matières, j'ai dû condenser les faits et abréger par moments le récit. Je me suis efforcé, toutefois, de n'omettre aucun détail intéressant; trop heureux si, en assemblant des épis recueillis un à un, j'ai pu faire une gerbe agréable et solide plutôt qu'une masse informe et sans cohésion, un livre à lire plutôt qu'une compilation à consulter.

PREMIÈRE PARTIE.

HISTOIRE POLITIQUE.

CHAPITRE I.

RENÉ ENFANT.

(1409-1419)

Naissance de René; ses premières années. — Origines de la maison ducale d'Anjou; Louis Ier. — Succession de Naples et de Provence. — Succession de Majorque. — Domaines de Louis Ier en France. — Louis II. — Enfance de René et de Charles VII. — Administration d'Yolande d'Aragon. — Yolande protectrice du royaume. — Louis III.

René, deuxième fils de Louis II, roi de Sicile, duc d'Anjou, comte de Provence, et d'Yolande d'Aragon, son épouse, naquit au château d'Angers, dans une des tours avoisinant le grand portail [1], le 16 janvier 1409, vers trois heures du matin.

Cet événement, auquel les historiens ont attribué des dates différentes, mais également fausses [2], fut consigné le jour

[1] Ce logis, désigné par la tradition et par les historiens locaux, existe encore; mais il a subi des remaniements postérieurs, notamment en 1451. (V. les *Extraits des comptes et mémoriaux du roi René*, nos 9, 23.)

[2] M. de Villeneuve-Bargemont le place au 10 janvier 1408, à dix heures du matin, d'après un livre d'heures attribué à René (*Hist. de René d'Anjou*, I, 4); l'*Art de vérifier les dates*, tantôt en 1408, tantôt au 13 janvier 1409 (X, 423; XVIII, 349); Dom Calmet, au 26 janvier 1408 (*Hist. de Lorraine*, II, 101). Les autres les ont répétés. M. Vallet seul a, dans la *Biographie générale*, donné la date exacte, mais sans citer de source. Les erreurs sur l'année proviennent, pour la plupart, de ce qu'on a omis de traduire l'ancien style chronologique en style moderne; les erreurs sur le jour paraissent dues à la mauvaise lecture d'un chiffre (10 ou 26 pour 16). Un autre livre d'heures, où ont été relatés, suivant l'ordre du calendrier, les faits intéressant la famille de René, mentionne sa naissance au 15 janvier 1408-09. (Bibl. nat., ms. lat. 17332); mais, comme ce prince vint au monde dans la nuit du 15 au 16, c'est à peine une différence de quelques heures avec la date que j'adopte.

même, avec des détails précis, sur les mémoriaux de la Chambre des comptes d'Anjou, renfermant, pour ainsi dire, l'état civil officiel de la maison ducale. Il y est aussi fait mention du baptême du nouveau-né : la cérémonie fut célébrée immédiatement dans l'église cathédrale d'Angers, en grande pompe, devant une foule de seigneurs et de vassaux, à la lumière de cent cierges ou torches ardentes. Les parrains et marraines furent nombreux, comme le comportait le rang du noble enfant : les principaux étaient l'abbé de Saint-Aubin, Jean, seigneur de l'Aigle, fils du comte de Penthièvre et cousin germain de Louis II; Guillaume des Roches, chevalier, et l'abbesse de Notre-Dame d'Angers [1].

Le nom de René, qui était nouveau dans la famille royale de France, et que le fils d'Yolande devait tant contribuer à propager en Anjou, en Provence, en Lorraine, ne lui fut donné par aucun de ces parrains : mais son père et sa mère avaient une dévotion particulière pour un ancien évêque d'Angers, dont la canonisation avait introduit ce nom pour la première fois dans le martyrologe de l'Église. Le successeur de saint Maurille, ressuscité par lui dans son enfance, dit la tradition, avait été, en mémoire de ce miracle, surnommé René (*renatus*, né deux fois). Aussi l'opinion populaire lui attribuait-elle une influence favorable sur les naissances, et Louis XI lui-même invoqua-t-il son intercession pour obtenir un héritier du trône. Il fut exaucé au bout de quelques années; mais,

[1] « *Die* XVI[a] *mensis januarii* MCCCC[o] VIII[o] (1409 n. st.), *Andeg., in castro ibidem, circa horam terciam post mediam noctem, inclicta domina Yolens, Jherusalem et Sicilie regina ac Andegavie ducissa, consors illustrissimi principis Ludovici, regis regnorum predictorum ducisque, etc., peperit filium, qui Renatus nomine baptismatis fuit denominatus, in ecclesiâ Andeg.; compatresque fuerunt reverendus pater in Christo dominus T., abbas Sancti Albini, et egregius vir Johannes, comes Aquille, filius quondam comitis de Pent., et dominus Guillelmus de Rupibus, miles, unacum abbatissâ Beate Marie Andeg., etc., et quamplures alii nobiles, potentes, etc., cum cereis centum ardentibus seu torchis, etc.* » (Arch. nat., P 1334[1], f° 95.) Les parrains de René étaient ignorés. (V. Villeneuve-Bargemont, I, 9.) Jean, seigneur de l'Aigle, qui devint plus tard comte de Penthièvre et l'un des plus braves lieutenants de Charles VII, était fils de Jean de Blois, le frère de Marie, reine de Sicile, femme de Louis I d'Anjou.

comme s'il en eût voulu au saint de ce retard, au lieu d'appeler son fils René, suivant sa promesse formelle, il l'appela Charles [1]. La dévotion de Louis d'Anjou et d'Yolande était plus sincère et leur reconnaissance plus durable; car ils fondèrent, en 1417, à Saint-Maurice, une messe solennelle en l'honneur de saint René, qui devait se célébrer à son autel chaque dimanche, et cédèrent à l'église, pour cette fondation, le manoir d'Athenay, la métairie de la Testardière et diverses rentes [2].

C'était cependant la troisième fois que la reine de Sicile avait le bonheur d'être mère : le 25 septembre 1403, elle avait donné à son mari un autre fils, qui fut plus tard Louis III, et, le 14 octobre 1404, elle avait mis au monde la douce et intéressante Marie d'Anjou, qui ainsi se trouvait presque du même âge que son futur époux Charles VII, né l'année précédente. Malgré cette fécondité, qui devait encore s'accuser par la naissance d'Yolande en 1412, et de Charles, comte du Maine, en 1414 [3], Angevins et Provençaux s'associèrent à l'allégresse de leurs princes comme s'il se fût agi d'un premier-né. Les bourgeois d'Angers offrirent à la reine, pour son joyeux et dernier enfantement, un présent de quatre cents livres tournois, à prélever sur leur communauté [4].

A peine relevée, la vaillante femme, qui dirigeait avec succès l'administration de ses États en l'absence de son mari, occupé la plupart du temps au service du roi de France ou à la revendication de son royaume de Naples, se remettait aux

[1] Je tire ce fait curieux des délibérations du chapitre d'Angers, qui, à la suite d'une lettre du Roi, où il protestait de sa vénération pour saint René et s'engageait, si Dieu lui envoyait par son intercession un héritier mâle, à lui donner son nom, fit célébrer un service solennel à l'autel du bienheureux évêque, le 11 décembre 1403. (Bibl. nat., ms. lat. 22450, p. 107.)

[2] Arch. nat., P 1335, n° 160. Le duc de Lorraine, petit-fils de René, fonda plus tard une fête spéciale en l'honneur du même saint dans l'église de Saint-Georges de Nancy, avec distribution de pain aux pauvres, etc. (Arch. nat., KK 1120, f° 250.)

[3] Ces dates nous sont révélées par le calendrier du livre d'heures cité plus haut (ms. 17332).

[4] Archives Grille, citées par M. Marchegay dans le *Bull. de la Soc. industr. d'Angers*, n° 1, 24e année (*les Fontaines du roi René*, p. 1).

affaires : dès le mois de mars on la voit reprendre sa place au conseil royal qui siégeait à Angers [1]. Mais Louis II dut faire au moins une courte apparition dans cette ville pour assister à la naissance de son fils : il s'en trouvait alors très-rapproché, puisqu'on le rencontre à Tours quelques semaines avant et quelques jours après [2], et il est de toute impossibilité qu'il n'ait appris l'événement qu'en Italie, comme on l'a prétendu [3]. En faisant naître le jeune prince loin de son père, on commet le même anachronisme qu'en plaçant son berceau au milieu des glaces du grand hiver, qui sévit en 1407 et 1408. Ces gelées extraordinaires étaient fondues depuis un an : ainsi tombent toutes les considérations auxquelles des esprits ingénieux ont pu se livrer à propos de cette prétendue coïncidence.

Yolande, forcée d'abandonner les joies de la famille pour les soucis de la vie publique, confia son nouveau-né à une nourrice connue d'elle, et qui avait allaité déjà sa fille aînée. Elle était vraisemblablement de Saumur ; elle se nommait Tiphaine la Magine, et vécut jusqu'en 1459. C'est tout ce que l'on sait de cette fidèle servante ; mais ce peu de notions emprunte un caractère touchant à la façon dont il nous a été transmis. C'est René lui-même qui, plus tard, fit ériger à sa nourrice, dans l'église de Notre-Dame de Nantilly, à Saumur, un tombeau d'une composition charmante, où elle était représentée tenant sur chacun de ses bras un petit enfant enveloppé d'un maillot fleurdelisé (Marie et René), et qui fit graver sur ce monument l'épitaphe suivante :

« Ci gist la nourrice Thiephaine
« La Magine, qui ot grant paine
« A nourrir de lct, en enfance,
« Marie d'Anjou, royne de France,
« Et après son frère René,
« Duc d'Anjou, et depuis nommé,

[1] Arch. nat., P 1334[4], f°s 97 et suiv.
[2] *Ibid.*, f° 95 v°, et P 2540, f° 28.
[3] César de Nostredame ; Villeneuve-Bargemont, I, 5.

« Comme encore est, roy de Sicile,
« Qui a voullu en ceste ville,
« Pour grant amour de nourreture,
« Faire faire la sépulture
« De la nourrice dessusdicte,
« Qui à Dieu rendit l'âme quicte,
« Pour avoir grâce et tout déduit,
« Mil cccc cinquante et huit,
« Ou mois de mars, XIIIe jour.
« Je vous prye tous, par bonne amour,
« Affin qu'elle ait ung pou du vostre,
« Donnez luy ugne patenostre [1]. »

On voit que René dut recevoir de Tiphaine mieux que des soins mercenaires, et que sa gratitude ne s'affaiblit pas avec l'âge ; il avait, en effet, cinquante ans lorsqu'il consacra ainsi le souvenir de celle à qui sa sœur et lui avaient jadis donné si « grand'peine. » Pourtant ce n'était qu'une humble femme, car dans sa vieillesse elle vivait encore des libéralités du roi et de la reine de Sicile [2].

Aucune autre particularité ne signala la naissance et les premières années de René. Sa position n'attirait pas encore les regards, car un cadet de famille princière n'avait jamais qu'un rôle assez effacé. Personne ne se doutait, assurément, de celui qu'il remplirait un jour. Personne ne pouvait le voir, dans l'avenir, recueillant l'héritage de ses pères, l'augmentant d'une manière inespérée, pour perdre ensuite un à un tous ses domaines et pour ensevelir avec lui les derniers débris de la

[1] Je rétablis cette épitaphe d'après la rectification faite dans la *Revue de l'Anjou* (1854) par M. Marchegay, qui l'a lue sur la pierre tumulaire elle-même, enchâssée dans le troisième pilier de la nef de Nantilly. Bodin, qui l'avait découverte, et M. Godard-Faultrier, qui, au lieu de se reporter à l'original, en a reproduit un fac-simile conservé à Oxford, en ont donné une lecture inexacte, surtout aux onzième et douzième vers (*Recherches sur l'Anjou*, I, 150; *le Château d'Angers*, etc., p. 132). J'aurai l'occasion de revenir, dans la troisième partie de ce livre, sur le tombeau de Tiphaine.

[2] « A nostredit argentier, la somme de 110 s. t. pour quatre escuz d'or, que lui avons fait bailler à la Mesgine, nourrice de Monseigneur, en don par nous à elle fait pour une fois. » Compte de Jeanne de Laval (1450-67), transcrit par M. Marchegay. (Bibl. nat., acq. nouv. fr. 894, n° 450.)

puissance de sa maison, comme un flambeau qui jette des clartés plus vives avant de s'éteindre pour toujours. Il importe, pour mieux comprendre cette étonnante carrière, d'examiner quelles étaient, au moment où elle s'ouvrit, la situation politique et l'étendue de la domination de ces ducs d'Anjou, qui furent mêlés pendant plus d'un siècle aux événements les plus importants de notre histoire : aussi, avant d'aller plus loin, remonterons-nous quelque peu en arrière pour retracer brièvement leurs origines.

L'Anjou, dont les anciens comtes étaient montés, par suite d'une alliance heureuse, sur le trône d'Angleterre, avait été une première fois réuni à la couronne de France par Philippe-Auguste, agissant comme suzerain et comme vengeur du meurtre dont Jean sans Terre s'était souillé sur la personne d'Arthur de Bretagne, son neveu. Il en fut séparé de nouveau par saint Louis, qui en donna l'investiture, l'an 1246, à son frère Charles Ier, fondateur de la première maison des comtes apanagés d'Anjou [1]. Un autre mariage, celui de Marguerite, petite-fille de Charles Ier, avec Charles de Valois, amena une seconde réunion, qui s'accomplit par l'avénement au trône du fils de ce dernier, Philippe de Valois. Jean, fils de Philippe, en fut aussi investi, pour lui et ses enfants mâles, avant de devenir à son tour suzerain et roi [2].

[1] Arch. nat., J 775, nº 4; pièces justificatives, nº 1.

[2] Il n'est pas sans intérêt de reproduire ici la nomenclature des comtes d'Anjou telle qu'elle se conservait au xve siècle dans les archives de René, qui avait prescrit des recherches à leur sujet. On sait qu'il règne des incertitudes sur la chronologie de ces princes. La liste que voici diffère quelque peu de celle que donne l'*Art de vérifier les dates* (XIII, 40 et suiv.); mais elle offre en même temps des erreurs évidentes : « Challemaine le Grant. — Loys le Débonnayre. — Charles le Chauf. — Tercules. — Tarculphus (ces deux derniers font sans doute double emploi). — Enjouguier (Ingelger). — Fouques le Roux. — Enjouguier le second. — Fouques le Desraé. — Geuffroy Grise-Gonelle (c'est pour yver). — Eurden le fils Geuffroy. — Girard Morice. — Fouques Nerra. — Geuffroy Martel le très-bon. — Geuffroy Barré. — Fouques Rechin le premier. — Geuffroy Martel le second. — Geuffroy Martel qui gasta Fouques Rechin. — Henry fils Geuffroy Malmy. — Henry fils Henry. — Richard Cource-Léon. — Geuffroy Plantagenet. — Artur fils

C'est au milieu des malheurs du règne de Jean le Bon que prend naissance la maison ducale d'Anjou. Lorsque ce prince eut hérité de la couronne, le titre de comte d'Anjou passa naturellement à son fils cadet, Louis. Il lui est déjà donné dans un acte du mois de juin 1351, par lequel son père, en vue du mariage qu'il projetait pour lui avec Jeanne, fille du roi d'Aragon, lui cédait une partie de la ville de Montpellier : ainsi l'*Art de vérifier les dates* se trompe en plaçant seulement en 1356 son avénement au comté[1]. Mais il n'obtint qu'au mois d'octobre 1360 la donation en forme et l'érection du fief en duché-pairie, qui furent une des conséquences de la journée de Poitiers et du traité conclu ensuite à Brétigny. Dans cette lamentable bataille, le jeune prince, âgé de dix-sept ans, avait eu un commandement, et, s'il n'avait pu, comme son plus jeune frère Philippe, le futur duc de Bourgogne, protéger de son corps la personne du Roi, il s'était du moins attaché aux pas du Dauphin dans sa retraite forcée. La convention qui rendit la liberté à Jean, au bout de quatre ans de captivité, stipulait que de nobles otages viendraient prendre sa place à Londres. Louis, désigné dans le nombre, s'offrit pour son père avec un empressement méritoire, que la prison devait plus tard refroidir. Avant son départ et aussitôt après la ratification du traité, le Roi, pour le récompenser, rendit en sa faveur deux lettres patentes datées de Calais : la première lui assignait définitivement, à titre d'apanage, le comté d'Anjou, celui du Maine, qui lui avait toujours été adjoint dans les partages antérieurs, la baronnie de Château-du-Loir et la seigneurie de Champtoceaux ; la seconde le créait duc et pair, et attribuait à l'Anjou le titre de duché [2].

Geuffroy. — Philippe le bon roy. — Loys le Franc-Léon. — Charles de Sezille et de Jherusalem. — Charles le second. — Charles fils au roy de France, comte d'Alençon et d'Anjou. — Philippe de Valoys, puis roy de France. — Jehan son fils, depuis roy. » Suivent quatre ducs d'Anjou : Louis I, Louis II, Louis III et René. (Arch. nat., P 1334[1], *in fine.*)

[1] Arch. nat., JJ 80, n° 723. *Art de vérifier les dates*, XIII, 71.

[2] Arch. nat., P 1334[1], n°s 2, 3, 4 ; pièces justificatives, n° 2. Le premier acte est rédigé sous deux formes, en latin et en français.

Dans cette double constitution, Jean fait valoir l'amour filial et la parfaite obéissance que son second fils lui a toujours témoignés, en particulier le grand acte de dévouement par lequel il a volontairement accepté des fers. Son apanage est déclaré transmissible à ses descendants mâles avec toutes les prérogatives qui en dépendent, haute, moyenne et basse justice, droits de propriété, droits féodaux, collations de bénéfices, réserve faite toutefois des droits de régale, des exemptions des églises cathédrales, de la foi et hommage, du ressort, du droit de monnaie et des autres priviléges de la souveraineté. Louis, ayant prêté l'hommage le jour même, est investi du duché et pourra prendre possession des terres quand il lui plaira (donc il n'en avait pas auparavant la jouissance effective). Les vassaux de la couronne lui rendront les devoirs qu'ils rendaient au roi. La Chambre des comptes de Paris retranchera de la comptabilité des receveurs royaux les produits des domaines cédés.

Telles étaient les bases ordinaires de ces sortes de donations, qui, à côté d'inconvénients sérieux, offraient des avantages dont on ne peut plus guère sentir le prix aujourd'hui. Elles n'étaient pas de vraies aliénations et ne créaient pas un État dans l'État, puisque le Roi conservait toujours l'autorité suprême, et son parlement la connaissance des appels. Mais elles facilitaient la bonne administration dans des temps où la distance, la rareté des relations rendaient incertaine et lente l'action du pouvoir central. Elles constituaient des délégations de la royauté et, pour ainsi dire, de grands gouvernements, avec les revenus et l'hérédité en plus; encore, une bonne partie des impôts étaient-ils perçus par le fisc royal, et l'hérédité s'arrêtait-elle en cas d'extinction de la ligne masculine. Il y avait là un puissant élément de décentralisation, une source de vie et de prospérité pour les capitales de province. On en aura la preuve dans l'étude que je me propose de consacrer à la condition administrative du duché d'Anjou sous le roi René.

Après deux ans de captivité en Angleterre, Louis et les autres otages obtinrent d'être ramenés à Calais, pour être délivrés aussitôt que l'exécution du traité de Bretigny, dont on avait permis au Roi d'avancer le terme, serait complète. L'impatience de la liberté, bien naturelle dans un cœur de vingt ans, fit devancer l'heure au duc d'Anjou: il trouva moyen de s'évader et revint trouver son père, qui le blâma, dit-on, et qui retourna lui-même à Londres. Est-ce un scrupule de loyauté qui dicta cette conduite au monarque chevaleresque? Est-ce, comme on l'a murmuré, une chaîne plus douce qu'il allait retrouver à la cour de son ennemi? Le reste des otages était toujours dans les mains des Anglais et leur eût offert une garantie bien suffisante encore, puisque d'autres princes du sang en faisaient partie. Mais ce n'est pas le lieu de résoudre un tel problème. La mort inopinée de Jean le Bon vint, d'ailleurs, terminer la question et appeler Louis à un autre rôle.

Sous le règne de Charles V, le duc d'Anjou, entré en possession de son apanage, se signala particulièrement comme lieutenant du Roi en Languedoc, en Guyenne, en Dauphiné. Les Anglais éprouvèrent plus d'une fois, à leurs dépens, ses talents militaires; il fut le compagnon d'armes et l'ami de Duguesclin, qui lui donna, en 1377, son hôtel de Cachan, près Paris [1]. Sa libéralité le fit d'abord bien venir de la foule, et le fit appeler le père du peuple. En Anjou notamment, il sut mériter ce titre en remettant à ses sujets toutes les anciennes dettes qui restaient à payer depuis trente ans aux receveurs. Cet acte avait pour but d'arrêter l'émigration et la misère qui, par suite des guerres, dépeuplaient le pays. « Plusieurs pouvres gens, orphelins et femmes vefves, disait en effet le duc, et autres à qui l'en fait demande et qui doivent lesdits restes, sont tellement et si griefvement menez et endommaigez par les sergens et commissaires qui ont esté envoiez ou temps passé pour les contraindre et exécuter et qui de jour en jour les exécutent et contraignent, que les uns quièrent le pain de huys en huys, et les autres sont en voye de

[1] Arch. nat., P 1338, n° 469[2].

laisser le païs, et laissent de fait les maisons, vignes et héritages de leurs pères, parents et prouchains cheoir et aller en ruyne et en fresche, pour ce qu'ils n'osent soy faire leurs hoirs et que aussi ils ne pevent trouver ne recouvrer les lettres de quictance ne descharges..., perdues et arses, et leurs tesmoings mors, par le fait des guerres et de mortalitez[1]. » En même temps il remettait aux capitaines et gens d'armes qui l'avaient servi les sommes qu'il avait dû leur avancer sur leurs gages. Mais les énormes besoins de l'État et ses propres affaires, outre l'amour du luxe, général à cette époque, devaient bientôt l'obliger à des rigueurs tout opposées. On trouve encore des traces de son administration dans la création de la Chambre des comptes d'Angers, dans la réglementation de la poissonnerie de cette ville et des divers métiers de celle du Mans. Il fit réparer les châteaux et forteresses de l'Anjou, exposés aux attaques de l'ennemi, entre autres celui de sa capitale, et le Roi lui céda pour cet objet le produit des francs-fiefs et nouveaux acquêts de ses terres[2].

A l'avénement de Charles VI, Louis I fut choisi pour régent de préférence aux ducs de Bourbon et de Bourgogne. Déjà, entre ce dernier et lui, se manifestaient les symptômes d'une rivalité qui allait s'accuser et se perpétuer chez leurs enfants. Philippe avait toujours été le préféré de son père depuis la bataille de Poitiers ou même avant; à de grandes qualités il joignait une vaste ambition et une sourde jalousie contre son frère. Le public ne l'ignorait pas; on parlait alors de prophéties qui annonçaient la destruction de la maison de Bourgogne par un héritier du sang d'Anjou. Les efforts de Philippe et des autres princes qui composaient le conseil royal ne tendirent qu'à éloigner le régent : ils réussirent, grâce à l'événement qui fonda en réalité la puissance des ducs d'Anjou et fixa fatalement les destinées de leur famille.

[1] Acte daté de Saumur, le 20 juin 1370. Arch. nat., P 1334², n° 7, f° 37 v°.

[2] Arch. nat., P 1334², n° 7; 1344, n° 503; JJ 110, n° 09. V. aussi les comptes de la trésorerie de Louis I (*Ibid.*, KK 242), où se trouvent consignées des dépenses pour la restauration du château d'Angers, pour des objets d'art, d'orfèvrerie, etc.

Jeanne, reine de Sicile (c'est-à-dire du royaume de Naples) et comtesse de Provence, descendante de Charles Ier, frère de saint Louis, serrée de près par des compétiteurs redoutables, venait de se jeter dans les bras de la maison de France en adoptant Louis I, frère du Roi et son parent, pour fils et successeur. On a souvent attribué cette résolution à l'influence du pape d'Avignon, Clément VII, l'ami dévoué du duc d'Anjou, et aux menées ambitieuses de ce prince lui-même. Il est certain que Clément espérait trouver en lui un appui pour sa propre cause en Italie, qu'il lui promit de l'indemniser de ses frais et qu'il révoqua certaines restrictions apportées par les papes à l'investiture du royaume de Sicile, afin de permettre à Jeanne d'en disposer librement en faveur de son candidat[1]. Mais il faut voir aussi dans cet acte important un résultat de la politique de la cour de France et l'accomplissement d'un désir longtemps nourri par le sage, par l'habile Charles V. Ce roi, qui comprenait tout le prix de la prépondérance française en Italie, avait d'abord essayé, en traitant le mariage de son fils cadet avec Catherine, fille de Louis de Hongrie, de revendiquer les droits de ce dernier au trône de Naples. Tous deux s'étaient promis de négocier de concert auprès de la reine Jeanne pour obtenir sa succession; ils devaient insister, au besoin menacer[2] : le roi de Hongrie alla même plus loin. Ensuite Charles V avait fait faire une enquête, d'où il semblait résulter que le testament de Robert, prédécesseur de Jeanne, donnait, pour le cas où celle-ci mourrait sans enfants mâles, le royaume de Sicile à Louis de Hongrie, mais le comté de Provence au roi de France ; que la chose était de notoriété publique dans le pays ; qu'elle avait été annoncée en chaire à Avignon par le cardinal de Comminges ; que la clause du testament avait même été portée au roi Philippe de Valois, qui, jugeant l'éventualité éloignée, n'y avait pas attaché une

[1] Arch. nat., J 512, n° 30.

[2] Traité de mariage de Louis de France et de Catherine de Hongrie, en 1375. (Arch. nat., J 458.)

grande importance [1]. Si Robert n'avait pas voulu tout à fait cela, il avait du moins légué conditionnellement la main de la princesse Marie, héritière substituée à la princesse Jeanne, soit au fils aîné de Jean, duc de Normandie, soit à son fils cadet, c'est-à-dire à Louis I en personne [2]. L'adoption obtenue de Jeanne faisait triompher les prétentions du duc et la politique du Roi par un moyen différent, mais bien plus efficace encore. Autorisée par une bulle du 31 janvier 1380, elle fut signée le 29 juin de la même année, et confirmée depuis par Clément VII et d'autres pontifes [3]. Elle portait que Louis, duc d'Anjou, frère du roi de France, déclaré fils légitime de la reine, et après lui ses enfants, *ordine geniture servato,* succéderaient aux rois de Sicile, comtes de Provence, de Forcalquier et de Piémont, dans toutes leurs terres et seigneuries, en vue de l'intérêt du royaume et du bien de l'Église, divisée par le schisme. Louis devait prendre le titre de duc de Calabre, attribué à l'héritier du trône; mais, par un acte ultérieur, il fut autorisé à se faire couronner comme roi de Sicile, à condition que Jeanne garderait sa qualité de reine et que tous deux gouverneraient en commun [4].

Deux ans après, Jeanne mourait étranglée par Charles de Duras, et Louis, malgré la compétition de celui-ci, se trouvait roi de fait. Sa dynastie inaugurait en Italie une domination intermittente, traversée par des contestations et des luttes continuelles, mais acceptée et reconnue plus d'une fois par les populations et par les papes légitimes; elle s'implantait en Provence, malgré quelques résistances partielles, d'une façon définitive, qui permettait d'entrevoir dans l'avenir la réunion de ce pays à la France. Elle possédait désormais, outre son apanage, un domaine propre et indépendant; elle devenait une maison souveraine, avec laquelle il fallait compter. Mais la

[1] Arch. nat., J 291, n° 13.
[2] Papon, *Hist. de Provence*, III, 140.
[3] Arch. nat., J 375, nos 4, 5; J 512, nos 30, 31, 32, etc.
[4] *Ibid.*, J 512, n° 34.

pensée de Charles V, qui était celle de saint Louis, n'en paraissait pas moins réalisée.

En adoptant le duc d'Anjou, Jeanne lui avait demandé un secours immédiat. Renouvelant ses instances auprès de Clément VII et des cardinaux, et faisant valoir les dommages qu'elle souffrait pour leur cause, elle les avait suppliés de faire accélérer le départ de son fils[1]. Les princes, comme on l'a vu, étaient loin de le retarder. Louis réunit une armée imposante et des sommes énormes; mais il perdit du temps à s'assurer la possession du comté de Provence, dont il était assez disposé à se contenter, dit-on. Les instances du pape le déterminèrent à se mettre en marche pour l'Italie, à la tête de son armée, le 13 juin 1382 : il était déjà trop tard; le meurtre de Jeanne était consommé. Sur sa route, le nouveau roi de Sicile s'était ménagé le concours effectif du duc de Savoie et du seigneur de Milan. Malgré le contingent qu'ils lui fournirent, il passa deux ans à guerroyer, pour ainsi dire, dans le vide, contre un ennemi qui évitait sans cesse la rencontre. Charles de Duras comptait sur la famine et l'épuisement de son adversaire, engagé au milieu d'une contrée des plus difficiles. Il ne se trompait pas : trahi par Pierre de Craon, qu'il avait envoyé en France demander de l'argent à la duchesse et qui, ayant reçu cent mille ducats, se les appropria ou les dépensa en route[2], Louis consuma toutes ses ressources, vendit jusqu'à ses vêtements, perdit ses soldats un à un. Il mourut lui-même un des derniers, navré de douleur, à Biseglia, près de Bari, le 21 septembre 1384[3]. On ne rapporta que son

[1] Arch. nat., J 1043, n° 4.

[2] Ce fait, répété par plusieurs historiens, a été révoqué en doute par Dégly et d'après lui par l'*Art de vérifier les dates* (XVIII, 339). Leurs objections portent cependant sur les circonstances plutôt que sur le fond, et il paraît certain que le parlement rendit, en 1395, un arrêt contre Pierre de Craon, par suite duquel celui-ci délaissa aux ducs d'Anjou la terre de la Ferté-Bernard en hypothèque des cent mille ducats levés par lui. (Arch. nat., P 1380², n° 3233.)

[3] L'*Art de vérifier les dates* place cette mort dans la nuit du 10 au 11 octobre (XVIII, 339). D'autres la mettent au 20, au 22, au 30 septembre, ou même au 9 septembre de l'année suivante, et l'attribuent à des causes différentes. Je m'en

corps à Angers, où sa veuve le fit ensevelir dans l'église de Saint-Maurice et fonda pour lui un anniversaire avec une messe quotidienne [1].

On a souvent accusé Louis I d'avoir, en vue de cette malheureuse expédition, appauvri l'épargne royale, accaparé le trésor de Melun, aliéné et dispersé les joyaux de la couronne de France. Il commit certainement, pour atteindre son but, des exactions condamnables ; mais le dernier de ces reproches lui doit être épargné, si l'on s'en rapporte à un document aussi curieux qu'authentique, contenant la nomenclature de toutes les pièces d'orfévrerie dont le produit fut employé à l'équipement de son armée. Cet inventaire dit formellement que le Roi lui avait prêté, pour aider au succès de sa conquête, une grande quantité de vaisselle d'or et d'argent, dont une bonne partie avait été déjà restituée en nature, et dont il restait à rendre, à la date du 6 mars 1385, quatre-vingt-quatorze marcs, deux onces et onze esterlins d'or, plus mille soixante-quinze marcs, sept onces et onze esterlins d'argent. Ce reste, la reine de Sicile s'engageait à le réintégrer ou à en verser la valeur dans le trésor royal, lorsqu'elle en serait requise [2]. Ainsi son mari ne s'était rien approprié, et n'avait même pas utilisé la totalité du prêt. Il déclare, d'ailleurs, dans son testament, que le pape Clément lui avait promis de lui rembourser, en cas d'insuccès, tout ce qu'il aurait dépensé de son avoir personnel pour son expédition, et que, en ayant bien mis pour quatre cent mille francs (chiffre énorme pour l'époque), il charge son héritier de réclamer, s'il y a lieu, cette somme au pontife [3].

tiens à la date marquée sur les calendriers de la famille d'Anjou (Bibl. nat., mss. lat. 1160*, 17332, et ms. Dupuy 651, f° 55).

[1] Louis XI confirma plus tard cette fondation. (Arch. nat., P 1334 [11], f° 58.)

[2] Arch. nat., J 375, n° 6. *Extraits des comptes et memoriaux du roi René*, n° 535.

[3] « Item, comme nostre saint père le pape Clément septiesme nous ait promis que ce que nous mettrons au fait de nostre emprise il nous rendroit ou cas que nous ne la pourrions accomplir, nous voulons que, ou cas dessusdit, luy soient pour ce demandez quatre cens mille frans, que nous avons bien mis du nostre pour

Indépendamment du trône contesté de Naples, Louis I avait fait l'acquisition, peu connue, d'une autre succession royale, qui devait doubler ses domaines. Jacques, dernier roi de Majorque, venait d'être vaincu et chassé par Pierre d'Aragon. Mais la force ne détruisait pas le droit. Isabelle, marquise de Montferrat, fille du premier et son unique héritière par suite du testament écrit en sa faveur par son frère [1], se trouvant impuissante à faire valoir ses légitimes prétentions, céda au duc d'Anjou, par un acte en règle, daté du 30 août 1375, tous les États de son père, y compris le Roussillon ; elle se réservait seulement pour sa vie le château et la ville de Lavaur : les conditions étaient le payement de cent vingt mille francs d'or, et, chose plus difficile, la conquête de ces pays. Par un deuxième contrat, de l'année suivante, elle lui abandonnait la moitié par indivis du comte de Cerdagne, des principautés d'Achaïe et de Morée, du duché de Clarence, et de tout ce qui pouvait lui revenir en Roumanie et en Italie, moyennant vingt mille francs d'or, plus une rente viagère de sept mille francs. En 1383, Jacques, fils de François de Baux et de Marguerite de Tarente, qui s'intitulait empereur de Constantinople, prince d'Achaïe et de Tarente, lui légua aussi, pour en jouir après lui, son prétendu empire et ses principautés, à titre de proche parent de sa mère, de qui ils provenaient [2]. Mais tout cela était également à recouvrer. En réalisant ces magnifiques héritages, Louis pouvait étendre sa puissance depuis l'Espagne jusqu'à la Grèce ; la domination des Baléares, du Roussillon, de Montpellier, du Languedoc, qu'il gouvernait au nom du Roi et où il avait des terres, de la Provence, du Piémont, du royaume de Naples, faisait de lui le maître absolu de la Méditerranée. Le rêve était trop beau pour ne pas tenter son ambition. D'accord avec Charles V,

la dicte emprise. » (Arch. nat., P 1334⁵, n° 33.) La condition posée par le pape était bien le succès de l'expédition et non son entreprise, puisque le roi de Sicile était alors depuis plus d'un an à combattre en Italie.

[1] Arch. nat., P 1354[1], n° 844.

[2] Arch. nat., P 1354[1], n°s 843-851 ; P 1354[2], n°s 865-872.

il envoya plusieurs ambassades au roi de Castille, au roi de Portugal, à Hugues, juge d'Arborée, en Sardaigne, pour les déterminer à entreprendre avec lui une lutte commune contre l'Aragonais [1]. Le premier lui promit d'agir diplomatiquement et au besoin par les armes, si le roi de France prenait l'initiative. Le cardinal évêque de Tusculum, délégué du pape, travailla même à amener une transaction à ce sujet entre Pierre d'Aragon et le duc d'Anjou [2]. Mais Louis ne paraît pas avoir poussé l'entreprise beaucoup plus loin. Son adoption par la reine de Sicile vint détourner ses efforts d'un autre côté. Il éprouva la vérité du vieux proverbe : Qui trop embrasse mal étreint ; et il n'eut du royaume de Majorque autre chose que des archives [3], avec des droits qui n'étaient cependant pas sans valeur, car le roi d'Angleterre se les fit céder plus tard à titre de dot, en épousant Marguerite d'Anjou.

Heureusement pour ses héritiers, le duc Louis, — le grand duc, comme on l'appelait au siècle suivant pour le distinguer de ses successeurs, — leur laissa en France des possessions plus assurées. Il avait ajouté à son apanage des biens propres constituant, avec celui-ci, un ensemble de domaines très-étendu. Les uns rayonnaient autour de l'Anjou et du Maine, et arrondissaient ce vaste fief ; les autres étaient disséminés, et donnaient à leur possesseur un pied dans des régions fort opposées. On ne doit pas compter le duché de Touraine, dont le Roi l'avait investi pour sa vie seulement et dont il jouit jusqu'à sa mort, malgré l'opposition de la Chambre des comptes [4].

[1] V. les instructions et les rapports de ses ambassadeurs dans le ms. fr. 3884 de la Bibl. nat., f°s 8, 30, 68.

[2] Bibl. nat., *ibid*, Arch. nat., P 1354[1], n°s 840-850.

[3] Ces archives, peu considérables, mais intéressantes, se sont conservées dans la Chambre des comptes d'Anjou. Elles comprennent des titres originaux sur Montpellier et Majorque, dont le plus ancien remonte à 1103. On y remarque aussi un mémoire juridique que Louis I fit rédiger pour justifier ses prétentions, contenant l'historique du royaume de Majorque et la copie d'un certain nombre de pièces à l'appui. Ce précieux volume a été ôté de sa place naturelle, aux Archives nationales, pour être classé dans la section dite *historique*, sous le titre inexact de *Cartulaire de Majorque* et sous la cote KK 1113.

[4] Arch. nat., J 375, n°s 2 et 3.

Mais Marie de Blois ou de Bretagne, fille du célèbre Charles de Blois, qu'il avait épousée dès 1360, et qui gouverna l'Anjou en son absence, avec Pierre d'Avoir pour lieutenant, lui avait apporté en dot plusieurs seigneuries importantes, et tous deux depuis en avaient acquis d'autres, également transmissibles à leurs enfants. On peut les grouper ainsi :

Dans l'Anjou et le Maine, mais en dehors du domaine primitif, la châtellenie de la Roche-au-Moine ou la Roche-au-Duc, achetée vingt mille francs d'or de Guillaume de Craon, vicomte de Châteaudun, sire de la Ferté-Bernard, en 1370 (revendue plus tard par la reine Yolande à Charles, sire de la Tour[1]) ; la seigneurie de Sablé et Précigné, cédée par Amaury, sire de Craon, qui s'en réserva l'usufruit, en 1371, et par Isabelle, son héritière, en 1376 (vendue ensuite par la reine Marie à Pierre de Craon, le 13 juin 1390, pour cinquante mille francs d'or, puis par celui-ci au duc de Bretagne, en 1392, pour le même prix, et enfin rachetée par Marie, en 1394, pour cinquante mille huit cents francs[2]) ; la terre de Brulon, acquise, en 1371, de Guillaume de Matefelon, chevalier, qui la tenait du sire de Craon, et sur le prix de laquelle douze cents francs d'or furent payés en 1380[3] ; celle de Mayenne-la-Juhel, comprenant Ernée, Villaines et Pontmain, apportée par Marie de Bretagne[4].

Dans le Poitou, la seigneurie de Mirebeau, acquise d'Isabelle, comtesse de Roucy et dame de Mirebeau, moyennant dix-huit mille francs d'or, en 1379[5] ; la seigneurie de Loudun, donnée au duc par Charles V, le 4 février 1367, aux mêmes conditions que l'Anjou, pour le dédommager de celle de Champtoceaux, qu'il lui avait fait céder au duc de Bretagne en exécution d'un traité de paix conclu avec ce dernier[6] ; les

[1] Arch. nat., P 1334^{3}, n° 7, f°s 2-8, et KK 1116, f° 542 v°.

[2] Arch. nat., P 1334^{3}, *ibid.*, et P 1344, n°s 586-602.

[3] Arch. nat., P 1334^{3}, *ibid.*, et P 1344, n° 606.

[4] Arch. nat., P 1334^{16}, n°s 54, 55.

[5] Arch. nat., P 1340, n° 478.

[6] Arch. nat., P 1340, n° 465. Le duc de Bretagne recéda Champtoceaux au duc

terres de Champigny-sur-Veude, de la Rajace et du Coudray, acquises de Jeanne, dame de Beauçay, femme de messire Charles d'Artois, en 1370 [1]; les châtellenies de Talmont, Allonne, la Chaize, les vicomtés de Curzon et de Brandois, les terres de la Chaume, des Sables d'Olonne et de l'Ile de Ré, données par Isabelle d'Avaugour, vicomtesse de Thouars, à sa nièce Marie de Blois, avec clause de retour conditionnel à Henri de Bretagne [2]; le fief de Renoué, acheté cinq cents francs d'or à Guyon Mauvoisin, en 1375 (transporté ensuite à l'abbaye de Fontevrault, en remboursement de neuf cents écus prêtés au duc par les religieuses en 1360 [3]).

Dans l'Ile-de-France et l'Orléanais, les comtés d'Étampes et de Gien, avec les châtellenies d'Aubigny et de Dourdan, cédés, sauf l'usufruit, par le comte d'Étampes en 1381, en même temps qu'une rente de deux mille livres sur le trésor royal (ces deux comtés, ou du moins les droits à leur succession furent donnés ultérieurement au duc de Berry en place de la principauté de Tarente, que Louis I lui avait promise et n'avait pu recouvrer [4]; les terres de Chailly et de Longjumeau, apportées par Marie de Blois [5]; trois hôtels à Paris, à Bicêtre et à Cachan, le dernier provenant, comme on l'a vu, de Duguesclin, qui le tenait du duc de Berry (passé plus tard à Charles d'Anjou, comte du Maine, qui possédait aussi les hôtels *de la grande et petite Barbette,* à Paris [6]).

En Normandie, la châtellenie de la Roche-Mabile et autres

d'Anjou en 1387, à la condition qu'il se chargerait d'une rente de deux mille livres tournois due par lui à Jeanne de Bretagne, comtesse de Penthièvre. (Arch. nat., P 1339, n° 435.)

[1] Arch. nat., P 1334[3], n° 7.

[2] Arch. nat., P 1341, n° 536.

[3] Arch. nat., P 1334[3], n° 7.

[4] Arch. nat., P 1345, n°s 641-648.

[5] Arch. nat., P 1334[1], n°s 51, 55. Ces deux terres réunies appartenaient à la maison de Blois ou de Bretagne depuis 1331 seulement. A cette date, Philippe de Valois les avait échangées avec le duc de Bretagne Jean III contre la ville de Saint-James de Bevron, que ce dernier tenait en don de Louis le Hutin. (*Ibid.*, P 1345, n° 640.)

[6] Arch. nat., P 1345, n°s 641-643; P 1334[17], n° 33.

terres en dépendant, que le Roi confisqua pour cause de rébellion sur Isabelle d'Avaugour et donna au duc en 1371[1]; le fief de Bovilette et tout ce que possédait dans ce pays le duc et la duchesse de Bretagne, qui le donnèrent en dot à leur fille Marie[2].

Dans le nord, le comté de Guise, y compris Hirson, Oisy, Englancourt, apporté encore par cette princesse[3]; le comté de Roucy, vendu au duc par Isabelle de Roucy en 1379, ainsi que le château de Rochefort et autres dépendances (biens revendiqués ensuite par l'oncle d'Isabelle, Simon de Braine, à qui le parlement les adjugea[4]).

Dans le Languedoc, le comté de Lunel, acquis en 1381 du comte d'Étampes, qui le tenait en don du roi Jean depuis 1361 (recédé à Isabelle, marquise de Montferrat, en 1382, à la place du revenu annuel que le duc devait lui servir, avec réversion, après la mort de cette princesse, à Jean, duc de Berry, pour la même raison que les comtés de Gien et d'Étampes[5]).

Louis I avait acheté, en outre, de Jean de Bucil le péage de Tours, avec des maisons dans cette ville; de Jean, sire du Faige (appelé ailleurs sire d'Usaiges), l'office de vidame du

[1] Arch. nat., P 1345, n° 633. Olivier Duguesclin, comte de Longueville, avait aussi des droits sur la Roche-Mabile : il les céda à la duchesse d'Anjou en 1398, moyennant la somme de quatre mille francs. (*Ibid.*, n° 634.)

[2] Arch. nat., P 1334[18], n°s 54, 55.

[3] Arch. nat., *ibid.* Le comté de Guise était venu dans la maison de Blois au commencement du XIIIe siècle, par Marie, fille de Gautier d'Avesnes et de Marguerite, comtesse de Blois; elle-même en avait hérité de son père (*Art de vérifier les dates*, XI, 393). On verra plus loin que ce fief fut vendu par René en 1433, pour faciliter le payement de sa rançon, à Jean de Luxembourg, comte de Ligny. Il revint en 1444 à Charles d'Anjou, comte du Maine, par suite de son mariage avec Isabelle de Luxembourg (P 1334[18], n°s 88, 89), et n'échut que plus tard à la maison de Lorraine, quoiqu'on lise dans un autre volume de l'*Art de vérifier les dates* (XIII, 402) qu'il forma l'apanage des cadets de Lorraine depuis le mariage du duc Raoul avec une autre Marie de Blois, vers 1334.

[4] Arch. nat., P 1334[3], n° 7; P 1345, n°s 650-653. *Art de vérifier les dates*, XII, 202.

[5] Arch. nat., P 1352, n°s 712, 713, 718, 719.

Mans, avec une rente sur la recette du Maine, puis d'autres rentes sur les châtellenies de Loudun et de Monsoreau, sur le péage de Langeais, sur l'échiquier et la vicomté de Rouen, etc. Par son testament, rédigé à Tarente le 26 décembre 1383 et suivi, l'année d'après, d'un codicille, il légua ces divers biens à Louis II, son fils aîné, excepté les comtés de Guise et de Roucy et la terre de Chailly, qui formèrent la part de Charles, prince de Tarente, son fils cadet. Si cependant le premier devenait maître du royaume de Naples, l'héritage du second devait être augmenté des comtés d'Étampes et de Gien et de la terre de Rochefort, ainsi que du duché de Duras et du comté d'Albe en Italie. Jean de Bueil et Pierre d'Avoir, conseillers du roi de Sicile, devaient aussi jouir pendant leur vie, le premier de Mirebeau, le second de la Roche-au-Duc [1].

Ces deux personnages étaient désignés par Louis I pour aider sa veuve dans le gouvernement de ses États pendant la minorité de son fils, ainsi que l'évêque d'Angers, l'évêque du Mans et plusieurs personnages notables. Marie se priva volontairement du secours de Pierre d'Avoir, qui lui portait ombrage ; mais elle utilisa fréquemment les lumières des autres dans l'exécution de la tâche multiple qui lui incombait. En Provence, elle sut pacifier les discordes civiles et affermir la domination de la maison d'Anjou, qui allait bientôt y devenir l'objet d'un religieux attachement. Des intrigues, nées à la fois de l'animosité de ses adversaires et de la jalousie des princes du sang, faillirent d'abord ébranler cette domination. Un certain nombre de gens d'Église, de nobles et d'autres habitants étaient venus supplier le Roi de prendre le pays sous sa protection pendant la lutte des deux partis. Charles VI et ses conseillers eussent été bien aises d'en prendre prétexte pour saisir le comté, et le duc de Berry s'y rendit lui-même pour sonder le terrain. Mais l'affaire échoua par le refus des Provençaux, et il résulta des informations prises que les sup-

[1] Arch. nat., P 1334[1], nos 33, 34, 35, 53; P 1334[3], no 7; P 1345, no 622; P 1380[2], no 3233; J 375, no 1; KK 1110, fo 541.

pliants étaient des partisans de Charles de Duras, n'ayant aucune mission pour demander la mainmise, mais seulement pour obtenir la médiation du Roi en faveur de la paix. Clément VII, qu'on avait dit favorable à cette tentative, s'en défendit vivement, et répondit aux ambassadeurs royaux qu'il soutenait les princes d'Anjou parce qu'ils avaient un droit certain sur la Provence; que, s'il eût pensé que le roi de France eût des titres supérieurs, il n'eût pas manqué de prendre ses intérêts, et qu'on l'avait calomnié en l'accusant d'avoir brûlé le testament du roi Robert, sur lequel on voulait appuyer les prétentions de la couronne[1]. L'habileté de la reine Marie, la mort de Charles de Duras, la lassitude du pays, contribuèrent à apaiser tous les débats : la révolte de Raymond de Turenne devait être la dernière manifestation d'opposition locale. Charles VI en personne et presque toute la maison de France assistèrent au couronnement de Louis II, que le pape célébra en grande pompe à Avignon, le 1er novembre 1389[2], et consacrèrent par leur présence l'autorité de la dynastie angevine : c'était toujours une dynastie française, et son affermissement pouvait être considéré comme une demi-annexion.

Louis II avait alors douze ans. Déjà son père, avant de mourir, avait fait négocier pour lui deux mariages qui devaient ménager à sa cause des appuis fort utiles, le premier en France, le second en Italie : Jeanne, fille du comte d'Alençon, et Lucie, fille du vicomte Barnabo, seigneur de Milan, furent successivement accordées au jeune prince[3]. Mais, pour des motifs qu'on ne connaît point, ces projets échouèrent. En

[1] Arch. nat., J 201, nos 2-5.

[2] V. « l'ordonnance et mystère de la coronation du roi Loys », aux Arch. nat., P 1334[2], no 7, fo 12 vo; reproduit dans le *Cérémonial* de Godefroi d'après un des anciens manuscrits de Brienne conservés à la bibliothèque du Roi.

[3] Des contrats furent même signés pour ces deux mariages, dont les historiens ne parlent pas. (Arch. nat., P 1334[17], nos 56, 57.) Le doge de Venise, avait, paraît-il, proposé une troisième alliance pour Louis II, celle de la propre sœur de Ladislas de Duras, qui eût éteint tout germe de discorde au royaume de Naples. (Villeneuve-Bargemont, I, 375.)

1370, la reine Marie commença à rechercher pour son fils une alliance encore plus brillante au point de vue politique, qui, par une obligation malheureuse, a toujours primé les autres dans les familles souveraines. Il ne s'agissait de rien moins que de faire épouser l'héritier d'Anjou à l'une des deux filles du roi Jean I d'Aragon, union qui pouvait prévenir la rivalité des deux maisons et déterminer l'intervention des Aragonais, maîtres de l'île de Sicile, contre Ladislas, fils de Charles de Duras, détenteur du royaume de Naples. On conçoit que ce projet devait rencontrer de grands obstacles, principalement à cause des prétentions léguées par Louis I à son fils sur la succession de Majorque. Une première promesse fut cependant échangée; puis, en attendant l'âge nubile, Louis II partit en Italie et poursuivit, avec l'aide de Charles VI [1], l'entreprise de son père, en s'emparant des châteaux de Naples et d'autres places importantes. Pendant ce temps, Jean d'Aragon mourut et son frère Martin lui succéda. Craignant sans doute un changement de politique, la cour de France, intéressée elle-même à ce mariage, fit demander au nouveau roi, en 1396, de confirmer les engagements pris par son prédécesseur. Sa démarche eut, au contraire, pour résultat de provoquer une protestation formelle de la future épouse contre toutes promesses antérieures. Dans cet acte singulier, qui était resté ignoré, Yolande déclare qu'elle n'avait que onze ans lorsque les délégués du roi de Sicile ont obtenu d'elle un consentement prématuré ; qu'à présent, parvenue à la puberté, elle n'a aucunement l'intention de persévérer ; si le chevalier envoyé par le roi de France ou toute autre personne lui arrache jamais une parole pouvant être interprétée dans un sens contraire, elle la désavoue à l'avance ; ce dont elle et ses parents demandent procès-verbal [2].

[1] Le Roi lui donna notamment, en 1391 et 1392, la moitié des aides levés pour la guerre dans ses pays d'Anjou, du Maine et autres, afin de lui permettre de conquérir le royaume de Sicile. (Arch. nat., K 54, n° 11.)

[2] « *Dixit verbotenus quòd, licet ipsa existens impubes, hoc est in undecimo anno sue etatis, contraxisset cum quibusdam procuratoribus illustri domini Ludovici,*

La jeune princesse agissait-elle, comme ces derniers mots le donneraient à entendre, sous la pression de son oncle? Ou son refus cachait-il un de ces caprices du cœur, si violents sous le ciel de l'Espagne? Quoi qu'il en soit, elle changea de sentiment, et on la vit bientôt se donner à sa nouvelle patrie avec autant d'ardeur qu'elle avait d'abord témoigné de répugnance. Louis, qui, au bout de neuf ans, avait éprouvé la perfidie des capitaines italiens et perdu ses conquêtes, était de retour depuis peu en Provence, lorsque les dernières difficultés furent aplanies. Il se déguisa pour aller attendre sa fiancée à Montpellier, voulant la juger par lui-même : il en revint très-épris, car c'était, au témoignage de Juvénal des Ursins, une des plus belles créatures qu'on pût voir [1]. Leur mariage fut solennellement célébré dans la ville d'Arles, le 1er décembre 1400 [2], et suivi de fêtes brillantes. Yolande avait alors environ vingt ans, et Louis vingt-trois. Ainsi fut consommée cette alliance qui devait être si heureuse pour la maison d'Anjou et pour la France tout entière. Les hommes en espéraient des fruits qui ne se réalisèrent pas. Mais Dieu, qui comprend mieux que nous notre bonheur, en fit découler des avantages bien plus précieux : au lieu de provinces, au lieu d'appuis ou de droits nouveaux, la maison royale acquit par là une femme supérieure, une de ces reines-mères comme l'Espagne en a donné plusieurs fois à notre pays, mais tempérant par un mélange

Jherusalem et Sicilie regis, per verba de presenti denotancia matrimonium inter eam et dictum Jherusalem et Sicilie regem, non tamen fuit ipsa domina infantissa, ex quo ad annos pubertatis devenit, intencionis perseverandi et persistendi in voluntate;... imo protestata fuit quòd, si forte cuidam militi, qui ad dictum dominum regem Aragonie patrem suum ex parte Francie regis pro negociis, ut dicebatur, dicti regis Jherusalem et Sicilie noviter venerat, aut alicui alteri persone, tunc vel eciam in futurum, ipsa diceret aut faceret aliqua que trahi possent fortassis ad denotacionem perseverancie seu persistencie voluntatis premisse, non intendebat illa dicere aut facere ea mente... » (Bibl. nat., Lorraine 26, n° 18.)

[1] Villeneuve-Bargemont, I, 375. Il existe encore un portrait d'Yolande sur un des vitraux de la cathédrale du Mans, reproduit par M. de Lasteyrie dans son *Hist. de la peinture sur verre* (pl. LII).

[2] Bibl. nat., ms. lat. 17332, calendrier.

de sang français les qualités énergiques de sa race paternelle[1], d'une vertu exemplaire, d'une rare intelligence, ambitieuse pour ses enfants, mais d'une ambition juste et honnête, ne l'empêchant pas de chercher le bien de ses sujets. Elle devait former René et Marie d'Anjou : elle allait élever aussi un Dauphin proscrit, abandonné des siens, et conserver à la France démembrée le dernier espoir de la royauté nationale.

Les années qui suivirent son mariage furent partagées par Louis II entre l'administration de l'Anjou et de la Provence et le service de son malheureux cousin Charles VI, dont il protégeait la faiblesse au conseil comme dans la guerre. Bientôt, en effet, commença la triste lutte des Armagnacs et des Bourguignons, qui divisa toute la nation en deux partis acharnés. La gloire du duc d'Anjou fut de ne s'associer à aucune de ces factions, mais de s'attacher uniquement aux intérêts du Roi et de la nation ; aussi gagna-t-il promptement l'estime et l'amour de tous deux. Cependant ses alliances et une sympathie naturelle l'attiraient plutôt du côté du duc d'Orléans. Le meurtre de ce prince, le 23 novembre 1407, vint tout à coup attiser plus vivement la discorde. Louis fut presque témoin du drame fatal : il reçut même, suivant Alain Chartier, des aveux échappés au coupable dans un moment de trouble et de remords. Le duc de Bourbon, survenant après l'entretien, lui reprocha d'avoir laissé sortir le duc de Bourgogne sans le faire arrêter. Mais la douleur d'avoir perdu un tel parent l'avait stupéfié ; il n'avait pas voulu en perdre un second à la fois[2].

Cependant l'horreur inspirée par cet événement ne fut pas moins grande chez lui que dans le public. Il la manifesta hautement, et, malgré la puissance de Jean sans Peur, devenu plus redoutable que jamais, il lui en donna un peu plus tard une preuve éclatante. Catherine de Bourgogne, fille de ce prince, venait d'être promise et fiancée, un mois auparavant,

[1] La mère d'Yolande d'Aragon était Yolande de Bar, petite-fille du roi Jean.
[2] Alain Chartier, éd. Duchesne, p. 11.

au fils aîné du roi de Sicile, qui devait être un jour Louis III et qui n'était encore qu'un enfant de quatre ans [1]. Elle avait été remise aux parents de son futur mari pour être élevée avec lui, suivant un usage qui diminuait l'inconvénient de ces unions forcées en permettant aux enfants destinés l'un à l'autre de se connaître et de s'aimer de bonne heure. On espérait éteindre par là les germes de l'hostilité naissante des deux maisons princières. L'attentat de 1407 creusa, au contraire, un abîme entre elles. En vain le duc de Bourgogne, craignant d'avoir besoin de l'appui de Louis II, fit-il miroiter à ses yeux la perspective d'un secours important pour l'aider à reconquérir son royaume de Naples; en vain s'engagea-t-il à lui payer quarante mille écus et lui promit-il ensuite un complément de dot bien plus considérable [2] : l'honnêteté de son cousin ne put être vaincue. Après quelques hésitations, le duc d'Anjou se décida à rompre les conventions déjà conclues plutôt que de s'allier au meurtrier. Catherine fut solennellement reconduite à Beauvais par Jean de Tucé, avec le somptueux trousseau qu'elle avait déjà reçu, consistant en vaisselle d'or et d'argent, bijoux, habillements, meubles et tapisseries, ornements de chapelle, chevaux et équipages. Pierre de la Trémoïlle, sire de Dours, et Thierry Gherbode, conseillers de son père, vinrent la reprendre là, et donnèrent, le 15 novembre 1413, quittance de tous ces objets, sauf une couronne de pierreries et quelques pièces de vaisselle, pour lesquelles une obligation leur fut signée et qui servirent plus tard de base à des réclamations exagérées [3]. L'affront, quoique mérité, était sanglant : la

[1] Le traité de mariage avait été signé le 22 octobre 1401. (Arch. nat., P 1334[18], n° 63.)

[2] Obligations des 31 janvier et 1er février 1840. (Arch. nat., P 1334[18], n° 60.) V. Villeneuve-Bargemont, I, 13.

[3] V. l'inventaire du trousseau et la quittance publiés, d'après l'original conservé aux Archives nationales, dans les *Extraits des comptes et mémoriaux du roi René*, n° 38. On a aussi attribué le renvoi de Catherine à l'amitié qui unissait Louis II et le duc de Bretagne et au dessein conçu par le premier de marier son fils à la fille du second. (*Art de vérifier les dates*, XIII, 75). Il fut question, en effet, de cette alliance; mais les premières négociations n'eurent lieu que quatre

maison de Bourgogne ne pardonna pas, et ce fut là l'origine principale de son acharnement contre le roi René et sa famille.

C'est dans l'intervalle que ce dernier vint au monde, comme nous l'avons vu. Un an après sa naissance, Louis II fit une seconde descente en Italie. Son parti s'y était maintenu avec assez d'avantage. La ville de Tarente lui avait rendu l'hommage, et un grand nombre de seigneurs napolitains lui avaient prêté serment dans les mains de son lieutenant Jacques de Bourbon, comte de la Marche [1]. Rappelé par eux, il nomma la reine Yolande lieutenant-général en son absence, et partit d'Angers le 12 mars 1410 [2], pour aller s'embarquer à Marseille. Le clergé de Provence se cotisa pour lui offrir une galère, en dédommagement de ses dépenses et des efforts qu'il tentait pour arracher aux ennemis de l'Église le patrimoine de saint Pierre [3]. En effet, reconnu par le concile de Pise et par le pape Alexandre V, il rendit à ce pontife la possession de Rome, usurpée par Ladislas. Puis, à la suite d'un combat naval malheureux, il vint se refaire en Provence une nouvelle armée, avec laquelle il battit complétement son rival, le 19 mai 1411, sur les bords du Garigliano. Cette victoire lui assurait le trône de Naples ; mais sa lenteur et les nouvelles trahisons des généraux italiens lui en firent perdre tous les fruits. Obligé d'abandonner une seconde fois le royaume, il ne voulut plus y remettre les pieds, même quand la mort de Ladislas lui en fournit l'occasion.

ans plus tard (Arch. nat., P 1334[18], nº 69) : ainsi elles ne purent avoir d'influence sur la détermination du duc d'Anjou.

[1] Arch. nat., P 1351[2], nºs 856-858.

[2] Et non en 1409, comme on l'a dit (*Art de vérifier les dates*, X, 420 ; XVIII, 342). On lit, en effet, dans les mémoriaux de la Chambre des comptes d'Angers : « *Die* XII[a] *mensis marcii* M CCCC[o] IX (1410 n. st.), *Ludovicus, rex Sicilie, dux Andegavie, etc., recessit ab ecclesiâ beati Mauricii Andegavensis, pro eundo apud Romam et Ytaliam. Et illâ die erat festum beati Gregorii ; et dictus dominus rex, unacum consorte suâ Yolendâ, pergerunt apud Salmurium, etc.* » (Arch. nat., P 1334[1], fº 107 vº.)

[3] Arch. des Bouches-du-Rhône, B 10, fº 4.

Il n'eut pas plus de succès dans la revendication du trône d'Aragon, qu'il entreprit à la mort du roi Martin, et pour laquelle la reine Yolande, nièce de ce dernier et sa plus proche héritière, repassa en vain les Pyrénées. Cette succession lui eût apporté en même temps celle de Majorque, à laquelle il prétendait toujours, car il fit avec le roi de Portugal un traité portant que toutes les terres qui en dépendaient et qui seraient reprises sur les Aragonais seraient aussitôt remises en sa possession [1]. Mais un événement des plus heureux pour sa maison allait le dédommager à la fois de ces échecs et de l'inimitié du duc de Bourgogne. Après avoir dirigé au nom de Charles VI une campagne victorieuse contre le comte d'Alençon révolté, il vit sa fidélité récompensée par la plus haute des alliances: sa fille aînée, Marie, fut solennellement fiancée au plus jeune fils du Roi, à Charles, comte de Ponthieu, plus tard Charles VII.

C'était peu de temps après le renvoi de Catherine de Bourgogne. La reine de Sicile, sentant la nécessité de parer à la situation menaçante qui en résultait et d'opposer aux alliés répudiés des alliés plus forts, entreprit elle-même de faire décider ce mariage. Dans ce but, elle quitta le château d'Angers pour se rendre auprès d'Isabelle de Bavière, le 21 octobre 1413. Elle s'arrêta au manoir de Marcoussis, appartenant au frère de cette princesse, et elle y fut rejointe par son mari, qui présidait à Paris le conseil royal. Là, sans doute, eurent lieu des entrevues dans lesquelles toutes les conventions furent arrêtées. Les deux reines qui se rencontraient offraient un saisissant contraste, qu'un avenir prochain allait encore accuser davantage: l'une, mère avant tout, sérieuse et croyante comme une

[1] Arch. nat., P 1354[1], n° 851. Yolande conserva néanmoins plusieurs terres en Espagne, qu'elle avait héritées de sa mère et qu'elle donna plus tard à sa fille Marie d'Anjou, pour sa complaisance et sa tendresse filiale, savoir: *castra et loca de Borgia et de Magaliono*, *in regno Aragonie situata*, etc. (Arch. nat., J 880, n° 32.) Le roi d'Aragon les ayant reprises, Charles VII en réclama la possession en 1451; mais on ne lui répondit que par des fins de non-recevoir. (*Ibid.*, J 917, n° 1.)

Espagnole, s'était faite Française dans l'âme; l'autre, légère et cupide, arrivée par degrés de la passion rêveuse à la sensualité brutale, double caractère des natures germaniques, devait bientôt se jeter dans les bras des Anglais. Toutes deux, cependant, se trouvaient momentanément rapprochées par un intérêt commun. Leurs familles espéraient, en s'appuyant l'une sur l'autre, acquérir la force nécessaire pour résister victorieusement aux violences des factions. Elles tombèrent donc facilement d'accord, et, au mois de décembre, Yolande fit une visite officielle à Isabelle dans l'hôtel Barbette, à Paris, où elle fut somptueusement traitée. Elle reçut en présent six hanaps d'or émaillés, et d'autres objets précieux pour ses enfants et sa suite. Puis, le 18 du même mois, la cérémonie des fiançailles fut célébrée au palais du Louvre, en présence de Louis II et de sa femme, de Louis, duc de Guyenne, Dauphin de France, de Charles, duc d'Orléans, de Philippe, comte de Vertus, de Charles d'Artois, comte d'Eu, et de Bernard, comte d'Armagnac. Le malheureux roi Charles VI, pris alors d'un de ses accès furieux, n'y put assister. Yolande repartit le 9 janvier pour Marcoussis, et le 5 février pour Angers, emmenant avec elle les deux fiancés, les deux enfants, pour mieux dire, car ils étaient âgés l'un de dix ans, l'autre de neuf [1].

On ne sait vraiment auquel des deux l'habile princesse rendit en cette circonstance le plus grand service. Marie d'Anjou devenait la belle-fille du roi de France et consolidait la fortune de sa maison ; mais rien ne faisait encore présager qu'elle deviendrait reine un jour, le comte de Ponthieu ayant deux frères aînés, appelés à monter avant lui sur le trône. Si elle-même eut la fortune d'y arriver, elle n'y trouva pas le bonheur et ne goûta pas longtemps les joies domestiques. Charles, au contraire, gagna tout de suite à cette union un immense avantage. Pour le comprendre, il faut se représenter la situation

[1] Compte de la reine de Sicile (Arch. nat., KK 243). *Chron. du religieux de Saint-Denis*, éd. Bellaguet, V, 231. Vallet, *Hist. de Charles VII*, I, 11-13.

de ce prince infortuné, placé, dès son berceau, entre un père en démence et une mère adonnée au vice, exposé, de plus, à servir d'enjeu ou de victime aux sanglantes querelles des partis. Son dernier historien nous apprend qu'il était élevé, dans ses premières années, sous les yeux d'Isabelle de Bavière, avec ses frères et sœurs, et, bien que le même auteur attribue à cette reine si justement décriée une certaine tendresse pour ses enfants, il avoue que ceux-ci « respiraient l'atmosphère de l'élégante orgie » au sein de laquelle elle vivait. Un peu plus loin, il ajoute « qu'elle ne transmit pas à son fils des communications morales qu'elle ignorait [1] ». Outre l'abandon, outre des principes détestables, une fatale déviation le menaçait, et avec lui toute la France : s'il restait aux mains de sa mère, il était entraîné à épouser comme elle la cause anglaise, il perdait le sentiment de son origine, et le pays sa dernière ancre de salut. Yolande, sans doute, n'eut pas la pleine conscience de ce suprême danger ; mais elle le pressentait, et elle ne devait pas ignorer les autres. En arrachant l'enfant royal d'un milieu aussi corrupteur, et en même temps si lugubre, elle inaugurait dignement cette influence salutaire et persistante, déjà signalée par de récents travaux [2], et dont j'espère fournir des preuves nouvelles. Elle ne pouvait, certes, empêcher le sang maternel de couler dans les veines de son gendre ; mais on la verra du moins, tant qu'elle vivra, diriger sa conduite publique et privée de façon à le préserver de tout écart.

Charles ne quitta presque plus sa belle-mère, ou mieux sa *bonne mère*, ainsi qu'il l'appela, comme pour la distinguer de celle qui se montra si mauvaise mère à son égard. Il la suivit dans ses pérégrinations, séjournant avec elle et ses enfants dans ses châteaux d'Anjou et de Provence. C'est ici que nous retrouvons René. Mêlant leurs occupations et leurs jeux, les deux jeunes princes grandirent côte à côte, au milieu des saines distractions de l'étude, de l'apprentissage des armes et des

[1] Vallet, *Hist. de Charles VII*, I, 4, 6.

[2] Vallet, *op. cit.*, *passim*; de Beaucourt, *Revue des questions historiques*, 18e livraison, p. 353 et suiv.

voyages ; ils reçurent, pendant plusieurs années, la même éducation [1]. Cette remarque n'est pas sans importance ; car elle explique l'amitié constante qui les unit plus tard et l'étroite union de leur politique. Les liaisons d'enfance sont toujours les plus durables, et celle-ci devait porter ses fruits pour l'un comme pour l'autre. Les fils et les filles du roi de Sicile avaient, jusque-là, presque toujours accompagné leur mère, même à Paris, où ils avaient assisté à la célébration des fiançailles de Marie. Seulement René, dans les premiers temps de sa vie, restait en Anjou, confié probablement à sa fidèle Tiphaine. Les comptes qui nous permettent de suivre la trace de sa famille nous montrent la reine Yolande séjournant, en 1414, à Angers, à Saumur et à Tours, avec le comte de Ponthieu *et ses autres enfants*. L'année suivante, elle part au mois de janvier pour la Provence avec « M. et Mme de Ponthieu », et retrouve à Tarascon Louis II, son mari. Tous reviennent en Anjou vers l'automne, en passant par Paris. A la fin du mois de février 1416, le roi et la reine de Sicile, « M. de Guise (Louis III, leur fils aîné) et *M. René* » se rendent de nouveau dans la capitale du royaume, où M. et Mme de Ponthieu les rejoignent quelque temps après [2]. C'est, on le voit, par son seul nom de baptême qu'est alors désigné le cadet d'Anjou, et non, comme on l'a dit, par le titre de comte de Piémont, qu'il possédait peut-être sans le porter ordinairement [3].

Durant ce dernier voyage à Paris, il faillit être enveloppé avec les siens dans un horrible massacre projeté par le parti

[1] René, au dire de Bourdigné, qui écrivait un peu après sa mort, aurait eu pour précepteur un chevalier lettré du nom de Jean de Proissy, et aurait reçu de lui des leçons variées, « vacquant l'une fois aux armes et l'aultre aux lectures; et tant prouffita en tous les deux exercices, qu'il estoit tenu en iceulx, plus que son jeune aage ne requéroit, expérimenté et savant ». (V. de Quatrebarbes, tome I, p. XI). Mais il est probable que ce maître ne lui fut donné que plus tard, par le cardinal de Bar.

[2] Comptes de la reine de Sicile (Arch. nat., KK 213). V. l'Itinéraire de René.

[3] Son historien le lui fait donner dès sa naissance. (Villeneuve-Bargemont, I, 10.)

bourguignon, dont la fureur ne connaissait plus de bornes depuis que la maison d'Anjou avait pris tant d'empire sur la cour de France et qu'elles s'appuyaient l'une sur l'autre pour résister à leur ennemi commun. Les conjurés voulaient jeter le Roi en prison, tuer la reine Isabelle, le grand chancelier, la reine Yolande et beaucoup d'autres; quant au roi de Sicile, il devait être rasé, mené par la ville, en compagnie du duc de Berry, « sur deux ords bouveaux », et mis à mort ensuite. Le complot n'échoua que par une circonstance fortuite [1]. Ce fait seul montre combien l'influence du roi et de la reine de Sicile était redoutée des factieux, et quel était le déplorable état des esprits chez les Parisiens.

Échappés au péril, les parents de René revinrent avec lui à Angers, au mois de janvier 1417 [2]. Ils y étaient depuis peu, quand la mort inopinée du Dauphin Jean vint faire du prince Charles l'héritier présomptif du trône. Déjà leur frère aîné, le premier Dauphin, avait succombé tout jeune, deux ans auparavant. La disparition du second paraissait un coup providentiel, destiné à grandir encore la puissance angevine et à punir les Bourguignons de leur criminelle tentative: aussi crièrent-ils au meurtre, à l'empoisonnement, comme il arrive presque toujours quand une famille royale est subitement décimée [3].

Charles prit donc possession du titre de Dauphin et du gouvernement du Dauphiné. Louis II continua de l'entourer de ses conseils et de diriger les affaires. Mais il eut à peine le temps d'entrevoir les hautes destinées de ses enfants: une maladie de vessie, dont il souffrait depuis quelque temps, l'emporta, le 29 du même mois, à l'âge de quarante ans [4]. Tous

[1] Monstrelet, éd. Douet d'Arcq, III, 140.

[2] Arch. nat., KK 243.

[3] La mort du prince Jean fut causée par une fistule à l'oreille. V. Vallet, *Hist. de Charles VII*, I, 24.

[4] « Le jeudy penultiesme jour d'avril 1417, le roy de Sicile, que Dieu absoille, ala de vie à trespas au chasteau d'Angers, et, le lendemain dernier dudit mois, fut porté en l'église de monsieur sainct Morice d'Angers, et illec enterré le samedy

les siens étaient réunis autour de lui au château d'Angers. On rapporte qu'il serra plusieurs fois le Dauphin dans ses bras, en lui recommandant de ne jamais se fier au duc de Bourgogne, mais d'employer cependant tous les moyens possibles pour vivre en bonne intelligence avec lui [1]. Sage conseil, qui était tout un plan politique, et dont le futur roi devait bien se trouver. Par suite de cet événement, le jeune Louis III, âgé de treize ans et demi, devenait roi de Sicile, duc d'Anjou, comte de Provence, et René comte de Guise, nom qui lui fut dès lors attribué. Mais la jeunesse de ces princes et la grande expérience de leur mère firent décerner à celle-ci, par son époux mourant, l'administration de leur personne et de leurs biens, en attendant qu'ils atteignissent la limite d'âge requise (*legitime etatis*). Louis leur enjoignait d'une manière expresse, dans son testament, d'obéir en toutes choses à la reine régente et de la révérer jusqu'à son dernier jour. Il leur faisait la même recommandation qu'au Dauphin, celle de tâcher de s'accorder avec le duc de Bourgogne, ajoutant, avec un accent sincère, qu'il lui pardonnait tout et le priait de lui rendre la pareille [1]. Le comte de la Marche, qui avait trahi sa cause en Italie, était aussi pardonné, mais sans préjudice des droits appartenant à Louis III et à ses successeurs sur le royaume de Naples. A la grandeur d'âme le roi de Sicile joignait la modestie : il déclarait vouloir être enterré à Saint-Maurice d'Angers, entre

premier jour de may ensuivant. » Godefroi, *Hist. de Charles VI*, p. 195. V. aussi Vallet, *Hist. de Charles VII*, I, 43. Cette version est cependant contredite par un des calendriers cités plus haut, qui fait mourir Louis dès le 27 avril. Mais la date du 29 est plus généralement adoptée et plus vraisemblable, car son testament fut rédigé le 27. Déjà atteint de sa dernière maladie en Provence, le duc d'Anjou s'était fait soigner là par trois médecins juifs, « Bénédit du Cannet, d'Arles, Bellaut, de Tarascon, et Mossé Marveau, de Marseille. » (Arch. des Bouches-du-Rhône, B 272, f° 87.)

[1] « *Ceterum dictus dominus testator, in quantum potest, consulit et advertit concordiam fieri cum duce Burgundie, cui dictus dominus testator, in quantum sibi per dictum ducem foret forefactum, indulget, et eciam quòd placeat eidem duci Burgundie indulgere predicto domino testatori, si quid erga ipsum forefecit, tocius malivolencie et rancoris materià depositâ.* » (Arch. nat., P 1334[17], n° 44.)

le maître-autel et l'autel de saint René, dans un tombeau qui ne fût « ni grand ni élevé, mais *médiocre* ».

Yolande était, de plus, nommée en tête des exécuteurs testamentaires. Quant aux legs domaniaux, ils étaient concis : Louis laissait toute sa succession à son fils aîné, sauf les biens constituant le douaire de sa femme[1], les terres de Guise, Chailly et Longjumeau, formant la part de René, son cadet, et celle de la Roche-sur-Yon, donnée à Charles, son plus jeune fils, avec d'autres non désignées qui devaient compléter la valeur de quatre mille livres tournois de rente. Les deux filles du testateur avaient déjà reçu leur portion par leur contrat de mariage[2] : il n'y était rien ajouté. Mais elles étaient substituées comme héritières universelles à leurs frères, substitués eux-mêmes l'un à l'autre en cas de défaut de postérité. L'un des trois, de toute façon, devait faire sa résidence continuelle dans le comté de Provence : les événements empêchèrent l'exécution de cette clause intéressante.

Dans un testament antérieur, fait le 10 février 1411, René avait une part d'héritage plus considérable : Guise, Chailly, Longjumeau, Aymeries en Hainaut[3], Berre et Martigues en Provence. Un codicille du 30 juin 1412 lui garantissait une

[1] Le douaire d'Yolande comprenait Mirebeau et Saumur, dont la reine douairière Marie de Blois se dessaisit en sa faveur moyennant compensation, le péage de Tarascon, qu'elle échangea contre la Ferté-Bernard, et enfin les terres de Brignoles, Saint-Remi et Barjols, en Provence. Elle n'avait elle-même apporté en dot que ses droits successifs. (Arch. nat., P 1336, n° 294 ; P 1338, n° 388 ; P 1340, n° 479 ; P 1341, n°s 579-581 ; P 1351, n°s 676, 687.)

[2] Yolande, seconde fille de Louis II, était mariée depuis 1412 à Jean d'Alençon (Arch. nat., P 1334[14], n° 67). Elle épousa en secondes noces François, duc de Bretagne, et mourut en 1440, le 17 juillet, suivant l'*Art de vérifier les dates* (XIII, 231), le 16 ou le 17 avril, suivant l'indication des calendriers de la maison d'Anjou.

[3] Cette terre, acquise sans doute depuis peu, dépendait du comte de Hainaut, qui donna à la reine de Sicile, en 1418, une lettre de souffrance d'hommage à son sujet. Sa propriété était contestée entre ce seigneur et Louis II, ainsi que celle de Pons-sur-Senne, Quarte, Doulers et Raimes. (Arch. nat., P 1334[17], n° 53, f° 14 ; P 1350, n° 657.) Aymeries et Raimes appartinrent cependant à René, qui fut forcé de les aliéner en 1437.

compensation si ces terres se trouvaient grevées ou engagées au moment de l'ouverture de la succession [1]. Mais alors son frère Charles n'était pas né [2], et lui-même ne paraissait pas encore appelé à la haute fortune qui l'attendait d'un autre côté : en 1417, au contraire, il en était déjà question, et c'est vraisemblablement pour ces motifs que sa part dans les biens paternels fut réduite. On voit que le domaine de la maison d'Anjou était resté à peu près le même depuis la mort de Louis I. Jusqu'à l'avénement de René, il ne subira pas de modifications importantes, sauf celles que je signalerai tout à l'heure dans le comté de Provence. Il faut mentionner cependant l'acquisition faite par Louis II des châtellenies de Louplande, Attenay, Voivres, dans le Maine, et du fief de Pocé, près Saumur. La terre de la Ferté-Bernard lui fut, en outre, adjugée par un arrêt du parlement, comme hypothèque des cent mille ducats dissipés par Pierre de Craon, sur qui elle avait été saisie : elle demeura depuis unie au comté du Maine, quoique ne faisant pas partie de l'apanage [3].

A partir du jour de la mort de son mari, Yolande d'Aragon, qui auparavant avait déjà pris une large part à la direction des affaires, commença un véritable règne. En effet, les destinées de ses deux fils Louis et René allaient bientôt les entraîner loin des États paternels, et laisser à elle seule le poids du gouvernement. La régence qui lui était confiée se prolongea bien au-delà du terme de la majorité du nouveau roi de Sicile, qui lui renouvela lui-même ses pouvoirs pendant sa longue absence [4]. Avant donc de parler des expéditions de ce prince et de commencer le récit des faits qui concernent spécialement son frère, il est nécessaire de jeter un rapide coup d'œil sur la façon dont leur mère et tutrice s'acquitta de sa tâche, et de sacrifier un instant l'ordre chronologique pour suivre les pro-

[1] Arch. nat., P 1334[17], n°s 42, 43.

[2] Charles d'Anjou, plus tard comte du Maine, ne vint au monde que le 14 octobre 1414. (Ms. lat. 17332, calendrier.)

[3] Arch. nat., P 1336, n°s 206, 208 ; P 1344, n° 607 ; P 1380[2], n° 3233.

[4] Arch. nat., P 1334[2], n° 7, f° 40 v°.

grès de l'influence de la maison d'Anjou jusqu'à l'époque où René devait en recueillir l'héritage. Cette tâche était double : elle comprenait d'une part l'administration des domaines de l'apanage et du comté de Provence, de l'autre la défense des intérêts particuliers du Dauphin et, par suite, des intérêts généraux du royaume.

L'administration intérieure d'Yolande s'ouvre par une réforme dans la maison royale. Dès la mort de Louis II, les gens de l'hôtel cessent d'y être nourris et d'y prendre des *livrées,* c'est-à-dire de dilapider les provisions de toute espèce. La dépense est diminuée, la comptabilité devient plus sévère. Du reste, les comptes tenus par le maître de la Chambre aux deniers, Jean Porcher, offraient déjà une grande régularité ; on y trouve, outre les dépenses et les recettes ordinaires de chaque mois, le détail par personne de toutes les sommes dues [1].

En Provence, des dons collectifs, des ambassades chargées de félicitations accueillent le nouveau règne [2]. La reine répond par des concessions libérales aux demandes des trois états, portant principalement sur l'exercice de la justice, la création d'un juge-mage, le rétablissement des sénéchaux, la diminution des impôts, la suppression de la vénalité des charges et l'interdiction aux étrangers d'en occuper [3]. Les antiques privilèges du pays sont rétablis ; d'autres sont octroyés, notamment à la ville de Martigues, en 1419 [4]. Mais le bien-être du peuple et la protection du pauvre préoccupent surtout la régente. On la voit défendre aux capitalistes (*dardanarii*) de spéculer sur la disette des grains et d'en accaparer des quan-

[1] Arch. nat., KK 243, 244. V. aussi un compte dressé par le successeur de Porcher, Jean Dupont, et relié à tort avec un compte de la chapelle de Compiègne (Bibl. nat., ms. fr. 8588).

[2] La ville de Tarascon donne une coupe d'argent doré du poids de quatre marcs, aux armes d'Yolande, et deux mesures de vin, l'une de blanc, l'autre de clairet, pour le joyeux avénement de Louis III. (Meyer, *Inv. des archives de Tarascon,* BB 6.) Cf. Papon, *Hist. de Provence*, III. 321.

[3] Arch. de Tarascon, FF 2 ; Papon, *ibid.*

[4] Arch. nat., P 1380[1], n° 3211.

tités considérables, achetées à bas prix, pour les revendre ensuite fort cher ou les expédier hors du comté. Elle rétablit dans son honneur et ses droits une femme accusée à tort d'avoir exercé un métier déshonnête et d'avoir néanmoins porté des joyaux. Ceux qui tiennent des propos séditieux ou injurieux contre sa personne sont l'objet d'une clémence particulière [1]. De tels procédés lui gagnent bien vite tous les cœurs, et font naître chez les Provençaux ce culte des princes angevins qu'ils pousseront si loin sous le règne du bon roi René. Aussi la contrée jouit-elle d'une paix qu'elle n'a pas connue depuis bien longtemps, et que vient seule troubler l'irruption d'Alphonse d'Aragon à Marseille, en 1423. En même temps, la régente agrandit le domaine des comtes de Provence: elle y réunit la baronnie de Baux après la mort d'Alix, dernière titulaire [2]; celle de Berre, aliénée précédemment, est rachetée par elle, en 1419, de Nicolas Ruffi, comte de Cotrone et de Catanzaro, avec ses dépendances, Alanson, Istre, Martigues [3]; Lunel, annexé déjà par Louis I, puis recédé, comme on l'a vu, lui est légué, la même année, par son dernier seigneur, Arnaud Baile, sous la réserve de la suzeraineté du roi de France [4]. Mais, à la suite de négociations des plus pénibles avec le comte de Savoie au sujet de Nice, que ce prince réclamait en dédommagement des dépenses faites par lui pour aider le premier duc d'Anjou en Italie, elle est entraînée à conclure une transaction qui lui livre cette ville et son comté [5]; traité léonin, qui fut presque arraché par la force, et dont la validité a été plus d'une fois contestée. Nous aurons ailleurs l'occasion de revenir sur l'affaire de Nice, qui

[1] Arch. des Bouches-du-Rhône, B 271 et 272. Inventaire, p. 86, 87.

[2] *Art de vérifier les dates*, X, 422.

[3] Arch. nat., P 1351, nos 668, 669. Yolande donna plus tard ces seigneuries à son plus jeune fils Charles d'Anjou, en s'en réservant l'usufruit. (*Ibid.*, P 1380[1], no 3168.)

[4] Arch. nat., P 1352, no 722. Charles VII lui céda à son tour, en 1423, tous ses droits sur Lunel, sauf l'hommage, le ressort et la souveraineté. (*Ibid.*, no 728.)

[5] Arch. nat., J 847, no 14

jette seule une ombre sur les succès de la politique de la reine de Sicile.

L'Anjou ne pouvait goûter, à cette époque, la même tranquillité que la Provence. L'invasion anglaise était venue jusque-là ; mais les efforts combinés du Dauphin et d'Yolande l'empêchèrent d'aller plus loin. L'importante bataille de Baugé, où le duc de Clarence fut tué, le 22 mars 1421, marqua le terme de ses progrès de ce côté [1]. La résistance devint dès lors plus énergique. Le prince Charles, régent du royaume, chargea sa belle-mère de la défense de l'Anjou et du Maine, en lui offrant trente mille francs de subside annuel [2]. L'ennemi, qui s'était approché des portes d'Angers, pilla et rançonna encore certaines parties du duché ; mais il n'en prit jamais possession. Le Maine, moins heureux, tomba en son pouvoir. En 1424, Henri VI, pour s'assurer la conquête des deux provinces, les donna solennellement au duc de Bedford, à la charge de s'en emparer. Cet acte fut fait à l'instigation du duc de Bourgogne, qui espérait sans doute arriver par là, sans qu'il lui en coûtât rien, à ruiner cette maison rivale,

[1] Les mémoriaux de la Chambre des comptes d'Angers contiennent une relation officielle de la bataille de Baugé qu'il sera intéressant de comparer avec les récits des chroniqueurs, reproduits ou analysés dans l'*Histoire de Charles VII* (I, 241-253) et dans la *Revue de l'Anjou* (année 1869, p. 180 et suiv.). En voici le texte : « Du fait de la première destrousse des Angloys faicte à Baugé. — Le samedi XIIe jour de mars, voille des granz Pasques, l'an de grâce mil CCCC XX, ou cymetière du vieil Baugé, environ IIII heures après disner, fut faicte la desconfiture du duc de Clarence et de pluseurs grans seigneurs angloys ; lequel duc estoit frère du roy Henry d'Angleterre. Et estoient en nombre, selon le rapport fait par ceulx qui furent à la besongne, environ MV[c] hommes d'armes de toute trye. Et des Françoys y furent le sire de la Fayete, mareschal de France de par monseigneur le Dalphin de Viennois, régent le royaume, le sire de Fontaines, le sire de Tussé, nommé Baudoin de Champaigne, messire Jehan de la Grézille, messire Jehan des Croix, le Roncin, et plusieurs nobles chevaliers et autres des pays d'Anjou et du Maine, les contes de Bouchau (Bucan) et de Vitton (Wigton), et autres Escoçays en grant nombre. Et y furent mors messire Charles Lebouteiller, Guérin de Fontaines, messire Jehan Ouvroin, chevalier, et Thebaut Bahoul, escuier, etc. » (Arch. nat., P 1334[4], f° 142.)

[2] Arch. nat., P 1334[5], f° 39.

dont la puissance l'irritait [1]. La fidélité de l'Anjou déjoua son dessein, et Bedford, devenu la même année maître du comté du Maine, dut se contenter de cette moitié de son fief. Les Angevins, toutefois, ne résistèrent pas sans endurer des maux infinis : leur pays, devenu frontière, fut surtout épuisé par les *appatis,* contribution de guerre intolérable, levée aussi bien par les Français que par les Anglais. Ils eurent plus tard à subir cette vexation de la part du trop fameux Gilles de Rais, qui profita d'une absence de la reine pour arrêter et rançonner les habitants de plusieurs localités [2].

Yolande, impuissante à fermer des plaies si graves et si récentes, dut en laisser le soin à son fils. Mais, si elle ne put alléger les impôts comme en Provence, elle en établit du moins une répartition plus équitable. Elle étendit notamment à

[1] « Henry, par la grâce de Dieu, roy de France et d'Angleterre, savoir faisons à tous présens et advenir que nostre très-cher et amé oncle et cousin Phillippe, duc de Bourgogne, comte de Flandres, d'Artois et de Bourgogne, et plusieurs prelats, chevaliers et autres notables gens de nostre grant conseil en France, considérant la prochaineté de lignage que nous attient nostre très-cher et très-amé oncle Jean, régent de nostre royaume de France, duc de Betfort,... et attendu que icelui seigneur nostre oncle ne tient de nous en nostredit royaume de France aucune terre et seigneurie, nous ont conseillez et advertis que, pour toujours encliner de plus en plus nostredit oncle à deffendre, soutenir et aimer nostredit royaume, et affin que par le moyen des terres et seigneuries estans en nostredit royaume il soit fait et constitué nostre vassal en iceluy, nous luy veuillons distribuer, donner et transporter aucunes terres et seigneuries audit royaume qui sont à conquérir et que tiennent et occuppent de présent nos ennemis et adversaires. Et pour ce, nous, qui voulons obtempérer en cette partie au conseil et avertissement de nostredit oncle et cousin le duc de Bourgogne, qui est pair de France et doyen desdits pairs et nostre bon et loyal parent et vassal, et aussy de nosdits gens de nostre conseil en France, à nostredit oncle Jehan, régent nostredit royaume de France,... transportons et délaissons... le duché d'Anjou et le comté du Mayne, avec toutes les citez, chasteaux, chastellenies, terres, justices,... ensemble tout droit de confiscation qui nous pourroit appartenir,... et tout ainsy et par la forme et manière que les ducs d'Anjou et comtes du Mayne les ont tenues de nos prédécesseurs roys de France es temps passez... Donné à Paris, le vingt-un juin, l'an de grâce mil quatre cent vingt-quatre et de nostre règne le deuxiesme. Par le Roy, à la relation du grand conseil.... J. de Rivel. » (Arch. nat., JJ 172, n° 518.)

[2] Arch. nat., P 1334[5], f° 34.

toutes les maisons d'Angers, sans exception, la taxe destinée à subvenir aux réparations de la place, en la fixant pour chacune au dixième de la valeur locative, et elle chargea les bourgeois de déterminer eux-mêmes cette valeur; exemple remarquable, comme l'a dit Bodin, d'une contribution foncière proportionnée à l'immeuble imposé [1], et surtout d'une contribution assise directement par les intéressés, longtemps avant l'introduction de notre système de répartiteurs. Elle encouragea en même temps le commerce de la ville, et augmenta de trois facultés (théologie, médecine et arts) l'université que ses prédécesseurs y avaient fondée pour l'étude du droit canon et civil, augmentation autorisée par le pape Eugène IV et confirmée par Charles VII [2]. Les établissements religieux ressentirent les effets de sa piété, en particulier l'église de Saint-Jean d'Angers, le couvent de Lesmère, près de cette ville, et l'abbaye de Saint-Martin de Tours, où elle faisait entretenir une lampe ardente devant la châsse de l'apôtre des Gaules [3].

Mais c'est dans son rôle auprès du Dauphin que la figure d'Yolande se révèle dans tout son éclat. Ce mélange de tendresse et d'autorité, qui fait le fond de son caractère et de ses rapports avec son fils adoptif, a été compris avec beaucoup de bonheur par M. Vallet. Il suffirait de réunir les traits épars dans son *Histoire de Charles VII* pour reconstituer une physionomie des plus attachantes, dont le charme est augmenté par le mystère même qui la recouvre, car l'intervention de la reine de Sicile n'eut jamais rien d'officiel, et elle se cache encore aujourd'hui dans une pénombre où la critique seule peut aller la découvrir. En 1417, après la mort de Louis II, Charles, Dauphin et duc de Touraine, vient faire un court séjour à Paris, où il reçoit l'investiture du duché de Berry et du comté de Poitou : Yolande l'y rejoint et le ramène encore une fois avec

[1] Bodin, *Recherches sur l'Anjou*, I, 491 et suiv.

[2] Arch. nat., JJ 213, n° 5; K 180, liasse 17, n° 3. *Ordonnances des rois*, XIII, 180 et suiv.

[3] Arch. nat., P 1335, n°s 101, 102; P 1342, n° 549; etc.

elle à Angers [1]. Pendant les deux années qui suivent, on le voit, après des absences forcées, plus ou moins longues, revenir régulièrement à elle comme à son centre naturel, fixer sa résidence en Touraine ou en Anjou, et prendre, sur son avis, des décisions pleines de sagesse [2]. Mais des conseillers frivoles ou malintentionnés l'entourent aussi ; de là une alternative de bonnes et de mauvaises influences, d'autant plus visibles qu'elles agissent sur un prince faible et indécis. Ainsi, la reine de Sicile, de concert avec le duc de Bretagne, le dispose à approuver le traité de Saint-Maur et à se prêter à une entente avec le duc de Bourgogne : quelques jours après, il leur échappe et signe un désaveu formel du traité. Quand Yolande le quitte à Mehun-sur-Yèvre pour se rendre en Provence, en 1419, elle laisse dans le conseil un vide qui se fait sentir d'une façon plus regrettable encore [3]. L'assassinat de Jean sans Peur, l'odieux traité de Troyes, le mariage de Henri V et de Catherine de France se consomment durant son éloignement. Cependant elle s'associe encore de loin à la politique du Dauphin, et ses procureurs agissent avec ceux de ce prince dans une démarche faite à la cour de Rome à la suite du crime de Montereau [4]. A son retour du midi, elle reprend tout son ascendant, compromis par la faveur illimitée de son ancien serviteur Louvet. Charles vient de ceindre la plus incertaine des couronnes : elle le retrouve à Bourges, l'encourage, assiste à la naissance de son premier-né (Louis XI), le quitte pour reparaître un moment à Angers, fait diriger des troupes contre le duc de Suffolk, établi à Segré, puis revient s'asseoir au conseil royal à Selles en Berry [5]. En 1424, la fortune chance-

[1] « En celuy an vint à Paris la royne de Sicile, qui tant fist que à Angiers mena le Dauphin, que sa fille ot espousée, etc. » *Chronique de la Pucelle*, éd. Vallet, p. 164.

[2] *Hist. de Charles VII*, I, 48, 133.

[3] *Ibid.*, 133, 151, 161.

[4] Basin, IV, 278.

[5] *Hist. de Charles VII*, I, 380, 400. — « Le juedi XXVIe jour d'aoust M CCCC XXIII, Yolend, royne de Jherusalem et de Sicile, duchesse d'Anjou, ar-

lante du nouveau Roi et de son débris de royaume est près de s'écrouler tout à fait : elle la rétablit par un coup de maître, où se décèle toute la dextérité féminine. Elle fait venir Charles à Angers, où il est reçu solennellement le 16 octobre, et lui ménage une entrevue avec Arthur de Richemont, frère du duc de Bretagne, mécontent des Anglais qu'il avait servis. Le but de cette rencontre était un double accommodement avec les ducs de Bretagne et de Bourgogne. Le comte de Richemont, arrivé le lendemain, se rend avec empressement auprès du Roi, qui était logé au couvent de Saint-Aubin et qui avait envoyé plusieurs seigneurs à sa rencontre. Des propos amicaux s'échangent, une entente est ébauchée. Le dimanche 22, tandis que Charles se retire aux Ponts-de-Cé, un dîner d'apparat est offert au comte par Yolande, dans le château d'Angers : le haut bout de la grande table est occupé par Arthur, le milieu par elle, les autres places d'honneur par le comte de Vendôme et le vicomte de Thouars. Au sortir du festin, Richemont est complétement séduit. Les conventions préparées sont conclues : on lui promet l'épée de connétable ; on ratifie le mariage de Louis III avec Isabelle de Bretagne, et le Roi garantit à ce prince une dot de cent mille francs sur le duché de Touraine. La Bretagne est gagnée à la cause française, et va travailler à son tour à détacher de l'Angleterre Philippe le Bon, le fils de Jean sans Peur [1].

riva à Angiers en venant de Provence et de Bourges, et demourèrent en Provence messire Charles et Yolent, ses enfans. » (Arch. nat., P 1331[1], f° 140.) « Le juedi IXe jour de mars M CCCC XXIII (1424), la royne Yolend se parti d'Angiers pour aler à Selles devers le Roy, au grant conseil. » (*Ibid.*, f° 150).

[1] Voici la relation consignée à ce propos sur les mémoriaux de la Chambre d'Angers :

« Le juedi XIXe jour d'ottobre M CCCC XXIIII, entra Charles, roy de France filz de feu Charles le Bel, à Angiers, par la porte Saint-Aubin ; et à l'entrée de la ville fut mis sur lui un paile de drap d'or de damas, et fut porté ledit paile jusques à Saint-Maurice, c'est assavoir par Jehan du Verger et maistre Jehan Torchart par devant, et par le milieu Alain de la Haloude et Thomas Leclerc, et par le derrain bout Jehan le Moyne et Pierres Chabot, bourgeois et marchans d'Angiers. Et fu receu en l'église comme chanoine d'icelle, en surpeliz et en chappe de drap d'or ; et aveques estoient le conte dalphin d'Auvergne, le sire de Montlaur, le sire de la

Cette victoire diplomatique devait avoir d'immenses conséquences. La première fut la retraite d'un des conseillers les plus funestes à Charles VII : sur les réclamations du nouveau connétable et les instances de la reine de Sicile, Louvet fut congédié en 1425, et leur influence commune supplanta la sienne. Dans cette alliance, comme le dit fort bien M. Vallet, Richemont était le bras, Yolande était l'âme[1]. Malheureusement ils trouvaient un obstacle toujours renaissant dans la mollesse du prince et dans la facilité avec laquelle il adoptait de nouveaux favoris. Il écoutait toujours les avis de sa belle-mère[2], mais leur mise en pratique était souvent entravée. Arthur,

Tour et autres granz seigneurs du païs d'Auvergne et d'ailleurs, le viconte de Thouars, le prévost de Paris, le président de Prouvence et Guillaume d'Auvangor, bailli de Tour[aine].

« Item, le venredi ensuivant, XXe jour dudit moys, l'an dessusdit, le conte de Richemont, frère du duc de Bretaigne, entra à Angiers, à grant compaignie de genz d'armes; et alèrent au devant de lui plusieurs granz seigneurs de la compaignie du Roy et autres en grant nombre; et ala devers le Roy tout ainsi qu'il arriva aveques sa compaignie, à Saint-Aubin, où le Roy estoit logé.

« Et le samedi ensuivant, XXIe jour dudit mois d'ottobre, au soir, s'en ala le Roy au giste au Pont-de-Sée, et illec séjourna jusques au XXVe jour dudit mois ensuivant.

« Item, le dimenche XXIIe jour dudit moys d'ottobre, celui an, disna ledit conte de Richemont ou chastel d'Angiers avecques la royne Yolend, et fut l'assiete du hault bout de la grant table ledit conte de Richemont, la royne ou milieu, le conte de Vendosme après, et emprès le viconte de Thouars.

« Item, le mercredi ensuivant, XXVe jour dudit moys, s'en parti ly Roys des Pons-de-Sée, pour aler droit à Poittiers, et d'illec en Auvergne, au conseil des troys estaz.

« Et pourchace ledit conte de Richemont le fait de la paix d'entre le Roy et le duc de Bourgongne, par le moyen de la royne de Sicile et du duc des Brettons; et ne scet l'en pas encore qu'il en sera. Plaise à Dieu que bien soit pour ce royaume. »

(Arch. nat., P 1334[1], fo 150 vo.) — V. aussi Bodin, I, 511; Vallet, I,420; de Beaucourt, *Questions historiques*, 18e livr., p. 387-389. Ce dernier écrivain, qui a consacré de remarquables études au *Caractère de Charles VII*, a en sa possession l'original des préliminaires arrêtés entre le Roi, la reine de Sicile et les ambassadeurs du duc de Bretagne.

[1] *Histoire de Charles VII*, I, 403.

[2] On la retrouve au conseil royal, à Issoudun, au mois de février 1420. (Arch. nat., P 2532, fo 110 vo.)

écarté à son tour par La Trémouille, se joignit aux comtes de Clermont et de Pardiac. Tous trois, voyant le royaume plus près que jamais de sa ruine, s'entendirent avec leur alliée pour proposer au Roi un remède suprême, consistant à réunir les états généraux à Poitiers et à donner à leurs décisions toute la liberté désirable. Cette liberté devait être garantie par Yolande elle-même, qui devait avoir la haute main dans toute l'affaire, et choisir, avec sa supériorité de jugement incontestée, les conseillers qui lui plairaient [1]. C'est la seule fois que son autorité fut sur le point de revêtir un caractère officiel. Mais le mémoire présenté à cet effet par les princes confédérés, vers le mois de novembre 1427, n'obtint qu'une demi-satisfaction. Les états, convoqués au mois de janvier suivant, ne purent se réunir qu'en octobre, à Chinon, et leur action contrecarrée n'aboutit qu'au vote d'un aide de cinq cent mille livres. L'ascendant de La Trémouille, qui était le fauteur de l'opposition, ne fit que grandir; la situation s'assombrit encore; le roi de Bourges, cerné plus étroitement par l'invasion anglaise, était tenté d'abandonner la partie : on touchait au fond de l'abîme.

C'est que Dieu avait résolu de relever la France autrement que par les moyens humains. La tutelle bienfaisante d'Yolande semble avoir été ménagée par lui pour mieux faire sen-

[1] « S'il plaist au Roi, il commettra dès maintenant la pratique de ladite seurté à la royne de Secille, sa mère, et à ceulx que ladite royne voudra appeler à la conseiller du conseil du Roy, de son propre conseil, des conseils des seigneurs et d'ailleurs. Et pour ce que seroit grant illusion à la chose publique et irrision à si haulte et si solempnée assemblée si la concluision faite por leur délibération, advis et conseil, n'estoit fermement gardée, pour le temps qu'il sera advisé par le bon plaisir du Roy, considérant le temps de la présente et extrême nécessité, semble que le Roy, de sa grâce et humaine justice, deveroit dès maintenant bailler ses lettres quant à l'observation inviolable de ladite seurté ledit temps durant, et, après que ladite seurté sera pratiquée, particulièrement por ladite dame avec le conseil des dessusdis, la confermer et approuver expressément.... » Arch. nat., P 1388[1], n° 111 *bis*. *Invent. des titres de la maison de Bourbon*, n° 5315; *Invent. du Musée des Archives*, n° 444. V. aussi le savant mémoire de M. Vallet sur les *Institutions de Charles VII* (*Bibl. de l'École des chartes*, tome XXXIII, p. 36 et 57-59.

tir aux contemporains l'insuffisance de la politique et des secours naturels. Lorsqu'il veut agir par lui-même, il condamne à la stérilité les efforts les mieux intentionnés. Jeanne d'Arc parut quand tout était perdu, et tout fut sauvé. La reine de Sicile fut une des premières à la patronner auprès de son gendre; son amour maternel, sa piété, son patriotisme l'avertissaient qu'elle apportait la victoire. Appelée à prononcer sur la vertu de la jeune fille, et chargée, avec deux autres dames, de l'examen de sa personne, elle fit au conseil royal un rapport où elle proclamait hautement son honnêteté, révoquée en doute par la malveillance [1]. Dès lors ses présomptions favorables devinrent une conviction, qu'elle sut faire partager au Roi et à son entourage. Après avoir mis le comble à ses services en faisant reconnaître Jeanne pour une envoyée du ciel, elle abdiqua, pour ainsi dire, entre ses mains. Devant la force divine, la force humaine se retirait avec respect : la puissante reine ne devait plus être que l'auxiliaire empressée de l'humble bergère.

Lorsque la Pucelle marcha sur Orléans, elle y fut précédée par un convoi destiné à ravitailler les assiégés : ce fut Yolande qui l'expédia de Blois. Elle engagea même, pour en couvrir les frais, sa vaisselle précieuse, comme elle avait fait en d'autres occasions, car elle acheva de se ruiner pour la défense du royaume [2]. En même temps, elle envoya au secours des

[1] *Procès de Jeanne d'Arc*, V, 87; Vallet, *Hist. de Charles VII*, II, 61; Sepet, *Jeanne d'Arc*, p. 79, 87.

[2] C'est ce que prouve un passage important de son testament : « Item, pour ce que par aventure aucuns pourroient avoir en ymaginacion, considéré la quantité de meuble, tant d'or et d'argent, vesselle, joyaux et autres biens et choses que nous demourèrent après le décès de nostredit feu seigneur et espoux, que encores en deussions avoir en grant nombre, nous disons et déclairons, pour rendre contens ceulx que en pourroient doubter, que tout le plus bel et le meilleur a esté employé pour le fait du royaume d'Italie et baillé au roy Loys, nostre ainsné fils, dont Dieu ait l'âme, pour sa conqueste, autre partie en acquiet de doibtes de nostredit feu seigneur et espoux, dont nous demourasmes chargée; *et aussi en avons mis grant nombre pour la deffence du pays durant que avons eu le bail de noz enfans;* et de présent n'avons autres biens meubles que ceulx que avons monstré et baillé par inventaire à nostredit fils Charles; et au regard d'or et d'argent monnoyé, nous prenons sur notre conscience que n'en avons point

Orléanais un condottiere espagnol qui rançonnait la Touraine, et dont les habitants l'avaient suppliée de les débarrasser : elle rendit ainsi, en achetant son épée, un double service [1]. Pendant la glorieuse campagne qui suivit et le drame lamentable qui termina la carrière de Jeanne, elle paraît s'être occupée de l'administration et de la défense de son duché d'Anjou. On la retrouve en 1432, obtenant des bourgeois d'Angers un prêt d'argent pour Charles VII, qui en avait besoin pour secourir la ville de Lagny [2]. Elle poursuit à cette époque le rétablissement du bon accord avec la Bretagne, compromis par l'hostilité de La Trémouille contre le connétable : c'est dans ce but que semble avoir été ratifié le mariage de sa seconde fille avec François, comte de Montfort, fils du duc Jean de Bretagne [3]. Elle pacifie le débat sanglant survenu entre celui-ci et le favori du Roi, au sujet de la vicomté de Thouars. Mais, le moment venu, elle s'associe à l'enlèvement de ce conseiller fatal, de ce mauvais génie de Charles, auprès duquel la Pucelle même n'avait pu trouver grâce. La Trémouille est dépossédé au mois de juin 1433 ; la maison d'Anjou, représentée par Yolande et par son plus jeune fils, le futur comte du Maine, reprend encore une fois la direction du conseil, et cette révolution de cour ouvre à la politique française une nouvelle ère de succès. Enfin le vœu de Louis II mourant, le but des efforts infatigables de son épouse se trouve réalisé par le congrès d'Arras, qui rallie à la cause royale le duc de Bourgogne et ruine les dernières espérances du parti anglais. La reine de Sicile prend part aux conférences par la bouche de ses ambassadeurs. Elle poursuit le résultat avec le zèle le plus désintéressé, car son fils cadet est exclu

en réserve, trésor ne autrement, fors celuy de noz receptes qui se reçoit chascun jour et est employé en nostre despense et extraordinaire. » (Arch. nat., P 1334[17], n° 52, f° 21.)

[1] *Procès*, III, 93 ; Vallet, II, 63.

[2] Arch. nat., KK 244 ; Vallet, II, 281.

[3] Le deuxième traité de mariage d'Yolande d'Anjou et du comte de Montfort est du 13 août 1431. (*Arch. nat.*, P 1334[15], n° 82.)

de l'accord par la rancune invétérée de Philippe le Bon. Mais elle voit avant tout le bien public. Elle a été à la peine, elle est aussi au triomphe; et l'on peut regarder cet événement capital comme le couronnement de sa grande carrière [1].

L'esquisse des rapports de Charles VII avec sa *bonne mère* ne serait pas complète, si l'on ne répondait au moins un mot aux insinuations de quelques historiens à propos de la liaison du Roi et d'Agnès Sorel. Sismondi, Michelet, Henri Martin ont donné à entendre que la reine Yolande avait favorisé cette liaison malheureuse, et le dernier va jusqu'à parler du don de la personne d'Agnès fait par elle à son gendre. M. Vallet s'est lui-même rendu, dans une certaine mesure, l'écho de cette assertion. Il est certain que la maîtresse du Roi avait été d'abord dame d'honneur de la reine de Sicile, qu'elle passa ensuite à la cour de sa belle-fille Isabelle de Lorraine, où sans doute Charles la rencontra pour la première fois, et de là dans la maison de la reine de France. Mais il est aujourd'hui acquis, et M. de Beaucourt en a donné des preuves positives, que la faveur officielle de la dame de Beauté remonte tout au plus à 1443. Or, Yolande d'Aragon était morte depuis l'année précédente, et, si l'on veut absolument que les amours royales aient commencé un peu plus tôt, il faut du moins admettre qu'elles n'osèrent s'étaler au grand jour tant que vécut la pieuse et redoutée protectrice de Charles VII. On ne saurait, du reste, concilier l'intervention qu'on lui a prêtée ni avec sa conduite antérieure, ni avec ses sentiments maternels. Dans quel intérêt eût-elle commis l'odieuse action de susciter une rivale à sa propre fille? Son ambition satisfaite n'avait plus besoin d'instrument, et son autorité morale eût été par là sans cesse compromise [2].

[1] Vallet, II, 300, 306, 318. Les délégués d'Yolande au congrès d'Arras étaient Alain Lequeu et maître Moreau, trésorier d'Anjou, que nous retrouverons sous le gouvernement de René. (Chron. de Cagny; Bibl. nat., ms. Duchesne 48, f° 98.)

[2] V. Vallet, *Recherches sur Agnès Sorel* (*Bibl. de l'École des Chartes*, 3e série, I, 304, 315); *Hist. de Charles VII*, III, 12, 16; de Beaucourt, *Revue des questions historiques*, 1re livraison, p. 206, et 27e livraison, p. 64. Agnès appar-

Marie d'Anjou paraît, au contraire, avoir été associée jusqu'à cette époque à l'influence exercée par tous les siens. Son rôle fut moins passif qu'on ne l'a cru : elle tint quelquefois elle-même le conseil royal, avec le titre de lieutenant du Roi [1]. Mais on ne sait que trop combien, après la mort de sa mère, elle fut tenue à l'écart, et combien elle jouit peu de la position à laquelle l'appelaient également ses droits et ses mérites. Son mari, dont la reconnaissance n'était pas la qualité dominante, conserva pourtant dans son cœur l'impression des bienfaits d'Yolande. Dans plusieurs de ses actes, il déclara hautement ce qu'il lui devait, et, même après qu'elle fut morte, il honora ses enfants à cause d'elle, considérant, disait-il, que « feue de bonne mémoire Yolande, en son vivant reine de Jérusalem et de Sicille, mère de nostre très-chère et très-amée compagne la Roine et de nostre très-cher et très-amé cousin Charles d'Anjou, comte du Maine et de Mortaing, nous ait en nostre jeune aage faict plusieurs grands plaisirs et services en maintes manières, que nous avons et devons avoir en perpétuelle mémoire..., laquelle nostredicte bonne mère, après que fusmes déboutez de nostre ville de Paris, nous receut libéralement en ses païs d'Anjou et du Maine et nous donna plusieurs advis, aydes, secours et services, tant de ses biens, gens et forteresses, pour résister aux entreprises de noz ennemis et adversaires les Anglois, que autres [2]. »

Pendant que le pouvoir de la maison d'Anjou grandissait en France, il faisait également des progrès notables en Italie. Louis III passa presque toute sa vie, depuis la mort de son

tenait encore à la maison d'Isabelle de Lorraine en juillet 1444 ; elle fut un moment attachée à Marguerite d'Anjou, reine d'Angleterre, lors de son mariage, puis entra au service de la reine de France dans les derniers mois de cette même année. Les cours de France et de Sicile s'étaient trouvées réunies pour la première fois au commencement de 1443, à Toulouse. (V. l'État de la maison de la reine de Sicile, reproduit par M. Vallet, *loc. cit.*; Bibl. nat., ms. fr. 2340; Itinéraire de René; etc.).

[1] Arch. nat., KK 244, f° 5 v°; *Questions historiques*, 1re livraison, p. 221.

[2] Arch. nat., P 2208, p. 1237 (Don du comté de Gien à Charles d'Anjou).

père, à implanter sa domination dans le royaume de Naples, et, plus heureux que ses prédécesseurs, il réussit à en prendre possession. La force des armes ne lui assura pas seule ce résultat, quoiqu'il fût d'une vaillance personnelle admirée des contemporains. Arrivé en 1420 devant Naples, avec l'appui du pape Martin V et des Génois, il en avait été repoussé par Alphonse d'Aragon, fils adoptif de la reine Jeannelle ou Jeanne II de Duras, héritière de son frère Ladislas, et, malgré des succès partiels, il paraissait encore loin de l'emporter, lorsque cette princesse, renommée par ses infidélités de toute nature, se brouilla avec Alphonse, révoqua son adoption pour cause d'ingratitude et de rébellion, et lui substitua le duc d'Anjou lui-même, en 1423 [1]. Cet acte est d'une grande importance, parce qu'il fondit ensemble les droits des deux branches rivales : il ne laissait plus en face des princes français que le roi d'Aragon, dont il faisait, à la vérité, un ennemi implacable, mais dont l'autorité avait encore peu de racines dans le pays. Louis III entra victorieux dans Naples avec les troupes de la reine, lui soumit la Calabre, et prit part au gouvernement de l'État, malgré les variations de la faveur royale. Charles VII, qui lui avait procuré l'alliance du duc de Milan [2], le rappela bientôt après pour utiliser sa bravoure contre les Anglais. Il paraît que le prince angevin était en ce moment dans une gêne étroite, car il fut obligé d'envoyer à sa mère une procuration la chargeant d'emprunter l'argent nécessaire pour son voyage, et, au besoin, d'engager à cet effet des terres ou des revenus [3]. Yo-

[1] Le 21 juin, dit l'*Art de vérifier les dates* (XVIII, 344). Mais l'adoption en forme de Louis III ne fut faite qu'après l'arrivée de ce prince et en sa présence, le 14 septembre, à Aversa. (Arch. de Naples, *Pergamene regie camere*, I, 29; pièces justificatives, n° 5.)

[2] Vallet, I, 393.

[3] « Comme pour nostre retour du païs d'Italie en France, auquel, pour obéir aux commandemens de mon très-redoubté seigneur monseigneur le Roy, nous sommes du tout disposez et déterminez, c'est assavoir à le faire le plus briefment que nous sera possible, nous soit besoing de recouvrer grans finances, etc. » Procuration datée d'Aversa, le 17 décembre 1426 (Arch. nat., P 1354², n° 850). Ce texte détermine à peu près la date du retour de Louis III, qui était ignorée.

lande sacrifia, tant pour le retour de son fils que pour les besoins de son expédition en général, « tout le plus bel et le meilleur » des objets précieux que lui avait laissés son mari [1]. Louis III se distingua dans la campagne de France, en 1429. Voyant que le duc de Bretagne, malgré les promesses déjà signées et ratifiées, venait de donner sa fille Isabelle au comte de Laval, il épousa, en 1431, Marguerite de Savoie, fille d'Amédée VIII, et repassa avec elle en Italie, d'où il ne devait plus revenir [2]. Sa mort prématurée et les conséquences qu'elle entraîna se rattachent à la série d'événements que nous aurons à raconter plus loin.

On voit, par tout ce qui précède, quel lourd héritage attendait René d'Anjou. Sa maison avait, par une destinée providentielle, deux trônes à soutenir : l'un pour la lignée royale, l'autre pour elle-même ; le premier ébranlé jusque dans son antique base, le second à peine fondé et sans cesse renversé ; tous deux cependant nécessaires, dans une mesure différente, à la grandeur et à la prospérité de la France. Mais un autre fardeau allait d'abord être remis entre ses jeunes mains : avant de revenir avec lui dans les États de ses pères, nous devons le suivre dans ceux qui lui échurent inopinément, par un nouveau triomphe de l'ambition maternelle et du patriotisme réunis.

[1] Testament d'Yolande d'Aragon, *loc. cit.*

[2] Marguerite le quitta pour venir trouver Charles VII à Vienne en 1433 ; mais elle alla le rejoindre aussitôt après. C'est sans doute ce second départ de la femme de Louis III qui a fait dire à M. Vallet (II, 310) qu'Yolande s'était rendue à la même époque en Italie, où elle n'alla jamais. Les deux princesses avaient le titre de reine de Sicile ; de là une confusion facile.

CHAPITRE II.

RENÉ DUC DE BAR ET DE LORRAINE.

(1419-1438)

Succession de Bar. — Mariage de René et d'Isabelle de Lorraine. — Perte de Guise. — Testament du duc Charles II. — Jeanne d'Arc et René. — Désaveu envoyé à Bedford. — Campagne de France. — Prise de Chappes. — René entre en possession des duchés de Bar et de Lorraine. — Guerre de Lorraine. Bataille de Bulgnéville. — Captivité de René. — Élargissement provisoire. — La question de Lorraine devant l'Empereur. — René rentre en prison. — Il hérite de son frère Louis III et de la reine Jeanne II. — Négociations en sa faveur. — Sa délivrance. — Il visite la Lorraine, l'Anjou, la Provence, et part pour l'Italie.

Le roi Jean avait marié sa fille Marie de France à Robert, duc de Bar, en 1364. Yolande de Bar, issue de ce mariage, ayant épousé le roi d'Aragon, lui donna à son tour une fille, à qui elle transmit son nom, étranger à l'Espagne, et ses droits éventuels sur le duché de Bar : cette enfant devint la grande reine de Sicile dont nous avons parlé. Le Barrois ou duché de Bar, situé entre la Champagne et la Lorraine, était un fief féminin, c'est-à-dire transmissible par les femmes, appartenant depuis plusieurs siècles à la même famille, sous la suzeraineté du roi de France [1]. Il arriva précisément que la postérité masculine de ses possesseurs s'arrêta aux fils de Robert, dont plusieurs moururent sans enfants légitimes et dont le dernier, Louis, étant cardinal-évêque de Châlons-sur-Marne, ne pouvait en avoir. Sa sœur, la reine d'Aragon, revendiqua une part de la succession paternelle et intenta au cardinal un procès en

[1] *Art de vérifier les dates*, XIII, 427 et suiv.

parlement, qui durait encore en 1419. Elle avait obtenu déjà une provision de quinze cents livres de rente, et la partie adverse pouvait craindre un échec plus complet [1]. La reine de Sicile, représentant les droits de sa mère, entreprit d'apaiser le débat et d'en faire profiter ses propres enfants. Elle proposa à son oncle Louis d'adopter un de ceux-ci pour son héritier, s'engageant en retour à faire cesser le procès et à lui laisser jusqu'à sa mort la tranquille jouissance du duché. René n'avait encore en partage que le petit comté de Guise ; il venait en première ligne après son frère Louis III, à qui étaient réservés l'apanage des ducs d'Anjou et le royaume de Sicile ; son grand-oncle l'avait rencontré plus d'une fois à la cour de France et avait été frappé de ses qualités naissantes : il fut choisi d'un commun accord pour le gage de la réconciliation ; et voilà comment il devint, lui fils d'Anjou, l'héritier d'un prince qui avait d'étroites affinités avec le parti anglo-bourguignon [2]. Mais on devine qu'il y avait là, pour sa mère, une raison déterminante : fidèle à son habile politique, elle voulait enlever aux ennemis de la couronne une province et un allié de plus.

Ce n'était pas tout. Une puissance plus redoutable avoisinait le duché de Bar, et, comme lui, servait d'appui aux adversaires du Roi, mais sans lui être attachée par des liens de vassalité : le duché de Lorraine. Le duc régnant, Charles II, n'avait que deux filles, dont l'aînée, Isabelle, était son héritière. Il s'était naguère présenté pour cette princesse deux alliances qui eussent aliéné définitivement son pays à la cause française : Isabelle de Bavière avait voulu la marier avec son neveu Louis le Bossu, et le roi d'Angleterre avait demandé sa

[1] Arch. nat., Parlement (Conseil), X^{1a}, 14 mai 1418 et 14 août 1419 ; KK 1178, f° 330. D. Calmet, *Hist. de Lorraine*, II, 757. M. Vallet a cru à tort (I, 150) que le procès était soutenu par Yolande d'Aragon, au lieu d'Yolande de Bar, sa mère.

[2] V. le traité d'alliance conclu par le cardinal avec le duc de Bourgogne, le 23 juillet 1418 (Bibl. nat., Lorraine 184, n° 65), et l'hommage reproduit ci-après parmi les pièces justificatives (n° 6).

main pour son frère le duc de Bedford [1]. Les seigneurs de Lorraine désiraient l'union avec le Barrois ; les deux duchés, qui n'avaient pas toujours été séparés, mais que des luttes particulières désolaient depuis longtemps, avaient tout intérêt à n'avoir qu'une loi et qu'un maître. Si cette annexion s'opérait en faveur d'un prince hostile, le royaume de France était investi, de l'ouest à l'est, par une chaîne continue d'ennemis. Yolande, comprenant le danger, résolut de couper cette formidable ligne. Il ne suffisait pas, pour cela, d'acquérir le duché de Bar : il fallait encore s'assurer de la Lorraine. Elle profita donc des dispositions de la population pour provoquer la réunion souhaitée, mais dans un sens opposé, en offrant à Charles II de marier sa fille à René, que le cardinal élisait de son côté pour son héritier. Louis de Bar agit lui-même auprès du prince lorrain pour faire agréer cette proposition. Celui-ci hésita : d'anciennes amitiés le retenaient dans le parti bourguignon ; il avait même, par un premier testament, exclu de sa succession tout sujet du royaume de France [2]. Mais comme c'était un homme de peu de caractère, livré à des passions qui l'absorbaient, comme, après tout, l'inconvénient d'une rupture avec ses alliés était compensé par l'augmentation future de son domaine, il finit par consentir. Ainsi l'heureuse négociatrice faisait d'une pierre deux coups : elle acquérait à sa maison des États importants, et elle les acquérait aussi à la cause nationale, en affaiblissant d'autant les adversaires de l'une et de l'autre.

Les deux traités furent conclus presque en même temps. Le 20 mars 1419, à Foug, près de Toul, le mariage de René et d'Isabelle fut arrêté aux conditions suivantes : Aussitôt que le comte de Guise sera arrivé dans le pays, le cardinal-duc lui garantira par un acte officiel l'héritage du duché de Bar, du marquisat du Pont et de leurs dépendances, dont l'entière jouissance appartiendra, après sa mort, au-

[1] Vallet, I, 81 ; D. Calmet, II, 680 ; Rymer, IX, 710, 909.
[2] D. Calmet, II, 681.

dit comte et à ses descendants. Il lui fera jurer fidélité par ses hommes et vassaux. Le duc de Lorraine, de son côté, fera prêter par les siens le même serment à sa fille Isabelle « et à son mari à cause d'elle ». René sera mis immédiatement en possession d'une certaine partie du duché de Bar. Il se trouvera là pour le jour de la Pentecôte au plus tard, et sera mené à Nancy, où le gouvernement de sa personne et de ses terres sera remis à son futur beau-père. Les fiançailles seront célébrées le même jour, et les épousailles le lendemain. Des cautions mutuelles sont données, et des restitutions en cas de décès stipulées. Le douaire d'Isabelle est fixé à cinq mille livres tournois de rente, qui lui seront assignées sur différentes seigneuries. Au cas improbable où il surviendrait un fils au duc Charles, cette rente sera réduite de mille livres; mais une somme de quarante mille livres sera payée au comte de Guise, si la reine de Sicile veut bien s'en contenter, et dans la forme convenue avec ses délégués (clause qui prouve l'intervention directe d'Yolande). Enfin, des alliances réciproques seront signées, et le tout sera ratifié par un acte ultérieur [1].

L'adoption de René par son grand-oncle fut définitivement scellée quelques mois après. La reine Yolande, tant en son nom qu'au nom de son fils aîné, autorisa d'abord le comte de Guise à porter les armes de Bar, et, ayant ainsi satisfait aux dernières conditions posées par le cardinal, elle partit pour la Provence, où l'appelait le soin des affaires publiques [2]. Ce-

[1] Arch., nat., K 60, nº 11; KK 1123, fº 10 vº. Bibl. nat., ms. fr. 2746, fº 81; D. Calmet, Preuves, t. III, col. CLXXXII.

[2] « Comme très-révérend père en Dieu nostre très-cher et très-amé oncle messire Loys, cardinal, duc de Bar, marquis du Pont et seigneur de Cassel, meu de singulière amour et affection envers nous, pour considération de la prouchaineté de lignage en quoy luy et nous attenons ensemble et autres plusieurs causes raisonnables, de sa libéralité dès piéça ait eu et encores a en propos et voulanté de instituer et ordonner son héritier universel ez dict duchié de Bar, marquisé du Pont, et autres ses terres et seigneuries, nostre très-cher et très-amé fils second et frère René, comte de Guise, et luy en faire don, cession et transport, réservez entièrement à nostredit oncle, sa vie durant, le nom et tiltre dudict duché, l'usufruict et viagé d'icelui,... nous consentons et voulons que nostredict fils et

pendant René obtint de conserver et d'ajouter sur ces armes un petit écusson d'Anjou, pour bien montrer qu'on n'entendait pas lui faire renier sa famille paternelle ni ses alliances [1]. Puis, le 13 août, Louis de Bar ratifia sa promesse par la donation en forme de son duché et de tout ce qui en dépendait. Il rappelait, dans cet acte, les malheureuses divisions qui régnaient entre le Barrois et les contrées voisines, l'urgence du rétablissement de la tranquillité, la part d'héritage bien suffisante qu'avaient reçue ses frères et sœurs. Ces considérations l'avaient déterminé à choisir pour héritier un de ses nombreux neveux, pour éviter toute compétition après sa mort; et parmi eux il n'en avait trouvé aucun plus digne de cette faveur que le petit-fils de sa sœur Yolande, laquelle eût été elle-même duchesse à sa place, suivant l'ordre de la primogéniture, si les hommes ne devaient passer toujours avant les femmes. Ce jeune prince offrait aussi les meilleures garanties pour la prospérité du pays, étant issu à la fois des maisons de France, d'Aragon et de Bar, allié aux plus hauts personnages, et spécialement au Dauphin, devenu son beau-frère. Il lui cédait donc la propriété de tous ses domaines, s'en réservant seulement l'usufruit. Il exceptait toutefois les terres de Stenay, Clermont, Vienne et Varennes : mais ce n'était qu'une précaution; car, par un second acte du même jour, il les lui donnait également, à la condition que ce don n'aurait d'effet que lorsque la reine d'Aragon aurait complétement renoncé au procès intenté par elle. Charles d'Anjou était substitué à son frère pour le cas où celui-ci mourrait avant le cardinal sans laisser d'enfants [2]. Les trois états du Barrois avaient été convoqués pour cette circonstance solennelle : ils confirmèrent

frère, sa vie durant, prengne, doye et soit tenu de porter les armes de Bar, à l'ordonnance, devis et bon plaisir de nostrediet oncle. » Cet acte est daté du 24 juin 1419 dans D. Calmet (Preuves, t. III, col. CLXXXV), et du 14 dans le registre KK 1117 (f° 148 v°), aux Archives nationales.

[1] D. Calmet, II, 682.

[2] Arch. nat., P 1350, n°s 659, 660; J 932, n° 4. D. Calmet, *loc. cit.* Cet historien assigne à tort la date du 3 août à la donation du duché de Bar.

toutes les dispositions arrêtées. Restait à exécuter la clause du traité de mariage par laquelle la jouissance d'une partie du duché devait être dès lors conférée au jeune prince : le marquisat du Pont (Pont-à-Mousson), les seigneuries de Briey, Longwy, Saulx, Longuyon, Estaules, Foug, Pierrefort, Condé-sur-Moselle, Lavantgarde, formèrent cet avancement d'hoirie, en vertu d'une nouvelle donation, datée du 31 octobre de la même année [1].

René n'avait pu se rendre au terme fixé dans ses futurs domaines. Ce ne fut que le 23 juin 1419, d'après les notes d'un de ses livres d'heures, qu'il se sépara de sa mère et du Dauphin, à Mehun-sur-Yèvre, pour s'acheminer de là vers le duché de Bar [2]. Il s'en faut donc bien qu'il se soit trouvé longtemps d'avance auprès du cardinal et que toute son éducation ait été faite par lui, comme l'a prétendu son historien. Les comptes d'Yolande et l'itinéraire qu'ils permettent de dresser achèvent de prouver qu'il était encore en Anjou au mois de décembre 1418. M. de Villeneuve-Bargemont l'amène dès 1415 en Barrois, afin de le faire voyager avec son oncle à la cour de France, assister à la création d'un ordre de chevalerie dans la ville de Bar, etc. Ce sont là de ces amplifications qui ont plus de charme que de fondement. S'il existe, comme le dit le même écrivain, des actes administratifs de 1418 où le nom de René se trouve associé à celui de Louis de Bar, ils ont pu être rendus l'année suivante avant Pâques, au moment où l'adoption était déjà décidée ; ils appartiendraient alors, en réalité, à l'an 1419. En tout cas, ils n'impliqueraient pas nécessairement la présence du fils d'Yolande. M. de Villeneuve-Bargemont est obligé d'expliquer par une absence accidentelle la clause du traité du 20 mars stipulant son arrivée pour la Pentecôte au plus tard. Mais il est constant, d'après les documents que je viens de citer, qu'il n'avait

[1] Arch. nat., P 1350, n° 661 ; KK 1178, f° 325.

[2] « L'an 1419, partit mons' René, deuxième filz du roy Loys II, de Mehun-sur-Yèvre, et print congié de mons' le Dauphin pour aler en la duchié de Bar. » Bibl. nat., ms. lat. 1156ᵃ, calendrier, 23 juin.

pas encore quitté sa mère à cette époque. C'est donc bien par elle qu'il fut élevé durant sa première enfance, comme on l'a vu dans le chapitre précédent, pour être envoyé en 1419 à Bar-le-Duc et à Nancy [1].

Son mariage, toutefois, ne put être accompli aussi promptement qu'on l'espérait. Une des sœurs du cardinal, épouse d'Adolphe, duc de Berg, protesta contre l'adoption faite à son préjudice et poussa son mari à prendre les armes pour défendre ses prétentions à la succession de son frère. Adolphe, battu dans un combat auquel on fait assister René, malgré sa grande jeunesse, fut emprisonné et ne recouvra sa liberté qu'en renonçant à toute réclamation [2].

Au mois d'octobre 1420, toute difficulté paraissant écartée, la célébration de la cérémonie fut résolue. Charles II renouvela sa promesse de faire reconnaître sa fille aînée comme héritière du duché par tous ses vassaux. Le 23, veille du jour fixé, le cardinal de Bar confirma les donations qu'il avait faites à son neveu, comme représentant des droits de sa sœur Yolande, et il y ajouta l'usufruit de quelques nouvelles terres. Ces biens se trouvaient, par le fait, transportés dans la main du duc de Lorraine, chargé de la tutelle de son gendre : mais il s'engagea, le même jour, à les remettre à celui-ci dès qu'il aurait atteint l'âge de quinze ans, ou plus tard si ce terme était reculé du consentement des deux parties ; si René venait à mourir avant lui, il devait les restituer au cardinal. Les principaux seigneurs du pays, au nombre de vingt, se portèrent garants de sa parole et scellèrent l'obligation de leurs sceaux [3]. Le

[1] *Hist. de René d'Anjou*, I, 17-28 ; Comptes de la reine de Sicile (Arch. nat., KK 243) ; Itinéraire. M. de Villeneuve-Bargemont fait amener René au cardinal par sa mère elle-même. Les comptes d'Yolande prouvent qu'elle ne quitta pas l'Anjou et la Touraine du mois de juin 1418 au mois de juin 1419, et qu'elle partit à cette dernière date pour la Provence. On ne se figure pas, du reste, à quel point l'ordre des faits est bouleversé dans tout le cours de l'*Histoire de René d'Anjou*, par suite de l'omission constante de la réduction des dates en style moderne.

[2] *Art de vérifier les dates*, XIII, 443 ; Villeneuve-Bargemont, I, 31.

[3] Bibl. nat., ms. fr. 2747, f° 156. D. Calmet, *Preuves*, t. III, col. DCXXXV.

lendemain 24 (et non le 14, comme le dit M. de Villeneuve-Bargemont), à Nancy, Henri de Ville, évêque de Toul, donna aux époux la bénédiction nuptiale, au milieu des témoignages de joie des princes et de leurs sujets, qui entrevoyaient la réalisation de leurs vœux de paix et d'union [1]. Isabelle n'avait que dix ans, René n'en avait pas encore douze; mais les nécessités de la politique empêchaient d'attendre plus longtemps pour les lier l'un à l'autre d'une façon irrévocable. Du reste, leur union précoce, qui n'en fut pas moins heureuse, dut être consommée de bonne heure; car, moins de sept ans après, ils avaient déjà un fils.

Le douaire de l'héritière de Lorraine, qui avait été fixé à cinq mille livres de rente, fut réglé par Louis de Bar dans plusieurs actes signés le jour du mariage et quelque temps après. L'assiette en fut faite sur les villes et seigneuries de Mousson, de Pont-à-Mousson, de Foug et de Briey. La reine Yolande garantit à son tour ce douaire au nom de son fils mineur. On voit par les lettres qu'elle rendit à cet effet, le 28 juin 1421, que le cardinal venait de mettre le comble à ses faveurs précédentes en concédant à son neveu le titre de duc de Bar, qu'il s'était d'abord réservé. Dès lors, ce titre servit communément à désigner le jeune prince, qui porta en même temps ceux de marquis du Pont et de comte de Guise, et qui fut associé en quelque sorte à l'administration du duché [2].

René vécut ensuite près de son beau-père ou de son oncle, qui avait permuté le siége de Châlons pour celui de Verdun, résidant tantôt en Lorraine, tantôt en Barrois, mais de préférence dans son marquisat du Pont, partageant son temps entre les études qu'il n'avait pu achever sous la direction maternelle et l'apprentissage du gouvernement de ses futurs États. Son précepteur Jean de Proissy, dont parle Bour-

[1] D. Calmet, II, 702; Villeneuve-Bargemont, I, 33. Les actes du 23 octobre prouveraient de reste que le mariage eut lieu le 24, malgré l'affirmation de l'historien de René, si les calendriers de la maison d'Anjou (Bibl. nat., mss. lat. 17332 et Dupuy 951, f° 55) n'étaient d'accord avec eux.

[2] Arch. nat., P 1334[7], n° 53, f°s 24, 26, 29. Bibl. nat., ms. fr. 2746, f° 86.

digné, paraît lui avoir été donné dans cette contrée, ou du moins l'y avoir suivi, car nous le retrouverons un peu plus tard commandant la place de Guise en son nom. A la cour de Nancy, la littérature et la musique étaient en honneur, et le duc de Bar put acquérir là des connaissances et des goûts qu'il développa par la suite. Mais les exemples qu'il avait sous les yeux n'étaient pas faits pour affermir les principes de morale et de vertu dont l'avait imbu sa propre famille. Le duc Charles avait pour épouse une sainte, Marguerite de Bavière, qu'il négligeait pour vivre publiquement avec une femme de basse origine, Alison du Mai. Cette conduite lui aliénait l'estime et l'affection de ses sujets. La piété de la duchesse et les leçons du cardinal contre-balancèrent, dans l'âme impressionnable de leur héritier, le trouble qu'un pareil scandale ne pouvait manquer d'y produire. Mais il lui en resta peut-être une certaine propension à la facilité de mœurs qui régnait, à un degré où il ne la poussa jamais, chez la plupart des princes de l'époque. Pour le moment, ce n'était qu'un adolescent des plus gracieux, s'il faut en croire les chroniques locales. Il était grand et fort; son visage régulier présentait le type, encore peu accusé, que des portraits exécutés plus tard devaient nous conserver, et où l'on retrouve, avec une nuance particulière de bonhomie, la physionomie héréditaire des Valois. Son amabilité charmait les dames, qui « le voyaient volontiers ». Il promettait, enfin, par le mélange d'idées religieuses et mondaines qui le caractérisait, joint à une bravoure qui n'allait pas tarder à s'affirmer, de devenir l'idéal du vrai chevalier. La jeunesse d'Isabelle se forma dans le même milieu que la sienne. On vantait aussi son mérite et sa beauté naissante. Heureusement pour elle, sa mère seule façonna son esprit et son cœur. Elle devait tenir d'elle la fidélité à ses devoirs et la générosité : par son énergie et son intrépidité, elle devait rappeler l'éminente reine que son mari avait quittée pour elle[1].

[1] Chronique de Lorraine; D. Calmet, II, 695, 756. Villeneuve-Bargemont, I, 32, 33

Quoi qu'en ait dit son historien, le jeune duc de Bar ne paraît pas avoir pris une part personnelle aux guerres qui eurent lieu, peu après son mariage, entre le duc de Lorraine et les villes de Metz et de Toul, ni à celles que le cardinal de Bar dirigea, vers le même temps, contre un autre prélat belliqueux, Conrad Bayer, évêque de Metz, puis contre Jean de Luxembourg, comte de Ligny, son vassal, qui, fort de l'alliance bourguignonne, refusait de lui rendre les devoirs féodaux. L'âge de René l'éloignait encore des champs de bataille, et si des chroniqueurs parlent de la victoire remportée au siége de Ligny par l'oncle et le neveu, les termes dont ils se servent indiquent qu'il faut l'entendre simplement des troupes envoyées par eux [1]. Déjà, cependant, l'influence du jeune duc s'étendait au dedans comme au dehors. Ainsi, le 16 septembre 1424, la ville indépendante de Verdun se plaça volontairement sous sa protection. Le cardinal, qui jouissait auparavant de cet honneur lucratif, devenait vieux et se retirait peu à peu des affaires publiques : le rôle de son héritier présomptif prenait de l'importance à mesure que le sien en perdait. Après avoir promis aux habitants de sauvegarder leurs priviléges et leur liberté souvent menacée, moyennant une subvention annuelle de cinq cents florins d'or, René leur donna un gouverneur militaire de son choix, Érard du Châtelet, maréchal de Lorraine [2].

Sa position n'en était pas moins difficile et délicate vis-à-vis des princes qui l'avaient adopté pour successeur. Placé là par sa mère comme une sentinelle vigilante pour défendre les intérêts du parti français, il devait, à son avénement, ramener le Barrois et la Lorraine dans les rangs des alliés du Roi. Mais, en attendant, il se trouvait, pour ainsi dire, enveloppé dans la ligue ennemie. Il était sous la dépendance des deux ducs titulaires, qui n'avaient renoncé ni l'un ni l'autre à leurs amitiés ni à leurs traités antérieurs. Loin de là, Charles II venait de renouveler ces traités : flatté par le duc de Bourgogne, il lui avait

[1] V. Monstrelet, III, 408 ; Chastelain, éd. Kervyn, I, 151.

[2] Arch. nat., J 913, n° 5. Villeneuve-Bargemont, I, 63.

promis récemment de servir les rois de France et d'Angleterre (c'est-à-dire Isabelle de Bavière, traînant à sa remorque son triste époux, et Henri V). Le 6 mai 1422, il s'engagea par serment à rester fidèle à leur cause, et Philippe le Bon s'obligea, de son côté, à lui obtenir du monarque anglais des lettres de protection et d'alliance. Le duc de Lorraine chercha même à compromettre son héritier avec lui dans ces actes officiels, où on le voit agir comme ayant le gouvernement de René, duc de Bar [1]. Il était donc à redouter qu'on abusât de l'inexpérience de celui-ci pour le détourner de la mission patriotique qui lui incombait. Se laisserait-il entraîner ou se montrerait-il, en résistant, vrai fils d'Anjou, digne membre de la maison de France ? Ce dernier parti pouvait lui aliéner ses deux tuteurs, peut-être les faire revenir sur les dispositions prises en sa faveur, déranger, enfin, d'une manière quelconque, la combinaison politique dont il était le pivot. Il y avait là une véritable situation dramatique, où l'honneur et l'intérêt se trouvaient mis en lutte.

Une curieuse lettre adressée au duc de Lorraine par le duc de Bedford, lieutenant du roi d'Angleterre, montre combien ces difficultés étaient réelles, et combien l'accord entre le beau-père et le gendre, maintenu à la surface, était peu solide au fond. Jean de Luxembourg, allié des Anglais, venait d'entreprendre le siége de Guise, qui appartenait en propre à René, comme on l'a vu [2], mais que ce seigneur s'était fait adjuger de la même manière que Bedford s'était fait donner l'Anjou et le Maine, à la charge de s'en emparer. Le capitaine de la place, Jean de Proissy, ancien gouverneur du comte de Guise, se mit en devoir de résister. Le prétendu régent se plaignit au duc Charles, en invoquant le traité d'alliance conclu entre son

[1] Arch. nat., KK 1125, f° 663 ; KK 1127, f° 52. D. Plancher, *Hist. de Bourgogne*, Preuves, p. XX. Villeneuve-Bargemont, I, 392.

[2] En vertu du testament de son père, et non d'un acte rendu par Yolande d'Aragon le 5 janvier 1424, comme le dit M. de Villeneuve-Bargemont (I, 61). Cet acte n'a pour objet que l'émancipation de René et la cession de tous les droits que sa mère pouvait avoir gardés. (Arch. nat., KK 1117, f° 956 v°.)

maître et lui. Charles répondit que Guise était l'héritage particulier du duc de Bar et ne dépendait en rien de son autorité. C'est alors que Bedford répliqua en termes arrogants : « Vous vous efforcez d'empêcher un siége ordonné par le Roi, du consentement du duc de Bourgogne. Vous êtes pourtant son vassal pour plusieurs seigneuries, et vous avez toujours suivi son parti. *Mais, par adventure, votre fils est plus content que ses ennemis le tienynent que mondit seigneur ou ses gens.* On y mettra bon ordre. Et quant à votre allégation que Guise est l'héritage de René d'Anjou, le Roi mon maître ne souffrira pas qu'aucune personne à lui hostile tienne une terre dans son royaume, surtout un lieu aussi important que celui-là et que plusieurs places du Barrois qui ont reçu et reçoivent chaque jour ses ennemis. Cessez donc de lui faire opposition, ou nous y pourvoirons par la force [1]. »

Ces menaces firent leur effet, et les deux ducs, craignant de mettre leur pays en guerre avec l'Angleterre et la Bourgogne, n'envoyèrent pas de secours à la ville, qui, après avoir capitulé, le 18 septembre 1424, dut rester aux mains de Jean de Luxembourg. Un tel dénouement affligea vivement René, dont le conseil avait agi pour lui en cette circonstance et négocié auprès de Philippe le Bon pour faire cesser l'attaque [2]. Bien qu'émancipé depuis plusieurs mois par sa mère, bien qu'ayant droit, par l'âge qu'il venait d'atteindre, à être mis directement en possession des terres dont son beau-père avait jusque-là la jouissance et la garde, il était toujours sous la dépendance de ce dernier. Aussi, dut-il subir, à ses dépens, les exigences de la politique lorraine ; mais il demeure établi, par le document qu'on vient de voir, qu'il était regardé dès lors comme en opposition avec elle, qu'il se réjouissait du succès des adversaires du monarque anglais et leur ouvrait les places de son duché de Bar, s'appuyant sans doute sur les sympathies de la population. Ainsi l'on pouvait prévoir quel sen-

[1] Je résume seulement cette lettre, datée du 22 août [1424]. (Bibl. nat., Lorraine 6, n° 159).

[2] Monstrelet, IV, 199 ; Vallet, II, 8.

timent l'emporterait chez lui, et comment se déclarerait ce jeune homme de quinze ans, le jour où s'imposerait une option définitive.

Mais, en attendant, d'autres événements vinrent rapprocher Charles II et René dans une lutte commune, et fournir à celui-ci l'occasion de faire ses débuts militaires. Antoine, comte de Vaudemont, neveu du premier et fils de son frère Ferry, nourrissait, depuis le mariage de sa cousine Isabelle, un profond dépit. Se voyant frustré dans ses espérances sur la succession de Lorraine, il prétendait la revendiquer par tous les moyens, mettant en avant la masculinité du fief, grosse question qui agita bientôt les légistes du pays. Charles, pour opposer à ses réclamations une barrière plus forte, rédigea, le 13 janvier 1425, un second testament, par lequel le gouvernement du duché après sa mort était conféré à son gendre d'une manière formelle. René, avant d'en prendre possession, devait jurer aux chevaliers et aux bonnes villes de l'administrer avec sagesse et loyauté. Si sa femme Isabelle venait à mourir sans postérité, il remettrait le duché à Catherine, fille cadette de Charles, ou à ses enfants, et, à défaut de ceux-ci, aux chevaliers et aux bonnes villes, qui confieraient eux-mêmes le pouvoir à des personnages désignés ultérieurement. Il ne pourrait entrer ni faire entrer personne en son nom au *trésor*, c'est-à-dire aux archives. Le prévôt de Saint-Georges et deux chanoines devaient en garder les clefs et lui communiquer les titres dont il aurait besoin. Il devait enfin s'engager à observer toutes les clauses du testament, et ses enfants ou ses gendres seraient astreints au même serment à l'époque de leur avénement [1].

Cette constitution, d'un libéralisme remarquable, prévoyait

[1] Arch. nat., J 932, n° 6, et dans les Preuves de D. Calmet, t. III, col. CLXXXVII (avec la date du 11 janvier au lieu du 13). Le duc de Lorraine fait, dans le même testament, divers legs à ses bâtards Ferry, Jean, Catherine et Isabelle, ainsi qu'à *Alison May*, sa maîtresse, à laquelle il donne notamment l'hôtel occupé par elle à Nancy, avec tous ses meubles. La duchesse Marguerite de Bavière et Jacques de Bade, le second gendre de Charles, sont nommés exécuteurs testamentaires.

tous les cas et ne laissait aucune porte ouverte à l'ambition du comte de Vaudemont. Le duc de Bar la jura aussitôt et la scella de son sceau, à la requête de son beau-père ; le lendemain, il prêta tous les serments demandés [1]. Mais Antoine n'en devint que plus furieux : il lui échappa des paroles séditieuses, qui furent rapportées au duc. Celui-ci voulut exiger de lui une renonciation écrite à toutes ses prétentions. Après un échange inutile de correspondances, les choses s'envenimèrent, et force fut de recourir aux armes pour soumettre le vassal révolté. René, qui venait déjà de repousser avec le duc Charles les incursions de quelques seigneurs voisins, conduisit une armée contre son compétiteur, et mit le siége devant la place de Vézelise, la plus importante du comté de Vaudemont. Le comte se défendit avec vigueur. Jean de Rémicourt, sénéchal de Lorraine, qui commandait l'attaque, fut tué d'un coup de flèche. Les opérations continuèrent néanmoins, et se prolongèrent durant trois ans ; enfin, la garnison affamée se rendit, et fut emmenée prisonnière à Nancy.

Dans l'intervalle, René avait été commencer également le siége du château de Vaudemont [2]. En même temps, le duc Charles s'était occupé de faire décider la question de droit. La noblesse de Lorraine, convoquée pour examiner la coutume du duché, déclara, le 13 décembre 1425, après une délibération solennelle, « que, toutes et quantes fois il est advenu en temp passei que aulcun des ducs de Lorraine ait allez de vie à trapessement sen délaissier hoirs masles après lui, nez et procréez de son corp en loyaul mariage, et il ait délaissiez en vie filles légitimes nées et procréées de son corp en loyaul mariage, que toujours icelles filles aient succédez et doient succéder et hériter comme vraies héritières dudit duchié, princerie et seigneurie de Lorraine. » En conséquence, l'assemblée, composée de quatre-vingt-trois membres, fit le serment de reconnaître les filles de Charles II comme ses seules héritières : elle promit, de plus, de ne pas reconnaître Isabelle, si cette

[1] Arch. nat., KK 1124, f° 665 v°.
[2] D. Calmet, II, 687, 705.

princesse devenait veuve et se remariait sans le consentement de son père ou des trois états du pays. Cinquante-neuf « bons loyauls gentilzhommes et vrais subgetz du duchié », Arnoul de Sierck et Pierre de Baufremont en tête, scellèrent de leurs sceaux cette attestation de la coutume lorraine, destinée à faire loi [1]. Ainsi la Lorraine était proclamée fief féminin par les principaux intéressés. En faisant reconnaître ce principe, qui cependant devait être contesté de nouveau dans les siècles suivants, le duc portait le dernier coup aux prétentions du comte de Vaudemont, et s'acquittait à la fois d'une obligation stipulée dans le traité de mariage de sa fille Isabelle. Antoine n'avait plus d'autre recours que la violence et la guerre. Ces moyens ne lui réussirent pas immédiatement ; mais il se prépara dans l'ombre à soulever une lutte formidable, qui devait éclater au moment donné et déchaîner sur cette malheureuse contrée une longue série de désastres.

René oublia bientôt les fatigues de la guerre dans les joies de la famille. Le 2 août 1427, Isabelle, à peine sortie de l'enfance, mettait au monde leur premier-né, Jean, qui, trois jours après, fut tenu sur les fonts, dans l'église de Toul, par les évêques de Metz et de Strasbourg [2]. Ce gage de leur tendresse, qui n'était que le prélude d'une heureuse fécondité, assurait davantage encore la réalisation des espérances fondées sur leur union. Un traité de paix avec le damoisel de Commercy, vassal rebelle du duché de Bar, le siége du château de Passavant, asile d'un capitaine de gens d'armes nommé Eustache de Wernoncourt, « qui avait longtemps travaillé le pays très-inhumaine-

[1] Arch. nat., J 933, n° 4. Les cinquante-neuf sceaux sont encore appendus à autant de bandelettes, fixées tout autour de l'acte, sur les quatre côtés, et portant chacune le nom d'un seigneur. V. l'*Inventaire du musée des Archives*, p. 258.

[2] Bibl. nat., mss. lat. 17332 et Dupuy 651, f° 55. Arch. nat., KK 1117, f° 110 v°. Villeneuve-Bargemont, I, 71. Les historiens ont beaucoup varié sur l'époque de la naissance de Jean d'Anjou. D. Calmet et l'*Art de vérifier les dates* l'ont placée en 1424, d'autres en 1425 ou 1426, ou à un autre moment de l'an 1427. La date que j'adopte est plus conforme aux textes et aux lois de la nature, les père et mère de ce prince étant encore très-jeunes.

ment, » l'occupèrent ensuite[1]. Il prit aussi part à une nouvelle expédition dirigée contre Metz par le duc Charles, pour une querelle futile, dont l'origine était une hotte de pommes. Cette campagne, entreprise en 1428, continua l'année d'après avec des vicissitudes diverses. Mais le duc de Bar ne la suivit pas jusqu'au bout : il était revenu à Nancy au mois de novembre[2].

A cette époque, un bruit singulier commençait à se répandre en Lorraine. On disait qu'une jeune paysanne, presque une enfant du pays, avait eu des visions merveilleuses ; qu'elle voulait aller trouver Charles de Valois en Touraine et le faire roi selon Dieu par l'onction sainte, après l'avoir fait roi selon les hommes par la victoire ; qu'elle cherchait les moyens d'arriver jusqu'à lui, et qu'elle prétendait passer à travers tous les obstacles. Le duc de Lorraine entendit parler de cette fille extraordinaire par des vassaux de son gendre ; car elle se trouvait alors à Vaucouleurs, ville dépendant de la Champagne, mais enclavée dans le duché de Bar. Il était retenu momentanément dans sa capitale par de violentes douleurs de goutte, et, s'imaginant qu'il obtiendrait d'elle sa guérison si c'était vraiment une inspirée, comptant dans tous les cas satisfaire sa curiosité et celle de sa cour, il exprima le désir de la voir. Jeanne, de son côté, songeait précisément à se rendre en pèlerinage à Saint-Nicolas, tout près de Nancy. Elle résolut d'accéder à son vœu, dans l'espérance naïve qu'il ne lui refuserait pas son appui. Il lui envoya un sauf-conduit : elle se mit en route au mois de février 1429, accompagnée de son oncle Durand Laxart et d'un bourgeois de Vaucouleurs.

Quand elle parut en sa présence, Charles, comme s'il avait eu affaire à une charlatane, lui demanda s'il recouvrerait la santé. Mais elle, pareille à ces anciens prophètes d'Israël, qui n'entraient chez les grands que pour leur dire leurs vérités, lui répondit qu'elle ne le savait pas, qu'elle n'y pouvait rien, mais qu'il ferait bien de renvoyer d'abord Alison, sa concu-

[1] Monstrelet, IV, 290.

[2] D. Calmet, II, 680, 766. Itinéraire de René.

bine, pour reprendre la bonne duchesse, sa femme. Puis elle ajouta : « Donnez-moi votre fils [René] avec une troupe de gens d'armes pour me conduire en France, et je prierai Dieu qu'il vous guérisse [1]. »

Jeanne d'Arc connaissait évidemment le jeune prince qu'elle demandait pour guide. Selon toute probabilité, il assistait à l'entrevue [2]. Son air avenant et sa réputation faisaient pressentir à l'humble fille qu'elle aurait dans sa personne un chevalier dévoué. Lui aussi crut en elle : sa conduite devait le prouver bientôt, et l'amitié dont il honora toute sa vie Robert de Baudricourt, qui l'avait aidée dans ses premières démarches, semble avoir été la récompense des bons offices de ce capitaine envers la Pucelle [3]. Mais, pour le moment, il dut contenir son enthousiasme. Le duc Charles, qui avait besoin de lui pour la guerre contre les Messins, et qui d'ailleurs était lié aux Anglais, ne le laissa pas partir. Sans se fâcher du hardi langage que Jeanne avait osé lui tenir, mais sans en faire cas non plus, il lui remit un petit présent, et, voyant qu'elle ne remplissait pas son attente, il la congédia [4].

[1] « *Dixit tamen ipsi duci quòd ipse traderet ei filium suum et gentes pro ducendo eam ad Franciam, et ipsa deprecaretur Deum pro suâ sanitate.* » (*Procès de Jeanne d'Arc*, I, 54.) Je n'ai pas besoin de faire remarquer que le mot *fils* est employé pour gendre dans tous les écrits du temps, et que d'ailleurs le duc de Lorraine n'avait pas de fils, si ce n'est des bâtards.

[2] Il était à Nancy en novembre 1428, et s'y trouvait encore en avril 1429 (Itinéraire).

[3] Baudricourt servit d'arbitre à René dans ses différends avec Robert de Sarrebruck et avec le comte de Vaudemont, en 1432. Il tenta plus tard de le délivrer de prison, et fut l'un des gentilshommes qui se portèrent cautions d'une partie de sa rançon, en 1437. Le roi de Sicile le nomma, en 1453, son exécuteur testamentaire. (Arch. nat., KK 1127, f° 079 v°; Bibl. nat., Lorraine 238, n° 31; Arch. des Bouches-du-Rhône, B 205, f° 90; D. Calmet, Preuves, t. III, col. DCXLII.)

[4] Je me borne, pour le récit de cette entrevue, aux indications authentiques fournies par le *Procès de Jeanne d'Arc* (I, 54, 222 ; III, 87). La *Chronique de Lorraine*, citée et reproduite par dom Calmet (II, 697 ; Preuves, t. III, col. VI), donne des détails différents, mais mêlés à des faits d'une fausseté évidente. Ainsi, elle fait accompagner Jeanne par Baudricourt à Nancy et à *Bourges*, auprès du Roi; elle la fait prendre au siége de Rouen, et disparaître ensuite on ne sait comment ;

On se figure aisément l'impression que devait produire le passage de cette inspirée à travers les populations du Barrois et de la Lorraine, déjà rattachées par leurs sympathies à la cause de Charles VII. Aujourd'hui encore, l'histoire de Jeanne d'Arc réveille l'amour du sol natal ; rien ne fait autant croire que Dieu a créé les patries, et qu'il protége la nôtre. Combien ce sentiment devait-il être surexcité, dans un siècle de foi, par l'idée d'une intervention divine! L'espoir et l'impatience grandirent à mesure que l'on apprit l'arrivée de l'héroïne à Chinon, puis la levée du siége d'Orléans, puis cette marche glorieuse vers Reims, dont chaque étape était une victoire. L'âme chevaleresque du jeune duc de Bar ne pouvait manquer de tressaillir à ces nouvelles. Pendant que ses frères se battaient pour la France, il lui fallait se battre pour la hottée de pommes de son beau-père! Il se demandait alors s'il n'abandonnerait pas tout pour rallier l'armée de la Pucelle qui avait réclamé son aide.

Dans une telle situation d'esprit, une étincelle devait suffire pour déterminer l'explosion. Sur ces entrefaites, le cardinal de Bar se rendit à Paris, à la cour anglaise du régent, dans l'intention, au moins inopportune, de renouveler ses alliances avec le roi Henri VI. Il s'était fait donner préalablement

enfin elle rapporte ses débuts à l'an 1417. C'est plus qu'il n'en faut pour nous autoriser à révoquer en doute tout le reste. Cette chronique porte la double trace des tendances anglo-bourguignonnes de la cour de Lorraine et de l'illusion produite quelques années plus tard par la fausse Jeanne d'Arc (Jeanne des Armoises), dont elle a confondu les actions avec celles de la vraie Pucelle. Le trait du cheval offert à la jeune fille, qui s'élance sur lui et fait des merveilles d'habileté aux yeux des seigneurs ébahis, se rencontre notamment dans l'histoire des deux Jeanne. (V. ci-après, ch. IV.) Tout est romanesque dans la *Chronique de Lorraine*, qui ne date d'ailleurs que du règne de Charles VIII, et que M. Quicherat a justement comparée, et pour le fond et pour la forme, aux chansons de geste où mille exploits fabuleux sont mis sur le compte de Charlemagne (*Procès*, IV, 329). Il suffit, pour se convaincre du peu de confiance qu'elle mérite, de remarquer les étranges erreurs et les confusions grossières dans lesquelles tombe son auteur au sujet de l'expédition de René en Italie. Sur la foi de ce guide suspect, M. de Villeneuve-Bargemont a donné de la réception de Nancy une version fantaisiste, où le duc Charles est transformé en prince débonnaire et tout à fait favorable à l'entreprise de la Pucelle (I, 75-79).

une procuration de son neveu, dans laquelle était invoquée une trêve conclue naguère avec Jean de Luxembourg, la nécessité de prolonger cette trêve, près d'expirer, pour éviter au pays d'irréparables dommages, enfin l'occupation du comté de Guise et l'espérance d'arriver à un accord sur ce point, qui touchait aux intérêts personnels du jeune prince. Mû par d'aussi sérieuses considérations, celui-ci l'autorisait à négocier pour la délivrance de Guise et de ses autres terres dépendant du royaume, à rendre au lieutenant du roi de France et d'Angleterre l'hommage de ces différentes seigneuries et du duché de Bar, et à régler avec lui toutes les conventions qui lui sembleraient bonnes. Cet acte, obtenu par l'intimidation ou autrement, et daté de Nancy, le 13 avril 1429, portait le sceau de René, mais non sa signature. Le 5 mai, le cardinal, mû par des sentiments pacifiques conformes, disait-il, à sa position de prince de l'Église, afin d'entretenir le commerce et le bon voisinage entre ses sujets et leurs voisins, prêtait en son nom, comme au nom de son héritier, la foi et hommage entre les mains de Bedford. Il jurait, par une seconde lettre, d'être fidèle à son alliance. Henri VI, en retour, promettait sa protection aux vassaux du duc de Bar, et, le lendemain, il octroyait à René lui-même une pension de deux mille francs sur les aides de Champagne, de Langres et de Châlons. Puis, le mois suivant, le vieux prélat se faisait adresser de Pont une ratification émanée de la chancellerie de son neveu [1]. Telle est l'origine probable de l'assertion émise par quelques écrivains, que ce dernier s'était engagé envers le duc de Bourgogne, avant la mort de Charles VI, à reconnaître Henri pour légitime héritier du trône, fait qui perd toute vraisemblance par l'époque qu'on lui assigne. De là aussi l'inscription du duc de Bar sur une liste de seigneurs soumis au roi d'Angleterre, qui nous est parvenue, et où cependant son nom

[1] Arch. nat., J 581, nº 10; J 582, nºˢ 27-32; KK 1117, fºˢ 955 vº, 957 vº. Pièces justificatives, nº 6. La lettre d'Henri VI, en date du 5 mai, a été reproduite en partie par M. de Villeneuve-Bargemont (I, 398), mais avec la date de 1425.

est accompagné d'une amère observation sur sa prompte infidélité [1]. D'autres ont prétendu qu'il s'était transporté personnellement à Paris pour rendre, malgré lui, l'hommage au régent, le 10 mai 1429 [2]; mais c'est une version également en contradiction avec les jours et les lieux où furent passés les actes ci-dessus.

Le cardinal espérait probablement que les faveurs qu'il avait obtenues pour René pallieraient à ses yeux la honte d'une soumission sans conditions. Mais si l'héritier de Bar avait bien voulu se prêter à un accommodement qui devait lui rendre la possession de son comté de Guise, ce qu'on pouvait admettre à la rigueur, si même il avait été jusqu'à autoriser un acte d'hommage, faiblesse assurément condamnable, il n'avait jamais entendu se ranger sous la bannière anglaise. En voyant jusqu'à quel point on l'avait compromis, il sentit sa loyauté se révolter. Il avait atteint l'âge d'homme, et la responsabilité de ses actions lui incombait tout entière. La péripétie prévue se présentait donc : il fallait se prononcer dans un sens ou dans l'autre.

Son parti fut bientôt pris. Vers le commencement de juillet, il était encore sous les murs de Metz avec son beau-père : le 16, malgré ses avis, il avait rejoint l'armée royale à Reims, accompagné du sire de Commercy et d'un corps de troupes barroises, et, le 17, il assistait, dans la basilique de cette ville, à l'imposante cérémonie du sacre [3]. Quinze jours après, Bed-

[1] « *Declaratio dominorum regni Franciæ sub obedientiâ domini Johannis regentis, ducis Bedfordiæ, tempore dicti domini regis Henrici sexti :... Renatus, rex Siciliæ, dux de Baare et de Lorreyn, fecit fidem et treugam cum domino regente duce Bedfordiæ, quam postea fregit, et super his captus in bello*, etc. » (Stevenson, *Letters and papers illustrative of the wars of the English in France*, Londres, 1861, II, 530).

[2] Cette hypothèse est adoptée par D. Calmet (II, 760).

[3] Le doyen de Saint-Thibaud, suivi par D. Calmet, prétend que René quitta l'armée lorraine le 20 juillet seulement, et qu'il arriva trop tard pour le sacre. Mais les dates de ce chroniqueur paraissent peu exactes, au moins quant aux jours. La plupart des contemporains qui ont raconté la campagne de 1429 affirment que le Roi fut rejoint par son beau-frère en arrivant à Reims; or, dès le soir du 20, Charles VII était reparti de cette ville. (V. *Procès de Jeanne d'Arc*, IV, 23, 77, 185;

ford recevait de lui le désaveu formel des actes passés récemment. Sans s'inquiéter des suites qui en pouvaient résulter, le jeune duc mandait au lieutenant du roi d'Angleterre, en termes plus énergiques et plus nets que le langage ordinaire des chartes : « Je, René, fils du roi de Jhérusalem et de Sicille, « duc de Bar, marquis du Pont, comte de Guyse, vous faiz « assavoir que,... pour certaines causes qui ad ce m'ont meu « et muevent, ay dès maintenant et pour lors renuncié et re- « nunce par ces présentes, plennement et absoluement, à tous « les fieds, terres et seignories dont mondit oncle a et pourroit « avoir reprins de vous comme régent, et à tous hommaiges, « foy, seremens et promesses quelconques qu'il pourroit avoir « faiz pour moy et en mon nom... Et ces choses vous signiflé-je « et escrips par ces présentes, scellées de mon scel, pour y « sauver et garder mon honneur [1]. »

Par cette déclaration, où l'on sent comme le souffle de la vieille chevalerie, et plus encore par la fermeté de sa conduite ultérieure, René dissipa tous les malentendus, écarta jusqu'à l'ombre du soupçon qui pouvait planer sur sa fidélité. Il prouva qu'il voulait avant tout demeurer prince du sang de France et tenir sa place à côté du Roi. Un si noble début faisait concevoir les plus belles espérances. En toute cette affaire, en effet, il s'était révélé tel qu'il devait être jusqu'à la fin de

Vallet, II, 99; D. Calmet, II, 691, 699, et preuvés, t. II, col. cc.) Quelques-uns font venir le duc de Lorraine avec le duc de Bar, et M. Vallet les imite, tout en prenant le second pour le roi de Sicile, son frère. « Là vinrent, dit la *Chronique de la Pucelle*, les ducs de Bar et de Lorraine et le seigneur de Commercy, bien accompaignez de gens de guerre, eulx offrans à son service. » (Éd. Vallet, p. 321.) Mais les autres chroniqueurs et les biographes du duc Charles II sont complétement muets sur ce point, qui aurait eu cependant une grande importance, puisqu'il eût impliqué sa conversion à la cause française. Chastelain dit positivement, au contraire, qu'il tâcha de détourner son gendre de la pensée de combattre les Anglo-Bourguignons. (Éd. Kervyn, II, 43.) Il n'était point, du reste, le vassal du Roi, et la guerre de Metz le retenait dans son pays. Peut-être faut-il lire *le duc de Bar et de Lorraine*, ou peut-être aussi l'auteur a-t-il pris pour le duc de Lorraine un autre seigneur.

[1] Arch. nat., J 582, n° 33. V. le texte entier dans les pièces justificatives, n° 7.

sa vie, facile à entraîner, mais loyal, brave, et mettant au-dessus des calculs de la prudence humaine ce grand principe politique : l'honnêteté.

Au camp français, il rentrait dans son élément. Il retrouvait Louis, roi de Sicile, et Charles d'Anjou, ses frères, qu'il n'avait pu voir depuis longtemps ; il retrouvait Charles VII, son beau-frère et son ancien compagnon d'enfance ; il retrouvait enfin l'héroïne qu'il avait devinée à Nancy, et qui reparaissait maintenant à ses yeux avec tout le prestige du triomphe. Dès lors, il sembla vouer à la Pucelle une sympathie respectueuse, et il en donna des marques dans la campagne qui suivit. L'armée royale, selon les conseils de Jeanne, inutilement combattus par La Trémouille, se dirigea des plaines champenoises vers Paris. Il semblait que la possession de la capitale dût être, après le sacre, la meilleure confirmation de l'autorité de Charles VII. Sur son passage et dans la région environnante, une quantité de places lui ouvrirent spontanément leurs portes : Vailly, Soissons, Laon, Crécy, Compiègne, Château-Thierry, Provins [1]. On était arrivé dans cette dernière ville, lorsque, le 3 août, La Trémouille, profitant d'une recrudescence de faveur, décida le faible monarque à s'arrêter sur la voie triomphale pour aller se reposer en Berry. Le duc de Bar se déclara pour le parti de la Pucelle, qui demandait la marche en avant ; il partageait avec les ducs d'Alençon et de Bourbon, les comtes de Vendôme et de Laval, l'opinion « que le Roy devoit passer oultre pour toujours conquester, veue la puissance qu'il avoit et que ses ennemis ne l'avoient osé combattre [2] ». C'était l'avis des chefs les plus jeunes et les plus ardents, et c'était aussi, pour cette fois, le plus sage. Il reprit forcément le dessus, par une circonstance providentielle : le pont de Bray, où les troupes devaient passer la Seine, se trouva inopinément coupé par les Anglais ; l'avant-garde, attaquée par eux, dut rebrousser chemin ; il fallut renoncer à la funeste résolution de marcher vers la Loire, et

[1] Vallet, II, 103.

[2] *Chron. de la Pucelle*, p. 325.

remonter, au grand contentement de René, dans la direction du nord [1]. On revint à Château-Thierry, où le passage de la Marne fut accompagné de telles ovations, qu'elles arrachèrent à Jeanne ce mot célèbre : « En nom Dieu, voicy un bon peuple et dévot, et, quand je devrai mourir, je voudrois bien que ce fût en ce pays ! » Puis on se rapprocha de Paris, et, après plusieurs contre-marches, on rencontra le gros des troupes anglaises près de Senlis, à Montépilloy. Une action générale fut sur le point de s'engager, le 15 août. Le duc de Bar reçut le commandement d'un corps d'armée, celui du centre. Mais on redoutait, de part et d'autre, de ne pas se trouver en forces suffisantes, et la journée se passa en brillantes escarmouches [2].

Néanmoins Bedford se replia le lendemain sur la capitale ; Charles VII s'installa alors à Compiègne. Pendant qu'il y séjournait, de rapides coups de main tentés par René, avec l'aide du vieux Barbazan, réduisirent à son obéissance plusieurs places des environs : Chantilly, Pont-Sainte-Maxence, Choisy. Les deux capitaines poussèrent même jusqu'à Pont-sur-Seine, qu'ils soumirent également ; mais ils échouèrent devant Anglure, vivement défendue par l'ennemi, et rejoignirent le Roi au moment où se préparait l'attaque de Paris [3]. Barbazan, qui venait d'être délivré par La Hire de la prison où l'avaient retenu les Anglais, paraît avoir noué dès lors avec son jeune compagnon d'armes des rapports d'amitié, encouragés par leur souverain commun. Ces deux natures, si opposées l'une à l'autre, formaient par leur réunion l'idéal complet de l'homme de guerre. Le premier, d'une expérience consommée, possédait la tactique et la prudence, et passait pour le Nestor de la chevalerie. Le second avait le feu et l'audace de la jeunesse : il avait besoin d'un guide, et les leçons de Barbazan lui étaient fort utiles, quoiqu'elles ne dussent jamais faire de lui un stratégiste.

[1] Jean Chartier et *Journal du siége d'Orléans* (*Procès*, IV, 79, 188).
[2] *Chron. de la Pucelle*, p. 329 ; *Procès*, IV, 33, 83, 193.
[3] Chartier, *ibid.* ; Villeneuve-Bargemont, I, 99.

Jeanne d'Arc, après avoir occupé Saint-Denis, où elle laissa Charles VII, s'avança le 7 septembre jusqu'à la Chapelle. Le lendemain était une des fêtes de la Sainte-Vierge, dont elle aimait à invoquer la protection : toutes les forces royales assaillirent Paris sous sa conduite. L'historien de René prétend qu'il n'était pas présent, et se fonde sur le silence des auteurs contemporains : mais trois chroniqueurs au moins racontent, au contraire, qu'il prit part à l'opération et mena sous les remparts ses braves Barrois [1]. M. de Villeneuve-Bargemont retranche même par là de l'histoire de son héros le trait le plus intéressant de ses relations avec la Pucelle. En effet, l'intrépide jeune fille, en essayant de sonder la profondeur des fossés, venait d'être atteinte d'une flèche, qui lui avait traversé la cuisse. Elle n'en continuait pas moins à lutter ; mais elle s'affaiblissait, et les assaillants, n'étant plus excités par elle, mollissaient de toutes parts. La nuit arrive ; on sonne la retraite. Jeanne ne veut pas encore lâcher prise : elle va certainement périr, et l'armée va perdre son palladium. Heureusement, quelques chevaliers surviennent et la hissent sur un cheval ; puis, malgré elle, le duc de Bar, le comte de Clermont et plusieurs autres seigneurs la ramènent jusqu'à son logis de la Chapelle-Saint-Denis, où on lui donne enfin les soins nécessaires [2]. C'est ainsi que René contribua au salut de la libératrice de la France. Mais elle n'était, hélas ! sauvée que pour bien peu de temps.

L'échec éprouvé devant la capitale détermina le départ pro-

[1] Berry et le chroniqueur normand (*Procès*, IV, 47, 342). « En ce temps,... vint le dit Charles avec le duc d'Alençon, messire Charles de Bourbon, la Pucelle dont devant est fait mencion, le duc de Bar, accompaigniés de trente à quarante mille hommes, tant Franchois, Hennuyers, Liégeois comme Barrois, et mistrent le siége devant Paris. Et estoient logiez à Sainct-Denis, à Montmartre et autres lieux entour Paris, » etc. (*Chron. de la Pucelle*, p. 450.)

[2] « Ilz la mirent à cheval et la ramenèrent à son logis, audit lieu de la Chappelle, et touz les autres de la compaignie le Roy, le duc de Bar, le comte de Cleremont, qui ce jour-là estoient venuz de Saint-Denis. » Perceval de Cagny (*Procès*, IV, 27). D'autres chroniqueurs attribuent l'initiative de cette action au sire de Gaucourt, au duc d'Alençon, etc. Il n'y a rien d'impossible à ce que tous y aient pris part.

jeté naguère pour les rives de la Loire. Le Roi emmena Jeanne avec lui : elle lui échappa bientôt, et recommença sans lui la fatale campagne qui devait aboutir pour elle à la trahison de Compiègne, à la prison, au bûcher. Mais le duc de Bar n'était plus alors auprès d'elle. Abandonnant aussi la cour, livrée à l'indolence, il était parti avec son fidèle Barbazan pour de nouvelles conquêtes. Ce dernier venait d'être nommé gouverneur général de la Champagne : tous deux pénétrèrent dans cette province, soumise encore en partie à la domination anglaise. Apprenant qu'un corps de huit mille hommes menaçait la ville de Châlons, où l'étendard royal était arboré depuis peu, ils se portèrent à sa rencontre et lui livrèrent combat près de l'église de Notre-Dame-de-l'Épine, avec une troupe très-inférieure en nombre. Ils déployèrent tant de valeur, que les Anglais, totalement déconfits, leur laissèrent cinq à six cents prisonniers : la ville fut préservée et mise en état de résister à de nouvelles attaques [1]. De là, ils se dirigèrent vers Chappes, place forte située à quatre lieues de Troyes, appartenant à Jacques d'Aumont, chambellan du duc de Bourgogne, et ils y mirent le siége. Le blocus durait depuis trois mois, lorsqu'Antoine de Toulongeon, maréchal bourguignon, qui avait réuni quatre mille soldats, s'approcha de la ville dans l'espoir d'y entrer ou d'y jeter des renforts. Il essaya d'abord de séparer les deux chefs, ce qui semblait facile, René s'étant quelque peu éloigné pour guerroyer aux environs. Mais la rapidité de ce prince le déconcerta, et, bien qu'il l'eût fait attaquer séparément, il ne put l'empêcher de rejoindre Barbazan. Alors il leur offrit une bataille rangée. Le duc de Bar était disposé à accepter ; son compagnon, en habile temporisateur, modéra son impatience jusqu'à l'arrivée de Robert de Baudricourt, qui leur amenait un contingent des plus nécessaires. Enfin, un détachement de Bourguignons s'étant avancé jusqu'auprès du logis de René, celui-ci leur fit face et engagea le combat (c'est là, sans doute, le piége où les historiens de leur

[1] Vallet, II, 253 ; Villeneuve-Bargemont, I, 104.

parti veulent qu'ils soient tombés). Toulongeon ayant voulu secourir les siens, l'action devint générale. Attaquée de plusieurs côtés, l'armée du maréchal ne tarda pas à plier. René fondit sur ses derrières et abattit une soixantaine d'hommes, qui furent pris ou tués. Le reste se débanda, et leur chef lui-même fut forcé de se sauver jusqu'à Châtillon, après avoir perdu plus de deux cents des siens, son artillerie et ses bagages. Le capitaine de la place, qui avait tenté une sortie en même temps, fut fait prisonnier avec plusieurs autres seigneurs ; la forteresse fut démolie et rasée. Les chroniqueurs bourguignons, Monstrelet, Chastelain, ont eux-mêmes rendu justice à la *furia* du jeune duc de Bar dans cette importante rencontre. Il était jaloux de se distinguer, dit le dernier, « car moult estoit vaillant chevalier et de grant cœur, et estoit encore en son grant venir, par quoy tant plus se devoit montrer fier et courageux. » C'était, ajoute-t-il, son premier exploit contre le duc de Bourgogne, son cousin ; mais attendons un peu : le second « luy coustera chier [1] ».

Le combat de Chappes fit prévaloir en Champagne la domination royale. Barbazan assura les résultats de cette journée par une série d'opérations heureuses. René, suivant quelques écrivains, l'aurait alors quitté pour se joindre à l'expédition dirigée contre Louis de Châlons, prince d'Orange, envahisseur du Dauphiné, et se trouver à la bataille d'Anthon, gagnée sur celui-ci, le 11 juin 1430, par les troupes françaises, avec le secours de l'aventurier Rodrigue de Villandrando [2]. Sa participation à cette campagne ne paraît pas bien prouvée. En tout cas, il fut rappelé presque aussitôt dans son duché par la maladie et la mort de son oncle de Bar, qui finit ses jours à Varennes, le 23 juin.

[1] Chastelain, éd. Kervyn, II, 43-48. Monstrelet, IV, 385. D. Plancher, *Hist. de Bourgogne*, IV, 142. Suivant celui-ci, le château de Chappes n'aurait pas été démoli, mais aurait reçu une garnison française. L'événement aurait eu lieu, d'après le même, au mois de décembre 1430. Monstrelet, suivi par M. Vallet (II, 253), le place avec plus de vraisemblance au mois de mai de la même année.

[2] Villeneuve-Bargemont, I, 108.

Il était à craindre que le cardinal, mécontent du désaveu et de la politique toute française de René, ne portât quelque atteinte aux dispositions arrêtées en sa faveur. En effet, soit qu'il fût sous l'empire de ce sentiment, soit qu'il regrettât simplement d'avoir tout à fait déshérité ses autres neveux et nièces, il diminua avant de mourir, par des legs particuliers, la succession qu'il ne pouvait plus enlever au duc de Bar. Dans son testament, écrit à Varennes, il lui donne, à la vérité, ses salines de Château-Salins avec les revenus; mais il lui enlève des biens beaucoup plus considérables pour les léguer à Jeanne, comtesse de Marle, sa nièce, et à Jacques, marquis de Montferrat, son neveu, en dédommagement, dit-il, des droits qu'ils pouvaient réclamer sur son duché [1]. René ne parut pas fâché, du reste, d'éviter à ce prix toute revendication ultérieure; car, par une transaction conclue bientôt après avec la comtesse de Marle, il lui confirma la propriété des terres que le cardinal lui avait dévolues: Cassel et le Bois de Nieppe, en Flandre; Alluye, Brou, Montmirail, la Basoche, Auton, dans le Perche et le pays Chartrain [2]. Il fit faire à son grand-oncle des funérailles somptueuses, et, conformément à son désir, lui érigea une sépulture dans l'église cathédrale de Verdun [3].

A peine avait-il pris l'entière possession du duché de Bar, qu'un nouveau deuil vint changer plus radicalement sa position, en achevant de réaliser les combinaisons politiques de sa mère. Le 25 janvier 1431, Charles II, duc de Lorraine, qui venait de signer un traité de paix avec les Messins, mourut à son tour, laissant ses États à sa fille Isabelle et à son gendre, suivant les conditions antérieurement stipulées. Ce

[1] Arch. nat., P 1334[17], n° 53; KK 1126, f° 777. Arch. des Bouches-du-Rhône, B 205. D. Calmet, Preuves, t. III, col. DCXXXVIII.

[2] Actes des 23 et 24 février 1433. (Bibl. nat., Lorraine 8, n° 9; Arch. nat., KK 1122, f° 1051.)

[3] Guillaume d'Haraucourt, évêque de Verdun, reçut de Jean Bressin, secrétaire de René, le 10 août 1468, la somme de sept cent cinq francs quatre gros, monnaie de Barrois, pour la construction du tombeau du cardinal de Bar, qu'il avait été chargé de faire exécuter. (Arch. nat., KK 1117, f° 895.)

prince paraît avoir aussi persisté jusqu'au bout dans ses sympathies bourguignonnes. Sur son lit de mort, il pria René et le requit plus instamment que jamais, s'il voulait vivre heureux et puissant, de ne rien entreprendre contre le duc Philippe ni contre son pays : «car en l'amitié des Bourguignons, ses voisins, gisoit son salut et grand bien [1]. » Un avenir prochain allait démontrer la prudence de cet avis, qui ressemblait à un pressentiment; mais, tant que le duc de Bourgogne serait l'ennemi du Roi, un prince d'Anjou ne pouvait songer à rechercher son alliance. L'avénement de René au duché de Lorraine était, par la force des choses, un coup direct porté à la puissance de ce redoutable adversaire, et devait encore accroître l'animosité réciproque : aussi souleva-t-il immédiatement des orages.

Le nouveau règne débutait cependant sous les plus heureux auspices. Autant le prince défunt s'était fait mépriser de ses sujets, qui, dans leur ressentiment, allèrent jusqu'à faire périr en secret Alison du Mai, autant son successeur, entouré de sa jeune femme et de ses petits enfants, s'était concilié à l'avance leur affection et leur dévouement. La duchesse douairière et toute la noblesse lorraine se rendirent au-devant de lui à son arrivée à Nancy, l'introduisirent en grande pompe dans la ville et dans l'église de Saint-Georges, et reçurent son serment de conserver les priviléges du pays. La foule l'acclamait, les enfants criaient : Noël [2]! On eût dit l'aurore d'une ère de bonheur; c'était, par le fait, l'intronisation du souverain le plus populaire du siècle.

Les premiers jours furent consacrés par René à recueillir les hommages de ses vassaux, à donner des lettres de protection aux villes et aux églises, notamment à celle de Toul, qu'il reconnut pour l'église-mère de son duché, et dans laquelle il s'obligea, comme ses prédécesseurs, à venir tous les ans recevoir les sacrements. L'évêque Henri de Ville, qui lui était attaché depuis longtemps déjà, fut mis immédiatement à la tête de son

[1] Chastelain, éd. Kervyn, II, 43.
[2] Chronique de Lorraine; D. Calmet, II, 760.

conseil, et, laissant à ce prélat la direction momentanée des affaires, il quitta Nancy pour entreprendre une première tournée dans ses États [1].

Profitant de son absence, Antoine de Vaudemont reparut dans cette ville, au mois de mars 1431 [2], avec une poignée de partisans, arborant les armes de Lorraine et réclamant bien haut qu'on lui rendît l'hommage comme au vrai duc et seigneur naturel. Il n'avait jamais abandonné ses prétentions; mais, dans les dernières années de la vie de Charles II, il avait renoncé à les faire valoir par la force, et s'était même prêté à des tentatives d'accommodement dans lesquelles l'évêque de Toul, le marquis de Bade, beau-frère d'Isabelle, Colart de Saulcy, Robert de Sarrebruck, Thibaud de Neufchâtel étaient intervenus comme arbitres, pendant que René combattait dans l'armée royale [3]. Devant sa nouvelle et hautaine revendication, le conseil ducal s'assembla aussitôt et lui répondit : Votre oncle a laissé des filles qui, selon les droits et coutumes du pays, sont ses héritières, principalement l'aînée; elle est déjà reconnue : vous n'avez rien à voir dans la succession. — Eh bien ! s'écria Antoine, je jure sur mon âme que je serai bientôt duc [4].

C'était la guerre. Mais, au ton du prétendant, l'on sentait qu'il n'était plus seul pour soutenir sa cause, et qu'il avait derrière lui un allié, un instigateur. Il était personnellement très-brave; cependant l'échec de sa première tentative, l'hostilité des seigneurs et du peuple l'avaient trop éclairé pour qu'il recommençât la lutte dans les mêmes conditions. En le voyant s'éloigner pour se rendre à la cour de Bourgogne, chacun sut à quoi s'en tenir. On apprit bientôt que le duc Philippe lui avait remis des lettres pour le maréchal de Tou-

[1] D. Calmet, II, 767; Villeneuve-Bargemont, I, 113.

[2] Et non le 22 février, comme le dit l'*Histoire de René d'Anjou* (I, 117). Cf. la chronique du doyen de Saint-Thibaud et la chronique de Lorraine (D. Calmet, preuves, t. II, col. CCVII; t. III, col. XIII).

[3] Arch. nat., KK 1127, f° 91 v°.

[4] Chron. de Lorraine; D. Calmet, *loc. cit.*

longeon, lettres qui autorisaient celui-ci à lui amener toutes les troupes dont il pourrait disposer; que ce même maréchal avait obtenu des états réunis à Dijon un subside de cinquante mille livres pour les frais de l'expédition; que le comte de Saint-Pol se disposait aussi à secourir son cousin de Vaudemont, et à lui envoyer une compagnie de gens d'armes [1].

A ces nouvelles, René s'émut. Comprenant l'imminence du danger, il voulut d'abord aller au devant. Antoine ne lui avait pas encore rendu les devoirs féodaux pour son comté de Vaudemont, relevant du duché de Bar. Il l'envoya sommer, par les baillis de Bar et de Saint-Mihiel, de lui faire l'ouverture et soumission de toutes ses villes et forteresses, sous peine de saisie et de confiscation de fief. Ces officiers, s'étant présentés le 13 avril devant le château de Vaudemont, firent lire le mandement du duc par un de ses secrétaires, parce qu'ils ne savaient «bien deuement parler le langaige de cestui païs».

Le bailli du lieu, Guérard de Pafenhoffen, leur répondit que le comte était absent, qu'il était parti en Flandre et lui avait laissé la garde du château, et que, pour lui, il ne laisserait entrer personne, mais que, si on voulait lui octroyer un sauf-conduit pour aller retrouver son maître, il lui en réfèrerait. Devant ce refus déguisé, une sommation définitive fut lancée dès le lendemain : René y déclarait qu'il procéderait contre son vassal rebelle par voie de fait, à main armée ou autrement [2]. Immédiatement, le ban et l'arrière-ban de la noblesse lorraine furent convoqués; des gens d'armes furent levés en nombre considérable, et la campagne s'organisa en toute hâte.

Pendant ces préparatifs, le duc se rendit lui-même à Tours, au mois de mai, pour réclamer l'appui de Charles VII. Il n'eut pas de peine à le convaincre que les intérêts de la couronne étaient engagés dans la guerre qui éclatait. Le Roi, quelque temps auparavant, avait déjà mandé au bailli de Vermandois de prêter main-forte à son beau-frère contre les entreprises d'Antoine : «car nous réputons, écrivait-il, le faict de nostre-

[1] D. Plancher, IV, 144; D. Calmet, II, 768.
[2] Arch. nat., J 911, nos 37-40.

dit frère comme le nostre propre [1]. » Il accueillit donc favorablement sa nouvelle demande, et promit de faire marcher avec lui son ancien compagnon d'armes, son ami éprouvé, Barbazan, avec un corps de troupes. Dès le 1er juin, René était de retour en Lorraine, et mettait une seconde fois le siége devant la place de Vaudemont. La garnison lui résista vaillamment. Au bout de quinze jours, après avoir ravagé les environs et construit deux forts de bois pour maintenir le blocus, il laissa le commandement au marquis de Bade et à deux autres capitaines, pour venir achever l'organisation de son armée. Antoine, de son côté, agissait avec la même célérité : aidé par une épouse courageuse, qui, accouchée depuis douze jours seulement, s'était élancée après lui pour l'avertir et lui mener des soldats, il revint aussitôt avec les forces qu'il avait amassées, recueillit en chemin celles que lui envoyaient le comte de Saint-Pol, le duc de Savoie, le prince d'Orange, et fut rallié près de Joinville par le plus important de ces corps auxiliaires, celui du maréchal de Bourgogne. Il se dirigea de là vers Vaudemont et Nancy, dévastant le Barrois et brûlant les villages sur sa route. Déjà il était parvenu jusqu'à Sandocourt, près de Châtenois, dans les Vosges, lorsqu'il apprit que les troupes de Barbazan et de René, venues à sa rencontre, campaient à deux lieues de là et se disposaient à lui livrer bataille [2].

La querelle de Lorraine allait donc se vider dans une journée décisive. Mais, si grave qu'elle fût, la question de savoir si ce grand fief était masculin ou féminin, et comment la succession devait en être réglée, n'était presque plus qu'un prétexte. Le débat était considérablement agrandi par le nombre et la qualité des alliés des deux adversaires. C'était, au fond, la grande lutte de la France contre l'Angleterre et la Bourgogne qui se poursuivait sous une forme nouvelle. La politique d'Yolande d'Aragon triompherait-elle des derniers obstacles,

[1] Bibl. nat., Lorraine 68, f° 229.

[2] Monstrelet, IV, 450 et suiv. Chroniques de Saint-Thibaud et de Lorraine (D. Calmet, preuves, t. II, col. CCVIII, et t. III, col. XIV). Vallet, II. 270.

ou les ennemis coalisés parviendraient-ils à enserrer le royaume dans un cercle de fer ? Tel était le dilemme que le sort des armes paraissait appelé à résoudre. Pour montrer que les deux partis le comprenaient bien ainsi, il suffit de passer en revue les combattants. Du côté d'Antoine, on trouve d'abord Toulongeon, le vaincu de Chappes en quête d'une revanche et le lieutenant le plus dévoué du duc Philippe le Bon : c'est à lui qu'est donné le commandement général. Il a amené quatorze cents archers picards, renommés pour leur adresse, avec une quantité de chevaliers et de seigneurs, presque tous bourguignons : Antoine et Jean de Vergy, les sires de Mirebeau, d'Avelin, de Marigny, d'Autrey, de Roland, de Sez, Boort de Bazentin, Enguerrand de Brimeux, Mathieu de Humières, Jean de Cardone, les bâtards de Neuville et de Fosseux, etc. Le prince d'Orange, le duc de Savoie, le comte de Fribourg, les sires de Meximieu et de la Palu, dont les étendards sont présents, sont des vaincus d'Anthon, également empressés de se venger des alliés de Charles VII. Enfin, signe caractéristique, les capitaines anglais John Adam, Thomas Gagaren, et plusieurs autres gouverneurs de villes champenoises pour le compte du roi d'Angleterre, sont venus à la rescousse[1]. Quelques-uns de ces aventuriers, trop communs alors, qui vendaient leur concours au plus offrant et faisaient le métier de pillards de grand chemin (*routiers*), grossissent de leurs bandes cet effectif[2]. Parmi la noblesse du pays, en dehors des proches ou des vassaux directs du comte de Vaudemont, un très-petit nombre de partisans se sont déclarés pour lui : par exemple, les fils d'Agnès de Noyers, dame de Rimoncourt et de la Voivre[3]. Toute la chevalerie barroise et lorraine est avec René. Mais, bien que son armée soit plus nationale, elle est aussi composée d'éléments très-divers, la plupart sans solidité.

[1] Monstrelet, IV, 450 ; D. Plancher, IV, 149 ; Vallet, II, 270. Je rétablis, comme ce dernier, les noms anglais que Monstrelet a francisés (*Jean Ladan*, *Thomas Gergerain*).

[2] D. Calmet, II, 769.

[3] Arch. nat., KK 1127, f° 117 v°.

Le Roi lui a envoyé avec Barbazan deux cents lances garnies et un corps d'archers[1]; c'est là sa troupe la plus sérieuse. Le reste se compose des communes, de jeunes seigneurs et de citadins inexpérimentés, de barons allemands amenés par le marquis de Bade ou engagés à la solde de son beau-frère, enfin de deux ou trois compagnies errantes. Dans cette foule bigarrée figurent Louis de Bavière, seigneur d'Heidelberg, Jean, comte de Salm, Visse de Conflans, Robert de Baudricourt, Poirsonnetty, maître échevin de Toul, les sires de Ribeaupierre et de Blamont[2]; le vicomte d'Arsy, Willem de la Tour, Colart de Saulcy, le comte de Linange, Thibaud de Barbay, Georges de Banastre et ses frères, Jean de Héraumont[3]; Jean d'Haussonville, maréchal de Lorraine, Robert de Sarrebruck, Conrard Bayer, évêque de Metz, avec son frère et ses neveux, Jean de Rodemack, Jean de Châtenoy, dit le Gascard, Bertrand de Lurcourt, Saublet de Dun, prévôt de Marville, Jean de Hanspach, Jean Schultz, de Fenestranges, Frédéric Guntersberg, de Bitche, et ses deux frères, Hartman de Rotzenhausen, Guillaume Stuffe et ses fils, Aubert Augustaire, Joffort van Beffort, This de Füssenick, dit de Morstorff, Baudevin Saulzeny, d'Épinal, Jean le Gronnaix, dit Creppy, Louis Vagnon et Barthélemy Barrette, tous les deux capitaines de gens d'armes[4].

La force totale des deux armées est impossible à calculer d'une manière exacte, les chroniqueurs donnant tous des évaluations différentes. Le nombre des soldats de René varie, chez eux, entre six mille et trente-huit mille; celui de ses adversaires, entre quatre mille et quinze mille[5]. Cependant,

[1] D. Calmet, II, 708; Berry, éd. Godefroy, 383; Vallet, II, 270.

[2] D. Calmet, II, 709.

[3] Monstrelet, IV, 465.

[4] Bibl. nat., Lorraine 8, nos 2, 4, 7, 8, 10, 12, 17, 19, 23, 33, 47; Lorraine 228, no 179; Lorraine 231, fo 50 et suiv. Arch. nat., KK 1125, fos 300, 676, 687; KK 1127, fo 115; KK 1123, fo 470 vo; P 1334[3], no 11, fo 23 vo. Je laisse à ces noms, dont plusieurs sont inconnus, l'orthographe des pièces originales.

[5] Monstrelet, IV, 459 et suiv.; Berry, p. 384; Basin, I, 90, 93; D. Calmet, II, 709, et preuves, t. II, col. CVIII; D. Plancher, IV, 149; etc.

d'après les meilleures sources, les moins élevés de ces chiffres paraissent plus voisins de la réalité. Le seul point à peu près hors de doute, c'est que les Lorrains avaient la supériorité numérique.

La date même et les circonstances de la bataille ont été diversement rapportées. Pour la première, la vérité est facile à discerner. Pour le reste, il faut avoir soin d'écarter ce qui est de la légende ou de l'amplification pure. Ainsi la chronique de Lorraine, à laquelle on pourrait, à l'exemple de M. de Villeneuve-Bargemont, emprunter des détails intéressants, des mots bien trouvés, est un roman écrit plus de cinquante ans après, et dont le caractère poétique est à peine dissimulé sous le voile de la prose. Jean d'Aucy, Bourdigné, sont également postérieurs de beaucoup. Mieux vaut se contenter d'une relation sobre et plus authentique, par exemple celle de Monstrelet, qui, émanant d'une plume bourguignonne, aura l'avantage de ne pas être suspecte de partialité en faveur du parti opposé. Or, en contrôlant son témoignage à l'aide de quelques versions françaises contemporaines, telle que celles du héraut Berry, voici tout ce qu'on peut démêler de certain.

C'est un samedi soir, d'après l'ensemble des textes, que les troupes de Toulongeon et du comte de Vaudemont parvinrent, comme je l'ai dit, à Sandocourt. On n'était pas au 29 juin, comme le disent quelques auteurs [1], ni au 2 juillet, comme le donne à entendre Monstrelet [2], mais bien au 30 juin, qui tombait cette année-là un samedi : c'était, en effet, l'avant-veille de la bataille, et celle-ci, suivant les récits les plus concordants, confirmés d'ailleurs par les dates inscrites sur les livres de la maison d'Anjou et par les anniversaires fondés plus tard, eut lieu le 2 juillet [3]. Le dimanche, s'attendant à être atta-

[1] Suivis par M. de Villeneuve-Bargemont, I, 132 et suiv.

[2] IV, 400, 401. Monstrelet donne exactement le jour de la semaine, mais non celui du mois, puisqu'il fait coïncider le lundi avec la Saint-Martin d'été, qui tombait le mercredi 4.

[3] Bibl. nat., Lorraine 239, n° 2; mss. lat. 1156A et 17332. M. Vallet a adopté également cette date, dom Calmet celle du 4, d'autres celle du 1er; la chronique

qués, les deux chefs alliés disposèrent leurs lignes de combat et les gardèrent presque toute la journée. Mais, voyant que les Lorrains n'approchaient pas, ils finirent par se retirer dans le village, et tinrent conseil pendant que leurs soldats se rafraîchissaient. Tous leurs officiers furent d'avis qu'on ne pouvait marcher à l'ennemi, vu les difficultés du terrain, entrecoupé de haies et de sentiers ; qu'on n'était pas en nombre suffisant pour lutter en rase campagne contre l'armée qui s'avançait ; qu'on n'avait pas non plus assez de vivres, le pays étant hostile et n'en fournissant pas : il était donc préférable de s'en retourner en dévastant le Barrois, et de regagner la Bourgogne pour s'y renforcer. Le comte ne partageait pas cette manière de voir ; elle fut néanmoins adoptée par la majorité. Le lendemain matin, à la première heure, le mouvement de recul commença. Peut-être, cependant, cachait-il un stratagème ; car, au lieu de le continuer, Toulongeon arriva dans la plaine de Bulgnéville, y prit position, fit construire à la hâte des retranchements et attendit de nouveau ses adversaires, qui pouvaient le croire en fuite. Monstrelet attribue ce plan, qui semble un souvenir de la journée de Poitiers, au chevalier anglais John Adam. Protégées, comme dans cette rencontre fameuse, par des palissades, par des fossés, et en même temps par un ruisseau, les troupes se rangèrent en bataille, les archers en avant. Les Bourguignons voulaient demeurer à cheval ; mais les Picards et les Anglais s'y opposèrent, et ils eurent gain de cause. Il fut ordonné que tous combattraient à pied, sous peine de mort. C'était sans doute afin de ne pas gêner l'effet des batteries d'artillerie, qui furent masquées par une montagne de chariots entassés autour du camp, pour foudroyer à un moment donné les agresseurs ; ruse nouvelle, dont les Français devaient être plus d'une fois les victimes.

Cependant René, qui paraît avoir réellement cru à la retraite des coalisés, s'était élancé sans précaution à leur poursuite. Son avant-garde rencontra bientôt les coureurs envoyés

de Lorraine désigne même le 18 juin, ce qui suffit à montrer combien elle s'éloigne de la vérité.

par eux pour donner l'alerte. Lui-même arriva vers neuf heures du matin à un demi-quart de lieue des retranchements, avec le gros de son armée. Il envoya alors un de ses hérauts demander aux Bourguignons de l'attendre : on lui répondit qu'on l'attendait en effet, et qu'on était prêt. Quand il se fut approché avec ses principaux officiers jusqu'à la distance d'un trait d'arbalète, Barbazan reconnut du premier coup d'œil combien il était dangereux d'attaquer à découvert une position aussi forte. Il donna le conseil de temporiser, d'affamer plutôt l'ennemi et de le contraindre à décamper sans coup férir. Mais le jeune duc, poussé par la bouillante jeunesse qui l'entourait, et brûlant comme elle d'en venir aux mains, ne voulut rien écouter. Il se rappelait le combat de Chappes, dont l'issue était faite pour le confirmer dans ce préjugé, bien français du reste, que la valeur suffisait pour assurer le succès. Il sentait, de plus, que l'avantage du nombre était de son côté, et, sans avoir peut-être la présomption exagérée, que lui attribue un écrivain bourguignon, de se croire de force à combattre le monde entier [1], il avait d'assez bonnes raisons pour ne pas vouloir laisser échapper son rival. Si Jean d'Haussonville et d'autres jeunes étourdis s'écrièrent, à la vue des soldats de Vaudemont : « Il n'y en a pas pour nos pages ; » s'ils accusèrent Barbazan de couardise, en disant : « Qui a peur des feuilles n'aille pas au bois ; » et si le vieux héros, bondissant sous l'insulte, leur répondit qu'ils « ne mettraient pas la tête de leurs chevaux où serait la queue du sien », ou d'autres choses semblables, c'est ce qu'il serait téméraire d'affirmer. Ce sont là de ces traits heureux dont je parlais tout à l'heure, qui peignent fort bien la situation, mais qui émanent de sources trop suspectes pour être admis comme authentiques [2]. Ce qu'il y a de positif, c'est que l'avis des imprudents

[1] Saint-Remi, coll. Buchon, XXXIII, 422.

[2] Jean d'Aucy ; chronique de Lorraine ; chronique rimée, citée par Villeneuve-Bargemont (I, 110). Comme presque tous les mots historiques ou prétendus tels, celui de la chronique de Lorraine a été défiguré par les écrivains modernes, sans excepter M. Vallet, qui a pourtant donné un récit exact de la bataille. Le

prévalut, et que le sage Mentor du duc de Lorraine n'eut pas la force de lui résister. Tous deux de concert disposèrent leur troupe à une attaque immédiate. L'armée entière se déploya dans la plaine : Barbazan prit le commandement de l'avant-garde, René demeura au centre, et Robert de Sarrebruck à l'arrière-garde.

Deux heures se passèrent dans les hésitations et dans les derniers préparatifs. Pendant que le duc créait dans ses rangs de nouveaux chevaliers pour les encourager au combat, Antoine non-seulement l'imitait, mais excitait tous les siens par un repas copieux, par une distribution de vin, dont il avait fait défoncer deux barriques, par des harangues belliqueuses, où il rappelait adroitement les liens qui l'attachaient à la maison de Bourgogne : aussi Bourguignons et Picards, dit Monstrelet, « eurent au cuer très-grande léesce ». Sur ces entrefaites, un cerf, chassé des bois voisins par le tumulte, parut dans la plaine, s'arrêta quelques minutes entre les deux camps, frappa trois fois la terre du pied, et reprit sa course à travers les Lorrains. Les autres en tirèrent un heureux présage, et se montrèrent encore plus ardents. Cependant, avant d'engager les hostilités, Antoine de Vaudemont aurait exprimé, dit une histoire manuscrite citée par dom Calmet, le désir d'avoir une entrevue avec René : les deux chefs se seraient avancés l'un vers l'autre, au milieu de l'espace qui séparait leurs armées ; mais, après un court entretien, les propositions d'arrangement qu'apportait sans doute le comte n'ayant pas été acceptées, ils revinrent chacun vers les leurs en donnant le signal du combat.

Toulongeon prit le parti de se tenir sur la défensive et d'attendre l'attaque à l'abri de ses retranchements. Il était onze heures environ. Les troupes lorraines s'avancèrent sous le poids d'un soleil accablant : rien ne bougea encore. Barbazan lança ses cavaliers : ils ne purent franchir les obstacles. Mais ses gens de trait, qui étaient malheureusement en petit nombre,

texte dit seulement : « Ils ne sont mie pour nos pages. » (D. Calmet, preuves, t. III, col. XIV.)

enlevèrent un chariot et entamèrent par là les remparts artificiels de l'ennemi. Aussitôt de grands cris retentissent, les batteries sont démasquées, les canons et coulevrines partent « tout à une fois », et sous cette décharge meurtrière la plupart des assaillants sont renversés. Le désordre se met dans leurs rangs ; les Bourguignons sortent de tous côtés ; les archers picards achèvent l'œuvre de l'artillerie. Au bout d'un quart d'heure de « meslée très-cruelle », la bannière de Barbazan tombe ; la panique devient générale. Le vieux capitaine, blessé lui-même mortellement, est impuissant à retenir les fuyards : Jean d'Haussonville, Baudricourt, le damoiseau de Commercy[1], tournent le dos avec beaucoup d'autres. Un seul chef reste au milieu de la mêlée : c'est le jeune duc de Lorraine, qui frappe d'estoc et de taille sans s'apercevoir de l'isolement où on le laisse. Son sang coule pourtant : il a déjà reçu trois blessures, dont l'une laissera sur son visage une marque ineffaçable[2]. Affaibli, entouré de toutes parts, voyant plusieurs ennemis mettre la main sur lui, il finit par se rendre à l'un d'eux, nommé Martin Fruiart ou le grand Martin, écuyer de Pierre de Luxembourg, sire d'Enghien. Les chevaliers demeurés avec lui sont faits prisonniers en même temps.

Le comte de Vaudemont poursuivit les débris de l'armée vaincue. Quelques officiers, chargés de lui garder sa précieuse capture, l'emmenèrent derrière une haie. Mais le maréchal de Bourgogne, survenant, contesta ses droits et ceux de Martin. Aux yeux de Toulongeon, l'expédition était entreprise pour le compte de son maître, qui devait en recueillir tout le fruit : il se saisit, en conséquence, de la personne de René, et le fit partir aussitôt sous bonne escorte, avec les prisonniers les plus notables[3]. Ceux-ci étaient l'évêque de Metz, Jean de

[1] Bournon raconte que ce jeune seigneur répondit à ceux qui lui reprochaient de fuir : « J'ai tort ; mais je l'avais promis à ma mie, qui m'attend. » (V. Vallet, II, 373 ; Villeneuve-Bargemont, I, 150.) Le fait n'est pas autrement prouvé.

[2] « Une playe qu'il avoit receue à sa prinse en Barroys luy notoit ung peu le visage. » (Bourdigné, II, 220.) Cette blessure était sous le nez, la seconde sur la lèvre, la troisième au bras.

[3] D'après M. Vallet (II, 273), le duc de Bourgogne devint maître de René en

Rodemack, Evrard de Salleberry, le vicomte d'Arcy, Colart de Saulcy, Willelm de Latour, et un certain nombre d'autres gentilshommes, s'élevant à quatre-vingt-dix d'après les uns, à deux cents d'après les autres. Deux mille de leurs compagnons, suivant la moyenne des évaluations, périrent soit dans le combat, soit dans la déroute : parmi eux se trouvaient les comtes de Salm et de Linange, Thibaut de Barbay, Georges de Banastre et ses frères, Jean de Héraumont, le frère et le neveu de l'évêque de Metz, Jean de Ville, Jean d'Haraucourt, et divers seigneurs lorrains ou barrois. Mais la perte la plus malheureuse, celle qui atteignait la France entière, c'était celle de l'illustre Barbazan, que ni Charles VII ni René ne remplacèrent. Ce dernier, mû par des regrets amers, fit élever à sa mémoire, près de l'endroit où il rendit l'âme et qu'on nomme toujours la *côte de Barbazan,* une chapelle qui subsista jusqu'aux temps modernes. Il demanda même au pape l'autorisation d'y établir des frères Mineurs, et dans son testament, rédigé en 1453, il recommandait encore à son héritier d'achever cette fondation, pour laquelle il assignait un revenu de mille francs [1]. Il créa, de plus, un anniversaire solennel pour lui et les autres victimes dans l'église de Vaucouleurs, où furent déposés les restes du héros, comme si ce lieu eût été prédestiné à voir commencer et finir les gloires les plus pures de la France [2].

vertu du droit de préemption qui était acquis à tout chef d'armée, et qui fut exercé notamment sur Jeanne d'Arc : mais les réclamations ultérieures du comte de Vaudemont indiquent qu'il ne consentit nullement à la cession de son prisonnier, et que, s'il reçut une indemnité, ce fut par un accord intervenu plus tard, lorsqu'il ne pouvait plus espérer autre chose.

[1] Arch. des Bouches-du-Rhône, B 205, f° 90. Cette chapelle déterminait l'emplacement exact de la bataille, ayant été érigée par René « *in loco belli et conflictûs quod habuit cum Burgundis* ».

[2] Bibl. nat., Lorraine 230, n° 2. Barbazan fut plus tard inhumé à Saint-Denis avec les rois. Pour tout le récit de la bataille de Bulgnéville, cf. Monstrelet, IV, 459-465, et V, 7; Basin, I, 90 ; le héraut Berry, éd. Godefroy, p. 383 et suiv. ; Saint-Remi, collect. Buchon, XXXIII, 418 et suiv. ; D. Calmet, II, 770-774, et preuves, t. II, col. CCIX, et t. III, col. XIV ; Vallet, II, 271 ; Villeneuve-Bargemont, I, 134 et suiv. Basin évalue à huit mille hommes les pertes des Lorrains ; ce chiffre

Telle fut l'issue de cette courte et singulière bataille, à laquelle les Bourguignons donnèrent le nom de Willeman, mais qui fut dès lors appelée par le vaincu « la piteuse et douloureuse journée de Buligneville[1] », ou Bulgnéville, comme on dit aujourd'hui. Ce dénouement fut dû à l'impatience des uns, à l'habileté des autres, et surtout à la puissance de l'artillerie. La situation du duc de Bar et de Lorraine s'en trouva profondément modifiée : même après sa délivrance, et jusqu'à la fin de ses jours, les conséquences de cet événement pesèrent lourdement sur lui, épuisèrent ses finances, paralysèrent ses moyens d'action. Hâtons-nous de dire, cependant, qu'elles ne furent pas, dans le domaine politique, aussi funestes qu'on devait le craindre. En effet, grâce aux efforts énergiques de ses amis et au désaccord de ses ennemis, René conserva la possession de son duché, et la France vit les desseins de ses envahisseurs déjoués encore une fois, par un enchaînement de circonstances qu'il nous reste à dérouler.

A peine la nouvelle de la défaite de Bulgnéville fut-elle répandue, que le corps de troupes resté devant la place de Vaudemont se hâta de lever le siége et de prendre la fuite à son tour. La consternation fut d'autant plus grande à la cour de Lorraine et dans tout le pays, que la surprise était complète. Les partisans de Bourgogne parlent eux-mêmes du voile de tristesse qui s'étendit sur tout le duché de Bar, si affectionné à son prince et au Roi[2]. La personne du jeune duc, séparé violemment de ses peuples, de sa femme, de ses enfants au berceau, éveilla au dehors un immense intérêt ; l'auréole du malheur consacra dès lors sa popularité, qu'elle devait encore augmenter par la suite. La duchesse en profita, et révéla ce que ses vingt ans ne pouvaient faire espérer : une tête virile jointe à un dévouement féminin. Aidée par la douairière Marguerite, sa mère, et par la noblesse lorraine, elle réussit

est évidemment exagéré, leur armée entière ayant à peine compté autant de soldats.

[1] Bibl. nat., *ibid.*

[2] Monstrelet, V, 7.

à fermer au comte de Vaudemont les portes de toutes les villes ducales, défendit à ses sujets de recevoir de lui le moindre commandement, fit agir en même temps auprès de Charles VII, de l'empereur Sigismond et du vainqueur lui-même. Ses instances réitérées obtinrent d'Antoine, dans l'intérêt du pays, une trêve de trois mois, qui commença le 1er août : elle put, de cette manière, aviser plus mûrement aux moyens de conjurer le péril[1].

Pendant ce temps, René, conduit en Bourgogne, faisait l'apprentissage de la vie de prison, dont ses gardiens paraissaient peu disposés à lui adoucir les rigueurs. De la forteresse de Talent, près Dijon, où on l'enferma d'abord, il fut transféré peu de temps après, par ordre du duc Philippe, à Bracon-sur-Salins, en Franche-Comté : en l'éloignant des frontières françaises, on voulait le mettre hors de la portée des coups de main que tentaient journellement les troupes royales. Mais le zèle de ses amis sut bien l'aller chercher jusque-là. Dès le mois de novembre suivant, une tentative était faite par Robert de Baudricourt, jaloux sans doute de racheter sa faiblesse dans la journée de Bulgnéville, pour l'enlever secrètement et le rendre à la liberté. Le château de Bracon n'étant pas encore approprié à sa nouvelle destination, le duc avait été laissé à la *saunerie* ou saline du lieu. Au moment où il quittait celle-ci pour son logis définitif, un Allemand, pris comme lui sur le champ de bataille et délivré depuis, put l'aborder au passage et le prévenir du complot ourdi en sa faveur. Cet homme établit avec lui un système de correspondance secrète des plus ingénieux : il consistait en bâtons préparés d'avance et dont on devait être muni de part et d'autre ; ces bâtons, faits en forme de bois de lance, pour ne pas éveiller le soupçon, portaient des caractères convenus qui ne formaient à eux seuls aucun sens, mais qui en prenaient un lorsqu'on les complétait à l'aide de bandelettes de parchemin et de papier enroulées autour. Un des correspondants transmettait à l'autre une bande-

[1] D. Calmet, II, 775.

lette écrite, qui ne signifiait rien non plus sans le bâton; son partenaire assemblait l'un et l'autre, lisait, et répondait de la même façon [1]. C'était à peu près le procédé usité de nos jours pour certaines lettres chiffrées, qui ne se comprennent que par la réunion de deux parties séparées. Le prisonnier devait apprendre par ce moyen ce qu'il aurait à faire, ainsi que le jour et l'heure. L'Allemand se chargeait lui-même de favoriser sa sortie avec le secours de huit hommes d'armes. Baudricourt, à la tête de cent quinze autres soldats, réunis à Gondrecourt, assurerait le succès de l'évasion. Malheureusement, tout fut divulgué par un Bourguignon venu de Bar-le-Duc, où il avait entendu parler de l'affaire. A peine averti, le conseil de Bourgogne écrivit en toute hâte une dépêche, adressée à « Gérard de Bourbon, bailli et maître des foires de Châlon, et en son absence à ceux qui ont la garde de la personne de M. de Bar » (les ennemis de René ne lui reconnaissaient pas d'autre titre). On redoubla aussitôt de surveillance, les bâtons suspects furent saisis, et le projet en resta là [2].

Un nouveau changement de résidence fut ordonné à la suite de cette découverte, ou, selon une autre version, à cause d'une épidémie qui sévissait à Salins. Emmené de Bracon, le jeune prince, après un court séjour à Rochefort, près Dôle, fut conduit à Dijon, où l'attendait une prison véritable, dans la tour du château qui portait auparavant le nom de Brancion et qui fut appelée depuis la tour de Bar. On lui donna là un appartement dont toutes les issues, jusqu'au tuyau de la cheminée, étaient gardées par des grillages de fer, et les communications avec le dehors lui devinrent impossibles; précautions qui ne

[1] « Et disoit que le dit Alement avoit fait faire deux ou trois bâtons, chacun de pied et demi de long, du gros d'une lance, et lesquelx bâtons l'on enveloppoit par petites liesses de parchemin ou de papier enroulées autour, et, yceux bâtons ainsy couverts, l'on écrivoit dessus l'entreprise qu'il vouloit faire; et puis l'on délioit lesdits bâtons et envoyoit-on lesdites liesses, escriptes comme dit est, là où l'on vouloit : et par ce moyen n'est homme qui pût savoir qu'il auroit escript esdites liesses, se il n'avoit le pareil bâton. » Lettre du conseil du duc de Bourgogne (D. Plancher, t. IV, preuves, p. CII).

[2] D. Plancher, IV, 157, et preuves, *ibid.*

se concilient guère avec les « attentions délicates » dont quelques historiens veulent qu'il ait été entouré [1]. Alors, n'ayant auprès de lui que deux ou trois fidèles serviteurs, se croyant oublié du reste du monde, il chercha des distractions dans la peinture, et c'est à ces loisirs forcés qu'il dut surtout le développement de son talent artistique. Il s'exerça notamment, vers cette époque, à la peinture sur verre, et reproduisit sur des vitraux les armes de Bar, les portraits de Jean sans Peur et de Philippe le Bon, qui furent placés dans la chapelle des Chartreux [2].

Il n'était cependant pas aussi abandonné qu'il le croyait. Par les soins de la duchesse, sa femme, la trêve avait pu être prolongée avec le comte de Vaudemont. Six chevaliers ou prélats furent nommés pour gouverner avec Isabelle. Henri de Ville, évêque de Toul, fut le plus dévoué et le plus actif : elle ne se conduisit que par ses avis, lui confia ses deux jeunes fils, et le chargea de plusieurs missions en Bourgogne et en Flandre, pour négocier la délivrance de son mari. Ce conseil gouvernemental fut pris en même temps pour juge de la question de droit entre les deux princes rivaux, et le comte retira, en attendant sa décision, les troupes qu'il avait réunies pour recommencer la campagne. Les arbitres ne se pressèrent pas, et, au bout de quelques mois, finirent par déclarer que le débat devait être porté devant l'empereur Sigismond, de qui relevait le duché de Lorraine, qu'ils en appelaient à son tribunal au nom du duc et de la régente, et que chacun était tenu de s'y soumettre. Il était impossible de décliner la juridiction impériale. Antoine ne l'osa pas ; mais il s'entendit avec le duc de Bourgogne pour susciter des obstacles à la comparution de René, qui, en effet, n'eut pas lieu immédiatement [3]. Toutefois les démarches d'Isabelle et de sa mère, du duc de Savoie, du comte de Genève et d'autres personnages, qu'elles avaient su

[1] V. D. Calmet, II, 773 ; Villeneuve-Bargemont, I, 162. La tour de Bar existe encore, et son aspect attestait naguère la rigueur de la captivité de René.

[2] D. Plancher, IV, 158 ; Vill.-Barg., I, 165.

[3] D. Calmet, II, 745, 775.

intéresser à la cause du prisonnier [1], furent si pressantes, que Philippe le Bon ne put lui refuser une mise en liberté provisoire, pour lui permettre de pourvoir aux besoins les plus urgents du pays et aux siens propres. Arrivé à Dijon le 16 février 1432, ce prince avait eu avec son hôte forcé, qu'il voyait pour la première fois, un entretien long et cordial, dit-on, d'où il était résulté quelques adoucissements dans la situation de l'un et des dispositions plus bienveillantes dans l'esprit de l'autre. Philippe avait paru flatté de trouver son portrait peint par son cousin et de le recevoir de sa main [2]. Ces relations personnelles facilitèrent sans doute l'obtention d'un élargissement momentané ; mais la raison politique, le prix inestimable qu'avait pour le duc de Bourgogne un pareil captif et le parti qu'il espérait tirer de sa possession devaient lui faire vendre cher la moindre faveur : aussi, malgré des complaisances de forme, allons-nous le voir lui imposer jusqu'au bout les conditions les plus dures.

Les bases de l'accord, arrêtées par le conseil ducal à Dijon, furent ratifiées et observées de la manière suivante. Par un premier acte, en date du 6 avril 1432, René prit l'engagement de se reconstituer prisonnier le 1er mai 1433, soit à Dijon, soit dans tel autre lieu qui lui serait désigné ; de ne faire, dans l'intervalle, aucun armement ni rien qui pût l'empêcher d'accomplir sa promesse ; de faire venir, avant son départ, ses deux fils et de les laisser en otages ; de remettre au duc Philippe les scellés des principaux gentilshommes lorrains, qui garantiraient l'exécution de ces clauses sous peine de venir tenir prison à sa place ; de livrer en gage au même quatre forte-

[1] Marguerite de Bavière avait été dans ce but trouver le duc de Savoie à Lyon. C'est là, sans doute, ce qui lui a fait attribuer par M. de Villeneuve-Bargemont une démarche auprès de Charles VII en Dauphiné : mais le Roi ne vint dans cette province qu'en 1434, et d'ailleurs il ne pouvait rien directement sur le duc de Bourgogne. La reine de Sicile qui était avec Charles à Vienne, et que le même auteur prend pour Isabelle, était Yolande d'Aragon : la première ne put, en effet, porter ce titre avant la mort de Louis III d'Anjou. Cf. D. Plancher, IV, 158 ; Vallet, II, 309 ; Vill.-Barg., I, 169, 413.

[2] D. Plancher, IV, 158.

resses des pays de Bar et de Lorraine, Clermont en Argonne, Bourmont, Châtillon et Charmes, avec toute l'artillerie qu'elles pouvaient renfermer; de lui livrer de plus, à l'expiration des trêves conclues entre lui et le roi de France, les villes de Passavant et de Vitry en Pertois, et, en attendant celles-ci, la place de Gondrecourt. Le 16 du même mois, la garantie demandée fut donnée par les trente gentilshommes suivants : Rodolphe, comte de Linanges et de Richecourt, Simon, comte de Salm, Arnoul de Sierck, seigneur de Monsberg, Érard du Châtelet, maréchal de Lorraine, Jean, seigneur d'Autel et d'Apremont, Jean, seigneur de Fenestranges, Ferry, seigneur de Chambly, Jean, seigneur d'Haussonville, Charles et Gérard d'Haraucourt, Ferry de Parroye, Ferry de Luddes, Philibert de Brissey, Philippe de Conflans, Jean de Saint-Loup, Guillaume de Lignéville, Jacques d'Hassonville, Ferry de Savigny, Jean de Pulligny, Thierry Bayer, Simon des Armoises, Arnoul de Ville, Voué d'Épinal, Colart de Saulcy, Guillaume de Dammartin, Wary de Fléville, Philibert du Châtelet, Philippe de Lénoncourt, Henri Haze et Robert d'Harouel [1]. Le duc avait déjà envoyé un sauf-conduit aux deux fils de René et d'Isabelle, Jean et Louis d'Anjou, ainsi qu'à leur suite; ces deux enfants, dont l'aîné avait à peine cinq ans, furent amenés à Dijon le 25, pour prendre la place de leur malheureux père [2]. Ayant ainsi dans la main tous les gages désirables, Philippe signa, le 30, l'acte d'élargissement, qui devait avoir son effet à partir du lendemain. C'était donc un an de répit, accordé, suivant le préambule, aux prières de la duchesse douairière de Lorraine, du duc de Savoie et du comte de Genève, son fils, en considération de l'état de ruine et de désolation où les terres du duc de Bar se trouvaient plongées par son absence [3].

[1] D. Plancher, preuves, p. cxiii-cxvi.

[2] Bibl. nat., Lorraine 238, n° 4.

[3] Bibl. nat., Lorraine 238, n° 5; Arch. nat., KK 1125, f° 665. René, d'après les chroniques de dom Calmet (II, 779), aurait été libre dès le 25 avril et serait arrivé à Bar le 1er mai. Son mémorial de famille concorde mieux avec l'acte ci-

René put à peine entrevoir ses enfants : confiant à son vainqueur ce précieux dépôt, il partit immédiatement pour Bar-le-Duc, alla remercier Dieu à l'église de Saint-Nicolas et à l'abbaye de Bouxières, où il s'acquitta d'un vœu fait dans sa captivité, et, rejoint en ce dernier lieu par sa femme et sa belle-mère, revint avec elles à Nancy. Il consacra le reste de l'année à remédier aux maux de la guerre et à réprimer les attaques de quelques seigneurs, notamment du damoiseau de Commercy, qui, malgré sa conduite à Bulgnéville, prétendait recouvrer par la violence les indemnités auxquelles il avait droit[1]. Les réclamations de ce vassal portaient en partie sur les pertes qu'il avait éprouvées dans la dernière guerre ; car, en s'engageant pour seize mois au service du duc, avec quarante hommes d'armes et vingt hommes de trait, par contrat du 13 mai 1431, il avait expressément stipulé le remboursement de tous dommages[2]. Cette condition fut observée aussi pour un bon nombre des auxiliaires de René, allemands, lorrains ou barrois, avec lesquels il eut à régler des comptes fort onéreux. C'est ce que nous apprend une série d'actes inédits, qui montre, de plus, que, pour les solder, il dut aliéner une partie de ses revenus domaniaux. Ses immeubles eux-mêmes avaient été, du reste, engagés comme garantie. Ainsi Jean de Hanspach avait été enrôlé par Isabelle, à raison de vingt-cinq florins du Rhin (à treize gros messins l'un), avec recours sur toutes les possessions ducales jusqu'à parfait payement. Bertrand de Lurcourt, écuyer, reçut, le 20 juillet 1432, pour ses pertes et pour sa rançon, une assignation de cinq cents florins sur les salines de Château-Salins. La même année, Jean Schultz, de Fenestranges, toucha vingt-huit florins sur cinquante qui lui étaient dus pour semblable cause. L'évêque de Metz, Con-

dessus, et date du 1er mai le « premier respit » obtenu par lui du duc de Bourgogne. (Bibl. nat., ms. lat. 17332.)

[1] Un compromis avait été passé cependant, le 18 janvier 1432, entre Robert de Sarrebruck et Isabelle de Lorraine, par l'entremise de Charles d'Haraucourt et Henri Haze, conseillers de René, et de Robert de Baudricourt (D. Calmet, preuves, t. III, col. DCXLII).

[2] Bibl. nat., Lorraine 8, n° 2.

rad Bayer, et son frère Didier, qui avaient laissé beaucoup de leurs hommes sur le terrain et qui avaient dû également se racheter des mains des Bourguignons, reçurent vingt-deux mille florins payables en sept annuités sur les mêmes salines et sur celles de Dieuze. René leur abandonna, en outre, certains droits qu'il avait en gage sur la seigneurie de Faulquemont. Toutefois ils ne se tinrent pas pour satisfaits ; car les réclamations de l'évêque, tant pour cet objet que pour des prêts d'argent faits au duc et à sa mère et pour des dommages supportés depuis, duraient encore en 1440 : à cette date intervint enfin un dernier appointement, qui réduisait toutes ses créances à vingt-neuf mille florins et les lui assignait sur différentes terres. En 1433, le compte de Frédéric de Guntersberg, de Bitche, qui avait servi contre Antoine de Vaudemont avec quatorze chevaux, moyennant trois cent cinquante florins du Rhin, fut arrêté au double de cette somme, « tant pour sa prison et rançon que pour l'occision de ses frères » ; Saublet de Dun, prévôt de Marville, obtint une indemnité de douze cents francs. Dans le cours des années suivantes, trois cent quinze florins furent accordés au père d'Hartman de Rotzenhausen, tué à Bulgnéville ; deux cent cinquante florins à Guillaume Stupffe, dont les deux fils avaient aussi péri ; deux mille quatre cents francs, garantis en partie sur la forteresse d'Ancy-sur-Moselle, aux héritiers de Marguerite de Tournai, pour pertes éprouvées dans la bataille ; six cents francs à Louis Vagnon, capitaine de gens d'armes ; cinq cents francs à Barthélemy Barrette, également capitaine ; deux cents florins au gendre de Joffort van Beffort, mort dans le combat ; deux cents florins à This de Füssenich, dit de Morstorff, pour sa rançon ; trois cents francs à Jean de Châtenoy, dit le Gascard, qui avait été fait prisonnier, et qui reçut en place de la somme, pour sa vie durant, les *gerbages* des jardins de Pont-à-Mousson [1]. Une rançon beaucoup plus importante, et qui tomba également à la charge

[1] Bibl. nat., Lorraine 8, nos 7, 8, 10, 12, 17, 19, 23, 33, 47. Arch. nat., KK 1117, f° 110 v°; KK 1123, fos 900 v°, 704 v°, 897 v°, 479 v°; KK 1126, fos 687, 300; KK 1127, f° 115.

du trésor ducal, fut celle du chevalier Jean de Rodemack, tombé au pouvoir du sire de Croy, Bourguignon. Le chancelier Jacques de Sierck et d'autres conseillers de René durent, pour délivrer ce gentilhomme, se porter cautions de dix mille écus payables en deux termes, et, jusqu'à leur entier versement, les places de Clermont en Argonne et Neufchâteau demeurèrent en gage aux mains du duc de Bourgogne, par suite d'un accord passé le 7 février 1437[1]. En même temps, il fallait indemniser certains partisans du comte de Vaudemont, dont les habitations avaient été démolies durant la guerre : les châteaux de Rimoncourt, d'Aigremont, de Buxières, appartenant à Agnès de Noyers, avaient eu ce triste sort[2]. Ces divers exemples ne donnent qu'une idée approximative des frais énormes que le vaincu fut obligé de rembourser, et auxquels vint s'ajouter le prix exorbitant de sa propre délivrance. Il ne put s'en tirer que peu à peu, en échelonnant les payements comme on vient de le voir, et en recourant aux expédients. Les aliénations faites à cette occasion allèrent si loin, elles appauvrirent tellement le domaine de ses duchés de Bar et de Lorraine, qu'il se vit plus tard forcé de les révoquer toutes[3]. Mais sa loyauté et sa générosité trouvèrent d'autres compensations à offrir aux victimes de sa fatale campagne, et, jusqu'aux dernières années de son règne, il écouta les réclamations qui lui étaient adressées pour cet objet, bien que la justice n'en fût pas toujours démontrée[4].

Pendant que René s'occupait de mettre ordre aux affaires des deux duchés, Philippe le Bon, redoutant l'intervention de l'Empereur, à qui on en avait appelé, et qu'on savait déjà fa-

[1] Arch. nat., KK 1125, f°s 673, 674.

[2] *Ibid.*, KK 1127, f° 117 v°.

[3] Ordonnance du 10 octobre 1444, confirmée par une autre du 20 décembre 1446 (Bibl. nat., Lorraine 318, f°s 204, 210).

[4] Mandement au gouverneur des salines de Château-Salins de laisser Baudevin Saulzeny, d'Épinal, prendre cinq muids de sel par an jusqu'à sa mort, « pour considéracion des grans pertes et dommages qu'il dit avoir eues depuis la journée de Bulignéville et à l'occasion d'icelle, etc. » 23 juillet 1471. (Arch. nat., P 1334[3], n° 11, f° 23 v°.)

vorable aux intérêts du prince captif, entreprit de décider lui-même la question lorraine. On ne pouvait plus ouvertement se faire juge et partie; mais il avait pour lui la force, et il eut, de plus, l'habileté de ne pas donner trop brusquement gain de cause à son allié de Vaudemont. Du reste, le désaccord commençait à se glisser entre eux au sujet de la rançon du vaincu de Bulgnéville, que chacun d'eux prétendait lui appartenir ; Antoine faisait même rédiger des mémoires juridiques pour démontrer qu'il y avait seul droit, comme chef de l'expédition. Sentant, néanmoins, qu'il ne pouvait que gagner à l'arbitrage du duc de Bourgogne, il s'y soumit d'avance avec empressement. René fut forcé par sa position d'en faire autant [1], et dans un premier compromis, du 10 octobre 1432, il consentit à ce que leur querelle fût ainsi vidée à l'amiable, sans procès, pour la fête de Noël suivante : Philippe se réservait cependant d'ajourner sa sentence, et, en attendant, les hostilités devaient demeurer suspendues [2]. Le 23 novembre, Charles d'Haussonville, Charles d'Haraucourt et d'autres seigneurs lorrains recevaient de leur seigneur le mandat de comparaître en son nom et de plaider sa cause devant le duc de Bourgogne. Mais, peu de temps après, René prit le parti de se rendre lui-même à la cour de ce prince, qui était alors en Flandre. Il s'y rencontra avec son rival, et, à la suite de plusieurs journées tenues à Bruxelles, sous la présidence de Philippe, celui-ci leur fit conclure dans la même ville, le 13 février 1433, un accommodement dont la base était une promesse de mariage entre Ferry de Lorraine, fils du comte de Vaudemont, et Yolande, fille aînée du prince d'Anjou. La dot de la princesse fut réglée à dix-huit mille florins du Rhin, plus douze cents florins de rente à assigner le jour des fian-

[1] « Les malheurs et les divisions causés dans mes États par ma détention, écrivait-il quelque temps auparavant, me font une loi d'employer le plus tôt possible tous les moyens qui sont en ma puissance pour y mettre un terme. » (Notes manuscrites de dom Calmet, citées par M. de Villeneuve-Bargemont, I, 177.)

[2] Arch. nat., KK 1127, f° 530.

çailles. Cette cérémonie fut fixée à la Saint-Jean suivante ; aussitôt après, Yolande devait être remise à son futur beau-père, jusqu'à ce qu'elle eût atteint l'âge nubile[1]. Elle n'avait, en effet, que quatre ans[2], et ce fait seul démontre l'absurdité de la légende que l'historien César de Nostredame a racontée à propos de son mariage : suivant lui, Ferry aurait enlevé la jeune fille et l'aurait gardée longtemps en son pouvoir ; leur union aurait été décidée afin de couvrir ce rapt, source de cuisants chagrins pour le pauvre roi René et de grands maux pour le pays de Provence. D'autres ont amplifié en disant qu'Yolande avait partagé l'ardente passion de son ravisseur, lequel était beau entre les hommes comme Hélène entre les femmes[3]. La passion d'une enfant de quatre ans! On ne peut voir là que le besoin d'expliquer une alliance inattendue, presque contre nature, besoin assez naturel chez des chroniqueurs éloignés du théâtre des événements et peu au courant de la politique. La vérité historique est encore contrariée d'une autre manière par l'assertion de Nostredame : le mariage qu'il déplore ne devait pas avoir de suites aussi funestes, et René trouva plus tard des compensations dans la valeur et le dévouement de son gendre. Mais, pour le moment, il ne pouvait sembler qu'un expédient destiné à le frustrer, lui ou ses fils, de la succession de Lorraine, ou tout au moins à donner, sous les apparences d'une fusion pacifique, un nouveau fondement aux prétentions de la branche de Vaudemont ; et c'est bien

[1] *Ibid.*, KK 1117, f° 150 ; K 63, n° 23. D. Calmet, Preuves, t. III, col. DCXLVI.

[2] Bibl. nat., ms. lat. 17332, calendrier.

[3] « Ferri de Vaudemont, fils d'Antoni, avent per forsa pres per rapt madame Yoland, fille de monsur lou rey Reynié, e tenguda lougtems à son poder, per cobrir tal rapt, son covengut, etc.; loqual rapt anticipet lous jours al paure rey plus que touta autra causa e engendrat nous proun de mal en Provensa. » (Nostredame, *Hist. de Provence*, p. 601.) Quelques-uns ont été jusqu'à attribuer à cette cause la guerre de Lorraine, commencée en 1431. (V. Papon, III, 305; Villeneuve-Bargemont, I, 357, 157.) Ce dernier historien place la convention de mariage un an plus tôt, par suite de son habitude de confondre l'ancien style chronologique avec le nouveau, et malgré cela il parle du traité conclu à Bruxelles le 13 février 1433, qu'il est alors forcé de regarder comme une simple confirmation : de là un récit des plus obscurs.

ainsi que la chose fut prise à la cour de France. Quant au fond de la question, le duc de Bourgogne ne voulut pas encore se prononcer. Par ce même traité de Bruxelles, son jugement, qui devait déjà être rendu le 25 décembre 1432, fut ajourné : les parties devaient produire, pour le 25 décembre suivant, tous leurs titres, tant sur la possession du duché de Lorraine que sur l'hommage du comté de Vaudemont, refusé par Antoine, et la sentence devait leur être signifiée un an après ; ils étaient tenus, en attendant, de demeurer en paix et de publier cette convention dans leurs domaines respectifs [1].

Effectivement, les deux princes ennemis parurent vivre alors en bonne intelligence, et se montrèrent ensemble en public. A son retour de Bruxelles, René s'accommoda également avec Jean de Luxembourg, comte de Ligny, chez lequel il s'arrêta, au château de Bohain. On se souvient que ce seigneur lui avait enlevé par la force la ville et le comté de Guise, patrimoine qui lui avait été laissé par Louis II, son père. Depuis qu'il était devenu maître effectif des duchés de Bar et de Lorraine, la conservation de ce fief avait perdu de son importance et pour lui et pour la cause royale. Déjà, l'année précédente, cédant à de pressantes nécessités, il en avait légitimé l'usurpation par un contrat de vente, et avait reçu de l'acquéreur plusieurs à-compte, s'élevant à quarante-six mille livres tournois [2]. On pouvait cependant craindre que la valeur de l'acte fût contestée plus tard, à cause de l'incapacité dont sa captivité le frappait [3]. Aussi lui fit-on promettre de le ratifier dès qu'il aurait recouvré sa liberté : il s'y engagea avant de quitter Bruxelles, le 18 février 1433 [4]. Arrivé à Bohain, et reçu par son hôte avec une gracieuseté intéressée, il arrêta avec lui, le 23 du même

[1] Arch. K 63, n° 23. D. Calmet, *loc. cit.*

[2] Arch. nat., P 1334[5], f° 154 v°.

[3] On sait que les prisonniers ne pouvaient passer de contrats sans l'assentiment de celui qui les détenait. Philippe le Bon déclara plus tard lui-même que René n'était pas lié par les obligations qu'il avait prises dans sa prison ou durant son élargissement provisoire, à moins qu'il ne vînt à les ratifier ensuite. (Acte du 21 février 1437, Bibl. nat., Lorraine 238, n° 30.)

[4] Arch. nat., KK 1125, f° 667.

mois, une dernière convention, aux termes de laquelle le comte s'obligeait à lui remettre encore vingt mille livres. Il fut même question d'un projet d'alliance entre leurs deux familles ; les noms de la jeune Marguerite d'Anjou, fille cadette de René, âgée de trois ans à peine, et du fils du comte de Saint-Pol, frère de Jean de Luxembourg, furent prononcés, et il fut stipulé que l'accomplissement de ce mariage, s'il avait lieu, dispenserait le comte de Ligny de payer sa dette en espèces[1] : mais un sort plus illustre attendait la jeune princesse. La prévision de la rançon qu'il aurait à payer, l'impérieuse loi de ne pas mécontenter Philippe le Bon, imposèrent au duc de Lorraine le nouveau sacrifice accompli à Bohain. Au dire de Monstrelet, « il se départit de là très-bien content, *comme il monstroit semblant.* » Que pouvait-il, en effet, sinon faire contre mauvaise fortune bon cœur[2] ?

Il ne partit pas de Bohain, toutefois, sans conclure un autre accord avec sa cousine Jeanne de Bar, comtesse de Marle et belle-sœur de son hôte. Pour écarter encore de ce côté les difficultés qui pouvaient venir compliquer sa situation, et pour mettre son duché de Bar à l'abri de réclamations plus ou moins légitimes, il confirma et abandonna de nouveau à cette princesse la jouissance des terres que son oncle le cardinal lui avait léguées : Cassel, le Bois de Nieppe et les autres biens des ducs de Bar en Flandre ; Alluye, Brou, Montmirail, Auton, la Basoche, dans le Perche et le pays Chartrain[3].

Revenu en Lorraine, le duc consacra le temps qui lui restait à donner la chasse aux troupes de brigands ou d'écorcheurs qui désolaient la contrée. Il prit plusieurs de leurs capitaines, les fit pendre, et démolit leurs forteresses. Contre cet ennemi commun, véritable fléau de l'époque, il unit ses armes à celles du comte de Vaudemont. Il conclut aussi, pour la répression des brigandages, des traités avec l'évêque et la

[1] Arch. nat., P 1334, f° 154.

[2] Arch. nat., K 504, n° 1, f° 18 ; Monstrelet, V, 50.

[3] Actes des 23 et 24 février 1433 (Bibl. nat., Lorraine 8, n° 9 ; Arch. nat., KK 1122, f° 1051).

cité de Metz, et en même temps il obtint du premier une somme de quinze mille florins contre la restitution de quelques places engagées par lui[1]. Le terme fixé pour sa rentrée en prison était arrivé dans l'intervalle; mais Philippe le Bon, croyant avoir arrangé définitivement les choses au profit de son allié et au sien, ayant arraché à son prisonnier tout ce qu'il désirait pour l'instant, et sûr de son adhésion à la sentence finale qu'il s'était réservé de prononcer, laissa passer le délai sans exiger sa réintégration. Les fiançailles de Ferry de Vaudemont et d'Yolande d'Anjou, célébrées en conformité de la convention de Bruxelles, le traité passé pour leur mariage dans la ville de Bar, le 1er juillet 1433, le confirmèrent dans ses espérances[2]. Aussi obtint-il du comte Antoine un sursis pour le payement de la dot de la jeune princesse, que René était dans l'impuissance de verser sur-le-champ, pour l'assignation de son douaire et pour la remise de sa personne, qui fut reculée jusqu'au 27 février suivant[3].

Philippe avait encore une autre raison pour ménager en ce moment le prince que le sort des armes avait mis à sa merci. Les liens qui l'unissaient aux Anglais commençaient à se relâcher. Des questions de préséance, des blessures d'amour-propre, avaient refroidi ses relations avec Henri V et Bedford; insensiblement, il se rapprochait de Charles VII, dont il pouvait avoir besoin d'un jour à l'autre, et déjà l'on parlait d'un traité de paix. René lui-même servit d'intermédiaire pour les premières ouvertures, et c'est là un des traits les plus ignorés de sa carrière politique. Vers le commencement de 1434, il se mit en route pour aller voir en Provence la reine Yolande, sa mère, dont les conseils lui étaient si utiles; il devait s'arrêter en passant auprès du Roi, dont il comptait sans doute

[1] Bibl. nat., Lorraine 220, n° 12. Arch. nat., KK 1123, f° 700 v°; KK 1127, f° 115 v°. Dans un de ces traités d'alliance et de protection, daté du 28 septembre 1433, est comprise Élisabeth de Gorlitz, palatine du Rhin, duchesse de Bavière et de Luxembourg.

[2] Arch. nat., KK 1123, f° 17 v°. D. Calmet, preuves, t. III, col. DCXLVI.

[3] Arch. nat., KK 1117, f° 151.

invoquer l'appui, et qui se trouvait alors en Dauphiné. Soit qu'il en eût reçu la mission, soit simplement dans le but d'intéresser plus vivement Charles VII à sa cause en lui portant une heureuse nouvelle, il vit auparavant le duc de Bourgogne et scruta ses intentions relativement à la paix. Philippe lui répondit qu'il avait toujours désiré et désirait encore la tranquillité du royaume ; cependant il ne voulut encore engager aucune négociation en dehors du roi d'Angleterre, du régent ou de leur conseil, et René ne put obtenir de lui d'autre réponse qu'une affirmation réitérée de ses bonnes dispositions. Continuant son voyage, il rendit compte de sa tentative au Roi : celui-ci l'accueillit favorablement, et le chargea de faire savoir au duc de Bourgogne que, s'il voulait bien lui envoyer un sauf-conduit pour l'archevêque de Reims, le bâtard d'Orléans, Christophe d'Harcourt et plusieurs autres personnages, il les députerait vers lui pour s'entretenir de la paix.

Le duc de Lorraine transmit ce message à Dijon. Philippe refusa, se retranchant de nouveau derrière l'impossibilité d'agir sans le roi d'Angleterre ; il voulait attendre le résultat de la journée de Calais, qui devait se tenir entre les délégués de ce prince et ceux du roi de France, en vue d'une pacification générale. René ne s'en tint pas là : sur l'invitation de Charles VII, il poussa jusqu'à Chambéry, pour tenter des démarches analogues auprès du duc de Savoie, allié de Philippe. Le mariage de Louis, fils aîné d'Amédée VIII, avec Anne de Lusignan, fille du roi de Chypre, célébré dans cette ville au mois de février 1434, avait réuni un grand nombre de princes et fournissait l'occasion naturelle d'entamer des pourparlers diplomatiques. Ainsi s'explique un voyage que ni le goût des fêtes ni la prétendue générosité du duc de Bourgogne, qui, au dire de certains historiens, aurait amené lui-même son prisonnier à la cour de Savoie, ne suffiraient à motiver. En réalité, René arriva dans la ville de Chambéry avant Philippe, et accompagné de Christophe d'Harcourt. Il entretint en particulier le duc Amédée VIII, et lui proposa de tenir avec lui une journée dans un lieu quelconque de la Bresse, afin d'aviser aux moyens de rendre la paix au royaume. Amédée en référa à son allié quand il fut arrivé à son tour, le pressa d'accepter cette entrevue, et se montra fort bien disposé. Philippe lui-même fut ébranlé; car, à son retour dans ses États, et dès la fin du même mois, il envoya au régent son chancelier Rolin, avec des instructions pour demander son assentiment à la journée projetée[1]. Celle-ci ne paraît pas avoir eu lieu; mais les négociations engagées aboutirent un peu plus tard au congrès d'Arras, dont nous aurons à parler, et René contribua certainement au rapprochement qui en fut la suite, ce dont il fut bien mal récompensé.

Du reste, sa réputation, sa bonne mine, lui méritèrent, pendant les trois jours que durèrent les noces de Louis de Savoie, des égards très-flatteurs : placé à table à côté de l'épousée, il ne put que faire valoir, par son entrain et sa galanterie, sa propre cause et celle du roi de France. Il rencontra là sa belle-sœur Marguerite, fille d'Amédée VIII et femme de Louis III d'Anjou, roi de Sicile, et cette princesse semble avoir été mêlée elle-même aux graves négociations qui se cachaient sous le voile des fêtes. Elle vint, en effet, le mois suivant, trouver Charles VII à Vienne, où il tenait cour plénière : les nouvelles qu'elle lui apporta sur les dispositions des princes, jointes à l'ascendant de sa beauté, la firent accueillir avec une faveur toute particulière; elle eut l'honneur de danser avec le Roi, « et tous deux dansèrent longuement[2] ». La reine de Sicile se rendit aussitôt après en Italie, pour porter secours à son mari et au pape Eugène IV.

Au sortir des réjouissances de Chambéry, la sécurité du duc de Bourgogne, qui s'imaginait tenir dans ses mains le sort de la Lorraine, fut troublée par un coup de foudre. Depuis plu-

[1] C'est dans les instructions données à Rolin que j'ai puisé tous les détails de cette affaire. Quoique publiées par D. Plancher (*Hist. de Bourgogne*, preuves, p. CXXXVII), elles n'ont pas été utilisées par les historiens. Cf. Vallet, II, 309; Villeneuve-Bargemont, I, 182; etc. Ce dernier, entre autres erreurs, place à Genève la célébration du mariage de Louis de Savoie.

[2] Monstrelet, V, 89; Vallet, II, 310.

sieurs mois, les administrateurs de ce duché, les princes d'Anjou, les ambassadeurs de Charles VII, insistaient auprès des membres du concile pour faire évoquer devant eux ou devant l'Empereur, suzerain légitime, le différend de René et d'Antoine de Vaudemont. Sigismond hésitait à intervenir, lorsque, Philippe le Bon ayant commis la faute de s'attirer sa colère en refusant de reconnaître ses droits sur quelques fiefs [1], il se décida soudain à lancer une assignation aux deux parties, et les somma de se présenter à son tribunal le jour de la fête de saint Ambroise (4 avril). Le mandement impérial rendu pour cet objet, le 22 février 1434, portait qu'Antoine ayant demandé à être investi des régales dépendant de l'empire en Lorraine, et le duc de Bar ayant, de son côté, réclamé le premier cette investiture, la question allait être examinée et jugée; en conséquence, les compétiteurs devaient se trouver à Bâle au jour fixé, afin d'exposer leurs droits et d'entendre la sentence [2]. Malgré les efforts des ambassadeurs de Philippe, l'affaire suivit son cours : l'Empereur et les Pères envoyèrent aux deux princes des sauf-conduits pour se rendre auprès d'eux avec troupes et bagages [3].

René et Antoine déférèrent à la citation. Le premier s'étant présenté devant l'Empereur, assis sur son trône, allégua que ses prédécesseurs avaient toujours joui des droits régaliens en Lorraine, droits qu'ils tenaient en fief du Saint-Empire romain, et qui étaient les suivants: droit de garde et de protection de la ville de Toul et de l'abbaye de Remiremont; droit de sauf-conduit ou police des chemins; droit de fabrication des monnaies; droit de présence aux duels qui avaient lieu entre le Rhin et la Meuse; droit de propriété sur les fils de clercs nés en Lorraine. Ses raisons ayant produit sur le conseil impérial l'impression la plus favorable, Antoine prétendit s'opposer au

[1] V. D. Plancher, IV, 187.

[2] Arch. nat., J 932, n° 7. La pièce porte encore le sceau de l'empereur Sigismond, fruste.

[3] Arch. nat., J 932, n°s 2 et 8. Ces sauf-conduits sont datés des 24 février et 13 mars 1434. Celui du concile est scellé d'une bulle de plomb fort curieuse.

jugement qui se préparait, et lui-même exposa ses griefs, qu'il fit ensuite développer plus longuement par un avocat. Sigismond lui répondit simplement : « Nous avons entendu tout ce que vous avez dit ; nous en délibérerons avec notre conseil et avec les princes. » Puis il nomma trois délégués pour l'entendre encore et pour instruire la cause. De nouvelles explications, portant sur la masculinité du duché de Lorraine, furent données à ces commissaires ; après quoi ils déclarèrent qu'ils devaient en référer à leur maître, qu'Antoine pouvait se retirer, et qu'on lui transmettrait en son hôtel une réponse définitive. Dès le lendemain, 24 avril, cette réponse fut proclamée solennellement dans la cathédrale par Sigismond en personne : la souveraineté de la Lorraine était dévolue par provision à René d'Anjou au nom de sa femme, et sans préjudice des droits de la branche de Vaudemont. Le fond du débat était renvoyé au concile ; mais c'était là un acte de pure déférence, et les Pères, qui avaient tant d'autres sujets de délibération, ne crurent pas devoir intervenir. Le duc prêta serment de fidélité à son suzerain et reçut l'investiture dans la forme usitée [1]. Antoine se retira en déposant une protestation écrite [2]. René, triomphant, regagna sa capitale. Son voyage de Bâle lui avait coûté deux mille quatre cent quarante-neuf florins, avancés par Jean Rich, de Richenstein, chevalier, et par Henri Hauke, de Diebelich, qu'il remboursa un peu plus tard [3] ; mais il en rapportait la confirmation de son titre et l'affermissement de sa couronne ducale.

Son retour en Lorraine fut fêté par des réjouissances pu-

[1] Procès-verbaux des 23 et 24 avril 1434 (Arch. nat., J 932, n° 9 ; Bibl. nat., ms. Dupuy 430, f° 23). V. aussi D. Calmet, II, 783. M. Vallet a placé par erreur cet événement en 1435 (*Biographie générale*, art. RENÉ D'ANJOU).

[2] Arch. nat., KK 1125, f° 668 v° ; Viguier, *Origine de la maison de Lorraine*, p. 20.

[3] V. les quittances de ces deux personnages (Bibl. nat., Lorr. 8, n°s 40 et 66). C'est dans le cours de ce voyage que René dut faire un pèlerinage à Sainte-Croix de Strasbourg et une visite à son beau-frère le marquis de Bade, rapportés, dans la seconde quittance, à la date de juillet 1435, qu'il faut lire sans doute 1434, car, l'année suivante, il était rentré en prison.

bliques, des tournois et des joutes. Une nouvelle félonie du damoiseau de Commercy attira ensuite ses rigueurs contre cette place, qu'il assiégea de concert avec les Messins. L'intervention du connétable Arthur de Richemont, qui *chassait au désespéré* les Anglais dans les environs de Bar-le-Duc, sauva seule Robert de Sarrebruck et les siens : il se rendit au connétable et au duc de Lorraine, réunis à Saint-Mihiel pour recevoir son serment, et promit tout ce qu'on voulut. Suivant une autre version, celle de Guillaume Gruel, le biographe de Richemont, celui-ci aurait, au contraire, entrepris le siége de Commercy à la prière du duc son ami ; mais l'expédition se serait toujours terminée de la même manière[1].

René ne pouvait se flatter, cependant, de continuer librement à gouverner et à pacifier ses États. La sentence impériale était un affront pour le puissant duc de Bourgogne. Si elle assurait la possession de la Lorraine à son prisonnier, elle ne pouvait ni le dégager de sa parole, ni lui rendre l'indépendance perdue à Bulgnéville. D'ailleurs, Philippe lui-même avait à rendre son jugement dans le débat : ce jugement pouvait être intéressé, arbitraire ; mais enfin René y avait souscrit d'avance par le traité de Bruxelles ; il avait renouvelé son adhésion par les fiançailles de sa fille et de Ferry de Vaudemont. Prévenir la décision de son vainqueur et maître, en appeler à un suzerain dont celui-ci méconnaissait et détestait la suprématie, et surtout triompher devant cette juridiction supérieure, il y avait là de quoi exaspérer un prince moins orgueilleux que Philippe. Aussi accueillit-il avec empressement les protestations et les réclamations d'Antoine, qui lui envoya demander justice à Bruxelles. Le 25 décembre 1434, jour qu'il avait fixé pour trancher à lui seul la question lorraine, il fit citer René à la porte de son palais, et rendit contre lui une sentence par défaut, le sommant de nouveau de comparaître dans un an à pareil jour. En même temps, bien qu'il eût conservé entre les mains les plus précieux ôtages, c'est-à-dire les

[1] V. D. Calmet, II, 784 et suiv.; G. Gruel, éd. Petitot, VIII, 400.

enfants du malheureux duc, il lui intima l'ordre de se reconstituer immédiatement prisonnier à Dijon. Les prières de la duchesse Isabelle, la médiation de l'évêque de Metz, rien n'y fit. Philippe était dans son droit : il allait désormais l'exercer dans toute sa rigueur.

René se souvint qu'il était le petit-fils du roi Jean : comme lui, il aima mieux aller reprendre ses fers que de manquer à la foi jurée, malgré l'appui que les princes lui promettaient [1]; car, s'il montrait quelque faiblesse dans sa ligne politique, le courage et la loyauté ne lui faisaient jamais défaut. Alors commença pour lui une autre captivité de deux ans, plus dure que la première. Enfermé de nouveau dans la tour de Bar, gardé à vue, entouré de la surveillance la plus soupçonneuse, il n'eut pas même la faculté de s'entretenir à loisir avec ses amis ou ses serviteurs. Ceux qui pouvaient parvenir auprès de sa personne avaient peine à reconnaître, dans ce captif au visage abattu, défiguré par une barbe longue et inculte (chose alors inusitée), le brillant héros des fêtes de Nancy et de Chambéry. Il y eut plus qu'un manque de générosité dans la conduite de son geôlier : il y eut encore de l'injustice ; car, au lieu de rendre la liberté aux fils quand le père fut revenu occuper sa place, Philippe, beaucoup moins scrupuleux que lui, garda l'un des enfants pendant près d'une année encore, et, lorsqu'on put l'arracher de ses mains, il fallut le mettre en lieu de sûreté pour qu'il ne fût pas repris. On remarquera peut-être avec étonnement combien ce tableau est en désaccord avec les procédés magnanimes que l'historien de René a prêtés au duc de Bourgogne. Mais tous ces détails sont affirmés par un témoin oculaire et digne de foi, qui, envoyé comme ambassadeur à Dijon par un prince italien, les a consignés dans sa relation confidentielle [2]. Le surnom et le caractère ordinaire de Philippe le Bon ne sauraient contre-balancer une telle déposition ; et d'ailleurs le fier duc montra bien par

[1] D. Calmet, II, 788 et suiv.

[2] Je reproduis en entier, un peu plus loin, ce passage du rapport de Candido Decembrio, conservé aux archives de Milan.

la suite qu'il avait voué au prince d'Anjou une rancune tout exceptionnelle.

Un coup de théâtre inattendu vint surexciter encore sa jalousie et grandir ses prétentions ambitieuses. La destinée de René était de voir sa fortune changer brusquement de face : sur la tête de ce prisonnier oublié le caprice des événements jeta soudain une couronne royale. Son frère Louis III, adopté par la reine Jeanne de Sicile, venait de mourir à Cosenza, en Calabre, le 12 novembre 1434 [1], lorsque Jeanne à son tour rendit le dernier soupir, le 2 février suivant, laissant par testament son héritage au second fils de Louis II. Cette double succession réunissait dans une seule main les vastes domaines de la maison d'Anjou, dont jamais aucun membre n'avait possédé une telle variété ni une telle étendue de territoires. Le duc de Bar et de Lorraine joignait désormais à ces deux titres ceux de duc d'Anjou, de comte de Provence, de roi de Sicile. Il devenait une grande puissance féodale, appelée peut-être à devenir prépondérante. Grâce au dévouement de ses amis, ce prince, qu'on prit dès lors l'habitude de nommer le roi René ou le roi de Sicile, apprit coup sur coup les graves nouvelles qui l'intéressaient tant. Les partisans de la dynastie angevine en Italie transmirent à des banquiers de Provence une dépêche chiffrée, qu'un juif d'Avignon porta et traduisit aux magistrats du pays ; ceux-ci la firent transcrire en français et envoyer à Dijon [2]. En même temps, un seigneur provençal, Vital de Cabanis, se rendit auprès de son nouveau souverain, et, ayant obtenu de lui parler, lui raconta en détail les événements de Naples : son adoption par la reine, sa reconnaissance par le peuple, la nomination d'un conseil de gouvernement pour attendre son arrivée, que les entreprises du roi d'Aragon rendaient urgente, enfin le désir des princes italiens de le voir au plus tôt prendre possession d'un royaume auquel sa pré-

[1] Bibl. nat., ms. lat. 17332, calendrier ; le 14, suivant le ms. lat. 1156A ; le 15, suivant l'*Art de vérifier les dates* (XVIII, 345) ; le 24 octobre, suivant d'autres (Villeneuve-Bargemont, I, 190).

[2] César de Nostredame, p. 602.

sence rendrait la paix. Il est peu probable que cette communication ait laissé le captif indifférent au point de ne vouloir rien écouter et de continuer une peinture qu'il avait commencée, comme l'a prétendu un auteur dénué de toute critique[1]. Mais, s'il en éprouva quelque joie, elle ne fut pas de longue durée. Il lui était impossible de se faire illusion sur les dispositions du duc de Bourgogne. Celui-ci, loin de s'adoucir, donna l'ordre de le transférer subitement au fort de Bracon[2], et, voyant qu'il tenait un roi en son pouvoir, il résolut de porter sa rançon à un prix fabuleux, digne de son nouveau rang, d'exploiter sans merci la nécessité de sa prochaine délivrance, en un mot, de tirer de lui tout ce qu'il pourrait. De son côté, le duc de Lorraine sentit son âme envahie par un désir de liberté plus violent que jamais : disposé à tout sacrifier pour atteindre ce brillant mirage qui surgissait à ses yeux derrière les flots de la Méditerranée, également pressé d'assurer le bonheur de ses sujets et de relever sa position politique et financière, il mit tout en œuvre pour ne pas laisser échapper à la maison de France et à la sienne le royaume qui lui était légué. Des ambassadeurs napolitains, députés auprès de lui et de sa femme Isabelle, achevèrent par leurs remontrances de le convaincre de l'imminence du péril. Alors, désespérant de sortir de prison assez tôt pour prévenir Alphonse d'Aragon, il prit le parti le plus sage, celui d'envoyer à Naples, en attendant, la duchesse elle-même, avec de pleins pouvoirs pour la paix et la guerre.

[1] Chevrier, *Hist. de Lorraine*. Cet écrivain a recueilli sur René toute sorte de bruits ridicules, dont la fausseté a déjà été signalée (Villeneuve-Bargemont, I, 412, 420, etc.). Il le représente s'abaissant jusqu'à demander la vie à son vainqueur après Bulgnéville, dépensant à la fondation de la sainte chapelle de Dijon l'argent destiné à sa rançon (cette chapelle existait depuis 1172), et ailleurs il fait vivre le roi Alphonse d'Aragon jusqu'à l'époque de l'expédition de Jean d'Anjou au royaume de Naples, en 1460. L'anecdote qu'il raconte à propos de la réception de Vital de Cabanis, et qui se retrouve sous différentes formes à plusieurs époques de la vie de René, est empruntée par lui à un manuscrit apocryphe (*Faits et gestes des princes* par Ricodi, ou *Mémoires de Florentin le Thiriat*).

[2] Il n'y resta pas deux ans, comme l'a dit, d'après Paradin, D. Calmet (II, 789); car, dès le mois de juin 1435, on le retrouve à Dijon. (V. l'Itinéraire.)

8

Les lettres par lesquelles Isabelle était nommée lieutenant-général de son mari furent données à Dijon, le 4 juin 1435 [1]. Cette princesse, douée d'une énergie qui ne s'était pas encore révélée, accepta virilement la tâche difficile qui lui incombait; elle prépara immédiatement son départ. Nous la retrouverons bientôt en Provence et en Italie, faisant reconnaître et chérir l'autorité du nouveau roi, conjurant tous les obstacles, aplanissant toutes les voies. Elle fut aussitôt remplacée, dans le gouvernement des duchés de Bar et de Lorraine, par les évêques de Metz et de Verdun. Les seigneurs du pays s'associèrent à eux avec un louable empressement, pour assurer la domination de leur maître légitime et la tranquillité publique. Assemblés quelque temps après à Nancy, avec les états de Lorraine, ils délibérèrent tous en commun sur les mesures à prendre pour arrêter les « œuvres de fait », jurèrent de maintenir la justice envers et contre tous, sans acception de parents ou d'amis, et formèrent une ligue de protection mutuelle [2]. Soutenu par tant de dévouements, René put s'occuper avec plus de sécurité des moyens de hâter sa délivrance.

Une occasion favorable paraissait s'offrir. Les célèbres conférences d'Arras, indiquées pour traiter du rétablissement de la paix entre le roi de France, le roi d'Angleterre et le duc de Bourgogne, allaient enfin s'ouvrir, sous les auspices du légat apostolique, et promettaient l'apaisement de toutes les vieilles querelles. Le concile et les principales puissances y comptaient de nombreux délégués. René lui-même devait y figurer, et comme souverain de la Lorraine et comme intéressé dans la réconciliation annoncée, pour laquelle il avait négocié un des premiers. Philippe le Bon ne pouvait empêcher qu'il y envoyât au moins des représentants : aussi avait-il délivré, dès le 3 juin, un sauf-conduit en règle à Jacques de Sierck, prévôt d'Utrecht, protonotaire du pape, à Charles d'Haraucourt et à Ferry de Peroye, chevaliers, à Jacques d'Haraucourt,

[1] Arch. des Bouches-du-Rhône, B 11, f° 341.

[2] Délibération du 19 septembre 1435 (D. Calmet, preuves, t. III, col. CCXXI).

écuyer, à maître Jean de Breuillon, licencié en lois, tous conseillers du duc prisonnier, pour se rendre en son nom à l'assemblée, au nombre de cinquante personnes en tout, avec autant de chevaux ; la faculté d'aller et venir d'Arras à Dijon pour les affaires de leur maître leur était accordée [1]. Cette bonne volonté relative faisait présager des dispositions moins hostiles. Plusieurs grands seigneurs de l'entourage de Charles VII étaient venus de sa part à Dijon implorer la liberté de son beau-frère : c'étaient les ducs de Bourbon et de Vendôme, le connétable de Richemont, Christophe d'Harcourt, le sire de la Fayette, auxquels s'était joint, dans la même pensée, l'archevêque de Reims [2]. La reine Yolande, la duchesse Isabelle [3], la régence de Lorraine, unissaient leurs instances à celles du Roi : leurs ambassadeurs à Arras avaient la charge expresse de faire comprendre René dans le traité de paix générale [4]. Le vent était à la concorde, et l'intérêt même du duc de Bourgogne semblait devoir le rendre plus conciliant.

Les Anglais s'étant retirés du congrès sans avoir pu s'entendre avec les commissaires royaux, ceux-ci poursuivirent les négociations avec Philippe, et finirent par le détacher entièrement de ses anciens alliés. Ce grand événement, qui ruinait la domination étrangère en France, reçut sa sanction le 21 septembre, dans l'église de Saint-Waast. Tout était prêt pour l'imposante cérémonie dans laquelle le duc réconcilié devait abjurer ses haines et promettre « d'entretenir bonne paix et union à l'avenir avec le Roi, son souverain seigneur [5] ». Mais, avant que son maître prêtât ce serment, le chancelier de Bourgogne s'avança et lut devant le duc de Bourbon, le

[1] Bibl. nat., Lorraine 8, n° 41.

[2] Chartier, éd. Godefroy, p. 25.

[3] Bourdigné prétend même qu'Isabelle revint de Naples en Provence pour solliciter la liberté de son mari ; mais c'est une erreur, provenant sans doute d'une confusion avec la reine Yolande. Cet historien ne cite, à propos de la délivrance de René, qu'un chroniqueur appelé Gaguin (II, 170, 183).

[4] D. Calmet, II, 793.

[5] Vallet, II, 323-324.

connétable, le duc de Vendôme et l'archevêque de Reims, une protestation inattendue, par laquelle Philippe déclarait que son intention n'était point et n'avait jamais été de comprendre le duc de Lorraine dans le traité; au contraire, il voulait le garder en prison comme auparavant. Il y eut un moment de stupeur. Puis les ambassadeurs français, ne voulant pas perdre tout le fruit de leurs laborieuses négociations, sentant l'énorme importance du rapprochement opéré, baissèrent la tête. Ils répondirent qu'ils entendraient le traité comme le voudrait le duc de Bourgogne. On dressa immédiatement procès-verbal, et Philippe jura fidélité [1]. La cause de René était abandonnée : Charles VII sacrifiait son beau-frère et son allié aux rancunes de son ancien adversaire. Peut-être eût-il suffi d'insister à ce moment suprême en faveur du malheureux prince, de faire entendre par un mot que sa délivrance était une condition essentielle; mais la fermeté n'était point alors dans les allures de la politique royale.

Ainsi, malgré ses amitiés nouvelles, Philippe le Bon ne changea rien à la situation de son prisonnier. Loin de là, il annonça hautement des exigences telles, qu'elles parurent déraisonnables à tout le monde. C'est l'impression rapportée par l'ambassadeur milanais accrédité auprès de lui, et dont la curieuse relation nous révèle le véritable état des choses, ainsi que la pensée secrète de Philippe. Le duc de Milan avait tout intérêt à voir René délivré : il venait de signer avec lui et avec sa femme Isabelle un traité d'alliance, et comptait utiliser son concours en Italie pour le succès de ses propres affaires. Candido Decembrio, qu'il avait envoyé à Dijon pour savoir ce qu'il devait espérer, rend ainsi compte des entretiens qu'il put obtenir :

« Lorsque je fus arrivé à Dijon, comme je l'écrivis à Votre « Seigneurie, le duc de Bar me fit dire de venir lui parler. « M'étant donc muni de l'autorisation du chancelier de Bour- « gogne, je me rendis en sa présence, accompagné de celui-

[1] Ce procès-verbal est reproduit dans le ms. lat. 1502 de la Bibl. nat., f° 13.

« ci, et je le trouvai dans une chambre, fortement gardé et « resserré, avec la barbe longue. Il me dit devant tout le « monde, les larmes aux yeux : Je vous en prie, veuillez me « recommander à mon cousin, et lui dire que j'ai grand désir « de le voir. Il n'en dit pas davantage, et soudain le chancelier « me fit sortir avec lui de la chambre. Le lendemain matin, le « duc de Bar m'envoya secrètement un de ses plus fidèles ser- « viteurs, qui est ici pour travailler à sa libération et qu'on « appelle le protonotaire (je crois que c'est messire Jacobo « Surich [1]), lequel me dit de sa part : Le roi René n'a pu hier « parler comme il le désirait, à cause des gardes qui l'entou- « rent. J'ai pu l'entretenir au moyen de certaines intelligences « que nous avons avec les Bourguignons. Il vous charge de « répéter à votre maître qu'il se réjouit fort de la ligue récem- « ment conclue avec lui, qu'il le prie de persévérer dans cette « bonne voie, qu'il sera toujours pour lui un bon fils et un « ami, et qu'il le laissera disposer des affaires du royaume « de Sicile, ainsi que de celles des Vénitiens et des Floren- « tins, comme des siennes propres... Le roi René veut aussi « que vous avisiez votre maître de toute sa situation présente. « Nous avons obtenu aujourd'hui la délivrance de son fils : « celui-ci était venu en otage à sa place, et puis après ils « n'avaient plus voulu lâcher ni l'un ni l'autre; mais nous « allons l'envoyer immédiatement en lieu sûr, de peur qu'ils « ne changent encore de résolution. Vous direz également à « votre maître que la mise en liberté du roi ne peut avoir « lieu de si tôt. La raison est que le duc de Bourgogne lui a « demandé trois millions de ducats, puis deux millions; et « c'est là son dernier mot. *Il sait bien que le roi René est dans « l'impuissance de les payer ; mais il veut un gage, et ce « gage est le duché de Bar*. La demande paraît trop forte « au roi; il serait tout disposé à faire les choses raisonnables, « mais il ne voudra jamais accorder tant : ainsi l'accord n'est « pas encore près de se faire. On veut voir s'il y a moyen

[1] Il s'agit de Jacques de Sierck, protonotaire apostolique et ami dévoué de René.

« d'obtenir des conditions meilleures. Et, à cette occasion, le « duc de Bourgogne renonce à la parenté du roi de France « pour rechercher celle du roi René, afin de mieux s'assurer « du duché de Bar. Il a décidé qu'il aurait cette province; « mais le roi a déclaré qu'il resterait plutôt en prison toute « sa vie, et, en conséquence, il supplie votre maître d'ac- « corder sa protection à sa femme et à ses fils. Ces paroles « m'ont été dites par le protonotaire le vendredi 28 octobre « [1435], à Dijon[1]. »

Voilà donc le secret de la ténacité du duc de Bourgogne! La cupidité le tourmentait encore plus que la haine traditionnelle de la maison d'Anjou. Il ne voulait pas seulement la dernière épargne du vaincu : il voulait son domaine, et il prétendait s'en assurer la possession par une alliance de famille, procédé dont il avait usé déjà en faisant donner la fille de René au fils d'Antoine de Vaudemont. Cette alliance n'était autre que le mariage du comte de Charolais, son propre fils, avec Marguerite, deuxième fille du duc de Lorraine. La jeune princesse aurait reçu en dot le duché de Bar et le marquisat du Pont, et son beau-père aurait pris immédiatement le gouvernement de sa personne et de ses biens. On juge combien une telle solution était inacceptable pour l'héritier d'Anjou. Mais, s'il persistait à préférer la détention perpétuelle, celui qui la lui imposait entendait bien, de son côté, ne pas démordre du chiffre qu'il avait fixé; on verrait qui des deux s'obstinerait le plus. En attendant, Philippe rendit contre René, le 25 décembre de la même année, une nouvelle sentence par défaut, au profit du comte de Vaudemont, et l'assigna successivement au 24 juin, puis au 25 décembre suivants[2].

La plus grande partie de l'année 1436 se passa dans cette attitude expectante. Le roi de France, le pape, les princes, tentèrent tour à tour des démarches inutiles. Charles VII, qui s'aidait des troupes et de l'artillerie de son beau-frère pour

[1] Arch. de Milan, *Dominio Visconteo*, an. 1435; pièces justificatives n° 8.
[2] Arch. nat., KK 1125, f°s 608, 671.

attaquer Nogent, Montigny et d'autres places restées aux mains des Anglais [1], n'entamait pour sa délivrance que de vains pourparlers. Il se contentait de protéger ses terres en défendant aux baillis de Vermandois, de Sens, de Troyes, de Vitry, de Chaumont de laisser le bâtard de Bourbon et autres capitaines guerroyer et piller sur les domaines du duc d'Anjou, « qui pour la querelle dudit seigneur Roy et pour maintenir la loyauté envers lui avoit esté fait prisonnier [2] ». Hommage éclatant, mais stérile, rendu à l'étroite solidarité de la cause des deux princes! Encore cette défense était-elle due aux instances d'Yolande d'Aragon, que les conseils de Bar et de Lorraine avaient suppliée d'intervenir contre les entreprises des routiers, en invoquant sa haute influence et l'amour de son fils, qui mettait toute sa confiance en elle après Dieu [3]. Au mois de mai, cependant, l'évêque de Toulouse et le comte de Vendôme furent envoyés par le Roi auprès du duc de Bourgogne; en même temps arrivèrent à Dijon des députés du pays d'Anjou, du comté de Provence, du royaume de Naples. On tint une journée pour examiner les demandes de Philippe : elles consistaient, outre le mariage de Marguerite d'Anjou avec le comte de Charolais et la jouissance du duché de Bar, dans l'hommage du marquisat du Pont, la cession de Cassel, une rançon d'un million de saluts, etc. [4]. Ces prétentions furent jugées si exorbitantes, qu'on se sépara sans rien faire.

[1] V. l'appointement conclu, le 25 décembre 1435, entre M. de la Suze, au nom du roi de France, et Érard du Châtelet, au nom de René, duc d'Anjou, pour mettre le siége devant Nogent et Montigny. Érard s'engage par cet acte à fournir, aux frais de René, cinquante hommes d'armes, des ouvriers, des arbalétriers, des coulevriniers, des bombardiers, des munitions et des vivres; il donne pour cela trois cents florins du Rhin et certaines provisions en nature. (Bibl. nat., Lorraine 8, n° 43.)

[2] Arch. nat., KK 1118, f° 676 v°.

[3] Lettre du 10 mars 1436 (Bibl. nat., Lorraine 8, n° 45).

[4] Mémoires des demandes faites par le chancelier de Bourgogne au duc d'Anjou pour le fait de sa délivrance, etc. (Le chancelier n'avait pas le pouvoir de réduire d'un denier ces conditions). Bibl. nat., Lorraine 238, n°s 16, 17; Arch. nat., KK 1125, f° 671. V. D. Calmet, II, 787.

Ce fut seulement vers la fin de l'année que les plaintes de la chrétienté furent entendues de l'inflexible duc, et qu'il consentit à entrer en négociations sur des bases plus modérées. Il avait reçu du roi d'Aragon l'avis que la reine Jeanne avait laissé en mourant une épargne considérable[1] : dès lors il pouvait espérer que son prisonnier ne serait plus insolvable, du moment qu'on se tiendrait dans certaines limites et qu'on lui permettrait de prendre possession de son royaume. René, de son côté, avait fait appel au dévouement de ses amis, de ses parents, de ses sujets, pour réunir des ressources extraordinaires et pour arriver, s'il était possible, à se racheter sans livrer à son ennemi le duché de Bar. Lorrains et Barrois se cotisèrent volontairement pour venir en aide à un maître qu'ils chérissaient ; les états de ces deux pays votèrent ensuite des subsides officiels en sa faveur[2]. L'Anjou et la Provence ne devaient pas lui témoigner moins d'empressement. Au mois d'août 1436, il fit venir à Dijon son cousin Louis de Châlon, prince d'Orange, et négocia avec lui un emprunt de quinze mille francs de monnaie blanche ayant cours en Bourgogne, destinés à contribuer au payement de sa rançon. Par le contrat passé pour cet objet, il s'engageait à restituer la somme à Besançon, en l'hôtel de maître Odot de Clervaux, chantre de l'église de Saint-Jean, le jour de Noël de la même année, ou sinon à céder à Louis les fiefs qu'il tenait de lui à cause de sa principauté d'Orange; il renonçait, en outre, à se prévaloir du droit qui invalidait toute obligation contractée en prison[3]. D'autres actes semblables et d'autres engagements de terres furent faits à cette époque, ou un peu plus tard, dans le même but. Vers le commencement de novembre, le duc de Bourgogne, alléché à la fois par les sommes que son prison-

[1] « Re Alfonso haveva mandato à dir al duca de Borgognia come par la regina Zuana era sta lassato gran thesoro, et, essendo lo re Renier suo presone, poteva per lo suo rechapto haver gran tesoro et danari de esso; et rimase presone per dito modo re Renier. » Récit de Domenico Delello (Bibl. Saint-Marc de Venise, ms. ital. XLII, f° 58 v°).

[2] D. Calmet, II, 795.

[3] Acte du 6 août 1436 (Arch. des Bouches-du-Rhône, B 13, f° 228 v°).

nier réalisait et par celles qu'il devait trouver dans le trésor de Naples, alla le voir à Dijon, le prévint par des civilités et des démonstrations amicales, et lui accorda six semaines de liberté pour venir le rejoindre en Flandre et y traiter de sa délivrance définitive. René promit de se reconstituer prisonnier au bout de ce délai, à Lille ou ailleurs, de laisser son fils aîné en ôtage, de remettre en garantie dans les mains de Philippe les places de Neufchâteau, Gondrecourt et Clermont en Argonne; il lui fallut encore fournir trente cautions choisies dans la noblesse de Bar et de Lorraine, et dont les scellés devaient lui être rendus quinze jours après son retour en prison[1]. Après tant de sûretés prises contre un prince dont la loyauté n'avait jamais été suspectée, les verroux se levèrent enfin. Les six semaines commencèrent le 8 novembre. Mais le roi de Sicile ne quitta pas une ville où il avait tant souffert sans y laisser une trace durable de son passage et de sa piété : voulant montrer, dit-il, sa grande dévotion pour la sainte hostie conservée dans la chapelle du palais de Dijon, il fonda dans ce sanctuaire, voisin de son cachot, une messe perpétuelle, et donna pour sa célébration une rente de la valeur de deux cents livres, assise en partie sur les *celliers de Beaune et de Pomart*, sur lesquels les ducs de Bar, ses prédécesseurs, avaient des droits[2]. Il fit confectionner aussi, pour le même service, des ornements d'autel et des vêtements spéciaux[3]. Puis il se mit en route pour la Lorraine et la Flandre. Le 29, un sauf-conduit, valable jusqu'au jour de la Purification, fut délivré à ses amis et conseillers pour se rendre également auprès du duc de Bourgogne, afin de travailler aux négociations[4]. Lui-même se trouvait dès le 25 à Pont-à-Mousson, d'où il repartit le surlendemain avec les évêques de Metz et de Verdun, Jacques de Sierck, Érard du Châtelet, Colart de Saulcy,

[1] Arch. nat., KK 1125, f°s 669, 670 v°. D. Calmet, preuves, t. III, col. cxxx.

[2] Cette fondation est du 1er novembre 1430. (Arch. nat., KK 1125, f° 669.)

[3] Arch. nat., *ibid.*, f° 669 v°.

[4] Bibl. nat., Lorraine 238, n° 16. D. Calmet donne à tort à cette pièce la date du 21 (II, 798).

Robert de Baudricourt et d'autres seigneurs dévoués. Le jour de Noël, il arrivait à Lille en même temps que le comte de Vaudemont [1], pour se remettre à la disposition du duc de Bourgogne. Charles VII y avait envoyé, de son côté, le duc de Bourbon, le connétable de Richemont et Renaud de Chartres, archevêque de Reims [2]. Les conférences s'ouvrirent immédiatement, et durèrent jusqu'à la fin de janvier ; car, malgré leur désir d'en finir, René et ses amis disputèrent le terrain pied à pied. Ils durent néanmoins passer sous les fourches caudines. Les conditions posées par le chancelier au nom de son maître furent acceptées et ratifiées dans une série de traités dont voici l'analyse :

Le 28 janvier 1437, René promit de céder entièrement au duc de Bourgogne les terres de Cassel et du Bois de Nieppe, en Flandre, provenant de l'héritage des ducs de Bar ; de lui céder également tous ses droits ou prétentions sur Dunkerque, Bourbourg et les autres terres de Flandre qui devaient former un jour la succession de sa cousine la comtesse de Saint-Pol, fille de Robert de Bar ; de faire confirmer cette double cession par la reine Yolande ; de payer, pour sa rançon, une somme de quatre cent mille écus d'or « telz que monseigneur le Roy fait à présent forgier en ses monnoyes, assavoir de soixante-dix de taille au marc de Troyes, et à XXIIII karas d'aloy et à ung quart de remède », laquelle somme devait être versée en quatre termes : cent mille écus à la fin de mai 1437, cent mille à la fin de mai 1438, et le reste, exigible seulement si le roi de Sicile entrait en possession effective de la totalité ou de la plus grande partie de son royaume, moitié au bout d'un an à partir de cette prise de possession, moitié au bout de deux ans ; de remettre en caution de ces divers payements les scellés de son beau-frère le comte de Montfort, dûment

[1] D. Calmet, II, 798.

[2] Chartier, éd. Godefroy, p. 85. Arthur de Richemont, envoyé pour travailler à la délivrance de René, « le feit de bon cuer, dit son historien, car ils estoient frères d'armes ; et tira devers monseigneur de Bourgongne à Lisle, et y fut longtems ». (Gruel, éd. Petitot, VIII, 504.)

autorisé par son père le duc de Bretagne, et de quarante des principaux gentilshommes de Barrois, de Lorraine, d'Anjou et de Provence, qui s'engageraient à lui servir d'otages au besoin; de laisser au pouvoir du duc, comme supplément de garantie, les places de Neufchâteau et de Clermont en Argonne, déjà consignées entre ses mains, en confiant, de plus, les châteaux de Prény et de Longwy à la garde des sires de Saulcy et de Chamblay, ses représentants [1]; de rendre au même l'hommage du marquisat du Pont, des seigneuries d'Amance, Neuville [2], Briey, Clermont en Bassigny, Conflans, Châtillon et la Marche, un an après qu'il lui aurait prouvé, par titres bons et valables, que ces fiefs dépendaient du comté de Bourgogne; de ne jamais lui chercher querelle au sujet du passé, mais de signer au contraire avec lui un traité d'alliance, qui obligerait les sujets de Bourgogne ainsi que ceux de Bar et de Lorraine, et demeurerait en vigueur tant que vivraient les deux parties, et encore un an après; de confirmer la cession déjà faite à messire Nicolas Rolin, seigneur d'Anthume, chancelier de Bourgogne, des terres d'Aimeries et de Raimes en Hainaut, et de la faire ratifier par tous les intéressés; enfin de faire délivrer sans rançon ni indemnité le fils du même Rolin, qui était détenu à Commercy, et de rembourser à un autre chevalier, appelé Benetru de Chassaul, également prisonnier du sire de Commercy, deux mille écus d'or qu'il avait déjà payés pour sa délivrance [3].

Le 3 février, Philippe accepta solennellement ces conditions, et « quitta sa foi » au roi de Sicile. Le même jour, un traité de mariage fut conclu à son instigation entre Marie de Bour-

[1] Le 3 avril suivant, Jean de Chamblay, sire de Cons, conseiller du roi de Sicile, reconnut tenir la ville et le château de Longwy au nom du duc de Bourgogne, et promit de les remettre en sa main au cas où la rançon de René ne serait pas acquittée. (Arch. nat., KK 1125, f° 675 v°.)

[2] Ce nom de lieu, que D. Calmet n'a pas lu, est écrit *Nuvil*; il peut désigner plusieurs localités de la Lorraine et du Barrois.

[3] Arch. nat., J 1039, n° 6. Je reproduis entièrement (pièces justificatives, n° 10) cet acte important, dont les historiens de Bourgogne et de Lorraine n'ont donné que l'analyse (D. Calmet, II, 798; D. Plancher, IV, 227 et suiv.).

bon, sa nièce, sœur de Charles, duc de Bourbon, et Jean d'Anjou, fils aîné de René. Les parties déclarent expressément dans l'acte que ce mariage « par le moyen de leur très-chier et très-amé frère et cousin le duc de Bourgoigne et de Brabant se fera et solennisera ». Et en reconnaissant le lendemain que les sceaux et signatures apposés par elles à ce contrat sont bien authentiques, elles attestent qu'il a été fait sans contrainte ni induction par le roi René, après que Philippe lui eut rendu sa pleine liberté [1]. La dot de Marie de Bourbon était fixée à cent cinquante mille écus ; cent mille furent remis comptant, c'est-à-dire que le duc Charles déchargea René de cette somme envers le duc de Bourgogne et lui en obtint quittance, de sorte que le premier terme de la rançon se trouva réglé sur-le-champ [2].

Par suite de ce dernier arrangement, les autres termes furent échelonnés d'une manière différente. Philippe, qui, par un acte du 4 février, s'était engagé à remettre au roi de Sicile ses places fortes contre le payement de cent mille écus au mois de mai 1437 et de cent mille autres au mois de mai 1438, et à lui rendre les scellés des quarante gentilshommes contre la dernière moitié de la rançon [3], adopta une combi-

[1] Arch. nat., P 1379², n° 3134. L'attestation du 4 février, qui est jointe à l'acte, fut signée dans l'hôtel du duc de Bourgogne. Le calendrier du ms. lat. 1156ᴬ fixe aussi au 3 février la délivrance officielle de René. M. Vallet la recule jusqu'au 11 (*Biographie générale*).

[2] Reconnaissance du 3 février (Arch. nat., P 1379², n° 3133). Le malheureux prince ne gagna rien à cet accommodement ; car, Marie de Bourbon étant morte en 1448, il se vit obligé, aux termes du contrat de mariage, de restituer sa dot, y compris ces 100,000 écus que ni lui ni son fils n'avaient jamais touchés. Le duc de Bourbon ne lui fit donc, en réalité, qu'une avance. La somme qu'il réclama plus tard au roi de Sicile comme ayant été versée sur la dot de sa sœur s'élevait à 129,072 écus ; il lui redemandait en outre les intérêts. Après une vive opposition et de longs pourparlers, René finit par transiger avec lui à 100,000 écus, et lui céda en payement, au mois de janvier 1478, la baronnie de Mirebeau en Poitou, les terres d'Estain, Bouconville et la Chaussée en Barrois, les greniers à sel et les gabelles de Berre en Provence, le tout avec faculté de réméré. (*Ibid.*, n° 3139, et P 1379¹, n° 3105).

[3] Bibl. nat., Lorraine 238, n° 16 ; Arch. nat., KK 1125, f° 671. D. Calmet, II, 800.

naison plus commode pour son débiteur : le second terme de cent mille écus fut divisé en quatre parts égales, payables, deux à la fin de mai 1437, une à la fin de mai 1438, et une à la fin de mai 1439 ; les deux cent mille écus restant furent également divisés en quatre termes, payables en quatre années, à partir du recouvrement du royaume de Naples[1].

Le 6 février, de nouvelles lettres du duc de Bourgogne firent savoir que Jean d'Anjou, demeuré en otage à Dijon, serait remis à son père contre les quarante scellés en question[2] ; et, le même jour, Philippe promit de remettre aussi les places de Neufchâteau et Clermont contre les cinquante mille écus payables au mois de mai suivant[3].

Enfin, le 7, fut rédigé et signé le traité d'alliance convenu. Les deux princes prêtèrent serment sur la vraie croix de ne plus avoir aucune querelle ensemble au sujet du passé, de vivre en bonne intelligence, de ne conclure aucune alliance sans s'y faire comprendre l'un l'autre, de s'aider réciproquement en cas d'attaque ou de guerre, comme s'ils étaient « frères germains ». Toutefois ce traité ne devait avoir de vertu que tant que le premier serait maintenu, et tant que vivraient les deux parties. Quatre conservateurs de l'alliance devaient être nommés afin de régler les questions litigieuses, pour l'examen desquelles des journées se tiendraient alternativement à Joinville et à Châtillon-sur-Seine[4].

Telles furent les conditions principales auxquelles René recouvra son entière liberté et mit fin, au moins en apparence, à la vieille rivalité des maisons d'Anjou et de Bourgogne. Il perdait Cassel et quelques domaines en Flandre ; mais ses droits sur le duché de Bar demeuraient intacts, et, chose plus

[1] Arch. nat., KK 1125, f° 672.

[2] Bibl. nat., Lorraine 238, n° 23. V. les noms des signataires de ces obligations dans D. Calmet, II, 800.

[3] Bibl. nat., Lorraine 238, n° 21. Prény et Longwy devaient rester entre les mains du représentant de Philippe jusqu'au payement total de la rançon. V. l'obligation signée le 7 février par Colart de Saulcy, *ibid.*, n° 20.

[4] Arch. nat., P 1334[14], n° 101 ; KK 1118, f° 650 v°. D. Plancher, preuves, p. CLIX.

importante, il était reconnu comme légitime possesseur de la Lorraine par le protecteur de son rival, par celui même qui l'avait combattu et gardé prisonnier dans l'espoir de lui arracher ce grand fief. Il est vrai que la sentence impériale lui assurait déjà le duché ; mais Philippe l'avait méconnue : en concluant les nouveaux traités, il l'acceptait par le fait ; la possibilité même d'une contestation était écartée. Sous le rapport pécuniaire, les clauses étaient plus onéreuses. Bien que la somme primitivement fixée pour la rançon, et tout à fait impossible à réaliser, dans la pensée du vainqueur lui-même, eût été considérablement réduite [1], elle sortait encore des limites raisonnables : elle était supérieure de cent mille écus à celle que les Anglais avaient naguère exigée pour délivrer le duc de Bourbon, et de deux cent quatre-vingt mille écus à celle qu'ils avaient demandée au duc d'Orléans ; elle équivalait à près d'un million de notre monnaie actuelle. Pour un prince déjà pauvre, ayant en perspective une expédition maritime, des luttes à soutenir en Italie et des charges de toute espèce, c'était là un véritable désastre : jamais sa situation financière ne devait s'en relever. Cela n'empêcha pas les écrivains bourguignons, comme Chastelain, de répéter que le bon duc Philippe avait « quitté au roi Renier sa rançon gratis [2] ». Disons plutôt, avec le héraut d'armes Berry, qu'il le rançonna plus que les Anglais eux-mêmes ne l'auraient fait, et qu'il lui fit perdre, en prolongeant sa détention, le royaume de Sicile [3].

Au point de vue politique, le duc abandonnait son ancien

[1] Le *salut* anglais et l'écu français avaient alors une valeur à peu près identique (25 sols tournois). Le traité du 28 janvier 1437 stipulait même que René rembourserait à Benetru de Chassaul 2,000 écus pour 2,000 saluts ; ce qui suppose une équivalence complète. C'était donc un million d'écus ou 1,250,000 livres que Philippe le Bon avait demandés d'abord, au lieu de 400,000 écus.

[2] Chastelain, éd. Kervyn de Lettenhove, VII, 217. On rencontre, du reste, l'exagération opposée dans quelques récits lorrains. A les en croire, *dix cent mille florins* auraient été payés comptant pour la rançon de René (D. Calmet, preuves, t. III, p. XVII). Mais l'auteur de la *Chronique de Lorraine*, qui s'est fait l'écho de ce bruit, est, comme je l'ai dit, un simple romancier.

[3] Berry, dans Godefroy, p. 396.

projet de relier à la Bourgogne ses possessions du nord ; mais il était maintenant détaché du parti anglais, et ne pouvait plus songer à enfermer le royaume de France dans un cercle d'ennemis. En revanche, il s'arrondissait en Flandre ; il s'assurait l'alliance d'un prince qui pouvait devenir très-puissant, ou au moins sa neutralité dans le cas de nouveaux conflits avec le Roi ; il se l'attachait même par des liens de famille, et le mariage de sa nièce avec Jean d'Anjou devait, à ses yeux, enchaîner le roi de Sicile à son char, tout comme celui d'Yolande avec l'héritier de Vaudemont, sur lequel il n'y avait plus à revenir, malgré l'abandon du traité de Bruxelles. On a prétendu qu'une troisième union, celle de Marguerite d'Anjou avec le roi Henri VI, fut dès lors stipulée dans un article secret ajouté aux conventions de Lille, et, par suite, que René s'engagea à demeurer neutre entre la France et l'Angleterre[1]. Aucun document ne vient justifier cette supposition : le mariage de Marguerite fut conclu plus tard dans l'intérêt de Charles VII et sur sa demande ; la conduite ultérieure de son beau-frère, qui unit ses armes aux siennes pour chasser les Anglais de la Normandie, prouve d'ailleurs qu'il ne s'était aucunement lié vis-à-vis d'eux, même en donnant sa fille à leur prince ; enfin le duc de Bourgogne, en 1437, n'avait plus assez à cœur l'alliance anglaise pour exiger de son prisonnier une neutralité aussi contraire au droit. Les sacrifices qu'il lui imposait étaient déjà bien assez lourds. Les allégea-t-il en lui remettant, comme l'ont encore avancé des historiens sérieux, cent mille saluts en faveur du mariage de Jean d'Anjou, puis cent mille livres pour la cession de Cassel[2] ? Non ; car la première de ces deux sommes avait été retranchée par le duc de Bourbon sur la dot de sa sœur Marie pour être payée à

[1] V. notamment la biographie écrite par M. de Quatrebarbes en tête de son édition des *Œuvres du roi René* (t. I, p. XL-II).

[2] D. Calmet, II, 801 (d'après la Chronique de Saint-Thibaud). M. de Villeneuve-Bargemont a reproduit cette allégation (I, 234). Son récit de la délivrance du roi René est, du reste, si confus, et l'ordre des faits y est tellement interverti, qu'il faut renoncer à le rectifier en détail.

Philippe le Bon, et par conséquent René ou son fils en supportaient réellement la charge; et quant à la seconde, si la terre de Cassel eût été cédée moyennant finance, le traité du 28 janvier en eût certainement fait mention. Les efforts du roi de Sicile pour acquitter sa rançon, les actes ultérieurs qui se rapportent à la même affaire, tout nous montre qu'il n'obtint à cette époque aucune réduction, et qu'il lui restait, en quittant Lille, trois cent mille écus à trouver.

Dès son retour, nous le voyons aux prises avec les embarras que cette obligation lui crée. Le 22 février, il arrive à Pont-à-Mousson [1], et son premier soin est d'assembler les états de Bar et de Lorraine pour faire lever une aide générale sur tous ses sujets. Cette contribution, fixée à deux sols par famille, est perçue par des commissaires spéciaux : les gentilshommes et les gens d'église sont requis, en outre, de secourir leur prince selon leurs facultés [2]. Conrad Bayer, évêque de Metz, non content de saluer sa délivrance par des fêtes, par la représentation du mystère de la Passion, établit aussi un impôt spécial en sa faveur; les évêques de Toul et de Verdun en font autant. Plusieurs terres, entre autres celle de Louppy, sont engagées en même temps par le roi de Sicile [3]. Une double nécessité le pousse à réunir de l'argent par tous les moyens : il lui faut satisfaire le duc de Bourgogne, et entreprendre le plus tôt possible le voyage d'Italie. Mais il a conscience des « grans charges et oppressions » qu'il donne à cette occasion à son pauvre peuple, et il cherche à le dédommager en prenant des mesures pour la prospérité du commerce local [4]. Il se hâte cependant de mettre ordre à ses affaires

[1] D. Calmet, preuves, t. II, col. ccxxiv.

[2] Le 7 mars 1437, René donne à Jean de Saint-Loup la mission de lever dans le bailliage de Bassigny l'aide accordée par les états pour sa rançon, et de faire appel au clergé et à la noblesse. (Arch. nat., KK 1125, f° 688).

[3] D. Calmet, II, 804.

[4] V. notamment l'ordonnance rendue à Cœurs, le 20 mars 1437, et défendant l'importation des vins étrangers, « ayant regard, dit René, aux grans finances qu'il convient yssir de nos pays pour avoir lesdits vins, et les grans charges et oppres-

et à celles des deux duchés. Le 15 mars, Pierre de Beaufremont, Robert de Baudricourt et d'autres gentilshommes, en exécution du traité de Lille, garantissent pour lui le payement de sa rançon, faute duquel ils promettent de se rendre en otages à Besançon [1]. Le surlendemain, il nomme, de concert avec le comte de Vaudemont, des arbitres chargés de vider un nouveau différend au sujet des dix-huit mille florins qu'il avait promis à ce dernier [2]. Le 25, il fait reconnaître par Louis de Luxembourg et Jeanne de Bar, sa femme, qu'en échange de leurs droits sur Cassel et le Bois de Nieppe, délaissés pour sa délivrance au duc de Bourgogne, il leur a cédé la terre de Nogent-le-Rotrou avec d'autres biens; qu'il est quitte envers eux de toute obligation, et dispensé notamment d'accomplir le mariage de sa fille Marguerite avec le fils du comte de Saint-Pol [3]. Une préoccupation touchante l'attire le lendemain à Vaucouleurs : c'est là qu'a été déposé le corps de son fidèle Barbazan ; il ne veut pas quitter la contrée sans avoir pleuré sur sa tombe et honoré sa mémoire. Aussi fonde-t-il dans l'église de Notre-Dame de Vaucouleurs une chapelle en l'honneur du héros et des autres chevaliers « tués à la piteuse et douloureuse journée de Bulgnéville », avec un service pour le repos de leur âme, qui devra se célébrer tous les ans à la date fatale du 2 juillet [4]. Puis, après avoir institué gouverneurs de Bar et de Lorraine l'évêque de Metz, l'évêque de Verdun et Érard du Châtelet, nommé un conseil de régence pour les assister[5], et récompensé largement ses plus dévoués serviteurs,

sions que nous avons données et donnons à nostre peuple, tant pour payer nostre rançon que autrement, » etc. (D. Calmet, preuves, t. III, col. CCCLXXXV.)

[1] Bibl. nat., Lorraine 238, n° 31. Arch. nat., KK 1125, f° 074 v°.

[2] Arch. nat., KK 1127, f° 081. Le 18 juin suivant, le comte de Vaudemont donnait à René une quittance de 10,500 florins sur les 18,000 en question. Il en avait déjà reçu 3,000 le 10 mai 1435, et 3,000 autres le 1er décembre de la même année : la dette se trouvait donc réduite à 1,500 florins. (Arch. nat., KK 1117, f° 152; 1127, f° 080 v°).

[3] Arch. nat., KK 1122, f° 600.

[4] Bibl. nat., Lorraine 239, n° 2. Arch. nat., KK 1125, f° 675 v°.

[5] D. Calmet, II, 805.

il s'éloigne de Nancy avec la fleur de sa chevalerie, pour se lancer dans la carrière aventureuse qui l'attend.

Toutefois, malgré les appels réitérés de ses sujets italiens, il ne put partir de France aussi vite qu'il l'eût souhaité. Il lui fallait d'abord aller prendre possession de son duché d'Anjou, voir le roi Charles VII et prendre ses instructions, s'arrêter dans son comté de Provence et en organiser également l'administration avant de mettre à la voile : ces occupations absorbèrent presque tout le reste de l'année. A la fin de mars, René fit sa première entrée solennelle à Angers, où de joyeuses démonstrations l'accueillirent encore[1]. Il visita ensuite la province, retrouva au château de Tucé, près Saumur, sa mère Yolande, dont il était séparé depuis longtemps, et lui laissa le soin des affaires dont elle s'acquittait si bien. Le 2 avril, l'union de Jean d'Anjou et de Marie de Bourbon, promise à Lille, fut accomplie par un traité définitif, et leur mariage fut célébré à Angers. Le duché de Calabre, avec d'autres seigneuries en Provence et en Italie, fut assuré au jeune prince et à sa femme, qui reçut, de son côté, la dot convenue.

Le duc de Bourbon, qui était venu assister aux épousailles, entretenait alors des intrigues avec plusieurs seigneurs et avec le fameux capitaine de routiers Rodrigue de Villandrando : leur but était de combattre l'influence de Charles d'Anjou, prépondérante à la cour depuis la chute de La Trémouille. Réunis, au mois de mai, dans la ville d'Angers, ils tinrent un conciliabule dont on ignore l'objet précis, mais qui semble, comme l'a dit un de nos plus éminents critiques, avoir été un prélude de la Praguerie[2]. On a reproché à René d'y avoir pris part, et d'être entré, avec autant de légèreté que d'ingratitude,

[1] Bourdigné place au 1er mars l'entrée de René à Angers (éd. Quatrebarbes, II, 184); nous avons vu qu'à cette date il était encore en Lorraine. Au reste, la nouvelle de son départ pour l'Anjou s'était répandue partout prématurément, puisque le doge de Gênes l'avait reçue par des marchands de Flandre avant le 21 février. (Arch. de Gênes, 110.)

[2] Quicherat, *Bibl. de l'École des Chartes*, 2e série, I, 105.

dans une conspiration contre le Roi [1]. Il accompagna, en effet, les ducs de Bourbon et d'Alençon dans la visite qu'ils firent aussitôt après au duc de Bretagne, pour le rallier à leurs projets. Mais, en l'absence de renseignements authentiques, on ne peut supposer que le roi de Sicile ait songé, dans un pareil moment, à lutter contre Charles VII, dont il avait tant besoin, encore moins contre son propre frère, dont le crédit assurait le sien. Il était lié à Charles de Bourbon par la reconnaissance, par la volonté du duc de Bourgogne [2]; il est probable que son rôle, dans toutes ces manœuvres, fut celui de conciliateur, que nous lui verrons jouer plus tard en d'autres circonstances. Le Roi fut cependant mécontent, au dire de Perceval de Cagny, et refusa de le voir, ainsi que le duc Charles [3]; mais la preuve que ce mécontentement était moins grave et moins fondé en ce qui concerne René, c'est que la consigne fut levée pour lui peu de temps après, suivant le même chroniqueur, et qu'au mois de juillet, à Gien, il fut reçu par son beau-frère, l'entretint des affaires de France et d'Italie, prit congé de lui, et intercéda en même temps en faveur du duc. Charles VII ne voulut pas d'abord entendre parler de ce dernier; mais il lui pardonna ensuite [4].

Durant le séjour de la cour dans cette même ville de Gien, un acte important fut passé entre les membres de la maison d'Anjou, pour régler le partage du duché et la portion d'héritage revenant à Charles, troisième fils de Louis II. Par ce traité, René promettait à son frère de le mettre en possession du comté du Maine, sauf la ville de Sablé, qu'il remplacerait par la Roche-sur-Yon, et de lui servir une rente de quatre mille livres jusqu'à la reprise du Mans sur les Anglais; moyennant quoi Charles renonçait à la pension qui lui était due sur la

[1] V. Vallet, *Hist. de Charles VII*, II, 380; Quicherat, *loc. cit.*; de Beaucourt, *Quest. hist.*, 23ᵉ livr., p. 98.

[2] On a vu que le mariage de Jean d'Anjou avait été imposé par Philippe le Bon; ce qui n'a pas empêché M. Vallet d'avancer qu'il avait été conclu pour cimenter l'alliance anti-royaliste du duc de Bourbon et de René (*Hist. de Charles VII*, II, 280)

[3] Bibl nat., ms. Duchesne 48, fº 105.

[4] *Ibid.*, fº 105 vº. Bourdigné, II, 183.

succession paternelle, et s'engageait à user de son influence politique au profit du roi de Sicile. Il devait notamment, pendant l'absence de celui-ci, défendre ses intérêts et ceux de la reine Isabelle auprès du roi de France ; obtenir que M. de Bourbon (disgracié pour la raison qu'on vient de voir) fût bien reçu en cour, et rester allié avec lui à cause du mariage de sa sœur avec le duc de Calabre ; faire en sorte que Charles VII se déclarât pour la cause du pape et de René en Italie, et en donnât l'avis à Rome ; lui demander, pour aider au payement de la rançon et des dettes de son beau-frère, deux cent mille francs sur les tailles et les aides du royaume, plus le produit des impôts de l'Anjou et de certains greniers à sel. Ces conditions, qui attestent le haut pouvoir de Charles d'Anjou, sont d'autant plus dignes d'attention, qu'elles furent réglées par l'entremise de sa sœur Marie : l'acte, daté du 2 août 1437, est revêtu de la signature de la reine de France, dont l'intervention dans les affaires publiques est trop rare pour ne pas être signalée[1]. Elle donnait ainsi au roi de Sicile une preuve de tendre affection ; car les clauses de ce traité sont surtout à l'avantage de René.

La famille de ce prince, on le voit, s'intéressait tout entière au succès de sa cause. Ses sujets d'Anjou lui témoignèrent eux-mêmes un empressement aussi spontané que celui des Lorrains : les états de la province votèrent une aide de quarante mille livres pour sa rançon ; le clergé lui accorda quatre dixièmes sur les bénéfices du diocèse d'Angers, plus deux dixièmes sur ceux qui, situés en Anjou, dépendaient des diocèses de Poitiers, Tours ou Maillezais[2]. Ces ressources lui étaient d'autant plus nécessaires, que, sur les cinquante mille écus payables à la fin de mai entre les mains du duc de Bourgogne, vingt mille seulement avaient pu être réunis. Les gouverneurs de Bar et de Lorraine avaient obtenu une prorogation pour ce premier terme ; mais les cautions de René avaient dû se

[1] Arch. nat., KK 1116, f° 515 v°. Les conventions de Gien furent ratifiées en 1440 par un autre traité, dont nous parlerons plus loin.

[2] Arch. nat., P 1334^4, f° 66 v° ; 1334^5, f° 18 ; 1334^6, f° 108.

rendre en otages à Besançon[1]. Le 22 octobre, plusieurs seigneurs angevins, parmi lesquels Bertrand de Beauvau et Jean, sire de Montjean, se portèrent aussi garants de sa dette envers Philippe le Bon, conformément aux conventions arrêtées[2]. Dans le courant du même mois, un nouveau traité prévint les effets du mécontentement du comte de Vaudemont, qui, irrité de n'avoir pas été appelé à la régence, menaçait de soulever encore la guerre en Lorraine, malgré la défense de son allié de Bourgogne. Ne se voyant plus soutenu par Philippe, qui se trouvait maintenant forcé de ne plus entrer en lutte contre le roi de Sicile, Antoine conclut avec celui-ci une paix nécessaire, dont quatre arbitres durent fixer les conditions sans appel, dans la ville de Toul. Ces arbitres étaient, pour le compte de René, Charles d'Haraucourt et Ferry de Ludde ; pour celui du comte, son maître-d'hôtel Colart Rohaut et le bailli de Vaudemont[3]. Une bonne partie des seigneurs lorrains s'obligea également à observer leurs décisions[4]. La Lorraine paraissant ainsi garantie contre les entreprises d'un compétiteur turbulent, René fit assurer la sécurité du Barrois, en butte aux incursions incessantes des routiers et des compagnies de gens d'armes. Charles VII, à sa requête, interdit sévèrement au bâtard de Bourbon, à Louis de Bueil et autres capitaines de laisser leurs troupes pénétrer sur le territoire du duc de Bar, y fourrager ou y rançonner les habitants, et leur intima l'ordre de délivrer gratuitement les prisonniers qu'ils pourraient avoir faits[5]. Après avoir pris toutes les précautions possibles

[1] D. Plancher, IV, 228.

[2] Arch. nat., KK 1125, f° 070 ; Bibl. nat., Lorraine 239, n° 3.

[3] Acte daté de Joinville, le 14 octobre 1437 (Arch. nat., KK 1127, f° 316).

[4] Arch. nat., KK 1117, f° 152 v°.

[5] On peut voir par les lettres du Roi, rendues le 30 décembre 1437, quelle était la gravité des maux causés par ces compagnies, contre lesquelles s'organisaient en vain des résistances locales et privées : « Nostre très-cher et très-amé frère le roy de Sicile, duc d'Anjou, de Bar et de Lorraine, nous a humblement fait exposer, en soy griévement complaignant, disant que, depuis la prinse de Monstreau où fault lonne, plusieurs d'entre vous se sont alez loger oudit duchié de Bar et illec boutté feu, occis, meurdry, pillé, robé, reançonné plusieurs de ses

pour que son absence ne se fît pas trop durement sentir à ces contrées déjà si malheureuses, le roi de Sicile put enfin se diriger vers ses nouveaux États. Mais de nouvelles calamités devaient désoler encore les deux duchés durant son éloignement et celui d'Isabelle : tant il est vrai que la présence du maître est nécessaire à la prospérité des sujets.

Arrivé en Provence au mois de novembre, le roi René fut accueilli dans son comté par des témoignages de joie que son air séduisant et l'amour de la dynastie angevine, joints à l'enthousiasme facile des natures méridionales, portèrent jusqu'au délire. Les villes d'Arles, d'Aix, de Marseille lui donnèrent successivement des fêtes magnifiques, auxquelles le peuple tout entier s'associa. Admis au nombre des chanoines de la métropole d'Aix, il prit cependant contre cette cité une mesure de sévère justice, en lui ôtant, pour le transférer à Marseille, le *conseil éminent* institué par Louis III, à cause d'une sentence de ce tribunal qui avait occasionné une sédition terrible contre tous les Juifs du pays[1]. Il rendit, dès cette époque, plusieurs statuts ayant pour but de réformer la police et l'administration du comté. Les états, assemblés à cette occasion, lui votèrent en même temps une somme de cent mille francs d'or, pour achever la conquête de son royaume[2].

L'argent ne lui suffisait pas : il voulut encore, avant de s'embarquer, se ménager la protection de Dieu, et publia, dans cette intention, une ordonnance favorable à la liberté de l'Église, entravée par ses prédécesseurs ; toutes les constitutions contraires à la juridiction et aux priviléges ecclésiastiques furent révoquées, et le soin de juger les différends qui surgiraient entre les clercs et les officiers civils fut confié à deux commis-

hommes et subgez et fait plusieurs innumerables maulx, et avoient entencion d'encores plus faire, se ne feust ce qu'aucuns des gens, officiers et serviteurs de nostredit frère se sont, quand ils ont vu la mauvaise dampnée volonté d'aucuns de ceulx de vos compaignies, mis sus en armes et puissance, et que ils ont détroussé, occis et prins aucuns de ceulx qui faisoient lesdits maux ; » etc. (D. Calmet, preuves, t. III, col. CXCVII.)

[1] V. les détails de cette affaire dans Villeneuve-Bargemont, I, 241 et suiv.

[2] Arch. des Bouches-du-Rhône, B 49, f°s 253, 273, et *passim*.

saires spéciaux, choisis dans l'un et l'autre corps[1]. Il tenait aussi à récompenser les services que de fidèles amis lui avaient rendus dans les circonstances les plus difficiles. N'étant pas riche, il donna aux uns des terres, comme à Vital de Cabanis et à Louis de Bouliers, aux autres des offices, comme à Jean Martin, qui, pour l'avoir accompagné en Flandre et secondé dans les négociations relatives à sa rançon, fut non-seulement exempté d'impôts, mais nommé avocat fiscal et maître rational de la chambre d'Aix[2].

Cependant il pressait son départ : les lettres d'Isabelle, les ambassades du pape et des Génois, les progrès d'Alphonse d'Aragon, qui, délivré inopinément par le duc de Milan, s'était emparé de Gaëte et de plusieurs autres villes, tout redoublait son impatience. Il rassemblait des renforts pour les conduire à Naples ; il envoyait des députés au doge de Gênes, qui lui promettait un concours actif et des vaisseaux pour ses troupes[3]. Mais les Génois, tout en offrant leurs services, entendaient bien les vendre. La reine Isabelle avait fait partir de Naples pour Marseille trois gros navires qui leur appartenaient et qu'elle avait loués, portant les noms de *Doria, Spinola* et *Corsa :* René ordonna de les retenir à leur arrivée, pour le transporter en Italie ; il lui fallut néanmoins les acheter pour son compte, au prix de huit mille florins, et ses dépenses précédentes, jointes à la lenteur des recouvrements, l'avaient tellement épuisé, qu'il dut, pour couvrir celle-ci, vendre encore un domaine à Charles de Castillon[4]. Il paraît pourtant que la république fournit dès lors à son allié quelques autres bâtiments, car ses biographes parlent d'une flotte de cinq galères et deux brigantins qui vint le prendre au port de Mar-

[1] Ordonnance du 15 mars 1438 (Arch. des Bouches-du-Rhône, B 11, f° 319).

[2] Arch. des Bouches-du-Rhône, *ibid.*, f° 178.

[3] Arch. de Gênes, X, 111 ; lettres des 23 février et 17 mars 1438.

[4] Acte passé à Viviers, le 24 novembre 1437 (Arch. des Bouches-du-Rhône, B 11, f° 170). Le 8 janvier suivant, René vendit encore la châtellenie de Saint-Laurent-des-Mortiers, en Anjou, à Bertrand de Beauvau, son grand-maître d'hôtel, pour la somme de 22,000 royaux d'or, destinés à l'équipement de ses troupes et à leur transbordement au royaume de Sicile. (Arch. nat., KK 1116, f° 514.)

seille [1]. Toutes ces opérations, ainsi que l'état de la mer, retardèrent encore son embarquement. Enfin, le 12 avril 1438, son escadre mit à la voile pour Gênes, où il devait s'arrêter avant de gagner les côtes napolitaines [2]. Il touchait donc au but de ses rêves et de sa légitime ambition. L'ardeur de la jeunesse remplissait son cœur ; un vent heureux le poussait. Suivons sa destinée : ce n'est plus le duc de Bar, de Lorraine ou d'Anjou qui va s'offrir maintenant à notre étude ; c'est uniquement le roi de Sicile et le représentant des intérêts français en Italie.

[1] D. Calmet, II, 805. M. de Villeneuve-Bargemont y ajoute à tort sept autres galères, qui ne vinrent renforcer qu'à Gênes l'escadre royale (I, 253).

[2] Les historiens ont placé ce départ au 1er, au 5, au 8, au 13, et même au 15 avril (Vill.-Barg., I, 253; D. Calmet, II, 805). La première et la dernière de ces dates sont également impossibles, puisque, comme on le verra plus loin, le doge écrivait encore à René, le 1er avril, de hâter ses préparatifs, et que celui-ci fit son entrée à Gênes le 15. La date du 12 nous est révélée par un acte qu'il passa dans cette ville le 23, et dans lequel il déclare qu'il y est arrivé au bout de trois jours de navigation (Arch. nat., KK 1120, f° 533 v°.) Depuis assez longtemps il se tenait à Marseille, prêt à s'embarquer « au premier jour, pour aller secourir Isabelle, sa femme, et Louis, marquis du Pont, son second fils, et châtier la perfidie du roi d'Aragon ». (Acte du 22 mars, aux Arch. des Bouches-du-Rhône, B 11, f° 201.)

CHAPITRE III.

RENÉ ROI DE SICILE.

(1435-1442)

État du royaume de Sicile à l'avénement de René. — Régence d'Isabelle de Lorraine. — Le pape et les Génois se déclarent pour le prince d'Anjou. — Progrès du parti aragonais. — René se rend à Gênes et à Naples. — Premiers actes de son gouvernement. — Campagne des Abruzzes. — Premier blocus de Naples; sa délivrance. — Recouvrement du château de l'Œuf et du Castel-Nuovo. — Tentatives de négociations. — Mort de Jacques Caldora; tergiversations de son fils. — René rejoint son armée à travers les lignes ennemies. — Trahison d'Antoine Caldora. — Intervention des alliés du roi de Sicile; nouveaux pourparlers. — Siége de Naples. — Prise de la ville. — Départ de René; son séjour à Florence.

Si jamais prince eut des droits certains à la couronne, c'était bien le nouveau roi de Sicile. Par un concours extraordinaire d'événements, il réunissait en sa personne tous les titres qui peuvent faire considérer comme légitime une souveraineté, ce qui ne devait pas empêcher la sienne d'être contestée par la subtilité et combattue par la violence. Le droit héréditaire, il l'avait de deux côtés : comme frère de Louis III, décédé sans enfants, il reprenait naturellement la succession de son père Louis II et de son aïeul Louis I d'Anjou; comme fils adoptif de la dernière reine Jeanne II, morte également sans postérité, il recueillait l'héritage de la branche de Duras et de la première race angevine, que cette princesse représentait seule. Ainsi les luttes si longues et si désastreuses des deux dynasties rivales prenaient fin; toute compétition semblait écartée : il n'y avait plus qu'une seule maison d'Anjou, héritière à la fois de Charles I et de Louis I, du frère de saint

Louis et du fils du roi Jean, et le chef de cette maison était René. En dehors de l'hérédité, il y avait la volonté du suzerain, c'est-à-dire du pape, qui, depuis la fondation du royaume de Sicile par les Normands, en investissait tous les titulaires : or, les pontifes romains, d'abord hostiles à la seconde race d'Anjou, par opposition aux antipapes d'Avignon, qui la protégeaient, s'étaient ralliés à elle après la cessation du grand schisme, et Martin V avait donné l'investiture à Louis III, à son frère et à leurs héritiers [1], en attendant que son successeur Eugène IV se fît lui-même leur auxiliaire actif. Enfin le vœu de l'Italie appelait René sur le trône : non-seulement les principales puissances de ce pays lui étaient favorables et sollicitaient sa venue; mais le peuple napolitain en particulier le réclamait avec instances, et l'attendait comme on attend un sauveur. Un seul point noir apparaissait à l'horizon : Alphonse d'Aragon, adopté, puis répudié par Jeanne, affichait hautement des prétentions au trône et se disposait à les faire valoir par tous les moyens. Les fluctuations de la politique, les hasards de la guerre, pouvaient transformer ce point noir en gros nuage, et en faire sortir des tempêtes. Telle était la situation du roi de Sicile à son avénement, situation dont la réalité va se trouver démontrée par l'exposé des affaires du royaume avant son arrivée.

Le jour même de sa mort (2 février 1435), la reine Jeanne écrivit, dans sa résidence du Castel-Capuano, un testament suprême, où elle déclarait formellement qu'elle instituait René d'Anjou son héritier, pour répondre au désir de ses peuples, et afin que son royaume revînt à la maison de France de préférence à toute autre [2]. Ainsi, malgré ses égarements, ses tergiversations, la descendante de Charles d'Anjou se souvenait, à

[1] La bulle de Martin V, datée du 4 décembre 1419, fixe l'ordre de la succession du royaume : Louis III devait le posséder à lui seul après la mort de la reine Jeanne ; s'il mourait sans postérité, son frère René et, à défaut de celui-ci ou de ses enfants, son frère Charles devaient lui succéder. Quant au reste, la plupart des conditions exprimées dans les investitures antérieures étaient renouvelées. V. les pièces justificatives, n° 4.

[2] Bibl. nat., ms. lat. 6010, f° 155.

son dernier moment, du sang qui coulait dans ses veines, et pensait, en choisissant un prince d'Anjou, léguer ses États à la France. Cet acte renverse à lui seul le raisonnement de quelques partisans d'Alphonse, qui ont prétendu que l'adoption de Louis III, et, par suite, de toute sa famille, avait été révoquée par la reine en 1433. En admettant même cette révocation, dont la fausseté a été démontrée depuis longtemps [1], l'on est forcé de reconnaître qu'elle était annulée à son tour par l'expression des dernières volontés de la reine. Si Louis d'Anjou fut éloigné de la cour de Sicile dans les derniers temps de sa vie, la disgrâce du roi d'Aragon, causée par son ingratitude et son arrogance [2], avait été bien plus éclatante, et, après une courte hésitation, elle fut consacrée définitivement par le legs du royaume au duc de Lorraine. Le pays tout entier le comprit ainsi, et reconnut ce dernier pour légitime souverain dès les premiers jours qui suivirent la mort de Jeanne II. Des lettres dignes de foi en transmirent aussitôt l'avis en France, en faisant ressortir combien il était urgent que René parût à Naples, fût-ce en l'état d'un simple baron, et de quel intérêt capital était cette prise de possession pour toute la maison royale [3]. Nous avons vu quels obstacles s'opposèrent à la prompte arrivée du prince, et de qui ils vinrent : sa captivité, déjà si désastreuse par elle-même, devait être la cause première de bien des malheurs.

[1] Dupuy, *Droits du Roi*, V, 10.

[2] Ce sont les motifs invoqués par Jeanne elle-même dans l'acte où elle répudie Alphonse pour adopter Louis III (pièces justificatives, nº 5).

[3] Jean de la Grange, procureur du duc de Bourbon en Italie, lui écrivait de Florence, le 17 février 1435 : « Des nouvelles de par decza, la royne Jehanne, appellée royne de Sicile, alla de vie à trespassement le IIe jour de ce moys, et a institué son héritier en la succession dudit royaume et touz autres droiz tres-hault et puissant prince mons[r] de Bar, vostre parent, pour lequel la ville de Naples et tout le royaume se tient aujourduy. Si est necessité qu'il envoie prestement pour conforter les estaz dudit royaume, et que sa venue soit briefve, comme par tout le moys d'avril, et deust-il venir en estat d'un baron ; et diligence lui puet donner à ceste foiz à touz temps maiz ledit royaume, laquelle acquisition fait pour tout l'ostel de France, et chascun de vous, mes très-souverains seigneurs dudit ostel, y avez intérestz. » Arch. nat., P 1358[1], nº 494.

En attendant leur souverain, les Napolitains constituèrent un gouvernement provisoire, composé de vingt membres de la *baillie,* qui s'adjoignirent au conseil royal nommé par la reine. Ces commissaires, qui prirent le titre de régents, levèrent les étendards du pape Eugène IV et de René [1]. Mais leur autorité ne pouvait être assez ferme pour empêcher longtemps l'anarchie. L'absence du maître favorisait les tentatives d'un compétiteur ambitieux et hardi ; la cupidité des uns, la jalousie des autres, lui firent bientôt un parti parmi les seigneurs qui n'étaient pas associés à la direction des affaires. L'île de Sicile, qui lui appartenait, lui créait un point d'appui plus solide que ses droits prétendus. Dès le mois d'avril 1435, il la quittait pour s'avancer, à la tête de sept galères, jusque devant l'île d'Ischia, d'où il noua des intelligences avec le duc de Sessa, le prince de Tarente et plusieurs de leurs parents. L'accord du premier moment était rompu : il ne lui fut pas difficile d'obtenir la possession d'une place forte. Capoue lui fut livrée, et, grâce aux nombreuses rébellions que rencontra le conseil de Naples, il se vit en peu de temps entouré de quinze mille partisans armés [2]. Avec cette troupe et avec celles que l'infant Pierre, son frère, lui envoya de Sicile, il résolut de mettre le siége devant une ville plus importante, qui devait lui ouvrir tout le royaume. Gaëte, défendue par une garnison génoise, fut investie par terre et par mer. Alphonse s'en croyait déjà maître, lorsqu'une petite flotte, envoyée de Gênes par le duc de Milan, vint au secours des assiégés. Les Aragonais, confiants dans leur supériorité numérique, allèrent au-devant d'elle, et alors s'engagea un combat naval acharné, qui est resté célèbre dans l'histoire. Malgré des prodiges de valeur, après onze heures de lutte inégale, l'habileté de quatre mille marins triompha de l'inexpérience de onze mille soldats de terre. La nef d'Alphonse allait sombrer, lorsqu'il consentit enfin à se rendre au gouverneur de l'île de Chio, Jacques Justiniani, ne voulant pas remettre

[1] Journal de Naples (*Rer. ital. script.*, XXI, 1098).
[2] *Ibid.*, 1100.

son épée aux mains d'un Génois. De ses quatorze vaisseaux, un seul échappa, celui de l'infant Pierre. Tous les autres tombèrent au pouvoir du vainqueur ; le Roi et les seigneurs napolitains qui l'accompagnaient furent déclarés prisonniers du duc de Milan, et ce qui restait de troupes sous les murs de Gaëte prit aussitôt la fuite [1].

Cette victoire éclatante semblait devoir ruiner le parti aragonais en Italie. Les Génois témoignèrent de l'importance qu'ils y attachaient par des transports d'allégresse. Ils ordonnèrent un triduum de prières et d'actions de grâces, et décidèrent que tous les ornements de chapelle d'Alphonse, croix, candélabres, calices, livres, etc., faisant partie du butin, seraient consacrés à saint Dominique dans l'église qui portait son nom, la bataille ayant été livrée le jour de sa fête, 4 août [2]. La capture du roi d'Aragon avait, en effet, pour eux un double intérêt : rivaux des Catalans sur la Méditerranée, ils croyaient assurée désormais la supériorité de leur commerce et de leur navigation, ils pouvaient imposer tous les traités qu'il leur plairait ; l'avantage de leur allié français ne venait qu'en seconde ligne dans les calculs de ces habiles marchands, et l'on peut dire même qu'ils le soutenaient uniquement parce qu'il était en lutte avec l'Aragonais. Le duc de Milan, Philippe-Marie Visconti, qui les tenait depuis vingt ans sous sa dépendance, était moins directement intéressé au succès de la maison d'Anjou. Cependant, afin de les attacher davantage à sa domination, il avait épousé leur politique et s'était déclaré pour le roi René, auquel le liait, du reste, une alliance antérieure, conclue en 1424 avec Charles VII et toute la maison d'Anjou [3]. Dès le mois de juin précédent, le roi de Sicile avait délégué Louis de Bouliers, Vital de Cabanis et Charles de Castillon pour arrêter avec lui les bases d'un traité d'alliance offensive et défensive. La défaite d'Alphonse décida la con-

[1] Journal de Naples (*Rer. ital. script.*, XXI, 1100 et suiv.)

[2] Relation officielle (Arch. de Gênes, X, 910, *in fine*). Plusieurs chroniqueurs, suivis par les historiens modernes, ont placé cet événement au 5 ou au 6 août.

[3] Vallet, *Hist. de Charles VII*, I, 393.

clusion de ce traité, qui fut signé à Milan, par les deux commissaires français et par le vicomte Gaspard, cousin de Visconti, le 21 septembre 1435. Les principales clauses étaient les suivantes : Les deux princes se prêteront un mutuel secours contre tous, excepté contre le pape, l'empereur, les rois de France et d'Espagne (c'est-à-dire de Castille) et le duc de Savoie ; ils se fourniront réciproquement des armes, des troupes, des chevaux, des navires, des vivres ; René ne recevra de renforts qu'à partir de son arrivée ou de l'arrivée d'un des siens dans le royaume de Sicile ; Gaëte sera laissée au pouvoir du duc de Milan pour garantir les sommes dépensées par lui et par les Génois, depuis la mort de Jeanne II, en vue de protéger les intérêts du roi de Sicile, et celles qu'il faudra dépenser encore pour la garde de cette ville ; le roi prendra à sa solde quinze cents cavaliers milanais, pendant deux ans au moins ; il travaillera, quand il sera venu, à soumettre au duc et à réconcilier avec lui le capitaine François Sforza, ou sinon il le traitera comme leur ennemi commun ; le duc, enfin, limite son intervention à l'Italie [1].

Cette ligue, conclue pour soixante ans, paraissait au roi René un gage de sécurité. Il fit presser le départ de son épouse, investie par lui de la lieutenance générale, comme on l'a vu plus haut. Plusieurs ambassades de Philippe-Marie l'entretinrent, ainsi que cette princesse, dans une confiance absolue. Au mois d'octobre, Candido Decembrio portait encore au prisonnier de Dijon les protestations de dévouement de son allié, et lui demandait de ratifier lui-même les conventions signées en son nom [2]. Et cependant, le 8 du même mois, par un revirement inexplicable, ou plutôt par une légèreté que René devait rencontrer plus d'une fois chez ses amis italiens, Vis-

[1] Arch. des Bouches-du-Rhône, B 665. Arch. de Milan, *Leghe, pace*, etc., n° 798, f° 108. Le traité est passé « *in camerâ cubiculari domûs habitationis prefati domini Gaspari, die 21 sept., horâ quartâ decimâ* ». La procuration de René est du 5 juin, lendemain du jour de la nomination d'Isabelle à la lieutenance générale.

[2] V. ci-dessus, page 110 ; pièces justificatives, n° 8.

conti donnait à sa propre parole un démenti flagrant. Le roi d'Aragon, remis entre ses mains, avait reçu de lui, au lieu de fers, une hospitalité somptueuse. Il était logé dans son palais, entouré de distractions et de plaisirs princiers. Une telle magnanimité offrait un si grand contraste avec la conduite de cet autre duc, qui, lui aussi, portait le nom de Philippe et se trouvait le maître d'une personne royale, que tout le monde en était frappé. Mais Alphonse était trop adroit pour ne pas profiter de sa situation. Au bout de deux mois, il avait si bien capté l'esprit de son hôte, en lui montrant les dangers imaginaires de l'alliance française et les avantages de la sienne, qu'il obtenait sa liberté sans conditions; ou plutôt, je me trompe, une convention passée entre Visconti et lui stipulait que le premier, après l'avoir délivré « par un prodige de libéralité et de bonté (*mirâ liberalitate et beneficentiâ*) », le défendrait de toutes les façons, mettrait Gaëte en son pouvoir, et ne laisserait nul autre que lui s'emparer du royaume de Sicile [1]. Ainsi le captif faisait la loi au vainqueur; ainsi René, lâchement joué, allait se retrouver en face d'un compétiteur plus redoutable qu'auparavant, et les Génois allaient perdre tout le fruit de leur victoire. Mais ceux-ci ne pardonnèrent pas au duc de Milan son manque de foi; ils saisirent même cette occasion pour secouer son joug et pour se donner un gouvernement plus national, que nous trouverons fidèle à la ligne politique adoptée par eux.

Au moment même où s'opérait ce coup de théâtre, la reine Isabelle, aussi éloignée que son mari de prévoir une pareille complication, courait au-devant du péril et partait pour l'Italie. Après un court séjour en Provence, où elle avait gagné tous les cœurs, pourvu aux affaires les plus pressées, réintégré dans leurs biens des partisans de la maison d'Anjou maltraités par Charles de Duras [2], elle s'embarqua à Mar-

[1] *Capitula, conventiones et pacta inter regem Alfonsum et fratres cum Philippo Mariâ, duce Mediolani. Mediolano*, 8 *oct.* 1435 (Arch. de Milan, *ibid.*).

[2] Le 18 septembre 1435, à Aix, Isabelle, « *metuendissimi domini Renati locumtenens generalis,* » à la requête de Barthélemi et Jean *de Brancaciis*, du-

seille avec son second fils, Louis, et des forces que le nouvel état des choses rendait malheureusement insuffisantes. Elle aborda sans encombre à Gaëte, où les habitants l'accueillirent comme leur souveraine. Elle crut devoir, néanmoins, changer le gouverneur institué par le duc de Milan, pour en établir un autre plus dévoué à sa personne. Cet acte, qu'on a taxé d'imprudence et par lequel on a voulu expliquer le refroidissement de Visconti [1], était au contraire une mesure de sagesse que les événements ne devaient que trop justifier. La ville renfermait encore un parti aragonais ; le bruit de la délivrance d'Alphonse et de la trahison du duc y était sans doute parvenu : loin d'être la cause de cette trahison, qui était consommée dès le 8 octobre, le remplacement du commandant de Gaëte semble en avoir été la conséquence ; dans tous les cas, il annonçait chez la jeune reine une remarquable fermeté.

Isabelle remit aussitôt à la voile, et se présenta devant Naples avec trois galères et une galiote, le 18 octobre 1435. Les Napolitains, informés de son arrivée, lui préparèrent une réception magnifique. Après une semaine d'attente aux portes de la ville, elle y fit son entrée triomphale le 25, parcourut à cheval les divers *siéges* ou quartiers, et fut conduite au Castel-Capuano, résidence des rois de Sicile [2]. Ce ne fut cependant qu'un mois plus tard, comme l'indique le procès-verbal dressé à cette occasion, qu'elle reçut les serments officiels de la noblesse et des syndics. Un trône fut dressé pour la cérémonie dans la cour du même palais. Lorsqu'elle y eut pris place, le 27 novembre, les seigneurs des quartiers de Capouane et de Nido, les magistrats et le peuple des autres

moiseaux, citoyens d'Avignon, dont le père avait été exilé et privé de ses biens par Charles de Duras à cause de son dévouement à Louis I, casse et annule ces condamnations injustes et rétablit les deux frères dans tous leurs droits. (Arch. de Naples, *Coventi soppressi*, reg. 72.)

[1] D. Calmet, II, 792. Vill.-Barg., I, 214.

[2] V. la chronique inédite du royaume de Naples (Bibl. Brancacciana, 2 G 11 ; pièces justificatives, n° 100), et le Journal de Naples (*Rer. ital. script.*, XXI, 1102).

quartiers (la Montagne, le Port, la Porte-Neuve) vinrent s'agenouiller devant elle. Mais, au moment de jurer fidélité, il s'éleva entre plusieurs d'entre eux un conflit de préséance qui faillit tout compromettre. Isabelle se retira un moment; puis un prélat, désigné par elle comme arbitre, fit à l'assemblée cette déclaration : « Vous, nobles des siéges de Capouane et « de Nido, et vous autres, représentants des siéges de la Mon- « tagne, du Port et de la Porte-Neuve, et vous, gens du peuple, « la reine veut que vos priviléges, immunités et dignités soient « maintenus comme ils étaient au temps passé, et qu'en prêtant « le serment et l'hommage-lige vous gardiez l'ordre et le rang « observés dans les séances de la cour des baillis de Saint-Paul, « où le siége de Capouane tient la première place. » Il y eut quelques vanités froissées; les nobles des deux siéges jurèrent obéissance à Isabelle comme tenant la place de son époux, mais en réservant l'intégrité de tous leurs droits et prééminences [1]. Cet incident, qui faisait prévoir bien des difficultés, n'était pas d'un heureux augure. Toutefois la bonne grâce et le savoir-faire de la nouvelle souveraine parurent désarmer les mécontents. Les seigneurs et les villes des environs vinrent également lui rendre l'hommage. Raimond des Ursins, comte de Nole, qui prenait le titre de vice-roi, et dont la fidélité semblait douteuse, fut un des premiers à se prosterner devant elle. En peu de temps, elle devint l'objet d'une tendre admiration de la part de ce peuple, habitué à ne plus voir sur le trône que le vice et la frivolité [2]. Le pouvoir de René d'Anjou était fondé; la grande majorité de ses sujets le reconnaissait sans contestation. Si l'on étudie, en effet, les suscriptions des actes publics rendus à cette époque dans le royaume, on y trouve presque toujours la formule *regnante Renato*. Dès le 24 mars 1435, la réalité de sa domination est ainsi attestée.

[1] *Ligium juramentum datum à nobilibus et popularibus Neapolitanis regine Isabelle* (Naples, Bibl. Brancacciana, 2 G 20, f° 47; pièces justificatives, n° 9).

[2] « *Questa regina fo molto lodata, et era eccellente e savia donna, e con gran virtù e bontà governò finchè il suo marito fu pregione, et acquistò gran benevolentia nel regno.* » Journal de Naples, *ibid.*, 1102.

Au contraire, le nom d'Alphonse d'Aragon figure à peine en tête de quelques pièces, rédigées loin du siége du gouvernement. Dans les provinces, certains notaires considèrent encore le trône comme vacant ; d'autres continuent à compter les années du règne de Jeanne II comme si elle n'était pas morte ; d'autres ne mentionnent que l'autorité du pape, suzerain du royaume, ou celle du conseil de régence[1]. Mais cette diversité, qui augmentera à mesure que la division des partis s'accentuera, n'atteindra jamais la ville de Naples ni la région environnante. Jusqu'au dernier jour de la lutte, on n'y admettra d'autre souverain que le roi René. Il ne faut donc point, à l'exemple de plusieurs historiens espagnols et italiens, faire commencer en 1435 le règne d'Alphonse. Le fait comme le droit était pour son rival : la guerre civile ne commença véritablement qu'après, sous l'empire des événements que nous allons raconter, et elle n'ébranla point la fidélité de la capitale.

L'orage déchaîné à Milan ne tarda pas à fondre sur le royaume de Naples. Tandis que la reine faisait reprendre par ses troupes la place de Capoue, envoyait en Calabre, en qualité de vice-roi, Michel de Cotignola, et prenait possession de toute cette province par l'entremise du jeune prince Louis, Alphonse d'Aragon, rendu à la liberté, préparait une expédition nouvelle. Le 25 janvier 1436, il mouillait à Porto-Pisano. Là, espérant trouver dans la république de Florence un important allié de plus, il s'arrêta pour faire sonder les dispositions de cette puissance. Angelo Acciajuolo et Pietro Guicciardini, envoyés à sa rencontre par les Florentins, l'avertirent que la république se tiendrait sur la réserve dans la question napolitaine comme elle l'avait fait lors des guerres précédentes, entre les ducs d'Anjou et les princes de Duras ; que le royaume appartenait en fief à l'Église, et qu'elle en-

[1] « *Vacante regno ob mortem serenissime Joanne II.* — *Anno 21 Joanne II.* — *Sub regimine reginalis consilii.* — *Anno 7 Eugenii pape.* — *Sub regimine et gubernacione consilii et gubernatorum reipublice hujus regni Sicilie.* » Etc. (Arch. de Naples, *Coventi soppressi*, reg. 72, *passim.*)

tendait garder à celle-ci toute sa fidélité[1]. Cette déception n'empêcha pas Alphonse de poursuivre son projet. Au bruit de son approche, les partisans qu'il avait laissés à Gaëte se remuèrent : un hardi coup de main, tenté par l'infant Pierre de concert avec eux et avec les gens de Visconti, fit retomber cette ville en son pouvoir. Il y arriva lui-même le 2 février, avec tous les chevaliers qui avaient partagé sa captivité[2]. Ce premier succès enhardit son entourage. Ses libéralités, ses promesses, plus magnifiques encore, eurent bientôt alléché un peuple toujours sensible à l'appât de l'or et des titres : les défections recommencèrent.

Grand fut l'émoi à la cour de Naples; mais la jeune reine ne perdit pas la tête. Elle chercha d'abord des secours au dehors, et des alliances à opposer à celles de son rival. Parmi les puissances italiennes, une seule lui était décidément hostile : le duc de Milan, son appui de la veille. Florence se déclarait neutre ; l'opulente Venise, l'Albion du midi, semblait alors se désintéresser des affaires intérieures de la péninsule. Il ne fût plus resté que le pape, affaibli et menacé lui-même par les entreprises du concile de Bâle, si les Génois, irrités de la conduite de Visconti, n'eussent fait sortir le bien du mal en recouvrant, comme nous l'avons dit, leur indépendance, et n'eussent par là introduit dans l'arène un champion de plus. Sous la direction de François Spinola, ils chassèrent le gouverneur milanais, et, après quelques luttes intestines, ils élurent pour doge Thomas de Campofregozzo, ancien partisan de Louis III d'Anjou, qui avait jadis repoussé les Aragonais de la Corse. Les « capitaines des libertés de Gênes », qui précédèrent ce personnage au pouvoir, avaient déjà renoué des négociations avec Raimond Caldora, un des gouverneurs du royaume de Sicile, et demandé à la reine Isabelle l'envoi d'une ambassade pour s'entendre avec elle[3]. Avec le nouveau doge, ces relations prirent immédiatement un caractère intime

[1] Arch. de Florence, *Lettere della Signoria*, *filza* XXXV, f° 37.

[2] Journal de Naples (*Rer. ital. script.*, XXI, 1103).

[3] Arch. de Gênes, Lettres des doges, X, 110 (lettre du 2 mars 1436).

et amical. Le premier soin de Thomas, après son élection, est d'écrire au roi René à Dijon, et à sa femme à Naples ; dans sa lettre, datée du 7 avril, il leur raconte les événements accomplis, et se met à leur disposition s'ils ont quelque chose à désirer de lui [1]. Le mois suivant, Isabelle lui envoie des ambassadeurs, Henri, bâtard de Bar, et Georges d'Alamania, comte de Pulcino, chargés de négocier un traité en forme. Ils sont parfaitement accueillis ; le doge répond sur-le-champ qu'il est décidé à tout tenter en faveur de leur souverain, quoi qu'il puisse arriver, et que ses vœux les plus ardents sont pour la délivrance du royal prisonnier [2]. Puis, sans attendre la signature des conventions officielles, il commence à s'occuper de l'organisation et de l'équipement d'une flotte de secours.

En même temps, le pape Eugène IV, malgré sa position précaire, apportait à la cause du duc d'Anjou l'appui moral le plus efficace. Il avait d'abord hésité à lui conférer l'investiture. A la rigueur, la mort de Jeanne II, dernière descendante naturelle de Charles Ier, replaçait les destinées du royaume de Sicile entre les mains de son suzerain : c'était la loi féodale et l'une des conditions stipulées dans les bulles d'investiture [3]. Aussi le pontife avait-il commencé par déléguer à Naples Jean Vitelleschi, patriarche d'Alexandrie, pour prendre la direction des affaires en attendant qu'il disposât de la couronne en faveur d'une nouvelle dynastie ; mais ce légat était revenu sans accomplir sa mission jusqu'au bout. Les démarches d'Isabelle de Lorraine, les remontrances de la cour de France et la nécessité de la ménager pour s'en faire un soutien contre les Pères de Bâle, enfin les sympathies peu dissimulées du roi d'Aragon pour le concile et pour les compétiteurs d'Eugène IV, déterminèrent celui-ci à prendre

[1] Arch. de Gênes, Lettres des doges, X, 110.

[2] *Ibid.*

[3] « *Si verò, in tuo vel tuorum obitu, legitimum heredem te aut ipsos heredes tuos, quod absit, non habere contigerit, regnum et terra prefata ad predictam ecclesiam Romanam ejusque dispositionem liberè revertantur.* » Bulle de Martin V (pièces justificatives, n° 4).

ouvertement le parti du prince français et à reconnaître implicitement ses droits héréditaires. A cet effet, René dépêcha à Florence, où le pape avait été contraint de se retirer, un gentilhomme tourangeau, Guy de Bossaye, qui fut investi officiellement et prêta l'hommage-lige en son nom, le 17 février 1436. La bulle promulguée à cette occasion est une simple confirmation de celle que le pontife précédent avait octroyée à Louis III en 1419, confirmation donnée, dit le texte, en considération des services rendus récemment au pape par la maison de France et de la dévotion de René envers le successeur de saint Pierre, malgré l'absence de ce prince, et bien que le royaume de Sicile fût dévolu au Saint-Siége par suite du décès de la dernière reine. Les conditions imposées par Martin V, et que le nouveau roi jura d'observer, étaient pour la plupart renouvelées des anciennes investitures : Le royaume appartiendra au titulaire investi, ainsi qu'à ses descendants ou collatéraux de l'un et de l'autre sexe, dans un ordre déterminé, jusqu'à l'extinction de leur postérité. S'il échoit à une femme dont le mari soit catholique, dévoué à l'Église romaine, *ou appartienne à la maison de France,* cette femme pourra en prendre possession ; sinon, il sera mis dans la main du suzerain et administré provisoirement par lui. Dans le cas où la femme ne serait pas mariée, elle épousera, du consentement du pape, un homme capable de gouverner l'État et de défendre l'Église. Nul ne pourra monter sur le trône, s'il n'est issu d'un mariage légitime. Le royaume ne pourra être divisé, ni réuni aux titres d'empereur, de roi des Romains, de roi d'Allemagne (*Theutonie*), de seigneur de Lombardie ou de Toscane; le roi auquel une de ces dignités écherra devra opter, et la reine qui les acquerra par mariage perdra la couronne de Sicile. Le roi payera au pape, chaque année, le jour de la Saint-Pierre, un cens de huit mille onces d'or pour tout tribut. Il présentera à chaque nouveau pontife un palefroi blanc, en signe de vasselage. Si l'Église en a besoin, il lui fournira trois cents chevaliers, ayant chacun trois ou quatre chevaux, pendant trois mois par an et à ses frais, ou bien, s'il y a lieu, des navires. Il lui rendra l'hommage pour toute la Sicile continentale (*citrà Farum*), excepté Bénévent et son district, patrimoine dont la possession est entièrement réservée au Saint-Siége ; il livrera néanmoins, pour la réparation et la fortification de cette ville, des bois, des pierres et du sable appelé pouzzolane (*arenam que Puteolana vocatur*), et il garantira aux habitants l'exercice de leurs priviléges. S'il élève des prétentions ou fait des tentatives d'envahissement sur le territoire pontifical, comprenant, outre Bénévent, la ville et la campagne de Rome, le duché de Spolète, la Marche d'Ancône, le patrimoine de Saint-Pierre en Toscane, les cités de Pérouse, de Citta di Castello, de Bologne, de Ferrare et d'Avignon, avec le Comtat Venaissin, il sera d'abord averti, puis déclaré déchu, et, s'il persiste encore, excommunié. Tous les barons et sujets du royaume conserveront les immunités et priviléges dont ils jouissaient du temps de Guillaume II, un des anciens rois normands de Sicile [1].

Eugène IV ne se borna pas à sanctionner l'autorité du roi René : il commença bientôt à secourir matériellement les Napolitains, en leur envoyant, à la tête d'un corps de troupes auxiliaires, ce même Vitelleschi, délégué précédemment pour

[1] Arch. des Bouches-du-Rhône, B 650 ; Arch. nat., J 513, n° 30. Pour montrer combien ces clauses diffèrent peu de celles de la première investiture conférée à Charles d'Anjou, je résume ici ces dernières : Le roi de Sicile prendra l'engagement de ne jamais accepter les titres d'empereur, de roi des Romains, de roi d'Allemagne, de seigneur de Toscane ou de Lombardie ; de payer, chaque année, un tribut de huit mille onces d'or ; de n'élever aucune prétention sur Bénévent, qui est du patrimoine du Saint-Siége ; de casser toutes les constitutions antérieures contraires aux intérêts de l'Église ; de renouveler en personne le serment et l'hommage-lige entre les mains de chaque nouveau pape ; d'envoyer tous les trois ans à Rome un palefroi blanc, en signe de vassalité ; d'affranchir de toute taille les églises, les monastères et les clercs ; de ne jamais se liguer contre le Saint-Siége avec quelque prince que ce soit. En cas d'inexécution de ces charges, le royaume tomberait en commise, et l'Église serait libre de le conférer à un élu de son choix. Si Charles d'Anjou venait à mourir sans postérité, la succession appartiendrait à Alphonse, comte de Poitiers, ou à un autre prince de la famille de Louis IX. (Arch. des Bouches-du-Rhône, B 162). Les mêmes obligations se retrouvent dans la bulle d'Urbain IV qui conféra la couronne à Charles de Valois, frère de Philippe le Bel. (Arch. nat., J 512, n° 26.)

les gouverner. Se sentant appuyée de deux côtés, Isabelle s'occupa de lever de nouveaux soldats et de réunir les fonds indispensables pour soutenir une lutte énergique. L'argent, qui faisait la principale force des Aragonais, était près de lui manquer. Le trésor de la reine Jeanne n'avait pas tenu ses promesses, et René, du fond de sa prison, pouvait à peine réunir les premiers deniers de sa rançon. Il fallut se résoudre à aliéner encore une fois des terres et des revenus. Une commission adressée à plusieurs membres du conseil royal en Provence, l'évêque de Fréjus, Guillaume Saignet, seigneur de Vaucluse, Antoine Hermentier, seigneur d'Orgon, Jean Martin, avocat fiscal, Charles de Castillon, Jean Orriet, leur donna le pouvoir de vendre ou d'engager pour un temps les domaines de ce pays, ainsi que les gabelles et autres droits domaniaux, jusqu'à concurrence des sommes nécessaires, sans fixer de limite. Dans cet acte, Isabelle alléguait qu'elle était de toutes parts débordée par les exigences de la défense du royaume, et jetait comme un cri de détresse [1]. Par une autre procuration du même jour, elle chargea les mêmes conseillers de nommer un lieutenant-général militaire pour protéger contre les Catalans le territoire provençal, en l'absence de son mari prisonnier et de son fils aîné, trop jeune encore [2]. Enfin elle envoya en France Guillaume Briart, maître de sa chambre aux deniers, pour réaliser toutes les ressources qu'il pourrait trouver. Après celui-ci, un autre de ses trésoriers, Jean Bouju, archidiacre de Montfort, qui l'avait également suivie en Italie, reçut d'elle une mission semblable; et durant leur éloignement à tous deux, le gouvernement de ses finances fut confié à un

[1] *Cùm, exuberantibus nobis undique, tam pro solvendis gentis armigere stipendiis quàm aliis negociis in exitum deducendis, expensarum profluviis, adincumbencia nobis onera suplere ac hujus Sicilie regni suarumque provinciarum tuicioni financiarum carenciâ comodè providere nequeamus...* »(Arch. des Bouches-du-Rhône, B 656). Cette commission est du 28 mai 1430. La mesure prescrite fut appliquée successivement à plusieurs seigneuries de Provence; celle d'Hyères, par exemple, fut engagée en 1438 à Louis de Beauvau, pour sept mille quatre cents ducats d'or. (*Ibid.*, B 660.)

[2] Arch. des Bouches-du-Rhône, B 656.

chevalier du nom de Conrad Paspargnot. Le compte tenu par ce dernier montre à quel dénûment en était réduite, à cette époque, la malheureuse princesse : sa vaisselle d'argent et de cuisine, ses bijoux et jusqu'à ses vêtements furent mis en gage ou vendus [1]. Aucun sacrifice ne coûtait à cette femme intrépide, et, au milieu de tant de soucis, elle trouvait le temps de correspondre avec ses parents de France et d'Allemagne, tenait son mari au courant de la marche des événements, lui envoyait des messages secrets, confiés parfois aux ménestrels de sa cour qui voyageaient en Italie [2], se multipliait, enfin, avec une énergie toute virile.

De son côté, le roi d'Aragon ne restait pas inactif. Sulmona, Citta di Penna, Salerne et quelques autres villes, soulevées par ses agents, arborèrent ses étendards [3]. Mais Jacques Caldora (ou Candola, comme on disait alors), le plus vaillant des capitaines dévoués au parti d'Anjou, reconquit bientôt les deux premières, et s'avança dans la Pouille contre le prince de Tarente, allié d'Alphonse. Malheureusement, après une campagne de quelques mois, il fut forcé de conclure une trêve et de se retrancher à Bari. Alors on vit deux des principaux seigneurs napolitains, le comte de Caserte et le comte de Nole, qui avaient prêté serment à Isabelle, passer dans le camp aragonais [4]. La reine frappa immédiatement le second d'un châtiment mérité, en confisquant le palais qu'il avait à Naples et ses autres biens situés à Aversa ; elle donna le tout à Antoine Caldora, fils de Jacques, qui, comme lui, la

[1] Bibl. nat., Lorraine 20 *bis*, n° 7. Dans ce compte, qui embrasse les années 1436 et 1437, la recette est inférieure de 437 ducats à la dépense. On y trouve, en outre, la mention de lettres de change reçues de Provence, de cadeaux à divers officiers, d'un héraut envoyé au roi d'Aragon, de courriers expédiés à Rome pour les affaires du royaume, de terre et de bois employés à faire le moule d'une bombarde, etc.

[2] Lettre d'Isabelle à son beau-frère le marquis de Bade (Bibl. nat., Lorraine 20 *bis*, n° 11).

[3] Le château de Salerne, où s'était renfermé Jean Bouju, trésorier de la reine, envoyé par elle pour le défendre, tint dix mois contre les gens d'Alphonse ; la ville elle-même ne resta pas en leur pouvoir. (Bibl. nat., Lorraine 20 *bis*, n° 7.)

[4] Journal de Naples (*Rer. ital. script.*, XXI, 1104).

servait de son épée[1]. Alphonse dédommagea le comte en lui cédant Scafati, dont il venait de se rendre maître, et s'empara encore de Castello, près de Stabies. Plusieurs places furent ainsi prises et reprises dans le courant de l'année 1436. Il paraît même que, dans les premiers jours de 1437, les Aragonais, qui serraient de près la capitale, commencèrent à l'investir. C'est du moins la nouvelle qu'un de leurs courriers répandit à Plaisance et à Milan ; mais elle se lie à des exagérations évidentes, car Alphonse faisait dire en même temps qu'il avait conquis tout le pays, excepté Naples, Aversa et Pouzzoles, et, d'une autre part, on recevait simultanément l'annonce de sa défaite[2]. Du reste, ce premier siége ou cette tentative de siége n'est pas mentionnée dans les chroniques, ni dans le *Diario* ou journal napolitain, rédigé d'une façon si détaillée par un contemporain anonyme et publié par Muratori[3]. On n'en retrouve la trace que dans une lettre de Tho-

[1] « *Magnifico et strenuo armorum capitaneo Antonio Candola, militi, comiti Triventi, vicemgerenti et consiliario, privilegium concessionis hospitii quod fuit Raymundi de Ursinis, olim Nolani comitis, siti intus istam inclitam civitatem Neapolis, in pertinentiis Sancte Clare, juxtà domum Petrilli de Montefusculo, et omnium bonorum in civitate Averse ejusdem comitis Nolani rebellis, aderentis et faventis Alfonso, asserto regi Aragonum et hujus regni publico invasori. Sub datum in regali Castro Capuano Neapolis, die* XII *januarii, anno* MCCCCXXXVII, *per Isabel, Dei gratiâ Jerusalem et Sicilie reginam, etc.* » (Arch. de Naples, *Arca* C, *mazzo* 61, n° 1 ; d'après les notes manuscrites de Charles de Lellis.)

[2] « *Questa sira è capitato qui uno correro de la Majestà del re di Aragona, chi vene di Napoli. Dice chel' re era à campo à Napoli et haveva havute tutte quelle terre, excepto Napoli, Aversa et Pozolo. Haveva molte littere de Cathellani, de Firentini e de Venetiani.... Altre diceno el re d'Aragona è stato rotto.* » Lettre de Pietro da Piazza à Simonino Ghilino, secrétaire du duc de Milan (Arch. de Milan, *Dominio Visconteo ;* Osio, *Docum. diplom.*, t. III, part. I, p. 136).

[3] *Rer. ital. script.*, t. XXI. Il y eut cependant, à cette époque, un complot pour livrer aux Aragonais la porte Saint-Janvier, à Naples. Les coupables, Jean Ciciuello et son fils, furent pendus. (*Cron. del regno di Napoli ;* pièces justificatives, n° 100.) Ce fait détruit l'assertion d'un compilateur d'anecdotes florentin, d'après lequel Cicinello aurait été arrêté par René pour avoir écrit contre lui au roi d'Aragon, et aurait dû payer seize mille ducats sous peine de voir son fils décapité le jour même. (*Vite di uomini illustri del secolo XV, scritte da Vespasiano da Bisticci, stampate la prima volta da Angelo Mai, e nuovamente da Adolfo Bartolo,* Florence, 1859, in-8°, p. 407 et suiv.)

mas de Campofregozzo, du mois de février suivant, avisant Isabelle que la flotte génoise s'apprêtait avec la plus grande activité et qu'elle avait été sur le point de partir pour Naples, quand on avait su, par un message de cette princesse elle-même, que la ville était délivrée. « Effectivement, ajoute le doge, on a vu un grand nombre de trirèmes ennemies passer en vue de Gênes, dans la direction de l'Espagne ; on n'armera, en conséquence, que le nombre de vaisseaux nécessaires pour maintenir le libre accès des ports napolitains[1]. » Ainsi, il s'agissait vraisemblablement d'un commencement de blocus par mer, qui ne put être maintenu.

Les craintes inspirées par cette audacieuse entreprise firent aussitôt place à des manifestations d'enthousiasme : on venait d'apprendre la délivrance du roi René, sa prochaine arrivée. Les Napolitains, le pape, la république génoise se réjouirent également de cette nouvelle, apportée par des marchands flamands. L'espérance releva tous les cœurs : on entrevoyait pour l'Italie une ère de paix et de prospérité qui depuis longtemps paraissait un vain rêve. C'est là le prince qu'il nous faut, s'écriait-on ; c'est lui qui non-seulement assurera au royaume de Sicile une tranquillité éternelle, mais rendra tous les Italiens au repos et aux doux loisirs[2]. On le voit, si la réputation de René était grande, ce qu'on demandait de lui était immense. Il n'était pas facile, au milieu des troubles et des divisions profondes auxquels étaient alors en proie les différents États de la péninsule, de ramener les délices de l'âge d'or et du *dolce far niente,* déjà si cher à ce peuple amolli. Chaque prince étranger lui apparaissait comme un sauveur, car il ne sut jamais se gouverner lui-même ; mais il se chargeait promptement de lui rendre la tâche impossible. Cette fois, cependant, la nature chevaleresque du nouveau roi, ses tendances littéraires et artistiques, l'auréole du mal-

[1] Arch. de Gênes, Lettres des doges, X, 110.

[2] « *Hunc enim principem eum esse auguramur, per quem non modò inclitum illud Sicilie regnum eternam pacem sit consecuturum, verùm tota Italia sit quiete et dulci ocio fruitura.* » (Arch. de Gênes, *ibid.* ; lettre du 8 décembre 1436.)

heur, qui brillait autour de son front, lui promettaient des sympathies plus durables, une fidélité plus constante. Nous verrons si ces qualités suffisaient pour fixer l'humeur volage de ses sujets.

Sous l'heureuse impression causée par sa mise en liberté, les Génois se décidèrent à conclure le traité que le plénipotentiaire de la reine Isabelle était venu leur demander. Cet acte important, signé à Naples, *in majori ecclesiâ,* le 25 février 1437, jette un jour nouveau sur la politique intéressée de leur gouvernement, sur leur influence commerciale et sur leur ingérence dans les affaires du royaume de Sicile. Réservant pour des temps plus propices toute réclamation relative aux dépenses antérieurement faites par eux, ils prenaient l'engagement d'envoyer avant le 18 mars une flotte de cinq grands navires, chargés de troupes de toute catégorie, au secours de la ville de Naples. Ces navires devaient courir la mer, la rendre libre, et faire toutes les opérations susceptibles de consolider le pouvoir du roi René. Trois d'entre eux seraient loués pour trois mois, et débarqueraient à Naples quatre cent cinquante hommes d'armes avec trois cents arbalétriers, qui se tiendraient à la disposition de la reine. Les deux autres, après avoir déchargé dans le port des provisions de sel et de blé et des munitions, auraient la liberté de vaquer aux affaires de leurs patrons, et, en cas de besoin urgent, pourraient être retenus pendant quinze jours encore. En revanche, Isabelle s'obligeait à céder aux Génois l'entière administration des octrois et gabelles de Naples, pour quatre années, à courir du jour de l'expiration du bail ou assignation récemment fait à Antoine Calvo. Toutefois, si René ou sa femme payaient à Gênes, dans un délai de deux ans, la somme de dix-sept mille florins (*aurei*), cette cession demeurerait sans effet. Les places de Briançon, en Provence, et de Tropea, en Calabre, devaient être remises en gage à la république, quand elle le demanderait. Les exemptions, immunités et priviléges des Génois dans le royaume de Sicile seraient respectés et confirmés; ils pourraient emporter librement de cette contrée autant de blé qu'ils voudraient, pourvu que ce fût pour la consommation de leur ville et de son district. Aucun droit, aucune taxe nouvelle ne leur seraient imposés à l'avenir. Les concessions faites autrefois par la reine Jeanne à Zacharie Spinola, leur syndic, conserveraient toute leur vigueur. Enfin les gabelles de Gaëte leur seraient restituées. Telles étaient les onéreuses conditions que Gênes mettait à son concours actif, et qu'Isabelle s'empressa néanmoins d'accepter, promettant de faire ratifier la convention par René deux mois après son entrée dans le royaume [1].

Les vaisseaux de la république avaient à peine paru dans les eaux de Naples [2], qu'on annonça l'arrivée des troupes auxiliaires envoyées par le pape. Au milieu du mois d'avril, Vitelleschi pénétra sur le territoire sicilien avec quatre cents cavaliers et mille fantassins. C'était un prélat belliqueux, rappelant ceux des premiers siècles du moyen âge, et n'ayant guère de sacré que le titre : une grande renommée le précédait, parce qu'il avait déjà battu, l'année précédente, des ennemis de l'Église [3]. Il se dirigea vers la capitale, et, sur son passage, enleva aux Aragonais plusieurs de leurs nouvelles conquêtes, Ceprano, Venafro et d'autres places. Il voulait assiéger également Capoue, qui était retombée entre leurs mains. Mais, coupé par les troupes d'Alphonse, et mis dans l'impossibilité de rallier celles que la reine envoyait à son secours, il dut se détourner et gagner Naples par un autre chemin. Isabelle le reçut à bras ouverts, lui remit vingt-six mille ducats pour la solde de ses gens d'armes, et fit tout ce qu'elle pouvait pour le contenter. Après avoir arrêté avec elle le plan de ses opérations et ramené à son obéissance le comte de Caserte, il marcha de nouveau sur Capoue. Le roi d'Aragon s'y était renfermé : il ne put l'en faire sortir. Mais, ayant

[1] Arch. de Gênes, *Materie politiche*, mazzo 12.

[2] On trouve dans les dépenses d'Isabelle la « solde d'arbalétriers amenés de Gênes en nave », payée par elle au mois de mai 1437. (Bibl. nat., Lorr. 20 *bis*, n° 7.)

[3] Journal de Naples (*Rer. ital. script.*, XXI, 1104). D. Calmet place en mai l'arrivée de Vitelleschi (II, 802).

attaqué Monte-Sacchio, il fut plus heureux, réduisit la forteresse et s'empara de la personne du prince de Tarente. Cette victoire, qui eût pu avoir des résultats décisifs et arrêter la guerre, fut, au contraire, funeste; car le patriarche eut la faiblesse de délivrer sans conditions son prisonnier, ce qui mécontenta vivement la reine et engendra la discorde dans le parti français. Jacques Caldora, qui avait engagé simultanément la campagne avec les siens, prit en haine Vitelleschi et se retira sous sa tente. De son côté, le patriarche, acculé dans Salerne par un retour offensif des Aragonais, trompa Caldora pour Alphonse, puis Alphonse pour Caldora. C'était le commencement des jalousies personnelles et des impudentes volte-face qui allaient donner un caractère si étrange à cette malheureuse guerre, où l'on vit des capitaines italiens changer cinq ou six fois de drapeau, avec la même facilité qu'ils changeaient d'habit. Quelle fortune pour la cause angevine, s'écriait avec ironie un contemporain, d'être remise aux mains de deux pareils personnages [1] ! Et pourtant l'un d'eux, Jacques Caldora, fut le plus fidèle des lieutenants de René au royaume de Sicile. Il est vrai de dire qu'il le servait faute de mieux; car il avait rêvé, deux ans auparavant, de mettre sur le trône un prince indigène, Francesco Baritio, jeune homme de quatorze ans, parent du prince de Tarente, projet auquel ce dernier n'avait pas voulu s'associer, parce qu'il lui paraissait dicté par la ruse ou l'intérêt [2].

Une autre cause de dissentiment s'éleva entre la reine et Vitelleschi : Isabelle avait amené de France quelques serviteurs de confiance, un entre autres que les Italiens appelaient Gerardo Todesco (sans doute un Lorrain), et qu'elle avait admis dans le conseil royal. Le patriarche voulut exiger le renvoi de cet étranger, pour mettre à sa place un de ses pro-

[1] « *E beata la parte angioina, che stava in mano de due tali !* » Journal de Naples, *ibid.*, 1107.

[2] C'est, du moins, ce que prétend un chroniqueur qui écrivait sous le règne de Ferdinand, fils d'Alphonse d'Aragon (*Bonincontrii Annales*, *Rer. ital. script.*, XXI, 144).

pres parents, Étienne de Corneto, et menaça, si on ne lui donnait satisfaction, de ne plus se mêler des affaires du roi René. La reine, avec sa fermeté habituelle, lui fit répondre qu'elle aimerait mieux traiter avec le roi d'Aragon. Bientôt après, quelques coups de main manqués fournirent à Vitelleschi un prétexte pour mettre sa menace à exécution : vers la fin de l'année, il quitta le royaume, monté sur une petite barque, et gagna Venise, d'où il alla retrouver le pape à Ferrare. Ses soldats abandonnés se rangèrent sous la bannière de Caldora, qui recueillit, en outre, ses meubles et bagages, estimés à douze mille ducats, et n'en voulut jamais rien rendre [1].

A la faveur de ces discordes, les Aragonais, comme on le suppose, firent des progrès rapides. Solidement établis à Gaëte, dont ils fortifiaient les remparts [2], ils tentaient dans l'intérieur du pays des expéditions souvent heureuses. La guerre se généralisait : les villes, les seigneurs, les prélats prenaient parti, qui pour René, qui pour Alphonse. L'abbé du Mont-Cassin, qui comptait parmi les plus puissants, et qui était alors un Napolitain, Pirrus Thomacelli, fut un des plus ardents à se jeter dans la lutte. Chargé de garder pour le Saint-Siége la citadelle de Spolète, il s'en empara pour son compte et se déclara ouvertement l'allié des Espagnols. Eugène IV fut forcé de prendre contre lui les mesures les plus énergiques : privé du gouvernement et de l'administration de son monastère, qui restèrent confiés au prieur, Pirrus fut, par la suite, enfermé au château Saint-Ange, et c'est pourquoi le registre des actes abbatiaux, conservé dans les riches archives du Mont-Cassin, est resté en blanc à partir de 1437 jusqu'à la nomination de son successeur. Cela n'empêcha pas, du reste, le roi d'Aragon d'envahir et de dévaster les domaines de la célèbre abbaye, et de faire pendant plusieurs années la sourde oreille à toutes les réclamations des moines [3].

[1] Journal de Naples, *ibid.*, 1108; D. Calmet, II, 804.

[2] Arch. de Naples, *Cedolarie di tesorarie*, *Cedola* 1, f° 105 et *passim*.

[3] Arch. du Mont-Cassin, *Codex diplomaticus*, t. IV, an. 1437 ; *Registrum*

Mais un échec plus grave pour la reine Isabelle, et le plus regrettable de toute cette campagne, fut la perte de deux citadelles avancées de sa capitale, le Château-Neuf (*Castel-Nuovo*) et le château de l'Œuf (*Castel dell' Ovo*), dont la masse imposante protégeait et protége encore Naples du côté de la mer. A cette époque, il est vrai, ces forteresses n'étaient pas reliées comme aujourd'hui à la ville, qui s'étendait beaucoup moins vers l'ouest. Elles ne fermaient en aucune façon la voie de terre. Cependant elles donnaient à l'ennemi un point d'appui formidable pour une attaque en règle. La première surtout, plus rapprochée, constituait, avec ses larges tours bâties sous Charles I, un ouvrage avancé des plus dangereux pour les Napolitains. La seconde, abritée derrière celle-ci, couverte d'un autre côté par l'énorme rocher de Pizzofalcone, et complétement isolée de la terre ferme, offrait un abri sûr aux troupes et aux munitions débarquant de Gaëte. Comment ces châteaux forts tombèrent-ils au pouvoir d'Alphonse? Le silence des textes fait présumer qu'il n'y eut pas de lutte violente, mais plutôt une trahison paisiblement opérée; car déjà, au mois d'avril, le roi d'Aragon avait essayé de ce moyen pour escalader les murs de la ville elle-même, et il eût réussi probablement si son dessein n'avait été découvert à temps[1]. Quoi qu'il en soit, il est constant que son étendard fut, malgré le voisinage des navires génois, arboré sur les deux citadelles, puisque nous verrons bientôt les Napolitains les lui reprendre de vive force, et elles lui appartenaient dès le mois de juin 1437, car ses comptes font mention, à cette date, de provisions envoyées par son ordre aux gens qui les occupaient[2].

Effrayée sans doute par ces défections croissantes, Isabelle

conventus (1430-1492), f° 6. Le monastère n'obtint qu'en 1443 la restitution de ses biens (*Ibid.*, Diplômes, VIII, 20). V. plusieurs autres pièces relatives à cette affaire dans Gattula, *Hist. Casin.*, II, 575.

[1] *Cronica del regno di Napoli* (Bibl. Brancacciana, ms. 2 G 11, f° 44 v°; pièces justificatives, n° 100).

[2] Arch. de Naples, *Cedolarie di tesorarie*, *Cedola* 1, f° 97. Dans ces provisions figurent notamment quantité de fromages de Sicile.

fit de nouveau jurer aux seigneurs du royaume, d'une manière plus expresse, d'être fidèles à sa cause, de la défendre envers et contre tous, de vivre et de mourir dans l'obéissance du roi son mari, d'attendre sa venue et de n'invoquer le nom d'aucun autre souverain. Le 4 octobre, deux cent sept d'entre eux, Caldora en tête, apposèrent leurs signatures autographes et leurs sceaux au bas de ce serment solennel, dont la formule offre un curieux mélange de latin moderne et d'ancien italien, et qui recouvre, avec les souscriptions, une immense pancarte de parchemin[1]. Mais l'écriture devait-elle lier plus solidement que la parole ces vassaux au cœur léger? Ce qu'il fallait pour les maintenir dans le devoir, au moins pour quelque temps, c'était la présence du maître ; et ce maître désiré, aimé d'avance, ne venait point. On a vu quels soins retardaient son départ. Sa femme, ses amis lui expédièrent alors des messages plus pressants, lui représentant la gravité de la situation. Telle était l'impatience du doge de Gênes, qu'il envoya en Provence un délégué chargé d'épier son arrivée et de la lui annoncer au plus vite : le roi tarde trop, écrivait-il à cet émissaire ; le temps me paraît plus long qu'à personne[2]. Puis, en attendant René, la république, plus intéressée que jamais, par suite de la perte de Gaëte et de ses gabelles, à chasser les

[1] En voici le texte intégral, reproduit d'après l'original conservé aux Archives des Bouches-du-Rhône (B 651) : « *Ad vui, seregnissima dopna nostra regina Yzabel, Dei gracià Jerusalem et Sicilie, etc., moglere et vicaria generale de lo seregnissimo singnore nostro re Renato, eddem gracià re de li predicti rehami de Jer. et de Sic., etc., Nui infrascribti persuni, liquali voluntariamente ne simo subscribti et signati de nostre proprie mani et niczati de nostri proprii niezi alla presente carta, promectimo essere fidelissimi vassalli et perfecti servituri de le prefate Majestati de re Renato et vostra et de vostre heredi, et de essere contra tucti quille persuni che potessero vivere et morire, nemine excepto, che volessero o presumessero fare contra le persuni o vero stati de le prefate Majestati o de vostre heredi, in tucto o vero in parti, publice vel oculte, cum li proprii persuni, haver et possaneze, et cum tucti nostri sentimenti, et aspectare la felice venuta de la Majesta de re Renato, et de non invocare lo nome de altra singnoria, ancti vivere et morire in questa fidelita del seregnissimo re Renato et de la Majesta vostra. Datum in regià reginalique vestrà fidelissimà civitate Neapolis, die quarto mensis octubris, prime indicionis, anno Domini millesimo quatricentesimo tricesimo septimo.* »

[2] Arch. de Gênes, Lettres des doges, X, 111 (27 nov. 1437).

Aragonais, établit un conseil spécial, composé de huit citoyens notables, pour s'occuper avec le doge de cette question brûlante. Ces *provisores,* qui restèrent en fonctions durant plusieurs années, constituaient une sorte de ministère des affaires napolitaines, agissant en faveur de la reine de Sicile, mais sans être nullement sous sa dépendance. Ils devaient solliciter le concours du pape, du roi de France, des Provençaux, des gouvernements de Florence et de Venise, prendre toutes les décisions et provoquer toutes les mesures qu'exigerait la défense du royaume de Naples [1]. Ainsi ce n'était plus seulement une coopération, c'était une direction que les Génois prétendaient apporter. On voyait venir le moment où René ne serait plus pour eux qu'un instrument, un auxiliaire de leurs projets de domination. Il était temps, à tous les points de vue, que ce prince se montrât.

Enfin l'on apprit qu'il était à Marseille. Le comte de Pulcino et Gui d'Ampigny [2], qu'il dépêcha de cette ville vers Thomas de Campofregozzo, furent écoutés avidement ; ils lui rapportèrent les offres et les vœux ardents de la république. On lui proposait des navires pour le transporter, lui et son armée, jusqu'à Naples. Revenus à Gênes avec son acceptation, les deux ambassadeurs firent activer l'armement de la flotte. On déploya une grande célérité ; mais les affaires de Provence et les attaques du duc de Milan contre ses anciens sujets firent qu'on ne put être prêt, de part et d'autre, avant le printemps. Le 1er avril 1438, le doge écrivait encore au roi

[1] « *Qui, unà cum prefato illustrissimo domino duce, intellectâ civium voluntate, et scrutatâ mente tàm sanctissimi domini nostri pape quàm serenissimi domini regis Francie, nec non dominii Venetorum, magnifice communis Florentie et subditorum serenissimi domini regis Renati in Provinciâ, si ab eis aut eorum aliquo haberi possent sussidia aliqua pro favore dictorum agendorum, providrant nunc aut in tempore, secundum quòd eis videbitur, per modum et formam quòd supradictum regnum periclitare non possit; quorum electorum nomina sunt hec : D. Jugno de Grimaldis; Matheus Lomellinus; Raffael Squarsaficus; Thedixius de Auria; Baptista de Fornariis; Simon Maria; Andreas Judex, et Augustinus Justin*[*ianu*]*s.* » Arch. de Gênes, Délibérations, X, 962 ; 28 déc. 1437.

[2] *De Ampigneyo.* Mais ce nom est sans doute défiguré dans la lettre du doge.

de Sicile pour le prier de se hâter, de s'arrêter dans sa ville et de le prévenir s'il y consentait [1]. Divers personnages, entre autres Thibaud de Laval, son chambellan, lui transmirent la même invitation de la part du peuple génois, qui souhaitait de sceller son alliance avec lui et de procurer à ses soldats un repos salutaire, sans rien vouloir de plus, disait-il [2]. Quelques jours après, comme on l'a vu dans le chapitre précédent, il accédait à ce désir et s'embarquait. Nous allons maintenant nous remettre à sa suite, et continuer selon l'ordre des temps le récit de ses actions.

Le 15 avril, après une navigation de trois jours, rendue périlleuse par l'agitation de la mer et les croisières des Catalans, René, avec son fils et toute son escorte, faisait sa joyeuse entrée dans Gênes la Superbe [3]. Les conseils de la république, pour montrer tout le prix qu'ils attachaient à sa présence, avaient, ce jour-là, déployé une pompe extraordinaire, et décrété l'allégresse obligatoire. Les officiers de l'État, « c'est-à-dire les anciens de la Baillie, de la Monnaie, de la Romanie, de Saint-Georges, » devaient revêtir leurs habits de drap écarlate ; ordre à ceux qui n'en possédaient pas d'en emprunter à leurs amis ou connaissances ; défense à tout habitant de paraître au dehors en vêtements noirs ; le tout sous peine de vingt-cinq florins d'amende. Les femmes elles-mêmes étaient tenues de se parer : celles qui étaient tristes devaient déposer leur tristesse et leurs robes sombres ; toutes, par une faveur inusitée, avaient la permission de porter des perles et des joyaux *sans payer aucun droit* [4]. Une somme de douze cent

[1] Arch. de Gênes, Lettres des doges, X, 111 ; 23 février, 17 mars, 1er avril 1438.

[2] Arch. nat., KK 1126, fo 533 vo.

[3] « *Serenissimus dominus rex Sicilie hanc urbem, summâ cunctorum leticiâ, ingressus est die XV mensis hujus ; classem suam accelerat, intrà dies quinque discessurus.* » Arch. de Gênes, Lettres des doges, X, 111 ; 17 avril 1438.

[4] Arch. de Gênes, Délibérations, X, 953 ; 10 avril 1438. Les lois somptuaires étaient à l'ordre du jour dans le riche État de Gênes. En feuilletant les mêmes registres, on trouve des punitions prononcées contre les femmes qui ont porté des

cinquante livres fut dépensée pour ajouter à l'exhibition du luxe génois des présents et des réjouissances[1].

Transformer cette réception en fête nationale n'était pas seulement du patriotisme : c'était de l'habileté. L'opulente cité voulait, contrairement à la parole donnée, profiter du séjour du prince pour obtenir des priviléges et des concessions à l'avantage de sa marine marchande ; il fallait donc le disposer favorablement, et rien ne semblait plus propre à atteindre ce but que de flatter son goût pour les cérémonies. Mais le jeune roi, uniquement préoccupé d'assurer le succès de son expédition, ne voulut pas entendre parler d'autre chose. Alors on chercha des prétextes pour le retenir : les vaisseaux n'étaient pas prêts à reprendre la mer ; les troupes n'étaient pas suffisamment rafraîchies. Et puis les immunités commerciales qu'on lui réclamait avaient été octroyées d'avance, en son nom, par le comte de Pulcino, son envoyé : il n'avait plus qu'à les confirmer. Il répondit, pour se débarrasser, qu'il ne pouvait rien décider sans son conseil, qu'aussitôt débarqué à Naples il le ferait assembler, et qu'il accorderait à la république ce qui serait raisonnable. Mais une promesse aussi vague ne pouvait satisfaire ces avides trafiquants. Ils traînèrent encore en longueur. René s'impatientait : au lieu de cinq jours qu'il s'était proposé de leur donner, trois semaines déjà s'étaient écoulées. De guerre lasse, prévenu par ses fidèles serviteurs qu'on ne le laisserait pas partir et qu'il fallait dissimuler, il se résigna à octroyer la confirmation demandée, mais en protestant énergiquement, par écrit, contre une pareille extorsion. Cette protestation fut faite le 23 avril, dans la maison de Barthélemi Doria, où il était logé, en présence des principaux seigneurs qui l'avaient suivi : le chance-

chaînes (*cathenulas*) ; l'interdiction aux filles de porter des bijoux ou des vestes d'or avant l'âge de douze ans et après leur mariage ; la défense aux mariés de donner plus de deux festins de noces, dont l'un avec neuf convives et l'autre avec trois seulement. Toutes ces mesures sont décidées en considération du tort fait par le luxe aux mœurs publiques. (*Ibid.*, X, 954, 13 janvier 1440, et *passim.*)

[1] *Ibid.*, X, 953.

lier Jacques de Sierck, Guillaume, évêque de Verdun, Charles de Poitiers, gouverneur de Provence, Thibaud de Laval et plusieurs autres. Le premier, avant de sceller la concession, protesta aussi pour son compte[1]. Délivré enfin de ces nouvelles entraves, le roi remonta sur son navire le 26, et, après être resté deux jours dans la rivière de Gênes, fit voile pour sa capitale[2]. Sa flotte, accrue des forces de ses alliés, comptait maintenant douze galères, quatre galiotes et deux brigantins. Le doge Thomas, devenu son ami personnel, en avait confié la direction à son propre frère. Il lui avait, en outre, obtenu une décision de la république exemptant de tout droit de transport les armes offensives et défensives expédiées au royaume pour les besoins de sa cause ; mais celles que les vaisseaux génois exportaient de Provence à Naples continuèrent à être soumises aux taxes antérieurement établies[3].

René fit encore escale à Porto-Pisano. Là, le comte François Sforza, fameux condottiere, plus tard duc de Milan, vint lui offrir ses services et lui proposer de l'accompagner avec ses gens d'armes par la voie de terre, jurant de ne pas le quitter avant d'avoir pris ou chassé Alphonse d'Aragon. Le conseil royal objecta que ce serait là un secours funeste, parce qu'il déterminerait la défection de Caldora, ennemi particulier du

[1] Arch. nat., KK 1120, f° 533 v°. Ces détails sont empruntés à la protestation elle-même. D. Calmet, qui la cite (II, 806), lui donne à tort la date du 13 avril, réduisant ainsi à huit jours l'arrêt du roi de Sicile à Gênes. M. de Villeneuve-Bargemont, privé du secours des pièces, a révoqué en doute la réclamation des Génois, se demandant comment René pouvait avoir à confirmer leurs libertés (I, 254) : mais on voit qu'il s'agissait de franchises relatives à leur commerce avec le royaume de Naples, ce qui explique parfaitement l'intervention du souverain de ce pays. Ce prince n'avait pas attendu jusque-là pour accorder des faveurs à ses alliés ; le 17 mars de la même année, avant de partir de Marseille, il avait ordonné, à la prière du doge, que deux nobles génois, Charles et Gaspard Lescar, fussent rétablis, après avoir justifié de leurs droits, dans la seigneurie de Luc, en Provence, possédée jadis par leur père et leur aïeul. (Bibl. nat., Lorraine 240, n° 4.)

[2] « *Serenissimus dominus rex Sicilie hodie, quartâ horâ diei, classem conscendit, biduum in orientali orâ nostrâ moram facturus, deinde, favente Deo, Neapolim trajecturus.* » Lettre au doge de Venise, du 26 avril 1438 (Arch. de Gênes, Lettres des doges, X, 111).

[3] Arch. de Gênes, Délibérations, X, 953 ; 28 avril et 9 mai 1438.

comte. D'ailleurs, Sforza faisait en ce moment la guerre au Saint-Siége et occupait une partie du territoire pontifical. Il fut remercié et se retira mécontent[1] ; nous ne tarderons pas, néanmoins, à le retrouver au nombre des plus zélés partisans de la maison d'Anjou.

Bientôt l'escadre fut en vue de Gaëte. Le premier port napolitain qui s'offrait au roi de Sicile lui apparaissait hérissé de retranchements ennemis. Des vaisseaux ennemis gardaient la rade, des soldats ennemis veillaient aux remparts. Cet aspect lui était trop pénible; dans son ardeur naturelle, il conçut la pensée de s'approcher de plus près et de surprendre les Aragonais. Ceux-ci, au dire du chroniqueur alphonsiste qui nous apprend ce fait inconnu[2], n'avaient que deux galères à lui opposer; mais elles étaient remplies d'arbalétriers soigneusement dissimulés, prêts à tirer. Une grêle de traits accueillit les premières barques angevines qui firent mine de s'avancer. Elles se retirèrent, et l'on ne jugea pas à propos de compromettre, par un combat inutile, le succès de l'expédition.

De Gaëte à Naples, aucun obstacle ne se présenta. Le lundi 19 mai[3], le golfe merveilleux déroula pour la première fois, aux yeux de René, le long cortége de ses beautés naturelles et de ses souvenirs classiques. Un prince artiste et lettré ne pouvait manquer d'être ému d'un pareil tableau. Mais, au fond du cercle d'azur, le château de l'Œuf et plus loin le Castel-Nuovo lui montraient encore la bannière espagnole, arborée à la porte même de sa capitale. Il les évita, et, en appuyant à l'est, il put aborder sans encombre au pont de la Madeleine, construit à l'embouchure du Sebeto, dans le faubourg del Carmino, à l'extrémité opposée de la ville[4]. La

[1] Journal de Naples (*Rer. ital. script.*, XXI, 1108).

[2] Gaspard Pérégrin, dans son histoire inédite d'Alphonse d'Aragon (pièces justificatives, n° 99).

[3] Journal de Naples, *loc. cit.* Le 9 ou le 12, suivant d'autres historiens (D. Calmet, II, 800; Villeneuve-Bargemont, I, 254). Mais les chroniques originales et la concordance des jours du mois et de la semaine placent cette arrivée au 19.

[4] Journal de Naples, *loc. cit.*; *Cronica del regno di Napoli* (pièces justificatives, n° 100).

reine l'attendait, avec le jeune prince de Piémont, leur fils cadet. Jean, leur aîné, et sa femme Marie de Bourbon, « *laquale era piccola*[1] », descendirent de barque en même temps que le roi. Devant cette réunion de famille, le peuple napolitain, si sensible et si impressionnable, fit retentir les acclamations les plus sincères. L'air affable et la belle tournure de ce souverain de vingt-neuf ans, déjà si éprouvé, séduisirent sur le champ les spectateurs. On le mena, sans le faire entrer dans la cité, au Castel-Capuano, où résidait Isabelle, et, le jeudi suivant, 22 mai, qui était le jour de l'Ascension, il parcourut triomphalement les rues de Naples, à cheval, et recouvert du dais royal. Tout le monde se félicitait ; l'on s'embrassait ; l'on s'écriait : La guerre est finie[2] ! — La guerre, hélas ! allait commencer.

Quelques jours après, arriva Caldora, suivi de toutes ses troupes. Il les rangea en bataille hors des remparts, et les fit passer en revue par le roi. Puis il lui dit : « Je suis un pauvre cavalier ; la seule chose que je puisse offrir à Votre Majesté, ce sont ces braves gens. Mais je mourrai satisfait, puisque j'ai vu Votre Majesté ; je suis vieux et je désire me reposer, car je ne vaux plus guère. — Plus vos pareils sont âgés, répondit René, plus ils valent. Je veux que vous teniez la première place après moi, et je vous traiterai comme mon père[3]. » Cette délicate bonté, qui rappelle l'accueil fait par Louis XIV à un maréchal de France malheureux, scella l'union du vieux capitaine et de son maître. Ils résolurent d'arrêter au plus vite les progrès de l'ennemi, et concertèrent tous les deux de nouveaux plans de campagne. Il fut convenu que le premier commencerait seul les opérations, tandis que l'autre s'occuperait de réorganiser l'administration du royaume et de raffermir ses partisans. Caldora s'éloigna donc, et laissa le roi dans la capitale.

[1] *Cronica, ibid.*

[2] « *Ogni persona credeva fosse vinta la impresa.* » Journal, *loc. cit.*

[3] Journal de Naples, *ibid.*, 1108 ; Gaspard Pérégrin (pièces justificatives, n° 99).

Plusieurs mois de séjour continu au Castel-Capuano[1] furent consacrés par René aux affaires intérieures. On a trop souvent considéré son règne en Italie comme une simple occupation militaire. Sans doute les soins de la guerre absorbèrent la plus grande partie de son temps; mais son gouvernement n'en fonctionnait pas moins avec régularité, et il est bon de faire connaître quelques-uns de ses actes administratifs. Le plus important de ceux qui subsistent (car les événements subséquents occasionnèrent la destruction du plus grand nombre), et l'un des premiers qu'il rendit après son arrivée, est relatif à l'Université de Naples. Les étudiants qui la fréquentaient alors, et qui étaient d'origine très-diverse, étaient placés sous la dépendance d'un *grand justicier,* assisté d'officiers de différent ordre. Chaque année, trois juges ou assesseurs lui étaient adjoints par les écoliers eux-mêmes : le premier était élu par ceux qui appartenaient au royaume, le second par ceux des autres contrées de l'Italie, le troisième par les *ultramontains,* c'est-à-dire par ceux qui étaient étrangers à la péninsule. Le grand justicier avait des attributions fort étendues : les bouchers, les poissonniers, et, en général, tous ceux qui vendaient des denrées servant à l'alimentation de l'homme ou des animaux, relevaient de sa juridiction; il jugeait les différends entre acheteurs et vendeurs, et ce qu'il y a de plus remarquable dans cette constitution très-ancienne, c'est que, indépendamment de ses assesseurs, les docteurs et les plus âgés d'entre les écoliers (*magni scolares*) prenaient part à l'exercice de ses pouvoirs. Son traitement annuel était de trente onces d'or, sans compter le produit des amendes, des droits payés par les panetiers « faisant le pain de bouche » et par les autres boulangers, etc. Il avait à sa disposition cinq sergents à pied, dont un chef appelé connétable, et qui tous recevaient sept tarins et demi par mois. En 1432, cet office avait été conféré par la reine Jeanne à un noble chevalier,

[1] M. de Villeneuve-Bargemont (I, 262) fait résider René, à cette époque, au château de l'Œuf, et mentionne des actes qui seraient datés de cette demeure ; mais on a vu qu'elle était occupée par les Aragonais. Cf. l'Itinéraire.

appartenant à une des principales familles de Naples, Louis Carracciolo. René avait à cœur de s'attacher cette maison puissante, dont un membre avait déjà rendu des services pécuniaires à la reine Isabelle. Par lettres patentes signées de sa main et datées du Castel-Capuano, le 8 juillet 1438, il investit de nouveau Louis des fonctions qu'il avait précédemment remplies, et, à cette occasion, il augmenta les priviléges du justicier de l'Université. Une redevance d'un carlin d'argent fut établie à son profit sur chaque animal tué par les bouchers de la ville qui serait « soufflé entre cuir et chair, afin de paraître plus beau et plus appétissant ». Cette supercherie, en usage dès le treizième siècle et sans doute bien avant[1], avait souvent l'inconvénient d'infecter les viandes : la nouvelle taxe imposée par le roi de Sicile était donc une mesure de salubrité publique, et il lui donna clairement ce caractère en enjoignant de plus aux bouchers, sous peine d'amendes à fixer par le justicier, de souffler leurs bêtes non plus avec la bouche, mais avec un soufflet spécial, soigneusement confectionné (*manthecho*). Enfin, l'office de Carracciolo fut déclaré transmissible à ses fils, par ordre de primogéniture, avec permission pour eux tous de se faire remplacer par un lieutenant[2].

La protection des églises et des établissements religieux fut, comme dans ses domaines de France, une des préoccupations du pieux monarque. La Chartreuse de San-Martino, bâtie par ses prédécesseurs sur un des monts escarpés qui forment à la ville de Naples une gigantesque ceinture, s'enrichit, par sa libéralité, de plusieurs biens confisqués à des sujets rebelles. Un peu plus tard, les moines s'étant plaints à lui d'être détournés de leurs saintes occupations par d'incessantes chicanes, qui les obligeaient à perdre leur temps en procès, il les prit sous sa sauvegarde spéciale, ainsi que toutes leurs propriétés, et prescrivit à ses officiers de leur faire rendre justice sommairement, de prendre leurs intérêts comme les siens

[1] Cf. *la Chaire française au moyen âge*, p. 377.

[2] Arch. de Naples, *Conventi soppressi*, reg. 73 (pièces justificatives, n° 11).

propres, de ne les inquiéter enfin sous aucun prétexte[1]. La congrégation de Sainte-Marthe, fondée en 1400 par la reine Marguerite, pour s'occuper d'œuvres charitables, tint à honneur de le compter dans son sein avec tous les membres de sa famille qui l'avaient accompagné : il se fit inscrire, ainsi que la reine Isabelle, son fils Jean, duc de Calabre, et Marie de Bourbon, femme de ce dernier, sur le magnifique livre où étaient enregistrés, avec leurs armes, leurs portraits et la date de leur admission, les associés illustres, et nous devons à cette circonstance une des plus belles miniatures contemporaines où son image se trouve reproduite[2].

Il rendit, vers le même temps, divers actes relatifs au commerce napolitain, à l'administration des douanes et des gabelles. Les produits de celles-ci étaient d'habitude affermés par l'État. Il en profita pour donner satisfaction à ses plus

[1] Arch. de Naples, *Coventi soppressi*, reg. 74 (pièces justificatives, nº 16).

[2] Le registre de la confrérie de Sainte-Marthe, conservé parmi les *Codices* des archives de Naples (nº 58), est un précieux manuscrit de 72 feuillets, contenant les noms de soixante membres inscrits au fur et à mesure depuis l'an 1400 jusqu'à l'an 1600. On voit en tête une grande figure de sainte Marthe, admirablement peinte, et le titre suivant : « *Incipit feliciter catalogus illustriorum sodalium collegii disciplinatorum Sanctæ Marthæ, à Margaritâ reginâ fundati anno* MCCCC, *octavæ indictionis.* » Charles III et sa femme Marguerite, la fondatrice, ouvrent la série des associés, qui contient une quantité de princes et de nobles napolitains ; chacun d'eux occupe une page, ornée de son portrait, de ses titres, de ses armoiries, de la date de son entrée, avec de riches encadrements. René, inscrit au fº 11, est représenté assis, la figure jeune et imberbe, la couronne sur la tête, le sceptre dans une main et le globe dans l'autre, vêtu d'une robe violette et d'un manteau rouge, le tout sur un fond d'or ; son écusson, aux armes de Sicile, de Jérusalem, de Hongrie, d'Anjou, de Lorraine et de Bar, est supporté par deux anges à genoux. Cette miniature a environ 8 centimètres sur 6. Au dessous on lit : « *Rex Renatus primus intravit domum Sancte Marthe anno* M CCCC XXXVIII, *secunde indictionis.* » Isabelle (fº 12) a de même la couronne, le globe et le sceptre ; elle est assise et habillée de blanc, sur un fond bleu. Jean d'Anjou (fº 13) porte un costume vert et rouge, sur fond bleu. Marie de Bourbon (fº 14) est vêtue d'une robe de drap d'or, et tient dans ses bras un petit chien ressemblant à un lapin ; elle est assise et a sur la tête un cercle d'or, ainsi que son mari. Leurs armes et leurs portraits sont disposés comme ceux de René. Les dernières miniatures du volume, exécutées au seizième siècle, ont moins de valeur, et quelques-unes sont d'un caractère égrillard.

fidèles sujets et pour s'assurer leur dévouement en les pourvoyant de charges lucratives. Certains monastères même possédaient la perception des gabelles : l'adhésion des corporations était encore plus précieuse que celle des particuliers les plus influents ; c'est pourquoi les frères Mineurs de Saint-Laurent, à Naples, virent confirmer les droits analogues dont ils jouissaient à Capri, à Pouzzoles et dans une partie de la capitale[1]. L'office de receveur des poids et mesures des comptoirs et de la douane de Salerne, celui de mesureur du sel dans la même ville, furent donnés à Mathieu Guarna, conseiller d'Isabelle et de son mari, qui en avait été investi provisoirement par les régents du royaume, puis par Gaspard Coppula, chevalier, et Jean Bouju, archidiacre de Montfort, délégué de la reine à Salerne[2]. Louis d'Arczano, dit *messer Odo*, qui avait gardé et gardait encore de jour et de nuit la place de Pouzzoles pour le roi de Sicile, reçut le don des redevances prélevées sur le *fondic* et l'*ancrage* du même lieu[3]. Des domaines privés, confisqués sur les adhérents d'Alphonse d'Aragon, servirent également à récompenser plusieurs Siciliens fidèles[4]. René, qui avait peu d'argent, cherchait ainsi à satisfaire sa générosité naturelle et l'avidité de ses sujets.

Quelques-uns, cependant, s'attachèrent à sa fortune avec un rare désintéressement, et le secondèrent avec autant de zèle que ses officiers français ou provençaux. Il faut citer en tête le brave Jean Cossa, qui avait déjà pris part aux campagnes

[1] « *Gabellam plage maris civitatis nostre Neapolis, menbrum utique gabelle Bonidenarii civitatis ejusdem.* » Lettres patentes du 25 juin 1438 (Arch. de Naples, *Convent. soppr.*, reg. 73). Cet acte fait mention de privilèges accordés antérieurement par la reine Isabelle à la ville de Naples et aux dix-huit de la balie, privilèges qui ne se retrouvent plus.

[2] Acte du 20 juillet 1438 (Arch. de Naples, *ibid.*).

[3] *Fundici et ancoragii.* Acte du 26 juillet 1438 (*Ibid.*).

[4] Donations au monastère de San-Martino des biens de Marguerite Mazia, saisis pour cause de rébellion ; à Rubini de Genez, familier du roi, des propriétés de Nicolas Corsaro, rebelle, sises dans la ville et le district de Tropea ; etc. (Arch. de Naples, *ibid.*).

de Louis II et de Louis III en Italie, et que nous verrons s'expatrier pour suivre leur successeur en Provence. A cette époque, il subvenait à une partie de la dépense de la famille royale au Castel-Capuano, sans vouloir accepter aucuns gages [1]. Mais la reconnaissance de son maître se manifestera plus tard avec d'autant plus d'éclat, qu'il en aura contenu plus longtemps l'expression. Pour le moment, les bienfaits du prince étaient forcément restreints. Aussi, du jour où sa pauvreté fut reconnue, son prestige baissa et la faveur publique commença à l'abandonner, parce que, comme l'avoue ingénûment un Napolitain, « chacun s'empresse de fuir l'indigence [2]. » Il ne voulut cependant pas laisser sans rémunération immédiate les services les plus signalés, les plus méritoires qu'il eût reçus dans son royaume, ceux de la vertueuse et forte compagne qui avait sauvé sa couronne par une résistance de tous les instants. Par lettres du 5 août 1438, il donna à la reine Isabelle personnellement, en considération de son affection et des peines qu'elle s'était imposées, le duché de Melphe (Amalfi), avec les villes de Sorrente, Massa, Castellamare, et toutes les autres seigneuries qui en dépendaient. Une seule condition fut mise à cette donation : c'est que le château de Castellamare, lorsqu'il serait réduit à l'obéissance du roi, serait remis, sous la réserve de la souveraineté, au chevalier Carracciolo, en dédommagement des sommes qu'il avait avancées pour aider à son recouvrement [3]. Avec cette charmante délicatesse qui se révèle dans plusieurs de ses actes, René avait choisi, pour en faire l'apanage de son épouse, le coin le plus délicieux de ses États, le paradis terrestre de l'Italie.

Dès le mois d'août, la guerre le réclama. Le roi d'Aragon avait rassemblé toutes ses forces et combiné une attaque décisive. Abandonnant pour l'instant la région de la capitale, il

[1] Remontrances de Jean Cossa au duc de Lorraine, en 1477 (Bibl. nat., ms. r. 24108, p. 70).

[2] « *Scuuprendose poi la povertà sua, perdiò la reputatione, et ogniuno cambiò pensiero, perchè la povertà è fugita da tutti.* » Journal de Naples, *ibid.*, 1108.

[3] Arch. nat., KK 1120, f° 535 v°.

s'était porté brusquement au nord et s'était enfoncé dans les montagnes des Abruzzes. La frayeur lui soumettait toutes les places qui se trouvaient sur son passage. Sulmona lui envoya d'avance offrir ses clefs. Jacques Caldora, qui avait commencé les hostilités dans la Terre de Labour et repris Scafati, s'élança aussitôt à sa poursuite. C'était ce que voulait Alphonse, tacticien plus habile que ses adversaires[1]. Les deux armées se rapprochèrent, et l'on fut sur le point d'en venir aux mains. Les Aragonais étaient dix mille, sans compter le contingent que leur apportait le prince de Tarente; leur victoire paraissait assurée. Mais leur prince refusa d'engager le combat. « L'enjeu, dit-il, est trop inégal; car, si je suis vainqueur, j'aurai battu un simple capitaine, et, si je suis vaincu, je perdrai le royaume avec ma réputation. » Ils restèrent donc à s'observer, et tout l'Abruzze « demeura en suspens ». Au dire de l'Espagnol Pérégrin, témoin oculaire, mais exagérant avec emphase les hauts faits de son maître, Caldora errait dans les forêts sans oser en sortir : on ne savait ce qu'il était devenu. D'après le Journal de Naples, au contraire, il essayait d'amuser Alphonse par des ouvertures pacifiques, et, pendant ce temps, il appelait René à son aide[2].

Le roi de Sicile venait de quitter sa capitale et de réduire par la famine Amalfi, pour venger l'échec des vaisseaux français et génois qui l'avaient amené et qui avaient été récemment repoussés de ce port[3]. Il se porta rapidement au secours de Caldora, suivi de tous les soldats dont il pouvait disposer, et opéra sa jonction avec lui le 29 août, près de Sulmona. Alphonse, qui n'avait pas prévu son arrivée, recula de l'autre côté des montagnes jusqu'à Chieti, et de là tenta de gagner à sa cause le comte François Sforza, en lui envoyant trois chevaux et des vêtements précieux. « Allez dire à votre prince,

[1] Journal de Naples, *ibid.*, 1108 et suiv. La chronique de Pérégrin, après avoir fait contribuer René à la prise de Scafati, fait, au contraire, poursuivre Caldora par Alphonse. (V. pièces justificatives, n° 99.)

[2] Journal de Naples et chronique de Pérégrin, *ibid.*

[3] Pérégrin, *ibid.*

répondit le comte, que j'ai plus de chevaux que lui, et que je suis son ennemi [1]. » Se voyant alors isolé et en danger d'être coupé, le roi d'Aragon repassa les monts à un autre endroit, et redescendit par la voie de Celano et d'Albe sur le versant méditerranéen. Se croyant à l'abri d'une attaque, il se livrait tranquillement au plaisir de la chasse, lorsqu'il apprit tout à coup que l'armée angevine, grossie de sept mille « gaillards » d'Aquila [2], et forte en tout de dix-huit mille hommes, était à sa poursuite. Ce jour-là, disent les Napolitains, son rival pouvait, en fondant sur lui à l'improviste, s'assurer à tout jamais le trône [3]. Mais René, voulant agir suivant les lois de la chevalerie, se contenta de lui envoyer des hérauts chargés de lui présenter le gant de la bataille pour lui et son armée. L'habile monarque les garda toute une nuit dans son camp et les combla de cadeaux. Quant au gant, il fit dire qu'il l'acceptait, mais que l'usage accordait au combattant défié le choix du terrain, et qu'en conséquence il attendrait le duc d'Anjou dans la Terre de Labour, le dernier jour de septembre. Cette réponse dilatoire déplut vivement à son adversaire; mais, avant qu'il eût pris un parti, les Aragonais décampèrent, et s'éloignèrent au plus vite dans la direction de la Terre de Labour, qui les rapprochait de Naples. Les Angevins se mirent alors à reprendre un à un les châteaux forts de la région des Abruzzes, et les réoccupèrent tous, à l'exception d'Avezzano et de Trisacco [4]. D'après la version espagnole, René aurait, au contraire, accepté les conditions d'Alphonse et promis de se trouver au rendez-vous. Puis, le jour venu, il aurait manqué à sa parole, et le roi d'Aragon, après l'avoir fait appeler trois fois à haute voix par ses hérauts d'armes, selon le code militaire d'alors, aurait constaté solennellement son absence par un acte public, noté son nom d'infamie, foulé aux pieds son gantelet, et parcouru la lice à

[1] Journal de Naples, *ibid.*, 1100.
[2] René se trouvait à Aquila le 10 septembre. (Itinéraire.)
[3] Journal de Naples, *ibid.*
[4] *Ibid.*, 1100 et suiv.

cheval en signe de victoire [1]. Cette accusation a une origine trop suspecte et se trouve trop en désaccord avec le caractère du roi de Sicile pour qu'on puisse l'admettre comme véridique. D'ailleurs, Pérégrin, qui l'a émise, fixe le jour du combat projeté à la fête de Notre-Dame (8 septembre), ce qui, d'après la date des faits précédents, est une erreur et une impossibilité. Qu'Alphonse se soit rendu sur le théâtre qu'il avait choisi, près de Capoue, qu'il y ait procédé à une cérémonie ayant pour but de mettre le prince français dans son tort et de le déconsidérer, le fait est tout naturel, et les chroniqueurs napolitains ne le contestent pas [2]; mais ils n'attribuent point pour cela un acte de lâcheté à l'auteur du défi, et, si le roi d'Aragon était sincère, il faut tout au plus croire à un malentendu.

Il est probable, au reste, que le brusque mouvement d'Alphonse vers Naples avait un autre motif, qui devait rester secret, et que le champ-clos choisi par lui était un prétexte adroit. Il avait résolu, en effet, de tenter un coup de main hardi sur la capitale, tandis que René et Caldora s'attarderaient dans les Abruzzes. C'est ce qu'il fit aussitôt, et l'événement lui donna raison. Les deux chefs étaient encore à Aquila, recevant de riches présents, mais perdant leurs auxiliaires montagnards, pressés de rentrer dans leurs foyers, que déjà leur redoutable ennemi resserrait la cité dans un cercle étroit. Plusieurs places des environs, Arpaia, Caserte, Scafati, se rendirent à lui coup sur coup. Le comte de Caserte alla même à sa rencontre, et les compatriotes de ce traître, scandalisés eux-mêmes d'une telle versatilité, observent à ce propos qu'en moins de deux années il changea cinq fois de bannière [3]. Au bout de quelques jours, Naples se trouva bloquée par terre et

[1] On peut lire le récit amplifié de cette scène dans la chronique de Gaspard Pérégrin (pièces justificatives, n° 99). D'autres développements ont été encore ajoutés par des écrivains postérieurs et reproduits par M. de Villeneuve-Bargemont (I, 264 et suiv.).

[2] Journal de Naples, *ibid.*, 1110.

[3] *Ibid.*

par mer, grâce au concours des vaisseaux espagnols envoyés de Gaëte [1].

Ce fut merveille, selon l'expression du chroniqueur, si la ville résista. Elle n'était gardée que par une milice urbaine fort peu considérable, qui, pour paraître plus nombreuse, couvrait d'armes les remparts. Ottino Carracciolo, un des chevaliers sur qui la reine comptait le plus, était au lit, malade. La plupart des autres seigneurs avaient suivi le roi. Il s'en trouva trois seulement pour faire face à l'agresseur, avec un peu de cavalerie : c'était Jean de la Noze, Jacques Sannazar et Christophe de Crema. François de Pontadera, qui revenait de l'armée royale avec trois cents fantassins, apporta un faible secours. Mais les châteaux occupés par l'ennemi et l'artillerie dont il disposait paralysaient la défense ; on pouvait à peine suffire à réparer les brèches des murs. Déjà un chevalier, Raimbaud de Corbaria, les avait escaladés à la faveur des ténèbres. Alphonse se croyait le maître de la place. Un soir, se fiant à la sérénité du ciel, il ordonna l'assaut pour le lendemain. Pourtant, dans la nuit, la pluie tomba en abondance, rendit le terrain impraticable et fit ajourner l'attaque. Sur ces entrefaites, un événement inattendu, l'un des plus dramatiques de toute cette guerre, vint changer la face des choses et décourager encore plus l'assiégeant.

La légende, qui éclôt si facilement sous le soleil italien, a peut-être embelli ce fait extraordinaire. Toutefois, la précision et l'accord des témoins oculaires des deux partis lui donne une authenticité suffisante pour qu'il trouve ici sa place. On était à la veille de la fête de saint Luc (18 octobre). Don Pedro, frère d'Alphonse, le même qui avait échappé au désastre naval de Gaëte, et qui depuis avait servi si utilement la cause aragonaise, dirigeait le feu de l'artillerie. Des marais

[1] *Ibid.* Ce blocus aurait commencé, d'après le rédacteur du Journal, le 29 septembre 1438 ; mais il prétend un peu plus haut qu'Alphonse attendait René dans la Terre de Labour « le dernier jour de septembre », ce qui implique une contradiction. Peut-être a-t-il voulu dire, dans ce passage, *les derniers jours* de septembre, sans vouloir désigner une date précise.

voisins (*Palude*), il avait abattu une portion du monastère de Santa-Maria-del-Carmine, lorsque, à la première heure du jour, il remarqua un officier qui refusait de tirer sur l'église. Transporté de fureur, il menaça de le faire pendre; puis aussitôt il fit partir lui-même une grosse bombarde, appelée la Messinoise (*Messanese*), dont le boulet vint fracasser le mur de l'édifice et heurter le pied du crucifix qui le décorait à l'extérieur. Selon quelques-uns, le Christ entier aurait été brisé, renversé, avec la couronne d'épines, la lampe et ses autres accessoires ; la tête seule aurait été transportée intacte à l'intérieur, sur une table, où les personnes qui se trouvaient là la laissèrent respectueusement. L'infant allait tirer un second coup : mais les soldats postés au couvent, parmi lesquels était le comte de Fondi, avaient aussi une espèce de canon, plus petit, surnommé la Folle (*Pazza*) : apercevant le gros de cavaliers qui entouraient don Pedro, ils pensèrent qu'ils ne perdraient pas leur poudre en visant dans la direction de ce groupe. Le projectile lancé par eux frappa d'abord la terre, rebondit jusqu'au prince, et lui emporta la tête, qui disparut. Le tumulte se mit immédiatement dans son camp. Alphonse entendait en ce moment la messe à la Madeleine, près des portes de la ville. Instruit par la rumeur générale, il s'écria en pleurant : « Je le lui avais bien dit, ce matin même, de ne pas tirer sur l'église. » Puis, après avoir eu le courage d'attendre la fin de l'office, il se rendit auprès du cadavre, le couvrit de ses larmes et le bénit, en disant : « Dieu te pardonne, cher frère ! J'attendais autre chose de toi ; mais que la volonté divine soit faite ! » Et comme tous les siens éclataient en sanglots à ces paroles, il se retourna : « Messeigneurs, ajouta-t-il, il n'est mort qu'un homme. Il a fait le voyage que nous devons tous faire un jour. Priez seulement pour le repos de son âme, et songez à vous montrer de vaillants soldats. » Un transfuge calabrais retrouva la barette rouge de l'infant, avec une partie de la tête, et, croyant faire une bonne affaire, l'apporta dans Naples à la reine Isabelle. Mais la noble femme, saisie d'horreur et de pitié, ne voulut rien lui donner, et fondit en larmes à son tour. « Pourquoi pleurer la mort d'un ennemi, lui demanda-t-on ? — C'était un prince royal, répondit-elle, et du même sang que mon mari ; s'il était mon ennemi aujourd'hui, il pouvait être mon ami demain. » Une pensée généreuse lui vint alors à l'esprit : suivant l'inspiration de son cœur, elle fit pieusement ensevelir le crâne de la victime et arborer sur le Castel-Capuano une bannière noire. En même temps, elle envoya offrir au roi d'Aragon d'enterrer le corps de son frère dans l'intérieur de la capitale, et, s'il le voulait, de fournir tout ce qui serait nécessaire pour la pompe de ses funérailles. Le fier monarque refusa, et fit porter provisoirement la dépouille au château de l'Œuf, où un officier portugais la recouvrit d'un drap [1]. Mais le désespoir régnait dans son armée. On se lamentait ; on déplorait le sort du jeune capitaine avec les mêmes accents que celui d'Hector ou de Jonathas : « Il est tombé, l'honneur de l'Aragon, la gloire de l'Hespérie toute entière ; ce n'est pas la valeur de ses ennemis, c'est la fortune impitoyable qui nous l'a enlevé. » Le ciel, d'ailleurs, continuait de se montrer inclément ; les navires qui fermaient le port faillirent être engloutis par une tempête. Tristes présages ! Au dire du chroniqueur Pérégrin, qui se trouvait là, le roi lui-même reconnut les signes de la colère divine. Il leva le camp au bout de trente-six jours de siége et se retira à Capoue, d'où il rentra ensuite dans sa citadelle de Gaëte [2].

Six semaines après, vers le milieu de décembre, René et Caldora, ayant soumis toutes les Abruzzes, étaient de retour à Naples. Comme il restait à peine dans le trésor royal de quoi

[1] « *Item doni a mest. Marti Sartie, portogues, companyo dal castell del Ou de Napoli*, IIII *cannes* IIII *palms de drap vert de Florença, lesquals lo senyor rey... li mana donar graciosament en smena de hun cubertor de drap que ell ha mes sobre lo cors del illustre infant don Pedro, fratre germa del dit senyor.* » Comptes d'Alphonse, 30 novembre 1439. (Arch. de Naples, *Cedole tesorarie, ced.* II, f° 132 v°.) Une messe fut fondée dans la chapelle du château de l'Œuf pour l'âme de dom Pedro ; son corps y était encore déposé en 1442. (*Ibid.*, f° 181.)

[2] Chronique de Pérégrin ; *Cronica del regno di Napoli* (pièces justificatives, n°s 99 et 100) ; Journal de Naples, *ibid.*, 1441.

payer les troupes, le général sicilien offrit de faire prêter de l'argent à son maître par son frère Raimond; mais il exigea que le château d'Aversa lui fût remis en gage [1]. L'ayant obtenu, il s'en alla réduire plusieurs petites places des environs. Le roi demeura quelques mois tranquille, donnant des tournois et des fêtes, et, l'hiver écoulé, il se mit en devoir de chasser les Aragonais des deux forteresses dont l'occupation avait fait courir tant de dangers à sa capitale, le château de l'Œuf et le Castel-Nuovo. Leur position était très-forte ; mais, grâce à quatre navires génois qui se joignirent aux Napolitains pour les bloquer du côté de la mer, on emporta, le 10 juin 1439, une des grosses tours du second château, dite la tour Saint-Vincent, où l'on fit prisonniers un certain nombre d'officiers et de soldats [2]. Alphonse envoya aussitôt des galères chargées de troupes, avec ordre de la reconquérir à tout prix, ou au moins de jeter aux assiégés de la poudre et des provisions [3]. Lui-même, tout malade qu'il était, vint avec le prince de Tarente, son connétable, tenter une diversion par terre, et s'établit sur les hauteurs de Pizzofalcone, à la tête de onze mille hommes.

[1] Journal, *ibid.* La détresse financière du roi de Sicile à la fin de l'année 1438 est encore attestée par une commission donnée, le 1er décembre, à Gérard d'Haraucourt, pour vendre ou engager de nouvelles terres, afin de subvenir aux besoins de l'État et de l'armée. (Arch. nat., KK 1128, f° 535.) Vers cette époque, il trouva aussi des ressources dans les biens confisqués aux Caraffa, aux Baux, aux Ursins et autres familles rebelles, contre lesquelles le grand justicier du royaume, Vital de Cabanis, avait commencé en 1435 un long procès, terminé en 1438. (Arch. des Bouches-du-Rhône, B 11, fos 242 et suiv.)

[2] *Cronica, ibid.* Comptes d'Alphonse, qui donna des secours à ces prisonniers (Arch. de Naples, *Cedole tesorarie, ced.* II, f° 92). C'est alors, sans doute, qu'Alphonse aurait refusé par humanité les offres d'un ingénieur qui lui apportait un feu de nature à consumer la flotte génoise dans le port. Ce trait, qu'on a prêté à plusieurs princes, est raconté par Vespasiano da Bisticci, compilateur d'anecdotes qui a suivi Bartolomeo Fazio, auteur d'une vie du roi d'Aragon, payé par lui pour la composer (*Vite di uomini illustre*, etc., Florence, 1859, in-8° ; p. 51).

[3] Le 5 juillet, soixante ducats sont ordonnancés par son commandement à certains officiers « *qui stiguessen ab lodit moss. Ramon* [*Boyl, camerlingue*] *al castell del Ou, per asseyar si porien socorrer lo castell Nou, qui stave assetyat dels enemichs.* » Comptes d'Alphonse, *ibid.*, f° 91 v°.

Alors René fit tirer sur son camp sans relâche, de nuit comme de jour, toutes les bombardes dont il pouvait disposer. Surpris par ces décharges vigoureuses, les officiers aragonais perdaient tant de monde, qu'ils se rendirent en corps auprès de leur roi pour lui dire qu'ils ne voulaient pas « mourir comme des chiens », et que la résistance était impossible. Il les engagea à prendre patience, et déclara qu'il abandonnerait tout ce qu'il avait dans le royaume plutôt que le Castel-Nuovo[1]. Sa possession avait, en effet, pour lui un prix inestimable : c'est par son moyen qu'il comptait, un jour ou l'autre, réduire la ville à son obéissance, et qu'il entretenait des intelligences secrètes avec quelques habitants[2]. Aussi envoya-t-il prier René de suspendre son tir pendant la nuit, et de faire bonne et loyale guerre. Celui-ci répondit avec énergie : « Le roi d'Aragon ne s'est jamais inquiété que de vaincre ; il a traité mes soldats contrairement à tous les usages militaires, en les rendant incapables de servir. Qu'il me laisse à mon tour combattre à ma façon. » Et il recommanda de ne pas ralentir le feu. Il paya même de sa personne, et s'approcha de l'ennemi à une portée de trait, pour activer les opérations[3].

Le résultat ne se fit pas attendre. Le Castel-Nuovo, manquant de poudre et de vivres, privé de toute communication par terre et par mer, capitula devant la force le jour de la Saint-Barthélemi. On y trouva peu de soldats ; beaucoup s'étaient réfugiés sur les navires : mais on y recueillit pour vingt mille ducats d'effets et d'objets précieux, ressource inespérée pour le trésor épuisé du vainqueur. Le lendemain, le château de l'Œuf se rendit à son tour. Les Catalans y avaient renfermé

[1] Ce propos a été mal compris par les historiens modernes, et notamment par M. de Villeneuve-Bargemont, qui l'a mis dans la bouche de René (I, 268). Du reste, cet écrivain, confondant encore les dates, place la réduction des deux châteaux de Naples à l'année précédente, avant le siége de la ville et la mort de l'infant dom Pedro, contrairement à tous les textes.

[2] Dans ces jours-là même, il faisait donner dix ducats à deux citoyens de Naples qui étaient venus lui parler en cachette. (Comptes d'Alphonse, *ibid.*; 17 juin 1439.)

[3] Journal de Naples, *ibid.*, 1112 ; Pérégrin, *ibid.*

leurs femmes ; on les renvoya sous la conduite du neveu de Thomas de Campofregozzo, qui commandait la flotte génoise. Quant au roi d'Aragon, il avait levé le camp de nouveau et pris avec ses troupes la route de la Calabre[1] : Naples était complétement dégagée. Cet important succès, s'ajoutant à ceux de la dernière campagne, semblait assurer le triomphe définitif de la cause angevine et française. Il était dû surtout à l'artillerie du roi René, et le Journal napolitain observe, à cette occasion, que ce fut lui qui importa le premier dans le royaume de Sicile l'usage des espingards (*spingarde*), petites pièces de canon portatives, dont la charge n'excédait pas deux livres. Il avait amené avec lui soixante *espingardiers*, dont deux savaient fabriquer la poudre. Le roi d'Aragon voulut aussi avoir des espingards ; mais ils ne purent lui servir, faute de poudriers habiles. C'est seulement, dit la même chronique, après avoir fait prisonnier un des hommes du métier, au siége de Sant-Arcangelo, petit château voisin de Naples, qu'il parvint à être muni de bonne poudre, et qu'il multiplia ces armes spéciales dans son armée[2]. On rencontre, en effet, dans ses comptes, la mention de plusieurs sommes dépensées en façon de poudre et d'espingards, ainsi qu'en l'acquisition de « certaines artilleries secrètes commandées par lui pour la fourniture de son camp[3] ». Ces dépenses ne remontent pas plus haut que l'année 1442. L'assertion de l'annaliste contemporain se trouve donc confirmée, et l'on peut attribuer au bon roi de Sicile une part certaine dans le développement de la plus terrible des inventions modernes.

La chute des citadelles napolitaines était pour lui, disions-nous, un avantage immense. Dans la partie engagée avec acharnement autour du trône de Charles d'Anjou, si la

[1] *Cronica del regno di Napoli* et Pérégrin, *ibid.* On peut lire dans ce dernier une narration détaillée, mais obscure, de l'événement, faite au point de vue espagnol.

[2] Journal de Naples, *ibid.*, 1113. Pérégrin parle aussi du mal que les espingards firent aux Aragonais dans l'attaque du Castel-Nuovo.

[3] Arch. de Naples, *Cedole tesorarie*, *ced.* II, f° 181 ; IV, f°s 85, 107, et *passim.*

première manche avait été gagnée par Alphonse en raison de sa délivrance inattendue, de son installation à Gaëte et de ses rapides conquêtes dans l'intérieur du royaume, on pouvait dire que la journée du 24 août avait donné la seconde à son rival. La lutte allait-elle continuer et se dénouer dans un effort suprême, ou les alliés des deux princes, voyant leurs forces se balancer, allaient-ils chercher les moyens d'établir entre eux un accord quelconque? C'est cette dernière solution qui parut d'abord devoir intervenir. Depuis quelque temps, des négociations étaient ouvertes, au sujet du royaume de Naples, entre les rois de France et d'Aragon. Charles VII, après le départ de son beau-frère, l'avait d'abord abandonné à lui-même, soit par insouciance naturelle, soit par ignorance du véritable état des choses. D'ailleurs, l'expulsion des Anglais était alors la grosse affaire politique, et laissait peu de place aux autres préoccupations. En tout autre moment sans doute, la cause des princes d'Anjou, qui était la cause nationale, eût été défendue avec plus d'efficacité par un gouvernement français. Le Roi couvrait bien de sa protection ceux des États de René qui dépendaient du royaume. Il avait écrit en sa faveur au duc de Bourgogne, le priant de ne pas maltraiter ses otages et de lui accorder un délai pour satisfaire à ses obligations, à cause des obstacles que lui suscitait la guerre des Aragonais [1]. Mais il attendit, pour le secourir en Italie, que son intervention fût devenue d'une nécessité urgente ; et encore cette intervention se borna-t-elle à l'envoi d'ambassadeurs auprès du pape et du roi d'Aragon, pour demander à l'un de procurer et à l'autre d'accorder une trêve. C'était avant le succès militaire dont nous venons de parler : les avantages obtenus par les deux princes rivaux semblaient se compenser; la lutte menaçait de se prolonger encore longtemps ; tout portait à croire qu'ils se prêteraient de part et d'autre à un accommodement, ou au moins à une suspension d'armes d'une certaine durée. Le sire de Gaucourt, l'évêque de Con-

[1] Bibl. nat., Lorraine 238, n° 7.

serans, le prévôt de Paris et plusieurs autres personnages furent envoyés à Gaëte pour négocier dans ce sens [1]. Ils rencontrèrent une vive résistance. Cependant, en voyant la chute du Castel-Nuovo, ils pensèrent qu'Alphonse se montrerait plus traitable. Ils servirent même d'intermédiaires dans la reddition de la place, espérant trouver là l'occasion d'amener une entente. Mais Alphonse les amusa par de vaines promesses, les fit maltraiter en route par ses bandes, et finalement s'éloigna sans avoir voulu accéder à leur requête. Même après un revers, sa nature opiniâtre se refusait aux concessions. Il ne songeait qu'aux moyens de prendre une prompte revanche.

Du côté du pape, les ambassadeurs de France eurent d'abord plus de succès. Eugène IV, qui avait toujours les plus impérieux motifs pour ménager Charles VII, chargea l'évêque d'Albano, son légat en Provence, de se rendre auprès des deux princes, afin d'essayer de jeter les bases d'une transaction raisonnable [2]. Mais, outre l'énorme difficulté de faire accorder des prétentions aussi contraires que les leurs, cette tentative devait se heurter à des obstacles d'une autre nature, résultant de la situation de l'Église. L'antagonisme du pape et du concile divisait la chrétienté en deux camps inégaux : René, comme le roi de France, tenait pour le premier, qui, en retour, favorisait sa cause en Italie ; il venait même d'ordonner à ses sujets de rendre une entière obéissance au pontife, et d'arrêter les porteurs de toutes lettres préjudiciables à son autorité suprême, ayant toujours été, disait-il, le vassal

[1] Journal de Naples, Pérégrin, *ibid.* On voit ces ambassadeurs dîner avec le roi d'Aragon à Gaëte, le 17 juin 1430. (Comptes d'Alphonse, *ibid.*, *ced.* II, f° 170 v°.)

[2] Lettre d'Eugène IV en date du 31 mars 1430 (Arch. des Bouches-du-Rhône, B 11, f° 317). C'est à cette affaire que se rattache probablement un exposé des droits de René, sans date, fait au pape par l'évêque de Chartres, le sire de Gaucourt et autres ambassadeurs, avec l'avis des jurisconsultes (Arch. nat., KK 1120, f° 531 v°). La mission donnée à l'évêque d'Albano paraît être le seul fondement de l'étrange assertion de M. de Villeneuve-Bargemont, que le roi d'Aragon avait alors décidé le pape à demeurer neutre entre lui et son rival (I, 280).

soumis du Saint-Siége, auquel il avait prêté l'hommage et le serment de fidélité[1]. Alphonse, par opposition, devait incliner du côté du concile. Effectivement, il avait, dès 1437, envoyé à Bâle l'archevêque de Palerme et l'évêque de Viana pour obtenir la confirmation de ses droits au trône de Sicile, et, sans la résistance du cardinal-archevêque d'Arles et de Raymond Talon, magistrat provençal chargé de répondre au nom de son souverain[2], il l'eût peut-être emporté devant l'assemblée des Pères, systématiquement hostile aux actes d'Eugène IV. Mais il ne se borna pas là : il entra dans la coalition ourdie pour déposer le pape, et fit pousser secrètement le duc de Savoie, Amédée VIII, à briguer la tiare. Une note anonyme et sans date, émanée d'un de ses secrétaires, nous donne la preuve des intrigues nouées par lui dans ce but audacieux. Cette pièce, qui éclaire d'un jour nouveau les causes de l'élection de l'antipape Félix, paraît se rapporter à l'année qui précéda son couronnement (1439). Elle renferme des instructions à l'usage d'un certain Zohanne Pedro, qui est chargé d'aller trouver Louis de Savoie, fils d'Amédée, de l'engager à poursuivre la papauté pour son père, et de l'assurer que le roi d'Aragon l'aidera de tout son pouvoir : ce dernier promet de ne demander d'autre indemnité, pour la conquête des terres qu'il enlèvera au pape Eugène, que le payement des gens de guerre qu'il emploiera[3]. Ainsi Alphonse voulait tout simplement se débarrasser du pontife, le supplanter par un autre qui serait lié d'avance à ses intérêts, et, tandis qu'il livrerait à cet intrus le territoire romain conquis par la violence, se faire adjuger en récompense le royaume de Sicile. Le plan était audacieux, digne d'un politique qui trouvait tous les moyens bons pour arriver à ses fins. Espérant le voir réussir, il n'avait plus besoin d'écouter le pape légitime ni son légat ; il ne se souciait guère de leurs démarches conciliantes. Par là s'explique la

[1] Acte daté de Naples, le 23 juillet 1439 (Arch. nat., *ibid.*, f° 530 v°).
[2] Arch. nat., *ibid.*, f° 531.
[3] Minute corrigée (Bibl. nat., ms. ital. 1583, f° 23).

confiance obstinée qu'il continuait à garder après le revers militaire le plus pénible pour son orgueil.

René lui-même se trouvait presque dans l'impossibilité de traiter, malgré toutes les intentions pacifiques qui pouvaient l'animer. La république de Gênes, dont une solution de ce genre eût dérangé les combinaisons, s'émut aux premiers bruits de négociations. Le doge écrivit au roi de Sicile de ne pas négliger de l'avertir avant de conclure aucune trêve, aucune convention. « Si vous en venez là, lui disait-il, nous devrons nécessairement être compris avec vous dans le traité ; l'ennemi nous a offert des conditions inespérées pour obtenir seulement notre neutralité, et nous avons refusé, parce que la ruse est trop grossière et n'a pour but que de diviser les alliés. C'est à votre tour à faire de même et à ne pas séparer notre sort du vôtre[1]. » Cette demande, quoique légitime, créait un empêchement de plus. Les propositions d'accommodement étaient donc entravées de différents côtés. Les pourparlers continuèrent pendant quelque temps sans résultat, et, tandis qu'ils traînaient en longueur, le sort des armes fut appelé de nouveau à trancher la question sicilienne.

Une perte soudaine vint, dès la reprise des hostilités, affaiblir et consterner le parti angevin. Le vieux Jacques Caldora,

[1] Lettre du 18 août 1439 (Arch. de Gênes, X, 111). A côté de cette correspondance officielle, il faut placer une lettre plus intime de Thomas de Campofregozzo, écrite vers la même date et reproduite par Papon (*Hist. de Provence*, III, 351) d'après un manuscrit du Vatican. René y est exhorté à ne pas abandonner la lutte : « Voyez avec quelle joie et quel empressement vous avez été reçu par tout ce qu'il y a de gens vertueux. Ils se disputent à l'envi à qui vous portera sur le trône; il n'est rien qu'ils ne souffrent pour l'amour de vous : ravages, incendies, siége, famine, blessures, ils bravent tout, et la mort même. Quand je pense à ces efforts généreux, je trouve que rien n'est plus propre à soutenir ce courage dont vous avez donné tant de preuves dans la bonne et dans la mauvaise fortune... Sur le trône où vous êtes élevé, où vous foulez aux pieds les amusements frivoles et les plaisirs, la gloire est la seule passion que vous ne vous soyez point interdite; mais, vous le savez, elle ne s'acquiert que par cette fermeté inébranlable qu'on montre dans les grandes entreprises et les périls... C'est à travers les obstacles et les hasards qu'Hercule, Annibal, Fabius Maximus, Marcellus et plusieurs de vos ancêtres sont allés à l'immortalité. » Etc. Toutes ces belles paroles n'empêcheront pas les Génois de faiblir lorsqu'il s'agira de venir au secours du roi de Sicile.

son appui le plus solide, avait à peine attaqué les Aragonais, qu'il fut frappé d'un coup de sang, au moment de livrer l'assaut à une petite place de la baronnie de Cercello, appelée Colle. Il avait soixante-dix ans, et, le jour même, il s'était vanté de combattre comme un jeune homme de vingt-cinq. Il expira quelques heures après, le 18 novembre 1439, sans emporter de ce monde, disent les Italiens, autre chose qu'une grande réputation de bravoure, ternie par l'inconstance et l'avarice[1]. Son fils Antoine hérita de son titre de duc de Bari et du commandement de ses troupes, auxquelles il promit, pour se faire bien venir, qu'elles seraient mieux traitées que par le passé. Le nouveau général, sans avoir les qualités de son père, poussait ses défauts à l'extrême. Une expression triviale, qu'on nous pardonnera, définit parfaitement la situation créée par ce changement forcé : le malheureux René troquait son cheval borgne pour un aveugle. Mais Antoine Caldora avait pour lui son nom, la confiance de son corps d'armée, qui lui appartenait presque autant qu'au souverain ; il importait de ne pas le mécontenter, si l'on ne voulait s'aliéner tous ceux dont il disposait. Entre deux dangers, le moindre fut choisi.

A partir de ce moment, les Aragonais reprirent peu à peu l'avantage. Revenus en force dans la Terre de Labour, ils assiégèrent Acerra, que défendait un capitaine français du nom de Gui, en même temps trésorier de René. Trois fois, au dire de Pérégrin, ce prince accourut de Naples pour lui porter secours, mais inutilement. La place se rendit devant la famine, et fut confiée au prince de Tarente. Le 13 janvier 1440, l'ennemi victorieux se transporta devant Aversa, située dans la même région[2]. La mort de Jacques Caldora, qui, l'on s'en souvient, avait obtenu la possession de cette ville en garantie d'un prêt d'argent, la laissait sans défense ; aussi ne put-elle tenir longtemps. Mais une cause encore plus

[1] Journal de Naples, *ibid.*, 1114 ; Pérégrin, *ibid.* La mort de Caldora est rapportée à une autre époque par Dégly et par M. de Villeneuve-Bargemont (I, 278).

[2] Pérégrin, *ibid.*

inquiétante, que le chroniqueur espagnol passe sous silence, vint contribuer à sa perte. Antoine Caldora, qui se tenait dans les Abruzzes, ayant été appelé en toute hâte pour délivrer Aversa, répondit à René que l'argent lui manquait, que le pays ne suffisait pas à l'entretien de ses gens, que plusieurs de ses officiers cherchaient à nouer des intelligences avec l'Aragonais, enfin que c'était plutôt au roi de venir raffermir ses partisans par sa présence, sans quoi lui-même se verrait forcé, ainsi que son oncle Raimond, de passer dans les rangs d'Alphonse. Caldora, en effet, nourrissait déjà des projets de désertion ; il espérait que l'occupation de la Terre de Labour empêcherait le prince de se rendre auprès de lui, et comptait tirer de son refus un prétexte pour l'abandonner[1]. René ne voulut pas lui laisser cette excuse. Avec sa fougue ordinaire, il résolut de le rejoindre à travers les lignes ennemies ; mais, avant de quitter la capitale, il voulut soumettre ses habitants à une épreuve qui lui permît de juger s'il pouvait se fier à leur fidélité.

Il fit donc répandre dans la ville le bruit qu'il désespérait de son triomphe, qu'il allait embarquer sa femme et ses enfants sur deux navires génois, arrivés récemment avec une cargaison de victuailles, et que lui-même allait partir pour Florence, afin d'implorer l'aide du pape Eugène : s'il l'obtenait, il reviendrait dans le royaume ; sinon, il s'en retournerait en France. Un cri unanime s'éleva : « Pour l'amour de Dieu, lui dirent les Napolitains, ne pensez pas à cela ; nous ne voulons pas d'autre souverain que vous ; ne nous abandonnez pas. — Mon éloignement, répliqua-t-il, vaudra mieux pour vous ; car vous pourrez vous accommoder avec le roi d'Aragon sans avoir autant de souffrances à redouter. » Et il commença aussitôt ses préparatifs de départ, tandis qu'Alphonse, instruit de cette nouvelle et la prenant au sérieux, se relâchait de sa vigilance, dans la certitude de régner bientôt sans obstacle[2].

[1] Journal, *ibid.*, 1114.

[2] *Ibid.*, 1114, 1115. Cet épisode a été quelque peu amplifié par les historiens modernes (Vill.-Barg., I, 282 et suiv.).

René était satisfait de son ingénieuse épreuve. Le 29 janvier, vers le milieu de la nuit, il manda ses serviteurs les plus dévoués, avec ses officiers d'infanterie, et leur tint ce langage : « Mes frères et mes fidèles, vous voyez où en sont mes affaires et ce que me fait dire Caldora. Pour votre salut, je ne regarde pas à exposer ma personne et ma vie ; je vous recommande la cité, la reine, mes enfants, et je vais me battre. » A ces mots, il s'élance sur son cheval. Quarante Français de sa suite en font autant. Raimond de Barletta se met en marche derrière eux avec une poignée de fantassins ; un certain nombre de chevaliers napolitains, qui aimaient leur prince, le suivent aussi à pied, sans se donner le temps de faire venir leurs chevaux. Alors s'engage une de ces campagnes aventureuses, héroïques, telles qu'on en rencontre à chaque page de nos vieilles chansons de geste. Dans les traditions locales qui nous en ont conservé le souvenir, le roi René apparaît comme un autre Charles le Grand, franchissant les montagnes, surprenant l'ennemi, et trompé lui-même par un vassal félon ; ou plutôt il rappelle la figure plus moderne d'Henri IV, comme lui adoré des siens, guerroyant sans argent, sans habits, conquérant son royaume avec une petite troupe de fidèles et la popularité avec son entrain, son *humour*, ses manières débonnaires[1].

Après avoir marché toute la nuit hors des chemins battus, la phalange improvisée arrive à l'aube sous les murs de Nole. Les sentinelles aragonaises, entendant le bruit d'une chevauchée, donnent l'éveil. René ne se laisse pas atteindre ; mais Jean Cossa, envoyé sur ses pas par la reine Isabelle, avec un renfort et des bagages, est obligé d'en venir aux mains et de laisser presque tout au pouvoir de ses nom-

[1] Il est curieux de voir comment l'historiographe attaché à la suite d'Alphonse d'Aragon apprécie le brusque départ de René et sa téméraire expédition : « *Atqui cùm intra muros Neapolis paucis confideret militibus, erubescens de suâ inopiâ, horâ noctis mediâ latenter urbem dimisit, ac per obsconsa nemora ferè solus commilitans in Apuliam versus penetravit iter. Expaluit plebs Neapolitana, ideo quia ipsâ insciente furtim recesserat dominus. Rumor fuit de astuciâ viri,* » etc. (V. pièces justificatives, n° 99.)

breux agresseurs[1]. Au grand jour, le roi est devant Baiano, château dépendant d'Avella, également occupé par les Espagnols. « Qui va là ? lui demandent les gardes. — Nous sommes des vôtres, dit-il avec assurance ; nous allons prendre Summonte, afin que vous ne soyez plus inquiétés de ce côté. » Et tout le cortége d'entonner le cri de guerre des Ursins, alliés d'Alphonse : *Orso! Orso!* Ils passent sans encombre, et, pour ne plus tomber dans les lignes ennemies, ils gravissent, près de Monte-Vergine, des hauteurs couvertes de neige, où nul pied humain n'avait encore passé. Le froid les paralyse, la tourmente les renverse ; ils perdent là huit hommes. Mais René, toujours gai, réconforte les autres et donne à chacun une bonne parole. On était parti trop vite pour se munir de provisions : heureusement, il se trouve un Français plus prévoyant que les autres, qui a emporté treize pains et un flacon de vin ; il partage le tout entre ses compagnons, et cette agape fraternelle soulage un peu leur fatigue. Parvenu à Summonte, place gardée par son fidèle Ottino Carracciolo, le roi y laisse ceux qui ne peuvent plus le suivre ; puis il gagne avec le reste Sant-Angelo de Scala, occupé par les gens du même seigneur. Là, le châtelain allume un grand feu, lui fait quitter tous ses vêtements, qui étaient trempés « jusqu'à la chemise », et lui en donne d'autres. Le prince affamé se met à faire cuire lui-même ses œufs (car on était au samedi). On s'empresse autour de lui. On lui cherche partout un verre, car les habitants ne se servent que de tasses de terre ; mais il repousse celui qu'on lui présente : « Ne dérogeons pas, dit-il, aux bonnes coutumes du pays. » Puis, après s'être un moment récréé avec son entourage, il remonte à cheval et se dirige sur Bénévent. Des traits de ce genre étaient faits pour toucher le cœur du peuple et frapper son imagination ; il n'est pas étonnant que les contemporains en aient perpétué la mémoire.

Attaqué en route par une horde de paysans, qui ignoraient à quel personnage ils avaient affaire (c'étaient les ancêtres

[1] Pérégrin parle seul de cet incident, qu'il grossit avec une complaisance visible. (Pièces justificatives, *ibid.*)

des bandits napolitains), il passe au travers. Un chevalier français, nommé Gui, les frappe d'estoc et de taille, en tue un, en blesse quatre, en arrête cinq. Emmenés malgré leurs cris, ces derniers s'attendaient à être pendus au bourg prochain, lorsque le roi les délivre et leur dit : « Allez-vous-en chez vous ; je suis le roi René ; je suis venu pour sauver mes sujets, et non pour les faire mourir [1]. »

Il arrive à Bénévent à deux heures de nuit, le dernier jour de janvier. Cette place était neutre, étant gardée pour le comte François Sforza par un de ses lieutenants. Le châtelain, averti que messire Gui, Raimond Annequin et d'autres gentilshommes de Naples, en tout près de deux cents personnes, tant à pied qu'à cheval, demandent à pénétrer dans l'enceinte des remparts, donne l'ordre de n'en laisser entrer que vingt-cinq. Le recteur prend les clefs, ouvre les portes de la Nunziata, et, après avoir livré passage au nombre indiqué, la referme. Aussitôt le bruit se répand que parmi les vingt-cinq on a reconnu le roi René, habillé comme un rustre. On vérifie le fait : l'archevêque reçoit le prince dans son palais; mais le châtelain, moins bien disposé, lui fait promettre de quitter la ville le lendemain, et en réfère immédiatement à son maître [2]. Le jour suivant, craignant sans doute d'être inquiété, René demande l'hospitalité à un bon religieux, originaire de Bénévent, qui lui a servi de guide dans son dangereux voyage, et qui a plus d'une fois exposé sa vie pour lui. Frère Antonello, tout joyeux, allume dans sa maison un grand feu, y fait rôtir des viandes, apprête une quantité de mets comme s'il s'agissait d'un festin royal. Mais son hôte, arrivant, s'assied à une petite table, et se met à boire et à manger avec tout le monde. « Es-tu content? lui demande-t-il après. — Sire, ré-

[1] Tout ce qui précède est tiré du Journal de Naples (*ibid.*, 1115 et suiv.). Je néglige les sources qui n'ont ni la même ancienneté ni la même authenticité.

[2] C'est du billet écrit collectivement par le châtelain et le recteur de Bénévent que je tire ces détails. Cette curieuse missive est conservée aux archives de Milan (*Dominio Visconteo*). On peut en lire le texte dans les pièces justificatives (nº 12).

pond le moine, si je mourais en ce moment, j'irais en paradis, pour avoir vu ma pauvre et chétive demeure honorée de la présence d'un tel prince. — Pense plutôt à vivre, ajouta René, et je te récompenserai. » Puis il retourna trouver l'archevêque, qui lui prêta cinquante ducats, et il se remit en route avec les siens.

Continuant de s'enfoncer dans les montagnes, il atteignit bientôt Lucera, dans la Pouille [1], avec un renfort de trois cents fantassins et de mille lances, que lui avaient offert à son passage plusieurs seigneurs du pays. Là, il s'arrêta quelque temps pour faire reposer ses soldats, qui, à force de marcher dans la neige, avaient les pieds et les jambes tout enflés. La principale difficulté de son entreprise était surmontée : il avait franchi toute la région occupée par les Aragonais, mis entre eux et lui l'Apennin ; il ne lui restait plus qu'à gagner les Abruzzes à l'abri de ce formidable rempart, pour rejoindre Antoine Caldora. C'est ce qu'il fit en fort peu de temps, quoique la distance fût encore longue. Cette expédition, dit la chronique, lui valut une telle renommée de prudence et de courage dans l'adversité, de familière bonté, d'intrépidité devant le péril, que non-seulement tous les gens de Caldora, mais tous les barons et tout le peuple de l'Abruzze vinrent lui apporter leurs protestations de dévouement. Il retrouvait au fond de cette province l'inaltérable fidélité qui fut toujours l'apanage des montagnards. Mais, si son audace avait été découverte par une seule des garnisons ennemies semées sur sa route, il eût été infailliblement pris. Aussi le roi Alphonse entra-t-il en fureur à la nouvelle qu'il avait été joué. « Que chacun fasse son devoir, s'écria-t-il, à présent que ce lion est déchaîné [2] ! »

René passa la fin de l'hiver à Aquila et dans les environs, se

[1] *Nocera di Puglia*, dit le texte ; mais les deux noms s'appliquent encore aujourd'hui à cette ville. Il ne faut pas la confondre avec les autres Nocera, situées dans la Calabre et dans le duché de Spolète.

[2] « *Mo bisogna che ognuno faccia il dovere, essendo scatenato questo leone.* » Journal, *ibid.*, 1116.

préparant à tenter avec ses troupes réunies un effort énergique. Il lui fallait maintenant revenir sur l'ennemi, fondre sur ses derrières, l'écraser entre les forces angevines et les murs de Naples. Caldora, toutefois, commençait à manifester sa mauvaise volonté. Désagréablement surpris de l'arrivée du prince, il avait formulé de nouvelles réclamations. A défaut d'argent, il demandait la place de Sulmona : on la lui céda ; mais les habitants, qui le haïssaient, préférèrent se livrer aux Aragonais, et force fut au roi de Sicile d'assiéger la ville, qui se soumit, à la condition de demeurer unie à la couronne royale. Le duc de Bari n'en devint que plus exigeant. Il déclara qu'il voulait désormais de bons deniers comptant, ou sinon qu'il ne marcherait pas. René lui répondit qu'il n'en avait plus, qu'il lui donnait tout à mesure qu'il recouvrait des fonds, qu'il lui en trouverait à Naples après leur retour. Ainsi leurs rapports s'envenimaient de jour en jour, et la trahison devenait imminente.

Alphonse était trop habile pour ne pas profiter d'une pareille situation. L'éloignement de son rival lui permettait de resserrer le cercle de fer dont il entourait déjà la capitale. Les environs de celle-ci étant presque entièrement en son pouvoir, il prit le parti de l'isoler, de l'affamer. Toutes les communications entre elle et l'armée angevine furent coupées, grave inconvénient, que l'avantage de la jonction des deux chefs ne compensait peut-être pas. René s'avança donc avec Caldora pour rompre cette ligne d'investissement. Il revint dans ce but jusqu'auprès de Bénévent, et se campa juste en face du roi d'Aragon, établi au lieu dit *la Pelosa*. Croyant avoir enfin trouvé l'occasion d'une bataille décisive, il renouvela le défi qu'il avait porté à ce prince, et lui fit proposer de combattre, soit corps à corps, soit avec un petit nombre de champions, soit avec toutes leurs troupes. Cette fois, Alphonse ne prit pas de faux-fuyant : il refusa catégoriquement. « Je suis maître de la plus grande partie du royaume, répondit-il, ; ce serait une folie d'aller remettre le tout au hasard d'une journée. » Le bouillant fils d'Anjou, résolu à ne plus le laisser échapper, fondit aussitôt sur son camp. Déjà les Catalans pliaient en désordre ; leur roi lui-même, qui était malade et se faisait porter en litière [1], avait commandé de déloger, quand un colonel de l'infanterie napolitaine lui fit dire qu'il n'avait pas besoin de s'inquiéter. En même temps Caldora, sous prétexte d'épargner les siens, les arrête court. A cette vue, René désespéré s'écrie : « La victoire est à nous ; laissez venir ces gens avec moi, et prenez ma vie [2]. » Le duc répond que les adversaires sont trop nombreux, qu'il sait bien comment on dirige la guerre. « Et si vous perdez la bataille, ajoute-t-il froidement, vous retournerez en France gouverner tous vos États ; tandis que moi, je serai réduit à errer comme un mendiant. » Pendant ce débat, l'ennemi commence à décamper ; l'occasion tant cherchée s'envole encore une fois.

Une perfidie aussi peu déguisée devait consommer la rupture entre le roi de Sicile et son général. Pérégrin prétend que leur dissentiment naquit de l'insuccès, et que, devant la brillante résistance d'Alphonse, ils s'accusèrent l'un l'autre ; mais il est forcé d'avouer (ce qui lui arrive rarement) que l'action fut très-dure, et il attribue la retraite précipitée de son maître à la nécessité d'aller fermer la route d'Aversa. Suivant le même historiographe, les Angevins déconfits escaladèrent en toute hâte les hauteurs de Monte-Vergine, seul passage qui ne fût pas gardé, et, se cachant derrière les rochers et les bois, s'enfuirent à bride abattue jusqu'à Naples [3]. La vérité est qu'en face de l'abandon trop certain dont il était menacé, René n'avait pas d'autre parti à prendre que de rentrer dans sa capitale, d'y ramener ses fidèles Français et d'y concentrer toute la résistance. C'est ce qu'il fit le jour même, en perçant de nouveau les lignes ennemies, avec toute la célérité commandée par la situation. S'il fuyait, c'était devant la trahison ;

[1] Il souffrait, suivant Pérégrin, d'une maladie appelée le *fer chaud* (*carbunculus*).

[2] « *Oggi haremo la vittoria ; lassa venire la gente con me, e mi togli la vita.* » Journal, *ibid.*, 1118.

[3] V. pièces justificatives, n° 99.

s'il était réduit à l'impuissance, ce n'était point par la force des armes.

La ville de Naples, durant son absence, avait été maintenue dans la tranquillité par l'énergie de la reine Isabelle, en dépit d'un commencement de famine et des intrigues de l'Aragonais. Le premier soin du roi, en arrivant, fut de démasquer Antoine Caldora et de le mettre hors d'état de lui nuire. Tant qu'il n'avait eu contre lui que des soupçons, il avait dû, par politique, le ménager : mais aujourd'hui la prudence devait faire place à la fermeté ; il avait même trop attendu. Deux navires venaient de débarquer au port des provisions de toute espèce : à cette occasion, il réunit dans un festin, au camp des Marais (*Palude*), une foule de seigneurs et d'officiers, Raimond Caldora, le comte de Celano, Trajan Carracciolo et beaucoup d'autres, le duc de Bari en tête. A la fin du repas, René, se levant, apostropha ce dernier, et lui tint un discours très-net, qui nous a été conservé :

« Duc, dit-il, vous m'avez fait appeler dans l'Abruzze à « votre secours, alors que bien peu de vos gens auraient osé « y venir, vous le savez. J'ai chevauché par la Capitanate et « par l'Abruzze, non comme votre roi, mais comme votre tré« sorier et votre agent. Tous les deniers que j'ai pu avoir, je « vous les ai donnés. Ensuite vous avez voulu Sulmona : je « vous l'ai donnée. En toutes choses je vous ai témoigné ma « faveur et me suis efforcé de vous contenter. Après m'avoir « fait venir jusqu'à Carpinone, à peine avez-vous daigné « bouger, et, si dans le trajet je commandais une chose, vous « commandiez immédiatement le contraire. On peut dire que « vous m'avez arraché des mains le roi d'Aragon et toute son « armée, quand vous n'avez pas voulu laisser combattre vos « gens comme ils y étaient obligés, puisqu'ils avaient été « payés par moi. Je suis venu de France pour être roi, et « non pour vous obéir : aussi, je vous le dis, par égard pour « les services de votre père, je ne veux pas prendre contre « vous de mesure plus rigoureuse, mais j'exige que vous « remettiez vos troupes entre mes mains ; à ce prix, vous

« garderez vos dignités et tout ce que vous possédez[1]. »

Caldora balbutia quelques excuses : il avait l'expérience du terrain et de la qualité des soldats italiens ; il ne croyait pas qu'on dût, ce jour-là, engager une bataille. Mais, malgré toutes ses raisons, il fut sur-le-champ renfermé dans une des chambres du château.

Ce coup d'État nécessaire eut immédiatement des suites funestes, qui justifient l'hésitation du roi. Les soldats du duc de Bari, en apprenant sa détention, se révoltèrent, foulèrent aux pieds l'étendard royal et saisirent leurs armes, en annonçant bien haut l'intention de se rendre au camp espagnol. Raimond Caldora, plus loyal que son neveu, entremit son influence pour les apaiser; mais il ne put en venir à bout qu'au prix d'une concession dangereuse. Au bout de huit jours, ils obtinrent de l'argent pour eux et la liberté pour leur chef; moyennant quoi, ils jurèrent de servir fidèlement le prince d'Anjou, et Antoine s'engagea à retourner dans l'Abruzze en qualité de vice-roi, accompagné seulement des cavaliers de sa maison. C'était, de la part de René, une inconséquence et une faiblesse. Mieux eût valu ne pas arrêter le traître, ou ne pas le relâ-

[1] « *Duca, voi sapete che mi mandastivo à chiamare in Apruzzo in subsidio de le cose vostre, à tempo che forse pochi di quelli che stavano con voi se sariano arrisicati venire, e sovennivi; e ho cavalcato poi per lo Capitanato et Apruzzo, non come re, ma como esattore et fattore vostro, e quanti danari ho havuto, tutti ve li ho dato. Poi voleste Sulmone, e io ve lo diedi; e in tutte le cose che ho potuto mi ho mostrato favorevole et inchinato à contentarvi. Voi, dopo havermi fatto venire fino a li piedi vostri fino à Carpinone, appena vi volestivo movere; e sapete, se io per camino comandava una cosa, voi ne comandavate un' altra in contrario. Onde si puo dire che voi mi havete levato il re d'Aragona con tutto lo esercito suo dalli mani col non volere che le genti vostre combatessero, come erano obligate, essendo state da me pagate. Io sono venuto de Franza per essere re, e non executore vostro; e per questo vi dico che, per havere rispetto alli servizi di vostro patre, io non voglio fare contra voi altra dimostrazione che volere le genti vostre in mano, et lo stato sia vostre e quanto possedete.* » Journal de Naples, *ibid.*, 1119. M. de Villeneuve-Bargemont (I, 303) place ce fait avant la rentrée du roi à Naples et en dénature quelque peu les circonstances. D'après le Journal, il aurait eu lieu le 1er juin. Il faut, je crois, lire le 1er juillet (*giulio* pour *giugno*), car la journée de la Pelosa, qui, nécessairement le précéda, est fixée par la même chronique au 30 juin; dans ce cas, le festin aurait été donné dès le lendemain.

cher après lui avoir donné de nouveaux motifs d'irritation, car on savait ce que valait sa parole. Mais la situation était devenue une véritable impasse : si Caldora demeurait prisonnier, la majeure partie de l'armée désertait ; s'il était libre, il enchaînait tout au moins ses troupes dans une inaction presque aussi coupable. Ainsi, suivant le mot qui lui avait été jeté à la face, ce capitaine était plus roi que son maître, et disposait du sort de la dynastie.

On vit immédiatement ce qu'il fallait attendre de lui. A peine sorti de sa prison, et parvenu au pont de la Madeleine, à la porte de Naples, il fit appeler ceux qu'il avait l'habitude de commander. Tous vinrent aussitôt se ranger autour de sa personne. René, alarmé, prenait déjà les armes afin d'aller les disperser ou les châtier ; mais on lui fit observer qu'il devait peu compter sur ses propres officiers pour une pareille tâche, car plusieurs d'entre eux, Raimond Caldora, Trajan Carracciolo, Lionel, comte de Celano, étaient les proches parents du duc de Bari. Celui-ci, avant d'aller plus loin, fit demander par un héraut la révocation des conditions qui lui étaient imposées, et son maintien à la tête des soldats que lui avait laissés son père. Le prince, indigné, déclara qu'il aimerait mieux renoncer au trône que de subir de pareilles exigences. Après deux ou trois messages du même genre, Antoine, mettant ses menaces à exécution, envoya deux députés au roi d'Aragon, qui lui fit sur-le-champ des offres brillantes. Des pourparlers suivis s'engagèrent entre eux. Quelques jours plus tard, ils avaient une entrevue secrète dans un vallon reculé, près d'Arienzo ; le général napolitain se précipitait aux pieds d'Alphonse en implorant son pardon, protestant que son corps était à lui comme son âme était à Dieu ; dix mille ducats lui étaient assignés pour payer son parjure. Il alla ensuite s'établir avec les siens entre Bénévent et Padula, subissant le mépris de son nouveau maître, qui ne voulut pas employer son épée, mais se contenta de se faire ouvrir par lui les chemins de la capitale [1]. Leur bon accord ne dura même pas long-

[1] Journal de Naples, *ibid.*, 1119, 1120. Ces détails sont confirmés par ceux que

temps : Caldora s'étant mis à ravager comme un chef de brigands la campagne de Venafro, Alphonse, au dire de Pérégrin, dut employer sa cavalerie à réprimer ses excès [1]. Bientôt il fut forcé d'aller l'assiéger dans la ville de Bari, qu'il réclamait avec d'autres terres, et qu'il avait commencé par occuper, bien qu'elle eût été donnée au prince de Tarente. A plusieurs reprises, ils se brouillèrent et se réconcilièrent ; et finalement, après avoir traîné un beau nom dans l'ignominie, Antoine alla mourir en mendiant, comme il l'avait tant redouté, à Jesi, dans la Marche d'Ancône : le prix de sa félonie lui avait glissé des mains, comme à Judas [2].

En apprenant que sa trahison était consommée, son oncle Raimond avait quitté Naples et couru après lui, pour le faire changer d'avis. Loin de l'écouter, Antoine chercha, au contraire, à l'entraîner à sa suite. Mais le brave gentilhomme, se souvenant qu'il était le frère de Jacques Caldora, revint auprès de René, lui raconta son inutile démarche, et lui dit ensuite : « Sire, faites de moi ce que vous voudrez, car je vous sers de caution pour mon neveu. — Vous ne devez pas, répondit le roi, porter la peine des fautes d'autrui. » Et il le rassura par de bonnes et gracieuses paroles, protesta qu'il lui serait plus cher que jamais, et lui remit toutes les garanties qu'il avait pu donner [3].

Les conséquences de la défection de Caldora étaient faciles

donne, avec moins de précision toutefois, le chroniqueur espagnol (pièces justificatives, n° 99).

[1] Pérégrin, *ibid.*

[2] Journal, *ibid.*, 1121.

[3] Je puise ce trait de la générosité de René dans les mémoires inédits du vénitien Domenico Dellello, contemporain et témoin des événements (Bibl. de Saint-Marc, à Venise, ms. ital. XLII, f° 73). Voici le passage qui nous le révèle : « *Lo segnor Raimondo, habuta tal resposta et visto non poterlo placar ni mutar la sua volonta, retorno à Napoli, se apresento al re Renier, narrandoli quanto haveva fato cum el conte Antonio, et da poi li dise : Segnor, fati de mi que chi ve pare, perche io fui securta per lui. Lo re lo recolse cum benigne et graciose parole, carezandolo et dicendoli lui non dover porter pena per li menchamenti de altri ; et li prometeva che li saria aceto come mai, et li perdonava ogni segurdade fata per el conte Antonio.* »

à prévoir : la lutte opiniâtre engagée depuis plus de quatre ans devait, dans un bref délai, se restreindre à la ville de Naples. Resserré, bloqué dans ses murs, René allait jouer son dernier coup avec une poignée de chevaliers français, quelques compagnies d'infanterie et les milices urbaines ; et comme les grandes villes assiégées finissent presque toujours par succomber, rien ne pouvait plus faire espérer le triomphe de sa cause, si des alliés puissants ou les habiletés de la diplomatie ne venaient le délivrer. Il ne fallait pas attendre du roi de France un secours militaire ; les mêmes causes absorbaient toujours ses forces et sa pensée. Le pape se montrait bien disposé, et recommença même les hostilités contre le roi d'Aragon. L'échec des négociations qu'il avait précédemment entreprises pour pacifier le royaume suffisait à justifier sa détermination. Mais il avait voulu mettre Alphonse encore plus visiblement dans son tort : supplié en consistoire, par tous les cardinaux présents à Florence, d'apporter un remède à la désolante situation d'un État qui dépendait du Saint-Siége, il avait résolu avec eux d'envoyer un nouveau légat aux deux princes rivaux, pour les inviter à déposer leur querelle. Il était persuadé que le duc d'Anjou obéirait, et son compétiteur non : alors il aurait les meilleures raisons du monde pour déclarer la guerre à celui-ci [1]. En attendant, Eugène IV loua dans le port de Gênes un grand navire pour expédier à Naples une provision de blé, et, dès le mois d'août 1440, il envoya sa cavalerie faire une diversion sur le territoire du royaume [2]. La république génoise, à laquelle il de-

[1] C'est ce qui résulte d'une lettre du cardinal Acciapozzi à François Sforza, en date du 15 avril 1440 (Arch. de Milan, *Dominio Visconteo* ; pièces justificatives, n° 13).

[2] Les *provisores* institués à Gênes pour s'occuper des affaires de Naples furent chargés du choix et de l'équipement de ce navire ; ils prirent celui de Barthélemi Bondenier, « *qui cum aluminibus Angliam petitura erat, attentu potissimum navis magnitudinis.* » (Arch. de Gènes, Délibérations, X, 954 ; 18 et 19 août 1440.) L'envoi de la cavalerie pontificale est constaté dans le même registre, avec la promesse du pape « *palam oppugnare regem Aragonum et regi Renato favere* ». (*Ibid.*, 30 août.)

manda de suivre son exemple, ne voulut pas avoir l'air de demeurer en arrière : après avoir fait préparer aussi une cargaison de vivres, elle délibéra sur l'armement d'une nouvelle flotte. Les premiers secours qu'elle avait fournis n'avaient pas fait merveille. Néanmoins, sur la proposition de Pierre de Francis, ses conseils décidèrent, à soixante et une voix de majorité contre moins de la moitié de ce nombre, que l'on répondrait au pape affirmativement ; qu'on ne laisserait pas, cependant, que d'observer avec attention son attitude et la marche des affaires ; qu'on prierait le roi de Sicile d'aider à la dépense, ou au moins d'octroyer aux Génois des concessions qui pussent leur être utiles, à eux et à leurs enfants[1]. Ainsi la république montrait toujours le même dévouement intéressé, le même égoïsme. C'était bien l'heure de discuter des conditions, de réclamer des dédommagements, lorsque l'ennemi commun achevait d'envahir un pays livré sans défense à sa merci !

Tout en accueillant avec joie cette double intervention, René ne se fit pas d'illusions. Il vit que, dans le suprême péril où il se trouvait, il ne devait guère compter que sur lui-même. Loin d'abandonner la partie, ce prince, qu'on a souvent représenté comme si faible et si disposé à renoncer à ses États, résolut de se défendre en désespéré, de disputer les armes à la main jusqu'au dernier pouce de terre du royaume qui lui appartenait. Il prit sur-le-champ les précautions d'un homme qui va s'exposer à la mort, et, selon l'expression reçue, mit ordre à ses affaires. La reine et ses enfants furent renvoyés en France dans le courant d'août. Isabelle emportait avec elle une commission, datée du 10 de ce mois, lui conférant la lieutenance générale et le gouvernement des duchés de Bar, de Lorraine, d'Anjou et du comté de Provence[2].

[1] « *Privilegia, immunitates, provisiones, pignora et alia ejusmodi, que et nobis et filiis ac nepotibus nostris multimodi prodesse possent.* » (Arch. de Gênes, *ibid.*, 20 juillet et 30 août 1440.) C'est sans doute pour compter plus tard avec René que deux *massarii* furent chargés de tenir un livre des dépenses faites pour l'équipement de cette flotte. (*Ibid.*, X, 958 ; 20 avril 1441.)

[2] Arch. des Bouches-du-Rhône, B 12, f° 90.

Elle reçut aussi de son mari des instructions et une procuration pour régler d'une façon définitive, conformément aux projets arrêtés à Gien, l'apanage de Charles, comte du Maine, et la succession de la maison d'Anjou. Les pouvoirs qui lui furent remis à cet effet, le 4 août, en grand conseil, furent contre-signés par les principaux officiers de René : Guillaume de Montferrat, qualifié du titre de cousin du roi de Sicile; Othon Carracciolo, chancelier du royaume; Louis de Beauvau; Philibert d'Agout, seigneur de Mison; Pierre de Champaigne; Jean Cossa, *colledefer* de la cité de Naples; etc. [1]. Il faut remarquer aussi qu'à partir de cette époque le roi élut domicile au Castel-Nuovo, contrairement à ses habitudes précédentes [2] : sans doute voulait-il, de cette citadelle, surveiller de plus près les abords de la ville et les travaux de défense ; peut-être encore s'y sentait-il plus en sûreté contre les tentatives de trahison que l'exemple de Caldora ne pouvait manquer de faire naître.

Cependant il voulut essayer une dernière fois les voies pacifiques. Il fit proposer directement au roi d'Aragon un compromis fort acceptable, quoique plein d'inconséquence au point de vue des principes. Ce monarque n'avait pas d'enfants légitimes, mais seulement un bâtard, inapte à lui succéder. René, probablement d'accord avec l'envoyé du pape et les ambassadeurs du roi de France, s'offrit à laisser Alphonse régner paisiblement toute sa vie, s'il voulait adopter pour héritier son propre fils Jean d'Anjou, déjà duc de Calabre : si Alphonse mourait le premier, René régnerait après lui, et ensuite Jean ; si René mourait avant, Jean succéderait direc-

[1] Arch. nat., P 1370[1], cote 3118.

[2] V. l'Itinéraire. C'est du Castel-Nuovo qu'est datée, entre autres, une donation faite, le 23 septembre 1440, au monastère de San-Martino, des biens de Margarita Macia, riche napolitaine, veuve de Petrillo de Martino, de Massa, dont René avait d'abord protégé les intérêts, et qui n'en était pas moins entrée dans le parti des rebelles : « *Nos exindè considerantes quòd dicta postmodum Margarita, sensu ducta reprobo, effecta est Majestati nostre rebellis, unde singula ejus bona, jura et actiones sint nobis et nostre curie devoluta*, etc. » Arch. de Naples, *Coventi soppressi*, reg. 73.)

tement à la couronne [1]. Cette combinaison est un indice important des mobiles qui poussaient le roi de Sicile à défendre son trône avec énergie : l'ambition personnelle n'était pas le principal, puisqu'il consentait à laisser régner à sa place son compétiteur ; mais une pensée plus large, une politique plus désintéressée le guidait, puisqu'il cherchait à maintenir avant tout en Italie la dynastie et l'influence françaises. Tout homme moins avide que le prince espagnol, et plus avare du sang des peuples, eût consenti volontiers. Il refusa, assumant ainsi l'entière responsabilité des malheurs qui s'ensuivraient. Lui aussi voulait le trône pour sa postérité : il n'en avait point, il n'en pouvait avoir ; mais il en aurait cependant, par un subterfuge illégal qu'un avenir prochain révélerait. Néanmoins il ne repoussa pas brusquement les ouvertures qui lui étaient faites : il paraît même que des pourparlers s'engagèrent vers l'automne ; car les Génois, ayant eu vent d'un projet de traité dans lequel ils ne se trouvaient pas bien partagés, éclatèrent de nouveau en récriminations. « On ne peut assez s'étonner, dit une lettre du doge et des *provisores*, écrite le 6 novembre, du changement du pape, qui nous avait fait promettre l'envoi d'une flotte considérable pour le printemps. Nous préparons tout, puis soudain nous sommes avertis qu'on traite. Et quel traité, *bone Deus!* Pour les vingt ans de labeurs et de frais consacrés par la république à soutenir le royaume de Sicile, aucune rémunération n'est proposée. Bien plus, si le roi René nous a concédé quelques priviléges, ils seront frappés de nullité. Il paraît de toute impossibilité d'amener les citoyens de Gênes à accepter de pareilles conditions [2]. » Mais leurs plaintes se trouvèrent bientôt sans objet, car le projet avorta encore une fois, et peut-être par leur faute. Du reste, les habitants de Naples ne voulurent pas plus qu'eux entendre parler de l'avénement du roi d'Aragon. En vain René leur représenta-t-il qu'il agissait surtout dans leur intérêt, afin de pré-

[1] Journal de Naples, *ibid.*, 1121.

[2] J'analyse seulement ce document, conservé aux archives de Gênes (Lettres des doges, X, 113).

server une si belle cité de la destruction et des souffrances d'un siége. Ils déclarèrent qu'ils étaient déterminés à tenir avec lui jusqu'au bout. Encouragé par ces bonnes dispositions, il tourna toutes ses pensées vers la défense[1].

L'année **1441** amena encore quelques éclaircies dans le ciel sombre des Napolitains. Le pape ayant vu, suivant ses calculs, son envoyé repoussé avec dédain par Alphonse, parut se décider à agir plus vigoureusement. Les Génois, qui, aux termes de la résolution votée par eux, observaient son attitude, conclurent avec lui, le 26 avril, une véritable ligue offensive, ayant pour but de chasser par la force les Aragonais et d'envoyer au roi de Sicile des renforts combinés d'hommes et de vaisseaux. La procuration donnée par Eugène IV à Blanchardin de Becutis, de Pérouse, chevalier et docteur en droit, pour arrêter les termes de cette convention, invoque des considérants remarquables, qui montrent quelle différence radicale la cour romaine établissait entre les deux compétiteurs : « Le royaume de Sicile, y est-il dit, est une dépendance du Saint-Siége, et la dévastation à laquelle il est livré nous fait un devoir de chercher à y rétablir la paix. Le cardinal de Tarente, député par nous auprès de l'illustre Alphonse, roi d'Aragon, n'a pas été reçu comme notre légat, ni même admis sur le territoire sicilien : d'où nous concluons que ce prince est l'adversaire obstiné de la paix et de l'Église romaine. Notre cher fils René a, au contraire, écouté docilement toutes nos injonctions, comme émanées du suzerain direct du royaume. Il est donc évident que les armes seules peuvent terminer cette querelle[2]. » Effectivement, un corps de troupes pontificales,

[1] Journal, *ibid.*, 1121.

[2] Voici le texte même du préambule que je viens d'abréger : « *Cùm, regni Sicilie citrà Pharum, ad nos et Romanam ecclesiam spectantis et pertinentis, homicidia, civitatum et locorum vastationes, templorum incidia, agrorum populationes et alia hujusmodi plurima mala, occasione belli inter reges de eo contendentes dudum vigentis sic secuta, animo revolventes, pacem in ipso regno partim litteris, partim nunciis sepenumero missis constituere quesiverimus, et ultimo dilectum filium nostrum Johannem, tituli SS. Nerei et Archilei presbiterum cardinalem Tarentinum, apostolice sedis legatum, ad eandem componendam pacem desti-*

composé de dix mille hommes, sous les ordres du comte de Tagliacozzo, passa bientôt les frontières napolitaines et occupa le comté d'Albi ; mais là s'arrêtèrent ses exploits, et le cardinal de Tarente, qui l'accompagnait, lui fit rebrousser chemin peu de temps après pour le ramener dans la campagne de Rome, où sans doute la rébellion des sujets d'Eugène IV nécessitait sa présence [1]. Le pape travailla aussi à détacher du parti aragonais quelques capitaines italiens qu'il prit à son service, tels que Riccio et Nicolas Piccinnino. Il fit partir pour Naples de nouvelles provisions de grains et un de ses écuyers, nommé Daniel, chargé de paroles encourageantes pour le roi de Sicile, qui le connaissait particulièrement. Mais ces démarches, qu'Eugène fit valoir ensuite aux yeux de Charles VII pour obtenir son appui, étaient impuissantes à conjurer les périls de la situation [2]. Quant aux secours de

naverimus cum capitulis et oblationibus rationabilibus ; et idem legatus ab Alphonso, rege Aragonum illustri, quem primo de mandato nostro visitare decreverat, nec uti legatus acceptatus nec regnum intrare permissus fuerit, unde cognoscimus et pro certo habere compellimur animum predicti regis à pace penitus abhorrere, ipsumque regem cum violentiâ et omnimodâ in nos et Romanam ecclesiam injuriâ id regnum occupare dispositum ; et econtrà carissimus in Christo filius noster Renatus rex multis oblationibus et declarationibus se omnimodè voluntatis nostre, tanquam domini directi ipsius regni, tàm per viam justicie quàm etiam concordie submiserit ; intelligamusque pacem nullo modo, nisi per viam belli ac armis arma retundentibus, secuturam, etc. » (Arch. de Gênes, *Materie politiche, mazzo* 12.)

[1] Journal de Naples, *ibid.*, 1122.

[2] V. la longue instruction donnée aux ambassadeurs du Saint-Siége en France, le 22 mai 1442 (Bibl. Brancacciana, ms. 5 H, 7). Ce document est un résumé de la politique générale d'Eugène IV. En ce qui concerne la cause du roi René, les ambassadeurs sont chargés de faire valoir aux yeux de la reine Isabelle et de Charles VII les efforts tentés par le pape pour la soutenir, les secours qu'il a prêtés en armes, en provisions de blé, etc. Ils solliciteront, à la cour, la faveur et l'appui de Charles d'Anjou, frère de René, de maître Pierre Berchebien, médecin du Roi, et surtout du cardinal Romain, en qui le Saint-Père a toute confiance. A l'audience royale, ils demanderont une expédition à main armée contre l'antipape, le concile de Bâle et leurs adhérents, comme étant des hérétiques obstinés avec lesquels on ne peut en finir autrement. Ils feront valoir les immenses services rendus par le pape à la maison de France en la personne de René et du Roi lui-même, notamment dans les négociations qui ont eu lieu récemment à Arras pour arriver à une paix avantageuse avec le duc de Bourgogne. Puis ils réclameront la révocation de la pragmatique-sanction donnée à Bourges, qui lese les

la république, ils se bornèrent à quatre cents hommes environ, dont deux cents archers (*sagittarii*), commandés par Aron Cibon, qui, au dire de Thomas de Campofregozzo, avait maintes fois exprimé son affection pour la personne de René, et qui prit le titre de vice-roi [1]. La fameuse flotte était toujours en préparation ; on eût pu croire qu'elle était en construction. Au mois de septembre, le doge annonçait que tout était prêt et qu'on allait mettre à la voile aussitôt que les Aragonais seraient attaqués par terre ; il s'excusait du retard sur les difficultés survenues avec le pape, qui avait envoyé beaucoup moins de troupes qu'il n'avait promis [2]. Et le 31 décembre, on trouve encore les conseils génois en train de délibérer sur la question de savoir si l'on doit définitivement armer des vaisseaux ou abandonner ce projet ! Prendre le dernier parti serait donner le trône au roi Alphonse, disent-ils ; adopter l'autre, ce serait rendre plus dures les conditions du traité qu'on serait peut-être amené à conclure avec lui. Et, dans le doute, ils délèguent, pour peser le pour et le contre, quatre *provisores*, quatre *anciens* et huit citoyens notables [3]. On sait ce que signifie, dans les assemblées, la nomination d'une commission. Où étaient donc, à Gênes, la bonne foi et la fidélité ?

Un autre allié, plus sûr et plus entreprenant, apporta vers cette époque ses services au roi de Sicile, qui, après les avoir refusés, s'était vu contraint de les solliciter [4]. On devine qu'il

droits du Saint-Siége et viole le droit humain comme le droit divin ; car le pape ne peut croire qu'un pareil acte ait été rendu avec l'approbation du Roi. « *Quis verò fuerit inceptor et machinator tanti sceleris, omnibus notissimum est.* » Des faveurs et des concessions sur d'autres points seront accordées, s'il le faut, pour obtenir cette révocation, concessions dont la nature et la limite sont déterminées. — L'importance de cette pièce pour l'histoire des rapports de Charles VII avec le Saint-Siége m'a décidé à la publier intégralement (pièces justificatives, n° 17).

[1] Arch. de Gênes, Lettres des doges, X, 113; 25 avril, 11 juin 1441.

[2] Arch. de Gênes, *ibid.*; 23 septembre 1441.

[3] Arch. de Gênes, Délibérations, X, 960; 31 décembre.

[4] Une procuration avait été donnée par René à Matteo Guarna, de Salerne, son conseiller, pour traiter avec Sforza, dès le 23 juillet 1438. Le roi promettait à ce dernier, en échange de son concours, la confirmation des fiefs qu'il tenait dans

s'agit du comte François Sforza, repoussé à Porto-Pisano par le conseil royal, mais demeuré depuis hostile au roi d'Aragon. Sa position avait bien changé : d'envahisseur des États du Saint-Siége, il était devenu gonfalonier de l'Église romaine, et du métier de condottiere il s'était élevé au rang d'héritier présomptif du duc de Milan, dont il venait d'épouser la fille. Non-seulement son concours n'offrait plus d'inconvénients, mais son élévation promettait pour le présent un renfort assez précieux, et pour l'avenir la suppression d'une puissance ennemie ; du reste, le duc de Milan, Philippe-Marie Visconti, n'était plus lui-même aussi étroitement lié à la fortune d'Alphonse, et son gendre pouvait combattre les Aragonais sans encourir sa disgrâce. La ville de Bénévent, que François avait en garde, venait précisément d'être prise par eux, au commencement de l'année 1441, bien qu'une convention formelle leur eût ôté le droit d'attaquer le comte à moins de l'avoir averti deux mois d'avance[1]. Cette surprise déloyale et, paraît-il, les instances du pape[2] achevèrent de le décider à accepter les offres de René. Un traité fut signé par lui dans son château de Crémone, le 25 novembre de la même année, avec Matteo Guarna, commissaire de ce prince. Voici quelles en étaient les bases principales :

Le roi de Sicile engage à son service le comte François Sforza, avec mille lances et mille fantassins, à raison de dix

son royaume et la charge de grand connétable. Une seconde procuration, datée du 20 novembre 1439, chargeait le même personnage de se transporter vers le comte François Sforza, « *strenuum armorum capitaneum,... sacrosancte Romane ecclesie ac domini nostri pape sanctissimi confalonerium, etc., collateralem, consiliarium et fidelem nostrum dilectum, et cum eo exequendum certa ardua negotia concernentia nostrum honorem et statum,... ac ipsum comitem Franciscum Sfortiam ad nostra stipendia, obsequia et servitia conducendi et firmandi, cum illis conductis ac numero armigerarum gentium, equitum et peditum, et pro eâ firmâ atque refirmâ temporis, cum illisque provisionibus, prestantiis, stipendiis, gagiis, salariis... tibi visis.* » (Arch. de Milan, *Dominio Visconteo.*)

[1] Arch. de Florence, *Lettere alla Signoria, filza* XIX, f° 68. Simoneta, *Historia Francisci Sfortiæ, Rer. ital. script.*, t. XXI, col. 311-314.

[2] V. les instructions données aux ambassadeurs d'Eugène IV en France (pièces justificatives, n° 17).

ducats par mois pour chaque lance, et de deux ducats et demi par mois pour chaque fantassin. Le comte aura la faculté d'en amener un plus grand nombre pour accélérer la conquête du royaume, mais toujours aux frais du roi et au même taux. Il pourra quitter le pays en laissant un des siens à la tête de son corps d'armée. René, en considération de sa bonne volonté et de son zèle, lui promet l'office de grand connétable du royaume de Sicile et lui en donne dès à présent le titre, lui promettant de plus les pouvoirs de vicaire général du roi tant qu'il sera présent. Tous les officiers et soldats du comte ayant des possessions dans le royaume en recevront la confirmation. Le roi confirmera aussi les priviléges accordés antérieurement à Sforza par Louis III et Jeanne II, ainsi que les fiefs qu'il tient dans l'intérieur de l'État, et lui laissera reconquérir ceux qui lui ont été enlevés. Il le nommera, pour cinq ans d'abord, et à son bon plaisir ensuite, *maestro portulanato del reame*, en lui accordant les honneurs et les émoluments attachés à cette fonction. Les places et châteaux pris par François seront remis sans distinction à René. Le comte lui rendra l'hommage de ses terres et de ses offices, et il arborera ses étendards[1].

Le jour même où était passée cette convention, le cardinal Acciapozzi écrivait à Sforza pour le supplier, au nom du pape, d'envoyer immédiatement cent de ses fantassins à Naples, sur les navires qui portaient du blé dans cette ville. L'urgence est grande, lui disait-il, « et cent de vos soldats valent plus que quatre cents des autres ». Cinq jours après, nouvel appel, plus pressant, adressé par le même : il demande, cette fois, de deux à quatre cents hommes, « et plaise à Dieu qu'ils aient le temps d'arriver[2] ». Le comte n'avait pas attendu jus-

[1] Arch. des Bouches-du-Rhône, B 205, f° 118.

[2] « *Però non cessamo con omne importunitate pregare la Signoria vostra, si possibile fosse, che almeno cento fanti mandassivo ad Napoli con questa nave di Genova che deve venire ad carricare lo grano de Nostro Signore, perche valeriano piu cento fanti de li vostri che quattrocento de altri. Et Dio voglia che Napoli interim ve pozza aspectare.* » « *E necessario che la Signoria vostra ce mandasse*

que-là pour commencer les hostilités. Il opéra une heureuse diversion dans la Pouille, occupa Ariano, Manfredonia, Lucera, Biccari, Troja, dispersa même, avec l'aide du comte de Celano, seul gentilhomme de ces parages encore attaché au parti d'Anjou, les Aragonais accourus pour lui reprendre cette dernière place : mais rien n'indique clairement qu'il ait pu faire parvenir jusqu'à Naples les auxiliaires qu'on lui réclamait, ni à plus forte raison qu'il s'y soit rendu lui-même avec son beau-père, comme l'a avancé l'historien de René [1]. Ce qui est certain, c'est qu'après avoir engagé à son service Antoine Caldora et guerroyé avec lui dans la Marche d'Ancône, dont il était marquis, après avoir également traité avec son oncle Raimond pour défendre le royaume de Sicile à l'aide des lieutenants de ce seigneur, Carlo de Campobasso et Cola de Annechino, après avoir enfin renouvelé ses alliances et ses conventions solennelles avec le roi René, Sforza fit, dès le mois de juillet suivant, comme les autres puissances italiennes : il oublia toutes ses promesses, se mit à la solde du roi d'Aragon et fiança son fils, âgé de huit ans, avec la fille de ce dernier, qui en avait onze [2].

Avant d'en arriver là, néanmoins, il continua quelque temps la campagne pour le compte du prince français, mais en se tenant à distance, dans les Marches. En effet, les rapides progrès d'Alphonse, qui s'étendait partout sans obstacle depuis la dislocation et la rentrée des forces angevines, lui avaient permis d'obstruer complétement les chemins de la capitale. La Calabre, Bénévent et son territoire, les fidèles Abruzzes ellesmêmes, Lanciano, Aquila, Sulmona s'étaient successivement rendues à lui [3]. Revenu dans la Terre de Labour, il resserra ses lignes autour de Naples, et en même temps la trahison

da doycento fine in quattrocento fanti ; et Dio voglia che lo tempo aspetto. » (Arch. de Milan, *Dominio Visconteo*, 25 et 30 novembre 1441.)

[1] Arch. de Milan, *Dominio Visconteo*, 7, 10, 25 mars, 26 et 31 juillet 1442. Lucera faillit être reprise à Sforza par la trahison du châtelain, au mois de mars de la même année. (*Ibid.*)

[2] Journal de Naples, *ibid.*, 1122 ; D. Calmet, II, 810 ; Vill.-Barg., I, 317.

[3] Pérégrin, *ibid.*

d'un clerc (ou, selon Pérégrin, un coup de main opéré par deux de ses lieutenants) lui livra l'île de Capri, forteresse naturelle qui ferme en partie l'accès du golfe. Il put ainsi bloquer la ville de presque tous les côtés et saisir au passage les vaisseaux qui lui apportaient des vivres, tandis que des galères catalanes allaient leur donner la chasse jusque dans le port de Marseille [1]. Alors il vint établir son camp à mille pas des remparts. Quelques mois avant, il avait déjà pu s'en approcher, et son historiographe ne manque pas de faire valoir, à cette occasion, sa longanimité, qu'il poussa, dit-il, jusqu'à empêcher le pillage et l'incendie de la cité et à promettre aux habitants une grâce entière s'ils se soumettaient dans le délai d'un mois; ce qui fut cause que beaucoup d'entre eux abandonnèrent leurs demeures pour aller se réfugier à Aversa [2]. Mais ce premier essai de campement n'avait pu tenir, et des correspondances plus impartiales que la chronique aragonaise montrent son héros animé, la seconde fois, de sentiments beaucoup moins humains : son intention, disent les nouvelles adressées au comte François Sforza, était d'avoir Naples à tout prix, de bâtir des casernements tout autour, d'y rassembler dix mille combattants et plus de cinquante bouches à feu, enfin d'opérer un bombardement général de jour et de nuit, jusqu'à ce que les murs lui fussent ouverts par la force [3]. Il paraît cependant que le souvenir de la terrible fin de l'infant dom Pedro lui fit donner l'ordre de ne pas tirer sur le monastère de Santa-Maria-del-Carmino [4].

C'est au mois de novembre 1441 qu'Alphonse entreprit de

[1] Pérégrin, *ibid.*; Journal, *ibid.*, 1122. Ce dernier place la prise de Capri au 22 octobre 1441. V. aussi Arch. de Gênes, Lettres des doges, X, 113; 11 juin 1441.

[2] Pérégrin, *ibid.*

[3] « *Et ha deliberato edificare le case dintorno à Napoli et non se partire mai finche non l'ave, et dicese che farra de le persone decimilia et piu de cinquanta bonbardi, et notte et di farra bonbardare Napoli, et de po provare conbattere la per forza.* » (Arch. de Milan, *Dom. Fisc.*, 30 novembre 1441.)

[4] *Cron. del regno di Napoli* (pièces justificatives, n° 100).

mettre ses plans à exécution, et que commença, en réalité, le siége de la grande ville. C'est alors aussi que René se montra véritablement admirable. Il était de ces hommes dont le malheur semble retremper les facultés et doubler l'énergie. Réduit au petit nombre de défenseurs que nous avons dit, il se multiplia et sut électriser par son exemple tous les Napolitains. La famine se faisait lourdement sentir à ce peuple infortuné : il payait le blé onze ducats la mesure (*tumolo*) ; jamais, de mémoire d'homme, il n'avait eu à subir une pareille cherté. Mais il adorait tellement son roi, qu'il prenait tout en patience [1]. La viande manquait aussi : on mangea du cheval, on mangea de l'âne et des animaux plus vils encore. A tout heure du jour et de la nuit, on rencontrait le bon prince parcourant les rues à pied, seul ou avec quelques familiers, pourvoyant lui-même aux besoins de chacun, distribuant les provisions du château [2]. Sa sérénité rendait la confiance. Le dernier jour de l'année, on voulut lui donner une fête : on représenta devant lui une sorte de concours entre Scipion, Alexandre et Annibal; Minos était appelé à juger quel était le plus grand des trois, et donnait la palme à Scipion. Un orateur expliqua ensuite, dans un long discours, que Scipion figurait René, défendant Rome et Naples contre les Aragonais, tandis qu'Annibal, le rusé Carthaginois, n'était autre qu'Alphonse, séduisant les populations et dévastant la Campanie [3].

Cependant, si les Napolitains tenaient bon, l'assiégeant ne lâchait pas prise, et la disette allait toujours en augmentant. Il n'y eut bientôt plus rien à consommer. Un soir, le roi réunit les principaux citoyens au Castel-Capuano ; là, après

[1] Ce sont les propres expressions du Journal de Naples, auquel j'emprunte tous ces détails : « *Re Renato era tanto amato da' Napoletani, che tutte cose si sopportavano in pazienzia*, etc. » *Ibid.*, 1122.

[2] *Ibid.*

[3] Ce discours se trouve dans un manuscrit de la bibliothèque de Saint-Dié (n° 37), à la suite des *Paradoxes* de Cicéron. Il a été transcrit par *Petrus Aloysius Abalistrerius, de Neapoli*, qui en était peut-être l'auteur. M. de Villeneuve-Bargemont en a donné un extrait (I, 411 et suiv.).

les avoir remerciés de leur héroïque constance et de leur affection, après avoir rejeté tous les torts sur sa mauvaise fortune et les avoir encouragés à la résignation, il leur déclara qu'il ne voulait pas prolonger leurs souffrances, et qu'avant trois jours il allait chercher à traiter dans de bonnes conditions. Tous baissaient la tête, consternés, lorsqu'une voix, qui parut tombée du ciel, annonça que deux navires entraient au port. On courut, et l'on vit, en effet, deux grandes barques s'approcher en silence, à la faveur des ténèbres : à deux heures de la nuit, elles débarquaient devant la foule, ivre de joie, toute une cargaison de victuailles[1]. C'était un secours envoyé par les Génois, et qui attendait depuis quelque temps au large. Le roi d'Aragon avait été prévenu à l'avance de son arrivée, et, pour s'en emparer au passage, il armait en toute hâte une galère à Gaëte; mais celle-ci arriva trop tard, et il en fut pour ses frais[2]. Ce ravitaillement inespéré, survenu au commencement de février, après trois mois de blocus, ranima pour quelque temps les forces des assiégés.

Mais, s'ils avaient des provisions, leur artillerie n'était pas en état de répondre avantageusement à celle de l'ennemi, et ils ne pouvaient la remonter. Les Aragonais, au contraire, avaient la liberté de renouveler leurs munitions, de fabriquer les engins nouveaux dont leur prince avait emprunté le secret

[1] Journal, *ibid.*

[2] C'est ce que nous apprend un article des comptes d'Alphonse, en date du 12 février 1442, comprenant une dépense de 447 ducats « *en la compra de diverses vitualles e armes que feu en la dita civitat de Gaieta, per raho del forniment de la nau appellada del Botiffarer, laqual lodit senyor manava armar sots capitania de moss. Berenger de Rill, per poder resistir e probibir ensemps ab altres fustes deldit senyor e encara combatra II naus de Genoveses carraguados de forment, qui de hora en hora se speraven per dar forniment e soccors à la ciutat de Napols, laqual lodit senyor tenia assetiada; e com lesdites naus fossen arribadens abans que lodit armament hagus conclusio, mana lodit senyor levar ma e cessar dit armament, e partir e distribuir lesdites armes et vitualles à XI galeres sues, com encara al castell della dite ciutat de Gaieta.* » (Arch. de Naples, *Cedole tesorarie, Ced.* IV, f° 124.) Les Génois et le pape avaient fait précédemment plusieurs envois de blé, de viandes, de fromages, etc.; mais l'on ne sait s'ils arrivèrent à bon port. (V. Arch. de Gênes, Délibérations, X, 959, 960; Lettres des doges, X, 115.)

aux Angevins [1]. Solidement retranchés au Campo-Vecchio et sur le rocher de Pizzofalcone, ils y vivaient presque en paix. Ils s'étaient amusés, raconte Pérégrin, à faire de leur camp une reproduction matérielle de la ville de Naples : les rues, les portiques, les édifices, les églises, tout s'y retrouvait figuré avec plus ou moins d'exactitude [2]. Alphonse lui-même s'était fait bâtir une maison au Campo-Vecchio, et il y recevait des ambassadeurs anglais. Si les vivres ou l'argent venaient à lui manquer, il rançonnait le pays, empruntait aux habitants sans gages ni intérêts. En même temps, il se ménageait des partisans parmi les assiégés au moyen de quelques légers secours pécuniaires qu'il faisait, à l'occasion, parvenir aux plus pauvres [3]. Une discipline sévère régnait néanmoins parmi ses troupes. C'étaient là autant d'éléments de victoire [4].

Vers la fin de février 1442, le château de l'OEuf, qui avait pu tenir jusque-là, quoique séparé de la ville, retomba en son pouvoir. Il occupa presque en même temps plusieurs redoutes voisines, la tour des Moulins, la tour d'Octave, le château des Fratri [5]. Puis, après ces premiers succès, il laissa le gros de son armée sous le commandement de Ferdinand, son bâtard, pour aller soumettre quelques places plus éloignées qui lui résistaient encore : Massa, Vico, Sorrente, Pouzzoles [6]. Au printemps, René se trouva réduit uniquement à l'enceinte des murs de Naples, au Castel-Nuovo et au fort Saint-Elme ou Saint-Érasme, position imprenable qui domine la ville à l'ouest, mais qui, ne lui étant pas reliée, ne pouvait être d'une grande utilité [7]. Toute possibilité de communiquer avec le

[1] Comptes d'Alphonse, *ibid.*, f° 85.

[2] Pérégrin, *ibid.*

[3] « *A Corrado, famillo deldit senyor, qui erat stat pres dins Napols et soltat à la fe, losquals, per ço com per virtut della dita permetença torna dins la dita ciutat de Napols, li mana esser donato per donar los en ladita ciutat à certas donas pobres, X duc.* » (Comptes d'Alphonse, *ibid.*, f° 151 v°.)

[4] Comptes d'Alphonse, *ibid.*, *passim.*

[5] *Ibid.*, f°s 126, 136, 159 v°.

[6] Journal de Naples, *ibid.*, 1123. Pérégrin, *ibid.*

[7] René en avait confié la garde à Marino Capice, chevalier napolitain, qui jura,

dehors fut enlevée aux assiégés; toute chance de salut disparut.

Alors, comme le convoi génois était épuisé, arriva la terrible période du rationnement. On en vint à donner six onces de pain par jour aux hommes de garde (quantité dérisoire) et rien aux autres[1]. Et pourtant les Napolitains affamés, bombardés, refusaient toujours leurs portes à l'ennemi. Il faut convenir qu'ils donnaient là une héroïque leçon au reste du royaume, et que cette persévérance opiniâtre était de nature à racheter bien des palinodies, bien des lâchetés. Au milieu d'un pays entièrement subjugué, isolée du reste du monde, entourée de tous côtés par les retranchements ou les vaisseaux d'un arrogant vainqueur, leur cité arborait encore l'étendard de son prince légitime, l'étendard fleurdelisé, tant étaient grandes l'horreur qu'elle professait pour l'Aragonais et l'affection que René lui avait inspirée !

On alla ainsi jusqu'à la fin de mai, et nul ne peut dire jusqu'où l'on serait allé, si la trahison n'était venue, ici encore, précipiter le dénouement. Un jour, raconte le rédacteur des mémoires de Domenico Delello, un des contemporains les mieux informés, Alphonse parcourait un livre que le poëte Léonard Arétin, secrétaire de la république florentine, venait de lui envoyer, après l'avoir traduit de grec en latin. Il se délectait dans cette occupation, car il était grand amateur de littérature classique, lorsque, arrivé à une page qui racontait la guerre des Goths sous Bélisaire, il s'arrêta tout à coup comme saisi d'une inspiration soudaine : il venait de lire que le général romain était entré dans Naples par un aqueduc qui apportait

le 8 septembre 1441, de le lui conserver fidèlement. (Bibl. Brancac. de Naples, ms. 2 G 20; pièces justificatives, n° 15.) Revenu plus tard en Provence, il donna une pension et un logis dans son jardin d'Aix à une dame de Naples appelée Vannella Capice, qui avait perdu ses biens à son service et qui l'avait suivi : c'était très-probablement une parente, ou peut-être la femme de ce Marino. Le fort Saint-Elme, livré précédemment aux Aragonais par un traître, était revenu de la même manière aux mains de René au mois de décembre 1440, d'après un passage du Journal de Naples (*ibid.*, 1121).

[1] Journal, *ibid.*, 1123.

l'eau d'une distance de trois milles, et dont l'extrémité était au pouvoir des Goths. Il ne coûtait rien de renouveler l'expérience. Dans cette campagne où fourmillaient tant de ruines antiques, encore mieux conservées alors que de nos jours, l'aqueduc devait se retrouver : on le chercha, on le découvrit, on reconnut qu'il pouvait encore livrer passage[1]. D'autres prétendent que ce moyen fut enseigné au roi d'Aragon par deux maîtres maçons qu'il avait faits prisonniers, et qui reçurent de lui des récompenses magnifiques à la condition de guider eux-mêmes ses soldats par le conduit secret ; ou bien encore par un nommé Anello, employé au service des eaux de la ville, qui avait des intelligences avec l'assiégeant [2]. Pérégrin ne parle que d'un puits ou d'un souterrain étroit par lequel on pouvait à grand'peine se glisser [3]. Effectivement l'aqueduc, situé vers le nord, aboutissait à plusieurs puits creusés en dedans des fortifications, dont l'un, notamment, se trouvait dans la maison du tailleur Citello, près de la porte Sainte-Sophie, à peu de distance du Castel-Capuano, où René était revenu depuis le mois de décembre. Ce dernier eut vent, par quelques Napolitains passés dans le camp espagnol, de la trame qui s'ourdissait. Il chargea aussitôt Jean Cossa et Robin Galiota de faire faire bonne garde aux orifices des puits. En un clin d'œil, par les soins de ces deux officiers, trois murs furent élevés l'un devant l'autre autour des bouches de l'aqueduc, des barres de fer y furent ajoutées et de nombreuses sentinelles postées auprès. Le roi, à qui l'éveil était donné, redoubla de vigilance et paya plus que jamais de sa personne. Il ne se couchait plus, parcourait sans relâche les quartiers

[1] *Istoria del regno di Napoli* (Bibl. Saint-Marc de Venise, ms. ital. XLII, f° 74 ; pièces justificatives, n° 101).

[2] Journal, *ibid.*, 1123. *Cron. del regno di Napoli* (pièces justificatives, n° 100). Cette dernière ne parle pas de l'aqueduc, mais seulement d'une communication entre deux puits situés l'un à l'extérieur, l'autre à l'intérieur des remparts. On a ajouté depuis qu'Anello avait eu lui-même révélation de la chose par une veuve au comble de la misère, à laquelle René s'était vu forcé de refuser du secours. V. Villeneuve-Bargemont, I, 321.)

[3] Pérégrin, *ibid.*

menacés, veillait à tout, faisait fortifier les défenses, encourageait d'un mot citadins et soldats : on admirait ce souverain qui se conduisait comme un capitaine plein de bravoure et d'entrain [1]. Il donna l'ordre à chaque habitant de se tenir dans sa maison et de la garder, répartit les troupes le long des remparts, et leur interdit sous peine de mort de quitter leur poste. Quatre compagnies de fantassins durent circuler partout, afin de porter immédiatement du secours là où le danger se déclarerait.

Au milieu de tous ces préparatifs, René gardait sa liberté d'esprit et ses préoccupations pieuses : le 31 mai, qui était le jour de la Fête-Dieu, on le vit, comme d'habitude, suivre la procession à travers la cité. Le lendemain, un Napolitain qui faisait partie de l'armée aragonaise, mais qui ne voulait pas voir sa ville natale prise d'assaut, vint avertir qu'il avait entendu dire à Alphonse qu'avant dix-huit heures il voulait être dans Naples. René répondit que ce propos n'avait été tenu que pour faire peur. Toutefois il prescrivit une surveillance plus rigoureuse autour de l'aqueduc, sachant bien que l'ennemi ne pourrait pénétrer par un autre endroit. Jean Cossa et Robin Galiota avaient donné la garde d'un des orifices à un soldat du nom de Sacchettiello, en qui ils avaient toute confiance. Celui-ci les ayant assurés que les murs et les barreaux de fer étaient en bon état, ils ne jugèrent pas à propos de renforcer le poste et se reposèrent sur lui ; mais, la nuit arrivée, cet homme se jeta en bas des remparts et disparut [2].

L'ennemi se tenait prêt d'avance. Autour du roi d'Aragon étaient groupés Ferdinand, son bâtard, le prince de Salerne, Urso des Ursins, Raimond Buil, Pierre et Alphonse de Cardone, Alvar de Castro et beaucoup d'autres seigneurs. Il leur avait fait part de son projet ; ils devaient marcher avec lui si le stratagème réussissait. Informé par Sacchettiello du mo-

[1] « *Il re Renato mai mancò di fare officio di valentissimo et accorto capitanio, notte e di andando per la citta, provedendo, fortificando, e dando buono animo per li cittadini e à li soldati*, etc. » Journal, *ibid.*, 1123.

[2] Journal, *ibid.*, 1123 et suiv.

ment favorable, il fit choisir parmi les affidés de Ferdinand une centaine de gens résolus. Ceux-ci s'engagèrent la nuit même dans l'aqueduc, sous la conduite de Pierre de Corella, de Michel Jean, chevalier de Valence, de Pierre Sanche et de Mathieu de Guinnaro, gentilhomme sicilien [1]. Le passage était si étroit, qu'ils ne purent emporter d'autres armes que des arbalètes et des piques. Néanmoins, l'issue n'étant plus gardée, ils parvinrent à enfoncer tous les obstacles, et, le matin du 2 juin, aux premières lueurs du jour, quarante-six d'entre eux débouchèrent dans la maison du tailleur Citello [2].

La femme et la fille de l'artisan se trouvaient seules. Les arrêter, les bâillonner fut pour eux l'affaire d'un instant. Puis, n'osant pas encore se montrer au dehors, ils attendirent. Bientôt le jeune fils de Citello vint frapper à la porte et l'ouvrit. Ils voulurent le saisir à son tour ; mais il leur échappa et courut partout donner l'alarme : « L'ennemi, l'ennemi sort de dessous terre ! » A ce cri, chacun se renferme dans sa maison ; le bruit se propage, la ville entière est dans l'épouvante. Les quarante-six, se voyant découverts, prennent peur aussi. Ils s'élancent dans la rue comme des désespérés, pour aller se jeter du haut des murs et regagner leur camp. Leur prince, qui, pendant ce temps, s'est approché de l'enceinte avec ses troupes, est aperçu des sentinelles : celles-ci, se croyant prises entre deux feux, abandonnent leur poste, et laissent les premiers occuper la porte Sainte-Sophie ; la bannière d'Aragon y est arborée aussitôt.

A cette vue, Alphonse commande à tous les siens d'assaillir les remparts ; comme un chef de barbares, il leur promet le pillage, défendant seulement d'attenter à l'honneur des fem-

[1] Pérégrin, *ibid.* Ils étaient 080, selon le Journal de Naples. Mais, pour tout ce qui se passa dans le camp aragonais, je suis de préférence les indications de Pérégrin, l'auteur du Journal devant être, sur ce point, moins bien informé que lui. Cependant je laisse de côté les discours à la manière antique placés par le chroniqueur dans la bouche d'Alphonse, qui ne les prononça jamais.

[2] Selon quelques-uns, ils enfoncèrent un mur de l'église Saint-Jean *in Carbonaria*, voisine de la porte Sainte-Sophie. (*Bonincontrii Annales*, *Rer. ital., script.*, t. XXI, col. 150.)

mes. Ils appliquent leurs échelles, des cordes leur sont tendues de l'intérieur, l'escalade commence.

Mais René, prévenu, accourt en toute hâte. Il engage le premier la lutte, dans le jardin du comte de Sant-Angelo, avec deux ou trois cents cavaliers et une demi-compagnie d'infanterie. Lui-même frappe avec vigueur sur tous les assaillants qui se présentent. Sa main est si lourde, que du premier coup il en tue trois et fait reculer les autres. Une pierre lancée d'une des tours le blesse au poignet droit : son épée lui échappe; il la ressaisit sur-le-champ, et renverse trois nouveaux adversaires. Le jeune Michel, un des chefs des quarante-six, est au nombre de ses victimes, perte que Pérégrin déplore amèrement, tout en reconnaissant la vaillance du duc d'Anjou.

René, malheureusement, ne peut être partout. Tandis qu'il se bat comme un lion à la porte Sainte-Sophie, la porte Saint-Janvier, non loin de là, est ouverte toute grande par un assiégé à bout de forces, qui ne veut plus, dit-il, mourir de faim. Trois cents Génois, chargés de garder cette porte, se replient vers le Castel-Nuovo. Le flot des envahisseurs, dissimulés en partie sous les habits des Angevins, augmente de minute en minute. L'abbesse du couvent voisin de Santa-Maria-Donna-Regina, de la famille Carracciolo, les appelle de son côté. Pierre de Cardone pénètre par là avec un millier de soldats, s'avance jusque dans une des rues principales (*via Maestra*), fait prisonnier sur son passage Sarro Brancazzo, s'empare de son cheval, le monte et se dirige sur la porte Sainte-Sophie, pour prendre en flanc la petite troupe du roi. René, voyant arriver cet Aragonais à cheval, se figure que la ville est envahie dans une autre direction. Mais le désespoir ne fait que l'enflammer davantage. Il court à la porte Capuana. « Fuyons, lui crie un chevalier français qui le rencontre, Louis d'Épinay; fuyons, les Aragonais sont partout. » Il lui réplique par une des plus belles paroles que l'histoire puisse enregistrer : « C'est à un roi que tu dis de fuir! » Et, dans un excès d'indignation, il lui fend la tête. Un Catalan l'aborde un instant après et le déclare son prisonnier : d'un coup d'épée, il fait tomber à terre la main qui voulait le saisir.

Mais à quoi servent les prodiges de valeur? Il est débordé de toutes parts. S'il tarde encore un peu, le sort qu'il a éprouvé à Bulgnéville l'attend de nouveau. Un dernier asile lui reste : abandonnant le Castel-Capuano, dont les alentours sont entièrement occupés, il se retire pas à pas vers le rivage, et va s'enfermer avec les derniers débris de son armée dans le Castel-Nuovo [1].

Alors commence le sac de la malheureuse cité. Le soldat espagnol, le Sicilien lui-même pillent, volent, tuent à loisir pendant tout le jour. Pérégrin avoue que la nuit seule mit un terme à cette scène de carnage, et que l'ordre de cesser ne fut donné que le lendemain [2]. Alphonse attendit, pour entrer dans Naples, que la retraite de son rival fût certaine. A son tour, il parcourut les rues en vainqueur, et se rendit à l'archevêché. Il crut alors pouvoir user de clémence, et fit venir des environs des provisions de toute espèce, qui arrivèrent le lendemain. Les habitants rassasiés lui témoignèrent leur reconnaissance par une adhésion tardive, mais complète. Autant ils l'avaient maudit, autant ils l'exaltèrent. Un essaim de panégyristes l'entoura aussitôt. Sa libéralité ne l'empêcha pas de faire payer aux Napolitains les frais de son entrée triomphale, qui montèrent à dix-neuf cent un écus, et cette exaction n'empêcha pas non plus ceux qui la subirent de porter aux nues ses manières grandes et généreuses [3]. Cependant il resta toujours

[1] Journal, *ibid.*, 1121 et suiv. *Cron. del regno di Napoli*; Mémoires de Delello; Pérégrin (pièces justificatives, nos 99, 100, 101). *Bonincontrii Annales* (*loc. cit.*).

[2] M. de Villeneuve-Bargemont (I, 320) parle de trois jours de pillage, le Journal de Naples (*ibid.*, 1125) de quatre heures seulement; c'était déjà bien assez. Du reste, l'historien de René place la prise de la ville, contrairement à tous les textes, dans la nuit du samedi 3 juin, tandis qu'elle eut lieu dans la journée du 2, qui était effectivement un samedi.

[3] V. la longue liste des Napolitains taxés pour les dépenses *del paglio e dell' arco trionfale per la venuta della Maesta del re Alfonso d'Aragona*, avec le détail des sommes imposées, dans la chronique manuscrite de Juliano Passaro, qui était lui-même un de ces panégyristes (Bibl. nat. de Naples, ms. X, C, 31, 2e partie, fos 20-25).

dans la ville un parti angevin, et, si le règne du vaincu fut considéré comme non avenu, si les actes de sa chancellerie furent annulés ou détruits[1], son souvenir ne s'effaça pas de tous les cœurs : l'avenir devait le prouver.

René obtint une trêve de dix jours. Le Castel-Capuano tenait encore, défendu opiniâtrément par Jean Cossa : ce fidèle officier reçut l'ordre de le livrer, pour épargner sa vie et celle des siens ; il obéit, et put aller rejoindre son maître. Les Aragonais trouvèrent là des bombardes et des munitions en petite quantité[2]. Le fort Saint-Elme leur fut rendu un peu plus tard de la même manière. Ils ne purent entrer non plus au Castel-Nuovo que par un compromis. Le roi, qui s'y était réfugié, le remit au commandement d'Antoine Calvi, citoyen de Gênes, auquel il devait une somme considérable, et l'autorisa à en ouvrir les portes au vainqueur, à condition que celui-ci le désintéressât et pardonnât en même temps à tous les partisans de la maison d'Anjou, en tête desquels fut désigné Othon Carracciolo. Alphonse accepta, et prit possession du château

[1] La série régulière et officielle des registres de la chancellerie angevine, aux archives de Naples, s'arrête à 1430. Il s'était cependant conservé quelques volumes répondant au règne de René ; Charles de Lellis en a tiré, en 1681, des notes devenues précieuses par la disparition des originaux. Mais la plupart des chartes de ce prince que j'ai recueillies se trouvaient dans d'autres séries, et nous sont parvenues comme par hasard. Alphonse fit dater son règne de 1435, et voulut effacer toute trace du gouvernement précédent. Dès le 2 juin 1442, on trouve un mandement de lui daté de Naples ; le dernier acte que j'aie rencontré, donné dans cette ville *regnante Renato*, est du 23 mai (Arch. de Naples, *Coventi soppressi*, reg. 74).

[2] Comptes d'Alphonse (Arch. de Naples, *Cedole tesorarie, Ced.* IV, f° 291 v°). Plusieurs autres articles de ce compte se rapportent à la prise de Naples :

« *A mess. Bernat de Riu-Major, per raho de la despesa que li covindra fer anant en les parts de Cathalunya per portar la nova à la senyora reyna de la presa de Napols*, XXV *duc.* »

« *Al canceller de Pere Martinez, conestable, qui sta pres al castell de Capuano, per sa sustentacio*, V *duc.* »

« *A* VIIII *companyons de la sua gardia qui foren ferits en la intrada de Napols*, I *duc. à cascun*, VIIII *duc.* »

« *A Roger, trompeta, qui era del duch d'Anjou, novament acordat ab lodit senyor, per metres à punt*, XXX *duc.* » (*Ibid.*, f°s 279-285.)

dans le courant du mois, après avoir payé Calvi, qui retourna dans sa patrie [1].

Deux galères génoises, parties depuis quelque temps pour apporter des vivres aux assiégés, étaient arrivées le 3 juin au port de Naples. René en profita pour s'embarquer avec les chevaliers français qui lui restaient et quelques Napolitains qui voulurent partager sa fortune, Cossa, Carracciolo, Arteluche d'Alagonia, et d'autres moins connus. Plus tard, il devait dédommager largement ces courtisans de son malheur et tous ceux qui l'avaient accompagné en Italie [2]. Mais, pour le

[1] Delello; *Cron. del regno di Napoli* (*ibid.*) C'est à tort, comme on le voit, que ce fait a été pris pour une trahison de Calvi. (V. Vill.-Barg., I, 332.)

[2] Othon ou Ottino Carracciolo, chancelier du royaume de Sicile, avait déjà reçu, le 10 juillet 1441, à titre d'indemnité provisoire pour les pertes qu'il avait subies dans la guerre, le don d'une rente annuelle de quinze cents florins sur la pension des Juifs de Provence. (Arch. des Bouches-du-Rhône, B 12, f° 105 v°.) Une partie de sa famille s'était ralliée à la même époque au parti aragonais, indépendamment de l'abbesse de Santa-Maria-Donna-Regina : Baptiste Carracciolo, comte de Girace, Louis et Georges Carracciolo, ses frères, Thomas Carracciolo, son fils, et la femme de ce dernier, furent amnistiés et récompensés de leur défection par Alphonse, le 20 juillet 1441. (Arch. de Naples, *Pergamene regie camere*, I, 36.) Les récompenses accordées par René pour services rendus à sa personne en Italie l'appauvrirent tellement, qu'en 1444 il déclara nulles d'avance, pour ce motif, toutes les aliénations de son domaine qui pourraient être faites à l'avenir. Il révoqua également les provisions d'offices qu'il avait accordées *par grant importunité de requestes*, soit en Sicile, soit en Provence, avant que ces offices fussent vacants. (Bibl. nat., Lorr. 8, f° 63, et 318, f° 204.) Parmi les Français qui l'avaient accompagné et qu'il rémunéra de diverses façons figurent les personnages suivants, outre ceux dont il a été fait mention plus haut : Jean de Nancy, écuyer, auquel il donna le village de Chardoine, au duché de Bar; Jean de Disy, son secrétaire, qu'il nomma garde du scel du tabellionnage de Barrois; Jean de Hodelaincourt, qui reçut six muids de sel sur les salines de Rosières; Jean le Stilleur, docteur en droit, maître rational de Provence, qui obtint une allocation de cent réaux d'or; Henri Desperch, dit Haine, premier huissier d'armes, auquel furent assignés vingt florins de rente. Aux Italiens qui suivirent en France René ou les siens, il faut ajouter : Joannuce Zigo Atino, son valet de chambre, qu'il créa maréchal de ses palais; Nodon Bardelini, fourrier des logis, qu'il anoblit; Nicolas de Montfort, comte de Campobasso, auquel il donna la seigneurie de Commercy; Andréossi de Andréossis, son secrétaire; Bossillo de Judice (de Juge), son conseiller et chambellan, et la famille de Castillon. Deux religieux italiens, Pierre de Marini et saint Bernardin, franciscain, qu'il fit canoniser, lui furent attachés en qualité de confesseurs. (Arch. nat., K 504, n° 1,

moment, il n'avait à leur offrir que l'expatriation et une misère véritable. Il fit voile avec eux vers Porto-Pisano, et de là se rendit à Florence auprès du pape. Les Génois, pendant ce temps, lui envoyaient des secours bien inutiles. Prévenus de la prise de Naples par Aron Cibo, qu'il leur avait immédiatement dépêché, ils avaient décidé que deux commissaires spéciaux, Baptiste Lomellino et Nicolas Justiniano, se rendraient avec cent arbalétriers et des munitions au Castel-Nuovo, où ils pensaient qu'il pourrait encore se défendre. Il était trop tard, et les ambassadeurs en question durent aller le rejoindre à Florence, au mois de juillet[1].

Dans cette ville, René eut avec ses deux alliés ou leurs représentants d'assez longues conférences. Il espérait encore les décider à une intervention énergique : Sforza continuait à lutter pour sa cause dans les Marches, et pouvait prendre le dessus ; mais c'était là une éventualité trop douteuse, et la situation était trop mauvaise pour qu'on prît une résolution. Faute d'une armée, qui aurait mieux convenu au roi de Sicile, le pape lui donna une nouvelle bulle d'investiture[2]. La république florentine le combla aussi d'honneurs. Logé dans le palais d'Hilarion de Bardi, il était nourri avec sa suite à raison de vingt-cinq écus d'or par jour. La ville, qui connaissait sa passion pour les « bestes estranges », lui offrit, pour sa part de présents, une des lionnes qu'elle entretenait à ses frais. Elle lui fit faire, de plus, par un de ses orfèvres, une somptueuse croix d'or, pour remplacer celle que lui avaient prêtée les chanoines de Saint-Laurent de Florence, et que d'adroits voleurs avaient soustraite dans son propre domicile. Pendant son séjour, il se lia d'une façon intime avec le chef d'une des plus opulentes familles du pays, qui avait déjà rendu des services à

f° 33; KK 1117, f° 78; KK 1122, f° 25 v°; KK 1123, f° 480 v°; P 1334, n° 11, f° 18; Bourdigné, II, 191; D. Calmet, preuves, t. III, col. CCXXXIX; de Quatrebarbes, t. I, p. CXXVII, 21, 30; Villeneuve-Bargemont, I, 427, et III, 293.)

[1] Arch. de Gênes, Délibérations, X, 950, 960; 14 juin, 7 et 10 juillet 1442.

[2] « *Il papa fuoro di tempo li concesse le bolle del regno di Sicilia, che saria stata meglio che li havesse dato ainto di gente.* » Journal de Naples, *ibid.*, 1125.

la sienne et dont il utilisa lui-même, par la suite, le concours dévoué : c'était André de Pazzi, père de Pierre de Pazzi, qui plus tard remplit d'importantes missions diplomatiques relatives aux affaires du royaume de Naples. Le roi de Sicile voulut tenir sur les fonts du baptême le fils de ce dernier, qui venait de naître, et lui donna son nom; non content d'une pareille marque de faveur, il arma l'aïeul chevalier de sa propre main, et les Florentins en furent si flattés, qu'ils firent les frais d'un riche équipement pour le nouveau dignitaire[1]. Plusieurs autres membres de la même maison furent employés en différentes circonstances par les princes d'Anjou : Michel et Alaman de Pazzi, banquiers établis à Paris et à Avignon, leur servirent souvent d'intermédiaires pour le payement de leurs gens d'armes, pour des commandes ou des achats d'objets d'art ; Jacques de Pazzi, qui figure parmi les premiers chevaliers du Croissant institués par René, exerça sous son règne les offices de clavaire et de viguier de Marseille. Toute cette famille tomba, en 1478, dans le déshonneur et la ruine, à la suite d'une conspiration ourdie par elle et par quelques princes étrangers contre celle des Médicis, dont elle était devenue jalouse[2].

René s'attarda jusqu'à l'automne à Florence. Voyant enfin qu'il ne pouvait arriver à aucun résultat pratique, et désespérant du présent, il se fit ramener en Provence par les vaisseaux génois. Ce retour a été placé par son historien au mois de novembre 1442[3]; mais il se trouvait à Aix dès le 23 octobre, jour auquel il datait de cette ville une donation à la reine Isabelle, écrite en termes touchants, et formant comme l'épilogue de sa malheureuse campagne. « Pour nous assurer la possession de notre royaume de Sicile, disait-il dans cet acte

[1] Arch. de Florence, Délibérations des gonfaloniers, n° 48, f° 8 v° (pièces justificatives, n° 18) ; *Consigli maggiori*, reg. 134, f° 178 v° (dépense de vingt-cinq florins d'or, *pro pennone et targiâ ac supraveste hominis et equi*). *Istorie fiorentine di Scipione Ammirato*, 2° partie, p. 40.

[2] V. *Extraits des comptes et mémoriaux du roi René*, n°s 380, 381, 498, 509, 518, 545, etc. Desjardins, *Négociations avec la Toscane*, I, 102, 169.

[3] Vill.-Barg., I, 336.

à l'héroïque femme qui avait partagé ses périls, vous avez exposé sans aucun ménagement votre fortune personnelle ; vous avez délaissé vos États, votre pays natal, si doux pourtant, afin de passer la mer et de venir dans ce royaume combattre avec une force virile et un cœur magnanime ; vous vous êtes jetée au-devant de tous les dangers sans la moindre frayeur. » Et, comme récompense, il lui donnait en propre, pour elle et ses héritiers, la terre de Champtocé en Anjou[1]. On eût dit que cette âme généreuse ne gardait de ses revers d'autre impression que la reconnaissance, d'autre souvenir que celui des services rendus.

Ainsi finit, après une guerre de quatre ans et un siége de sept mois, le règne de René au royaume de Naples. Il n'y devait plus revenir, et, s'il conserva avec un soin encore plus jaloux qu'auparavant le titre de roi de Sicile, ce ne fut plus pour lui qu'une dignité nominale et une façon d'affirmer ses

[1] « *Circà assecutionem regni nostri prefati Sicilie, pro quâ nedum propriam substantiam largifluè exposuistis, quin ymo, relictis vestris ditione et patriâ etiam natalis originis tam amenâ, in regnum ipsum transfretando, et pro ejus adeptione viriliter et magnanimè dimicando, personam vestram quibusvis subire periculis nullatenus expavistis.* » (Arch. nat., P 1339, n° 438.) La terre de Champtocé avait été saisie par René sur le fameux Gilles de Rais à raison des méfaits commis par lui en cet endroit même, ainsi qu'à Angers, à Sablé, à Tiffauges et autres lieux. Jean, duc de Bretagne, qui prétendait que Gilles lui en avait cédé la possession, intenta un procès au duc d'Anjou : trois arrêts consécutifs du parlement donnèrent gain de cause à ce dernier. Néanmoins Isabelle ne conserva pas le fief de Champtocé : par une transaction conclue en 1450, son mari leva la saisie en faveur du nouveau duc de Bretagne, Pierre, moyennant douze mille réaux d'or, plus trois mille deux cents écus d'or neuf payés comptant, en se réservant seulement la foi et hommage et les autres devoirs. Des besoins d'argent poussèrent le prince à cet abandon de ses droits, malgré l'offre de la reine d'engager ses joyaux pour l'éviter, et contre l'avis du conseil d'Anjou, qui voulut faire casser l'accord, disant qu'il n'y avait pas eu depuis cent ans d'affaire plus importante pour le domaine ducal. Après la mort d'Arthur de Richemont, Champtocé fut encore saisi, pour cause de rachat féodal, puis délivré au duc François, son successeur. (Arch. nat., P 1334^{1}, f° 12 v°; 1334^{5}, f°s 34, 35 ; 1334^{7}, f°s 31 v°, 91 v°.) Le cartulaire des sires de Rais, publié par M. Marchegay, contient (p. 68) un hommage rendu à René par Prégent de Coëtivy, amiral de France, pour la terre de Champtocé, qu'il tenait, disait-il, du chef de sa femme Marie de Rais.

droits méconnus. En effet, loin d'abandonner la revendication de son trône, nous le verrons toute sa vie chercher à le relever, soit par la voie diplomatique, soit par la force de ses propres armes ou de celles de son fils. Mais, à partir de ce moment, sa domination effective est finie, et avec la sienne celle de cette brillante et aventureuse dynastie d'Anjou, qui, depuis près de deux siècles, avait implanté son drapeau à Naples, fait de la moitié de la péninsule une succursale du royaume de France, assuré pour jamais, malgré des fautes et des luttes regrettables, l'influence française en Italie. En effet, cette influence, qui s'est maintenue depuis par des moyens divers, a surtout son origine dans la donation du royaume de Sicile faite par les papes aux princes angevins et dans les rapports étroits créés par là entre ce pays et le nôtre. On a souvent déploré de nos jours ce qu'on a appelé les suites de l'ambition de ces princes, ainsi que les réclamations et les expéditions entreprises par nos rois, devenus leurs héritiers. Mais on doit considérer que notre domination en Italie était une des bases essentielles de la politique nationale de Charlemagne, de saint Louis, de Charles V, politique dont l'abandon a produit de nos jours de si douloureuses conséquences. Et cette domination, il faut bien l'avouer, était encore moins nécessaire à notre prospérité qu'à celle des Italiens ; car, ainsi qu'on l'a dit plus d'une fois, ils ne surent jamais se gouverner eux-mêmes, et ils n'échappèrent à une tutelle que pour retomber sous une autre. La plupart des monuments, des institutions du pays napolitain, remontent à Charles I ou à ses héritiers des deux branches. Leurs bienfaits ont laissé des traces plus durables que leurs vexations, et leur passage a largement contribué, sans aucun doute, à l'assimilation des deux nations sœurs.

Si René n'eut pas le temps de coopérer beaucoup par lui-même à cette mission providentielle de sa race, il prit cependant plus de racines que ses prédécesseurs dans le cœur des populations, et l'on peut dire qu'il clôt dignement la série des rois de Sicile français. Sa chute même n'était pas dépourvue de grandeur, et, parmi les causes qui l'amenèrent, il en est bien peu qui lui soient imputables, comme on a pu le voir par le simple récit des faits. Ces causes se réduisent, en somme, aux suivantes : le manque d'argent, que les chroniqueurs napolitains mettent eux-mêmes en première ligne[1] ; l'égoïsme et l'infidélité des capitaines italiens, dont il revint complétement dégoûté[2] ; l'abandon plus ou moins forcé où le laissèrent ses alliés, et surtout le roi Charles VII, dont la protection fut si peu énergique, qu'il ne cessa même pas d'entretenir des relations amicales avec le roi d'Aragon[3] ; enfin l'habile tactique de son adversaire, consistant principalement à le laisser s'épuiser sans engager de bataille rangée. Le duc d'Anjou possédait au plus haut degré cette *furia francese*, qui émerveillait dès lors les Italiens et qui faisait dire à son rival : « Prenez garde, voilà le lion déchaîné ! » Alphonse n'avait ni son audace, ni sa droiture, ni sa vaillance chevaleresque, ni sa popularité ; mais il avait la ruse, la stratégie, la patience, et il ne regardait jamais aux moyens pour parvenir à ses fins. Il devait donc triompher, malgré l'infériorité de sa cause : alors comme aujourd'hui la force primait le droit, parce qu'alors comme aujourd'hui l'adresse primait le courage, et l'astuce la loyauté.

[1] « *Havendo perduto il regno più per mancamento di danari che per poca virtù.* » Journal de Naples, *ibid.*, 1125.

[2] « Je ne veux plus qu'ils fassent de moi l'objet de leurs trafics, » lui fait dire la même chronique (*Disse che non voleva che... facessero mercanzia di lui*, *Ibid.*, 1127.

[3] V. Vallet, *Hist. de Charles VII*, III, 376.

CHAPITRE IV.

RENÉ DUC D'ANJOU,

SOUS CHARLES VII.

— (1442-1461) —

Installation de René en Anjou. — Négociations avec l'Angleterre; fiançailles de Marguerite d'Anjou. — Guerre de Metz. — Mariage et départ de Marguerite. — Pacification de la Lorraine. — Réforme militaire. — Accord définitif avec le duc de Bourgogne. — Recouvrement du Maine. — Voyage du roi de Sicile en Provence. — Extinction du schisme pontifical. — Campagne de Normandie. — Mort de la reine Isabelle; cession de la Lorraine. — Affaires d'Italie. — Expédition de René en Lombardie. — Tentatives de Jean d'Anjou sur le royaume de Sicile. — René protége contre le Roi la famille de Jacques Cœur. — Il épouse Jeanne de Laval. — Aventure de la fausse Jeanne d'Arc. — Révolte de Gênes.

La vie du roi René, à son retour de Naples, entre dans une phase nouvelle. Le bouillant chevalier, arrivé à l'âge de la maturité, déjà refroidi à l'endroit de la gloire militaire, commence à faire place au prince débonnaire et pacifique, artiste et lettré, dont la physionomie s'est conservée davantage dans l'histoire et dans la tradition. Le gouvernement de ses États particuliers, le bien-être de ses sujets, les intérêts généraux de la France, les travaux de l'esprit, formeront désormais son occupation principale, et, s'il prend part encore à deux ou trois expéditions, si sa position l'implique forcément dans les plus graves questions de la politique extérieure, s'il continue enfin de revendiquer les domaines qui lui ont été enlevés, ce ne seront plus là, pour ainsi dire, que des accidents. Mêlé plus directement aux conseils du Roi, il exercera sur la marche des affaires une influence véritable, et remplira dans toute son étendue originelle le rôle de pair du royaume, de prince du sang français. En un mot, il sera avant tout le duc d'Anjou (car la Lorraine ne le possédera pas longtemps et la Provence n'aura que plus tard ses préférences); le roi de Sicile n'existera plus guère que de nom, et le « lion déchaîné » deviendra peu à peu ce qu'on pourrait appeler un prince d'intérieur. Cette transformation sera surtout sensible après son second mariage; mais, dès l'époque où en est parvenu notre récit, le nouveau caractère de l'homme apparaît. Aussi les événements se présenteront-ils moins pressés sous notre plume; ce qui ne veut nullement dire qu'ils auront par eux-même moins d'intérêt.

Une autre cause, plus malheureuse peut-être que la perte du royaume de Naples, vint contribuer à modifier l'existence de René et à le rappeler au milieu des Angevins. Il était depuis peu à Marseille, occupé à tenir les États-généraux, quand la reine Yolande, âgée de soixante-deux ans, mourut à Saumur, en l'hôtel du seigneur de Tucé, le 14 novembre 1442 [1]. Il n'eut donc pas la consolation de fermer les yeux à son illustre mère, bien que Nostredame et ses imitateurs la lui fassent retrouver mourante à Marseille même [2]. Cette grande princesse, dont nous avons raconté les actions, qui avait tout fait pour la France et pour lui, avait consacré ses dernières années à administrer, en l'absence du seigneur titulaire, le duché d'Anjou, auquel elle avait rendu la paix. Par son testament, daté du 12 novembre et de l'hôtel de Tucé, elle donnait à René tous les droits qu'elle pouvait avoir conservés sur le duché de Bar et le marquisat du Pont, et à Charles, son plus jeune fils, les terres de Lunel, Berre et Martigues, qui lui ap-

[1] Cet événement a été placé tour à tour en 1441, en 1442 (14 décembre), et en 1443. M. de Villeneuve-Bargemont adopte cette dernière date, et, pour la justifier, fait séjourner René un an de plus en Provence (I, 340, 448). En dépit des historiens de seconde main, la date du 14 novembre 1442 doit être maintenue, comme le veulent le testament et les comptes d'Yolande (Arch. nat., P 1331[1], n° 52; K 501, n° 1, f° 2).

[2] César de Nostredame, p. 610.

partenaient en propre et qu'elle lui avait déjà cédées, sauf l'usufruit, en 1438. Ses biens meubles étaient aussi légués à Charles, excepté quelques objets précieux, tapisseries ou bijoux, laissés en souvenir à son fils aîné, à sa fille Marie et à sa petite-fille Marguerite. C'était là tout ce que possédait Yolande d'Aragon : elle mourait pauvre, déclarant qu'elle n'avait ni réserve, ni or, ni argent monnayé, et qu'elle avait tout dépensé pour les rois de France et de Sicile [1]. Une sépulture assez modeste lui fut donnée dans l'église de Saint-Maurice d'Angers, près de l'hôtel de saint René. Sa disparition causait un vide égal dans les deux cours. Charles VII rendit hommage à sa mémoire, attestant malheureusement par sa conduite ultérieure que le frein qui le retenait n'était plus là.

Quant à René, l'état de son duché, qui se trouvait tout à coup sans défense contre l'anarchie et contre les attaques des Anglais, lui faisait un devoir impérieux d'y revenir au plus tôt. Aussi ne passa-t-il en Provence que le temps nécessaire pour assurer la sécurité de cette contrée. Les états tenus à Marseille au mois de novembre le supplièrent de prendre des mesures pour protéger les places maritimes contre les incursions des vaisseaux catalans, « puisque, comme il disait, il allait quitter le pays pour se rendre auprès du roi de France. [2] » Il arrêta ces mesures avec eux, et confirma, dans la même session, tous les priviléges des Provençaux [3]. Avant de s'éloigner, il voulut encore réformer l'exercice de la justice, et rendit à ce sujet une nouvelle ordonnance, datée de Tarascon, le 12 janvier 1443 [4].

A ce moment, Charles VII venait de reprendre aux Anglais, dans une campagne rapide, la Guyenne et le pays des Landes. Il s'était fixé pour quelque temps à Toulouse, afin de réor-

[1] Arch. nat., P 1334[17], n° 52 ; P 1380[1], nos 3108, 3109. V. ci-dessus, p. 46.

[2] Arch. des Bouches-du-Rhône, B 49, f° 275.

[3] *Ibid.* Les priviléges particuliers de la ville de Marseille avaient été confirmés et augmentés le 5 juillet 1430, par un acte donné au Castel-Capuano, qui concédait aux habitants la convocation d'un conseil général et des libertés municipales très-étendues. (Arch. nat., J 846, n° 6.)

[4] Arch. des Bouches-du-Rhône, B 684.

ganiser l'administration du Languedoc[1]. René, pressé de conférer avec lui, prit le parti d'aller le retrouver dans cette ville, pour remonter en sa compagnie vers les bords de la Loire. Après s'être arrêté successivement à Beaucaire, à Lunel, à Béziers[2], il le rejoignit à Toulouse, au mois de mars. Isabelle accompagnait son mari, et ce fut, selon toute probabilité, sa première apparition à la cour de France, car nous l'avons toujours vue, depuis son mariage, absorbée par les soins du gouvernement, soit en Lorraine, soit à Naples. Elle menait sans doute avec elle Agnès Sorel, l'une de ses dames d'honneur, dont la faveur commença à peu près vers cette époque[3]. Ce qui confirme cette induction, appuyée d'ailleurs sur les textes, c'est que la réunion des deux cours paraît avoir été le signal d'une série de fêtes et de distractions. L'arrivée du roi de Sicile fut saluée avec joie ; « car c'estoit, dit Bourdigné, un prince plain de déduyt et plaisir, qui n'avait en son train que gens d'esprit et passe-temps[4]. » Marie d'Anjou, quoique dans un état de grossesse avancée, aurait, suivant quelques-uns, pris part elle-même à ces réjouissances; preuve nouvelle qu'elle n'était pas encore tenue à l'écart. René n'avait pas la rigidité de mœurs de sa mère, et son séjour en Italie, où fermentait déjà la corruption de la Renaissance, avait dû le rendre plus indulgent pour les faiblesses de son beau-frère. Rien n'indique, néanmoins, qu'il les ait favorisées par une complaisance coupable. Le seul point certain, c'est qu'ils s'abstinrent l'un et l'autre de toute récrimination au sujet du passé, et qu'ils se lièrent d'une amitié plus étroite, qui dura jusqu'à la mort de Charles VII; mais on n'a pas besoin de pareils motifs pour se l'expliquer[5].

[1] Vallet, *Hist. de Charles VII*, II, 444.

[2] Itinéraire.

[3] V. ci-dessus, p. 48.

[4] Bourdigné, II, 186.

[5] Le seul texte qui ait pu faire supposer à M. Vallet que René favorisait les passions du Roi est un article de ses comptes relatif à un don de dix-huit aunes de satin noir fait à Marguerite de Villequier, dame d'honneur de la reine. Ce cadeau fut offert à Tours, non, comme le dit l'historien de Charles VII, au

Au mois de mai, ils revinrent ensemble en Touraine, par Tulle et Poitiers. Charles d'Orléans, nouvellement délivré de prison, les accompagnait ; et ce fut là, probablement, l'origine de ses rapports intimes avec le roi de Sicile [1]. Ce dernier assista alors avec sa femme aux couches de sa sœur, qui mit au monde, à Chinon, son douzième enfant et sa huitième fille [2]. Isabelle la tint sur les fonts du baptême avec Charles d'Anjou, et lui donna le nom de Madeleine, en souvenir de la sainte révérée chez les Provençaux ; cette enfant devint plus tard l'épouse de Gaston de Foix, prince de Viane.

En juin, René rentrait dans la capitale de son duché d'Anjou, et s'installait dans le château de ses pères avec sa femme et ses enfants. Alors s'ouvrit, pour la ville d'Angers et pour tout le pays, une ère de vie et de prospérité telle qu'ils n'en avaient pas connu depuis longtemps. La présence du maître se fit sentir de toutes les façons. Tandis qu'il réorganisait son conseil, sa Chambre des comptes, et tous les rouages d'une administration multiple que nous décrirons ailleurs, les travaux publics prirent sous son impulsion un essor nouveau : des jardins furent créés, des monuments s'élevèrent, des œuvres d'art les embellirent, des ponts et des levées furent construits, des fondations charitables diminuèrent la misère, accrue par les guerres récentes. Angers offrit bientôt l'aspect

mois d'octobre 1448, pendant que le duc d'Anjou se trouvait à la cour de son beau-frère, mais en février 1447, époque à laquelle eut lieu son départ de cette ville, mentionné dans l'article. La première de ces deux dates est seulement celle du payement : René était alors en Provence. A la seconde, qui est la seule possible, Marguerite commençait à peine à être remarquée. Les dons de ce genre abondent d'ailleurs dans les comptes du roi de Sicile, et ne sauraient avoir une signification pareille. En tout cas, cet exemple unique ne saurait suffire pour qu'on l'érige en « courtisan émérite », et ne prouverait rien au sujet d'Agnès Sorel. (Cf. *Extraits des comptes et mémoriaux du roi René*, n° 629 ; Vallet, III, 242 ; Itinéraire.)

[1] Berry, dans Godefroy, p. 423.

[2] Bourdigné, *loc. cit.* M. Vallet, en mentionnant la naissance de cette fille, donne seulement la date de 1443 (III, 444). On a prétendu qu'Isabelle était alors en Lorraine (Vill.-Barg., I, 343) ; cependant le compte du trésorier de Sicile pour l'année 1442-43 mentionne simultanément ses dépenses et celles de son mari (Arch. nat., K 504, n° 1).

animé d'une résidence royale et un certain air de grandeur, qui excitait un peu plus tard l'admiration des voyageurs étrangers ; cette cité devint, comme dit Bourdigné, « la source et fontaine de tout plaisir et lyesse, et la plus honorée des maisons de France[1]. » La province entière se prit d'amour pour un prince qui se montrait à son égard un père prévoyant, simple et familier avec ses moindres serviteurs, s'intéressant à tout, vivant de la vie de tous : dès lors les échos de la renommée populaire apprirent à répéter le nom du bon roi René. Tout cela ne fut pas l'ouvrage d'un jour ni d'une année ; mais cela se produisit peu à peu, et commença au retour du duc d'Anjou, en 1443[2].

Au commencement de l'année suivante, un événement inattendu vint faciliter considérablement cette rénovation en assurant la paix au pays, et grandir l'importance politique du prince en lui fournissant l'occasion de témoigner de son dévouement au Roi. Les Anglais avaient perdu, depuis quelque temps, beaucoup de terrain sur le continent : Henri VI se résignant à traiter, au moins en vue d'une trêve, accrédita auprès de la cour de France William Pole, comte de Suffolk, Adam Moleyns, doyen de Salisbury, et d'autres personnages. En apprenant que l'ambassade anglaise était débarquée à Harfleur, Charles VII réunit son conseil à Tours, le 31 mars[3], délibéra avec Charles d'Anjou et René, qui se trouvait depuis les premiers jours du mois dans cette ville, et les chargea de recevoir Suffolk. Le 16 avril, celui-ci, qui était allé d'abord à Vendôme et à Blois, arriva aux portes de Tours avec le duc Charles d'Orléans et Dunois, son frère. Accueilli par le roi de Sicile, le duc de Calabre, le comte du Maine et d'autres seigneurs, il fut conduit le lendemain à l'audience royale, au

[1] Bourdigné, II, 231. V. la troisième partie de cet ouvrage, consacrée aux beaux-arts (chap. I).

[2] Depuis le mois de juin 1443 jusqu'au mois de mars suivant, René résida continuellement à Angers ou à Saumur. Il fit ensuite en Anjou des séjours beaucoup plus longs, interrompus seulement par quelques voyages. (V. l'Itinéraire.)

[3] Stevenson, *Letters and papers*, etc., Londres, 1863, I, 69.

château des Montils. Les négociations officielles s'ouvrirent aussitôt, sur des bases plus sérieuses et avec des dispositions plus favorables qu'au congrès d'Arras. Les conditions essentielles du traité étaient arrêtées à l'avance, dit M. Vallet [1]. Le monarque anglais demandait la main d'une princesse française pour garantir sa sécurité et servir de gage à la paix future : le Roi avait obtenu de son beau-frère le sacrifice de sa fille cadette.

Marguerite d'Anjou était alors dans l'éclat de sa quinzième année [2]. Elle avait été élevée, durant l'absence de son père et de sa mère, par Yolande d'Aragon, qui, dans les derniers temps de sa vie, l'avait encore auprès d'elle en Anjou [3]. Après avoir failli épouser le fils du comte de Saint-Pol, puis le comte de Charolais, fils du duc de Bourgogne, puis le comte de Nevers [4], elle se voyait destinée, par les caprices de la politique, à un quatrième prince, qui lui-même avait recherché quelques mois plus tôt une alliance anti-française, celle de la fille du comte d'Armagnac. Malgré le prestige d'une couronne royale, un pareil sort devait inspirer à tout membre de la maison de France les plus vives appréhensions : l'idée de devenir Anglais répugnait au patriotisme national. Puis, rien n'était moins assuré que la bonne amitié des deux souverains : si la guerre se rallumait (ce qui devait arriver en effet), René se verrait forcé de combattre contre son gendre, Marguerite se trouverait placée entre son époux et toute sa famille. La position semblait si délicate et si difficile, que Charles VII, qui

[1] *Hist. de Charles VII*, II, 451.

[2] Elle était née le 23 ou le 25 mars 1429 (Bibl. nat., mss. lat. 1156ª et 17332, calendriers).

[3] V. la dépense faite « pour vestir Mme Marguerite à la venue des ambassadeurs de l'Empereur à Saumur et à Angers, » en septembre 1442 (Arch. nat., K 504, no 1, fo 32 vo).

[4] Ce dernier projet d'alliance était tout récent. Il est mentionné par M. de Villeneuve-Bargemont (I, 339), et pourtant ce fait seul détruit l'assertion qu'il a émise, que M. de Quatrebarbes a répétée et que j'ai déjà combattue plus haut, à savoir que le mariage de Marguerite d'Anjou et d'Henri VI avait été stipulé dès 1437, par un article secret du traité conclu à Bruxelles pour la délivrance de René.

avait plusieurs filles à marier, n'en voulait pour aucune d'elles : il préférait exposer sa nièce, qui lui tenait de moins près ; peut-être espérait-il garder ainsi plus de liberté vis-à-vis de son ennemi. Quoi qu'il en soit, le mariage fut résolu dans le cours des conférences, auxquelles le roi de Sicile prit une part active. La reine Isabelle amena elle-même sa fille d'Angers en Touraine ; elle logea avec elle et avec René à l'abbaye de Beaumont-lès-Tours[1]. Suffolk vit la jeune princesse ; elle lui convint, et, se flattant de la dominer aussi facilement que son faible souverain, il pressa la conclusion du traité. Le 22 mai, une trêve fut signée entre le roi d'Angleterre d'une part, les rois de France, de Sicile et de Castille d'autre part, pour vingt-deux mois, c'est-à-dire jusqu'au 1er avril 1446[2]. Le surlendemain, Marguerite fut solennellement fiancée à Henri VI, représenté par Suffolk, dans l'église de Saint-Martin. Les rois de France et de Sicile entrèrent les premiers dans la basilique, se donnant la main, suivis du duc de Bretagne, du duc d'Alençon, du comte de Saint-Pol, du comte de Vendôme et d'autres princes. Les deux reines arrivèrent un instant après, se tenant de même, accompagnées de la Dauphine et de la duchesse de Calabre. Derrière elles marchaient le Dauphin et Charles d'Anjou, amenant la jeune princesse, qu'ils présentèrent à Charles VII. Celui-ci, ôtant son chaperon, la conduisit au milieu du chœur, devant le légat du pape, Pierre de Mont-Dieu, évêque de Brescia, qui devait accomplir les fiançailles. Le prélat donna d'abord une dispense verbale et provisoire aux futurs époux, qui se trouvaient parents au quatrième degré, leur enjoignant d'obtenir dans le délai d'un an une dispense en règle du pape lui-même. Puis il leur fit, en commençant par Suffolk, les interrogations d'usage, et, après avoir reçu leur réponse affirmative, unit leurs mains et les bénit. Alors tout le peuple applaudit et cria *Noël!* Séance tenante, le procès-verbal de la cérémonie fut dressé. Le cortége se rendit ensuite à l'abbaye de Saint-Julien, où un festin avait

[1] Itinéraire.

[2] V. le texte du traité dans Monstrelet (VI, 99).

été préparé. La fiancée y fut traitée comme la reine d'Angleterre, et servie avec les mêmes honneurs que la reine de France. Des spectacles variés leur furent offerts : deux géants, portant deux arbres dans leurs mains, furent suivis de deux chameaux chargés de tours et de gens d'armes, s'escrimant à coups de lances. La fête se termina par des danses, qui se prolongèrent jusqu'à une heure « intempestive[1] ». Une paix définitive et générale apparaissait à l'horizon : tout le monde en salua l'aurore avec empressement. Le clergé d'Anjou octroya un dixième et demi de ses bénéfices, les états une aide de trente-trois mille livres à l'occasion du mariage de la fille du duc[2]. Henri VI écrivit à Charles VII pour le remercier de la manière dont il avait accueilli son ambassade, et pour prendre avec lui quelques derniers arrangements[3].

Malgré tout, le mariage ne put être célébré que l'année suivante. Un différend avec la ville de Metz, qui prit soudain des proportions formidables, força René à se rendre avec des troupes dans son duché de Lorraine. La reine Isabelle ayant voulu faire un pèlerinage au monastère de Saint-Antoine, dans sa ville de Pont-à-Mousson, les Messins postèrent sur son passage quelques-uns des leurs, qui s'emparèrent des bagages envoyés en avant et les enlevèrent[4]. Ils avaient contre elle et ses prédécesseurs d'anciens griefs : elle n'avait pas donné satisfaction à leurs plaintes contre Thierry des Armoises, un de leurs ennemis ; une somme considérable leur était due par les ducs de Lorraine, et René, loin d'acquitter cette dette, l'avait encore accrue (nous avons vu par suite de quelles nécessités). Ce prince, que M. Vallet appelle à ce propos un « débiteur insolvable ou récalcitrant », et qui était tout au plus

[1] Relation communiquée par M. Stevenson (Vallet, II, 454). Procès-verbal du 24 mai 1444 (Arch. nat., P 1334[12], n° 91 ; pièces justificatives n° 20).

[2] Arch. nat., P 1334[5], f° 140 v° ; K 504, n° 1, f° 22.

[3] Bibl. nat., ms. fr. 4054, n° 24 ; Stevenson, *Letters and papers*, II, 356.

[4] M. Vallet (III, 31) place ce fait au mois de mai 1444 ; mais on a vu qu'Isabelle était encore le 24 aux fiançailles de sa fille Marguerite. Elle ne dut quitter la Touraine qu'en juin ou juillet. (V. l'Itinéraire.)

besoigneux, s'irrita du procédé de ses créanciers, et, pour mieux venger l'affront, décida le roi de France à marcher avec lui contre Metz. La détermination de Charles VII a été attribuée par les historiens à diverses causes : mais, si des projets de conquête germèrent dans son esprit, il est probable qu'il voulut d'abord, tout en prêtant à son beau-frère un secours qu'il lui avait trop ménagé jusque-là, débarrasser l'intérieur du royaume d'une nuée de soudoyers et d'écorcheurs que la trêve avec l'Angleterre laissait sans emploi ; c'est ce qu'affirme, au reste, un chroniqueur contemporain[1]. En effet, il mit une partie de ces gens sous la conduite du Dauphin, qu'il envoya en Allemagne, et le reste sous celle de Pierre de Brézé, qu'il suivit avec René en Lorraine. Au mois d'août, les deux rois étaient à Langres. Le 11 septembre, Épinal, qui était sous la dépendance de l'évêque de Metz, leur ouvrit ses portes et reconnut l'autorité de Chales VII. Ils se rendirent de là à Rosières, à Toul et à Nancy. Les Messins, se voyant menacés de près, organisèrent la résistance. Ils se fiaient sur la situation inexpugnable de leur cité. Mais les troupes royales, qui se montaient, dit-on, à près de trente mille hommes, les investirent complétement, ravagèrent toute la région environnante, et les réduisirent en peu de jours à députer au Roi un parlementaire. Leur envoyé, Nicolas Lowe, fit valoir avec force leurs raisons : ils avaient toujours été dévoués à la couronne de France ; mais ils ne relevaient nullement d'elle, et ils ne savaient quel grief leur était imputable de sa part. Charles fit répondre, par un président de son parlement, qu'il avait des preuves certaines que Metz était des appartenances du royaume, que les bourgeois eux-mêmes l'avaient allégué à l'Empereur quand celui-ci en avait revendiqué la possession, qu'il les sommait enfin de remettre la ville entre ses mains. La sommation fut repoussée, et la guerre continua de plus belle.

Pendant tout l'hiver, les dévastations, les cruautés se succédèrent de part et d'autre ; un blocus rigoureux fut maintenu

[1] VI. 165.

par les sénéchaux de Lorraine, de Bar et d'Anjou, et les rois alliés se retirèrent à Pont. Au bout de cinq mois seulement, le 28 février 1445, de nouveaux pourparlers s'engagèrent, et, Charles ayant consenti à ne point approfondir la question de l'indépendance de Metz, un traité fut signé avec lui, stipulant que les prisonniers seraient rendus, qu'aucuns dommages ni intérêts ne seraient réclamés par l'État messin, qu'au contraire il payerait à la France deux cent mille écus d'or, et ne donnerait ni asile ni secours à aucun de ses ennemis[1]. Le 3 mars, une convention particulière intervenait entre la ville et René, le premier intéressé dans cette guerre. Elle contenait les articles suivants :

Au nom des maître, échevins, jurés, manants, habitants et de toute la communauté de la cité de Metz, par l'entremise du roi de France et de son grand conseil, il est promis au roi de Sicile que tous griefs et dommages seront oubliés. Les droits et revenus que ce prince ou les siens possédaient sur le territoire messin seront rétablis comme avant la guerre, et réciproquement. Toutes les obligations des ducs de Lorraine envers Metz ayant moins de trente ans de date, et sur lesquelles aucun appointement n'a été fait ni aucun gage donné, seront annulées. Tous les prisonniers seront délivrés. Les bagages et objets précieux enlevés à la reine de Sicile seront restitués ; etc.[2].

Une partie de la dette de René se trouvait donc déjà ré-

[1] D. Calmet, II, 836. Vallet, III, 45. Ce dernier place à la fin du siége de Metz la négociation de Lowe.

[2] Bibl. nat., Lorraine 228, f° 90 (original). Cette convention ne fut pas très-fidèlement observée par les Messins ; car René fut obligé de se plaindre au Roi, cinq ans après, qu'ils avaient gardé des prisonniers, rançonné plusieurs de ses sujets, attaqué et blessé ses sergents, etc. Il avisa aussi de ces faits le duc de Bourgogne, en le prévenant que, s'ils ne voulaient s'amender, il allait leur interdire tout commerce et toute communication avec ses États. En même temps il remerciait Philippe le Bon de s'être mieux comporté que la ville de Metz envers ses sujets de Bar et de Lorraine, pendant tout le temps qu'avait duré son absence. Les Messins lui donnèrent des explications et des satisfactions partielles ; mais il eut encore avec eux, par la suite, plus d'une difficulté. (Bibl. nat., Lorraine 224, f°s 60, 65, 66.)

glée antérieurement ; on le tenait quitte du reste [1]. Cette manière de se faire décharger lui a été reprochée avec amertume, comme un acte injuste [2]. Toutefois il faut considérer que les Messins, ayant le dessous, lui devaient, comme à Charles VII, une indemnité de guerre : au lieu de la lui payer en argent, ainsi qu'à son beau-frère, ils lui remirent leur créance ; c'était assez naturel [3]. En effet, aucune autre somme ne lui fut alors allouée, quoi qu'on en ait dit. Son procédé, sans doute, était violent ; mais ses adversaires avaient eu l'initiative de la violence. On leur reprenait beaucoup plus qu'ils n'avaient pris : c'est le sort ordinaire des vaincus.

Au retour de cette campagne, Charles et René vinrent à Nancy recevoir les ambassadeurs du roi d'Angleterre. Aucun obstacle ne s'opposant plus à la célébration de son mariage, ce prince envoya de nouveau le comte de Suffolk auprès du roi de Sicile, pour procéder en son nom à la cérémonie définitive. Elle eut lieu au milieu d'un concours considérable de hauts personnages, en tête desquels brillaient Charles VII, René, le comte du Maine, le duc de Calabre, le duc d'Orléans, le comte d'Alençon, le comte de Saint-Pol, etc. Marguerite, amenée d'Anjou par Bertrand de Beauvau, sire de Précigny, Alain Lequeu, archidiacre d'Angers et le trésorier Moreau, devint officiellement reine d'Angleterre dans les premiers jours du mois de mars 1445 [4]. D'après le traité rédigé à cette

[1] Ce reste était de cent mille florins. La partie déjà réglée était bien moins considérable ; elle comprenait notamment une somme de huit mille francs due à Jean le Gronnaix, dit Creppy, et à Hennequin de Tournai pour dommages subis à Bulgnéville, et contre laquelle avaient été déposés en gage : « une croisette d'or où il y a ung saphir entre quatre rubis balais et quatre perles reondes grosses comme ung poix ; une tablette d'or pesant environ demi marc, en laquelle y a une Annunciacion en painture, quatre balais, quatre saphirs et seze perles, avec ung chappeau d'or ouquel il y a seze membres d'or où il y a LXIIII perles reondes grosses, XXVII esmeraudes et XXVIII petis balais. » (Bibl. nat., Lorraine 231, f°s 50 et suiv.)

[2] Vallet, III, 45.

[3] Basin observe qu'il leur reprit son chirographe « *pro redimendis vexationum incommodis* ». (VI, 184.)

[4] Le traité de mariage ne fut grossoyé qu'après Pâques, lorsque la cour se fut

occasion, elle apportait pour toute dot à son mari le royaume et les îles de Majorque et Minorque, à charge de les conquérir, c'est-à-dire que René lui cédait simplement les droits qu'il avait hérités de sa mère Yolande sur ces possessions, moyennant qu'elle renonçât à tout le reste de la succession paternelle et maternelle. L'Angleterre visait-elle déjà à la domination de la Méditerranée? Cela n'est guère probable, et il vaut mieux supposer que son roi, tenant uniquement à s'assurer l'amitié de la maison de France, se contentait, pour l'obtenir, d'un apport fictif; il épousait Marguerite sans dot, pour ainsi dire, à cause des avantages politiques que cette alliance lui procurait[1].

Des fêtes plus longues et plus brillantes encore que celles de Tours suivirent la conclusion du mariage. René, grand amateur de tournois, donna dans la capitale de la Lorraine un magnifique pas d'armes, auquel il prit part lui-même, ainsi que Charles VII, le duc de Calabre, Ferry de Vaudemont, le comte de Saint-Pol et beaucoup d'autres seigneurs. Les deux rois conduisirent ensuite la nouvelle épouse jusqu'à deux lieues de Nancy, et là son oncle lui fit ses adieux. On rapporte qu'elle se prit à pleurer si fort, qu'à peine pouvait-elle parler[2]. Était-ce un pressentiment de la terrible destinée qui l'attendait? Entrevoyait-elle que cette union, inaugurée dans la joie et les plaisirs, coûterait tant de larmes à elle et aux siens? Non; Marguerite était plutôt une jeune fille craintive, émue à la pensée

transportée à Châlons, et non le 25 décembre précédent, comme l'a cru M. Vallet. Cet acte, écrit de la main de Jean de Charrières, secrétaire de René, fut déposé ensuite à la Chambre des comptes d'Angers, et s'y conservait encore au seizième siècle; mais il a disparu depuis. Nous avons, pour y suppléer, la déposition judiciaire de Robert Bodinais, lieutenant du bailli de Bar et garde du scel du même duché, qui fut appelé à témoigner, en 1494, à l'âge de soixante-dix ans, de tous les faits relatifs au mariage de Marguerite d'Anjou auxquels il avait assisté. C'est de cette pièce que sont tirés les détails ci-dessus. Elle figure aujourd'hui dans le musée des Archives nationales (J 1039, n° 29; D. Calmet, preuves, t. III, col. CCCII). L'auteur de l'*Histoire de Lorraine* s'est trompé en prenant la cérémonie de Nancy pour les fiançailles, et celle de Tours, qu'il place après, pour les noces de la reine d'Angleterre (II, 838, 839).

[1] V. Vallet, III, 52.

d'aller rejoindre un époux inconnu, d'affronter un avenir incertain. Mais la passion de la gloire et de l'ambition n'allait pas tarder à la posséder tout entière. Par son courage dans les combats, par sa fermeté dans l'adversité, elle devait se montrer la vraie fille de son père, le surpasser même ; et c'est une des particularités les plus dignes de remarque dans la vie de ce prince, que toutes les femmes qui le touchaient de près furent supérieures à leur sexe par leur mérite ou leur grand caractère : Yolande, sa mère, Isabelle, sa femme, nous les avons vues à l'œuvre ; Marie, sa sœur, brille dans l'histoire d'un éclat plus doux, mais non moins solide ; sa fille enfin, la mieux connue de toutes, fut l'héroïne de la guerre des deux Roses, et devint pour les Anglais la grande Marguerite. Ce cortége d'illustrations féminines jette un intérêt tout particulier sur la maison d'Anjou, et René apparaît comme le centre autour duquel elles rayonnent.

Accompagnée par son père jusqu'à Bar-le-Duc, par son frère Jean et par le duc d'Alençon jusqu'à Saint-Denis en France, la reine d'Angleterre fut remise là aux envoyés de son mari. Ils l'emmenèrent à Rouen, ville capitale des possessions anglaises sur le continent, où le duc d'York, gouverneur de la Normandie, la reçut avec une pompe inusitée. Elle s'embarqua peu après : une violente tempête, qu'elle essuya en mer, redoubla ses frayeurs, et la jeta presque mourante sur la plage de Porchester, où elle n'eut pour abri qu'une masure ; c'était plus qu'elle ne devait trouver un jour sur tout le territoire anglais. Le 30 mai, la solennité de son couronnement à Westminster jetait un voile doré sur sa tristesse [1].

Un autre mariage, arrêté et conclu depuis longtemps, fut célébré à Nancy durant le séjour des princes, celui de Ferry de Lorraine, fils d'Antoine de Vaudemont, et d'Yolande, fille aînée de René. Sa consommation, différée par suite des répugnances de ce dernier, se rattache à un ensemble de mesures qu'il prit alors en vue de pacifier son duché de Lorraine.

[1] Arch. nat., J 1039, n° 29 ; Vallet, III, 53 et suiv.

Cette contrée, en effet, avait beaucoup souffert en son absence. Malgré la protection du roi de France, ni le conseil de régence, ni Charles d'Anjou, ni la reine Isabelle n'avaient pu maintenir la tranquillité. Louis, marquis du Pont, revenu d'Italie avec sa mère, avait été chargé de la lieutenance; mais, trop jeune pour un si lourd fardeau, il avait succombé à la tâche et péri loin de ses parents, à la fleur de l'âge[1]. Louis de Beauvau avait été ensuite envoyé en Lorraine avec de pleins pouvoirs. La noblesse de la province s'était liguée de son côté pour résister aux bandes des écorcheurs, et pour étouffer les petites guerres locales qui éclataient à chaque instant[2]. Ces efforts étaient demeurés stériles. Les différends avec la ville de Metz avaient contribué à semer le trouble. Une autre malheureuse affaire, survenue entre l'évêque de cette ville, ancien allié de René, et les officiers ducaux, qui l'avaient arrêté et maltraité, était venue augmenter la division[3]. Enfin

[1] Le fils cadet de René mourut vers le commencement de 1444, suivant M. de Villeneuve-Bargemont (I, 342), ou plutôt de 1443, car la lettre par laquelle les trésoriers étaient avisés d'avoir à payer deux mille francs de gages à Louis de Beauvau, nommé gouverneur de Lorraine à sa place, est datée du 26 mars de cette année (Arch. nat., KK 1124, f° 22 v°). Son père lui fit ériger dans l'église de Pont-à-Mousson une sépulture monumentale, dont il recommanda l'exécution dans chacun de ses testaments.

[2] Dans une requête adressée au marquis du Pont, gouverneur de Bar et de Lorraine, le 5 janvier 1440, l'évêque Conrad Bayer se plaignait qu'après avoir rendu de grands services au roi de Sicile, après avoir perdu plusieurs de ses parents à Bulgnéville, et prêté différentes sommes tant à la reine Yolande qu'à son fils, il avait été petitement récompensé, bien que ce dernier fût son vassal à cause de l'église de Metz, et que son fils aîné Jean eût été tenu par lui Conrad sur les fonts baptismaux ; que plusieurs des gens de René l'avaient attaqué nuitamment, blessé, emmené d'Amance à Condé, où ils l'avaient retenu durant dix semaines, en lui enlevant jusqu'à sa vaisselle d'argent; etc. Finalement, il demandait la restitution de ses biens et de ses lettres de créance, avec des réparations. Les vexations qu'il avait subies furent sévèrement réprimées par René quand il en eut connaissance. Un traité conclu entre ses conseillers et l'évêque, le 29 avril suivant, et une assignation de rentes qui lui fut faite par la reine Isabelle, le 1er février 1442, réglèrent à sa satisfaction la question pécuniaire. (Arch. nat., KK 1117, f° 110 v°; 1123, f° 704 v° et 900 v°.) D'autres détails sur cette affaire sont donnés par D. Calmet (II, 817, 940).

[3] Arch. nat., KK 1127, f° 228 v°. D. Calmet, preuves, t. III, col. DCLVI. En

Antoine de Vaudemont avait recommencé, sous divers prétextes, à agiter le pays. Se prétendant lésé par le roi de Sicile dans le payement des sommes que celui-ci lui avait promises, il avait d'abord accepté des arbitres, parmi lesquels figurait le turbulent damoiseau de Commercy; puis il avait dévasté avec ses gens, renforcés de deux mille Picards envoyés par le sire de Croy, son gendre, une grande partie de la Lorraine et du Barrois [1]. La misère des habitants en était arrivée à ce point, que Charles VII avait dû sommer Antoine de se rendre auprès de sa personne, à Vaucouleurs d'abord, à Châlons ensuite, afin de chercher avec lui les moyens d'apaiser définitivement la discorde [2]. En même temps, le Roi ordonnait que « toutes gens de compagnie et de route vivant sur les champs » eussent à s'abstenir d'entrer sur le territoire barrois ou lorrain, et chargeait le sire de Saint-Georges, son lieutenant en Champagne, de courir sus aux contrevenants [3]. Vaudemont se décida enfin à comparaître, et, le 27 mars 1441, à Reims, un nouvel accord fut passé entre lui et le conseil du roi de Sicile, autorisé par le lieutenant de ce dernier, sur les bases suivantes, arrêtées dans le grand conseil du roi de France :

Dans un délai de deux ans, seront assignées au comte de Vaudemont des terres et seigneuries pour une valeur de vingt-deux mille livres tournois, à estimer par deux commissaires royaux. Le Roi lui donnera le revenu du grenier de Joinville, dont son fils Ferry jouira après lui sa vie durant. En retour, Antoine renoncera à toute prétention ou querelle re-

se confédérant pour remédier aux inconvénients et dommages survenus par guerre ou autrement depuis le départ du roi et de la reine de Sicile, les principaux seigneurs lorrains, au nombre de vingt-neuf, s'étaient engagés, le 29 août 1441, à ne se livrer à aucune poursuite, à aucune œuvre de fait les uns contre les autres pendant trois ans, à se joindre au marquis du Pont pour faire observer la justice, à aider ses officiers contre les malfaiteurs, à défendre les habitants des deux duchés contre les pilleries et les vols, etc.

[1] Arch. nat., KK 1117, f° 152 v°; D. Calmet, II, 810.

[2] Lettre du Roi datée de Saint-Mihiel, le 4 mars [1441]. Bibl. nat., Lorraine 9, n° 15.

[3] Arch. nat., KK 1117, f° 956.

lative au duché de Lorraine, à tous les griefs qu'il a pu avoir depuis la guerre contre le duc ou ses sujets, sans rien réclamer de plus. Il autorisera son fils à faire au roi de Sicile l'hommage des fiefs de Vaudemont et de Moustier-sur-Saulx. Il demeurera quitte de mille six cent cinquante florins qu'il devait encore sur les dix-huit mille formant le douaire d'Yolande d'Anjou. Tous les prisonniers détenus par lui seront mis en liberté, moyennant une somme de cinq mille florins, qui lui sera comptée un mois après Pâques. Par ce traité de paix final, tout devra être oublié et pardonné, et les deux parties vivront en bonne intelligence, comme le veut l'alliance déjà conclue entre leurs enfants et qu'ils feront consommer, le tout sous peine de déshonneur et de cent mille écus d'amende. Le roi de France servira d'arbitre s'il survient quelque nouvelle difficulté. Cette convention sera ratifiée le plus tôt possible par René lui-même et par son fils aîné [1].

Un second acte, rendu par le Roi le lendemain, garantit en son nom l'exécution du précédent. Les cinq mille florins promis au comte pour la délivrance de ses prisonniers lui furent remis le 31 mai. Mais il n'eut de cesse que toutes les autres clauses ne fussent remplies, et fit adresser à Charles VII des remontrances pressantes sur ce point [2]. C'est pour en finir que le roi de Sicile, arrivé en Lorraine, non-seulement ratifia le traité intervenu en son absence, mais fit célébrer le mariage

[1] Arch. nat., J 932, n° 10; Bibl. nat., ms. fr. 2747, f° 172; Arch. des Bouches-du-Rhône, B 205, f° 38.

[2] Arch. nat., J 933, n° 3; KK 1125, f° 678. Bibl. nat., Lorraine 8, n° 30. Charles VII eut aussi à faire accorder Antoine avec le duc de Bourgogne, auquel il s'en prit ensuite et réclama la rançon de René. Des lettres d'abolition furent données par le Roi, en 1450, à tous ceux qui avaient pris part aux guerres de Lorraine. Vaudemont, qui n'était jamais content, imagina plus tard, à la faveur des troubles suscités par le Dauphin, de demander à son profit un partage de la Lorraine. Le duc de Bourgogne, à qui il s'ouvrit de ce projet, lui fit répondre par son secrétaire Thierry de Vitry qu'il l'engageait à ne pas soulever la question avant de voir comment tournerait le différend du Roi et de son fils, sans quoi il serait accusé de chercher de nouvelles querelles, et lui, duc, d'être son instigateur. (Lettre du 1er juillet 1457; Bibl. nat., Lorraine 8, n° 60.)

d'Yolande et de Ferry. Peu de temps après, afin de mettre à la tête de la province une autorité plus forte, il nomma son fils aîné, le duc de Calabre, son lieutenant-général aux duchés de Bar et de Lorraine. Dans l'acte par lequel il lui conférait tous ses droits, et qui est daté du 1er juillet 1445, il invoquait surtout l'impossibilité de résider lui-même dans le pays, à cause du temps que lui prenaient l'administration de ses autres domaines et les affaires générales du royaume[1]. C'était là, en effet, le grand inconvénient de sa position, et ce qui faisait la faiblesse de son gouvernement : ses États étaient trop disséminés, trop éloignés les uns des autres ; il ne pouvait visiter chacun d'eux aussi souvent qu'il l'eût fallu. Lui-même sentait bien le mal, et la remise du pouvoir à Jean d'Anjou n'était qu'un acheminement vers une cession plus complète. Il continua cependant à diriger de loin les affaires des deux duchés, et correspondit plus d'une fois avec son fils à ce sujet[2]. Pour l'attacher davantage à cette contrée, et pour lui permettre, ainsi qu'à sa femme, de mieux soutenir son rang, il lui donna de plus en propriété, pour lui et ses héritiers, le marquisat du Pont, demeuré vacant par la mort de son autre fils, en se réservant seulement l'hommage et le ressort[3]. Des mesures d'un ordre différent furent prises par René dans le but d'assurer la sécurité du pays : c'est ainsi qu'il fit fortifier la halle de Bar, forteresse importante qui était la clef de la cité et de toute la province ; les bourgeois de la haute ville de Bar furent affranchis pour trente ans de toutes tailles, subsides et services mili-

[1] « Comme, pour plusieurs grands et haulx affaires touchant monseigneur le Roy et nous, et pour le bien, utilité et conservation de nosdites seigneuries et pays d'Anjou et de Provence et autres, nous soit de nécessité déleissier nosdits duchiez et pays de Bar et de Lorraine, au gouvernement desquels ne povons pour le présent personnellement vacquer ne entendre, » etc. (D. Calmet, preuves, t. III, col. DCLXXXVI; Arch. nat., KK 1124, fo 875.)

[2] Arch. nat., P 1334[14], fos 72 vo, 79 vo, etc.

[3] D. Calmet, II, 843. Un peu plus tard, la seigneurie de Boursault, au bailliage de Vitry, fut également cédée au duc de Calabre, en considération de ses services, et parce que, dit l'acte, mettre en ses mains une partie du domaine de l'État n'est pas l'aliéner. (Arch. nat., KK 1122, fo 736 vo.)

taires, à la condition d'en réparer les murs et de veiller à leur entretien [1].

Avant de quitter la Lorraine, les cours de France et de Sicile assistèrent encore à de nouvelles fêtes. Depuis longtemps on n'avait vu réunie une noblesse aussi nombreuse, aussi brillante. René, à Nancy, était l'amphitryon de toute la chevalerie, et là, comme l'a dit un écrivain qui ne connaissait qu'un des côtés de sa figure, il était vraiment roi [2]. Un ballet de princes et de princesses fut donné dans son château : la reine Isabelle, le duc de Bourbon, la duchesse de Calabre, la Dauphine Marguerite d'Écosse dansèrent *la basse danse de Bourgogne*, pas à figures variées, dont la curieuse notation a été récemment retrouvée [3]. Les jeunes chevaliers redescendirent dans la lice, et rompirent maintes lances. Le chroniqueur Chastelain a tracé des préparatifs de ce spectacle militaire un tableau tout à fait pastoral. Les rois de France et de Sicile s'en étaient allés jouer aux champs, cueillant herbes et fleurs, devisant de plusieurs gracieux devis. Surviennent le comte du Maine et d'autres seigneurs, qui se mettent à parler du luxe et des réjouissances de la cour de Bourgogne. Les princes se piquent d'émulation et décident de faire publier un tournoi. Charles d'Anjou et le comte de Saint-Pol sont donnés par l'historien bourguignon comme les principaux organisateurs de la joute, où les premiers rôles furent remplis, du côté des hommes, par Jacques de Lalain, et, du côté des dames, par Marie de Bourbon, duchesse de Calabre, et Marie de Clèves, duchesse d'Orléans [4]. René s'ingéniait à varier et à multiplier ces divertissements. Son goût l'y portait, et peut-être aussi était-ce un moyen d'affermir son influence sur

[1] Bibl. nat., Lorraine 68, f° 195. En 1438, René avait déjà ordonné de fortifier la ville de Bar, imposé une somme de dix mille francs pour l'achèvement des barbacanes commencées par lui autour de la place, et astreint au guet les villages d'alentour. (*Ibid.*, f°s 207, 210.) Il accorda aux bourgeois de Bar, le 11 mai 1444, des franchises nouvelles. (Arch. nat., KK 1117, f° 151.)

[2] Vallet, *Hist. de Charles VII*, III, 71.

[3] Vallet, *Chronique de la Pucelle*, p. 101.

[4] Chastelain, éd. Buchon, XLII, 16 et suiv.; Vallet, III, 66.

l'esprit du Roi, livré alors tout entier aux idées de plaisir [1].

Cette influence eut presque aussitôt l'occasion de se manifester de la façon la plus heureuse. Le gouvernement de Charles VII s'occupait de réformes militaires, dont les derniers événements, et notamment la guerre de Metz, avaient démontré toute l'urgence. Au mois d'avril et au mois de juin 1445, des ordonnances furent rendues pour épurer les corps errants des routiers, qui composaient jusque-là la majeure partie des troupes royales, pour les transformer en compagnies d'ordonnance, astreintes à la discipline et à la garnison, pour établir enfin une taille spéciale destinée à subvenir à leur entretien, la taille des gens d'armes. On sait quelle importance eurent ces mesures et quels progrès elles déterminèrent dans l'organisation des armées françaises : de savants historiens l'ont exposé avec une autorité irréfutable [2]. Mais ce qu'on ignorait, c'est que les réformes furent provoquées surtout par le duc d'Anjou, et qu'il prit une part prédominante aux conseils où elles furent décidées. Tous les princes et les capitaines présents furent sans doute consultés ; on mit à profit, notamment, les lumières du maréchal de la Fayette. Toutefois l'initiative vint de René, qui, dans ses campagnes de Lorraine et d'Italie, avait vu de près les inconvénients des corps francs et avait acquis à ses dépens l'expérience des choses de la guerre. Le fait est attesté par un témoin oculaire, Jean Galéas, ambassadeur milanais, qui se trouvait à la cour et

[1] « Le roi de Sicile festoyoit de jour en jour le roi de France et les autres seigneurs, et s'esforçoit de rencontrer diverses manières de nouveaux jeux et esbattemens. Mesmement il se trouvoit assez souvent en personne aux joutes, fesant faire merveilleux festins de danses et tournoys. » (Olivier de la Marche, liv. I.) La dame de Beauté paraît avoir été présente aux fêtes de Nancy. (V. Quicherat, *Agnès Sorel*, p. 10 ; Vallet, III, 75.) Mais il n'y a pas là un motif suffisant pour appeler, comme l'a fait ce dernier (p. 81), la reine Isabelle « patronne et amie » de la belle Agnès. Les raisons morales que nous avons produites pour défendre d'une telle complicité la mère de Marie d'Anjou existaient aussi pour la belle-sœur de cette princesse.

[2] V. Boutaric, *Institutions militaires de la France* ; Vallet, *Hist. de Charles VII*, III, 56 et suiv. ; *Bibl. de l'École des Chartes*, XXXIII, 67-81.

qui le remarque dans sa relation confidentielle[1]. Il va même jusqu'à dire à ce propos que toutes les affaires du royaume de France étaient dirigées par le roi de Sicile, et que les autres princes, le Dauphin surtout, étaient jaloux de son pouvoir. Il y a là, probablement, un peu d'exagération ; mais il faut reconnaître qu'à cette époque René assistait assidûment aux séances du conseil royal, qu'il en était l'âme, et que, d'un autre côté, son beau-frère n'avait pas personnellement l'esprit aussi libre qu'il l'eût fallu. La déclaration de Galéas est donc fort vraisemblable, et le prince qui avait importé chez les Italiens les perfectionnements de l'artillerie était parfaitement capable d'améliorer le système militaire des Français. Ce qui prouve d'ailleurs qu'il se préoccupait de cette question, c'est que, l'année précédente, il avait obtenu des lettres patentes du Roi réduisant le nombre des gens d'armes dans ses pays d'Anjou et du Maine et diminuant les charges causées aux populations par leur entretien[2].

C'est pourtant à l'heure où il servait si utilement le pays qu'il fut soupçonné d'ourdir avec son frère le comte du Maine, le comte de Saint-Pol et le connétable de Richemont une nouvelle praguerie. Pierre de Brézé, sénéchal de Poitou, parvenu depuis peu à la plus haute faveur, s'imagina que ces princes complotaient ensemble contre le Roi et contre lui. Mais ils n'eurent pas de peine à se disculper et à prouver l'inanité de pareilles suppositions[3]. Loin de s'être aliéné

[1] « *Esso re Raynero e quelo che governa tutto questo reame, et e stato quelo che ha facto fare quela ordinanza e riductione delle gente d'arme, como ne mandamo una copia alla Signoria vostra.* » (Arch. de Milan, *Domin. Viscont.*, 26 mai 1445 ; pièces justificatives, n° 21.)

[2] Arch. nat., P 1335, n° 123 ; pièces justificatives, n° 19.

[3] « Puis y eut un brouillis que le grand seneschal de Poictou meit sus, pour ce qu'il se doubtoit que le roy de Sicile, monseigneur le connestable, monseigneur du Maine et monseigneur de Sainct-Paul estoient alliez ensemble et faisoient une praguerie ; *et fut mal trouvé, car ils n'y pensoient pas.* » (Gruel, *Hist. d'Arthur de Richemont*, éd. Petitot, VIII, 532.) M. de Beaucourt, en parlant du fait dans ses remarquables études sur le *Caractère de Charles VII* (*Questions historiques*, 27e livraison, p. 93), n'a pas reproduit ce dernier membre de phrase ; aussi est-il amené à voir là l'origine d'une sorte de disgrâce de la maison d'Anjou. Mais on

les bonnes grâces de Charles, René reçut de lui, sur ces entrefaites, une preuve éclatante d'amitié. Les deux cours s'étaient transportées, au mois de mai, à Châlons-sur-Marne. La duchesse de Bourgogne, Isabelle de Portugal, s'y rendit de son côté, soit pour défendre les intérêts de sa maison gravement menacés, soit, comme l'a écrit Ollivier de la Marche, pour se rapprocher de la reine de France et *se complaindre* avec elle de l'infidélité de leurs époux respectifs. La femme de Philippe le Bon et la reine de Sicile ne se rencontrèrent point sans manifester certains sentiments de jalousie d'une part et de rancune de l'autre. Des questions d'étiquette et de préséance achevèrent de les diviser. De plus, la rançon de René n'avait pu être complétement acquittée, et la duchesse était chargée de s'en plaindre à Charles VII. En 1442, l'ancien prisonnier de Philippe lui avait fait remontrer par le sire d'Aubagne que les charges énormes qui lui étaient imposées par la conquête de son royaume de Sicile l'avaient empêché de le satisfaire ; que les villes qu'il avait consignées en gage entre ses mains étaient foulées et ruinées par ses gens d'armes; que, s'il voulait bien les lui restituer, ainsi que les lettres obligatoires de ses cautions, il lui fournirait en échange d'autres garanties, et au besoin lui vendrait à réméré les places de Clermont en Argonne, Varennes ou autres[1]. Cet arrangement n'avait pas été accepté. Les causes de dissentiment étaient donc multiples, et la guerre pouvait se réveiller d'un instant à l'autre; on croyait généralement qu'elle éclaterait[2].

L'intervention du roi de France conjura le danger. Après un grand nombre de journées tenues à Châlons et à Reims par l'archevêque de cette dernière ville, par les conseils des

reconnaitra que les rapports de René avec le Roi ne furent point altérés, et que, s'il se retira de la cour quelque temps après, c'est que le gouvernement de ses propres États réclamait sa présence.

[1] Arch. nat., KK 1118, f° 003.

[2] Relation de Galéas, *ibid.* On ne saurait cependant affirmer avec M. Tuetey (*les Écorcheurs*, I, 354) que René et les princes de sa famille poussaient à la guerre ; rien ne le prouve, et personne, au fond, n'avait intérêt à prendre les armes.

deux parties et divers seigneurs, Charles obtint de la duchesse de Bourgogne, qui avait besoin d'acheter ses bonnes grâces pour son mari, un compromis à l'avantage du roi de Sicile. Par un acte préliminaire daté de Châlons, le 5 juillet 1445, ce prince et son fils ratifièrent d'abord le traité conclu à Lille en 1437. Le lendemain, le premier signa avec la duchesse, en présence et à la requête du Roi, une convention aux termes de laquelle le reste de la dette contractée pour sa délivrance lui était remise, les places fortes et les scellés des gentilshommes qui servaient de gages devaient lui être restitués, et lui-même, en retour, était tenu de confirmer toutes les autres clauses du traité de Lille, d'en faire garantir l'exécution par son fils, de payer les capitaines bourguignons de Clermont et de Neufchâteau, d'acquitter enfin ou de rembourser la rançon du fils du sire de Rodemack et celle de Benetru de Chassaul. Le roi de France, de son côté, devait retirer de Montbéliard sa garnison, qui inquiétait les sujets du duc de Bourgogne[1].

La somme ainsi remise au roi René était de quatre-vingt mille six cents écus : à ce compte, il n'avait pu payer en espèces à Philippe le Bon que dix-neuf mille quatre cents écus, puisque, sur les quatre cent mille formant le prix total de sa mise en liberté, cent mille avaient été mis à la charge du duc de Bourbon et deux cent mille autres n'étaient exigibles que dans le cas d'une prise de possession effective du royaume de Sicile. Cette éventualité ne s'étant réalisée qu'à moitié, les deux derniers quarts de la rançon pouvaient être considérés comme non dus : néanmoins, René en fut tenu quitte à titre de faveur également, ainsi que des amendes encourues pour retards dans les payements, amendes montant

[1] Bibl. nat., Lorraine 239, nos 10, 13; Arch. nat., J 1039, n° 6; KK 1125, fos 678, 679 v°; D. Plancher, t. IV, preuves, p. CLXXXV. Philippe le Bon avait demandé, de plus, la ratification du traité d'Arras par le Dauphin et par toute la maison d'Anjou; on ne voit point que cette ratification ait été donnée. Sur les négociations qui précédèrent la convention de Châlons, cf. un mémoire de la duchesse de Bourgogne tiré des archives de la Côte-d'Or et reproduit par M. Tuetey (*op. cit.*, II, 192).

à quarante mille écus environ. C'était, en tout, trois cent vingt mille six cents écus, ou au minimum cent vingt mille six cents, dont il bénéficiait[1]. Mais, par la suite, ce bénéfice se trouva réduit de cent mille écus ; car, après la mort de la duchesse de Calabre, il dut, comme on l'a vu, restituer au duc de Bourbon la somme que ce prince avait versée pour lui : il déboursa donc réellement, pour sa délivrance, cent dix-neuf mille quatre cents écus. Malgré tout, le Roi lui rendait là un service signalé : il est probable, en effet, que, dans l'état de ses finances, il n'eût pu de sitôt s'acquitter du restant de sa dette. Philippe donna son acquiescement au traité conclu par sa femme. Les places de Clermont et de Neufchâteau furent rendues à leur maître légitime avec l'artillerie qu'elles renfermaient ; celui-ci en donna décharge, ainsi que des obligations de ses vassaux, le 12 mars suivant, paya les deux rançons convenues, plus quatre cent vingt florins à Pierre de Baufremont pour les dépenses et voyages faits par lui à l'occasion de la délivrance des deux villes, et cette question grosse d'orages fut enfin vidée [2].

Le roi de Sicile ne tarda pas à témoigner sa reconnaissance à l'auteur de cette pacification. Revenu en Touraine avec la cour de France, qui, subitement attristée par la fin prématurée de la Dauphine, avait renoncé aux déplacements et aux fêtes, il se réinstalla, au commencement de l'automne, dans son château d'Angers, et de là travailla activement à de nouvelles

[1] Et non 420,600, comme le dit M. Vallet (III, 82); cette somme, en effet, eût dépassé à elle seule le prix total convenu à l'origine. La cession de Cassel, que le même écrivain semble donner comme une clause nouvelle arrêtée en 1445, était stipulée en tête du traité de Lille.

[2] Bibl. nat., Lorraine 239, nos 10, 21, 22, 23. Les places consignées furent d'abord confiées à Pierre de Baufremont, chargé de les garder jusqu'à l'entier accomplissement des engagements de René. Le même seigneur reçut également, après l'évacuation de Montbéliard, au mois de novembre 1445, les titres suivants, qu'il devait remettre au roi de Sicile : obligations des seigneurs de Lorraine, de Barrois, d'Anjou et de Provence ; promesses de Jean de Chamblay et de Colart de Saulcy de garder les places de Prény et Longwy ; quittance générale de Philippe le Bon à son ancien prisonnier, donnée à Middelbourg, le 28 octobre. (Arch. de la Côte-d'Or, Chambre des comptes de Dijon, B 11,887 ; Tuetey, *op. cit.*, II, 224.)

négociations avec l'Angleterre, qui devaient ramener à la mère-patrie une des provinces envahies. La paix générale qu'avait fait espérer le mariage de Marguerite d'Anjou ne se concluait pas ; les trêves avaient même été violées sur quelques points par les gens d'Henri VI. Dès le mois de juillet 1445, Charles VII envoya à ce prince une ambassade composée de Louis de Bourbon, comte de Vendôme, Juvénal des Ursins, archevêque de Reims, Gui, comte de Laval, Bertrand de Beauvau, sire de Précigny, Guillaume Cousinot, sire de Montreuil, maître des requêtes, et Étienne Chevalier, secrétaire du Roi. René, le duc d'Alençon, le roi de Castille accréditèrent en même temps des représentants à la cour d'Angleterre : ceux du premier étaient son secrétaire Guillaume Gauquelin, dit Sablé, et le sire de Tucé, trésorier d'Anjou. Ils rejoignirent les ambassadeurs royaux à Cantorbéry, le 5 juillet, et firent avec eux leur entrée à Londres, le 13 du même mois [1]. Leur mission commune consistait à réclamer l'observation des conventions précédentes et à jeter les bases d'un traité de paix. La condition première de ce traité devait être la restitution du comté du Maine, qu'Henri VI avait promise par une clause secrète, ou plutôt par un simple engagement verbal, lors de son mariage. Bertrand de Beauvau, qui était lui-même un des serviteurs du roi de Sicile, porta souvent la parole dans les audiences accordées aux ambassadeurs. On ne put cependant venir à bout de s'entendre. Le monarque anglais, n'osant pas revenir ouvertement sur sa promesse, et craignant, d'un autre côté, de mécontenter ses barons s'il l'accomplissait, chercha des palliatifs. Il offrit de remettre le Maine à ses maîtres naturels, les princes d'Anjou, moyennant qu'ils s'allieraient à lui et que leurs sujets vivraient en bonne amitié avec les siens durant vingt ans au moins. Charles VII ayant autorisé son beau-frère à accepter la proposition, celui-ci, par une nouvelle délégation du 17 octobre, chargea Guillaume Cousinot et Jean Havart, valet tranchant du Roi, de

[1] V. la relation de cette ambassade dans les mss. français de la Bibl. nat., n° 3884, f° 171 et suiv.; Stevenson, *Letters and papers*, I, 87 et suiv.

négocier en son nom dans ce sens. Il écrivit le même jour à son gendre et à sa fille, ainsi qu'au comte de Suffolk, pour leur recommander ses procureurs [1]. Le roi de France envoya, de son côté, des lettres pressantes. Marguerite d'Anjou, qui commençait à dominer son faible mari, prit l'affaire en main et s'unit à son père pour obtenir la solution désirée. Le 17 décembre, elle faisait part à Charles de ses efforts réitérés en vue de défendre les intérêts français, de procurer la paix et la délivrance du Maine, et elle lui renvoyait, avec des messages plus détaillés, Havart et Cousinot [2]. Cinq jours après, Henri VI s'engageait formellement, par écrit, à livrer toute la province au duc d'Anjou et à son frère le 30 avril suivant ; il faisait cette concession, disait-il, à la requête instante de sa femme et pour faire plaisir au roi de France [3].

Malheureusement, ce succès diplomatique fut suivi d'une nouvelle déception : le prince anglais tergiversa encore, et le terme fixé se passa sans que le Mans fût évacué. Pendant deux ans, les conférences, les démarches de René et de sa fille continuèrent sans plus de résultat. Les lieutenants du roi Henri reçurent l'ordre d'abandonner la place, mais refusèrent de l'exécuter. Il fallut employer la force : au mois de mars 1448, Charles VII fit entreprendre le siége du Mans. Le roi de Sicile, qui, dans l'intervalle, avait dû se rendre en Provence, ne put y prendre part en personne ; mais il y envoya le sénéchal d'Anjou, qui le tint soigneusement au courant des opérations [4]. Elles ne furent

[1] Arch. nat., P 1334[18], nos 105, 107, 108 ; pièces justificatives, nos 22 et 23. Une autre procuration fut donnée à la même date et dans le même but à Alvernatius Chaperon et à Charles de Castillon, sire d'Albanée, conseillers de René. Mais elle était conditionnelle, et l'archevêque de Reims, qui signa les deux avec Pierre de Brézé et le sire d'Haraucourt, a ajouté de sa main sur celle-ci : « Il y a ung aultre povoir en meilleur forme, duquel il se fauldra ayder, et non pas de celuy-ci, sinon en cas de necessité et pour éviter la rompture de la délivrance du Maine. » (Arch. nat., *ibid.*, no 106.)

[2] Bibl. nat., ms. fr. 4054, nos 36, 37.

[3] Stevenson, *Letters and papers*, etc., II, 639.

[4] Comptes de René (Arch. nat., P 1334[11], 2e partie, fos 22, 28 vo, 52 vo; Bibl. nat., ms. fr. 4054, no 33; etc.

pas longues : au bout de quelques jours d'investissement, le commandant anglais entra en pourparlers et rendit la ville presque sans coup férir [1]. Henri VI ne réclama pas. Il se soumit au fait accompli, et consacra par des lettres officielles la restitution du comté aux princes d'Anjou, en se réservant seulement la place de Fresnay, et en dédommageant par d'autres terres ceux de ses sujets auxquels il avait donné des fiefs dans ce pays [2]. Il y avait vingt-quatre ans que le Maine était occupé par les Anglais.

La province reconquise fut sur-le-champ remise aux mains de Charles d'Anjou, frère cadet de René. Elle lui avait été dévolue, non par le testament de leur père, mais par celui de Louis III, leur frère aîné, qui lui avait laissé en outre, pour en jouir après la mort d'Yolande d'Aragon, les biens formant le douaire de cette princesse, savoir Berre et Martigues en Provence [3] ; en attendant l'exécution de ce legs, René s'était obligé à servir à Charles une pension de huit mille livres tournois. Nous avons vu qu'un premier traité était venu régler, en 1437, le partage de la succession d'Anjou ; mais, l'occupation ennemie durant encore, Charles conserva jusqu'au jour où elle devait prendre fin, et à titre de compensation, une rente de quatre mille livres. Par un second acte passé le 18 janvier 1438, peu de temps avant son embarquement pour l'Italie, son frère ratifia cette convention, arrêtée par l'entremise de leur mère et de leur sœur Marie [4]. Isabelle de Lorraine, à son départ de Naples, fut chargée d'en accomplir la teneur, et le partage définitif fut fait par elle au nom de son mari, le 5 avril 1441, à Tarascon. Le comté du Maine fut cédé entièrement à Charles d'Anjou, à la charge d'en rendre

[1] Le 16 mars, selon M. Vallet (III, 138); le 2 avril, suivant une requête de l'an 1451 adressée par Charles d'Anjou à son frère René (Arch. nat., P 1334[5], f° 59 v° et suiv.).

[2] V. Rymer, t. V, 1re partie, p. 188.

[3] Arch. nat., P 1334[11], n° 52, f° 15. Yolande à son tour légua ces deux terres, avec d'autres, à Charles d'Anjou; plus tard, René les érigea en vicomté en faveur de son frère. (Lettres patentes du 9 octobre 1473; Arch. nat., P 1351, n° 675.)

[4] Bibl. nat., Lorraine 8, f° 49.

l'hommage-lige au roi de Sicile, qui à son tour le rendrait au roi de France. Toutefois la baronnie de Sablé, qui ne dépendait pas de l'apanage, ne lui fut donnée que sa vie durant; ses héritiers devaient avoir en place la terre de la Roche-sur-Yon. La continuation de la rente de quatre mille livres, jusqu'au recouvrement de la ville du Mans, fut de nouveau stipulée. Charles ne devait plus rien réclamer; mais, si la postérité de René venait à s'éteindre, il serait appelé à lui succéder[1]. Ce traité reçut la confirmation du roi de Sicile et du roi de France. Le comte du Maine entra donc sans difficulté en possession de son fief, au mois d'avril 1448. La perception de la gabelle, dont il demanda à jouir dans toutes les paroisses du comté, lui fut seule refusée : la Chambre des comptes d'Angers lui donna pour raison que c'était là un droit de nouvelle institution, qui n'existait pas depuis plus d'un siècle, et qui était indépendant du domaine[2]. Il n'avait pas, du reste, à se plaindre : l'apanage d'Anjou était morcelé pour la première fois à son profit, et la jouissance effective de son comté lui créait une situation territoriale digne de sa situation politique; car on sait qu'il fut longtemps le favori et le lieutenant préféré de Charles VII, qui augmenta ses domaines du comté de Gien, de la vicomté de Châtellerault et de l'hôtel de Cachan, près Paris, ancienne propriété de Duguesclin. Aussi garda-t-il au Roi une fidélité inviolable et au chef de la maison d'Anjou un tendre attachement. Il lui fit à plusieurs reprises des prêts importants, qui lui furent remboursés, et René à son tour lui témoigna sa gratitude en lui offrant, dans une affectueuse dédicace, son livre des Tournois[3].

[1] Arch. nat., J 117, n° 14; P 1343, n° 558. Arch. des Bouches-du-Rhône, B 663 Il semble, d'après cette dernière clause, que le fils de Charles aurait dû hériter de l'Anjou à la mort de René; mais on sait qu'il en advint autrement. Dupuy n'en est pas moins dans son tort lorsqu'il allegue que Charles, ayant eu le comté du Maine pour son partage, ne pouvait plus prétendre à rien (*Droits du Roi*, p. 697). De même que René avait succédé à son frère Louis III, Charles ou son fils pouvaient succéder à René lui-même.

[2] Arch. nat., P 1334[1], f° 50 v°.

[3] Arch. nat., J 755, n° 5; J 178, n° 206; KK 240, f° 5; P 1334[1], f° 161;

Le roi de Sicile avait quitté l'Anjou pour la Provence au mois de février 1447[1]. Un pareil voyage était alors trop lent et trop dispendieux pour qu'il le renouvelât fréquemment. Une petite flottille, qu'il entretenait près du château d'Angers, sur la Maine, l'emmenait, lui, son conseil et toute sa maison, jusqu'à Roanne, en remontant le cours de la Loire. Ses tapisseries, sa vaisselle, ses bahuts, en un mot tout le *suppellectile* des grands seigneurs de l'époque, voyageaient avec lui. C'était un spectacle imposant pour les riverains que cette longue file de barques, recouvertes de tentures à sa livrée (gris, blanc et noir), ornées de bannières à ses armes, chargées de princes, d'officiers, de courtisans. Le train s'avançait à petites journées, s'arrêtant de ville en ville, selon les besoins ou les caprices du maître. Quelquefois les arches des ponts se trouvaient trop basses pour lui livrer passage, et il fallait, comme il advint à Saumur, les déranger, puis les remettre en état. De Roanne, personnel et matériel étaient transportés par voie de terre jusqu'à Lyon. Là, d'autres bateaux semblables les reprenaient, descendaient le Rhône et les débarquaient à Tarascon. Le trajet entier durait au moins une quinzaine de jours, s'il n'y avait pas d'arrêts prolongés, et le retour s'effectuait de la même manière[2]. On conçoit que des transbordements aussi considérables ne se faisaient pas en vue

P 1345, nº 642 ; etc. J'ajouterai ici quelques traits peu ou point connus à l'usage des biographes de Charles d'Anjou. Il avait eu pour nourrice Jeanne de Sée (Séez?), femme de maître Robert Desroches, à laquelle la reine Yolande donna en récompense une maison à Saumur. Il habitait, à Paris, l'hôtel Barbette, qui lui appartenait et qu'il céda en 1458 à Pierre de Brézé. Sa femme, Isabelle de Luxembourg, sœur du comte de Saint-Pol, lui apporta le comté de Guise. Il ne lui fut pas plus fidèle pour cela : René, dans un de ses livres, l'a mis au nombre des princes qui suspendaient leur écu dans l'hôpital d'Amour, et en effet il laissa plusieurs bâtards, dont un, Louis, fut chargé par Louis XI de la garde du Maus et de Sablé, en 1475. (*Ibid.*, P 1334[3], fº 62; P 1331[14], nºˢ 87-90; P 1343, nº 500, fº 65 vº; P 1345, nº 643; J 179, nº 105.) C'est par erreur que Papon (*Hist. de Prov.*, III, 353) lui fait suivre son frère en Italie.

[1] Itinéraire.

[2] Comptes de René (Arch. nat., P 1331[11], 2ᵉ partie, fºˢ 85, 86, 91, et *passim*). V. la troisième partie de ce livre.

d'une installation de courte durée. Aussi René restait-il ordinairement plusieurs années de suite dans chacun de ses États, partageant sa vie entre eux d'une manière inégale, mais cherchant cependant à remédier autant que possible à leur éloignement. Cette fois, il demeura en Provence près de deux ans et demi[1], occupé de réformes administratives et judiciaires, qui étaient toujours un de ses premiers soucis, de mesures défensives contre les Catalans, qui tentaient des incursions jusque dans le port de Marseille, enfin de constructions, de culture et d'ouvrages d'art, vers lesquels l'attiraient des goûts invincibles. Le palais d'Aix, le château de Tarascon, le manoir de Pertuis, la maison royale de Marseille furent tour à tour sa résidence.

Ce séjour chez les Provençaux ne fut marqué, au point de vue politique, que par deux faits importants. Le premier fut une visite du Dauphin à la cour de son oncle, effectuée au mois de mai 1447. Louis, retiré en Dauphiné, entretenait une lutte sourde, mais continuelle, contre le Roi, son père. Il intriguait, pour renverser ses ministres, avec les ducs de Bourgogne et de Savoie, et ce dernier allait bientôt se déclarer son complice en lui donnant la main de sa fille. Pour envelopper dans un réseau d'inimitiés Charles VII et son entourage, il convoitait un troisième allié, et cet allié n'était autre que le roi de Sicile, dont il s'exagérait la facilité. Déjà, trois ans auparavant, il avait entamé avec lui, par l'intermédiaire de son écuyer Jean de Toulon, des pourparlers dont la nature ne nous est pas connue, mais qui pouvaient se rattacher à ce dessein[2]. Un

[1] Comptes de René (*ibid.*) et Itinéraire. L'historien du roi de Sicile le fait venir en Provence au mois de décembre 1447, retourner en Anjou au mois de juillet 1448, revenir en Provence au printemps de 1449 et en Anjou à l'automne de la même année (III, 35, 37, 46, 70). Ces allées et venues seraient déjà peu vraisemblables si elles n'étaient en contradiction avec les textes. D. Calmet n'est pas plus exact lorsqu'il parle, dans ses notes manuscrites, citées par le même (III, 10), d'un siége de Bitche entrepris par René le 20 mai 1447; car il ne quitta pas la Provence du mois de février 1447 au mois de juillet 1449.

[2] V. le sauf-conduit donné par Louis à Jean de Toulon, qu'il envoie en divers lieux et notamment devers son oncle le roi de Sicile pour ses affaires et besognes, le 10 août 1444, aux Granges (Bibl. nat., Lorraine 8, n° 65).

prétexte pieux lui servit à couvrir le but de son voyage en Provence : il annonça l'intention de se rendre en pèlerinage à la Sainte-Baume et à d'autres lieux consacrés. René ne pouvait manquer d'accueillir honorablement le fils de sa sœur. Il alla au devant de lui, avertit les autorités locales de son passage, fit faire des provisions de volailles et de viandes de toute espèce, le traita dans son château de Tarascon, lui offrit des présents, entre autres « un chien couchant, avec la tirasse », qu'il avait acheté dix-huit florins, et mit ses barques à sa disposition pour ses excursions dans le pays [1]. Louis visita le tombeau de sainte Marthe, la grotte de sainte Madeleine; il conçut ou encouragea le projet de pratiquer des fouilles à Notre-Dame-de-la-Mer pour retrouver les ossements des saintes Maries enterrées près de là, fouilles que son oncle entreprit avec succès l'année suivante [2]; il fut reçu en grande pompe par les habitants de Marseille et d'autres villes. Mais il ne retira guère d'autre fruit de sa visite au souverain de la Provence, et, s'il lui fit quelques ouvertures, ses propositions ne trouvèrent aucun écho, à en juger par la conduite loyale que René continua de tenir. Au contraire, ces deux princes, de caractère si dissemblable, eurent par la suite des rapports difficiles, dont l'origine remonte un peu plus haut, et que cette entrevue contribua peut-être à envenimer, car l'échec de sa tentative devait être sensible au cœur du Dauphin, et le futur Louis XI savait garder une rancune [3].

Vers la même époque, René s'unit de loin à Charles VII pour accomplir une des entreprises qui font le plus d'honneur à son règne : la pacification de l'Église et l'extinction définitive du schisme pontifical. Le concile de Bâle avait poussé l'animosité contre Eugène IV jusqu'à susciter un antipape : en 1439, Amédée de Savoie, l'ermite de Ripaille, avait accepté de leurs

[1] Comptes de René (Arch. nat., *ibid.*, f°s 60, 61).

[2] V. plus loin, 3e partie, ch. IV.

[3] Bourdigné dit à ce propos (II, 208 et suiv.) que, durant la mésintelligence du Roi et du Dauphin, René « prudemment se gouverna, en mettant pacience et amour entre eulx à son pouvoir », et que son fils le duc de Calabre agit de même.

mains la tiare, soit par faiblesse, soit par ambition. Il y avait été poussé en secret, nous l'avons dit, par l'ennemi et le compétiteur du roi de Sicile, par Alphonse d'Aragon, qui voulait se débarrasser de l'autorité du pape Eugène, hostile à sa cause. C'était pour les princes français une raison de plus de s'opposer au triomphe de l'antipape Félix V. Mais il est permis de croire qu'en cherchant à le faire abdiquer, ils obéirent à des considérations d'un ordre plus élevé : l'intérêt général de la chrétienté, celui du royaume de France, directement en jeu, étaient des mobiles trop puissants pour ne pas venir en première ligne. Eugène IV, auprès de qui tous les essais de conciliation avaient échoué, qui avait voulu, au contraire, obtenir de Charles des mesures violentes contre les Pères de Bâle et leurs adhérents, était mort le 23 février 1447. La tâche devenait moins ardue avec son successeur Nicolas V, plus disposé aux concessions. René s'empressa d'ouvrir des négociations à ce sujet. Son dévouement à l'Église n'était pas suspect : dès le réveil du schisme, il avait enjoint à ses sujets de Lorraine et d'Italie de ne reconnaître que le pape Eugène IV, protestant qu'il lui serait toujours fidèle[1]; en Provence, la reine, sa femme, avait révoqué les statuts des comtes précédents portant préjudice aux libertés ecclésiastiques[2]. Le nouveau pontife était personnellement dans les meilleurs termes avec lui ; car il venait de lui conférer, par un privilége exceptionnel et pour une fois seulement, le droit de nommer lui-même à cent bénéfices dans le comté de Provence et dans quelques diocèses voisins, à cause de ses vertus et de sa bienveillance continuelle envers le Saint-Siége, dit la bulle[3]. Ces dispositions favora-

[1] Lettres datées de Naples, le 23 juillet 1430 (Bibl. nat., Lorraine 240, n° 5; Arch. nat., KK 1126, f° 536 v°).

[2] Ces statuts, émanés de Charles I, de la reine Jeanne et de Louis III, ordonnaient la vente ou la saisie des fiefs tenus en Provence par les clercs ou les religieux. Isabelle amortit tous ces biens en 1440, se réservant seulement l'hommage et les services. Le comte de Provence est appelé dans cet acte « *protector et defensor Ecclesie ac libertatum, privilegiorum et suppositorum ejus* ». (Arch. nat., J 201, n°s 24, 25 ; Arch. des Bouches-du-Rhône, B 11.)

[3] Bulle du 14 juin 1447 (Arch. des Bouches-du-Rhône, B 668). Peut-être cette

bles et le bon souvenir qu'il avait laissé en Italie lui donnaient une influence particulière à la cour de Rome, Au mois d'août de la même année, Jean Cossa, Charles de Castillon et Nicolas de Brancas, évêque de Marseille, se rendirent de sa part à Lyon pour s'entendre avec les ambassadeurs de France, d'Angleterre et d'Allemagne, réunis dans cette ville [1]. Des démarches communes furent résolues auprès des deux papes, en vue de leur faire accepter une transaction amiable, conforme cependant à l'orthodoxie. Les princes envoyèrent des délégués à Rome, puis à Genève et à Lausanne, où résidait Félix V. Dans cette mission diplomatique, le roi de Sicile était représenté par les évêques de Toulon et de Marseille. Plusieurs autres prélats provençaux, entre autres l'archevêque d'Embrun et l'évêque de Saint-Paul-Trois-Châteaux, y prirent part à des titres différents. Jacques Cœur en personne, l'archevêque de Reims et d'autres personnages y figurèrent pour le compte du roi de France. Les difficultés qu'ils rencontrèrent furent longues et délicates. Ce ne fut que le 7 avril 1449 qu'Amédée consentit à se démettre de son pseudo-pontificat, à la condition de conserver la dignité de cardinal et de légat apostolique, condition acceptée d'avance par Nicolas. La paix de l'Église était désormais assurée [2].

faveur était-elle une rémunération anticipée du service que René allait rendre à l'Église.

[1] Comptes de René (*ibid.*), f°s 44, 49 : « Mandement de paier à Jehan Cosse II^c fl. et à Carles de Castillon C fl., pour ung voiage fait de Masseille à Lyon pour le fait de l'Église; donné à Masseille, le XXVIe jour d'aoust. — Mandement de paier à l'évesque de Masseille II^c fl., pour son voiage de Lyon pour le fait de l'Église; donné le XXXe jour de septembre. — Autre mandement de paier à mons^r de Masseille la somme de III^c fl., pour partie du voyaige qu'il a fait à Lyon et à Genève pour le fait de l'union de la paix de l'Église; donné à Aix, le XIIe jour de février [1448]. » Jean Cossa se rendit aussi à Rome en 1448, avec *Fleur de Pensée*, poursuivant d'armes du roi de Sicile. (*Ibid.*, f°s 28 v°, 71 v°.) Ce voyage se rapporte sans doute à la même affaire. On peut en dire autant de la gratification de deux écus donnée par le roi de Sicile, le 16 juin 1449, à un homme qui lui avait apporté *un traité de la paix et union de l'Église*, fait par Girardin du Puy en Auvergne. (*Ibid.*, f° 82 v°.)

[2] V. Chartier, dans Godefroy, p. 132, 133 ; Vallet, III, 132 ; *Notice historique sur Ripaille*, Annecy, 1863, ch. II ; etc.

C'est dans cet intervalle, et non pendant son séjour à Angers, comme on l'a cru, que René jeta, au mois d'août 1448, les premières bases d'un nouvel ordre militaire, qu'il appela l'ordre du Croissant, et dont nous reparlerons ailleurs. Cette fondation fut suivie, l'année d'après, d'une fête chevaleresque dont l'éclat dépassa tout ce qu'on avait vu jusqu'alors, et qui fut la dernière de ce genre donnée par le roi de Sicile. Déjà, avant son départ de l'Anjou, l'emprise de la Joyeuse garde ou le pas du Perron, tenu dans la plaine de Launay, près de Saumur, avait réuni l'élite de ses vassaux[1]. Le tournoi de Tarascon, ou pas de la Bergère, eut lieu au commencement du mois de juin 1449; il occupa plusieurs journées, avec des intermèdes de danses et de festins. La noblesse lorraine, angevine et provençale, y figura presque tout entière. Plusieurs princes et le Dauphin lui-même y avaient envoyé leurs hérauts d'armes. Le prix fut décerné au gendre de l'amphitryon, Ferry de Lorraine, qui le reçut des mains d'une jeune pastourelle représentée par Isabeau de Lenoncourt[2]. Les derniers échos de ces brillantes joutes retentissaient encore, lorsque des bruits de guerre vinrent les étouffer.

En vain Marguerite d'Anjou avait-elle continué de s'interposer pour le maintien de la paix entre la France et l'Angleterre. En vain des ouvertures avaient-elles été faites en vue d'une nouvelle alliance de famille, entre le fils du duc d'York et la princesse Madeleine, fille de Charles VII[3]. Un capitaine anglais, rompant brusquement les trêves, s'était emparé de la

[1] En 1446. V. la troisième partie de cet ouvrage et la relation du pas de Saumur donnée par Wulson de la Colombière.

[2] Et non par Jeanne de Laval, comme on l'avait cru. V. les *Extraits des comptes et mémoriaux du roi René*, nos 731-734. Ferry avait suivi René en Provence, avec sa femme Yolande, en 1447. Il reçut dans ce pays plusieurs terres en récompense de ses services : Orgon, Lambesc, Suze, la Roquette, plus une pension de 250 florins par mois et le gouvernement de la tour de Marseille. (Arch. nat., KK 1127, fos 232 vo, 237 vo, 239 vo; P 1334[11], 2e partie, fos 20, 25 vo, etc.)

[3] V. deux lettres de Marguerite et du duc d'York, en date des 10 et 21 décembre 1448 (Bibl. nat., ms. fr. 4054, nos 94, 95).

place de Fougères, sur les confins de la Bretagne et de la Normandie. Charles, fort de ses succès précédents, n'attendait qu'un prétexte pour reconquérir cette dernière province : il saisit celui-là. Les lieutenants d'Henri VI ayant refusé toute satisfaction, une expédition fut résolue en conseil royal. Le duc de Bretagne, le comte de Saint-Pol, Dunois, Pierre de Brézé en eurent la direction. Le Roi en personne se mit en marche avec l'avant-garde, et pénétra sur le territoire normand. René, appelé en toute hâte, n'hésita pas à venir prendre sa place à côté de son suzerain, malgré les liens qui l'unissaient au roi d'Angleterre et le traité qu'il avait conclu avec lui pour vingt ans : les Anglais avaient violé les premiers ce traité, puisque le Mans avait dû être recouvré par la force, et l'occupation de Fougères achevait de mettre à leur charge la reprise des hostilités ; il était donc complétement dégagé vis-à-vis d'eux. Parti de Tarascon à la fin de juillet, il s'arrêta quelques moments à Lyon, à Orléans, à Blois, et vint à Saumur déposer la reine Isabelle. Dès que son trésorier eut réuni les fonds nécessaires, il quitta l'Anjou avec un certain nombre de gentilshommes du pays, cinquante lances et un corps d'archers, pour aller retrouver le Roi. Il le joignit à Louviers, au commencement d'octobre. Son fils Jean, mandé par lui, arriva un peu plus tard. Charles fut, dit-on, si satisfait de les voir, qu'il les festoya et promit de les aider à son tour au recouvrement du royaume de Sicile[1].

Nous ne referons pas le récit de la campagne de Normandie, ce glorieux épisode de nos annales qui ne fut, pour ainsi dire, qu'une marche triomphale à travers des populations empressées de se soumettre. Le dernier historien de Charles VII l'a retracé avec trop de clarté et d'intérêt pour qu'on ait à y reve-

[1] René était le 4 août à Roanne, le 6 à Nevers, le 14 à Blois, où il fit des cadeaux aux portiers du château, aux tabourins de la duchesse d'Orléans, etc., et le 27 à Saumur, où il resta quelque temps. Le 6 septembre, le trésorier d'Anjou recevait l'ordre d'aller chercher de l'argent à Angers « pour le partement du roi de Sicile à aler devers le Roy en Normandie ». (Arch. nat., P 1334[14], 2e partie, f°s 85-87 v°.) V. aussi Berry, *le Recouvrement de Normandie*, éd. de Londres, 1863, p. 287 ; Bourdigné, II, 196-198.

nir. Bornons-nous à dire que René ne quitta pas un instant son beau-frère, et partagea avec lui les honneurs comme la peine. Il le suivit de Louviers à Pont-de-l'Arche, puis à Darnetal et aux environs de Rouen, d'où ils retournèrent sur leurs pas après une tentative infructueuse sur cette ville. Revenus en force à Sainte-Catherine-du-Mont, aux portes de la capitale normande, les deux rois en chassèrent la garnison anglaise et y tinrent conseil, le 19 octobre, pour combiner une attaque décisive. Dès le 21, Rouen leur ouvrait ses portes, et, cinq jours après, l'ennemi évacuait le château, sa dernière retraite. Leur entrée solennelle dans la ville se fit le 10 novembre. Charles VII avait à sa droite le duc d'Anjou, à sa gauche le comte du Maine : René portait une armure blanche; ses pages étaient vêtus de blanc, et ses chevaux couverts de velours de la même couleur, avec des houppes de fil d'or. Des chants de joie, des mystères, des représentations variées les accompagnèrent jusqu'à leur demeure.

Après un mois de repos, ils partirent de Rouen pour aller assiéger Harfleur, malgré les intempéries d'un hiver rigoureux. Ils logèrent à l'abbaye de Montivilliers, voisine de la ville, jusqu'à la réduction de celle-ci, qui inaugura l'année 1450. Ils se rendirent ensuite à Jumiéges, où Charles était attiré par la présence et la maladie d'Agnès Sorel : René se trouvait encore en ce lieu le 29 janvier, et il est probable qu'il assista comme son beau-frère aux derniers moments de la dame de Beauté, frappée, le 9 février, d'une mort inattendue. Ils reprirent bientôt le cours de leurs victoires, écrasèrent l'ennemi en bataille rangée à Formigny, et, après avoir soumis la basse Normandie, revinrent sur Caen pour en faire le siége. Une artillerie formidable battit en brèche cette place. Mais, étant montés tous deux sur une tour voisine, d'où l'on apercevait toutes les positions des assiégés, ils jugèrent inutile de continuer l'œuvre de destruction. Effectivement, la ville capitula au bout de peu de jours, et ils y entrèrent de compagnie le 6 juillet. Le roi de Sicile et son fils avaient séjourné une partie du mois précédent à Argentan, dans l'abbaye de la Trinité. Ils suivirent encore Charles VII à Falaise, où ils prirent de même leur gîte dans le monastère du lieu. Puis, la province se trouvant totalement conquise, ils la quittèrent avec lui au mois d'août [1]. Cette campagne avait duré une année; mais ses fruits étaient incalculables, et faisaient entrevoir dans un bref délai la complète libération du territoire français. La réputation militaire du duc d'Anjou y grandit; les Italiens eux-mêmes l'admirèrent, et, avec autant de complaisance que s'il leur eût appartenu, lui attribuèrent tout le succès de l'expédition [2].

L'année suivante, l'armée royale, dans une marche rapide, enleva aux Anglais leur dernière province continentale, la Guyenne. Cette fois, les deux rois ne marchèrent pas à sa tête; mais ils se rapprochèrent néanmoins du théâtre des opérations, pour les diriger, et demeurèrent quelque temps ensemble dans le Poitou [3]. La guerre terminée, ils retournèrent s'installer, vers le début de l'automne, l'un en Touraine, l'autre en Anjou, de sorte que leurs relations intimes purent continuer à la faveur de ce voisinage. A cette époque, René paraît être parvenu à l'apogée de son pouvoir et de son influence politique. Sous les armes comme dans les conseils, il avait servi son suzerain, sa patrie, avec un zèle incessant et, le plus souvent, désintéressé. Il était certainement appelé à jouer un rôle plus important encore. Son beau-frère, dont il avait achevé de gagner le cœur dans les fêtes, dans les voyages, semblait ne plus pouvoir le quitter; il sentait qu'il avait en lui un auxiliaire loyal et sûr, capable de le défendre, au besoin, contre les entreprises du Dauphin ou

[1] Berry, *le Recouvrement de Normandie*, p. 200-350; Basin, I, 231, 239; Robert Blondel, *De reductione Normanniæ*, éd. Stevenson, p. 119, 121, 145, 216; Vallet, III, 159, 165, 173; Itinéraire de René.

[2] « *L'anno seguente, Carlo VII, re di Franza, hebbe vittoria contra Inglesi per virtu di re Renato, e seguio pace per tutto.* » Journal de Naples, *Rer. ital. script.*, XXI, 1131.

[3] René était à Taillebourg, avec Charles VII, le 17 août 1451, quoique son historien le fasse partir en Provence dès la fin de la campagne de Normandie (Vill.-Barg., II, 87). V. l'Itinéraire.

du duc de Bourgogne. Lui-même était dans la force de l'âge et de ses facultés; après de rudes épreuves, l'avenir lui souriait. Mais l'infortune ne lâche pas les victimes qu'elle a choisies. A la captivité, aux trahisons, à la perte de son royaume, allait succéder une série de malheurs domestiques qui, plus que les autres, devaient le dégoûter du monde, le faire replier au dedans de lui et briser les ressorts de sa volonté.

La mort, qui lui avait déjà ravi sa mère et son second fils, s'apprêtait à frapper dans sa maison le coup le plus cruel. La reine Isabelle, qui, depuis son retour de Provence, habitait constamment son manoir de Launay, fut prise d'une maladie de langueur; les fatigues qu'elle avait endurées en Italie, les changements de climat, les veilles du plaisir peut-être, avaient contribué à l'affaiblir. Ni la tendresse des siens ni les ressources de l'art médical ne purent la sauver. René, qui s'était éloigné de l'Anjou au mois de février 1452, afin de remédier, dit-on, aux ravages de la peste dans son comté de Provence, revint précipitamment trois mois après, rappelé sans doute par une aggravation de l'état de sa femme. La princesse vécut cependant jusqu'au 28 février 1453; elle mourut dans ses bras, à Angers, où il l'avait fait transporter, à l'âge de quarante-quatre ans. La douleur du bon roi éclata en touchantes manifestations : c'est alors que son pinceau multiplia autour de lui, sur les murs ou sur la toile, les emblèmes de deuil, surtout l'arc à la corde brisée, avec la devise italienne : *Arco per lentare, piaga non sana.* Il avait fait commencer depuis quelques années, dans l'église cathédrale d'Angers, un somptueux monument qui devait renfermer les restes de la reine et les siens : quoiqu'il ne fût pas achevé, Isabelle y fut déposée; il orna ce tombeau de ses propres peintures, et vint y rejoindre plus tard la compagne de sa jeunesse [1]. On a vu plus haut

[1] Mémorial de la maison d'Anjou (Bibl. nat., ms. lat. 17,332); D. Calmet, II, 852 (cet historien place la mort de la reine de Sicile au 27 février, erreur moins grande que celle de Nostredame, qui la met trois ans plus tôt); Vill.-Barg., II, 88, 90; *Extraits des comptes et mémoriaux du roi René*, n°s 157

quels services elle lui avait rendus, et l'on comprend aisément les regrets qu'elle lui laissa. Il faut dire, pourtant, qu'il ne lui avait pas toujours été fidèle; car il eut, vraisemblablement pendant les trois années qu'elle passa loin de lui à Naples, au moins un enfant naturel, Blanche, qui fut élevée à Beaucaire, le suivit en Anjou et devint la femme de son sénéchal Bertrand de Beauvau [1]. Cela ne l'empêcha pas de combler la reine des témoignages de sa reconnaissance, surtout après son retour d'Italie. Outre les dons que nous avons déjà signalés, il lui avait fait encore les suivants : celui des villes de Saumur, Brignoles, Barjols et Saint-Remi en Provence, le 2 décembre 1442; celui du produit de l'imposition foraine d'Anjou, le 19 octobre 1443; celui du comté de Beaufort, le 14 janvier 1444; celui des manoirs de Launay et du Palis, le 21 février 1446 [2]. Ses comptes renferment la trace de cadeaux d'un

et suivants; Itinéraire. Au sujet des emblèmes peints par René, Bourdigné dit avoir traduit d'un manuscrit provençal ce qui suit : « Un jour, comme ses familiers et privés lui remonstroient (le cuidant consoler) qu'il falloit qu'il entroubliast son dueil, et, puisqu'elle estoit décédée, qu'il ne la povoit recouvrer, et que force estoit (s'il vouloit vivre) de laisser tout cela et prendre confort, le bon seigneur, en plorant, les mena dans son cabinet et leur monstra une painture que luy-mesme avoit faicte, qui estoit un arc turquoys duquel la corde estoit brisée, et en dessus d'iceluy estoit escript le proverbe italien : *Arco per lentare, piaga non sana*. Puis leur dict : Mes amys, ceste painture faict réponse à tous vos arguments; car, ainsy que pour destendre l'arc ou en briser et rompre la cordé, la playe qu'il a faicte de la sagette qu'il a tirée n'en est de riens plutôt guérie, aussi pourtant, si la vie de ma chère espouse est par mort brisée, pour ce plutôt n'est pas guérie la playe de loyale amour dont elle vivante navra mon cœur. » (Bourdigné, éd. de Quatrebarbes, II, 205 et suiv.)

[1] Blanche était nourrie en Provence, en 1447, par une « damoiselle Collette, fourretière », sa gouvernante ou peut-être même sa mère, qui recevait des dons fréquents pour l'entretien de cet enfant, aimé par René d'une tendresse particulière. (V. les *Extraits des comptes et mémoriaux*, nos 606, 613, etc.) Bourdigné affirme néanmoins que, « tant que la bonne princesse fut en vie, il ne porta divise que pour l'amour d'elle et jamais en autre ne mist son cueur ». (Éd. de Quatrebarbes, II, 206.) Mais c'est là une parole de panégyriste, en désaccord avec les faits. Son héros avoue lui-même dans un de ses poëmes, « sans nulle nommer », que plus d'une damoiselle ou bourgeoise occupa tour à tour sa pensée. (*Œuvres du roi René*, III, 122.)

[2] Arch. nat., P 1334[6], f° 101 v°.

autre genre, notamment de bijoux, qu'il lui offrait à chaque instant, ainsi qu'à ses dames d'honneur et à ses officiers. Même lorsqu'elle fut morte, il continua de récompenser ceux qui l'avaient obligée ou servie [1].

La première conséquence du décès d'Isabelle fut la cession de la Lorraine à son fils aîné, Jean d'Anjou, qui en avait déjà le gouvernement. De toutes les possessions de René, c'était celle qui lui tenait le moins au cœur, qui lui avait coûté le plus cher, et où il avait le moins résidé : toutes les autres lui venaient de sa famille; celle-ci appartenait plutôt à sa femme qu'à lui. Aussi, devant l'impossibilité d'administrer tant de provinces éloignées les unes des autres, ce fut elle qu'il sacrifia. La propriété de ce grand fief, une fois la duchesse morte, devait revenir de droit à son fils : ainsi le voulait la coutume du pays, attestée par l'acte de cession lui-même, daté du 26 mars 1453. Mais le roi et la reine de Sicile s'étaient fait une donation mutuelle de tous leurs domaines, et pour cette raison le survivant avait le droit de disposer de la Lorraine. Telle est du moins la théorie invoquée par René dans la charte : c'est pourquoi, ajoute-t-il, en rémunération des services du duc de Calabre, et afin de juger avec quelle sagesse il gouvernera tous les États de la maison d'Anjou après le décès de son père, il lui cède entièrement le duché, pour lui et ses héritiers, l'en investit, et ordonne à tous les habitants de lui rendre obéissance [2]. Cette renonciation, si elle diminuait la puissance territoriale du donateur, était une mesure de bonne politique : elle pré-

[1] Arch. nat., P 1334^{7}, f° 225; P 1334^{11}, *passim*. La reine Isabelle avait sa maison à part, ses aumôniers, dont l'évêque d'Orange faisait partie, ses médecins, ses secrétaires, ses trésoriers, qui rendaient leurs comptes à la Chambre d'Angers. Elle administra le comté de Beaufort après qu'il lui eut été cédé, et contribua à la fondation d'une maison-Dieu ou aumônerie faite à Beaufort par un habitant du lieu, pour nourrir et loger des pauvres, leur donner la sépulture, entretenir des orphelins, *relever des nourrices* et dire des messes. (*Ibid.*, P 1334^{7}, f° 141 v°.) Pendant sa maladie et le voyage de son mari en Provence, elle s'occupait encore du gouvernement de l'Anjou et correspondait à ce sujet avec Charles VII. (*Ibid.*, P 1334^{5}, f°s 100, 107.)

[2] Arch. nat., J 933, n° 5. D. Calmet, preuves, t. III, col. CCXII.

venait de nouveaux différends, et elle assurait aux Lorrains le bénéfice d'une autorité plus ferme, plus facile à exercer. Aussi l'acte fut-il approuvé et signé par le comte de Vaudemont, par son fils Ferry, par le marquis de Bade, beau-frère d'Isabelle, et par différents seigneurs. Il eut son corollaire trois ans après, par la nomination d'un gouverneur particulier pour le duché de Bar. Le roi de Sicile ne voulant pas se dessaisir de ce bien patrimonial, et pensant qu'il serait toujours réuni à la Lorraine après sa mort, en remit l'administration aux mains de son gendre Ferry, qui lui prêta serment de fidélité et reçut pour cette lieutenance un traitement de deux mille francs barrois [1]. Dès lors, le roi de Sicile demeura presque étranger aux affaires de cette contrée.

L'année même de la cession de la Lorraine, pour s'arracher, sans doute, à la mélancolie qui le minait, René se laissa entraîner à une expédition lointaine qui avait peu de chances de succès, peu d'opportunité, et qu'heureusement il sut abréger. Les Italiens, voulant exploiter son nom dans leurs luttes intestines, lui faisaient entrevoir la restauration de sa dynastie au royaume de Sicile. Il savait bien ce que valaient leurs promesses; il était revenu du milieu d'eux complétement désenchanté : mais ils firent si bien briller à ses yeux ce mirage trompeur, et Charles VII parut tellement l'encourager, qu'il crut le moment favorable pour réaliser des espérances qu'il n'avait jamais cessé de nourrir.

La situation politique, en Italie, avait bien changé depuis son départ. Dès le premier moment, son principal appui, le pape, avait abandonné sa cause. Le désir d'apaiser à tout prix les

[1] Arch. nat., KK 1116, f° 522 v°; 1125, f° 686 v°. L'acte est daté du 24 août 1456. Des difficultés s'étaient élevées un peu auparavant entre les officiers de Bar et de Champagne, au sujet de l'exercice des droits de rémission, d'amortissement, d'anoblissement et de la juridiction des maîtres des eaux et forêts. (*Ibid.*, P 1334[4], f°s 134, 135.) En même temps, le roi de Sicile avait été condamné par le parlement à payer à Jeanne de Bar, sa cousine, une rente de 1200 livres, en compensation de ses droits sur la succession de Bar. (*Ibid.*, K 69, n° 5.) Ces motifs purent influer également sur la détermination de René.

discordes de la péninsule, afin de pouvoir résister aux progrès menaçants des Turcs, l'avait jeté dans les bras du vainqueur et décidé à reconnaître le fait accompli. Moins d'un an après la prise de Naples, il avait chargé Louis, cardinal de Saint-Laurent, son camérier et légat, de négocier un traité de paix et d'alliance avec Alphonse d'Aragon[1]. Celui-ci, de son côté, avait à cœur de rentrer dans les bonnes grâces du suzerain du royaume de Sicile, afin d'obtenir la sanction de son usurpation. Dans ce but, il lui restitua la Marche d'Ancône, après que François Sforza en eut été repoussé. Eugène IV accomplit sa volte-face avec un empressement que peuvent seules expliquer les nécessités les plus impérieuses et la crainte, commune à toute l'Italie, de voir s'étendre davantage la puissance aragonaise. Le traité, signé à Terracine par son représentant, le 14 juin 1443, fut ratifié par lui-même le mois suivant : il stipulait, entre autres, la cessation des poursuites contre les partisans du pape dans la dernière guerre[2]. En même temps, l'investiture donnée naguère au roi René fut accordée à son rival heureux avec la même solennité, les mêmes garanties et, il faut bien le dire, avec les mêmes éloges[3]. Il était seulement déclaré que le royaume reviendrait de droit à l'Église romaine dans le cas où le roi d'Aragon ou ses enfants mourraient sans héritier légitime. Cette clause même fut annulée, l'année d'a-

[1] « *Itaque, jamdudum desiderantes affectibus quòd scandalorum et bellorum ac guerrarum materia inter nos et carissimum in Christo filium nostrum Alfonsum, regem Aragonum... tollatur, etc.* » Bulle donnée à Sienne, le 9 avril 1443 (Arch. de Naples, *Manuscritti*, n° XXXIV, f° 8).

[2] Arch. de Naples, *ibid.*, f° 18.

[3] « *Dudum siquidem bone memorie Joanna II... carissimum in Christo filium nostrum Alfonsum, Aragonum regem illustrem, in sui subsidium et tutelam hostiumque propulsationem advocavit ; qui, non sine gravibus laboribus, impensis et periculis... ad liberationem predicte regine personaliter veniens,... regnum forti congressu et acri marte pedetentim acquisivit, omnesque principes, duces, marchiones, comites, barones et regnicolas, nec non civitates, terras, castella et tandem inclitam civitatem Neapolis dictioni sue subegit... [Attendentes] dicti regis Alfonsi acquirendâ restituendâque ipsi Ecclesie Marchiâ Anchonitanâ prestita obsequia,... pro se suisque heredibus descendentibus per rectam lineam, masculis, jam natis ac in posterum nascituris,... transferimus et transportamus, etc.* » (*Ibid*, f° 10.)

près, par une concession plus étonnante encore, et plus fatale pour la dynastie angevine. Alphonse n'avait d'autre fils que Ferdinand, son bâtard : il le fit légitimer par le pape, afin de le rendre apte à lui succéder, ce qui eut lieu en effet [1]. L'union ainsi conclue fut scellée par d'autres faveurs qui ne dérogeaient pas moins au droit commun. L'adoption du prince espagnol par Jeanne II, que cette princesse elle-même avait révoquée, fut confirmée ; l'investiture, octroyée d'abord à ses héritiers en ligne directe, fut étendue à la ligne *transversale ;* il eut la permission d'imposer des tailles sur le clergé du royaume et d'ôter l'exercice de leur charge aux prélats qui lui seraient suspects ; enfin, contrairement au traité de Terracine, il fut dispensé de rouvrir aux exilés et aux rebelles, c'est-à-dire aux partisans de René, les portes de la patrie [2]. On ne pouvait subir plus complétement la loi du vainqueur.

Que restait-il à faire au chef de la maison d'Anjou? Protester, avec tout le respect possible, contre cette reconnaissance arrachée par la force. C'est, en effet, la mission dont il chargea Blanchardin de Becutis, docteur et chevalier, qui se rendit à Rome, et, dans l'église de Saint-Pierre, agenouillé devant le pontife, en présence des cardinaux de Thérouanne et d'Estouteville, prononça les paroles suivantes : « Il est venu à la con-« naissance du roi René, votre serviteur et vassal fidèle, que « Votre Sainteté a octroyé à l'usurpateur Alphonse d'Aragon « la confirmation du royaume de Sicile, dont elle avait pré-« cédemment investi mon maître; qu'elle a, de plus, légitimé « Ferdinand, fils naturel dudit Alphonse, pour le rendre ca-« pable d'hériter du trône; qu'en vertu de ces actes une in-« vestiture solennelle a été donnée au roi d'Aragon par l'abbé « de Saint-Paul, dans la grande église de Naples. Ce sont « là autant de sujets d'étonnement, car Votre Sainteté sait « très-bien que le royaume appartient légitimement à René, « en raison de l'investiture qu'elle lui a elle-même conférée. « Il n'est pas vraisemblable que les lettres qui contiennent de

[1] Bulle donnée à Rome, le 12 juillet 1444 (*Ibid.*, f° 22).

[2] Bulles données à Rome, le 13 décembre 1444 (*Ibid.*, f°s 22-25).

« pareilles concessions aient été rendues du plein consentement de Votre Sainteté. C'est pourquoi, comme ambassadeur et commissaire du roi de Sicile, et en vertu du pouvoir « que voici, je proteste et j'appelle des torts qui lui sont « faits, jusqu'à ce qu'il plaise à Votre Sainteté de révoquer « ces lettres, la suppliant humblement de déclarer qu'elles « n'ont pas été données en parfaite liberté et qu'elle n'a pas « l'intention de porter préjudice aux droits de mon maître ou « de ses héritiers sur le royaume, mais au contraire de les « maintenir et de considérer toujours le roi René comme son « vassal. » Eugène répondit que, pour éviter un plus grand mal et pour conjurer un péril imminent, il avait été obligé de faire ces concessions au roi d'Aragon, et que, du reste, il n'entendait pas préjudicier aux droits des princes d'Anjou. L'ambassadeur se fit donner acte de cette réponse et se retira[1].

La position du pape était fort embarrassante. Il essaya de conserver l'amitié des deux compétiteurs en les amenant à un accord quelconque. Déjà plusieurs amis communs étaient parvenus à leur faire adopter, dans l'intérêt de leurs sujets respectifs, un *modus vivendi* provisoire : Tanguy du Châtel, prévôt de Paris et sénéchal de Provence, Bertrand de Grasse, Jean Martin, conseillers du roi de Sicile, avaient été ses procureurs dans cette affaire[2]. Par l'entremise du cardinal de Foix, légat du Saint-Siége, une nouvelle trêve fut conclue ; mais les Aragonais ne l'observèrent guère, et commirent sur les côtes de Provence des actes de piraterie. Le sénéchal dut envoyer Antoine Grimaud se plaindre à la reine d'Aragon, en l'absence de son mari, d'un tel manque de foi, et lui demander de déléguer des commissaires pour régler les points en litige, sous peine de voir retirer toute protection à ses sujets dans le comté de Provence. La reine, malade, s'excusa de ne

[1] Procès-verbal du 8 juillet 1445 (Arch. nat., KK 1120, f° 537). L'ambassadeur est appelé ailleurs Blanchardin *de Biscutis* (*Ibid.*, P 1334[11], 2e partie, f° 52 v°), et dans dom Calmet (II, 843) *de Behutin*.

[2] Procuration du 5 février 1443 (Arch. des Bouches-du-Rhône, B 606).

pas recevoir l'ambassadeur provençal, et fit répondre que les violateurs de la trêve étaient des forbans, des vagabonds, qui s'étaient indûment autorisés de son nom, qu'elle était disposée à en faire justice, qu'elle observerait toujours les conventions, et qu'elle écrirait à ce sujet au cardinal de Foix, son cousin [1]. Malgré ces belles promesses, les actes agressifs continuèrent. En 1447, une galère espagnole osa pénétrer jusque dans le port de Marseille. L'année suivante, le légat ayant voulu prolonger la trêve et en faire modifier les conditions, Alphonse, par une lettre du 12 mai, qui est un chef-d'œuvre d'arrogance, refusa tout accommodement et rendit la rupture complète [2]. René, qui se trouvait en Provence, fit équiper des vaisseaux pour repousser les incursions de l'ennemi ; il paraît même avoir commencé alors des préparatifs militaires assez considérables, s'attendant à être attaqué sérieusement et voulant se tenir prêt à toute éventualité, car on lui écrivait d'Italie que les Napolitains se remuaient en sa faveur [3]. Mais les hostilités se bornèrent à quelques actions isolées. Une descente de partisans amena la capture d'un chevalier espagnol, qui fut amené à Aix au roi de Sicile, et qui, pour toute peine, reçut de lui un don de dix-sept florins. Un navire catalan fut saisi au port de Bouc, où il s'était rompu : la cargaison de laines qu'il portait tomba au pouvoir des Provençaux et fut vendue à l'encan, par autorité de justice, dans plusieurs boutiques de Marseille louées exprès [4]. Un autre, appartenant à Barthélemi Spinola, de Gênes, fut pris par le capitaine du *Saint-Esprit*, baleinier provençal, comme étant monté par des Aragonais ; ce qui occasionna un différend avec les Génois [5]. Des mesures sévères furent prescrites pour protéger les côtes et pour éviter les surprises ; il fut même interdit à tout

[1] Procès-verbal du 24 octobre 1446 (*Ibid.*, B 667).

[2] Arch. des Bouches-du-Rhône, B 14, f° 3 v° (pièces justificatives, n° 25).

[3] Comptes de René (Arch. nat., P 1334[11], 1re partie, f° 63 ; 2e partie, fos 60, 62 v°, 66, 79, etc.).

[4] *Ibid.*, 2e partie, fos 34, 60 v°.

[5] Arch. des Bouches-du-Rhône, B 11, f° 67 v°.

clerc étranger d'entrer en possession d'un bénéfice sans l'assentiment du conseil royal, de peur que certaines places avoisinant la mer ne fussent livrées à l'ennemi [1].

Pendant que les voies de fait recommençaient, la diplomatie italienne renouait la chaîne de ses intrigues. Les États jadis hostiles ou indifférents à la cause du duc d'Anjou, menacés d'être à leur tour la proie du vainqueur, et jaloux plus que jamais les uns des autres, se tournaient du côté de la France. La république florentine, dont René avait conquis les sympathies à son retour de Naples, fut la première à le pousser à revendiquer sa couronne, parce qu'elle fut la première attaquée. Elle lui envoya dans ce but, le 21 novembre 1447, un des membres de cette famille des Pazzi qu'il affectionnait particulièrement, et lui écrivit lettres sur lettres pour le féliciter de ses succès, le remercier de ses bonnes dispositions, lui faire mille protestations d'amitié [2]. Elle fit sonder aussi le sénat vénitien, et l'engagea à soutenir avec elle les droits du prince français dans le royaume de Sicile, en même temps que ceux de Sforza dans le Milanais, convoité par Alphonse et livré à l'anarchie par suite de la mort de Philippe Visconti : mais cette démarche eut peu de succès. Bientôt, au contraire, Venise, qui songeait à étendre sa domination

[1] Arch. des Bouches-du-Rhône, B 13, f° 91.

[2] « *Quicquid etenim regio vestro Culmini serenissimeque vestre domui felicitatis accedit, id omne nostre reipublice accedere arbitramur ; omnis namque nostra spes in rebus dubiis in vestris potentissimis armis et auxiliis posita est.* » Lettre à René, du 10 avril 1448 (Arch. de Florence, *Lettere della Signoria*, reg. 36, f° 99). Le 20 avril, la république permet à son ambassadeur Antoine de Pazzi de prendre congé du roi de Sicile après l'avoir assuré du dévouement des Florentins. Le 8 juillet, elle adresse au prince l'expression de sa reconnaissance pour l'amour qu'il lui témoigne. Le 28 août, nouveaux remerciments, parce que René a offert plusieurs navires tout équipés, ornés de ses étendards, pour remplacer deux trirèmes florentines capturées par les Aragonais. On espère que la vue de ses bannières intimidera l'ennemi sur la mer pisane. (*Ibid.*, f°s 101, 133 v°, 149.) Divers messages furent alors portés à Florence par Jacques, huissier d'armes du roi de Sicile, et par Jehannin de Maslives, dit *Fleur de Pensée*, son poursuivant. (Arch. nat., P 1334[11], 1re partie, f° 38. V. aussi Desjardins, *Négociations avec la Toscane*, I, 61.)

dans le duché de Milan, se ligua avec le roi d'Aragon[1]. Alors les Florentins, tout en traitant d'un côté avec ce prince, insistèrent de l'autre auprès de Charles VII pour qu'il intervînt directement contre lui, soit en soutenant avec vigueur le parti de son beau-frère, soit en opérant une diversion dans la Navarre. Angelo Acciajuolo reçut, en 1451, la mission de demander spécialement ces deux points au Roi ; il devait faire ressortir la haine invétérée que l'Aragonais portait à Florence, haine causée par le dévouement de celle-ci aux intérêts français, puis le danger qu'offrait la coalition des États de Naples et de Venise. Charles avait alors plusieurs motifs pour entrer dans les vues de la république : outre l'intérêt qu'avait à ses yeux une restauration de la maison d'Anjou, il pensait à s'assurer la possession de Gênes, que ses lieutenants avaient momentanément occupée ; les deux entreprises pouvaient peut-être réussir du même coup. Il se montra donc assez bien disposé. Cependant la nouvelle d'une alliance conclue entre Sforza, les Florentins et les Génois, et dirigée aussi bien contre lui que contre les Vénitiens, le refroidit sensiblement. Il fallut tous les efforts de l'habile Acciajuolo et toute l'influence de René pour ramener la confiance dans son esprit. Le 21 février 1452, aux Montils-lès-Tours, il signa une convention aux termes de laquelle les Florentins et le duc François Sforza promettaient de soutenir toutes ses querelles en Italie : lui-même, en retour, s'engagait à les aider contre tous, excepté contre le pape et l'empereur, jusqu'au jour de la Saint-Jean 1453, et d'envoyer à leur secours un prince de son sang ou un autre capitaine ; il exprimait cependant l'espoir que, dans l'intervalle, toutes les querelles seraient apaisées[2]. Cette alliance fut prorogée et resserrée par de nouvelles ambassades. Au mois de septembre de la même année, Florence demanda au Roi d'une manière

[1] Cette ligue fut conclue par l'entremise de Lionel, marquis d'Este, le 2 juillet 1450. (Arch. de Venise, *Orig. perg.*, nº 442.)

[2] Lettre d'Angelo Acciajuolo, 27 février 1452 (Arch. de Florence, *Lettere à la Signoria*, vol. 8, nº 221). Traité avec les Génois (Arch. de Gênes, *Materie politiche, mazzo 12*). Desjardins, *ibid.*, 62.

plus précise de descendre en Italie, ou au moins d'y envoyer le roi René à la tête de quinze mille hommes. Elle obtint des promesses pour le printemps suivant [1].

Les Génois, qui perdaient par là l'espoir de sauvegarder leur indépendance, se rejetèrent dans le parti d'Alphonse, avec lequel ils s'étaient, du reste, accordés depuis cinq ans déjà. La neutralité bienveillante qu'ils avaient alors adoptée pour règle vis-à-vis de leur ancien allié fit place à une attitude plus hostile [2]. En revanche, le duché de Milan, où le duc d'Anjou avait trouvé autrefois un ennemi, lui offrait maintenant un auxiliaire assuré, car Sforza en restait maître, et, comme on vient de le voir, se joignait aux Florentins. Le gendre de Philippe Visconti n'avait pu rester longtemps d'accord avec le roi d'Aragon, bien qu'il eût noué de bonne heure avec lui, comme tous les princes italiens, des intelligences secrètes, auxquelles se trouva mêlé un des anciens serviteurs de la maison d'Anjou, Mathieu Guarna [3], et qu'il y eût eu entre eux un échange de promesses. René avait su entretenir son amitié par des messages fréquents : il le félicitait de chacun de ses succès, et s'intéressait à sa cause comme à la sienne propre. François lui répondait sur le ton d'un fils, lui donnait des nouvelles détaillées des événements d'Italie, le mettait au courant des dispositions de chaque puissance [4]. Puis, Alphonse étant venu disputer

[1] Arch. de Florence, *ibid.*, f°s 633 v°, 672, 673 v°. Desjardins, *ibid.*, 74, 70.

[2] Arch. de Gênes, *Materie politiche, mazzo* 12. Le traité passé entre René et les Génois, le 20 août 1448, spécifiait que ceux-ci n'inquiéteraient point les navires provençaux, leur ouvriraient leurs ports et leur laisseraient emporter des vivres, à condition qu'ils ne portassent pas de butin enlevé au roi d'Aragon ou à un autre allié de la république. René, de son côté, devait traiter favorablement tous les sujets et navires génois, et ne se mêler, directement ou indirectement, à aucune des guerres entreprises par eux, soit en Corse, soit ailleurs.

[3] Arch. de Milan, *Dominio Visconteo*, lettre du 14 juin 1447. V. la curieuse lettre qu'Alphonse adressait à Sforza, la même année, pour lui refuser l'autorisation d'acheter des chevaux dans le royaume de Naples. « Quand vous serez de mon parti, lui disait-il, je vous le permettrai. » (*Ibid.*; pièces justificatives, n° 24.)

[4] V. notamment le message confié par le roi de Sicile à son écuyer Honorat de Berre en 1448, et dans lequel il mande à Sforza que, sans ses victoires, il aurait déjà quitté la Provence pour retourner en Anjou. Le duc répond en l'engageant à

à Sforza la succession de son beau-père, en vertu d'un testament laissé par ce dernier, leur hostilité était devenue une haine personnelle. C'est ce qui explique l'empressement du duc à solliciter, de concert avec Florence, l'intervention française et à se liguer avec Charles VII, empressement que ce prince reconnut par une lettre des plus amicales, où il lui fait part du traité des Montils et le remercie de son dévouement[1].

Ainsi les rôles étaient intervertis dans la nouvelle campagne qui allait s'engager: avec René se trouvaient maintenant Florence et Milan; avec Alphonse, Gênes et Venise. Rome, qui avait jadis pris une part active à la lutte, se tenait à l'écart. De plus, le roi de France, qui s'était contenté précédemment d'un appui moral, s'unissait au roi de Sicile et à ses alliés. Au premier abord, la partie semblait donc offrir des chances. Cependant, le moment venu d'accomplir sa promesse, Charles VII ne voulut pas se mêler personnellement à l'entreprise. Il se contenta d'envoyer son beau-frère au secours de ses confédérés, en le faisant soutenir provisoirement par les forces du Dauphin. « J'espère, dit-il à l'ambassadeur italien, que la ligue que j'ai conclue avec le duc de Milan sera éternelle. » Et il ajouta qu'il comptait remettre au roi de Sicile toutes les affaires de la France en Italie et lui prêter assistance[2]. Son dessein particulier était de l'employer à la conquête de Gênes, où le Dauphin était appelé par le parti des bannis (*fuorusciti*)[3]. Celle de Naples ne venait qu'au second plan pour lui comme pour les deux puissances confédérées. René n'avait-il pas à

retarder ce départ ; il lui apprend qu'il a conquis presque tout le Milanais, qu'il assiége Milan, qu'il est lié pour le moment avec Venise et Florence et ne peut rien entreprendre sans leur concours, mais qu'il plaidera sa cause auprès d'elles ; il lui parle enfin de Jacques-Antoine Marcello, le célèbre savant vénitien, et lui conseille d'user de son puissant crédit, car ce personnage l'aime beaucoup et voudrait déjà le voir restauré à Naples. (Bibl. nat., ms. ital. 1585, f°s 7, 61.) Cette correspondance donne à penser que René méditait une expédition dès l'époque de son séjour en Provence, de 1447 à 1449.

[1] Arch. de Milan, *Leghe, pac., etc.*, n° 790, f° 326 (pièces justificatives, n° 27).

[2] Lettre d'Acciajuolo, du 21 avril 1453 (Bibl. nat., ms. ital. 1586, f° 79).

[3] Desjardins, *ibid.*, 77.

craindre qu'une fois leur but atteint, une fois les Génois soumis, le Milanais débarrassé des Vénitiens et la Toscane des Aragonais, une suspension d'armes, un arrangement quelconque n'arrêtât la guerre et ne le frustrât du prix de sa coopération ? Rassuré du côté du Roi par une parole formelle, il voulut l'être de l'autre par une convention écrite, qui lui donnât des garanties tant au point de vue financier qu'au point de de vue militaire. Les clauses en furent réglées à Tours, le 11 avril 1453, dans la maison de Jean Ardouin, trésorier de France, où il était logé, en présence de son fils, de son gendre Ferry et de plusieurs de ses officiers. En voici la substance :

Le roi de Sicile se rendra en Italie, au service de la cité de Florence et au secours du duc de Milan, avec deux mille quatre cents chevaux au moins : il s'y trouvera pour le 15 juin 1453. Il fera la guerre à ses ennemis, ainsi qu'à ceux de la cité de Florence et du duc de Milan, à l'exception du pape et du roi de France, sur le territoire qui sera désigné par deux des trois parties. Le gouvernement florentin lui allouera dix mille florins d'or par mois, et lui remettra le commandement de toutes ses troupes. En considération des frais que causera le transport de son armée en Italie, cette provision de dix mille florins commencera à courir un mois avant son arrivée, et, quand il sera soit dans le comté d'Asti, soit dans le comté d'Alexandrie, une somme de vingt mille florins lui sera comptée. Il fournira par écrit, quinze jours après qu'il aura mis le pied sur la terre italienne, le dénombrement des gens d'armes qu'il aura amenés ; s'il n'a pas la quantité de chevaux convenue, il la complétera dans un délai de quinze jours, ou sinon son allocation mensuelle sera diminuée en proportion de ce qui manquera. S'il veut se délier de ces engagements, il devra prévenir deux mois à l'avance le gouvernement florentin, et celui-ci sera soumis, de son côté, à la même obligation ; dans ce cas, les deux parties seront quittes l'une envers l'autre, moyennant une indemnité de vingt mille florins pour le retour des troupes françaises dans leur pays. Si René a besoin de s'en aller en Provence ou en France, il en aura la faculté en faisant venir et en constituant généralissime à sa place le duc de Calabre, son fils, dans les mêmes conditions que lui. La présente convention sera rédigée en forme d'acte public et ratifiée par la cité de Florence dans le délai de deux mois[1].

Ce traité n'était pas assez précis, car il ne stipulait pas le concours actif des deux puissances italiennes dans la conquête du royaume de Sicile. Cependant il offrait de réels avantages. Ainsi, quoique la guerre dût se porter d'abord en Lombardie, parce que les Vénitiens avaient déjà envahi cette contrée, le roi de Sicile devait avoir la conduite exclusive des troupes florentines et des siennes, et pourrait marcher avec elles contre tous ses adversaires. S'il n'était pas libre de choisir à lui seul le théâtre des hostilités, ni l'un ni l'autre de ses confédérés ne l'était non plus : de cette manière, il comptait n'être pas entièrement à leur merci. Son adhésion excita chez eux des transports de joie. La république de Florence se crut à l'abri du danger. « Avec le secours de votre sagesse et de vos armes, lui écrivit-elle, nous sommes certains de triompher. Que Votre Majesté veuille seulement se presser : l'ennemi n'a pas encore assemblé toutes ses forces ; notre armée, à nous, est entièrement prête et n'attend plus que son chef[2]. »

Le prince n'était pas moins impatient. Il quitta son château d'Angers le 4 mai, emmenant avec lui son gendre Ferry, Jean Cossa, Gui de Laval, sire de Loué, et plusieurs autres seigneurs, et laissant le gouvernement de l'Anjou au conseil ducal reconstitué sous la présidence de Bertrand de Beauvau[3]. Au commencement de juin, il se trouvait en Provence. Mais l'équipement et le passage de ses troupes étaient une opération trop longue pour qu'il pût arriver sur le sol italien au

[1] Arch. des Bouches-du-Rhône, B 673 ; pièces justificatives, n° 28.

[2] Arch. de Florence, *Lettere della Signoria*, reg. 37, f° 77 v° ; pièces justificatives, n° 30.

[3] « Le roy de Secile partit de son chastel d'Angiers pour aller à Florence le vendredi IIII° jour de may mil CCCC cinquante troys, *espérant faire le voyage en son royaume de Secile*. Plaise à Dieu par sa saincte grâce le conduire, et bien prospérer en son intencion, et ramener à joaye. » (Mémorial de la Chambre d'Angers, Arch. nat., P 1334[5], f° 145. V. *ibid.*, f°s 155 v° et 177.)

terme fixé. Le 29 du mois, il était encore à Aix, où il rédigea son testament, comme nos pères ne manquaient pas de le faire à la veille d'un grand voyage ou d'une entreprise périlleuse[1]. Dans les premiers jours de juillet, il essaya de pénétrer en Italie par la voie de terre; il gagna Sisteron, d'où il avisa Sforza qu'il se disposait à le rejoindre et qu'il le tiendrait au courant de sa marche. « J'ai vergogne, lui disait-il, de vous écrire du fond de ces montagnes; bientôt, avec l'aide de Dieu, je pourrai vous parler de plus près[2]. » Il s'avança jusqu'à Gap, comptant traverser les défilés des Alpes; mais divers obstacles, suscités tant par le duc de Savoie que par la république de Gênes, l'empêchèrent de passer et le forcèrent

[1] Ce testament, annulé depuis par deux autres, diffère peu de celui qui a été publié. Je me borne à en donner l'analyse : Le testateur choisit sa sépulture à côté de la reine Isabelle, dans le monument qu'il a fait construire depuis peu et qu'il ordonne à son héritier d'achever, ainsi que l'autel et le reliquaire érigés auprès; il y fonde des services pour lesquels cinquante livres de rente sont assignées à l'église Saint-Maurice. Son cœur sera enseveli dans la chapelle de Saint-Bernardin, qu'il a également fait élever, et à laquelle il donne une rente de vingt-cinq setiers de blé et cinq pipes de vin pour des messes, plus dix francs pour le luminaire. Il lègue à sa fille la reine d'Angleterre mille écus d'or, plus une rente de deux mille livres tournois sur le duché de Bar si elle devient veuve; à sa fille aînée Yolande mille écus, et, si elle reste veuve, une rente de deux mille florins de Provence sur les gabelles du Rhône; à sa fille naturelle Blanche (*illustri domine Blanche*) douze cents livres de rente pour son entretien, plus une somme de trois mille livres pour sa dot, qui augmentera de cinq cents livres chaque année si on tarde à la marier au-delà de ses quinze ans. Le tombeau de son fils Louis, à Pont-à-Mousson, les édifices de la Baumette, de Chanzé et de Saint-Bernardin seront terminés, s'il y a lieu, par son héritier. En outre, celui-ci fondera sur le champ de bataille de Bulgnéville (*in loco belli et conflictûs quod habuit cum Burgundis*) une église desservie par des frères Mineurs, dans les conditions que le testateur a déjà demandé au pape d'autoriser, avec une rente de mille francs; il exécutera le vœu fait par René d'aller en pèlerinage au Saint-Sépulcre, et maintiendra l'ordre de Saint-Maurice ou du Croissant. Trois mille ducats sont légués à l'église de Saint-Maximin en Provence, cent florins du Rhin à l'église de Sainte-Croix de Strasbourg, une *marca* d'or à l'église de Notre-Dame de Liesse. Le roi de Sicile recommande tous ses serviteurs à son héritier. Il désigne en cette qualité Jean de Calabre, son fils aîné, et nomme ses exécuteurs testamentaires Louis de Beauvau, Pierre de Meuillon, Robert de Baudricourt et Vital de Cabanis. (Arch. des Bouches-du-Rhône, B 205, f° 90.)

[2] Lettre du 4 juillet 1453 (Arch. de Milan, *Carteggio di principi*, *pezza* 3; pièces justificatives, n° 31).

à rebrousser chemin, après une perte de temps de plusieurs semaines. Enfin, vers le 1er août, il atteignit Vintimille par mer, tandis qu'une partie de sa cavalerie arrivait par un autre côté. Alors les Génois, effrayés, lui livrèrent passage sur leur territoire, espérant détourner l'orage qui semblait prêt à fondre sur eux. Effectivement, un renfort de trois mille fantassins et de deux mille chevaux lui avait été envoyé par le Dauphin, et ce prince lui-même, ayant franchi la frontière, se tenait à quelque distance, tout prêt à prendre personnellement possession de la cité de Gênes, comme ses partisans l'y invitaient. Il adressa même aux habitants des ambassades et des messages, où il se présentait comme leur défenseur. Mais son oncle, en reconnaissance de la bonne volonté qu'il venait de rencontrer chez quelques-uns d'entre eux, surtout chez Benoît Doria, auquel il céda, pour cette raison, la châtellenie de Brignolles, lui fit donner l'ordre de s'abstenir et le pria de s'éloigner. C'était, d'ailleurs, l'intérêt de l'armée expéditionnaire de ménager une puissance ennemie qu'elle allait laisser derrière elle. Le Dauphin rentra en France pour se livrer à de nouvelles intrigues. Il ne craignit même pas de demander à la trahison la satisfaction de son ambition déçue. Les délibérations secrètes du gouvernement vénitien contiennent la preuve de ce fait pénible à constater, qui est bien dans le caractère du fils de Charles VII, mais que l'histoire n'avait pas encore enregistré : il offrit à la république de Venise de l'aider contre le duc de Milan, l'allié de son père et de son oncle, et la pria de lui donner de l'argent pour le faire. Elle fut heureusement plus scrupuleuse que lui : redoutant, sans doute, de provoquer l'intervention directe du roi de France, elle répondit que les temps étaient peu propices, protestant, du reste, de sa déférence pour la maison royale en général et de sa gratitude pour le Dauphin en particulier [1].

[1] Arch. de Florence, *Lettere alla Signoria*, n° XXII, f°s 294, 295, 296, 306; *della Signoria*, n° XLVII, f°s 70, 97. Arch. de Milan, *Dominio Sforzesco*, an. 1453. Arch. des Bouches-du-Rhône, B 14, f° 120 v°. Arch. de Venise, *Libri partium secretarum*, vol. XIX, f° 211 (délibération du 31 août 1453). Une lettre de

Pendant ce temps, le roi de Sicile avait gagné Asti, puis Alexandrie, où les vingt mille florins convenus lui furent payés par les Florentins [1]. Débarrassé d'un auxiliaire dangereux, à la grande satisfaction de Sforza, il voulut, avant de s'avancer plus loin, le remplacer par un autre, sinon plus puissant, du moins plus utile, car son acquisition devait enlever au parti aragonais son unique appui dans le pays. Jean, marquis de Montferrat, gendre du duc de Savoie, était depuis longtemps en hostilité avec le duc de Milan. Les conjonctures présentes faisaient de leur accord une nécessité impérieuse. René s'était préoccupé de cette question dès l'instant où la guerre avait été résolue; il avait déclaré nettement aux ambassadeurs du marquis que leur maître devait se décider à être Français ou Catalan [2]. Celui-ci le fit prier, à son arrivée en Italie, de lui servir de médiateur et de lui obtenir des conditions honorables. Le prince y consentit, à la condition qu'il déposerait immédiatement les armes [3]. Un compromis réglé par lui et signé, le 15 septembre, dans la maison d'Antoine du Puits, qu'il habitait à Alexandrie, rétablit l'amitié entre les deux voisins et lui permit de continuer sa marche en sécurité [4].

Pierre de Campofregozzo, doge de Gênes, atteste aussi que le départ du Dauphin fut dû aux bons conseils du roi René et qu'il éteignit bien des soupçons. (Arch. de Gênes, X, 121.) Quant à l'offre de Louis aux Vénitiens, elle est confirmée par les bruits qui coururent dans le pays, et qui rencontrèrent beaucoup d'incrédules, tant la chose paraissait monstrueuse : « *Erat enim rumor Delphinum, Francorum regis filium, Venetorum auxilio cum militum omnium copiis in Italiam venturum; cui famæ nonnulli in Brixiensibus fidem præstabant, alii propter consanguinitatem quæ illi erat cum Renato Andagaviæ duce id quasi impossibile arbitrabantur.* » (Porcellius, *De gestis Scipionis Picinini*, *Rer. ital. script.*, XXV, 64.) Plus tard, la république battue se souvint de la proposition et invoqua l'aide du prince, retiré en Savoie; mais les circonstances étaient changées. (Arch. de Venise, *loc. cit.*, f° 232). D'après une note de M. Vallet (*Hist. de Charles VII*, III, 223), le Dauphin aurait convoité le comté d'Asti : cette prétention confirme plutôt qu'elle ne contredit celles qu'il avait sur Gênes.

[1] Arch. de Florence, *Lett. della Sign.*, n° XLVII, f° 104.

[2] Lettre d'Acciajuolo, du 21 avril 1453 (Bibl. nat., ms. ital. 1586, f° 70).

[3] V. la lettre de René à Sforza, en date du 11 août (Arch. de Milan, *Autografi di principi, pezza* 3; pièces justificatives, n° 32).

[4] Arch. de Milan, *Leghe, pace, etc.*, n° 786, f° 488. On peut lire les clauses

Trois jours après, René se transporta à Pavie, où la duchesse de Milan vint elle-même à sa rencontre. A Crémone, il fut reçu avec des honneurs de toute sorte, dont le programme avait été arrêté par la ville et communiqué au duc. Puis, ayant passé l'Adda, il réunit ses forces à celles de ses alliés[1]. On était au commencement d'octobre ; la saison s'annonçait mauvaise : mais les progrès des Vénitiens s'opposaient à ce qu'on attendît plus longtemps ; l'expédition avait déjà subi trop de retards. Il fut donc décidé que l'on marcherait en avant, dans la direction de la province de Brescia, occupée par l'ennemi. Lorsqu'on ne fut plus qu'à une journée de distance de celui-ci, le roi de Sicile, toujours strict observateur des lois de la chevalerie, envoya aux *proviseurs* de l'armée de Venise, savoir Pascal Maripetro, procureur de Saint-Marc, et Antoine Marcello, chevalier, celui-là même qui lui était naguère si dévoué, une proclamation ou déclaration de guerre aussi habile que ferme. Ni la haine ni l'ambition, disait-il, ne l'amenaient en Italie : ses amis l'avaient appelé à leur aide, le roi de France l'avait poussé, et ses propres intérêts, sérieusement engagés, l'avaient déterminé à partir. La république vénitienne avait subitement attaqué le duc de Milan, et

de cet accord dans l'histoire de Montferrat écrite par Benevenuto de San-Georgio (*Rer. ital. script.*, XXIII, 731). Parmi les témoins figurent Ferry de Lorraine, Nicolas de Brancas, évêque de Marseille, Jean Cossa, Gui de Laval, Louis, sire de Clermont, Vital de Cabanis, et un officier du roi de France dont René utilisa aussi les services dans cette campagne, Raynaud de Dresnay, bailli de Sens, nommé gouverneur d'Asti, dont la possession était revendiquée par Charles VII au nom du duc d'Orléans.

[1] Arch. de Milan, *Domin. Sforz.*, lettres des 21 et 24 septembre 1453. Muratori prétend que les Français s'attardèrent dans les délices de la ville de Milan (*Annali d'Italia*, IX, 253) : il suit, en cette circonstance, le biographe de Sforza, Jean Simoneta, animé à leur égard de sentiments visiblement hostiles. « Ces gens-là, dit-il, ne recherchent que les festins et les plaisirs, surtout lorsqu'ils vivent aux dépens d'autrui ; René perdit quinze jours à la cour de la duchesse, *et militis ornandi causâ*. » (*Rer. ital. script.*, XXI, 650.) L'itinéraire de ce prince montre, au contraire, que, s'il alla à Milan, il ne put y demeurer que deux ou trois jours ; car il était encore à Pavie le 22, et il se rendit à Crémone vers le 25, pour se mettre en campagne dans les premiers jours d'octobre. Au reste, Simoneta est un guide peu sûr en général, et pour les détails de cette expédition en particulier.

le roi d'Aragon les Florentins. Le roi de France et lui avaient trop d'attachement, trop d'obligations envers les deux puissances menacées, pour leur refuser du secours. N'eût-il pas d'autres griefs, la ligue offensive et défensive conclue par le doge avec l'usurpateur du trône de Naples était à ses yeux un *casus belli* suffisant : puisqu'il plaisait aux Vénitiens de prendre les armes en faveur de leur confédéré, pourquoi lui n'en ferait-il pas autant pour les siens? Les proviseurs, au reçu de cette missive, lui écrivirent qu'ils n'avaient pas qualité pour y répondre, et qu'ils en référeraient à leur gouvernement[1].

La réponse de la république était prévue. Huit jours avant, en accueillant par une fin de non-recevoir des propositions pacifiques transmises par Jean Cossa et le marquis de Montferrat, elle avait rejeté tous les torts et toutes les agressions sur le duc et sur Florence. Elle manifesta de nouveau son étonnement de la descente du roi en Italie, et répéta qu'il n'avait aucun motif de lui faire la guerre. Cet étonnement semble, du reste, avoir été général dans le pays ; personne, dit la chronique de Brescia, ne pouvait croire à la venue des Français. Le roi d'Aragon lui-même paraît ne s'y être pas attendu. La république lui adressa lettre sur lettre pour le prévenir de leur approche et le supplier d'envahir au plus vite la Toscane[2]. Mais il était trop éloigné pour empêcher la victoire de ses adversaires. Aussitôt après la démarche dont nous venons de parler, René et Sforza, à la tête de sept mille cavaliers et d'un corps nombreux d'arbalétriers, attaquèrent vigoureusement les positions vénitiennes. En moins d'un mois, tout le Brescian tomba en leur pouvoir. Du 14 octobre au 12 novembre, ils réoccupèrent successivement Gaido, Bassano, Pontevico, où, d'après Simoneta, les soldats français commirent des cruautés, Verole, Longena, Porzano, Poncarale, San-Zeno, Manerbio, Leno, Bargnano, Chiari, Pontolio, Palaz-

[1] Arch. des Bouches-du-Rhône, B 14, f° 137 ; pièces justificatives, n° 34, 35.

[2] Arch. de Venise, *Libri partium secretarum*, vol. XIX, f° 214-216. *Istoria Bresciana* (*Rer. ital. script.*, XXI, 883 et suiv.).

zuolo, Roado, Bornado, Gussago, Borgo San-Giovanni, près de Brescia, et Orci-Nuovi. Mais, une fois cette dernière place prise, le ciel se montra si inclément, qu'il devint impossible aux troupes de tenir la campagne. Dans les plaines unies de la Lombardie, couronnées par les sommets neigeux des Alpes, l'hiver est quelquefois rude : il fut, cette année-là, d'une rigueur extraordinaire. Le duc réduisit encore les territoires de Bergame et de Crema ; mais, forcé de s'arrêter en plein succès, il remit la suite des opérations à un moment plus propice et revint dans le Milanais. Le roi se retira avec les siens sur Crémone, et de là se fit conduire en barque à Plaisance, où il arriva le 7 décembre et passa le reste du mois. Il y trouva un bon accueil : un des principaux habitants le logea dans sa demeure ; la ville fournit les ustensiles ou les meubles dont il pouvait avoir besoin pour lui et sa maison. Ses relations avec le duc ne semblaient pas altérées ; il lui écrivait, lui recommandait ses amis, recevait sa visite. Pourtant des germes de dissentiment s'étaient déjà glissés entre le prince français et ses alliés [1].

La république florentine commençait à manquer d'argent. Dès le début, elle avait avisé Sforza que, si l'on n'arrivait pas à un résultat décisif avant le mois de novembre, la pénurie de ses ressources la forcerait à chercher son salut par d'autres moyens [2]. Cette puissance de marchands et de financiers n'était pas faite pour la guerre et ne pouvait la supporter longtemps. Après avoir appelé René à son aide, après lui avoir promis de le soutenir à son tour, elle médita de l'abandonner au moment même où il se battait pour elle, et fit prier le pape d'ouvrir des négociations en vue de la paix. Nicolas V, successeur d'Eugène IV, avait, de son côté, les plus pressantes raisons pour désirer le rétablissement de la concorde en Italie.

[1] Arch. de Florence, *Lettere della Signoria*, n° XLVII, f°s 185, 200. Arch. de Milan, *Domin. Sforz.*, an. 1453 ; *Carteggio di principi*, *pezza* 3 (pièces justificatives, n° 30). *Istoria Bresciana*, *loc. cit.* *Annales Placentini* (*Rer. ital. script.*, XX, 904).

[2] Desjardins, *op. cit.*, I, 77.

Cette contrée, par suite de la prise de Constantinople, se trouvait exposée directement aux attaques des Turcs ; l'idée de réunir toutes les forces de la chrétienté contre l'ennemi commun devenait la base de la politique romaine. Le pontife accueillit donc avec faveur la demande des Florentins. Ils surent amener également à leur manière de voir le duc François Sforza ; mais la chose était plus malaisée en ce qui concernait le roi de Sicile. Comment prendrait-il un pareil manque de parole, une violation des traités si flagrante et si contraire à ses intérêts ? On la lui fit habilement pressentir : deux diplomates lui représentèrent que le peuple florentin était dans la détresse, que toutes ses affaires commerciales étaient suspendues, qu'il était écrasé par les gens d'armes de l'ennemi et par les siens propres[1]. Le duc voulait qu'on donnât au moins un congé poli à son allié, moins par amitié pour lui que dans la crainte d'exciter le courroux de Charles VII. « Il faudra, disaient les instructions de ses ambassadeurs à Florence, montrer dans le traité de paix projeté quelle estime et quelle gratitude on a pour le roi René, venu de loin, à grands frais, tardivement il est vrai, mais non par sa faute ; car il a été d'un grand secours à la ligue par son prestige, son ardeur, et par l'alliance étroite qu'il nous a procurée avec le roi de France. Il a déjà avoué qu'il comptait plus sur ce prince que sur lui-même ; il ne faut pas le pousser au dégoût ni au refroidissement, mais lui donner satisfaction, afin d'éviter de nous mettre à dos tous les Français[2]. » Les Florentins comprirent combien le mécontentement de Charles leur serait préjudiciable, et, pour le prévenir, ils lui écrivirent une lettre pleine d'éloges pompeux sur la conduite de son beau-frère : sa valeur, sa sagesse, sa diligence avaient été si grandes, qu'elles avaient considérablement facilité le moyen d'arriver, soit à une victoire définitive, *soit à une paix avantageuse et honorable ;* aussi la re-

[1] Arch. de Florence, *Lettere della Signoria*, n° XLVII, f° 42. Desjardins, *loc. cit.*

[2] Instructions des ambassadeurs milanais envoyés à Florence *pro tractatu pacis Italiæ*, en date du 21 octobre 1453 (Bibl. nat., ms. ital. 1586, f° 232).

connaissance de la république serait-elle éternelle[1]. Mais vis-à-vis de René ils se montrèrent moins obséquieux, malgré le conseil de Sforza. En effet, lorsqu'il leur demanda un nouveau versement de fonds et des quartiers d'hiver en Toscane pour ses propres soldats, ils lui répondirent par des excuses sur le premier point, par un refus catégorique sur le second : le roi, dirent-ils, fera mieux de prendre ses quartiers en Lombardie, car il a acquis plus de renommée dans ce pays, et d'ailleurs nous n'avons pas les ressources nécessaires[2].

Il s'aperçut bien vite qu'il était joué, qu'on ne pouvait le payer et qu'on cherchait à se débarrasser de lui en traitant avec l'ennemi. Son parti fut pris aussitôt : il résolut de quitter ses alliés avant qu'ils ne le quittassent. Ceux de ses gens qui se trouvaient à Florence reçurent l'avis de partir de cette ville le 20 décembre : lui-même annonça son départ, sous le prétexte d'aller demander du secours au roi Charles. A cette nouvelle, le duc fut décontenancé : c'était trop tôt pour lui ; la présence de René lui était encore utile pendant quelque temps, pour intimider l'ennemi et traiter dans de meilleures conditions. Il lui envoya des messages, il accourut lui-même pour le prier de renoncer à son projet : ses efforts furent vains. A l'exception du Napolitain Jean Cossa, qui espérait voir finir son exil, tout l'entourage du prince l'engageait à revenir en France. Pressé de questions par le duc, il allégua la rigueur de l'hiver, l'inopportunité de l'expédition ; puis il promit d'envoyer son fils le remplacer : de cette façon, les conventions resteraient intactes, et les confédérés auraient un chef plus jeune, plus énergique[3].

Il fallut se rendre à ces raisons. René quitta Plaisance le

[1] « *Cujus tantæ vires, prudentia et diligentia extiterunt, ut magnum principium dederint, vel ad bonam et honestam pacem, vel ad victoriam consequendam.* » Desjardins, I, 79.

[2] « *Perche vi e dentro la riputatione maggiore della sua Maesta, insieme col nostro bisogno.* » (Arch. de Florence, *Lettere della Signoria*, n° XLVII, f° 207.)

[3] Arch. de Milan, *Domin. Sforz.*, 22 déc. 1453. Simoneta, Vie de Sforza (*Rer. ital. script.*, XXI, 602 et suiv.).

3 janvier 1454 [1], et, le 8, il écrivit d'Alexandrie à François Sforza pour lui dire que ses bons traitements avaient vivement touché son cœur et rendu indissoluble leur vieille amitié ; si quelques propos contraires lui avaient été tenus, c'étaient des paroles de soldats, auxquelles il ne devait attribuer nulle importance ; il s'éloignait uniquement afin de le mieux servir, et son départ ne pouvait être considéré comme une désertion de la cause commune ; autrement, il ne ferait pas venir son fils unique [2]. Les règles de la courtoisie furent ainsi gardées de part et d'autre. Mais, au fond, le roi de Sicile, définitivement dégoûté cette fois, se jurait à lui-même de ne plus remettre le pied en Italie, et le duc, se sentant deviné, prévenu, était partagé entre la colère et la crainte. Le jour même où le premier adressait au second sa lettre d'adieux, celui-ci envoyait de son côté à Charles VII des remercîments et des explications : « Vous avez dû être avisé de nos succès, lui mandait-il. Le roi René en a brusquement arrêté le cours en prenant la résolution de partir, malgré nos prières à tous. Mais, le voyant bien décidé, nous nous sommes entendus avec lui pour qu'il nous envoie le duc de Calabre. Si l'on vous a fait de sa part des plaintes sur notre compte, elles ne sont ni justes ni honnêtes, mais frivoles et légères. Le roi a reçu des honneurs de toute sorte ; on l'a mis à couvert avec les siens, tandis que les Italiens restaient campés sans abri. Si nous n'avons pu aller lui rendre plus souvent nos devoirs, notre ambassadeur est chargé d'en demander excuse pour nous ; etc. [3]. »

Le mécontentement, qui perce dans ce message autant que l'inquiétude, fut généralement partagé dans le Milanais et la Toscane. On s'étonna, on se récria, on se livra à des suppositions offensantes envers le prince français. Quelques contemporains, peu initiés au secret de la politique, lui ont reproché à cette occasion son inconstance et son manque de

[1] *Annales Placentine* (*Rer. ital. script.*, XX, 904).
[2] Arch. de Milan, *Carteggio di principi* (pièces justificatives, n° 37).
[3] Bibl. nat., ms. ital. 1580, f° 238 et suiv.

foi. On disait que Sforza l'avait trouvé complétement dominé par un souci amoureux (*cura muliebris*)[1]. Cette version avait bien un côté véridique, comme nous le verrons tout à l'heure, et l'affection naissante de René pour Jeanne de Laval, encouragée par les éloges intéressés de ses courtisans, put être pour quelque chose dans son retour précipité. Mais le motif principal, le motif déterminant de cette action inattendue, c'est la situation que viennent de nous révéler les pièces diplomatiques. Cette situation, le Journal de Naples la résume d'un mot : le roi de Sicile s'étant uni au duc de Milan pour parvenir à reconquérir sa couronne, celui-ci se servit de la réputation de son allié pour effrayer les Vénitiens et pour faire prospérer ses propres affaires ; puis après, il le bafoua[2]. Le rôle de dupe ne pouvait convenir à un membre de la maison de France. René, d'ailleurs, était un prince trop religieux pour ne pas comprendre les raisons qui poussaient le pape à rétablir la paix et à réunir en un seul faisceau toutes les forces de l'Italie, afin de les opposer à l'invasion menaçante des Turcs ; il avait reconnu l'inopportunité de sa tentative, puisqu'il l'alléguait

[1] Simoneta, *loc. cit.*

[2] « *Fu da lui beffato* [*Renato*]. » (*Rer. it. script.*, XXI, 1131.) Les autres chroniqueurs italiens apprécient de la manière suivante la conduite de René. Platina, auteur d'une histoire de Mantoue, dit qu'il revint « *malè in Franciscum et Florentinos animatus, quòd pecunias ei in sumptus belli avarè ac malignè subministrarrant.* » Les Annales de Plaisance ne disent qu'un mot : « *Malè contentus recessit.* » Le Pogge parle de tempêtes effroyables qui paralysèrent ses soldats : « *Sopierat frigus omnium ferè mentes, et quasi laborum pertæsi pacem plures appetebant.* » Neri di Gino, témoin oculaire et mêlé aux affaires politiques, donne aussi cette explication, et il ajoute que, ne pouvant retenir le roi de Sicile, on lui offrit de lui donner pendant trois ans mille florins par mois ; « *passossi quel verno, che ciascuno era stracco.* » (*Rer. it. script.*, XVIII, 213 ; XX, 132, 556, 904.) On a vu l'opinion de Simoneta, le biographe de Sforza. Muratori, en commentant les précédents avec un sentiment hostile aux Français, dit qu'au commencement de l'année 1454, le vieux roi (*sic*), s'impatientant, s'en retourna. « *Non ne sappiam bene la vera cagione della sua dimora in Italia.* » (*Annali d'Italia*, IX, 253.) MM. de Villeneuve-Bargemont et de Quatrebarbes attribuent son retour à l'alliance ou à la trêve conclue par Sforza avec le roi d'Aragon : mais cette alliance est postérieure ; il n'y avait encore que des négociations secrètes en vue de la paix.

comme excuse à ses alliés. Après avoir commis la faute de venir, le mieux était de s'en retourner au plus vite. Parti du Milanais vers le milieu de janvier, avec une faible escorte, il obtint, cette fois, le passage sur les terres de Savoie, traversa les Alpes en dépit de la saison, au risque de périr dans les neiges ou les précipices, et regagna la Provence ; le 9 février au plus tard, il était rendu à Aix [1].

Charles VII paraît avoir été, sur le premier moment, irrité de ce retour. D'après une dépêche de l'ambassadeur Acciajuolo, René aurait écrit de Lombardie à Bertrand de Beauvau, son confident, pour le prier de trouver un moyen de le faire rappeler par le Roi. Sa lettre serait tombée entre les mains de celui-ci, qui voulait simplement connaître les nouvelles d'Italie : en découvrant la *vileté* de son beau-frère, Charles se serait emporté au point de maudire le jour de sa naissance, disant qu'il avait ruiné l'influence française dans ce pays et qu'il cherchait maintenant à racheter ses torts en accusant le duc et les Florentins. Puis il lui aurait mandé en toute hâte de ne pas partir ; mais cet avis serait arrivé trop tard : de là un redoublement de colère contre le malheureux prince et tous ceux qui l'avaient accompagné, et une décadence marquée du chef de la maison d'Anjou dans l'estime publique [2]. Mais il faut observer que le diplomate italien écrivait tout cela de Florence, qu'il le tenait seulement d'un de ses amis de passage en France, et que tous ses compatriotes étaient alors mal disposés envers le roi de Sicile. En tout cas, si Charles VII lui en voulut, il changea d'avis lorsqu'il fut édifié sur le fond des choses ; car, quelques années plus tard, il reconnut publiquement les services rendus en Italie tant par lui que par son fils Jean ; et

[1] *Annali d'Italia, loc. cit.* Itinéraire. Bourdigné se trompe en disant qu'il alla se rembarquer à Gênes pour revenir par Marseille (II, 192). Du reste, il place le récit de cette expédition beaucoup plus tôt, et la mentionne ensuite une seconde fois comme une affaire différente, ce qui montre la confiance qu'on doit lui accorder au sujet des événements d'Italie.

[2] Arch. de Milan, *Domin. Sforz.* ; pièces justificatives, n° 38.

lui céda pour ce motif une créance de vingt-cinq mille ducats d'or sur des marchands d'Avignon [1]. Ce fut, au contraire, le duc de Milan qui eut alors à répondre aux plaintes du Roi et à justifier sa conduite, comme on le verra tout à l'heure. Mais les récriminations ne pouvaient plus servir à rien. La paix conclue avec les Vénitiens, trois mois après le départ du roi René, par l'entremise de Nicolas V, avait été suivie d'une fédération formée entre les divers États italiens sur la base des faits accomplis. Milan, Venise, Florence, Bologne firent d'abord partie de cette ligue offensive et défensive : le pape et le roi d'Aragon y entrèrent en 1455, et dès lors la cause angevine n'eut plus d'appuis officiels dans la péninsule.

Comme l'expédition de Jean d'Anjou en Italie et les négociations qui s'y rattachent forment l'épilogue de celle que nous venons de rapporter, nous anticiperons quelque peu sur les événements pour en parler ici. Ce prince, lié par les engagements de son père, se rendit en premier lieu à Gênes, dont le gouvernement était redevenu plus favorable à la France, et, après l'avoir affermi dans ce sentiment, alla prendre à Florence le commandement des troupes alliées; car il y avait maintenant plus de danger du côté du roi d'Aragon que du côté des Vénitiens [2]. Après quelques succès, qui arrêtèrent la marche de l'ennemi en Toscane et faisaient présager un triomphe plus complet, la fédération des États italiens, dont nous venons de parler, refroidit son zèle et rendit sa tâche impossible, comme il l'écrivit lui-même au duc de Milan, le

[1] Arch. des Bouches-du-Rhône, B 680 (lettres données à Bourges, le 25 février 1461).

[2] Arch. de Gênes, X, 121; 14 février 1454. Un traité analogue à celui qu'avait signé René fut passé par Jean d'Anjou à Florence le 20 février 1454, et rédigé en forme d'acte public le 4 mars suivant. Le duc de Calabre, se considérant comme le lieutenant de son père, « *cui, urgentibus rebus arduis atque justis causis, necessarium fuerit ad christianissimum et invictissimum Francorum regem proficisci,* » promettait aux Florentins d'être leur capitaine général pendant trois années. Une des clauses garantissait au roi René le payement de 40,000 florins, tant pour l'indemniser de ses services que pour compléter la solde convenue, qu'il n'avait touchée qu'en partie. (Arch. des Bouches-du-Rhône, B 675; Arch. de Milan. *Trattati*, etc., an. 1451; Arch. nat., KK 1120, f° 538.)

18 décembre 1455 [1]. Il rentra donc à son tour en France et vint reprendre le gouvernement de la Lorraine, n'emportant, comme René, que des protestations de gratitude et une grande réputation de bravoure. Mais, en 1458, il fut renvoyé à Gênes par Charles VII, qui n'avait pas cessé de poursuivre la réunion de cette ville à sa couronne. Les habitants, fatigués de leurs discordes intestines, ayant offert spontanément de reconnaître la suzeraineté de la France, Jean signa au nom du Roi, en qualité de lieutenant général et de gouverneur du duché de Gênes, un traité dans lequel le doge Pierre de Campofregozzo déclarait se soumettre à lui [2]. René, complimenté par François Sforza de cette prise de possession, lui répondit une lettre affectueuse, et lui promit de le faire aider par son fils au recouvrement de Novi et d'autres fiefs qu'il réclamait [3]. Cet échange de procédés gracieux semblait signifier que les deux princes ne se gardaient pas rancune, et que le duc tenait à conserver l'amitié de son allié en vue des éventualités de l'avenir.

La mort du roi d'Aragon, survenue la même année, parut, en effet, rendre au parti angevin des chances plus sérieuses que jamais. Alphonse ne laissait qu'un bâtard légitimé; Eugène IV, qui avait fait cette légitimation, ne vivait plus, et Calixte III, monté depuis trois ans sur la chaire de Saint-Pierre, manifestait à tout le monde l'intention de ne pas reconnaître un pareil héritier, mais de donner au contraire le trône à René, qui avait les meilleurs droits [4]. Le duc de Calabre avait un pied en Italie, et de Gênes pouvait facilement aller surprendre Naples, où les amis de sa famille se remuaient déjà en sa faveur. Enfin Charles VII, voulant profiter de conjonctures aussi favorables, déclarait aux Floren-

[1] Arch. de Milan, *Carteggio di principi, Calabria.*

[2] Arch. de Gênes, *Materie politiche, mazzo* 13. Ce traité, conclu le 7 février 1458, fut ratifié par Charles VII le 25 juin suivant.

[3] Bibl. nat., ms. ital. 1588, f°s 67 et 79; pièces justificatives, n° 41.

[4] C'est ce qu'écrivait au duc de Milan son ambassadeur à Florence, le 15 juillet 1458 (Bibl. nat., ms. ital. 1588, f° 94).

tins, par son ambassadeur, qu'il voulait positivement tenter la conquête du royaume de Sicile pour le rendre aux princes d'Anjou, avec retour à la couronne après eux ; il les priait de ne prêter aucune assistance à Ferdinand d'Aragon. René les faisait également adjurer par l'évêque de Marseille, Nicolas de Brancas, de se prononcer pour lui : leur république, disait-il, devait se considérer comme déliée, par l'autorité du Saint-Père, de tout engagement envers les princes espagnols. Le gonfalonier, tout en observant que la ligue conclue entre les puissances italiennes subsistait malgré la mort d'Alphonse, que chacune d'elles avait juré de châtier par les armes celui qui essayerait de rompre l'accord, que Florence, en particulier, ne vivait que par son industrie et son commerce et devait désirer avant tout la paix, protestait cependant de son attachement pour la France et laissait au moins espérer que la république demeurerait neutre [1].

Malheureusement, le pape Calixte mourut sur ces entrefaites et fut remplacé par un ancien secrétaire du concile de Bâle, animé de sentiments diamétralement opposés. Dominé plus que ses prédécesseurs par la pensée de repousser les Turcs d'Europe, Æneas Sylvius, ou Pie II, joignait à cette légitime préoccupation une aversion peu déguisée pour les Français, qui avaient soutenu contre les Pères la cause d'Eugène IV, et, bien qu'il fût revenu à des sentiments orthodoxes, il lui restait malgré lui quelque chose de l'ardeur des luttes passées. Un de ses premiers actes fut d'envoyer à Ferdinand son neveu Antoine Piccolomini, qui, pour prix de ses assurances de dévouement, obtint de ce prince la main de sa fille, le duché d'Amalfi et l'un des sept grands offices du royaume de Sicile. L'archevêque de Bénévent ayant manifesté ses sympathies pour la maison d'Anjou, il le priva sur-le-champ de sa dignité [2]. Ces mesures annonçaient chez le nouveau pontife une résolution arrêtée. En effet, à la demande de René de lui conférer l'investiture et de recevoir son hommage, demande appuyée vi-

[1] Desjardins, *op. cit.*, I, 82, 89.
[2] *Cron. del regno di Napoli* (Bibl. Brancac., ms. 2 G 11 ; pièces just., n° 100).

vement par Charles VII, il répondit qu'il regrettait de ne pouvoir le satisfaire, mais que, le royaume de Sicile se trouvant dans les mains d'un autre, il ne saurait le lui rendre sans troubler l'Église, surtout en un moment où il lui fallait pacifier les nations chrétiennes pour la défense de la foi. Il protestait, d'ailleurs, de ses bonnes intentions et du soin avec lequel il avait réservé et réserverait toujours les droits du duc d'Anjou; il comptait que sa dévotion au Saint Siége ne se démentirait pas et lui promettait de lui en savoir gré [1]. L'investiture fut donnée bientôt après au fils d'Alphonse, avec la seule formule *sauf les droits d'autrui* [2]. On en fut d'autant plus choqué en France, que l'origine de Ferdinand passait pour douteuse : « On ne scet dont il est venu, disait René lui-même dans ses instructions à Jean de la Salle ; il ressemble à celui qui fut espoux de sa mère [3]. » C'était donc moins qu'un bâtard, c'était un enfant supposé qu'on préférait à l'héritier légitime des anciens rois. Aussi, dans le congrès de Mantoue, convoqué par le pape en 1459 pour amener les princes chrétiens à tenter une croisade contre les infidèles, Charles et René réclamèrent de concert par la voix de leurs ambassadeurs. A la séance du 21 novembre, l'évêque de Paris fit un discours de deux heures portant principalement sur la question de Naples. Pie II s'en tira en faisant l'éloge de René, qu'il appela le roi de Sicile : les députés aragonais furent mécontents à leur tour de cette qualification, mais le pontife leur imposa silence. Quelques jours après, dans une réunion moins solennelle, de nouvelles instances furent faites par le bailli de Roüen pour le décider à se déclarer en faveur de la maison d'Anjou. Il promit alors de consulter les cardinaux; puis, dans une réponse plus détaillée,

[1] Bulle donnée à Rome le 27 novembre 1458 (Arch. des Bouches-du-Rhône, B 678; pièces justificatives, n° 44).

[2] Cette clause, au dire du naïf Bourdigné, « estoit pour cuyder couvrir et pallier la hayne que le pape avoit aux Françoys; mais toute l'eaue de la mer ne l'en eust sceu laver ». (II, 210.)

[3] Bibl. nat., ms. Dupuy 760, f° 84.

il témoigna encore une fois son affection pour le chef de cette maison, et déclara que, s'il avait cédé aux désirs de Ferdinand, c'était pour préserver du pillage les terres de l'Église menacées par ses troupes. Il reprocha ensuite à René de n'avoir pas travaillé à l'abolition de la pragmatique-sanction (faite à Bourges en son absence). Les ambassadeurs royaux prirent la défense de cette fameuse constitution, et la discussion se trouva ainsi détournée de son objet. Un autre jour, Pie II demanda à l'évêque de Marseille, délégué du roi de Sicile, si ce prince était en état de repousser Jacques Piccinino, capitaine italien qui avait envahi une partie des États romains. Nicolas de Brancas ne put qu'affirmer la bonne volonté de son maître. « Que devons-nous donc attendre de lui réplique le pape, si, lorsque nous sommes dans le plus grand danger, il ne peut nous prêter aucun secours ? Nous avons besoin à Naples d'un souverain qui puisse défendre ses biens et les nôtres. Vous avez perdu la couronne : vous en serez privés jusqu'à ce qu'il vienne des forces suffisantes pour nous aider à chasser l'ennemi qui nous opprime[1]. » On sent bien que cette théorie du *væ victis* n'était qu'une échappatoire, et que le chef de l'Église n'entendait pas l'ériger en principe ; mais elle n'en déplut pas moins, et les négociations furent bientôt suspendues. René en appela au futur concile : le pape condamna les appels au concile. Enfin, le 3 janvier 1460, une dernière protestation fut déposée au nom du prince par Gérard d'Haraucourt, sénéchal de Bar et de Lorraine, et Raymond Puget, docteur en droit, entre les mains du général des frères Prêcheurs, Martial Auribel, parce qu'ils n'avaient pu trouver accès auprès du Saint-Père. Cet acte disait que l'investiture avait été conférée au bâtard d'Aragon avant que la défense du roi de Sicile ait été entendue, que les griefs imputés à celui-ci relativement à la pragmatique-sanction, à la guerre entretenue par lui, etc., portaient sur des choses qui n'avaient pas dépendu de son pouvoir. Pie II, après avoir

[1] Arch. nat., KK 1127, f° 239 ; *Commentarii Pii II*, p. 60 et suiv. ; Papon, *Hist. de Provence*, III, 375 ; Jager, *Hist. de l'Église* III, X, 409 et suiv.

pris connaissance de la pièce, fit répondre le lendemain par Jacques de Lucques, son secrétaire, qu'il lui semblait inutile de protester, parce que ses raisons étaient fondées et qu'il n'avait jamais eu l'intention de porter préjudice aux droits du prince français [1]. On se sépara là-dessus, pour laisser le sort des armes terminer le débat.

Depuis la mort d'Alphonse, la noblesse napolitaine rappelait avec instances le roi René. Mais les expériences qu'il avait tentées lui suffisaient : il chargea son fils, bien mieux placé que lui pour le faire, de se rendre au royaume de Naples. Dès le mois de juin 1459, Jean armait dans ce but, au port de Gênes, une flotte de quinze vaisseaux et se préparait à partir avec elle [2]; mais une sédition des Génois le retint. Afin de ne pas retarder l'expédition, René, qui se trouvait alors malade et hors d'état de prendre les armes, même s'il l'eût voulu, lui chercha un autre chef : ce fut son gendre Ferry qui reçut de lui la mission de commander l'armée navale et de le représenter en Sicile [3]. Cependant cette délégation de pouvoirs n'eut pas d'effet ; car le duc de Calabre, ayant eu promptement raison des rebelles, partit lui-même, le 4 octobre, avec une escadre dirigée par Jean Cossa [4]. Après plu-

[1] Arch. nat., KK 1120, f°s 540 v°, 541. D. Calmet, II, 858.

[2] Bertrand de Beauvau écrivait, à cette époque, au président de la Chambre des comptes d'Angers : « Hier arriva ung chevaucheur de mons^r de Calabre, et aujourd'huy est arrivé ung de ses gens nommé André de Marcy, qui est homme de bien, lequel m'a dit que la ville de Jennes et la Seigneurie sont en la plus grant paix et union qu'ilz furent passé a cent ans, et que mondit s^r de Calabre est le mieulx voulu que oncques prince fut. Dit oultre que mondit s^r a armé quatre grosses carraques et onze galées, et que Jehan Cosse est sur lesdites gallées et cappitaine de l'armée, et Pierre Crespin sur lesdites carraques... Et ay espérance, au plaisir de Dieu, que les faiz de nostredit maistre prospéreront, o la bonne aide et conduite de mondit s^r de Calabre. — Escript à Chinon, ce lundi au soir. — B. de Beauvau. » (Arch. nat., P 1334^7, f° 56 v°.)

[3] Acte du 21 août 1459 (Arch. nat., KK 1120, f° 553 v°).

[4] Les actes de l'administration de Jean d'Anjou à Gênes, qui commencent au 3 novembre 1458, s'arrêtent au 20 septembre 1459 : à cette date, il est remplacé comme lieutenant du Roi par Louis de Laval, dont le nom figure en tête des actes jusqu'au 27 février 1460. (Arch. de Gênes, X, 112.) Cossa reçut de Jean,

sieurs essais de débarquement, il aborda enfin à Castellamare, grâce à la connivence de Marino de Marzano, duc de Sessa, qu'il nomma aussitôt amiral du royaume, moyennant la promesse de le servir activement contre les Aragonais [1]. Le marquis d'Este, le comte de Campobasso, le prince de Tarente et une foule d'autres seigneurs vinrent se ranger successivement sous sa bannière. Il prit avec eux, presque sans résistance, les principales places de la Pouille et des Abruzzes, et remporta sur l'armée de Ferdinand, le 7 juillet 1460, près de Sarno, une victoire éclatante, qui faillit le conduire jusque dans Naples. Mais il ne sut pas la poursuivre jusqu'au bout et laissa échapper son adversaire, ce qui fit dire à celui-ci : « Le premier jour, mes ennemis, s'ils l'eussent voulu, étaient maîtres de ma personne et de mon royaume ; le second, ils n'étaient maîtres que de mon royaume ; le troisième, ils ne pouvaient plus rien ni sur l'un ni sur l'autre [2]. » Les troupes du pape avaient combattu dans cette journée avec celles de Ferdinand, car un de leurs capitaines, appelé Simonetta, demeura sur le terrain [3] ; et, chose plus inattendue, le duc de Milan avait aussi envoyé des forces contre les Français, bien que Florence et Venise, liées tout autant que lui par les clauses de la ligue italienne, se fussent tenues dans la neutralité. Charles VII se plaignit vivement de ce procédé, et accusa en même temps Sforza d'avoir cherché à soustraire la ville de Gênes à son autorité. Le duc répondit par des excuses assez frivoles : il ne s'était pas emparé de Gênes avant l'arrivée du lieutenant du Roi, bien qu'il l'eût pu facilement ; il avait rendu autrefois de grands services à René et à sa femme (ce qui était vrai, mais ce qui rendait son infidélité plus criante encore) ; aucune puissance en Italie n'était plus intéressée que lui au triomphe du prince d'Anjou ; mais, comme celui-ci, à

pour les services qu'il lui rendit dans cette campagne, l'office de grand sénéchal du royaume de Sicile. (Arch. des Bouches-du-Rhône, B 15, f° 103.)

[1] Acte du 10 novembre (Arch. de Milan, *Trattati*, etc., an. 1459).

[2] D. Calmet, II, 861.

[3] *Cron. del regno di Napoli* (pièces justificatives, n° 100).

son dernier voyage en Lombardie, s'était retiré *pour des motifs inconnus*, les avantages qu'on espérait n'avaient pu être réalisés, et il avait dû se liguer avec le roi d'Aragon, par nécessité, par égard pour le pape, comptant bien que cette ligue ne tiendrait pas longtemps, etc., etc. Il paraît que Sforza avait fait offrir au roi de Sicile la main de sa fille pour le duc de Calabre, veuf de Marie de Bourbon, et qu'il avait vu son alliance repoussée. A la suite de ce refus, qu'il allégua aussi plus tard, son héritière fut promise en mariage au propre fils de Ferdinand. Malgré tant de palinodies, la maison de France, forcée par les complications politiques d'user de condescendance, continua encore de lui témoigner sa faveur et de rechercher la sienne [1].

L'opposition de Pie II s'affirmant par les armes, les conditions matérielles et morales du succès disparaissaient à la fois. Si René avait perdu la partie avec le secours du pape, comment son fils pouvait-il la gagner en combattant contre lui ? En vain Charles VII insista-t-il à Florence, à Milan, à Venise, pour provoquer une intervention en faveur de son neveu : les prières, les menaces n'obtinrent que des paroles vagues [2]. En vain octroya-t-il à son beau-frère une aide de cinquante-cinq mille livres sur les pays de Languedoil, destinée principalement à faciliter le recouvrement du royaume de Sicile : ni son or ni celui de René ne purent changer la situation [3]. Jean fut réduit à s'allier au condottiere qui avait

[1] Arch. de Milan, *Trattati*, etc., an. 1460, 1461.

[2] Arch. de Florence, *Lettere della Signoria*, n° LII, f° 52. V. aussi la relation de Jean de Chambes, envoyé à Venise en 1459 (*Bibl. de l'École des Chartes*, 1re série, III, 185 et suiv.); la délibération des conseils de la république du 10 octobre 1460 (Arch. de Venise, *Libri partium secretarum*, vol. XXI, f° 20); la relation de l'ambassadeur du Roi à Florence, du 2 mars 1460 (Desjardins, *op. cit.*, I, 96), et une nouvelle lettre de Charles VII au duc de Milan (Bibl. nat., ms. ital. 1588, f° 137).

[3] Lettres patentes du 5 juin 1460, dans le compte établissant l'assiette et l'emploi de cette contribution (Arch. nat., KK 240; de Quatrebarbes, *Œuvres du roi René*, I, 135-139). Ce compte mentionne des remboursements faits au comte du Maine, au comte de Vendôme, au cardinal de Rouen, qui avaient avancé des fonds, soit à René, soit à Jean. Le roi de Sicile avait pris aussi sur ses propres

envahi le territoire romain. Mais cette complicité avec l'agresseur du Saint-Siége ne lui porta pas bonheur ; car alors le pontife, se sentant encore plus dans son droit, appela en Italie le célèbre Scanderbeg, roi d'Albanie, qui le défendit avec succès. Depuis ce moment, les affaires du parti angevin allèrent en déclinant de jour en jour. Nous laisserons le duc de Calabre continuer une lutte héroïque, mais déjà presque désespérée, pour le retrouver après l'avénement d'un règne nouveau et d'une politique nouvelle, qui devaient donner le coup de grâce aux espérances de sa maison.

Revenons à la personne du roi René et aux affaires intérieures de la France. Nous avons laissé ce prince à Aix, après son retour de Lombardie. Dans les six mois qu'il passa alors en Provence, il eut l'occasion de montrer, par un acte de fermeté remarquable dont ses historiens ont omis de parler, que son zèle et sa complaisance pour le Roi n'allaient point jusqu'à la servilité. C'était l'époque où l'illustre Jacques Cœur expiait par la prison et la confiscation l'excès de sa prospérité de vingt années. Le procureur Dauvet, que Charles VII avait chargé de la recherche et de la vente des biens de son argentier, s'occupait activement de cette difficile mission : il poursuivait surtout l'arrestation de Jean de Village, neveu du condamné et son représentant à Marseille, où Jacques possédait une maison importante avec des droits de franchise et de bourgeoisie. Jean de Village était en même temps capitaine de la marine du roi de Sicile, et, lorsque son maître ou lui envoyaient leurs vaisseaux dans le Levant, avec lequel ils entretenaient un commerce continuel, ils en faisaient rapporter pour lui quelques-unes de ces nouveautés, de ces *choses estranges* dont il était si curieux : des animaux, des objets d'art, des monnaies moresques, des armes, des vêtements. Une certaine amitié s'était ainsi établie entre eux et René, qui, pour reconnaître leurs services, les couvrit de sa protection.

finances pour aider son fils, auquel il envoya de l'argent et des vaisseaux. (Arch. nat., *ibid*, et P 1334[7], f° 53.)

Dans son comté de Provence, indépendant du royaume, leurs personnes et leurs biens se trouvaient à l'abri des poursuites, à moins qu'elles ne fussent autorisées par lui. Charles VII prétendit exiger de lui cette autorisation, et le requit par des lettres pressantes de livrer Jean de Village à ses agents. Dauvet apporta lui-même à Aix la missive royale, et demanda audience au prince. C'était le 24 juin au soir : comme il était tard, René le renvoya au lendemain, et, le 25 au matin, après la messe, il le reçut en particulier dans son jardin. Il prit les lettres, les lut, écouta les explications du procureur, mais ne se laissa pas convaincre. Sa réponse fut nette : la demande d'extradition qu'on lui adressait lui semblait fort singulière ; il voulait bien obéir en tout au Roi ; mais la Provence n'était pas une province française, et l'on ne prétendait pas, sans doute, l'annexer ; il n'était tenu de livrer aucun de ses sujets, surtout des citoyens de Marseille, qui avaient des priviléges spéciaux. « Le Roi, reprit Dauvet, vous fait cette requête non pas en qualité de prince voisin, mais comme votre frère et votre ami, à cause de la grande confiance qu'il a en vous : du reste, le personnage qu'il réclame est un criminel. » Et comme il continuait d'insister, René envoya chercher son chancelier Jean Martin et Vital de Cabanis, qui reproduisirent ses raisons en les développant. « Tous les pays voisins du royaume rendent les malfaiteurs, objecta encore l'obstiné procureur. — Le méfait n'est pas prouvé, lui fut-il répliqué ; ces pays, d'ailleurs, ont des conventions particulières avec le Roi, et le comté de Provence n'en a pas. Les marins sont nécessaires ici pour garder les côtes contre les incursions des Catalans. » Pour terminer la discussion, René promit d'écrire à son beau-frère et de s'excuser lui-même. Dauvet repartit le lendemain sans avoir pu obtenir autre chose. Il se rendit à Marseille, où ses démarches auprès des magistrats locaux n'aboutirent qu'à faire donner au Roi une indemnité de trois cents écus pour qu'il renonçât à tout droit sur les biens de Jacques Cœur dans la cité ; puis il revint à Aix, après avoir vu inutilement Jean de Village lui-même, et insista de nouveau près du roi de Sicile ;

mais, le trouvant inébranlable, il le quitta définitivement le 1er juillet [1].

Un peu plus tard, l'argentier lui-même, ayant réussi à s'évader, trouva un refuge momentané sur le territoire provençal. Repris par les gens du Roi à Beaucaire, qui dépendait de la couronne, il fut délivré, la nuit, par quelques amis venus d'Arles et de Marseille. Charles se plaignit aux consuls et aux viguiers de ces deux villes. On lui répondit que les coupables et le prisonnier lui-même avaient disparu. Malgré de nouveaux messages comminatoires, le secret de leur retraite ne fut pas trahi, et, peu de temps après, ils se trouvaient en sûreté en Italie. La femme et les enfants de Jean de Village purent seuls être arrêtés et emprisonnés, ainsi que les fils de Jacques Cœur. La généreuse protection qui avait sauvé la personne des deux proscrits ne s'étendait pas assez loin pour garantir entièrement leur famille et leurs biens [2].

Il ne paraît pas que cette résistance énergique à la volonté, ou plutôt au caprice de Charles VII, ait fait tomber le duc d'Anjou en disgrâce. Après avoir rétabli, par l'entremise de l'évêque de Marseille, l'accord qu'il avait précédemment ménagé entre François Sforza et le marquis de Montferrat, et qui avait été rompu depuis son départ de Lombardie [3], il se rapprocha de la cour de France et revint s'installer dans sa bonne ville d'Angers, où il fit son entrée le 20 août 1454 [4]. Il s'apprêtait à réaliser un projet qu'il nourrissait depuis son retour, et qui lui avait été suggéré par plusieurs de ses con-

[1] Arch. nat., K 328, fos 183-191 ; Pierre Clément, *Jacques Cœur et Charles VII*, p. 384 et suiv.

[2] Papon, citant une minute de Nicolas Rohardi, notaire d'Arles (*Hist. de Provence*, III, 373); Vallet, *Hist. de Charles VII*, 298.

[3] L'évêque de Marseille fut envoyé en Lombardie pour cet objet le 23 avril 1454. Le 8 janvier précédent, Sforza avait demandé l'intervention de René pour se faire restituer certaines places du district d'Alexandrie, usurpées par le marquis, et se faire donner des indemnités pécuniaires. (Arch. de Milan, *Leghe, pace, etc.*, no 196, fo 498 ; *Trattati, etc.*, an. 1454.)

[4] « Le mardi xxe jour d'aoust, l'an mil IIIIc cinquante-quatre, ariva le roy de Sicille en ceste ville d'Angiers, de son véaige du pays de Lombardie. » (Arch. nat., P 1334[6], fo 22 vo.)

seillers intimes. La solitude de son palais, le vide de son cœur pesaient de plus en plus à sa nature expansive et tendre. Il avait quarante-cinq ans; mais il était toujours jeune, et le souvenir pieux qu'il conservait à la reine Isabelle ne pouvait l'absorber entièrement. Tandis qu'il demandait à la guerre une diversion momentanée à sa douleur, ses amis lui cherchaient une compagne capable de lui procurer des consolations plus durables. Ils fixèrent leurs vues sur Jeanne de Laval, fille de Gui XIV, comte de Laval, et d'Isabelle de Bretagne, et la lui proposèrent.

On a prétendu et répété souvent que cette princesse, qui avait alors vingt et un ans environ, était secrètement aimée de lui depuis un certain temps, du vivant même de sa première femme, et qu'elle avait notamment rempli dans le pas de Tarascon le rôle de la Pastourelle, chargée de distribuer les récompenses aux vainqueurs du tournoi[1]. Elle était cependant bien jeune à l'époque de cette fête, donnée en 1449. Mais des raisons plus fortes viennent détruire le petit roman échafaudé sur cette base par les historiens. En premier lieu, la bergère de Tarascon était Isabelle de Lenoncourt, et non Jeanne de Laval, comme le prouvent suffisamment les comptes du roi de Sicile[2]. Ensuite, l'origine de sa passion et les causes de son mariage sont exposées tout différemment par ce prince lui-même, dans une églogue champêtre, où, comme Virgile, il a reproduit les faits réels sous le voile d'une allégorie transparente. Le titre même du poëme, *Regnault et Jeanneton*, dissimule à peine les véritables noms du berger et de la bergère mis en scène par l'auteur. Par un surcroît de précaution, il a terminé son opuscule par cet aveu formel :

« Icy sont les armes, dessoubz ceste couronne,
« Du bergier dessus dit et de la bergeronne[3]. »

[1] Villeneuve-Bargemont, II, 48, 113; de Quatrebarbes, t. I, p. xciv; etc.

[2] *Extraits des comptes et mémoriaux du roi René*, n° 733.

[3] De Quatrebarbes, II, 150. V. la planche en regard de cette page. L'éditeur des *Œuvres du roi René* semble avoir cru que cet explicit voulait simplement dire : Voici les armes de l'auteur; tandis qu'il signifie : Voici les armes du héros

Et les armes reproduites en cet endroit du manuscrit sont celles de Jeanne et de René.

Écoutons donc le royal poëte nous raconter comment l'amour l'a surpris. D'abord il n'avait jamais vu Jeanne ; on lui avait seulement fait la description de sa personne, ou bien on lui avait envoyé son portrait, comme cela se passait d'habitude au début des négociations ouvertes pour un mariage princier, et ce portrait l'avait si vivement séduit, qu'il en avait perdu le repos. C'est la traduction de ces mots adressés par le berger à la bergère :

« Et tout premier, vous ne povez
« Certes nyer que ne devez
« Avoir ouy, [ne] l'ignorez
« Certainement,

« Qu'ainçoys que jamais nullement
« Je vous veisse, si chièrement
« Vous amoye et parfaictement,
« Voire trestant,

« Que mon cuer dès lors tout battant
« Vous donnay : tellement hastant
« L'aloit l'amours, et si mattant,
« Que force fut,

« Seulement au rapport qu'il eut
« De vostre beauté, tant que peut,
« Vous amer ; dont depuis si n'eut,
« Jusques vous vit,

« Mon œil bon jour ne bonne nuit[1]. »

C'était pendant le séjour du prince en Lombardie ; car, pour venir trouver sa mie, le berger, qui s'était engagé au service d'autrui (à la solde des Florentins), avait laissé par-delà les monts son avoir (le royaume de Sicile), les moutons et brebis qu'il conduisait (les troupes alliées), franchi des pics escar-

et de l'héroïne du poëme. Aussi les allusions intéressantes que contient cet opuscule lui ont-elles échappé.

[1] De Quatrebarbes, II, 132.

pés et couverts de neige (les Alpes), et marché jusqu'à ce qu'il fût au pays de France :

« Par quoy me convint estre duit
« De passer les haulx mons sans bruit
« Ne pour mourir

« En la nège et illec pourrir,
« Sans povoir aler ne courir
« Qu'à grant paine, par quoy périr
« Moult bien cuidoye...

« Mais delà les mons je laissay
« Mon avoir, que plus ne garday,
« Lequel du tout j'abandonnay,
« Aussi le païs

« Où à servir je m'estoie mis,
« Prenant congié de mes amis,
« Délaissant moutons et brebis
« De par delà.

« Vostre amour me fist tout cela,
« Laquelle mon cuer si céla
« Tant longuement et jusque-là
« Que fus venus

« Ou païs de France, ouquel vous deus
« Trouver et vous veoir sans plus [1]. »

Cette passion naissante n'avait pourtant pas été si bien célée, puisque le duc de Milan s'en était, dit-on, aperçu [2]. Elle se déclara bientôt, et la vue de la bergère calma la douleur qu'une perte cruelle avait fait éprouver à son ami :

« En vous seule mis mes espris
« Et cuer et veul,
« En oubliant la peine et deul
« Que premier avoye [3]....... »

[1] De Quatrebarbes, II, 133.

[2] On se souvient que, d'après Simoneta, Sforza l'avait trouvé absorbé par la pensée d'une femme (*cura muliebris*). V. ci-dessus, p. 285.

[3] De Quatrebarbes, II, 134.

La parabole continue ainsi. Regnauld confie à Jeanneton les inquiétudes qui le dévoraient : il se demandait s'il était payé de retour et s'il le serait jamais, car il n'osait l'espérer. Elle lui fait à son tour des aveux, et lui explique que, s'il a eu le mérite de l'aimer le premier, elle a sur lui un grand avantage, celui de lui avoir apporté les prémisses d'un cœur vierge, tandis que le sien avait déjà subi plus d'une chaîne. On le voit, l'allégorie est très-claire; c'est de l'histoire masquée sous les fleurs de la poésie.

Il est probable que la première entrevue des futurs époux eut lieu aussitôt après l'arrivée de René à Angers, et que le mariage projeté fut décidé immédiatement; car, treize jours après, Louis de Beauvau, sénéchal d'Anjou, Bertrand de Beauvau et Gui de Laval, sire de Loué, réglaient avec le comte de Laval, au nom du roi de Sicile, les conventions matrimoniales. La dot de Jeanne fut fixée à quarante mille écus d'or, dont huit mille payables comptant et le reste en plusieurs termes. René promit de lui assigner un douaire dans son duché d'Anjou [1]. On amena sans retard la fiancée à Angers : elle arriva le lundi 9 septembre, et coucha dans l'abbaye de Saint-Nicolas, aux portes de la ville, ainsi que son père et une nombreuse escorte de seigneurs et de dames. Le mardi 10, la cérémonie nuptiale fut célébrée dans l'église du même couvent, où les époux demeurèrent jusqu'au surlendemain; et, le jeudi 12, la nouvelle reine fit sa joyeuse entrée dans sa capitale. Le clergé alla en procession au devant d'elle; huit cents habitants des plus notables, tous vêtus de blanc et à cheval, vinrent l'attendre auprès de l'abbaye et la ramenèrent jusqu'au château. Sur les places, sur les carrefours, des tables servies, des mystères, des jeux allégoriques, ambulants ou fixes, contribuaient à l'embellissement de la fête [2].

[1] Arch. nat., P 1334[10], n° 94.

[2] Voici la relation officielle rédigée à cette occasion et consignée sur les registres de la Chambre des comptes d'Angers :

« Le lundi, IX[e] jour de septembre, l'an mil IIII[c] LIIII, ariva Jehanne, fille de mons[r] le conte de Laval, royne de Sicille, partie de la ville de Laval, en l'église

De riches présents furent offerts à l'épousée. Les villes de Provence surtout lui envoyèrent de nombreux dons d'argent et de vaisselle précieuse [1]. Aux réjouissances bruyantes succéda le calme du plus pur bonheur domestique. René aima tant sa femme, qu'il semblait, dit un vieil historien, qu'il n'eût jamais passé par les lois d'hyménée [2]. C'est que ce mariage, contrairement à ceux des princes en général, n'était nullement un acte politique. Le calcul et l'ambition y étaient étrangers. Jeanne n'apportait à son mari ni fiefs ni provinces; elle n'était même pas de sang royal. Mais, par un privilége bien rare chez les grands, elle fut épousée pour elle-même. La première compagne du roi de Sicile lui avait été donnée avant l'âge de discernement; quoique sincèrement aimée, elle ne lui appartenait, pour ainsi dire, que de par la volonté maternelle et la raison d'État. La seconde fut l'épouse de son choix, et fixa

de Saint-Nicolas, et estoit vespres, et y couschea; et estoit grandement acompaignée de nobles gens, dammes et damoiselles, et y estoit mons[r] de Laval, son père.

« Le mardi, x[e] jour dudit moys, qui fut le lendemain, fut espousée ladite royne avec le roy de Sicille en ladite église de Saint-Nicolas, et y furent les nopces, et n'en partirent ce jour ne le lendemain.

« Le jeudi ensuivant, XIIe jour dudit moys de septembre, ladite royne fist son entrée en ladite ville d'Angiers, et y fut grandement et honnorablement receue; et au-devant d'elle furent les colléges en belle ordonnance hors ladite ville; et aussi les officiers, bourgeois et les plus notables marchans de ladite ville furent au-devant d'elle jusques au champ de Saint-Nicolas, touz à cheval, et là y actendirent environ une heure; et estoient en nombre environ huit cens, touz vestuz de pers, et lui tindrent compaignie jusques à l'entrée du portal du chasteau d'Angiers. Et y eut tables rondes en plusieurs et divers carrefours, aussi grant nombre de mistères et personnaiges de pluseurs et diverses manières par les carrefours de ladite ville, dont partie alloient devant ladite royne, les autres ne bougeoient. Et coucha ladite royne celui jour oudit chastel d'Angiers. » (Arch. nat., P 1334[6], f° 25 v°.)

M. de Villeneuve-Bargemont (II, 114) place le mariage de Jeanne et de René un an plus tard. Il fait ensuite partir les nouveaux époux pour la Provence au mois de novembre 1455, tandis qu'il est constant qu'ils demeurèrent en Anjou jusqu'au mois de mars 1457. (*Ibid.*, f° 175 v° et *passim*; itinéraire.)

[1] Il en existe une nomenclature détaillée aux archives des Bouches-du-Rhône (B 690); on la trouvera dans les pièces justificatives, n° 81.

[2] Nostredame, p. 622.

pour toujours son cœur jusque là trop volage. Celle-là fut plus véritablement reine par ses aptitudes et son énergie ; celle-ci fut plutôt la femme du foyer, de l'intimité tendre et poétique. On vit René se soustraire avec elle au fardeau des grandeurs, pour rechercher de préférence les occupations et les joies de l'homme privé. C'est sous l'influence de Jeanne que se développa sa prédilection pour la belle nature, pour les retraites champêtres, et sans doute aussi son penchant pour les lettres et les arts. Les biens dont il lui fit don furent presque tous des manoirs ou des métairies : Chanzé, Launay, le Palis, la Rive. Dans le comté de Provence, qu'elle préféra plus tard, elle montra une tendance quelque peu affectée à la pastorale [1]. Il est impossible, en étudiant l'existence de ce couple royal, de ne pas songer à deux autres époux couronnés qui, plus illustres et plus malheureux, portèrent sur le trône de France les mêmes qualités et les mêmes goûts. Comme Louis XVI, René était simple et débonnaire, aimait l'étude et les travaux manuels ; comme Marie-Antoinette, Jeanne de Laval prisait les plaisirs rustiques, et peut-être eût-elle inventé Trianon. Elle n'avait point, à en juger par les portraits plus ou moins bien reproduits qui nous sont parvenus, une beauté très-régulière [2]. Mais elle paraît avoir été douée d'une grande bonté : les comptes de son argenterie en contiennent plus d'une preuve, et le souvenir qu'elle a laissé à Beaufort-en-Vallée, où elle résida longtemps, suffirait à l'attester. Elle n'eut jamais d'enfants; mais elle se montra pleine

[1] On connaît ces vers souvent cités de Georges Chastelain :

« J'ay ûn roi de Sicile
« Vu devenir berger,
« Et sa femme gentille
« Faire même métier,
« Portant la panetière
« Et houlette et chapeau,
« Logeant sur la fougère
« Auprès de son troupeau. »

[2] On trouvera l'indication de plusieurs portraits de Jeanne de Laval, peints ou gravés, dans la troisième partie de cet ouvrage.

d'affection pour ceux de son mari, même pour sa fille naturelle Blanche, car on trouve dans ses dépenses personnelles plusieurs sommes consacrées à les aider, à les entretenir, à leur faire des cadeaux [1].

Le douaire de la nouvelle reine de Sicile comprit le tiers des revenus du duché d'Anjou, les ville et château de Saumur, la moitié des revenus du duché de Bar et la gabelle du sel de Provence. Le comté de Beaufort-en-Vallée en avait d'abord fait partie; mais, comme René soutenait au sujet de ce fief un procès contre la famille de Turenne et qu'il courait le risque d'en être dépossédé, il y substitua, dès le 8 octobre 1454, la terre de Saumur, tout en laissant à sa femme l'usufruit de Beaufort, mais à titre de don gracieux, et non plus de douaire. Il lui céda en outre, vers le même temps, les quatre manoirs nommés plus haut, les bois de Lespau, dans la quinte ou banlieue d'Angers, l'une des *saynes* ou pêcheries de cette ville, et tout le produit de l'imposition foraine d'Anjou, dont il jouissait par don du Roi [2]. Elle reçut encore en Pro-

[1] Jeanne envoya notamment au duc de Calabre deux fois mille écus et une fois cinq mille florins. Elle abandonna au profit du marquis du Pont, fils de ce prince, une partie du don d'argent à elle fait par le pays de Barrois. Elle prêta deux mille écus à son oncle de Châtillon, gouverneur du Dauphiné, lorsqu'il conduisit des gens d'armes à la prise de Gênes. Une autre part de ses finances fut employée en fondations, en acquisitions de meubles, en réparations aux châteaux de Beaufort, de Bouconville, de Brignolles, de Baux, etc. (V. l'Emploi des dons faits à la reine de Sicile depuis son mariage jusqu'au 23 novembre 1471, aux archives des Bouches-du-Rhône, B 690.) Le compte de cette princesse transcrit par M. Marchegay (Bibl. nat., acq. nouv. fr., n° 894) contient des achats de robes et de vêtements pour *Blanche la bastarde* et pour Jeanne Chastellaine, damoiselle de ladite Blanche; des présents offerts aux étrennes à la reine de France, à Ferry de Lorraine, à Yolande d'Anjou, à René, leur fils, à Nicolas, petit-fils du roi de Sicile, à l'évêque d'Angers, à Louis et Bertrand de Beauvau; un don de trois écus au même Nicolas « pour soy jouir »; d'autres dons d'argent à *la Meigine*, nourrice du roi, à une pauvre folle de Château-Gontier, à un valet de pied espagnol qui s'était blessé l'épaule au manoir de la Ménitré; etc., etc.

[2] Arch. nat., P 1334[6], f°s 60-62; pièces justificatives, n° 39. Une autre grande *sayne* sur la Mayenne, auprès de Reculée, fut donnée à Jeanne en 1462, ainsi que les prés voisins de Loyau, pour l'aider à nourrir les bêtes de la métairie de la Rive. (*Ibid.*, P 1334[1], f° 3 v°.) Le manoir de la Ménitré, sis dans le comté de

vence, à différentes époques, la *grande traite* du sel, les péages de Tarascon, les châteaux de Pertuis et de Castellet, la seigneurie de Baux, qui avait été réunie au domaine comtal par suite de l'extinction de la famille de ce nom, et qu'elle échangea plus tard avec le comte du Maine contre l'ancienne gabelle de Berre, enfin la baronnie d'Aubagne, qu'elle échangea également contre des terres appartenant à l'évêque de Marseille, terres que René reprit à son tour en lui donnant à la place la baronnie de Mirebeau en Poitou, rachetée de Bertrand de Beauvau, sire de Précigné[1]. Dans l'acte qui régla définitivement l'assiette de son douaire, le 3 décembre 1461, il fut stipulé qu'elle jouirait de la totalité après la mort de son mari, même si elle venait à se remarier. Pour mieux assurer l'effet de sa générosité, le roi de Sicile ajouta de sa propre main une apostille confirmative, où sa tendresse conjugale se trahit par une insistance toute particulière[2]. De plus, il autorisa sa femme à racheter de ses deniers, pour elle et sa lignée, sans que lui ni ses héritiers pussent en réclamer rien, tous les biens et héritages quelconques qui avaient été ou qui seraient vendus par ses parents[3]. Ces derniers reçurent aussi les marques de sa

Beaufort, fut réservé par René, moyennant 400 livres de compensation données à sa femme. (Compte de Jeanne de Laval, Bibl. nat., acq. nouv. fr., n° 804, copie de M. Marchegay.)

[1] Arch. nat., P 1334[6], f° 245 v°; P 1379[2], n° 3131. Arch. des Bouches-du-Rhône, B 14, f°s 224, 227 v°, 261, 270; B 15, f° 31; B 18, f° 84. Jeanne prit possession de Mirebeau en 1474 seulement.

[2] « Nous René, roy de Jerusalem et de Secille, etc., asertené à plain du contenu cy desus par la lecture qui nous en a esté fette de mot en mot, ratifions et aprovons toutes les chouses continues en se presant instrumant, déclereraus (*sic*) qu'elles prosèdent de noustre propre voullonté et délibérasion absolues, voullans et mandans icelles estre observées et gardées de point en point sans nulle contradiction ou refus, outre et ansamble les dons par nous faits et à fère, lesquelz voullons avoir lieu. En tesmonyage de vérité, nous avons escript cecy de nostre propre main, et commandé à atachier cy desous en las pandant nostre grant seel de magesté, pour mémoire plus autantique des chouses dessusdittes. Donné en nostre pallaix d'Aix, le XXIIIIe jour desambre (*sic*), l'an desusdit (1461). — RENÉ. » (Bibl. nat., ms. lat. 17179, n° 5.) Cette apostille, d'une écriture large et courante, est un des plus longs autographes authentiques du roi René connus jusqu'à présent.

[3] Arch. nat., P 1334[6], f° 158 v°.

faveur, notamment Pierre de Laval, frère de Jeanne, qu'il fit nommer archevêque de Reims, et Arthuse, leur sœur à tous deux, qu'il dota richement : à la mort de cette princesse, arrivée vers le mois d'août 1461, il restait sur sa dot vingt-sept mille écus qui furent délaissés à la reine de Sicile, par compassion pour sa douleur extrême, dit l'acte de donation [1].

La maison de la nouvelle reine fut organisée à peu près sur le même pied que celle de l'ancienne. Jean Garnot, jadis maître de la chambre aux deniers d'Isabelle, devint l'argentier de Jeanne : il fut remplacé, en 1456, par Jean Legay, receveur de Baugé, qui, dix ans après, céda la place à l'écuyer de bouche de la reine, Simon Bréhier. Le titulaire de cet office dut rendre ses comptes aux Chambres d'Angers, de Bar ou d'Aix, suivant la provenance de ses recettes [2]. Jeanne eut en outre un contrôleur général de ses finances, Balthazar Hirtenhaus, un Lorrain sans doute, qui lui servit en même temps de secrétaire. Son médecin fut Jacquemin de Blandrate, qu'elle appelait son « cher et bien amé physicien », son confesseur Olivier de Pennart, son aumônier Michel Brionne, son échanson Jean de la Jaille. Parmi ses dames d'honneur figurèrent aussi plusieurs de celles qui avaient été au service d'Isabelle : Hervée de Montplace, Odile, etc [3]. Le comté de Beaufort eut son administration particulière, dirigée par Jeanne elle-même, qui en nomma les officiers. Jean Alardeau, futur évêque de Marseille, en fut le receveur. Lorsque la reine quitta momentanément l'Anjou, en 1457, voulant faciliter le recouvrement des finances, elle afferma les revenus de ce domaine à deux individus du pays, moyennant deux mille sept cents livres tournois par an, à la charge pour les preneurs de payer les émoluments attachés à chaque office : cette ferme dura plusieurs années; mais, après son retour,

[1] Arch. nat., P 1334[7], f° 120 r°. Arch. des Bouches-du-Rhône, B 15, f° 32. Bourdigné, II, 208.

[2] Arch. nat., P 1334[6], f°s 37 v°, 104; P 1334[8], f° 153.

[3] Compte de Jeanne de Laval, Bibl. nat., acq. nouv. fr., n° 804 (copie de M. Marchegay).

Jeanne institua de nouveaux receveurs [1]. Le plus important de ses actes administratifs, celui qui lui a valu la reconnaissance des habitants de Beaufort et une statue sur la place de cette ville, est connu sous le nom de charte du comté de Beaufort. Toutefois c'est là une dénomination assez impropre, car il s'agit simplement d'une ordonnance réservant aux indigènes la jouissance exclusive des riches pâturages de la Vallée. Les anciens seigneurs leur en avaient déjà concédé l'usage. Mais, depuis un certain nombre d'années, les bouchers, les éleveurs d'Angers et des environs les envahissaient pour engraisser leurs bestiaux, remplaçant ceux-ci au fur et à mesure, de telle sorte qu'il ne restait plus rien pour les troupeaux des propriétaires de la contrée. Un premier mandement de René et de Jeanne avait inutilement défendu d'y faire paître des bêtes *foraines* et d'y élever des chevaux. A la requête des habitants, la reine de Sicile confirma leur droit sur tous les herbages, moyennant le maintien des redevances antérieures, les autorisa à entretenir sur les lieux chacun une bête chevaline avec un ou deux poulains, à la condition de ne pas les réunir en *faras*, c'est-à-dire en troupe, et interdit aux étrangers, sous peine de confiscation et d'amende, l'exercice de ces priviléges : les villages circonvoisins eurent seuls la faculté d'y participer en payant une redevance double ; des sergents spéciaux furent chargés de découvrir et de punir les moindres contraventions. Les heureuses conséquences de ce règlement se sont fait sentir jusqu'à nos jours : la richesse actuelle des communes du canton de Beaufort n'a pas d'autre origine [2].

Les premières années qui suivirent le mariage du roi René se passèrent dans les occupations pacifiques dont j'ai parlé. Il parcourut avec sa femme une bonne partie de son duché d'Anjou, séjournant successivement dans les résidences construites ou réparées par lui, à Beaufort, à Baugé, à Launay,

[1] Arch. nat., P 1334[6], f°s 187, 145 ; 1334[7], f° 133 ; 1334[9], f° 47.

[2] *Ibid.*, P 1334[9], f° 172. Cette charte est datée du 2 mai 1471. M. Marchegay l'a découverte et publiée le premier, à l'occasion d'un procès communal relatif au droit de seconde herbe (*Revue de l'Anjou*, III, 317 ; *Notices*, p. 65).

aux Ponts-de-Cé, mais plus assidûment dans son château d'Angers. Au mois d'octobre 1456, il alla visiter sa terre de la Roche-sur-Yon, s'arrêta quelque temps à Beaulieu-lès-Belleville et aux Sables d'Olonne, puis, selon toute vraisemblance, revint par Nantes, où Jeanne de Laval fit célébrer un service pour l'âme de sa mère. Tous deux étaient de retour à Angers au mois de décembre, date à laquelle Yolande, épouse de Ferry de Vaudemont, mit au monde, au manoir de Launay, décoré pour la circonstance de riches tapisseries, un enfant dont la reine de Sicile fut marraine. Celui de Jean Alardeau, receveur de Beaufort, né vers le même temps, eut également l'honneur d'être tenu par elle sur les fonts baptismaux [1].

Les travaux artistiques, les constructions n'absorbaient pas René au point de lui faire oublier les soins de l'administration et les besoins de ses sujets; on en aura la preuve dans la seconde partie de cet ouvrage. L'exercice de la justice attirait spécialement son attention, en Anjou comme en Provence; on aimait à recourir à sa clémence bien connue, et les nombreuses lettres de rémission qu'on rencontre parmi ses actes prouvent que le droit de grâce, apanage de la souveraineté, n'était pas pour lui une vaine prérogative. Il eut, précisément à cette époque, l'occasion d'en user envers un des personnages les plus curieux et les plus ignorés de son siècle. C'était une femme qui avait eu son heure de célébrité, et qui était arrivée à conquérir une position assez considérable en se faisant passer pour Jeanne d'Arc. A première vue, l'on s'explique difficilement qu'une pareille supercherie ait réussi, et même qu'elle ait pu être tentée. Pour le faire comprendre, et pour montrer tout l'intérêt qui s'attache à l'acte du roi de Sicile, il ne sera peut-être pas hors de propos de donner ici un récit critique et détaillé de ce singulier épisode de notre histoire.

A peine le bûcher de Rouen était-il éteint, que l'imagination populaire, vivement frappée par les exploits surnaturels de la

[1] Itinéraire. Compte de Jeanne de Laval, cité plus haut. Jeanne paraît avoir précédé son mari en Poitou, car elle se trouvait à Poitiers à la Saint-Jean-

victime, se donna carrière, et prépara, pour ainsi dire, le terrain aux imposteurs. Les princes et les grands oubliaient déjà ; mais le peuple restait sous le charme, et, sans en avoir conscience, commençait à remplacer l'histoire par la légende. Une longue et douloureuse passion avait prématurément ravi à la France sa libératrice. La mission de Jeanne ne semblait pas entièrement remplie, car l'Anglais était encore là et gardait Paris : on attendait d'elle de nouveaux et suprêmes triomphes. Les circonstances rappelaient trop la vie et la mort de Jésus-Christ pour que les esprits pieux n'espérassent point voir aller jusqu'au bout la similitude. Une résurrection était dans l'ordre des choses; la moralité du dénouement paraissait l'exiger : nous verrons, en effet, que ce miracle fut raconté et cru sérieusement. Bien des gens, sous l'influence des mêmes regrets, du même désir, adoptèrent une version moins merveilleuse, celle d'une supposition de victime faite au moment du supplice. Une chronique tout à fait contemporaine mentionne les doutes répandus de bonne heure à ce sujet, et l'auteur (un Normand) s'abstient prudemment de se prononcer sur un point aussi controversé : « Finalement la firent ardre publiquement, *ou aultre femme en semblable d'elle*; *de quoy moult de gens ont été et encore sont de diverses oppinions*[1]. » On sera peut-être tenté de croire que ces paroles avaient pour but d'atténuer l'effet du crime des Anglais, en jetant l'incertitude sur sa consommation réelle. Mais non ; le chroniqueur est un partisan de Charles VII et un admirateur de la Pucelle, comme on peut s'en convaincre par la lecture du contexte. Ainsi donc, que la légende naissante fit de Jeanne une sainte ressuscitée ou une

Baptiste : elle fit aussi, en 1456, un voyage au Mans, où elle assista à un pardon, et, au commencement de l'année suivante, un séjour à Château-Gontier, avec sa belle-mère de Laval. Vers le mois de septembre 1456, René s'était rendu en pèlerinage à Notre-Dame-la-Riche, près de Tours. (*Ibid.*)

[1] Ms. du British Museum, nº 11542, analysé dans la *Bibliothèque de l'École des chartes*, 2e série, III, 116. Cf. l'extrait du *Journal de Paris* reproduit dans le *Procès de Jeanne d'Arc* (V, 334) : « Y avoit donc maintes personnes... qui croyoient fermement que, par sa sainteté, elle se feust eschappée du feu et qu'on eust arse une autre, cuidant que ce feust elle. »

nouvelle Iphigénie, la tendance des esprits était la même. Suivant la remarque de M. Vallet [1], la bergère de Domremy partageait le privilége de tous les héros, depuis le roi Arthur jusqu'à Napoléon : elle devait vivre malgré tout, et elle allait reparaître.

Elle reparut bientôt. Le 20 mai 1436, à la Grange-aux-Ormes, près du bourg de Saint-Privat, situé à une lieue de Metz, on amenait une jeune fille qui se donnait pour « la Pucelle de France », et demandait à parler à plusieurs seigneurs de la ville réunis en ce lieu. Aucun document n'indique d'où elle venait, qui elle était, qui l'amenait. Le doyen de Saint-Thibaud, en rapportant cette première manifestation [2], dit seulement que l'inconnue se faisait appeler Claude. Mais, comme il croyait alors que c'était effectivement « la Pucelle Jehanne », il est naturel qu'il ait tenu son nom de Claude pour emprunté : il est probable que c'était, au contraire, son véritable nom, et qu'elle usurpa dès lors celui de Jeanne, comme le voulait son rôle. Ce dernier lui est attribué, d'ailleurs, par tous les autres textes; on peut donc le lui laisser ici.

Son âge paraissait se rapporter parfaitement à celui de la vraie Jeanne. Elle était, comme elle, brune [3], vive, énergique,

[1] *Bibl. de l'École des Chartes, loc. cit.*

[2] Il existe deux rédactions du récit de cet annaliste. Dans la première, écrite vers 1445, éditée par D. Calmet (*Hist. de Lorraine*, preuves du tome II, col. cc), l'auteur paraît dupe de l'imposture; la seconde, qui existe dans les mss. de Dupuy (vol. 630), et qui est sans doute postérieure, exprime l'opinion contraire, c'est-à-dire la vraie. Cette deuxième version a été ignorée de D. Calmet et de ses contemporains. M. Quicherat a publié l'une et l'autre (*Procès*, V, 321-324). Philippe de Vigneulles, chroniqueur messin du commencement du XVIe siècle, semble avoir connu également les deux; car, en abrégeant le doyen de Saint-Thibaud, il rapporte le fait et le traite de supercherie. (Huguenin, *Chroniques messines*, 198; *Procès*, V, 324, note.)

[3] Ce détail de la constitution physique de Jeanne d'Arc est attesté par une preuve matérielle : c'est un cheveu passé, suivant un ancien usage, dans la cire qui scellait une de ses lettres authentiques, et conservé jusqu'à nos jours avec sa couleur noire (Archives municipales de Riom; Quicherat, *Procès*, V, 147). Il y a là non-seulement un renseignement précieux pour les artistes, mais peut-être un argument à opposer aux physiologistes qui prétendent que Jeanne était

et la ressemblance était assez grande, sous son costume d'homme, pour que l'illusion fût complète. Nicolas Lowe, Albert Boullay, Nicolas Grongnot et les autres personnages présents l'équipèrent à leurs frais en lui donnant un cheval de trente francs, une paire de chaussures dites *houzels*, un chaperon, une épée. Elle sauta très-habilement sur le cheval, prononça quelques paroles qui achevèrent de convaincre l'assistance, et fut positivement reconnue pour la Pucelle par plusieurs écuyers ou enseignes qui s'étaient trouvés à Reims au sacre du roi Charles. Un ou deux sceptiques voulurent alléguer que l'héroïne avait été brûlée à Rouen : elle leur ferma la bouche par des paraboles. A ceux qui la questionnaient sur ses projets, elle répondait avec adresse, sans dire ni blanc ni noir, « ni fuer ne ans ». Si on la mettait au pied du mur en lui demandant quelqu'une de ces merveilles familières à Jeanne, elle prétendait que sa puissance ne lui serait pas rendue avant la Saint-Jean-Baptiste.

Jusque-là, rien de bien extraordinaire. Les chevaliers lorrains pouvaient, à la rigueur, n'avoir conservé qu'un souvenir assez vague de l'extérieur de la Pucelle, qui était demeurée complétement inconnue avant son départ du pays et n'y était pas revenue. Mais voici où toute explication devient impossible. Les deux frères d'Arc ou du Lys, Pierre et Petit-Jean, créés depuis peu, l'un chevalier, l'autre écuyer, sont avertis de ce qui se passe, et arrivent le même jour, 20 mai, à la Grange-aux-Ormes. Ils gardaient encore la conviction que Jeanne avait été brûlée. On les confronte avec l'aventurière : aussitôt elle les reconnaît, et ils reconnaissent *leur sœur !* Le lendemain, ils l'emmènent avec eux à un village appelé Bacquillon, et elle y reste jusqu'aux fêtes de la Pentecôte, c'est-à-dire environ une semaine.

Là, sans doute, furent combinées des démarches communes dont nous allons voir se dérouler les résultats. Les deux frères étaient-ils dupes ou complices? Dilemme pénible à poser, et

prédisposée par la nature à la rêverie et aux visions, caractère ordinairement opposé (chez nous du moins) au tempérament des personnes brunes.

d'ailleurs insoluble. Hâtons-nous de dire que leur conduite, en d'autres circonstances, répugne à l'idée d'une fourberie, et que la simplicité naturelle à leur condition première devrait plutôt faire admettre une méprise, quelque énorme qu'elle puisse paraître.

Mais, dira-t-on, ces détails sont-ils tous authentiques, et faut-il ajouter une foi absolue au récit d'un chroniqueur qui s'est laissé duper tout le premier, pour revenir un peu plus tard sur son opinion ? — Le doyen de Saint-Thibaud de Metz écrivait sur les lieux, au moment même des événements. Il est vrai qu'il a cru à la prétendue Pucelle, et qu'ensuite il a rectifié ou que l'on a rectifié pour lui son erreur ; mais sa dernière version ne modifie en rien le rôle des frères de Jeanne, et ce rôle, du reste, va se trouver confirmé tout à l'heure, en ce qui concerne le plus jeune d'entre eux, par des actes officiels, des comptes municipaux.

A la fin de mai, la fausse Jeanne se rend à Marville ou Mairville[1], où elle passe environ trois semaines chez « un bon homme appelé Jehan Cugnot ». Les habitants de Metz s'y portent en foule pour la voir, et sont mystifiés comme les autres. Un seigneur de la contrée lui offre encore un cheval. Puis elle s'en va en pèlerinage à Notre-Dame-de-Liesse, et de là gagne la ville d'Arlon, au duché de Luxembourg. Sa renommée l'avait précédée dans ce pays. La duchesse, Élisabeth de Gorlitz, l'accueille avec joie et ne veut plus la quitter. Le jeune comte de Wurtemberg, Ulrich, s'enthousiasme d'elle, se constitue son protecteur, lui fait faire une magnifique cuirasse et la conduit à Cologne.

Ici, un témoin oculaire nous apporte l'appui de sa parole. Son opinion, consignée dès l'année suivante dans le *Formicarium* de Jean Nider, qui l'avait recueillie de sa bouche[2], est

[1] Cette localité serait aujourd'hui Marieulle, entre Corny et Pont-à-Mousson, d'après D. Calmet (*Hist. de Lorraine*, II, 702). Cependant l'on trouve aussi, dans le voisinage de Metz et de la Grange-aux-Ormes, le village de Morville-sur-Seille, dont le nom se rapprocherait davantage de celui que donne le chroniqueur.

[2] Quicherat, *Procès*, IV, 502 ; V, 324.

beaucoup moins favorable à l'audacieuse fille. C'est que ce personnage, nommé Henri Kaltyser ou Kalt-Eysen, était un professeur émérite de théologie, un inquisiteur clairvoyant, habitué à démêler les impostures et les jongleries[1]. Il ne crut pas un moment à celle-ci ; et d'ailleurs Jeanne, étourdie par ses premiers succès, entraînée par la société des chevaliers et des gens d'armes, commençait à négliger son rôle. On la rencontrait, dit l'auteur en question, dansant librement avec des hommes, mangeant et buvant plus que ne le permettait son sexe, « dont elle ne faisait pas mystère[2] ».

Elle se vantait bien haut d'être la Pucelle ressuscitée, et prétendait introniser sur le siége archiépiscopal de Trèves un des deux candidats qui se le disputaient[3], comme elle avait précédemment assis sur le trône de France le roi légitime. A son arrivée dans la ville de Cologne, avec le comte de Wurtemberg, elle trouve le moyen d'opérer des prodiges : on répète partout qu'elle a déchiré en deux une pièce d'étoffe et l'a remise aussitôt dans l'état primitif, qu'elle a brisé une vitre contre la muraille et l'a réparée instantanément. Kalt-Eysen survient et remplit immédiatement son office : il ouvre une enquête, il cite la magicienne à son tribunal. Mais celle-ci refuse de se soumettre aux ordres de l'Église. Elle est excommuniée et va être jetée en prison, lorsque le comte, son protecteur, l'enlève à temps et la ramène à Arlon[4].

Malgré cette escapade, elle se fit épouser là par un chevalier de noble lignée, messire Robert des Armoises. Je ne sais

[1] Échard et Quétif racontent sa vie, mais sont muets sur le fait qui suit. Kalt-Eysen exerçait, en 1424, les fonctions d'inquisiteur général à Mayence. Il mourut, en 1465, archevêque de Trontheim en Norwége. (*Scriptores ord. Præd.*, I, 828.)

[2] *Procès*, V, 324.

[3] Jacques de Sierk et Raban de Helmstadt. D. Calmet, en rapportant ce trait d'après Jean Nider (*Hist. de Lorraine*, II, 900), l'a attribué par mégarde à une nouvelle Pucelle, différente de celle-ci, dont il parle cependant plus haut (*Ibid.*, 103).

[4] *Procès*, V, 325. Cf. *Chronique du doyen de Saint-Thibaud* (*Ibid.*, 324).

si, comme le dit M. Vallet, elle le « séduisit[1] », et je croirais plutôt que cette union singulière fut imposée par la volonté ou l'influence de la maison de Luxembourg, car elle ne fut pas heureuse. On conserva longtemps dans la famille des Armoises le contrat de mariage des deux époux, qui servait encore au dix-septième siècle à étayer des preuves de noblesse et de chevalerie, et qui perpétua jusque-là, ou même plus tard, en Lorraine, l'opinion que Jeanne d'Arc avait laissé une postérité directe[2]. Dès lors notre aventurière prit le nom de Jeanne des Armoises, qui lui est donné par tous les contemporains. Elle se fixa pour un temps à Metz, dans l'hôtel de son mari, situé devant l'église de Sainte-Ségoleine[3], et, non contente de la position brillante que ses intrigues lui avaient si rapidement value, se mit à dresser de là de nouvelles batteries.

Pendant qu'elle écrivait elle-même, par deux fois, aux bourgeois d'Orléans[4], Jean du Lys travaillait, de son côté, à la faire reconnaître, et venait dans ce but, au mois d'août 1436, trouver le Roi en Touraine, où il était occupé aux fiançailles d'Yolande, sa fille, avec le prince Amédée de Savoie[5]. Charles VII paraît l'avoir bien reçu, sans cependant ajouter foi à la résurrection de sa sœur. Il lui fit ordonnancer une somme de cent francs; mais, n'ayant pu en toucher que la cinquième partie, Jean revint jusqu'à Orléans, où lui et les siens étaient en grand honneur, et il exposa aux officiers de la ville qu'il était très-embarrassé, que, sur les vingt francs qu'il avait reçus, il en avait déjà dépensé douze, « que huit francs étaient peu de chose pour s'en retourner, » accompagné, comme il l'était,

[1] *Hist. de Charles VII*, II, 368.

[2] V. D. Calmet, *Hist. de Lorraine*, II, 703.

[3] *Chronique du doyen de Saint-Thibaud* (*Procès*, V, 323).

[4] « A Pierre Baratin et Jehan Bombachelier, pour bailler à Fleur-de-Lilz, le jeudi veille de saint Loreus, IXe jour du moys d'aoust, pour don à lui fait, pour ce qu'il avoit aportées lectres à la ville de par *Jehanne la Pucelle*; pour ce, 48 s. p. » « .... A Regnault Brune, le XXVe jour dudict moys, pour faire boire ung messagier qui apportoit lectres de *Jehanne la Pucelle*, etc. » *Comptes de la ville d'Orléans* (*Procès*, V, 326).

[5] Vallet, *Hist. de Charles VII*, II, 376, note.

de quatre cavaliers. Les magistrats généreux lui firent délivrer douze livres tournois [1], et de plus le régalèrent splendidement [2]. Il est curieux d'observer que la ville d'Orléans, tandis qu'elle acceptait pour authentiques et mentionnait comme telles dans ses comptes les lettres de la Pucelle écrites par la dame des Armoises, et qu'elle expédiait à celle-ci des réponses par messagers [3], n'en célébrait pas moins les anniversaires et les offices funèbres de « feue Jehanne la Pucelle [4] ». L'opinion des habitants était donc vraisemblablement divisée au sujet de la réapparition de leur libératrice et de la véracité des étonnantes nouvelles apportées par son frère.

Durant le voyage de ce dernier, Jeanne des Armoises écrit de son côté au Roi, et remet sa lettre au poursuivant d'armes *Cœur-de-Lis*, qui lui a apporté la réponse des gens d'Orléans. Ce courrier est de retour le 2 septembre et repart immédiatement pour Loches, où, sept jours après, il dépose son message entre les mains de Charles VII [5]. Il est regrettable pour nous de ne pas connaître le contenu de toutes ces dépêches ni l'objet précis de tant de démarches pressantes, qui était sans doute, avant tout, d'obtenir une audience royale. A cette époque, d'après les mêmes comptes municipaux, la fausse Pucelle était revenue momentanément à Arlon [6]. Nous la retrouvons le 7 novembre à Metz ou aux environs, vendant, de concert avec

[1] Vallet, *Hist. de Charles VII*, II, 376, note.

[2] « Le v° jour d'aoust MCCCCXXXVI, à matin, pour dix pintes et choppine de vin prises chez Jehan Hatte, au pris de 10 d. p. la pinte, données et présentées à Jehan, frère de la Pucelle ; pour ce, 8 s. 9 d. p.

« A Berthault Fournier, poulailler, pour douze poulez, douze pigeons, deux oisons et deux levras, donnez et présentez audit frère de la Pucelle... ; pour ce, 38 s. p. » *Comptes de la ville d'Orléans* (*Procès*, V, 275).

[3] *Comptes de la ville d'Orléans* (*Ibid.*, 326, 327). V. la note 4 de la page précédente.

[4] *Ibid.*, 274. Il est fait mention de ces services dans les comptes municipaux de cette année même 1436, et dans ceux de l'année 1439, où la fraude de Jeanne des Armoises n'était pas encore découverte. Ils furent supprimés ensuite.

[5] *Comptes de la ville d'Orléans* (*Procès*, V, 327).

[6] *Ibid.*

son mari, à Colard de Failly, écuyer de Marville, sa part de la seigneurie d'Haraucourt[1]. Elle est qualifiée, dans cet acte public, « Jehanne du Lys, la Pucelle de France, dame de Thichiemont[2] ». Aux sceaux des contractants sont joints ceux de Jean de Thonne-le-Thil, seigneur de Villette, et de Saubelet de Dun, prévôt de Marville, leurs « très-chers et grans amis ».

Quelque temps après, s'il faut s'en rapporter à l'inquisiteur allemand cité plus haut, la dame des Armoises, oubliant toute retenue et compromettant à plaisir sa cause, aurait quitté la maison conjugale pour vivre en concubinage avec un clerc de Metz; « ce qui démontra manifestement la nature de l'esprit qui l'inspirait[3] ». Elle n'abandonna pas pour cela ses prétentions et ne perdit point tous ses partisans. Bien qu'elle fasse moins parler d'elle durant les deux années suivantes, il paraît que, dans cet intervalle, elle passa en Italie, sous prétexte d'aller chercher l'absolution du pape pour un cas réservé, « comme de main mise sur son père ou mère, prestre ou clerc, violentement ». On lui reprocha plus tard « que, pour garder son honneur, comme elle disoit, elle avoit frappé sa mère par mésaventure, comme elle cuidoit férir un autre, et, pour ce qu'elle eust bien eschevé sa mère, se n'eust esté la grande ire où elle estoit (car sa mère la tenoit, pour ce qu'elle vouloit bastre une sienne commère), pour ceste cause lui convenoit aller à Rome[4] ». Ce qu'elle voulait surtout, en émigrant, c'était de se dérober pour un temps aux inquisitions et à la défiance excitée par sa conduite. Pouvait-elle, en effet, se flatter d'abuser le Saint-Père en personne? Elle ne semble pas l'avoir essayé; mais, ayant pris goût au métier des armes et à l'habit militaire, elle se contenta de s'enrôler au service d'Eugène IV dans

[1] D. Calmet, *Hist. de Lorraine*, t. III, p. CXCV; *Procès*, V, 328.

[2] Tichemont (Moselle), dont son mari lui avait sans doute donné la seigneurie.

[3] *Procès*, V, 325.

[4] *Journal de Paris* (*Ibid.*, 335). Ce passage est obscur dans le texte reproduit par M. Quicherat; mais une autre rédaction, qu'il cite en note, donne un sens plus clair et me permet d'établir ainsi l'ordre des faits.

la guerre qu'il avait alors à soutenir contre quelques princes d'Italie et contre ses sujets révoltés[1].

Jeanne reparaît sur la scène au mois de juillet 1439, et y fait une rentrée triomphale. Depuis combien de temps était-elle de retour en France, et par quels stratagèmes avait-elle raffermi sa fortune chancelante? Ce qu'il y a de certain, c'est que nous la revoyons alors à Orléans, choyée, fêtée, récompensée par le conseil de ville, comme s'il ne s'élevait plus sur son identité l'ombre d'un doute. Le 18, le 29, le 30 juillet, on lui offre des banquets où ne sont épargnés ni les vins ni les viandes[2]. Le 1er août, dîner d'adieu, accompagné d'un don de deux cent dix livres parisis, « octroyées à Jehanne d'Armoises par délibéracion faicte avecques le conseil de la ville, et pour le bien qu'elle a faict à ladicte ville pendant le siége[3] ». Son départ d'Orléans fut assez précipité; car on avait encore commandé en son honneur huit pintes de vin, qui arrivèrent trop tard et dont on fit profiter un sieur Jean Luillier, sans doute le marchand drapier de ce nom qui avait jadis habillé la Pucelle par les ordres du duc Charles[4].

Après une nouvelle apparition, le 4 septembre, dans cette ville où elle était si bien reçue[5], Jeanne se dirigea vers la Touraine. Dans le courant du mois, le bailli de cette province écrit à son sujet une lettre à Charles VII, et elle y joint elle-même une nouvelle supplique; toutes les deux sont portées par le même courrier à Orléans, où le Roi s'était arrêté en revenant de visiter sa capitale reconquise et se préparait à réunir

[1] *Journal de Paris, ibid.*

[2] « A Jacquet Leprestre, le XVIIIe jour de juillet, pour dix pintes et choppine de vin présentées à dame Jehanne des Armoises; pour ce, 14 s. p. — A lui, le XXIXe jour de juillet, pour dix pintes et choppine de vin présentées à madicte dame Jehanne; pour ce, 14 s. p. — A lui, le pénultième jour de juillet, pour viande achatée de Perrin Basin, présent Pierre Sevin, pour présenter à madame Jehanne des Armoises; pour ce, 40 s. p. » Etc. *Comptes de la ville d'Orléans* (*Procès*, V, 331).

[3] *Ibid.*

[4] *Ibid.*, 331. Cf. *ibid.*, 112.

[5] *Ibid.*, 332.

les états-généraux. Jeanne espérait que les amis qu'elle avait laissés là prendraient ses intérêts, appuieraient sa démarche, ou, tout au moins, témoigneraient en sa faveur auprès du prince. Mais l'article des comptes de la ville de Tours où est mentionné ce double message ne parle pas, comme l'a compris par inadvertance M. Vallet, d'une correspondance échangée entre le bailli et l'aventurière [1].

Le même historien, après avoir rapporté sommairement les faits qui précèdent, place avant la réception de la dame des Armoises à Orléans, et vers le mois de juin, certains exploits par lesquels elle se serait signalée en Poitou, puis dans une expédition contre la ville du Mans, avec le titre de « capitaine de gens d'armes » et le concours d'un gentilhomme gascon, son lieutenant [2]. L'acte où sont puisés ces renseignements est une lettre de rémission accordée par le Roi, en juin 1441, au gentilhomme en question, Jean de Siquenville, coupable d'avoir *appati* ou rançonné plusieurs villages d'Anjou et de Poitou. D'après sa teneur, le trop fameux Gilles de Rais, conseiller du Roi, maréchal de France, avait donné à ce personnage, deux ans avant *ou environ,* la charge et gouvernement des gens de guerre « que avoit lors une appelée Jehanne, qui se disoit Pucelle », disant qu'il voulait marcher contre le Mans, « et que, s'il prenoit ledit Mans, qu'il en seroit cappitaine [3] ». Cette dernière promesse s'appliquait évidemment au suppliant, Jean de Siquenville, et rien n'indique expressément que Jeanne ait eu une capitainerie, ni que l'écuyer de Gilles de Rais ait été son lieutenant. Il semble plutôt qu'il fut installé en son lieu et place à la tête d'une troupe de partisans qui battaient la campagne à la faveur du désordre auquel ces mal-

[1] *Hist. de Charles VII*, II, 308. Voici cet article : « A Jehan Drouart, la somme de 60 s. t. pour ung voiage qu'il a fait pour, en ce présent moys, estre allé à Orléans porter lettres clouses que M. le bailli [de Touraine] rescripvoit au Roi nostre sire, touchant le fait de damme Jehanne des Armaises, et unes lettres que laditte damme Jehanne rescripvoit *audit seigneur.* » (*Procès*, V, 332.)

[2] *Hist. de Charles VII*, II, 308 et 369.

[3] Arch. nat., J 176, cote 84. Quicherat, *Procès*, V, 332.

heureuses contrées étaient en proie. Une guerre civile, prélude de la Praguerie, remarque M. Vallet, venait d'y éclater. Des combats isolés, le pillage, la rapine, offraient à l'héroïne une spéculation facile et digne d'elle ; elle joua tout au plus le rôle d'un chef de bande, comme l'écuyer gascon qui lui fut substitué et que le dauphin Louis fut obligé d'emprisonner au château de Montaigu [1]. Le fait même de son remplacement par un pareil *condottiere* témoignerait peu en sa faveur ; mais s'être trouvée en relations avec un scélérat comme le maréchal de Rais, avoir partagé peut-être un moment ses bonnes grâces et tenu de lui un emploi quelconque (ce qui est assez vraisemblable si l'on se souvient qu'elle s'était mêlée de magie à Cologne, et que cet homme infâme faisait venir des régions lointaines tous les nécromanciens dont il entendait parler), ce sont là des circonstances aggravantes, propres à jeter sur elle une lueur presque sinistre.

Quant à la date de ces exploits, on voit que la lettre de rémission ne précise rien et m'autorise à les rejeter après le séjour de la dame des Armoises à Orléans et en Touraine, ce qui forme un itinéraire bien plus naturel, à une époque où les voyages n'étaient ni rapides ni commodes. Jeanne ne prit point part non plus à l'expédition (totalement ignorée du reste) entreprise par Gilles de Rais contre le Mans. Les textes qui font mention d'une *Pucelle du Mans* ont rapport à une autre femme, Jeanne la Féronne, magicienne qui fit aussi beaucoup de dupes et finit par être condamnée au pilori par son évêque. Celle-là ne se donnait pas pour l'héroïne d'Orléans, mais se prétendait simplement inspirée comme elle, et ne paraît pas avoir porté les armes. Elle surgit, d'ailleurs, vingt ans plus tard [2].

[1] Même pièce. *Procès*, V, 333.

[2] M. Vallet, dans une note rectificative placée à la fin de son second volume (p. 456-458), rétablit la distinction entre les deux personnages ; mais il semble croire encore que Claude ou Jeanne des Armoises fut mêlée à une expédition du Mans, sans autre autorité que la lettre de rémission obtenue par Jean de Siquenville. M. Wallon (*Jeanne d'Arc, loc. cit.*) a interprété les textes comme M. Vallet.

C'est ici qu'il faudrait placer, si elle était authentique, une opération militaire plus importante conduite par Jeanne des Armoises, et qui aurait eu pour résultat de rendre aux Français la possession de la Rochelle. Un biographe espagnol contemporain raconte que la Pucelle de France aurait écrit au roi de Castille, don Enrique IV, pour le prier d'envoyer à Charles VII, conformément à l'alliance qui les unissait, un secours naval. Elle lui aurait même dépêché des ambassadeurs en attendant ceux du Roi, et par eux aurait obtenu le départ immédiat de vingt-cinq navires et cinq caravelles, chargés, par les soins du connétable Alvaro de Luna, des troupes les plus aguerries. Avec ce renfort, Jeanne se serait rendue maîtresse du port et de la ville, et aurait même remporté d'autres victoires des plus glorieuses pour l'armée castillane, « *como par la coronica de la Poncela se podra bien ver* [1] ». Quelle est cette chronique ? Personne ne l'a retrouvée, et aucun témoignage ne vient se joindre à celui de l'historien d'Alvaro de Luna, bien qu'il affirme que son héros montrait comme une relique la lettre de la prétendue Pucelle. Sans rejeter complétement son récit, il faut au moins, comme le pense M. Quicherat [2], le rapporter à une autre ville. La Rochelle ne paraît pas avoir échappé, à cette époque, à la domination française. En 1429, Charles VII annonçait à ses habitants la délivrance d'Orléans, et ils en accueillaient la nouvelle avec de solennelles démonstrations de joie [3]. Un peu avant, le malheureux prince dépossédé projetait d'aller leur demander asile [4]. Bien plus, l'année même que l'écrivain espagnol désigne comme la date de l'ambassade reçue par don Enrique (1436), Marguerite d'Écosse, fiancée du Dauphin, débarquait dans leur port. Il est vrai que des croiseurs anglais la poursuivirent, et que l'entrée de la rade leur fut fermée à temps par des auxiliaires

[1] *Chronique du connétable de Luna*, Madrid, 1784, in-4°, p. 131 ; *Procès*, V, 320.

[2] *Procès*, *ibid.*, note.

[3] Arcère, *Hist. de La Rochelle*, I, 271 ; *Procès*, V, 104.

[4] Chronique du religieux de Dunfermling ; *Procès*, V, 340.

castillans. Peut-être ce fait dénaturé servit-il de thème à l'anecdote qui nous occupe. Mais, en tout cas, Jeanne des Armoises n'a pu y jouer aucun rôle, puisqu'à ce moment elle commençait à peine à se faire connaître et se trouvait, comme on l'a vu plus haut, en Lorraine ou dans le duché de Luxembourg. Ou il s'agit d'une démarche ignorée, tentée à une époque antérieure par la vraie Pucelle (qui envoyait volontiers des missives analogues), ou, s'il est réellement question de la fausse, son action eut un autre théâtre et doit avoir une autre date. Comme elle guerroyait en 1439 dans une province voisine, en Poitou, c'est alors et c'est là qu'elle put s'emparer de quelque place forte, à l'aide d'une fraction des troupes espagnoles demeurée dans le pays.

Quoi qu'il en soit, sa renommée grandit ; car, l'année suivante, au mois d'août, les événements militaires ou tout autre motif l'ayant ramenée aux environs de la capitale, « la grande erreur commença de croire fermement que c'estoit la Pucelle ; et pour ceste cause, l'Université et le Parlement la firent venir à Paris bon gré mal gré[1] ». Les Parisiens, durant l'occupation anglaise, n'avaient ni bien connu ni bien jugé l'héroïne d'Orléans. A plus forte raison devaient-ils être mal disposés envers celle qui usurpait son nom et sa qualité. Elle-même sentit qu'elle ne ferait point d'adeptes parmi eux ; aussi l'on conçoit qu'elle ne se soit pas montrée plus tôt dans la grande ville, et qu'elle n'y soit venue que par contrainte. Elle y eut simplement un succès de curiosité. Les redoutables théologiens de la Sorbonne lui posèrent mille objections. Exhibée au peuple dans la grande cour du Palais, sur la pierre de marbre, elle fut *prêchée* sans ménagement. On lui reprocha de n'être point pucelle, d'avoir été mariée à un chevalier dont elle avait eu deux fils, d'avoir commis une violence sacrilége qui l'avait forcée d'aller demander l'absolution à Rome, d'avoir fait en Italie le métier de soudoyer, d'avoir été par deux fois homicide en combattant. Les particularités de son existence

[1] *Journal de Paris ; Procès*, V, 335.

dévoilées ainsi au grand jour, non probablement sans enquête préalable, elle n'avait plus rien de bon à attendre des Parisiens. Encore dut-elle s'estimer heureuse de sauver une fois de plus sa liberté. Elle s'échappa et retourna en guerre [1].

Malgré un aussi grave échec, ni elle ni ses fauteurs ne se tinrent pour battus. Le bruit même qui s'éleva autour de cette nouvelle affaire les servit. Le Roi, si longtemps sourd aux sollicitations et aux échos de la renommée, se laissa tenter par la curiosité : il voulut voir de ses yeux cette soi-disant ressuscitée, afin de faire tomber définitivement, s'il y avait lieu, un masque imposteur, ou, dans le cas contraire, d'utiliser le secours de la Pucelle dans la guerre qu'il venait de reprendre activement. Il donna donc des ordres pour qu'elle lui fût amenée.

C'est ce que Jeanne demandait depuis longtemps. L'heure décisive était arrivée ; elle touchait au Capitole... ou à la roche Tarpéienne. Comptant des amis jusque dans l'entourage de Charles VII, elle apprit facilement son rôle : on la prévint que le Roi était blessé à une jambe et qu'il portait une « botte fauve » ; il n'y avait donc pas à se méprendre sur sa personne, s'il renouvelait l'épreuve tentée autrefois sur la vraie Pucelle, lors de sa première apparition à la cour. Charles, en effet, ne manqua pas de recourir à cette pierre de touche, qui lui avait si bien réussi.

Le moment de l'audience venu, il se retire sous une grande treille, au fond d'un jardin, et commande à un de ses gentilshommes de s'avancer à la rencontre de la dame aussitôt qu'elle se présentera, comme s'il était le Roi. Jeanne arrive, et, ne reconnaissant pas sur celui qui l'aborde le signe indiqué, passe outre. Elle découvre le prince et va droit à lui.

Charles demeure « esbahi », et ne sait que penser. Mais bientôt, subitement inspiré, il la salue d'un air courtois et lui dit : « Pucelle, ma mie, soyez la très-bien revenue, au nom de Dieu, qui connaît le secret qui est entre vous et moi ! »

[1] *Procès*, V. 335.

A ce mot, la malheureuse, ignorant totalement ce dont le Roi veut parler, reste à son tour interdite. Puis soudain elle tombe à genoux en demandant grâce, elle s'accuse et confesse toute la trahison. L'intrigue est déjouée. C'est une chute piteuse, un dénouement brusqué — et miraculeux, ajoute le narrateur de la scène.

Ce narrateur, Pierre Sala, fut successivement attaché à la maison de Louis XI, de Charles VIII et de Louis XII ; il tenait tout le récit de l'entrevue de la bouche du sire de Boisy, chambellan et confident favori de Charles VII lui-même. Il donne le fait comme postérieur de dix ans à la mort de Jeanne d'Arc, ce qui le met, par conséquent, en 1441 [1]. Si l'on observe que les termes de la rémission obtenue par Jean de Siquenville, au mois de juin de cette même année, supposent déjà la fourberie officiellement dévoilée [2], on reconnaît que l'événement dut avoir lieu du mois de janvier au mois de mai. A cette époque, le Roi tint assez longtemps la campagne aux environs de Paris, et fit notamment le siége de Creil [3]. Or, Jeanne des Armoises venait, comme on l'a vu, de quitter la capitale pour reprendre les armes. La comédie se dénoua donc, selon toute apparence, dans quelque localité du voisinage : elle avait duré cinq années.

[1] V. Quicherat, *Procès*, IV, 281. Dans le troisième volume de son *Histoire de Charles VII* (p. 424), M. Vallet, estimant que Pierre Sala devait s'être trompé de date, fait rapporter son récit à Jeanne la Féronne, la Pucelle du Mans, condamnée en 1461, vingt ans plus tard, et emprisonnée à Tours. Mais on ne saurait admettre un écart de vingt ans, dans la mémoire même d'un vieillard, sans quelque raison probante : or, ce n'en est pas une que le mal de jambe dont le roi souffrait *à peu près* vers la même époque (en 1459), et d'où M. Vallet tire un synchronisme un peu forcé. Du reste, Jeanne la Féronne s'étant donnée, non pas pour Jeanne d'Arc ressuscitée, mais seulement comme une autre vierge inspirée, le texte de Sala lui semble inapplicable de tout point. Le savant historien a donc été moins heureux qu'ailleurs en s'efforçant de « rectifier et de compléter » ce qu'il avait dit plus haut sur les *fausses pucelles ;* car, après avoir, dans la note spéciale ajoutée à la fin de son second volume, rétabli la distinction entre la dame des Armoises et la Féronne, il rétablit, dans son troisième, la confusion.

[2] « Une appelée Jehanne, qui se disoit pucelle, » etc. V. ci-dessus, p. 318.

[3] *Hist. de Charles VII*, II, 425.

Ici se perdait la trace de la prétendue Pucelle. Quelles furent les conséquences de sa criminelle entreprise? Fut-elle condamnée ou renvoyée libre? Pierre Sala ajoute bien que plusieurs de ses complices, dont il ne désigne pas les noms, furent découverts et « justiciés très-asprement, comme en tel cas appartenoit [1] ». Mais il se tait sur le sort de la principale coupable, et rien jusqu'ici n'était venu le révéler : car le texte sur lequel on a pu s'appuyer pour lui faire finir ses jours dans les derniers désordres, et à la tête d'une maison de débauche, est un de ceux qui s'appliquent, comme je l'ai dit, à Jeanne la Féronne; il émane, d'ailleurs, d'un écrivain postérieur et plus que suspect, suivant la juste critique de M. Quicherat [2]. Or, ce sort inconnu, c'est une lettre de rémission du roi René qui va nous le révéler. La teneur de cette lettre, rendue en faveur de la dame des Armoises elle-même [3], au mois de février 1457, et avant le 20 (car elle est datée du château d'Angers, d'où le prince partit ce jour-là), donne à entendre les faits suivants.

Aucune poursuite juridique n'eut lieu contre Jeanne : selon toute apparence, le Roi lui avait accordé, en considération de ses aveux sincères, le pardon qu'elle implorait, et s'était con-

[1] *Procès*, IV, 281.

[2] « Il a bien esté depuis une faulcement surnommée Pucelle, *du Mans*, ypocrite, ydolâtre,... qui, selon son misérable estat, essaya à faire autant de maulx que Jehanne la Pucelle avoit fait de biens. Après sa chimérale, ficte et mensongière dévotion..., comme vraye archipaillarde, tint lieux publiques. » *Livre des Femmes célèbres*, composé en 1504 par Antoine Dufour. Ce texte a été néanmoins inséré par l'éditeur du *Procès* au nombre des pièces relatives à Jeanne des Armoises (V, 330). Cf. *Hist. de Charles VII*, II, 370 et 458, et *Jeanne d'Arc*, par M. Wallon, II, 299.

[3] Bien que le nom de l'impétrante soit écrit *Jehanne de Sermaises*, et plus loin *Jehanne de Sarmoises*, il n'y a pas à hésiter sur l'identité du personnage, car l'acte dit en propres termes que cette femme « s'estoit fait appeller par long temps Jehanne la Pucelle, en abusant et faisant abuser plusieurs personnes qui autresfoiz avoient veu la Pucelle qui fut à lever le siége d'Orléans contre les anciens ennemis de ce royaulme ». Le texte que nous possédons étant une copie du temps faite sur les registres de la Chambre des comptes d'Angers, on s'explique ce léger déplacement de lettre. Le nom *des Armoises* s'écrivait aussi *des Ermoises* ou *des Hermoises*.

tenté de l'éloigner. Mais, l'habitude étant devenue pour elle comme une seconde nature, elle avait continué à faire la guerre, vêtue d'habits d'homme, et à mener la vie errante des soudoyers, quoique ses prétentions et son prestige eussent disparu [1]. Elle ne pouvait d'ailleurs retourner ni à Metz, où elle n'aurait plus rencontré qu'une hostilité trop légitime, ni dans le duché de Luxembourg, où sa protectrice ne régnait plus. Aussi revint-elle au pays d'Anjou, théâtre de ses anciens exploits. Devenue veuve de son premier mari [2], elle finit par épouser un Angevin de condition obscure, du nom de Jean Douillet, sans qualité désignée. Toutefois, ni le mariage ni les années ne refroidirent son humeur belliqueuse. Elle trouva moyen de se faire de nouveaux ennemis, entre autres la dame de Saumoussay [3] et sa famille, avec lesquelles elle eut des relations dont la nature n'est pas indiquée, mais dont les suites l'amenèrent dans les prisons de Saumur. Elle y resta trois mois, sans que les officiers du roi de Sicile, duc d'Anjou, pussent relever contre elle d'autre charge précise que de s'être fait longtemps passer pour la Pucelle. Relâchée enfin, elle fut bannie de la ville de Saumur et de toute la province, avec défense « d'y entrer ni converser en aucune manière ».

C'est cette sentence qui fait l'objet de la rémission octroyée par le roi de Sicile. Ce prince, qui eut l'occasion de voir et de connaître la coupable, avait plus d'un motif pour lui faire grâce. La famille des Armoises, puissante en Lorraine, avait été protégée par lui et par la reine Isabelle [4] : bien que Jeanne

[1] Observons toutefois qu'elle conserva des partisans quand même, puisque le doyen de Saint-Thibaud, en 1445, n'était pas encore désabusé et que l'on continua fort longtemps de croire, en Lorraine, au mariage et à la postérité de la Pucelle.

[2] Elle l'était sans doute déjà en 1440 ; car il lui fut reproché alors, à Paris, *d'avoir été mariée*. (V. plus haut.) D. Calmet, qui donne la généalogie de la famille des Armoises et qui mentionne le mari de Jeanne (*Hist. de Lorraine*, 2e éd., t. V), n'indique pas l'époque de sa mort.

[3] Chaumussay (Indre-et-Loire), ou Chaumouzey en Lorraine.

[4] C'est en partie à cause de Thierry des Armoises que la guerre fut déclarée

n'en fit plus partie, son déshonneur rejaillissait en quelque sorte sur elle. René avait des rapports encore plus intimes avec Jacques de Sierk, qu'il avait fait son grand chancelier : or, quand la fausse Pucelle s'était vantée de donner l'archevêché de Trèves au candidat de son choix, Jacques était précisément un des prétendants à cette dignité ; c'est lui qui finit par avoir gain de cause, et c'est lui sans doute qu'elle appuyait. Enfin elle s'était engagée dans l'armée d'Eugène IV à l'époque où ce pontife secourait le roi et la reine de Sicile, et peut-être avait-elle combattu elle-même pour leur cause. Ainsi, en raison de ses antécédents ou de ses relations, elle pouvait être jusqu'à un certain point dans la faveur de René, ou au moins exciter son intérêt, sa pitié. Il est constant, d'après les termes de l'acte, que plusieurs personnages plaidèrent sa défense auprès de lui, et qu'il les écouta volontiers. Mais, en accordant à la suppliante la remise de toute peine, il y apporte des restrictions qui trahissent un reste de défiance. Il ne lui rend la faculté de circuler et de séjourner dans le pays d'Anjou que pour cinq ans à dater du jour de la rémission, se réservant sans doute de prolonger l'autorisation au bout de ce délai, s'il n'y a pas d'inconvénient. De plus, il y met cette condition expresse, que ladite dame se comportera d'une façon honnête, « tant en habits qu'autrement, ainsi qu'il appartient à une femme de faire ». Moyennant quoi, le sénéchal d'Anjou et tous les autres officiers de justice devront lui laisser pleine et entière liberté [1].

L'injonction faite à Jeanne des Armoises par le roi René mit une fin forcée à sa vie d'aventures. Le costume et le métier militaires lui étaient désormais interdits formellement. Du reste, elle devait avoir alors environ quarante-cinq ans : il

aux Messins en 1414. Plus tard, en 1463, le roi de Sicile échangea une de ses filles de corps contre une de celles de Simon des Armoises, établie à Metz. (Arch. nat., KK 1117, f° 77 v°.)

[1] V. le texte intégral de la lettre de rémission, tiré du registre de la Chambre des comptes (Arch. nat., P 1334[1], n° 10, f° 199), dans les pièces justificatives, n° 40.

était grand temps pour elle de renoncer à une existence aussi peu *honorable que fatigante*. Ses fauteurs, ses complices, qu'il faut chercher dans le parti anglais, intéressé à faire la nuit autour du crime de Rouen, et peut-être dans la maison de Luxembourg, où elle trouva ses premiers patrons, n'avaient plus besoin d'elle. Il ne lui restait plus qu'à ensevelir dans l'oubli les traces de sa longue et téméraire supercherie. Laissons, à notre tour, à la fin de sa carrière le bénéfice de l'obscurité. Par un juste *retour de la fortune*, au moment même où elle rentrait définitivement dans l'ombre, la figure de la véritable héroïne, éclairée par une réhabilitation tardive, revenait au grand jour de la vérité et de la gloire.

L'acte que nous venons de rapporter fut un des derniers que le roi de Sicile rendit avant de quitter encore une fois l'Anjou. Appelé en Provence par l'obligation de préparer l'expédition de son fils au royaume de Naples, il s'embarqua avec la reine au Port-Lignier, près de son château d'Angers, le 20 février 1457 [1]. Il passa dans son comté les dernières années du règne de Charles VII, suivant avec impatience la marche des événements d'Italie et se tenant prêt à intervenir lui-même en cas de besoin. Cette éventualité ne se présenta pas ; mais il l'attendait toujours, et c'est là sans doute ce qui l'empêcha de se rendre personnellement à l'appel du Roi, qui, au mois de mars 1458, le convoqua avec les autres pairs de France pour juger à Montargis le duc d'Alençon, accusé de trahison et de lèse-majesté [2]. Il eut, en 1461, l'occasion de rendre, malheureusement en pure perte, un suprême service à son beau-frère, dont la vie s'achevait, comme l'on sait, au milieu de terreurs et d'angoisses continuelles. Les Génois s'étaient révoltés encore une fois contre la domination fran-

[1] « Le dimanche xxe jour de février l'an mil cccc cinquante-six (1457 n. st.), le roy et la reine de Sicille se partirent de ceste ville d'Angiers à aller ou pays de Provence, et montèrent dès le port Lignier en leurs naves. » (Arch. nat., P 1334[6], f° 142.)

[2] Arch. nat., P 1334[6], f° 242 v° ; P 1345, n°s 620-628.

çaise, et Jean d'Anjou était revenu du pays napolitain pour combattre la sédition. Mais le doge nouvellement réélu, Prosper Adorna, s'empara de toute la ville et ne lui laissa que le château, où il continua de se défendre vaillamment avec sa garnison. Charles VII, à cette nouvelle, envoya des renforts à son neveu. René, de son côté, fit appareiller quelques-unes des galères de Jean de Village, et se rendit lui-même devant le port de Gênes avec mille gens d'armes. Les troupes françaises, à peine arrivées, engagèrent une lutte acharnée. Mais le bruit, vrai ou faux, qu'un corps d'armée arrivait de Milan au secours de la ville, sema l'épouvante dans leurs rangs et leur fit lâcher pied. Les Provençaux n'eurent pas même le temps de débarquer. Les fuyards coururent se réfugier sur leurs vaisseaux, poursuivis l'épée dans les reins par un ennemi implacable, qui ne faisait point de quartier. René avait commencé par défendre de les recevoir à bord, afin de les faire retourner au combat ; mais, voyant la déroute complète, il en recueillit le plus grand nombre qu'il put, et quand les embarcations furent tellement pleines qu'elles menaçaient de couler, il donna à contre-cœur l'ordre du départ ; car les soldats restés en arrière se jetaient à la nage pour rejoindre la flotte, et, en la surchargeant, eussent infailliblement causé un désastre épouvantable. Alors on vit des malheureux, près d'atteindre le bord, repoussés par des mains impitoyables : plusieurs eurent les bras coupés, d'autres regagnèrent le rivage et furent massacrés. Cette fatale journée mit un terme définitif à l'occupation de Gênes par la France. Jean d'Anjou retourna au royaume de Naples, tandis que son père ramenait à Savone les débris du corps expéditionnaire pour rentrer de là à Marseille[1].

Tels sont les faits qui se dégagent de l'ensemble des chroniques françaises et italiennes. Quelques écrivains en ont pris texte pour faire peser sur le roi de Sicile la responsabilité de la défaite : on l'a accusé amèrement d'avoir assisté

[1] *Rer. ital. script.*, XXI, 725, 894. Basin, IV, 362 ; VI, 308.

impassible au carnage des siens, et de s'être éloigné en les abandonnant à la merci du vainqueur[1]. M. de Villeneuve-Bargemont prend beaucoup de peine pour laver son héros de cette prétendue tache, « la seule véritablement fâcheuse qu'on ait jamais faite à la mémoire de ce prince ». Il essaye de démontrer qu'il ne pouvait être à Gênes ce jour-là, parce qu'il était retenu en Provence par la mort de sa belle-sœur, par une revendication du comté de Nice sur le duc de Savoie, etc.[2]. Mais le zèle du panégyriste ne pouvait trouver de plus mauvais arguments. Outre que la revendication de Nice est de trois ans postérieure, la présence de René à Gênes est mentionnée, non, comme l'allègue son historien, par le seul Simoneta, qui ne serait pas, en effet, une autorité bien solide, mais par Thomas Basin, qui séjourna en Italie, par Christophe de Soldo, auteur de la chronique de Brescia, et par d'autres contemporains. Les indications fournies par son itinéraire, sans être précises sur ce point, confirment plutôt qu'elles ne contredisent la version de ces annalistes, qui n'est d'ailleurs démentie par aucun témoignage. Le duc d'Anjou était donc bien sur le théâtre de l'action. Seulement sa conduite a été mal appréciée : ceux qui l'ont taxée de lâcheté ou de barbarie n'ont pas consulté les sources, ou du moins ont négligé celles qui donnent les raisons de sa détermination[3]. Ces raisons sont aussi plausibles que celles d'un capitaine de vaisseau qui, dans un naufrage, sacrifierait une partie de son

[1] Villaret, *Hist. gén. de France*, XVI, 243; D. Calmet, II, 801; etc. L'événement est raconté par ce dernier sous cette rubrique étrange : « Le roi René passe dans le royaume de Naples, 1460. » Muratori, dans ses *Annales d'Italie* (IX, 277), ne dit rien du rôle de René à l'affaire de Gênes; mais on trouve dans ses paroles un écho de l'animosité des Italiens : les Français, suivant lui, étaient alors un peuple de brutes (*allora gente bestiale*).

[2] Vill.-Barg., II, 147-150, et 316-319.

[3] « *Cùm autem fugientes ad littus, ubi videbant galleas repausare, salvari se posse existimarent, et galleas conscendere, vitandæ necis causâ, satagerent, ab his qui in galleis erant prohibebantur, verentibus ne nimia multitudo eis naufragium vel perditionis causa existeret.* » (Basin, VI, 308.) « *Perche se n'erano cosi caricate le galere, che sarebbono affondate.* » Christoph. à Soldo, *Rer. ital. script.*, XXI, 891.)

équipage pour sauver le reste, ce qui vaudrait assurément mieux que de condamner la totalité à une mort certaine. C'est une douloureuse nécessité qui le contraignit à s'éloigner de la côte sans avoir pu recueillir les derniers fugitifs. Mais il n'en était pas cause, et son cœur naturellement généreux dut saigner de cet abandon forcé. Tout au plus pourrait-on lui reprocher d'être resté sur son navire : encore faut-il observer que ses soldats eux-mêmes, d'après Basin, ne purent descendre à terre ; la déroute avait été trop prompte. M. Vallet a tiré de cet événement une autre conséquence inadmissible en prétendant que René, après s'être fait battre à Gênes, avait rapporté cette triste nouvelle au Roi et contribué par là à faire mourir de chagrin le malheureux Charles VII. L'assertion du savant historien vient d'une distraction évidente : en effet, de l'aveu de tous, et de M. Vallet lui-même, le combat eut lieu le 17 juillet 1461 ; or, le Roi était dès ce jour-là dans un état désespéré et mourut le 22 du même mois [1]. Il ne put donc connaître l'échec qui terminait si mal son glorieux règne, à moins de supposer aux courriers du temps une rapidité jusque-là inusitée. Quant à l'avoir appris de son beau-frère lui-même, c'est encore plus impossible ; car René s'arrêta, comme je l'ai dit, à Savone, et demeura ensuite en Provence jusqu'au commencement de l'année suivante. Malgré tout, le souvenir de cet insuccès resta désormais attaché à la personne du prince d'Anjou, et, si l'opinion publique ne le lui imputa pas, elle répéta cependant qu'en dépit de sa bravoure personnelle et de ses prouesses chevaleresques, il n'avait jamais eu de bonheur à la guerre [2]. Aussi fut-ce la dernière fois qu'il prit part à une expédition militaire.

[1] *Nouvelle Biographie générale*, article René d'Anjou. Cf. *Hist. de Charles VII*, III, 430, 457. M. Vallet dit également dans son article biographique que René avait reçu du Roi le titre de commandant en chef des forces de terre et de mer envoyées à Gênes. Je n'ai pas trouvé trace de ce fait.

[2] Basin, VI, 309.

CHAPITRE V.

RENÉ DUC D'ANJOU,

SOUS LOUIS XI.

(1461-1471)

Attitude réciproque de René et de Louis XI à l'avénement de celui-ci. — Projet de mariage de Nicolas d'Anjou avec Anne de France. — Politique du Roi en Italie; négociations avec Pie II. — Fin de la campagne de Jean d'Anjou au royaume de Naples. — Revers de la reine Marguerite d'Angleterre; elle se réfugie en France. — Affaire de Nice : son territoire enlevé aux comtes de Provence; négociations à ce sujet; sommation adressée par René au duc de Savoie. — Rôle du roi de Sicile dans la guerre du Bien public. — Accord avec Marguerite de Savoie. — Ambassade des Catalans; René accepte le trône d'Aragon. — Guerre de Bretagne. — Rapprochement apparent des rois de France et de Sicile. — Expédition de Catalogne. — Mort de Jean d'Anjou. — René se retire en Provence.

On a si souvent parlé de la réaction qui se produisit dans le gouvernement de la France à l'avénement de Louis XI, de la volte-face qui s'opéra dans la politique et dans les conseils de la couronne, de la disgrâce où tombèrent les conseillers et les serviteurs les plus dévoués du roi défunt, qu'il semble inutile d'annoncer que la maison d'Anjou va ressentir le contrecoup de ce revirement général. Son chef, qui possédait à la cour de Charles VII une position prépondérante, une influence intime et salutaire, ne jouera plus, par cette raison même, qu'un rôle effacé auprès de son successeur. La nature avait créé entre l'oncle et le neveu une antipathie latente, que les événements développèrent. L'un cherchait sa force dans la droiture et la fidélité, l'autre dans la souplesse et l'intrigue. La participation du premier à la haute administration de l'État, aux réformes les plus importantes et les plus utiles, avait excité la jalousie du second, qui alors était tenu ou se tenait volontairement à l'écart. A l'époque des ordonnances de Châlons sur l'organisation de l'armée, leur rivalité avait pris un tel caractère d'intensité que l'ambassadeur milanais la signalait dans sa relation comme une cause d'agitation des plus graves [1]. Lors de son voyage en Provence, deux ans plus tard, lors de son ambitieuse immixtion dans les affaires d'Italie, en 1453, le Dauphin, qui avait voulu tour à tour gagner et supplanter René, avait rencontré chez lui une opposition polie, mais ferme. Leurs dispositions réciproques n'étaient donc rien moins que bienveillantes à la mort du roi Charles; cependant ils ne le laissèrent point paraître d'abord. L'intérêt de Louis était de ménager son oncle et de ne pas le rejeter dans le parti des seigneurs notoirement hostiles à sa personne; le devoir du duc d'Anjou, devoir duquel il n'entendait nullement s'écarter, était d'obéir à son suzerain et de le servir avec loyauté, sinon avec affection. Chacun d'eux, en cédant à son mobile ordinaire, était amené à garder vis-à-vis de l'autre les apparences de l'entente cordiale. Or, l'art de feindre étant le triomphe du nouveau Roi, il fera aisément violence à ses sentiments intimes : il flattera, il cajolera son vassal, en attendant l'occasion propice de se démasquer et de l'abattre. René, plus franc, sera plus sobre de protestations amicales, et son dévouement demeurera froid; ce qui augmentera encore la défiance de l'ombrageux monarque. C'est là, en deux mots, l'explication de leur conduite et la clef des événements qu'il nous reste à dérouler.

L'absence du roi de Sicile et de son fils à la cérémonie du sacre de Louis XI, le 15 août 1461, fut remarquée; car, quoi qu'en aient dit plusieurs historiens, ils n'y assistèrent ni l'un ni l'autre. Mais ce fait, où l'on a pu voir un premier symptôme de désaccord, paraît n'avoir eu qu'une cause fortuite : René, occupé à ramener les débris de la flotte envoyée dans les eaux de Gênes, était à peine de retour en Provence; et quant à Jean

[1] Arch. de Milan, *Dominio Visconteo*, an. 1446; pièces justificatives, n° 21.

d'Anjou, il se trouvait encore bien plus éloigné, car, après être venu combattre les Génois, il était retourné faire la guerre pour son compte dans le royaume de Naples [1]. L'abstention des deux princes est rapportée, avec la raison que j'indique, par le chroniqueur Chastelain, contemporain et témoin oculaire des fêtes du couronnement ; mais il dit aussi qu'ils envoyèrent auprès du Roi, à Reims ou à Paris, la fleur de leur noblesse [2]. Il n'y avait donc là, de leur part, aucune marque de mauvais vouloir.

Cependant René attendit, pour reparaître en France, jusqu'au mois de février 1462 [3]. Il devait douter des bonnes intentions de Louis XI à l'égard de sa maison : plusieurs faveurs qu'il reçut de lui en signe de joyeux avénement le rassurèrent. En premier lieu, le Roi reconnut que le comté de Beaufort, dont la possession était disputée par le vicomte de Turenne, était une annexe et une dépendance du duché d'Anjou : il abandonna donc de nouveau les droits de la couronne sur ce fief, en faveur du duc régnant et de ses successeurs, mettant ainsi le poids de son autorité dans la balance où se pesaient les droits des compétiteurs [4]. Il confirma ensuite et prolongea pour sept ans les dons et pensions que Charles VII avait octroyés à son beau-frère sur les greniers à sel d'Anjou, sur l'imposition foraine, sur les aides et la traite des vins du même pays. La teneur de cet acte était conçue en termes des

[1] D. Calmet fait assister Jean au sacre (II, 804); mais il est obligé, pour cela, de commettre des anachronismes que je rectifierai tout à l'heure. Bourdigné suit la même version (II, 214) et raconte une conversation entre le Roi et le duc de Calabre, qui, si elle fut tenue, ne peut l'avoir été qu'à une époque postérieure au sacre. On a, d'ailleurs, une autre preuve de l'absence de Jean : c'est une lettre de lui, datée du camp sous Aquania, le 1 septembre 1461 (Arch. nat., KK 1116, f° 522 v°). Le dernier historien de Louis XI fait séjourner René à Amboise pendant les cérémonies du couronnement et de l'entrée solennelle à Paris (Urbain Legeay, *Hist. de Louis XI*, 1874, I, 261) : l'itinéraire de ce prince et les sursis ou souffrances d'hommage qui lui furent accordés en 1461 attestent qu'au contraire il était absent du royaume.

[2] Chastelain, éd. Kervyn de Lettenhove, IV, 88, 91.

[3] Itinéraire.

[4] Acte daté d'Amboise, le 1er novembre 1461 (Arch. nat., P 1337, n° 352).

plus honorables, tant pour le donataire, aux services duquel on rendait hommage, que pour la mémoire du feu Roi, dont les générosités étaient sanctionnées [1]. Une démonstration plus éclatante encore, qui, à la vérité, ne devait pas aboutir aux heureux résultats qu'elle promettait, vint rendre aux princes d'Anjou la sécurité. Des pourparlers s'engagèrent pour le mariage d'Anne de France, fille de Louis, encore au berceau, avec Nicolas, marquis du Pont, fils de Jean, duc de Calabre. Ce jeune prince, âgé d'environ treize ans, était élevé à Angers, sous la direction de Louis de Bournan, son gouverneur [2]. Il était l'espoir de sa race et l'un des héritiers de la riche succession d'Anjou. Une alliance avec la fille du Roi devait resserrer les liens, prêts à se relâcher, des deux branches royales issues de Jean le Bon. L'une et l'autre avait à gagner à cette union, comme autrefois à celle de Charles VII avec la fille de Louis II. René se prêta volontiers aux négociations, et, dès le 27 novembre 1461, délégua son frère le comte du Maine, son gendre Ferry, Louis et Bertrand de Beauvau et l'évêque de Marseille pour traiter en son nom des conditions du mariage, leur conférant le pouvoir de tout arrêter avec le Roi, s'ils le trouvaient réellement disposé à poursuivre cette affaire et à la mener à bonne fin [3]. Il fut stipulé que la princesse recevrait cent mille écus de dot, sur lesquels

[1] « *Pour la proximité de lignage dont nous actient nostre très-chier et très-amé oncle le roy de Sicile, duc d'Anjou, aussi [à cause] des grans, notables, louables et prouffitables services par luy faiz, tant à feu nostre très-chier seigneur et père, cui Dieu pardoint, au fait de ses guerres et autrement, comme à nous mesmes en pluseurs et diverses manières; ainsi regart, avec ce, aux grandes charges et despenses qu'il a eues par long temps et encores a continuelment à supporter, [tant] pour le fait, entretenement et conqueste de sondit royaume de Sicile que autres ses grans affaires, etc.* » Acte daté de Montrichard, le 7 novembre 1461. (Arch. nat., P 1334[9], f° 105.) A l'expiration des sept ans, ces dons furent renouvelés pour toute la vie de René. (*Ibid.*, f° 106.)

[2] Nicolas était alors entretenu sur le pied de deux mille livres par an, dont Jean de Champgirault, *commis à la recette et à la dépense* du royal enfant, rendait compte à la Chambre d'Angers. (Arch. nat., P 1334[7], f° 76.)

[3] Bibl. nat., ms. fr. 2746, f° 106. Arch. nat., P 2574, f° 124. Papon, *Hist. de Provence*, t. III, p. LXXIII.

soixante mille francs seraient payés, dans un délai très-rapproché, entre les mains de son grand-père : il donna, en effet, quittance de cette somme le 20 mars 1462 [1], et, en retour, il assigna en douaire à la future épouse une rente de dix mille écus, assise sur Loudun, Yères, Gondrecourt, Frouard et terres environnantes. Dans le cas où le mariage ne serait pas consommé, ce douaire ne devait pas être livré et la restitution de la dot pouvait être réclamée par le Roi [2].

Ce projet d'alliance, d'après certains indices, paraît avoir été mis en avant par l'influence de la reine douairière Marie d'Anjou, pour qui Louis XI s'était toujours montré plein de déférence, et sur la demande du duc de Calabre, qui, voyant ses affaires mal tourner au royaume de Sicile, espérait par là intéresser directement le roi de France à sa cause. Plusieurs coups de main, tentés par Jean sur la ville de Naples, venaient d'échouer ; il en était réduit à chercher un appui au dehors, et aucun ne pouvait lui être plus utile que celui du puissant souverain. L'événement parut d'abord justifier son attente : Louis montra quelques velléités d'agir, et commença par faire jouer, en faveur de son cousin, les ressorts de son habile diplomatie. Il est vrai qu'il nourrissait alors des projets de conquêtes personnelles dont la réussite se liait intimement à celle de la restauration angevine : les discordes intestines qui devaient bientôt accaparer son attention n'étaient pas nées, et le sentiment de la grandeur extérieure de la France n'était pas encore étouffé chez lui par l'idée fixe de la centralisation. Il s'ouvrit confidentiellement de ses desseins aux ambassadeurs florentins qui étaient venus le complimenter sur son avénement. Déjà, dans une de ses lettres, il avait prié leur gouvernement de ne point prêter assistance au parti aragonais. Il leur renouvela verbalement sa demande dans une conférence

[1] Arch. nat., *ibid.*, f° 127 v°. Plusieurs historiens, notamment les auteurs de l'*Art de vérifier les dates* (XIII, 410), ont avancé que Nicolas avait touché deux fois la dot de sa fiancée : ils ont sans doute compté le payement de cet à-compte pour un payement total.

[2] Arch. nat., J 513, n° 50.

secrète, tenue le 31 décembre 1461, leur avoua en même temps qu'il songeait à réclamer la souveraineté de Gênes, et sollicita le concours de la république pour cette double entreprise. Les ambassadeurs répondirent de manière à ne pas se compromettre. Trois jours après, le Roi les reçut de nouveau, et leur déclara plus explicitement qu'il voulait Gênes pour lui et Naples pour René; qu'il s'engageait à ne pas revendiquer autre chose en Italie, et qu'il offrait de marier le duc de Calabre à la fille du duc de Milan, leur allié, moyennant quoi il soutiendrait ce dernier envers et contre tous, particulièrement contre le duc d'Orléans, son compétiteur [1]. Ainsi commençait à se révéler cette politique à double face, qui aujourd'hui sacrifiait un prince du sang à un autre, et demain trahirait celui-ci au profit d'une nouvelle combinaison.

En même temps, Louis XI essayait de vendre au pape l'abolition de la fameuse pragmatique-sanction de Charles VII, au prix d'une reconnaissance des droits de la maison d'Anjou et de l'abandon du parti de Ferdinand. Mais Pie II ne l'entendait pas ainsi. Ses réponses à l'évêque d'Arras, chargé de la négociation, furent les mêmes qu'au congrès de Mantoue. En vain le prélat lui écrivit-il que la pragmatique serait irrévocablement détruite s'il voulait se montrer favorable aux Angevins, que le Roi avait la chose à cœur parce qu'il venait de promettre sa fille au petit-fils de René, qu'au reste la cour de France était résolue à soutenir ce prince énergiquement, et qu'il ne serait pas avantageux de s'y opposer. En vain le nonce appuya-t-il ces démarches auprès du pontife en lui faisant espérer une partie de la Calabre pour son propre neveu. Ils n'obtinrent que des refus ou de vagues assurances de sympathie. Louis XI, soit qu'il attribuât à ces dernières une portée qu'elles n'avaient pas, soit qu'il obéît à des considérations d'un ordre différent, promit néanmoins la révocation de la pragmatique. Il la révoqua en effet, et, aussitôt après, pensant que l'accomplissement de

[1] Desjardins, *Négociations de la France avec la Toscane*, I, 104, 127.

ce grand acte aurait désarmé le pape mieux que toutes les promesses n'avaient pu le faire, il réitéra ses instances. L'évêque d'Arras, devenu cardinal, adressa à Rome de nouveaux messages au sujet des affaires napolitaines et de l'alliance projetée entre Anne de France et Nicolas d'Anjou ; il fit même entendre que la reconnaissance des droits de René avait été regardée comme la condition tacite de l'abolition concédée. Suivant les *Commentaires de Pie II*, qui a rapporté cette affaire en détail, c'était là une surprise et une déloyauté, car jamais rien de semblable n'avait été convenu ni même sous-entendu : le Roi feignait de croire une chose qu'il savait bien n'être pas vraie, ou plutôt c'était le cardinal qui inventait cet argument pour les besoins de la cause ; le pape lui en fit des reproches et déclara qu'il attendrait, pour s'expliquer, une ambassade spéciale [1].

L'ambassade demandée partit au mois de mars 1462 : elle se composait du cardinal lui-même, de Jean de Beauvau, évêque d'Angers, de l'évêque de Saintes et de quelques autres personnages. Le premier, dans plusieurs audiences, fit valoir l'important service rendu au saint-siége par Louis XI, et offrit en son nom de chasser tous les Turcs de l'Europe. C'était attaquer le Pontife par son côté faible. Il pouvait prendre au mot l'ambassadeur royal et saisir l'occasion de réaliser sa grande

[1] *Commentarii Pii II*, p. 187. Il faut se rappeler que les mémoires d'Æneas Sylvius ou Pie II, publiés par Gobellini, son secrétaire, n'ont pas une autorité historique absolue ; cependant le récit de ces négociations semble exact. Il est confirmé dans son ensemble par une lettre inédite qu'un des confidents de René lui adressa au mois de février 1462, et qui contenait en substance les renseignements que voici : Le marquis de Ferrare et la république de Venise sont bien disposés. Quant au pape, il est plus ardent que jamais à soutenir Ferdinand ; il emprunte de l'argent à gros intérêts et réunit 160,000 ducats pour aider ce prince. Mais, si le roi de France tient bon, René l'emportera sur tous ses ennemis. Le pape a répondu aux requêtes de Louis, suivant un témoin auriculaire, qu'il ne croyait pas que ce monarque voulût devenir un tyran, et qu'il ne craindrait pas plus le fils que le père. On dit à Rome qu'il n'abandonnera pour rien au monde son idée, et qu'il ne tient aucun compte de l'abolition de la pragmatique. Le duc de Milan et lui se font forts de chasser le duc de Calabre du royaume pour la fin d'avril, et ils ne cherchent qu'à dissimuler vis-à-vis du Roi. Si celui-ci envoyait au pape et aux cardinaux une lettre bien catégorique, ce serait fort utile. (Bibl. nat., ms. fr. 20420, f° 42.)

pensée : du même coup, la croix était rétablie à Constantinople et le drapeau fleurdelisé à Naples. Mais peut-être une offre si belle ne lui parut-elle pas sincère : il résista. Tout ce qu'on put tirer de lui fut la proposition d'une trêve entre Ferdinand et le duc de Calabre. Le Roi, mécontent, écrivit lui-même au Saint-Père : il se plaignit qu'au lieu de l'écouter, il combattait encore plus vivement le parti angevin, et que l'argent des bénéfices de France était employé, disait-on, à pousser la guerre contre les princes français. Puis il envoya à Rome Bournazel, sénéchal de Toulouse, qui tint un langage encore plus net et menaça de faire quitter la ville à tous ses compatriotes. Cette mesure faisait partie d'un ensemble de moyens énergiques conseillés à Louis XI par un ami ou par un membre de la maison d'Anjou, et qui eussent probablement changé la face des choses, si l'on se fût décidé à les employer. Ils consistaient, d'après un mémoire anonyme remis à ce sujet au monarque, à exiger le retrait des troupes pontificales qui opéraient avec celles de Ferdinand, et, si le pape refusait obstinément, à commander à tous les sujets français habitant Rome, y compris les cardinaux, de revenir en France dans le délai d'un mois, pour donner leur avis sur les affaires d'Italie et les intérêts de la foi chrétienne ; à gagner, par les prières ou l'intimidation, le duc de Milan ; à envoyer le plus tôt possible trois ou quatre cents lances en Piémont et dans le comté d'Asti ; à nouer des intelligences avec le marquis de Montferrat et les Vénitiens ; à assigner enfin les cent mille écus qui restaient à payer sur la dot de la princesse Anne, pour permettre d'entretenir l'armée du duc Jean. « Si toutes les provisions nécessaires sont données promptement et avec le concours de la Reine, disait en terminant le rédacteur de la note, le royaume de Sicile n'est pas entièrement perdu ; cependant le roi René ne doit viser, pour le moment, qu'à sauver la personne de son fils, qui est en grand danger, mais qui a mandé que l'exécution de ce plan pouvait encore lui rendre l'avantage [1]. » Malheureusement pour

[1] Arch. nat., J 513, n° 50 ; pièces justificatives, n° 50.

les princes d'Anjou, on se borna au premier point, et encore Bournazel s'arrêta-t-il à la menace. Pie II était trop fin diplomate pour croire à son exécution. Faites comme vous voudrez, dit-il avec indifférence.

Des messages courroucés suivirent cette réponse; mais la colère de Louis XI, d'après la chronique, n'était pas bien sérieuse. Le pontife répliqua qu'il était obligé, en vertu d'un traité, d'agir comme il le faisait : le Roi n'avait qu'à ordonner à son cousin de déposer les armes, Ferdinand l'imiterait, et l'on viderait ensuite le débat pacifiquement. Les envoyés français ayant insisté auprès de lui pour avoir une autre solution, il leur offrit de nouveau de ménager une trêve entre les deux compétiteurs au trône de Sicile, trêve qui devait être de quatre mois seulement. Ils étaient sur le point d'accepter; mais, ayant voulu faire comprendre dans la suspension des hostilités Sigismond Malatesta, capitaine italien, allié de Jean d'Anjou, ils se virent éconduits, par la raison que ce condottiere était l'ennemi de l'Église et qu'en invoquant son secours le duc de Calabre avait manqué de respect au saint-siége. Cet incident rompit les négociations. Aussitôt le pape fit dire aux ambassadeurs de Ferdinand d'Aragon : « Vous avez ce que vous vouliez, la guerre, c'est-à-dire la victoire; retournez vite aux armes. »

D'après ce propos, qu'il nous rapporte lui-même, Pie II ne paraît pas avoir tenu beaucoup non plus à l'adoption de ses propositions. Sur de nouvelles représentations du roi de France, qui lui écrivit, dit-il, comme s'il eût été son supérieur, en prétendant lui dicter sa ligne de conduite, il chargea deux légats de transmettre à ce prince son dernier mot : il consentait à demander une trêve de trois ou cinq ans, si les Français prenaient les armes contre les Turcs. L'enjeu était par trop inégal. Mais le pontife savait bien d'avance que ce marché ne serait pas accepté, car il affirme un peu plus loin que Louis XI ne se souciait pas plus de la croisade que les autres souverains, et qu'il l'avait traitée de rêve chimérique devant l'évêque de Ferrare. « Et pourtant, ajoute-t-il, c'était lui-même qui rêvait, lui qui s'était vanté d'accomplir en un an le programme suivant : vaincre l'Angleterre, apaiser l'Espagne, passer en Italie, soumettre Gênes, conquérir le royaume de Sicile, passer de là en Grèce et dompter toutes les nations barbares [1]. »

Quoi qu'il en soit de la vérité de cette curieuse allégation, la trêve fut rejetée, non par les princes d'Anjou, mais par Ferdinand. Le Roi fit mine de vouloir rétablir la pragmatique : c'était entre ses mains une arme commode, dont il entendait jouer pour obtenir de Rome tout ce qui lui plairait. Mais la marche des événements vint soudain modifier ses résolutions, si jamais il en eut d'arrêtées au sujet d'une intervention en Italie. Dans un combat décisif, livré à Troia, en Capitanate, le 18 août 1462 [2], le duc Jean fut mis en déroute, ainsi que le condottiere Piccinino et les barons napolitains, ses alliés. Ce fut, au dire des annalistes italiens, un des plus grands faits d'armes du siècle : après une lutte de six heures, dans laquelle il périt de part et d'autre une quantité de monde, les Angevins laissèrent aux mains des Aragonais trois cents prisonniers et cinq cents chevaux, et se retirèrent à Castellamare, où se tenait leur escadre. Un grand nombre de seigneurs s'y trouvant réunis, Piccinino dit tout bas au duc de Calabre : « Aujourd'hui, si vous le voulez, vous êtes le maître du royaume. — Et comment? demanda le prince. — Arrêtez tous ces gens et dirigez-les sur la Provence, car ce sont eux

[1] *Commentarii Pii II*, p. 207, 271, 324, 310. Cf. Jager, *Hist. de l'Église catholique de France*, XIII, 520 et suiv.; Duclos, *Hist. de Louis XI*, I, 135, 138; etc.

[2] Cette date est fournie à la fois par la *Cronica del regno di Napoli* (pièces justificatives, n° 100) et par l'*Art de vérifier les dates* (XVIII, 352). Ainsi D. Calmet, qui place la bataille de Troia avant la mort de Charles VII et prétend que Jean revint en France en 1461 pour repartir en 1462 (II, 803), a été induit en erreur par les sources qu'il avait à sa disposition, et qui, de son aveu, ne contiennent rien de clair sur ce point. Le duc de Calabre ne discontinua un moment sa campagne que pour venir combattre la révolte de Gênes, dont il a été question plus haut : il dut, de là, regagner directement le royaume de Sicile. (Cf. la *Cronica*, *ibid.*, et le Journal de Naples, *Rer. ital. script.*, XXI, 1133.) M. de Villeneuve-Bargemont a également erré au sujet de l'époque de sa défaite (II, 140).

qui font durer la guerre, et sans eux vous aurez l'avantage. — A Dieu ne plaise, répondit-il, que je commette une trahison ; jamais un membre de ma famille n'a voulu en commettre, et je ne commencerai pas. S'il plaît à Dieu que je devienne roi, je le serai ; sinon, que sa volonté soit faite [1]. »

Un tel langage était digne du fils de René d'Anjou, et le dernier champion de sa maison tombait noblement. Mais si cet incident prouve que les princes angevins n'avaient pas dégénéré, il montre également que les Napolitains étaient restés les mêmes, et que les plus fidèles n'avaient renoncé ni au calcul ni à l'intrigue. Aussi délaissèrent-ils le duc avec autant d'empressement qu'ils l'avaient acclamé, et le condottiere qui lui avait proposé leur enlèvement ne tarda pas lui-même à en faire autant. Malgré leur défection, Jean essaya de tenir encore la campagne, et se retrancha, en 1463, dans l'île d'Ischia, voisine de Naples, espérant toujours voir arriver de France un secours quelconque. Son échec, qui eût engagé tout autre prince à lui tendre la main, détermina précisément son cousin à l'abandonner tout à fait. La même année, Louis XI renonça à toute revendication en Italie, céda ses droits sur Gênes au duc de Milan, l'allié des Aragonais, et resserra son alliance avec ce prince versatile, en attendant qu'il en fît proposer une au roi Ferdinand lui-même [2]. Si c'était là la politique de l'habileté, ce n'était pas celle de l'honneur, et, même au point de vue de l'intérêt personnel du Roi, cet abandon était une faute, car il lui mettait sur les bras un ennemi redoutable pour le jour prochain où une lutte intestine éclaterait en France. Un moderne historien a paru croire que l'hostilité du duc de Calabre dans la guerre du Bien public était le motif qui avait fait prendre à Louis une résolution aussi opposée aux traditions des règnes précédents [3];

[1] *Cronica del regno di Napoli* (pièces justificatives, n° 100). *Vespasiano da Bisticci*, *Vite di uomini illustri del secolo* XV, éd. Bartoli, Florence, 1859, p. 114.

[2] Desjardins, *op. cit.*, I, 9, 10, 131, 161.

[3] De Cherrier, *Hist. de Charles VIII*, I, 25.

mais il est clair que celle-ci précéda celle-là, et qu'au contraire la conduite du souverain à son égard jeta le futur ligueur dans la voie de la révolte. Après quelques efforts désespérés, il repassa en Provence et de là en Lorraine, au printemps de l'année 1464. René crut devoir envoyer de nouveaux ambassadeurs à la cour de Rome. On refusa de les entendre; il protesta encore : mais tout était bien fini, et le fait accompli était sanctionné [1].

En même temps que les dernières espérances de sa maison s'évanouissaient en Italie, le malheureux roi de Sicile voyait s'écrouler le trône plus solide où la politique de Charles VII et la sienne avaient fait asseoir sa fille Marguerite. La guerre des deux roses est trop connue pour que j'en rapporte ici les péripéties. On sait que la vaillante reine d'Angleterre, après avoir victorieusement défendu sur plusieurs champs de bataille les droits de son époux, attaqués par le duc d'York, vit la fortune changer, et que le fils de son rival, Édouard IV, fut couronné à Londres en 1461. Elle passa une première fois en France, pour demander du secours au Roi, dans le courant de cette même année. La reine-mère, René, le comte du Maine unirent leurs instances aux siennes. Mais le bon vouloir de Louis XI n'alla pas beaucoup plus loin à son égard qu'envers son frère Jean. Il lui promit son appui, commença, en effet, des armements, manda le ban et l'arrière-ban comme s'il eût voulu faire une descente en Angleterre; mais ces préparatifs, dit Chastelain, étaient uniquement en vue du siége de Calais [2]. Il tenait avant tout à s'assurer cette place, et, dans l'espoir de la recouvrer, il consentit à prêter à sa cousine vingt mille livres, à la condition que, si elle ne les restituait pas dans

[1] *Cronica* et Journal de Naples, *ibid.* Arch. nat., KK 1127, f° 239. Bourdigné, en rapportant la réponse dilatoire faite par Louis XI aux demandes de secours du duc Jean (réponse qu'il place au moment du couronnement du Roi, mais qui dut être donnée au prince après son retour, en 1464), dit que celui-ci demeura ébahi, courroucé, et dissimula en attendant l'occasion de se déclarer; puis il passe immédiatement, comme à une conséquence naturelle, à la guerre du Bien public (II, 214 et suiv.).

[2] Chastelain, éd. Kervyn de Lettenhove, IV, 225.

le délai d'un an, la ville lui serait cédée. Marguerite lui donna quittance de la somme au mois de juin 1462, avec l'autorisation de son mari. Elle promettait, dans cet acte, qu'aussitôt qu'Henri VI aurait repris possession de ses États, il remettrait le commandement du château de Calais au comte de Pembrock ou à un autre de ses parents, qui jurerait d'en ouvrir les portes au roi de France à défaut du remboursement de sa créance dans le délai convenu; toutefois ce prince, pour entrer en jouissance, devait ajouter quarante mille écus aux premières vingt mille livres [1]. Un pareil engagement était difficile à exécuter, et, pour Louis XI, complétement illusoire : s'il prêtait à la reine un secours efficace, il lui donnait le moyen de ressaisir le pouvoir et d'acquitter sa dette en argent; s'il ne lui donnait, au contraire, qu'un corps de troupes insignifiant, il était probable qu'elle n'arriverait à rien et ne pourrait le payer d'aucune façon. Ce fut, cependant, ce dernier parti qu'il adopta. Il mit à ses ordres deux mille gens d'armes et le sénéchal Pierre de Brézé, serviteur dévoué de Marguerite et de son père, « qu'il aimoit de léal ardent amour comme son naturel seigneur [2] ». Le roi d'Angleterre eut beau députer en France un diplomate habile, Guillaume Cousinot, avec la mission de provoquer de nouvelles démarches et l'envoi d'une certaine quantité d'artillerie [3] : on ne put obtenir autre chose.

Aussi qu'arriva-t-il ? Dès l'année suivante, la petite armée des Lancastre, après une tentative héroïque, fut de nouveau battue; Henri VI, tombé au pouvoir du vainqueur, fut enfermé dans la tour de Londres, et la fille de nos rois, errante au fond des forêts, traquée de toutes parts, s'estima heureuse de rencontrer un voleur de grand chemin pour lui confier l'héritier de sa race et se faire conduire au bord de la mer. Elle se rem-

[1] Arch. nat., J 648, n° 2. Cette pièce porte la signature autographe de Marguerite.

[2] Chastelain, IV, 228.

[3] V. les instructions remises à ce sujet à Cousinot parmi les pièces justificatives que Mlle Dupont a jointes à son édition de la Chronique de Jean de Wavrin (III, 180).

barqua, descendit sur les côtes de Flandre, et de Bruges, où elle laissa son fils, se rendit à Lille et à Béthune. Le duc de Bourgogne, qui se trouvait là, lui fit l'accueil le plus généreux, et donna l'ordre qu'on la conduisît, à ses frais, jusque dans le duché de Bar, où elle fut remise aux officiers de son père. On s'étonna de la voir recourir à la protection d'un prince qui avait été l'ennemi juré de sa maison. Chastelain, le chroniqueur bourguignon, laisse échapper à ce propos quelques réflexions empreintes d'une amère ironie; mais lui-même allègue plus loin que ni Louis, ni René, ni Charles d'Anjou ne pouvaient rien pour l'infortunée Marguerite, parce qu'Édouard, le nouveau souverain de l'Angleterre, ne tenait aucun compte de leurs avis, et que tout était bien changé depuis le temps du roi Charles, « en qui elle se soloit fier d'ayde et de confort[1] ».

Tout était changé, en effet. L'influence de la France à l'étranger était sacrifiée; en Angleterre comme en Italie, sa main puissante se retirait, pour s'appesantir sur ses ennemis intérieurs. Mais le nombre de ces ennemis mêmes n'allait-il pas grossir à chaque pas fait dans une voie politique si nouvelle et si hasardeuse? « Si Louis XI n'avait consulté que son inclination, dit Duclos, il aurait donné des secours à Marguerite; mais il était alors occupé d'affaires trop importantes du côté de l'Espagne pour se mêler de celles de l'Angleterre[2] ». Les affaires de l'Angleterre n'étaient-elles pas aussi celles de la France, et n'était-ce pas un intérêt de premier ordre de maintenir à la tête d'un pays si voisin, si dangereux encore par ses prétentions et son hostilité séculaires, une dynastie attachée désormais à nos rois par les liens du sang, de l'amitié et de la reconnaissance? Soit qu'il ne le pût, soit qu'il ne le voulût, Louis XI ne tenta rien, à cette époque du moins, pour atteindre un pareil résultat. Il laissa même à René, dont les finances étaient déjà obérées, toute la charge de l'entretien de sa fille. Marguerite, ne pouvant songer pour le moment à rejoindre son mari, reçut, pour s'y retirer, un domaine dans le

[1] Chastelain, IV, 92, 296, 332. Cf. Duclos, *Hist. de Louis XI*, I, 162-165.
[2] Duclos, *ibid.*, 165.

duché de Bar; une pension d'environ six mille écus lui fut servie par Olivier Haloret, maître de la chambre aux deniers du roi de Sicile, qui avait eu déjà des frais considérables à supporter à l'occasion de son premier retour[1]. La reine dépossédée attendit ainsi des temps meilleurs; mais elle n'avait pas encore épuisé la longue série de ses infortunes.

Le ciel commençait donc à s'assombrir de toutes parts autour de la maison d'Anjou. René, cependant, ne désespérait pas, et cherchait à regagner du côté de la Provence ce que de fâcheuses coïncidences lui faisaient perdre ailleurs. Depuis le règne de Louis II, ce vaste comté demeurait mutilé. Un démembrement forcé en avait détaché la ville et le comté de Nice, qui en faisaient partie intégrante. Les circonstances n'avaient pas permis aux souverains qui s'étaient succédé de revendiquer ce membre important de leur domaine. Elles n'étaient pas devenues plus favorables; mais la prescription était à craindre, et le duc de Savoie, détenteur du fief, étant venu en France, l'occasion parut propice pour essayer de régler avec lui une question aussi grave.

De temps immémorial, Nice dépendait du comté de Provence, et, même après avoir passé à la maison de Savoie, elle n'appartenait pas à l'Italie, puisque la Savoie n'était pas une puissance italienne. Dès l'époque des premiers comtes, bien qu'elle eût avec eux des démêlés assez fréquents, elle était sous leur autorité[2]. Des témoignages précis prouvent qu'elle

[1] Quittance donnée à Bar le 17 août 1464 (Bibl. nat., Lorraine 26, n° 45). Cf. un acte du 10 juillet 1462, dans lequel René déclare avoir emprunté 8000 florins pour les « grans et sumptueuses despences » occasionnées par la venue de la reine d'Angleterre (Arch. des Bouches-du-Rhône, B 15, f° 91 v°, et les Mémoires de Basin, II, 50). Ce dernier chroniqueur commet, à ce sujet, plus d'une méprise: il fait aborder Marguerite et son fils en Normandie, et ailleurs il prétend qu'elle demeura en Angleterre, sur l'offre d'Édouard IV lui-même, qui l'accueillit à sa cour et la traita très-honorablement (*ibid.*, 270). C'est là une de ces versions ridicules propagées par la crédulité des sujets anglais et bourguignons, et qui n'a pas besoin d'être réfutée.

[2] Papon, *Hist. de Provence*, III, 531 et suiv. *Art de vérifier les dates*, X, 392, 394.

n'avait pas cessé depuis d'être considérée comme terre provençale. En 1125, un partage étant intervenu entre Alphonse, comte de Toulouse, et Raymond Bérenger, comte de Provence, les anciennes limites de ce dernier pays furent exactement consignées dans la charte, et l'on voit par là qu'elles s'étendaient, du côté de l'est, à une certaine distance au-delà de Nice, jusqu'à un rameau des Alpes descendant au bourg de Turbia[1]. Un des premiers registres de la Chambre des comptes d'Aix renferme une description du comté de Provence remontant au treizième siècle : Nice y est comprise, avec cette observation qu'elle est du domaine provençal ainsi que tout son diocèse, embrassant cinquante et un châteaux, parmi lesquels celui de Monaco[2]. On possède, pour la même époque, un assez grand nombre d'actes confirmant le fait de la façon la plus positive : hommages rendus au souverain de la Provence pour différentes localités du comté de Nice, reconnaissance des droits qu'ils y percevaient, priviléges octroyés par eux, etc.[3] En 1309, les syndics de la ville, l'évêque, les chevaliers et les habitants prêtèrent serment de fidélité à Charles II dans les mains de son sénéchal[4]. En 1385 et 1386, plusieurs seigneurs firent à la reine Marie, tutrice de son fils Louis II, l'hommage des biens qu'ils possédaient dans la viguerie de

[1] Arch. nat., J 847, n° 1.

[2] « *Civitas Nicie, posita in capite Provincie, in ruppe suprà mare, ab antiquis antiquitùs Bellanda vocata, est in dominio comitis Provincie cum toto suo episcopatu, in quo sunt castra infrascripta : Castrum de Monteolivo, c. de Ysia, c. de Turbia, c. de Monaco, c. de Pelaue, c. de Pillia, c. de Luceramo, c. de Torre, c. de Comptes, c. de Drapo, c. de Bera, monasterium Sancti Pontii, c. de Rocca, c. de Stilicon, c. de Castro Novo, c. de Crarasa, c. de Asperomonte, c. de Sancto Blasio, c. de Torreta, c. de Bequeta, c. de Leuengis, c. de Velis, c. de Turre, c. de Clanze, c. de Tornafort, c. de Varclot, c. de Masonis inferius, c. de Villar, c. de Masonis superius, c. de Torreto, c. de Tieri, c. de Lencha, c. de Prolas, c. de Alonna, c. de Maria, c. Sancti Salvatoris, c. de Roura, c. de Robione, c. de Lensola, c. Sancti Stephani, c. de Dalmaci lo Salvage, c. de Paymplaze, c. de Sancti Martini, c. de Belveser, c. de Gordelon, c. de Abolena, c. Lantusca, c. de Rombelliare, c. de Lode, c. de Laz, c. de Rocasperviera, c. de Castro Veteri.* » (Arch. des Bouches-du-Rhône, B 2 ; copie ancienne aux Arch. nat., J 848, n°s 8 et 9.)

[3] Arch. nat., J 847, n° 12 ; J 848, n°s 8 et 9.

[4] Arch. nat., J 847, n°s 3 et 4.

Nice, comme relevant de son comté de Provence [1]. Il est donc constant que la possession du fief demeura jusque-là incontestée.

Mais, lorsque la rivalité de la seconde maison d'Anjou et de la branche de Duras eut jeté le trouble dans les esprits, lorsque le pays se trouva divisé en deux camps et déchiré par la guerre civile, les droits et les devoirs de chacun, comme il arrive en pareil cas, perdirent de leur évidence. Tandis que la grande majorité se soumettait à la veuve de Louis I, les Niçois, *sans vouloir cependant se séparer de la Provence*, s'obstinèrent à regarder comme son souverain légitime l'héritier des Duras, et ils envoyèrent, en 1387, une députation à Marguerite, sa mère, qui régnait à Naples, pour lui demander de les défendre contre le parti angevin. Cette princesse, étant hors d'état de se défendre elle-même, leur conseilla, pour ne pas les laisser tomber au pouvoir des ducs d'Anjou, d'invoquer l'appui et l'autorité d'un prince étranger. Ils appelèrent Amédée VII, comte de Savoie, qui, ne cherchant que l'occasion de s'agrandir, accourut à leur secours et repoussa les troupes de la reine Marie, venues pour les assiéger. Ils passèrent ensuite avec lui un traité aux termes duquel il devait les garder contre leurs ennemis, sans les contraindre à lui jurer fidélité ni à user de ses monnaies, et rendre leur ville à Ladislas au bout de trois ans, si ce prince avait alors la force nécessaire pour soutenir la lutte [2]. Mais il était plus que probable qu'Amédée, une fois dans la place, n'en sortirait plus. Ainsi s'opéra l'annexion de Nice à la Savoie.

Toutefois, selon le droit de l'époque, cette acquisition n'avait rien de régulier. Même dans le cas de guerre entre deux prétendants, une cité ne pouvait se donner de la sorte à un tiers n'ayant ni titre ni mandat. Et quant à Marguerite de Duras, non-seulement elle n'était pas autorisée à aliéner une partie du domaine de ses prédécesseurs, mais cette aliénation

[1] Arch. nat., J 847, n° 10.

[2] Papon, *Hist. de Provence*, III, 275 et suiv. Guichenon, *Hist. de Savoie*, II, 11.

n'était même pas dans ses intentions, car elle ne songeait évidemment qu'à défendre Nice au moyen d'une occupation momentanée. Les habitants paraissent avoir cru eux-mêmes au caractère transitoire de la domination savoisienne. En tout cas, les ducs d'Anjou, seigneurs reconnus de la Provence, n'étaient nullement tenus d'accepter un fait imposé, soit par des sujets rebelles, soit par un compétiteur. Aussi, dès le 29 octobre 1387, la reine Marie se fit-elle jurer obéissance par les syndics de la ville d'Aix, tant en leur nom qu'au nom des communautés de Nice, Tarascon, Draguignan, Toulon, Barcelonette, Puget-Téniers, Vintimille, et de toutes celles qui avaient adhéré au parti de Duras. Elle confirma en même temps les priviléges de ces différentes localités, et renouvela le serment de n'aliéner aucune portion du territoire provençal, révoquant d'avance toute aliénation qui pourrait être faite [1].

Il y eut donc, à partir de cet instant, un *casus belli* permanent entre les comtes de Provence et de Savoie, et l'on vit surgir pour la première fois la question de Nice. Amédée VII, sentant bien que sa prise de possession était entachée d'un caractère de violence, et que l'appel de la population, c'est-à-dire de quelques magistrats, ne suffirait pas à la faire passer pour légitime, chercha à la justifier par des raisons plus solides. Il trouva un argument très-spécieux. Son père avait prêté au premier duc d'Anjou, dans son expédition d'Italie, un concours actif; ni lui ni ses héritiers n'avaient été indemnisés, malgré les obligations signées à leur profit: le comté de Nice devait donc être détenu en gage de cette dette [2]. Il faut remarquer qu'ici

[1] Arch. nat., J 817, n° 13. Cet acte fut confirmé en 1399 par Louis II.

[2] Arch. nat, P 1351, n° 707, etc. Le service rendu à Louis I par Amédée VI avait cependant reçu sa rémunération, dès 1382, par la cession du Piémont. (Papon, *op. cit.*, III, 230.) La principauté de Piémont avait été donnée par Jacques d'Aragon à sa fille Marguerite en même temps que le comté de Provence, au mois d'août 1258. Charles II d'Anjou l'avait unie irrévocablement à ce comté en 1300, et elle était devenue inaliénable comme le reste du patrimoine de sa maison. René lui-même reçut, en 1438, certains hommages en qualité de prince de Piémont, titre qu'il s'attribua toujours dans ses actes. Tous ces faits servirent à étayer

Amédée se mettait en contradiction avec lui-même : d'une part, il s'érigeait en légitime propriétaire du comté, investi par la volonté des habitants ; de l'autre, il méconnaissait cette prétendue propriété, et ne se présentait plus que comme détenteur et comme créancier. Mais tous les raisonnements sont bons quand ils appuient la force. La reine Marie et son jeune fils avaient sur les bras trop d'embarras de tout genre, en Provence, en Italie et ailleurs, pour entreprendre utilement la revendication de leur bien et pour engager contre leur puissant voisin une lutte ouverte. Ne voulant cependant pas avoir l'air d'abandonner leurs droits, ils conclurent avec lui, par l'entremise du pape Clément VII, leur protecteur, une trêve de douze années, sur la base du *statu quo* : chacune des deux parties s'interdisait, par ce traité, de rien réclamer à l'autre, soit par la voie des armes, soit par la voie judiciaire, et de faire aucune acquisition nouvelle aux pays de Provence, Forcalquier et Vintimille, avant l'expiration du délai convenu[1]. Les douze années s'écoulèrent sans modifier sensiblement la situation. Amédée VIII succéda à son père Amédée VII et continua la politique d'annexions qui était déjà dans les traditions de sa famille. Mais, comme il n'avait pas plus d'intérêt que le duc d'Anjou à déclarer la guerre, à cause de la haute influence exercée par celui-ci dans le gouvernement du royaume de France, la trêve fut renouvelée pour le même laps de temps par une convention arrêtée à Paris, en présence du duc de Bourgogne, le 12 juillet 1400, et ratifiée à Chambéry le 25 août suivant. Ce second acte réglait la perception des gabelles de Nice et stipulait l'abolition de tout impôt nouveau établi ou à établir par le comte sur ses habitants ; ainsi l'autorité du comte de Savoie était loin d'être admise par les médiateurs[2]. En 1409, deuxième prorogation ; mais la question fait un pas : les princes du sang s'en préoccupent et s'efforcent d'amener

plus tard les prétentions du roi de France sur le Piémont. (Arch. nat., J 291, n° 1 ; J 992, f°s 1 et 62.)

[1] Arch. nat., P 1351, n° 710.

[2] *Ibid.*

un arrangement pacifique entre les parties. L'entreprise est difficile, car Louis II se plaint que son adversaire a enfreint les conditions des trêves, et se prétend, en conséquence, dégagé de toute obligation envers lui. Cependant il se soumet à l'arbitrage du duc de Berry, son oncle, et du duc de Bourgogne, son cousin, alliés l'un et l'autre au comte. Il leur envoie quatre commissaires, avec des instructions et des mémoires détaillés, et les autorise même à offrir en son nom une somme de cent vingt mille francs contre la restitution du territoire envahi [1]. Le sénéchal d'Auvergne et le bailli du comté de Bourgogne se rendent auprès d'Amédée de la part des deux ducs, et lui demandent de vouloir bien se prêter à une transaction. Le comte fait mine d'accepter avec empressement ; il déclare qu'il se rendra lui-même à Paris, afin d'exposer ses droits à son beau-père de Berry et à son beau-frère de Bourgogne. Les ambassadeurs insistent pour lui faire promettre qu'en cas d'empêchement il enverra des délégués munis de pleins pouvoirs. « J'irai n'importe comment, répond-il, et, si je n'y suis avant la mi-août, mes procureurs y seront. » Les princes, les commissaires du duc d'Anjou se réunissent à la date fixée ; on attend le comte ou ses députés ; mais le terme se passe, et personne ne se présente. Amédée ne s'était pas senti assez fort pour affronter le débat : les arbitres comprennent qu'il s'est joué d'eux et se retirent indignés [2]. Leur intervention devait

[1] Arch. nat., P 1351, nos 700, 702, 703, 707, 708, 709.

[2] Arch. nat., P 1351, no 704, et J 848, no 7. Voici dans quels termes le duc de Berry annonçait à Louis II ce résultat négatif : « Très-haut et puissant prince et très-chier et très-amé neveu, le sire de Laval et maistre Guillaume [Saignet], voz serviteurs, porteurs de cestes, sont cy venus pour le fait d'entre vous et mon filz de Savoye, et n'a pas tenu à eulx ne à faire bonne diligence et grande poursuitte qu'ilz n'ont besoingné en vostre faict, s'ilz eussent trouvé partie. Mais, en vérité, combien qu'il me soit grief de le vous escrire et me déplaise grandement du défault, mondit filz n'y est venu ne envoyé personne quelconque ; dont beau neveu de Bourgoigne et je, qui ne cuydoye pour riens qu'il y faillist, avons très-grant merveille. Et ceulx qui ainsi le conseillent font très-mal, et monstrent bien qu'ilz n'ayment son bien ne honneur. Et, en vérité, je mestray paine qu'ilz s'en trouveront courrociez, ainsi que plus à plain escri à mondit filz.... *Escript à Paris, le* XXVIIIe *jour d'aoust.* » Le duc de Bourgogne lui écrivait aussi vers la

malheureusement s'arrêter là ; les troubles du royaume, sur lesquels comptait sans doute le défaillant, ne permettaient pas de pousser l'affaire plus loin.

Pendant neuf ans, la question parut assoupie. Elle se posa de nouveau en 1418, au moment où la mort de Louis II d'Anjou venait de faire tomber aux mains d'une femme et d'un enfant la défense et le gouvernement du comté de Provence. Amédée VIII, au contraire, était à l'apogée de sa puissance : deux ans auparavant, son fief avait été érigé en duché par la faveur de l'empereur Sigismond. Les circonstances étaient des plus favorables pour lui. Il est curieux de voir comment il en profita et par quelle voie détournée il arriva à faire sanctionner sa conquête au nom du jeune roi de Sicile. Dans une première journée, tenue à Rumilly le 9 septembre, les prétentions des deux parties sont ainsi formulées : le duc de Savoie réclame aux héritiers de Louis d'Anjou le remboursement des dépenses faites par son aïeul au service de ce prince, et montant à cent soixante-quatre mille francs d'or ; la reine Yolande, de son côté, demande la restitution de la ville de Nice et de son district, plus les revenus de cette terre depuis le jour de son occupation par Amédée VII. Le lendemain, le duc allègue que son père a pris possession de Nice en vertu du consentement des habitants et de la volonté du seigneur absent, c'est-à-dire de Charles de Duras ou de Marguerite, son épouse. Les procureurs d'Yolande répondent que la reine Jeanne a institué Louis d'Anjou son successeur au comté de Provence. Par

même date : « Très-hault et puissant prince, très-cher seigneur et cousin, pour ce que, par les unes de vosdites lectres, m'avez signifié que vous envoyez de voz gens par deçà ayans plain povoir de faire accorder, tenir, observer et accomplir tout ce que par mon très-cher seigneur et oncle le duc de Berry et moy aussi seroit jugié, congneu et déterminé sur le discord de vous et de beau-frère de Savoye, plaise vous savoir que vosdites gens y sont venuz, ainsi que chargié leur aviez, et ont fait très-bien leur devoir. Mais mondit oncle et moy ne avons peu rien faire sur ladite matière, pource que ledit beau-frère de Savoye n'a envoyé aucuns de ses gens par deçà, dont nous avons esté et sommes très-courrouciés, car nous nous fussions très-voluntiers employé au bien de la besoigne. Et me semble que ledit beau-frère a esté tres-mal conseillé de ainsi faire, comme ay entention de lui escripre à plain. » (*Ibid.*, J 848, n° 7.)

conséquent, des magistrats municipaux n'ont pu disposer d'une partie du fief au préjudice de l'héritier légitime, et la volonté des princes de Duras n'a aucune valeur. Après une longue contestation, la reine de Sicile fait proposer cet arrangement : les revenus perçus par les comtes de Savoie depuis leur installation à Nice leur seront laissés en compensation de la somme qu'ils prétendent due par Louis I, et la terre sera restituée. Cette proposition est repoussée bien loin, et alors Amédée, reconnaissant malgré lui que sa réclamation pécuniaire n'est qu'un prétexte, déclare qu'il aime mieux renoncer à sa créance et qu'il entend garder Nice à tout prix, son père ayant juré de ne pas l'aliéner, et lui-même étant tenu par ce serment, auquel il ne saurait manquer sans forfaire à l'honneur. Le roi de Sicile aussi était un honnête homme, réplique le sénéchal de Provence, et il a juré, de son côté, de ne rien aliéner du patrimoine de ses prédécesseurs. Les délégués savoisiens ne veulent rien écouter. On leur offre de conclure une nouvelle trêve et de recourir à un arbitrage : « Notre maître, disent-ils avec hauteur, a assez du régime de la trêve ; il ne consent qu'à une chose, c'est à remettre une partie de la dette de la maison d'Anjou, moyennant que celle-ci abandonne tous ses droits sur Nice. » Au bout de douze jours de négociations inutiles, le sénéchal leur propose, outre les revenus déjà perçus, une indemnité de cent vingt mille francs. Se voyant menacé d'un remboursement en espèces, Amédée fait dire qu'on lui doit plus que la valeur de tout le comté de Nice et qu'il ne veut pas entendre parler de cela. Enfin une concession des plus graves lui est accordée : on veut bien lui laisser la terre elle-même en payement de sa créance, à la seule condition qu'il en rende l'hommage au roi de Sicile. Mais, aussitôt qu'il sent qu'on lui cède, il élève ses prétentions : il refuse péremptoirement tout hommage, et ce n'est plus seulement Nice avec ses dépendances qu'il lui faut pour la remise partielle de la dette, ce sont les châteaux de Colmar et de Guillaumes, la tour de Saint-Vincent, le comté de Tende et d'autres domaines enclavés dans les siens. Sa mauvaise foi commence à transparaître : les délégués provençaux, après avoir encore consenti à soumettre à un arbitrage la question de ces derniers fiefs, étrangère à la cause, se retirent en déclarant qu'ils lui ont offert plus qu'ils ne devaient, et que, s'il était réellement désireux de la paix, il accepterait leurs propositions.

L'année suivante, au mois de mars, Yolande et son fils envoient à Chambéry de nouveaux ambassadeurs. Étant résolus à poursuivre activement la soumission de leur royaume de Naples, et craignant que le duc de Savoie ne leur suscite des obstacles, ils se résignent à passer sous les fourches caudines. Ils lui offrent la paisible possession du comté de Nice, demandant seulement qu'il renonce aux autres biens réclamés par lui et qu'il réduise sa créance. Mais Amédée les tient : dans une dernière conférence, ouverte en sa capitale au mois de septembre, il exige et il leur arrache la cession de tous les territoires sans restriction, plus une reconnaissance de quinze mille florins payables à bref délai. Un traité est rédigé aussitôt sur cette base, et signé le 5 octobre 1419. Le 26 du même mois, Louis III et sa mère ratifiaient, sans rien préciser, tous les actes de leurs plénipotentiaires [1]. C'est ce traité qui fit désormais le titre de possession le plus clair du duc de Savoie ; mais sa validité ne tarda pas à être contestée, par la raison qu'il constituait un marché léonin, extorqué par l'intimidation à une princesse qui n'avait même pas le droit d'autoriser un pareil démembrement [2].

[1] Tous ces détails sont extraits du procès-verbal des conférences tenues en 1418 et 1419, et des instructions données aux négociateurs par la reine de Sicile (Arch. nat., J 291, nos 15-20). Il existe plusieurs exemplaires du traité du 5 octobre 1419 (Arch. nat., J 847, nos 14 et 15 ; Arch. des Bouches-du-Rhône, B 10, fo 5, et B 636). La ratification du 26 octobre est dans le carton J 291, no 21. La plupart des pièces relatives à l'affaire de Nice ont été imprimées par Dupuy dans son traité des *Droits du Roi*, p. 64-110.

[2] Les rois de Sicile, notamment Robert et la reine Jeanne, son héritière, avaient interdit et déclaré nulles toutes les aliénations de domaines faites ou à faire au détriment du comté de Provence, ce pays étant la portion la plus noble et la plus ancienne de leur patrimoine. (Arch. nat., J 846, no 10, et J 847, no 6.)

Jusque vers le milieu du règne de René, les affaires d'Italie et plusieurs alliances de famille contractées par les princes de Savoie, soit avec les ducs d'Anjou, soit avec les rois de France[1], empêchèrent toute revendication du comté de Nice. En 1464, ces obstacles ayant perdu beaucoup de leur force, le fils d'Yolande se décida à élever la voix, ne fût-ce, comme il a été dit, que pour ne pas laisser périmer les droits de sa maison. Il revenait de son duché de Bar, où il avait séjourné toute une année, lorsqu'en passant à Paris, au mois de septembre, il apprit que le duc de Savoie, Louis II, s'était rendu, de son côté, dans cette ville, afin de provoquer l'arrestation de son fils Philippe, qui, après s'être révolté, s'était réfugié en France. Il chercha sans doute à s'expliquer avec lui; mais il ne put rien obtenir, car il fut obligé d'envoyer sur ses traces, après qu'il fut reparti, l'avocat fiscal Jean Leloup, avec l'ordre de déposer entre ses propres mains une sommation en règle. Cet agent ne rejoignit le duc que dans le bourg de Cravant, près d'Auxerre, où la maladie l'avait contraint de s'arrêter. Le 29 novembre, après l'avoir longtemps attendu à la porte d'une salle d'auberge, où il dînait avec sa suite, il le vit sortir, à moitié porté par ses serviteurs, et lui fit aussitôt la lecture de l'acte qu'il était chargé de lui remettre. Les principales raisons pouvant prouver le droit des comtes de Provence y étaient déduites; le duc y était sommé trois fois de restituer la ville de Nice et son district, la vallée de Barcelonnette, la terre de Puget-Téniers et les divers châteaux indûment occupés par son aïeul, sous peine de voir le roi de Sicile en poursuivre le recouvrement par toutes les voies qui lui sembleraient bonnes. A cette pièce, rédigée en latin, l'avocat ajouta des explications verbales en français. Le duc, impatienté, lui répondit, séance tenante et dans la même langue : « Je ne détiens pas injustement les terres dont vous parlez; il y a quatre-vingts ans que je les possède, moi ou les miens, en vertu de conventions bonnes et valables. » Et il dit ensuite

[1] Louis III d'Anjou épousa, comme l'on sait, Marguerite de Savoie, fille d'Amédée VIII; Louis II de Savoie, à son tour, maria sa fille au Dauphin (Louis XI) et son fils aîné à la princesse Yolande de France, fille de Charles VII.

en latin, sur un ton courroucé : « Ce n'est pas le lieu, ici, dans une hôtellerie, de m'adresser des réclamations semblables ; revenez me trouver ailleurs. — Monseigneur, objecta l'homme de loi, j'ai déjà passé un grand nombre de jours à votre recherche ; ma mission est accomplie, et, si vous voulez de plus amples explications, vous les avez dans le mémoire détaillé que j'ai l'honneur de vous présenter ; je suis prêt, pour peu que vous le désiriez, à vous en donner lecture. » A ces mots, le prince lui tourna le dos brusquement, en refusant d'écouter le mémoire et même de le prendre. Un procès-verbal de cette singulière audience fut aussitôt dressé par-devant plusieurs notaires et un grand nombre de témoins [1]. Louis de Savoie se tirait d'embarras comme son père : il fuyait le débat et ne répondait que par le dédain.

Malheureusement le traité signé par Yolande l'autorisait, dans une certaine mesure, à conserver cette attitude. René ne put tirer autre chose de lui. En apprenant sa réponse, il s'écria, s'il faut en croire Nostredame : « Je voyais bien qu'il en faudrait venir aux mains [2] ! » Mais les événements ne lui permirent pas de recourir aux armes, et il avait appris déjà qu'il ne fallait pas compter sur l'aide de Louis XI, qui, du reste, était au mieux avec le duc de Savoie. Ce ne fut qu'au siècle suivant que nos rois, devenus les héritiers des comtes de Provence, réveillèrent, à différentes reprises, la question de Nice, et comprirent cette cité dans une revendication plus vaste, qui s'étendait au Piémont, au comté d'Asti, au marquisat de Saluces et à la succession de Louise de Savoie. Toutes les pièces citées ci-dessus furent alors transcrites, et leur copie authentique fut produite à l'appui des prétentions de la couronne dans les conférences tenues pour cet objet

[1] Arch. nat., P 1354, n° 711 (pièces justificatives, n° 52), et J 847, n° 16 ; Arch. des Bouches-du-Rhône, B 683. On trouvera d'autres détails intéressants dans le texte même de cette sommation, reproduit aussi par Dupuy, *op. cit.*, p. 102.

[2] Nostredame, p. 624. Cet historien place en Calabre la résidence du duc de Savoie au moment de la sommation ; c'est là une erreur grossière, provenant sans doute d'une mauvaise lecture du mot *Crabani* (Cravant).

en 1561 [1]. Néanmoins celles-ci n'aboutirent à rien. Nice attendit encore longtemps avant de revenir à ses possesseurs naturels : recouvrée deux fois sous Louis XIV et deux fois dans notre siècle, elle a été réunie, en dernier lieu, à la Provence et à la France par un procédé rappelant étrangement celui qui la leur avait fait perdre, c'est-à-dire par une cession plus ou moins volontaire du possesseur, faite en rémunération d'un secours militaire et motivée, en apparence, par le vœu de la population. Il est dans la destinée de certains pays, situés sur les confins d'États plus puissants qu'eux, d'être le prix du sang.

On a vu plus haut quelle était la situation respective du roi de France et des princes d'Anjou. Reniés en Italie, mollement appuyés en Angleterre, abandonnés à eux-mêmes en Provence, ceux-ci n'allaient-ils pas saisir avec empressement la première occasion de manifester un mécontentement trop légitime? Jamais cette occasion ne pouvait s'offrir plus belle qu'à la fin de l'année 1464 : une ligue formidable s'organisait contre la couronne; la plupart des grands vassaux levaient l'étendard de la révolte; la monarchie était sur le point de sombrer. Il serait oiseux de retracer de nouveau cette guerre

[1] Ces copies se trouvent, avec l'inventaire des titres produits, dans les cartons J 847-849 (Arch. nat.). Au sujet de Nice, l'argumentation des députés français se réduisit à un syllogisme : La terre de Nice a toujours appartenu au comté de Provence, majeure prouvée par une quantité d'actes; le duc de Savoie est détenteur de cette terre sans motif suffisant, mineure démontrée par une dizaine de pièces du quinzième siècle, entre autres la sommation de René, et par les chroniques du temps : donc, Nice doit être rendue au roi de France, comte de Provence. On ajoutait, pour expliquer les retards qu'avait subis cette réclamation : « Les calamitez d'une part et alliances d'autre part ont peu donner advis à ceulx de la maison d'Anjou de garder quelque silence. Toutesfois enfin le roy René se réveilla, et, l'an que dessus, faisant tout entendre au duc de Savoye les moiens et justice de sa demande, et offrant le tout communiequer à son conseil, feist faire sa sommation à la personne mesmes de monsieur le duc, qui n'en tint conte... Mortz les roys René et Charles, son nepveu, et la couronne saisie du conté de Provence, il a souvent esté parlé de la restitution de Nice, et en ont esté faictes plusieurs plainctes et querelles, qui ont duré jusques au jour du dernier traicté de paix. »

du Bien public, tant de fois racontée, et l'exposé des causes multiples qui la déchaînèrent; mais il importe de mettre en lumière le rôle joué dans ces tristes circonstances par le roi René, dont l'histoire politique ne compte peut-être pas une plus belle page. Tout semble l'appeler dans le parti du duc de Bretagne, du comte de Charolais et des autres seigneurs : son fils a signé avec eux un traité d'alliance et s'apprête à leur conduire une armée; ses ressentiments personnels, les sollicitations des princes, l'espoir d'arracher par la force le secours qu'il n'a pu obtenir autrement, et cet esprit d'aveuglement qui fait voir à chacun l'avantage de la nation dans une lutte fratricide, le poussent à suivre l'exemple du duc de Calabre. Non; il est resté tel qu'il était dans sa jeunesse, faible et vacillant peut-être dans les temps ordinaires, mais retrouvant dans les moments graves l'énergie et la décision, et plaçant au-dessus de tout la fidélité au suzerain. Le chevalier qui avait jadis déserté la cour anglaise de Lorraine, pour venir se ranger sous la bannière de Jeanne d'Arc, va donc se retrouver seul, ou presque seul, à côté d'un monarque délaissé.

A l'assemblée de Tours, tenue au mois de décembre, c'est lui qui répond, au nom des seigneurs, au discours prononcé par Louis XI pour exposer sa politique générale et demander qu'on juge entre lui et le duc de Bretagne. Cette réponse est une protestation de soumission et de dévouement à la couronne : « Nous sommes les sujets du Roi, nous sommes prêts à tout sacrifier pour son service, et à marcher avec lui s'il le désire. » Engagement sans portée dans l'esprit des autres, mais sérieux dans sa bouche, comme la suite le prouvera [1]. Dans les premiers mois de l'année 1465, la discorde s'accuse; le propre frère de Louis, Charles de Berry, s'unit aux mécontents, lance un manifeste belliqueux et prépare une prise d'armes. Le Roi a besoin d'un ambassadeur habile et sûr pour essayer de le dissuader : il lui envoie son oncle. René tient avec ce prince et plusieurs de ses alliés une conférence à la

[1] Basin, II, 84; D. Morice, preuves, III, 89; Duclos, I, 208; Legeay, *Hist. de Louis XI*, I, 385; etc.

Roche-au-Duc, vers les derniers jours de mars [1]. Ce qui se passa dans cette importante entrevue nous est connu par le rapport qu'il en fit à Louis XI et par la réponse qu'il reçut. En premier lieu, il reprocha au duc de Berry de troubler le royaume et de le mener à la ruine; il offrit de ménager un accord entre son frère et lui, et le pria ensuite de lui exposer ses griefs. Le duc en mit surtout deux en avant : sa personne n'était pas en sûreté à la cour depuis la mort de Charles VII, à cause de l'aversion que lui témoignait son successeur, et le désordre était si grand dans le gouvernement du royaume, que l'Église, la noblesse, la magistrature et le pauvre peuple en souffraient également. Il ajouta qu'étant le frère unique du Roi et son héritier présomptif, il était le premier intéressé au bien de l'État; puis il eut la hardiesse d'inviter le roi de Sicile lui-même à faire cause commune avec les confédérés. Celui-ci ayant transmis à son neveu le résumé de l'entretien, Louis, qui attendait non loin de là, à Saumur, lui fit aussitôt parvenir sa réplique, rédigée en grand conseil, le 1er avril. Dans cette pièce, il remercie d'abord le négociateur de ses remontrances et de sa ferme attitude; il proteste contre les suppositions du duc de Berry, qui n'a jamais eu de violence à endurer ni à craindre de sa part; et quant à la bonne administration du royaume, il déclare y avoir déjà travaillé, dans ses visites, « plus que ne fist oncques mais roy de France depuis Charlemaigne jusques à présent. » Le désordre, dit-il encore, n'a commencé qu'au moment de la scission et du départ de mon frère. Charles se prétend mon héritier : « mais, la mercy Dieu, le Roy est encore jeune et vertueux, et la Royne est en estat et disposicion de porter des enffans, et est à présent ensaincte d'enffant. » Ces paroles, dans lesquelles Louis XI se retrouve tout entier, n'étaient qu'une

[1] Suivant D. Calmet (II, 866), René aurait accompagné le Roi en Poitou quelque temps avant cette conférence, lorsque Louis, soupçonnant le duc de Bretagne, s'avança à sa rencontre, c'est-à-dire au mois de février : mais l'itinéraire du prince permet de constater qu'il ne quitta pas alors son château de Baugé.

finesse diplomatique, car la reine ne lui promettait pas encore de rejeton en 1465; mais il faisait souvent courir le bruit de sa grossesse pour tromper l'ambition des princes du sang, et, dans cette occasion, le coup portait à merveille. Sa réponse au sujet des propositions adressées à son représentant n'est pas moins spirituelle : Mon frère et ses adhérents demandent au roi de Sicile d'épouser leur querelle? Mais dans leurs manifestes, publiés à tous les coins de la France, ils ont annoncé qu'il était avec eux ; ils n'ont donc pas besoin de lui faire une telle requête, ou bien ils ont menti [1].

En effet, le duc de Bourbon, dans sa proclamation du 13 mars, avait nommé René au nombre des coalisés [2]. Ayant déjà le fils, ils comptaient sur le père, et, pour capter davantage la faveur publique, ils avaient fait courir d'avance le bruit qu'il était des leurs [3]. Mais il ne tarda pas à les démentir en envoyant au duc de Calabre un de ses conseillers intimes, Guillaume d'Haraucourt, évêque de Verdun, avec la mission de le rappeler à l'obéissance envers lui comme envers le Roi [4]. Celui-ci, du reste, ne paraît pas avoir douté alors des sentiments de son oncle; car il mandait de Saumur, le 10 avril, au grand chancelier de France : « Le roy de Secille s'est du tout déclairé pour nous, et sera ici aujourd'uy ou demain; et, lui venu, prendrons nostre conclusion de ce que aurons à faire. » Et il ajoutait en post-scriptum : « Depuis ces lettres escriptes, beaux oncles le roy de Secille est venu devers nous, délibéré de nous servir envers et contre tous [5]. » Une telle sécurité, dans la situation faite à la maison

[1] Arch. nat., J 1021, n° 20 (pièces justificatives, n° 53). Il faut lire le texte de ce curieux document, qui, je crois, ne figure point parmi les nombreuses pièces déjà publiées au sujet de la guerre du Bien public.

[2] V., dans la collection des *Documents inédits*, les *Mélanges* publiés par M. Champollion, t. II, p. 196.

[3] Ce bruit court encore, car on ne trouve guère d'autre fondement à l'assertion de quelques auteurs, répétée même par un des historiens les plus complaisants du roi de Sicile, que ce prince « trempa, d'une façon au moins passive, dans la ligue du Bien public. » (De Quatrebarbes, éd. de Bourdigné, II, 215.)

[4] V. la lettre du 10 août 1465, citée plus loin.

[5] Arch. nat., J 1021, n° 33.

d'Anjou, est un indice de la profonde estime que Louis XI éprouvait malgré lui pour le caractère de René. Aussi le chargea-t-il de transmettre ses répliques aux ducs de Berry et de Bretagne; mais le négociateur attendit vainement de ces derniers des paroles d'accommodement : tous les pourparlers devaient échouer devant la ferme résolution prise par les ligueurs de tenter le sort des armes [1].

Le 18 avril, Guillaume Cousinot, l'historiographe de la cour, écrivait à son tour au chancelier que le prince d'Anjou tenait ferme pour la cause royale [2]. Louis résolut alors de prendre l'offensive et de partir en Berry, à la tête de huit cents lances. Mais René, ne pouvant s'exposer à se battre contre la personne de son fils, qui, en ce moment même, se prononçait formellement pour la ligue, fut laissé dans son duché, afin d'assurer, avec son frère le comte du Maine, la frontière de Normandie, menacée par le duc de Bretagne. Toutefois le Roi ne se sépara pas de lui sans attester sa gratitude par quelques faveurs : il lui assura sur son trésor une pension de dix-huit mille livres tournois, qui devait commencer au 1er octobre suivant, et lui renouvela pour sa vie durant le don de tout le produit de la traite des vins d'Anjou, qu'il lui avait fait pour six ans seulement [3]. Les considérants de ces deux concessions portaient sur les éminents services rendus par le roi de Sicile à la couronne, aussi bien dans les circonstances récentes qu'autrefois. René profita en même temps des bonnes dispositions de son neveu pour régler, avant son départ, une question pendante depuis longtemps au sujet de la possession de la ville de Gap, située sur les limites du

[1] « Et a nostredit oncle envoyé ladite remontrance à nostredit frère et audit duc de Bretaigne, desquels encore n'a eu sur ce response. » Lettre de Louis XI au sr d'Esternay (Arch. nat., J 1021, n° 14). Le Roi raconte dans le même message que les gens du duc de Bourbon ont détroussé, à deux lieues de Lyon, la sénéchale de Poitou, qui se rendait en Languedoc, lui ont tout pris et « l'ont mise en sa petite cote ». Cf., sur toutes ces négociations, les lettres publiées par M. Quicherat dans les *Mélanges* de M. Champollion (*loc. cit.*).

[2] Arch. nat., J 1020; *Inventaire du Musée*, p. 274.

[3] Arch. nat., P 1334^{2}, f°s 99 et 100 (pièces justificatives, n° 54).

Dauphiné et de la Provence. En 1438, l'évêque du lieu avait obstinément refusé l'hommage prêté par tous les Provençaux à leur nouveau comte. Le Dauphin avait ensuite disputé à celui-ci la propriété du fief, et plusieurs journées, tenues par leurs commissaires respectifs en 1448, n'avaient pas amené d'accord définitif. Au contraire, les agents de Louis s'étaient, quatre ans plus tard, violemment emparés du territoire. Ce litige se termina par un échange conclu à Saumur, où les deux princes se trouvaient réunis, au mois d'avril 1465 : le Roi renonça à toute prétention sur Gap et Moncalquier, et René, en retour, lui abandonna la seigneurie de Vaudole, qui dépendait également de son comté, pour être unie irrévocablement au domaine delphinal. Le parlement de Grenoble, alléguant l'intérêt du pays, fit quelques difficultés pour mettre le roi de Sicile en possession de la ville qui lui était recédée : les lettres royales finirent cependant par recevoir leur exécution; mais le différend se prolongea quelque temps encore entre les autorités locales [1]. Les marques de la reconnaissance de Louis XI s'étendirent aux conseillers de son oncle qui l'avaient servi dans les négociations avec les seigneurs révoltés : Guillaume d'Haraucourt, par exemple, reçut à cette occasion un don de cinq cents livres tournois [2].

La guerre s'engagea, on sait comment. L'armée royale remporta d'abord quelques succès en Bourbonnais; mais les ducs de Bretagne et de Berry, à la tête d'un corps considérable, parvinrent à se frayer la route de Paris en longeant les bords de la Loire, à travers l'Anjou et la Touraine. Il est probable que les forces de René et du comte du Maine étaient occupées du côté de la Normandie, car on ne rencontre la trace d'aucun engagement lors de ce passage de l'armée bretonne, et il est impossible, d'après la conduite ultérieure du roi de Sicile, de supposer une connivence déloyale entre lui et

[1] Arch. nat., P 1334[a], f° 102 (pièces justificatives, n° 55); P 1334[11], 2e partie, f°s 28 v°, 30, 55, 65. Arch. des Bouches-du-Rhône, B 659, 683, 684, 688. Nostredame, p. 620.

[2] *Documents inédits, Mélanges*, II, 232.

les coalisés [1]. Ceux-ci durent employer la ruse et saisir le moment où le pays était dégarni de troupes. En effet, Bourdigné raconte que, lorsqu'ils arrivèrent à l'embouchure de la Maine, les habitants d'Angers, dans leur zèle pour la cause du Roi, voulurent aller les arrêter, et que leur duc, ne trouvant pas ses sujets en nombre, les en empêcha pour éviter une boucherie inutile [2]. Si ce trait est authentique, il prouve chez lui de l'*humanité*, et *tout au plus un excès de circonspection*; mais, de là à la trahison, il y a loin, quoique Louis XI, cherchant plus tard des griefs contre son oncle, ait exprimé des soupçons à cet égard. Bientôt, au contraire, le prince donna au suzerain une nouvelle marque de sa fidélité en essayant de faire rebrousser chemin à son fils, qui s'avançait au secours des ducs de Bretagne et de Berry et du comte de Charolais. La célèbre bataille de Montlhéry venait de jeter la plus grande incertitude sur le résultat de la campagne; mais Jean d'Anjou n'y était pas : sa jonction avec ses confédérés pouvait faire pencher la balance de leur côté. Cette jonction était *imminente, car il arrivait de Lorraine à marches forcées*; elle était redoutée, car il était précédé d'une réputation exceptionnelle de bravoure, et il amenait avec lui, outre ses propres soldats, des condottieri italiens, entre autres Campobasso, avec une compagnie de cinq cents Suisses [3]. Le Roi lui-même s'émut de son approche, et demanda à son père d'intervenir de nouveau pour arrêter sa marche. René écrivit aussitôt de Launay une lettre des plus énergiques, qu'il fit porter à Jean par un de ses amis personnels, Gaspard Cossa : « Toujours m'avez esté obéissant, lui disait-il; encore, si vous estes sage, ne commencerez-vous pas à ceste heure à faire autrement, et je le vous conseille pour vostre bien et hon-

[1] L'attitude du comte du Maine est plus suspecte; elle fut incriminée après la journée de Montlhéry et le fit disgracier un peu plus tard. Il paraît cependant n'avoir été coupable que de faiblesse. Commines lui-même n'a pas cru qu'il fût d'intelligence avec les Bourguignons (I, 45). Mais qui pouvait être à l'abri des soupçons de Louis XI?

[2] Bourdigné, II, 215.

[3] Commines, I, 63.

neur [1]. » Et, pour plus de sûreté, il donna l'ordre au messager de passer par la cour, de communiquer cette lettre au monarque et de se conformer scrupuleusement à ses instructions. Si la mission de Cossa fut infructueuse, ce n'était certes pas la faute de celui qui l'envoyait. Le sire de Précigny, que Louis XI dépêcha en même temps au duc de Calabre, échoua également. C'est que le ressentiment de ce dernier était profond, et il était encore augmenté par l'alliance du Roi avec son rival Ferdinand ; car, dans cette même guerre du Bien public, pour laquelle il réclamait l'appui des princes d'Anjou, Louis se faisait aider par les Aragonais de Naples, leurs ennemis jurés. Il redoutait l'hostilité des Provençaux, qui « avaient monseigneur de Calabre comme leur Dieu » et prenaient les armes en sa faveur. Ferdinand, afin de les occuper, envoya de ses gens faire des incursions sur leurs côtes. Ce fait, peu connu, montre combien le dévouement de René était désintéressé [2].

La lutte, entreprise malgré lui, continua sans lui. Il se préoccupa seulement de préserver de tout dommage ceux de ses sujets qui étaient exposés à ressentir le contre-coup des événements. Il manda notamment à Gérard d'Haraucourt, son lieutenant au duché de Bar, de faire redoubler la surveillance et réparer les fortifications des places de ce pays, dont la sûreté était compromise par le voisinage des duchés de Lorraine et de Bourgogne, en guerre avec le royaume [3]. Mais il est difficile de croire qu'il ait été étranger aux négociations qui mirent fin à cette funeste campagne et à la conversion tardive de son fils, qui devint lui-même un des agents les plus empressés de la pacification. C'est, en effet, sous l'influence de Jean que les autres princes consentirent à déposer

[1] Lettre du 10 août 1465, extraite des papiers de l'abbé Legrand et publiée parmi les preuves de l'édition de Commines, Londres, 1785, X, 458. Cf. Vill.-Barg., II, 160; de Quatrebarbes, t. I, p. CIV. Legeay. *Hist. de Louis XI*, I, 437. L'historien de René d'Anjou a rattaché cette lettre à l'année 1464.

[2] Il nous est révélé par une lettre de Pierre Gruel, président du parlement de Grenoble, en date du 11 septembre 1465 (*Documents inédits*, *Mélanges*, II, 382). Les Lombards du duc Sforza combattirent aussi avec le Roi (*Ibid.*).

[3] Lettre du 5 septembre 1465 (Bibl. nat., Lorraine 08, f° 102).

les armes et à signer les traités de Conflans et de Saint-Maur. Ils vendirent la paix à des conditions onéreuses, qui trahissaient leurs mobiles intéressés [1]. Le duc de Calabre demanda pour lui, avant toutes choses, la renonciation du Roi à l'alliance de Ferdinand d'Aragon. Cette exigence avait au moins un côté patriotique. Louis, après avoir subi les récriminations de son cousin, lui accorda ce qu'il désirait ; il s'engagea même à lui octroyer pendant trois ans un subside annuel de cent mille écus, pour l'aider à reconquérir le royaume de Sicile [2]; mais on verra, par la suite des événements, que le rusé monarque persévéra dans la politique qu'il avait adoptée en Italie. Pour le moment, il lui fallait avant tout apaiser les mécontents. Jean reçut, en outre, une somme de soixante mille écus comme rémunération des services qu'il avait rendus à Gênes, et, un peu plus tard, une pension de vingt-quatre mille livres comme récompense générale. Il fut dispensé de l'hommage de différentes seigneuries de Lorraine, attribuées, depuis un certain temps, au bailliage de Chaumont, en considération, disent les lettres du Roi, « de ce qu'il s'est curieusement employé à la pacification des différens qui ont esté entre nous et aucuns seigneurs de nostre sang ». Il obtint, enfin, la garde ou le gouvernement de plusieurs places voisines de son duché, Toul, Verdun, Châtel-sur-Moselle, Vaucouleurs [3]. Ainsi, sui-

[1] « Je croyais, fait-on dire à Jean d'Anjou, que cette guerre était entreprise dans l'intérêt public ; mais je vois bien aujourd'hui qu'il s'agissait surtout de l'intérêt particulier. »

[2] Ce don fut signé le 5 novembre 1465. L'acte qui le contient dit que la somme avait été convenue « en faisant la pacification des différences seurvenues au royaume ». Par d'autres lettres du même jour, Jean reconnut qu'il n'avait droit qu'à trois cent mille écus en tout : si la conquête était faite avant l'expiration des trois ans, le Roi ne lui devrait plus rien; si, au contraire, elle n'était pas accomplie au bout de ce temps, il continuerait à lui fournir chaque année un subside raisonnable, dont la quotité serait déterminée par le comte de Charolais. (Arch. nat., J 932, nos 13 et 41.)

[3] Arch. nat., J 932, no 12; KK 1118, fo 54 vo. D. Calmet, preuves, t. III, col. CCXXXI; etc. Le texte des traités intervenus entre Louis XI et les seigneurs révoltés se trouve, entre autres, dans les mss. français de la Bibl. nat. (nos 2831 et 2880), et dans D. Calmet, ibid., p. CCXXV.

vant une règle politique de tous les temps, mais dont Louis XI savait faire l'application plus largement que personne, ceux qui avaient combattu leur suzerain étaient plus favorisés que ceux qui l'avaient défendu.

Les événements de 1465 opérèrent un rapprochement superficiel et momentané entre les rois de France et de Sicile. Sous l'influence de cet apaisement, le mariage projeté naguère entre la princesse Anne et Nicolas d'Anjou fut ratifié par les parties intéressées, et le traité définitif fut signé le 1er août 1466; on procéda même, quelque temps après, à une cérémonie religieuse. Plusieurs à-compte furent payés sur la dot, et néanmoins les choses en restèrent là[1]. La même année, René parvint à régler une autre question de famille et d'intérêt qui était depuis longtemps en suspens. La veuve de son frère Louis III, Marguerite de Savoie, remariée au duc de Bavière, puis au comte de Wurtemberg, lui avait autrefois adressé diverses réclamations sur la succession de son premier époux : elle demandait la restitution de la portion de sa dot qui avait été versée, sa couronne et ses bijoux, l'assignation de son douaire et des arrérages. Le conseil du roi de Sicile avait repoussé presque toutes ses prétentions pour des motifs assez curieux : quant à la couronne et aux autres joyaux, elle n'y avait aucun droit, n'étant plus reine; et quant à son apport, Amédée VIII n'avait remis, le jour de la réception de sa fille à Tarascon, que quinze mille ducats au lieu des cinquante mille convenus, ce qui avait compromis l'expédition de Louis III en Italie et les affaires de son frère lui-même : il y avait donc lieu de réduire considérablement la réclamation. Par une première transaction, passée en 1456, Marguerite avait consenti à se contenter d'une rente viagère de trois mille écus, à asseoir sur les gabelles et péages du Rhône et de la Durance[2]; mais, l'assiette et le payement de cette rente ne s'étant pas faits

[1] Arch. nat., P 1365², n° 1468; P 1370¹, n° 3125; P 2575, f° 14 v°; KK 1123, f° 25. Bibl. nat., ms. fr. 20385, n° 36. D. Calmet, preuves, t. III, col. DCLXIX.

[2] Arch. nat., P 1334¹, f°s 167, 180, 183. Guichenon, preuves, p. 350.

exactement, à cause des embarras financiers du prince, les difficultés recommencèrent. Elles furent terminées, le 11 octobre 1466, par un nouvel accord, signé dans le château d'Angers, où la comtesse de Wurtemberg s'était rendue elle-même, munie des pouvoirs de son mari. Son beau-frère reconnut lui devoir en tout, arrérages et capital compris, une somme de trente-trois mille écus, qui fut assignée sur les revenus du duché de Bar et payée, à partir de ce jour, par termes annuels de deux mille écus [1]. Ce fut la seule occasion qu'eut le roi de Sicile de renouer ses rapports avec l'Allemagne : il les avait presque entièrement cessés depuis l'abandon de la Lorraine à son fils, car on ne les constate plus, à partir de cette donation, que par un traité d'alliance, à peine postérieur, conclu entre lui et Ferry, comte palatin du Rhin et duc en Bavière, son parent [2].

Mais, en même temps, un horizon aussi vaste qu'inespéré s'ouvrait à la maison d'Anjou du côté des Pyrénées. La Catalogne, dépendance du royaume d'Aragon, refusant de reconnaître les modifications apportées par le roi Jean II à l'ordre régulier de la succession au trône, avait secoué son autorité et appelé, pour le remplacer, l'infant de Portugal don Pedro, issu du même sang que lui. Ce concurrent étant mort presque aussitôt, le peuple et la noblesse du pays songèrent à conférer le pouvoir à une autre branche de la race royale d'Aragon, et jetèrent les yeux sur René, dont la mère Yolande était la

[1] Arch. nat., J 850, nº 34 ; Arch. des Bouches-du-Rhône, B 685. L'acte est fait dans la chambre « *qua hospitatur dicta domina Margarita.* » Pour les quittances des termes échus, voir, aux Arch. nat., KK 1117, fº 150 vº, et KK 1127, fº 118 vº. En 1478, René dut imposer une aide sur les habitants de Bar, de Pont-à-Mousson et de Saint-Mihiel pour compléter les payements. (*Ibid.*, KK 1117, fº 157 vº.)

[2] Arch. nat., KK 1127, fº 238; D. Calmet, preuves, t. III, col. DCLII. Ce traité est daté du mercredi après Quasimodo de l'an 1453; il stipule une ligue offensive et défensive entre les deux princes, en raison de leur proximité de lignage « et aussi des présens et estranges règnes qui sont à présent communément par le pays ».

propre fille du roi Jean I : la parenté était donc des plus proches, et il ne fallait qu'une occasion propice pour faire de ce prince un prétendant autorisé. Il se trouvait depuis longtemps en état de guerre permanent avec les souverains aragonais : Jean II était le frère d'Alphonse, son ancien rival ; les sujets de ce monarque et les siens vivaient sous le régime d'une trêve ménagée par Louis XI, leur allié commun, en 1462 [1]. Les Catalans jugèrent que cette situation le prédisposerait à accueillir favorablement leurs ouvertures, et ils ne se trompèrent pas. Dès 1463, le conseil de la ville de Barcelone et les représentants du principat de Catalogne, qui gouvernaient provisoirement le pays, avaient passé avec ses ambassadeurs une convention d'alliance réciproque [2]. Ce premier pas fut suivi, trois ans plus tard, de l'offre du trône d'Aragon, qu'une députation solennelle, conduite par Ponce Andrieu, abbé de Ripoll, vint lui apporter à Angers. Des instructions détaillées furent remises par les magistrats espagnols à leurs délégués, le 20 août 1466. Ils les chargeaient de se rendre d'abord en Provence, auprès du lieutenant-général Jean Cossa, pour lui demander en quel lieu ils pourraient rencontrer le roi de Sicile et le duc de Calabre, et pour le sonder sur les intentions de ces deux princes, sans toutefois le mettre au courant de l'affaire ; d'aller ensuite, s'il y avait lieu, trouver René lui-même, de le prier de les entendre en audience secrète, et de lui tenir le discours suivant :

« Très-illustre et très-vertueux seigneur, Votre Altesse ne « doit pas ignorer qu'il a plu à Dieu d'appeler à lui le très- « illustre seigneur don Pedro, roi d'Aragon et comte de Bar- « celone, de louable mémoire, sans aucune postérité légi- « time. Et, attendu qu'un grand nombre de rois, de princes « et de seigneurs ont des droits à sa succession, et parmi « eux votre très-illustre Seigneurie, les députés de Cata- « logne et le conseil de Barcelone nous ont envoyés vers elle,

[1] Arch. des Bouches-du-Rhône, B 681.
[2] *Ibid.*, B 15, f° 118 v°.

« afin de savoir si, dans le cas où ils seraient décidés à la « prendre pour roi, elle accepterait la couronne, et si elle « serait disposée à envoyer le très-illustre duc de Calabre, « son fils, en Catalogne. »

En cas de réponse affirmative, les ambassadeurs devaient aussitôt se prosterner publiquement devant le prince, « mais *non jusqu'à terre* », lui baiser les mains et lui remettre une lettre ainsi adressée : « A très-haut et très-excellent seigneur le seigneur René, par la grâce de Dieu roi d'Aragon, des Deux-Siciles, etc., comte de Barcelone, etc. » Le reste de leurs instructions leur prescrivait de lui exposer en détail les affaires du pays; de stipuler le maintien de ses libertés et privilèges; de se transporter ensuite auprès du duc Jean, qui deviendrait de droit gouverneur général de l'Aragon, pour obtenir son assentiment; d'aller également saluer la reine, le jeune prince Nicolas et Charles d'Anjou, comte du Maine; d'insister, enfin, sur l'envoi immédiat d'un capitaine et d'un corps d'armée capables de résister aux forces de Jean d'Aragon et d'achever la soumission du royaume [1].

Tout se passa ainsi. René, qui, par un étrange revirement du sort, retrouvait un trône chez ceux-là même qui lui avaient enlevé le sien, accepta les offres des députés catalans. Il accepta, *non pour son fils*, comme l'ont dit plusieurs historiens [2], mais pour lui-même; car, dès ce moment, il prit dans tous ses actes, et avant toute autre qualité, le titre de roi d'Aragon [3],

[1] Arch. des Bouches-du-Rhône, B 15, f° 255. On trouvera plus loin le texte entier de ce document inédit et plein d'intérêt, qui est rédigé en langue catalane (pièces justificatives, n° 58). M. de Villeneuve-Bargemont (II, 168) a reculé jusqu'à l'année suivante l'envoi de l'ambassade espagnole; d'autres l'ont placé, sans plus d'exactitude, en 1465 (*Art de vérifier les dates*, X, 424).

[2] *Art de vérifier les dates*, *ibid.*, Vill.-Barg., *ibid.* L'origine de cette erreur se trouve sans doute dans l'affirmation du chroniqueur Chastelain, qui prétend que les Catalans élurent le duc de Calabre pour roi après la mort de Pierre de Coïmbre (éd. Kervyn, V, 408).

[3] Le 17 novembre 1466, René s'intitule « roy de Jérusalem et de Sicile, d'Arragon, de l'isle de Sicile, Valence, Maillorques, Sardaigne et Corseigue, duc d'Anjou, de Bar, etc., comte de Barcelonne, de Prouvence, de Forcalquier, de Piémont, etc. » (Arch. nat., P 1334⁸, f° 158.) Toutes les principautés dépendant

et il recouvrit ses armes de l'écu d'or à quatre pals de gueules. Les mesures relatives à l'expédition de Catalogne furent prises en son propre nom; seulement il investit le duc Jean des pouvoirs de lieutenant-général et le chargea du commandement militaire, qui ne convenait plus à son âge ni à ses goûts. Louis XI, qui avait des motifs particuliers pour renoncer à l'alliance de Jean d'Aragon, se montra d'abord disposé à appuyer la maison d'Anjou en Espagne plus efficacement qu'il ne l'avait fait au royaume de Naples. Le 21 octobre de la même année, il accorda à son oncle des lettres d'état ayant pour objet de faire suspendre ses procès au parlement et dans toutes les cours de justice, « parce que, dit la teneur, le roi de Sicile est décidé à se rendre en personne à Barcelone, et s'apprête à partir, de notre consentement, pour aller prendre possession des nouveaux domaines qui lui sont échus par droit héréditaire [1] ». Toutefois, le projet de René ne se réalisa pas, et Jean seul franchit les Pyrénées. A la même date, le Roi écrivit au duc de Milan qu'il s'était déclaré en faveur de l'entreprise de son cousin, et qu'en conséquence il le priait de faire cesser les armements des Génois, qui préparaient des navires et des troupes dans le but de soutenir la cause opposée [2]. Une vieille rivalité existait entre Gênes et Barcelone, ces deux grandes cités marchandes de la Méditerranée : toute occasion leur semblait bonne pour se combattre mutuellement. René parvint cependant à leur faire conclure une trêve, par l'entremise de Raymond Puget, son conseiller, et il obtint même qu'une flotte génoise vînt coopérer avec l'armée de son fils [3]. Cette armée fut composée, en majeure partie, de Lorrains, de Provençaux et d'Angevins. Louis XI autorisa Jean à lever des soldats à ses dépens dans le comté d'Armagnac, et promit de lui donner

de la couronne d'Aragon sont dans cette énumération. Ailleurs, on le voit prendre la qualité de roi de Sicile *citrà et ultrà farum*, ou des Deux-Siciles ; mais, le plus souvent, les mots « roi d'Aragon » suivent immédiatement son nom.

[1] Arch. nat., P 1334[8], f° 157 v° (pièces justificatives, n° 59).

[2] Bibl. nat., ms. ital. 1591, n° 382.

[3] Arch. des Bouches-du-Rhône, B 686. Arch. de Gênes, *Materie politiche*, mazzo 13. *Rer. ital. script.*, XXIII, 248 et suiv.

pour son expédition d'Espagne les secours qu'il s'était engagé à lui fournir pour celle d'Italie. Mais ce fut encore un leurre; car, si le duc reçut quelques fonds, il ne vit arriver aucun renfort : les archers royaux qui devaient le rejoindre ne partirent point, ou reçurent l'ordre de rebrousser chemin avant d'avoir franchi la frontière [1]. Il engagea néanmoins la campagne en 1467, avec le concours de Ferry de Lorraine, son beau-frère, qui fut investi de la lieutenance générale en second; de Jean de Torreilles, comte d'Iscla, nommé vice-gouverneur de la Catalogne; de Gaspard Cossa, à qui sa bravoure valut l'office de capitaine du Lampourdan et de l'évêché de Girone, et d'autres officiers éprouvés [2]. Bientôt il entra en maître à Barcelone, où, acclamé par la population, il organisa, d'une part, un gouvernement régulier au nom de son père, de l'autre, une guerre incessante contre Jean d'Aragon et ses partisans.

René n'était pas seulement retenu en France par la lassitude du métier des armes. Des affaires intérieures de la plus haute gravité l'empêchaient de s'éloigner; il pensait même seconder plus utilement les efforts de son fils en n'abandonnant pas la cour ni l'influence qu'il pouvait y avoir conservée. Les hostilités ayant repris entre Louis XI et le duc de Bretagne, chez lequel Monsieur, duc de Berry, toujours en lutte avec son frère, avait trouvé un asile, le souverain fit encore une fois appel au dévouement du roi de Sicile. Celui-ci renouvela le serment de le servir envers et contre tous; mais, voulant prendre ses sûretés, il lui demanda en échange une lettre officielle, signée de sa main et scellée de son sceau, contenant l'engagement de soutenir de tout son pouvoir le chef de la maison d'Anjou. Louis, qui ne regardait pas aux promesses, s'exécuta de bonne grâce, le 19 octobre 1467 [3]. Au commen-

[1] D. Calmet, II, 870 et suiv. *Chronique scandaleuse*, coll. Petitot, XIII, 308.

[2] Arch. nat., KK 1127, f° 682. Bibl. d'Aix, ms. 1064, p. 79, 100, etc. Jean d'Anjou fut créé lui-même prince de Girone après l'occupation de cette ville. Cf. Nostredame, p. 626.

[3] « Loys, par la grâce de Dieu roy de France, à tous ceulx qui ces présentes

cement de l'année suivante, ayant traité avec le comte du Perche pour la reddition d'Alençon, que les Bretons occupaient, il invoqua, à l'appui de sa parole, la garantie de son oncle, qu'il assura, à son tour, contre tout dommage pouvant résulter de cette intervention [1]. Puis, avant de continuer la guerre contre la Bretagne, il convoqua les états à Tours, le 26 février, et consulta les princes réunis, particulièrement René, sur la marche à suivre : valait-il mieux, pour rétablir la paix, délaisser au duc de Berry la possession de la Normandie, et détacher ainsi de la couronne une des plus importantes provinces, ou maintenir l'intégrité du domaine royal en courant les risques d'une nouvelle campagne? Ils répondirent, d'une commune voix, qu'il fallait tout tenter plutôt que de consentir à un démembrement, et qu'on devait s'en remettre à Dieu [2]. Le Roi, réconforté par cette ferme attitude, reprit les armes, et, forcé de se rapprocher des frontières du nord, menacées par le nouveau duc de Bourgogne, Charles le Téméraire, investit son oncle de la lieutenance générale aux pays d'Anjou, du Maine, et même de Bretagne. Cette marque d'estime prouve qu'il ne nourrissait encore aucun soupçon contre lui : il lui donnait, en effet, la garde de ces contrées comme à un « chief

lettres verront, salut. Nostre très-cher et très-amé oncle le roy de Sicile, duc d'Anjou, nous a promis qu'il nous servira à l'encontre de touz qui pevent vivre et mourir, ainsi qu'il y est tenu ; mais il doubte que, à l'occasion de nostredit service, aucuns luy vueillent courir sus et porter dommaige à ses terres et seigneuries, en nous requérant que, se le cas advenoit, il nous plaise le asseurer que nous l'aiderons et soustiendrons. Savoir faisons que nous, ayans regard au bon vouloir de nostredit oncle et aux grans et louables services que luy et la maison d'Anjou ont faiz à nous et à la couronne de France, à nostredit oncle avons promis et promectons, en bonne foy et en parolle de roy, que nous le porterons et soustiendrons de tout nostre povoir envers et contre touz qui lui vouldroient faire guerre ou porter dommage en aucune maniere, et lui donnerons tout conseil, confort et aide. En tesmoing de ce, nous avons signées cesdictes présentes de nostre main, et à icelles fait mectre nostre seel. Donné à Paris, le XIXe jour d'octobre, l'an de grâce mil CCCC soixante et sept, et de nostre règne le septiesme. Ainsi signé : Loys. » (Arch. nat., P 1334[8], f° 190 v°.)

[1] Arch. nat., P 1334[8], f° 200 (pièces justificatives, n° 61).

[2] Chastelain, V, 387. Cf. Jean de Wavrin, II, 366.

notable, de telle auctorité et puissance qu'il les puisse préserver et deffendre de toute oppression et adversité », et parce qu'il était plus capable que tout autre de remplir une pareille mission ; il l'autorisait à rassembler les troupes royales, à fortifier ou à démolir les places fortes, à disposer des biens enlevés à l'ennemi, à traiter, à nommer des capitaines, à faire marcher les nobles et roturiers, non-seulement ceux de l'Anjou, du Maine et de la Bretagne, mais encore ceux de la Touraine, du Poitou, de la Saintonge et de l'Angoumois, dont le commandement particulier était remis à son petit-fils Nicolas, marquis du Pont, enfin à se faire représenter par un ou plusieurs lieutenants [1].

René n'avait pas attendu ces pouvoirs pour prendre des mesures énergiques : déjà il avait interdit toute communication avec la Bretagne et ordonné l'expulsion des sujets bretons qui se trouvaient à Angers, à l'exception des gens établis et mariés dans la ville, des clercs bénéficiés et des étudiants de l'Université [2]. Sa vigueur, sa promptitude furent sans doute une des causes qui amenèrent le duc à demander la paix. Elle fut conclue le 10 septembre 1468, à Ancenis, où *le marquis du Pont avait pénétré en vainqueur*, et le duc de Calabre, quoique absent, fut un de ceux qui la signèrent au nom du Roi. Son père rétablit aussitôt la liberté de la circulation et du commerce entre les pays belligérants, défendit aux habitants de s'injurier et de se maltraiter, et délivra aux commissaires bretons la place de Champtocé, qu'il avait fait occu-

[1] Cet acte, inconnu jusqu'à présent, est du 9 août 1468 (Arch. nat., P 1334[6], f° 219 ; pièces justificatives, n° 62).

[2] « De par le Roy et le roy de Sicile, d'Arragon, etc., duc d'Anjou, etc. Il est enjoinct et commandé à toutes manières de gens natifs du pays de Bretaigne, de quelque estat ou condicion qu'ilz soient, qu'ilz vuydent dedans demain juedi la ville d'Angiers, *sur paine de confiscacion de corps et de biens, excepté ceulx qui y* sont mariez et tiennent feu et lieu, et aussi gens d'église pieça bénéficiez et escolliers estudians ; lesquelz dessusdiz, s'ilz y veullent résider et demourer, viennent dedans demain dix heures en la chappelle du chasteau faire le serment d'estre bons et loyaux au Roy et audit s^{r} roy de Sicile, et les servir envers touz et contre touz. Fait oudit chastel d'Angiers, le xxie jour de juillet, l'an mil IIII^{c} soixante huit. Ainsi signé : G. Rayneau. » (Arch. nat., P 1334[6], f° 218.)

per par le sire de Bueil, mais dont le traité stipulait la restitution contre celle de Caen[1].

C'est en récompense de ces services que Louis XI lui accorda, le 28 janvier suivant, le droit de sceller ses lettres de chancellerie avec la cire jaune, dont les rois de France seuls pouvaient jusque-là se servir. C'était un privilége purement honorifique, mais moins insignifiant qu'on ne l'a cru. Les termes mêmes de la concession indiquent que le souverain entendait conférer par là une distinction exceptionnelle, unique dans l'histoire : « Depuis quelques années, le royaume de France était débordé, envahi par les guerres intestines et les séditions. Un seul prince s'est trouvé qui, par aucun moyen, sous aucun prétexte, n'a pu être détourné de la fidélité qu'il nous devait et du soin de la défense de l'État : c'est notre oncle bien-aimé, que nous appellerions avec plus de raison notre père, le roi de Jérusalem, de Sicile et d'Aragon, qui, avec une constance invaincue, une volonté toujours droite, a maintenu l'antique honneur de ce royaume, en a respecté et augmenté le prestige, l'a arrêté, enfin, sur le bord du précipice[2]. » Quel plus bel hommage pouvait être rendu à la conduite d'un loyal serviteur? Et c'est dans la bouche de Louis XI qu'on le rencontre! Le parlement voulut en vain s'opposer à cette faveur : non-seulement elle fut ratifiée, mais elle fut étendue, quelques mois plus tard, à la descendance directe et masculine de celui qui en avait été honoré[3].

Au même moment, il est vrai, René engageait de nouveau sa parole pour corroborer celle de son suzerain, qui ne jouissait pas, auprès des ennemis de la couronne, d'une autorité bien solide. Le traité de Péronne, imposé, comme l'on sait, par le duc de Bourgogne, créait au Roi les obligations les plus pénibles ; on avait d'autant moins de confiance en leur accom-

[1] Arch. nat., P 1331[a], f°s 220 v° et 221. Cf. Commines, I, 148 ; D. Plancher, IV, 303.

[2] Arch. nat., P 1334[3], f° 6 v° (pièces justificatives, n° 65). Arch. des Bouches-du-Rhône, B 16.

[3] Arch. nat., P 2532, f° 277 v°.

plissement. Il fallut que le roi de Sicile, ce représentant de l'honnêteté et de la justice, s'en constituât le garant : par une clause ultérieure, qu'il signa à Saumur, le 11 mai 1469, il promit d'entretenir la paix entre les deux puissants rivaux, et même de prendre les armes pour le duc, si Louis venait à violer les conditions du traité [1]. Ce cas se présenta en effet, et Charles le Téméraire, dès l'année suivante, envoya sommer le vieux prince d'avoir à lui prêter main-forte. Son ancien allié, le duc de Bretagne, qui s'était également porté caution pour le Roi, reçut la même invitation. Mais l'habile monarque assembla ses grands vassaux et les gens de son conseil, au nombre de plus de quatre-vingts, leur exposa les faits et les pièces, et les amena à rejeter tous les torts sur son adversaire. René lui-même, convaincu par la délibération à laquelle il avait pris part, se considéra comme délié de toute promesse envers Charles, et il fut le premier à requérir son neveu d'agir désormais sans ambages ni ménagements à l'égard de ce dangereux ennemi [2].

Bientôt de nouveaux incidents parurent sceller l'union des cours de France et de Sicile. En octobre 1469, Jeanne de Laval et son époux furent reçus avec des démonstrations d'amitié au château d'Amboise, et des fêtes, des divertissements variés leur furent offerts [3]. Après la naissance du Dauphin (Charles VIII), au mois de juin 1470, Louis XI se rendit à Angers, et Marguerite d'Anjou y vint, de son côté, avec « toute la bende des ducz et contes angloys », dit Bourdigné. L'occasion de cette réunion était l'arrivée du comte de War-

[1] Cette pièce curieuse, dont M. Paulin Paris a reconnu l'authenticité, était en la possession de M. de Quatrebarbes, qui l'a citée dans les *Œuvres du roi René*, t. I, p. cxv. Six semaines après, Louis XI donna à René la seigneurie de Langeais, en Touraine, appartenant précédemment à Dunois. (Arch. nat., P 1334⁹, f° 157 v°.)

[2] « Item, et pour ce que le roy de Secille estoit présent, luy-mesmes, oyes les opinions dessusdites, trouva par son conseil qu'il estoit quitte, deslié et exempt,... et luy le premier et tous les seigneurs requirent au Roy... que son plaisir fust ne plus dissimuler, souffrir ne tollérer à mondit seigneur de Bourgogne les choses dessusdites. » Procès-verbal rédigé à Amboise, le 1er décembre 1470 (Bibl. nat., ms. fr. 3884, f°s 282 et suiv.). Cf. Duclos, I, 307, 400.

[3] *Chronique scandaleuse*, coll. Petitot, XIII, 391 ; Bourdigné, II, 220 et suiv.

wick, l'ancien généralissime du roi Édouard d'Angleterre, qui s'était brouillé avec lui et l'avait contraint par la force des armes de se retirer en France. On voulait offrir à ce personnage, pour le gagner entièrement au parti de Lancastre, de marier sa propre fille avec le jeune prince de Galles, fils de Marguerite. La proposition fut, en effet, acceptée. Cette alliance étonnante, qui faisait du plus rude adversaire de la malheureuse reine son dernier défenseur, se conclut aussitôt, et Warwick retourna en Angleterre avec un corps de troupes françaises, que le Roi lui accorda [1]. A l'automne, Louis fut invité par son oncle à venir chasser la bête sauvage dans la forêt de Bellepoule, sur les bords de la Loire. Il répondit un peu plus tard à son amabilité par l'envoi du collier du nouvel ordre de Saint-Michel, qui était le premier créé par les rois de France, et pour l'établissement duquel il avait eu recours, sans doute, aux conseils du fondateur de l'ordre du Croissant; il l'autorisa même à porter à la fois les insignes de l'un et de l'autre, privilége réservé par les statuts aux chefs d'ordre couronnés [2].

C'est qu'en ce moment les deux princes avaient des raisons particulières de se ménager réciproquement. Si Louis avait besoin de René en France, il lui était nécessaire en Espagne. Le roi de Sicile, en effet, ne perdait pas de vue ses nouveaux domaines, et s'occupait activement de procurer des secours à son fils. Mais, comme on l'a vu, il devait peu compter sur le Roi pour une coopération sérieuse. Il s'en aperçut bien, lorsqu'ayant voulu employer au ravitaillement de Barcelone, où Jean fut assiégé un moment par ses adversaires, un bâtiment de la marine royale qui se trouvait dans un port de Provence, la *Notre-Dame-Saint-Martin*, il reçut à ce sujet une réprimande presque menaçante [3]. C'était donc toujours le

[1] Bourdigné, II, 220; D. Calmet, II, 850; etc.

[2] Arch. nat., P 1334[9], f°s 75 et 123 (pièces justificatives, n° 78); Bibl. nat., ms. fr. 2013, f° 13. C'est donc à tort que M. de Villeneuve-Bargemont exclut René de la liste des chevaliers de Saint-Michel et voit là un témoignage de la défiance de Louis XI (II, 107).

[3] « J'ay sceu, lui écrivit le Roi, que puis naguères voz officiers ont fait prendre et arrester en vostre pays de Prouvence l'une des gallées de France nommée

même système de tergiversations ou de duplicité. Tout ce qu'il put obtenir, ce fut l'autorisation de percevoir une aide supplémentaire de trente mille francs sur le pays d'Anjou, en considération des frais occasionnés tant par l'expédition de Catalogne que par l'entretien de la reine d'Angleterre[1]. Mais, pour couvrir ces frais, il eût fallu bien d'autres ressources. Les finances du roi de Sicile étaient d'autant plus épuisées, qu'il venait de conclure, le 24 avril 1469, une transaction avec le vicomte et la vicomtesse de Turenne au sujet du comté de Beaufort en Vallée, transaction assurant à sa maison la paisible jouissance de ce fief, qui lui était disputé depuis si longtemps devant le parlement, mais chargeant son budget d'une nouvelle dette de trente mille écus, prix du désistement de ses compétiteurs[2]. Aussi les deux tiers de cette somme furent-ils avancés par deux riches bourgeois d'Angers, Jacques et Gervais Le Camus, auxquels fut affermé pour six ans, en guise d'indemnité, le grenier à sel de la même ville. Cette avance de fonds était néces-

Nostre-Dame-Saint-Martin, soubz couleur de la vouloir envoyer pour l'advitaillement de Barselonne, dont j'ay esté bien esmerveillé; et ne puis croire que voulissiez donner empeschement à ladite gallée ne autre qui ait esté et soit naviguée soubz mes armes et soubz mon adveu, car ce me seroit faire bien graut oultraige, etc. » Bibl. nat., ms. fr. 2899, f° 61. On ne sait, toutefois, si cette lettre fut expédiée, ni jusqu'à quel point le fait en question, dénoncé à Louis XI par un anonyme, était véritable.

[1] Arch. nat., P 1334⁹, f° 84 (pièces justificatives, n° 71).

[2] Arch. nat., P 1334⁹, f° 24; J 179, n° 103. Analysé par M. Marchegay, *Archives d'Anjou*, II, 213. Aguet de la Tour, vicomte de Turenne, et Anne de Beaufort, sa femme, prétendaient posséder le comté de Beaufort en vertu de leurs droits sur la succession des anciens seigneurs, les Roger de Turenne. Le duc d'Anjou en revendiquait l'entière propriété parce que c'était un membre de son duché et un ancien domaine de la couronne, ne pouvant être aliéné d'aucune façon, et que, d'ailleurs, Raymond, fils de Guillaume Roger, avait perdu par confiscation *tous ses fiefs, pour avoir combattu en Provence contre le pape et le roi de Sicile*. L'accord conclu entre eux fut suivi d'une déclaration de Jeanne de Laval, portant qu'elle s'engageait à ne rien réclamer sur le comté de Beaufort, dont elle se considérait seulement comme l'usufruitière. Le but de cet acte était d'éviter que les héritiers de la reine de Sicile ne prétendissent plus tard que la cession des Turenne avait été faite par moitié à son profit et au leur, et qu'une partie de ce fief ne vint ainsi à être séparée du duché d'Anjou. (Arch. nat., P 1334⁹, f° 30.)

sitée, disent formellement les pièces, par les dépenses de la guerre d'Aragon [1]. Le prince dut encore recourir à d'autres expédients et faire divers emprunts pour soutenir l'armée du duc de Calabre, à laquelle il expédiait, *non-seulement* de l'argent, mais des provisions de blé [2]. Il travaillait en même temps à rallier à son parti les puissances voisines de ses possessions espagnoles, correspondait avec le roi de Portugal, signait avec Henri IV de Castille une ligue offensive et défensive. L'alliance de ce dernier était d'une importance capitale, car il avait lui-même des droits sur la succession d'Aragon et pouvait devenir un rival : s'en faire un ami était un acte de bonne politique ; il s'accomplit par l'entremise de Galéas de Bernetio, ambassadeur spécial du roi de Sicile, et l'influence du cardinal d'Albi n'y fut pas étrangère [3]. René ne se contentait pas de cette participation indirecte à l'expédition de son fils : il administrait réellement, de loin, les provinces soumises à son autorité. On le voit recevoir de Gui de Laval, sire de Loué, représentant accrédité de *l'infant Jean,* le serment de respecter les priviléges et libertés de ses sujets de Catalogne ; proposer les évêques, les cardinaux, les abbés ; nommer les baillis, les viguiers, les capitaines et leur envoyer des ordres ; autoriser les habitants à s'assembler pour élire des syndics ; défendre les intérêts du commerce, de l'industrie et de l'art local [4]. On

[1] Arch. nat., P 1334⁹, f° 9 ; KK 1116, f° 550 v°.

[2] Arch. des Bouches-du-Rhône, B 273, f°s 135, 137.

[3] Arch. des Bouches-du-Rhône, B 16, f° 9 (pièces justificatives, n° 66). Le traité fut signé par le roi de Castille le 19 juin 1469. C'est probablement ce qui a fait croire à M. de Villeneuve-Bargemont (II, 176) que ce monarque était alors en France ; mais l'acte est daté de Cordoue.

[4] Bibl. d'Aix, ms. 1064, p. 13, 16, 21, 26, 31, 60, 92, 95, 97, 112, 155, 201. Ce registre de chancellerie est presque uniquement composé de lettres relatives aux affaires d'Espagne, et nous révèle à ce sujet quelques traits intéressants. L'évêché de Barcelone fut demandé et obtenu à Rome pour l'abbé de Ripoll, celui-là même qui était venu apporter à René l'offre de la couronne d'Aragon et qui était devenu le conseiller de ce prince. Un certain nombre de ses compatriotes étaient entrés de même au service du roi de Sicile : il avait pris parmi eux des médecins, des officiers, des secrétaires. Antonello Pagano ou Payen, son premier secrétaire *in ditione Aragonum*, qui a écrit et signé la plupart des lettres en question, fut accrédité en

peut donc dire qu'il exerça, là aussi, plus qu'une autorité militaire. Il y eut même, d'après le témoignage de Papon, historien et numismate, des monnaies à son nom frappées dans le pays [1].

Tant d'efforts devaient cependant rester superflus; une trêve inopportune, due à l'initiative de Louis XI, ou du moins nécessitée par son attitude douteuse, suspendit les progrès du duc de Calabre au moment où ils s'accentuaient le plus. Il en profita pour laisser la lieutenance à Jean de Lorraine, comte d'Harcourt, son parent, et pour venir en Provence réunir de nouvelles forces. Son père s'y rendit lui-même au mois de novembre 1469, et continua les préparatifs à l'aide d'un subside de soixante-dix mille florins, que les états du comté venaient de voter dans ce but, grâce au zèle de Jean Cossa [2]. Jean d'Anjou recommença, l'année suivante, une campagne heureuse, et tout semblait présager la soumission complète de l'Aragon, quand un coup de foudre vint ruiner les espérances de son parti. Une mort presque subite enleva ce vaillant guerrier, le 16 décembre 1470, à Barcelone. Il était dans la vigueur de l'âge et de la santé : le bruit courut qu'il avait été empoisonné, et l'examen de son corps parut justifier cette supposition ; mais on ne découvrit jamais d'où venait le crime.

René, qui était de retour à Angers depuis quatre mois, fut profondément ébranlé à cette terrible nouvelle. Les éloges unanimes qu'il entendit prodiguer au prince défunt, et que l'histoire a souvent répétés depuis, adoucirent quelque peu sa douleur. Mais il essaya en vain de lui trouver un successeur capable de terminer son œuvre. Ferry de Lorraine, qui eût été appelé à l'essayer, venait lui-même de descendre au tombeau [3].

qualité de *conseiller ordinaire* auprès des lieutenants du roi en Catalogne. Tous les sujets espagnols, même ceux qui avaient combattu contre lui, étaient l'objet de sa sollicitude : c'est ainsi qu'il donna des ordres à l'avance pour le rapatriement de huit habitants de l'île Majorque, prisonniers à Arles, qui espéraient être rachetés. (V. pièces justificatives, n° 60.)

[1] *Hist. de Provence*, III, 382. Papon affirme avoir vu une de ces monnaies.

[2] Arch. des Bouches-du-Rhône, B 40, f° 287. Itinéraire.

[3] Le gendre de René précéda Jean dans la tombe, quoique M. de Villeneuve-

Le fils naturel de Jean, qui se nommait comme lui et qui l'avait suivi au-delà des Pyrénées, fut investi, par acte du 14 mars 1471, du gouvernement des possessions espagnoles [1]. Charles de Torreilles, frère du comte d'Iscla et capitaine général de la marine du roi de Sicile, qui l'avait fait délivrer tout récemment d'une longue captivité chez les Sarrasins de Bougie, reçut l'ordre d'équiper immédiatement une flotte, et, pour l'encourager, son maître lui concéda le droit de quint, c'est-à-dire la cinquième partie des personnes et des biens qui seraient capturés sur l'ennemi [2]. Il utilisa aussi le concours d'un prince de Portugal, don Dionis, à qui il donna une compagnie de six cents chevaux, la capitainerie d'Urgel et de différentes places de Catalogne, avec le pouvoir de soumettre et de recevoir à son obéissance les villes prises à Jean d'Aragon [3]. Mais tout fut inutile. Le prince Nicolas, appelé par les Catalans pour remplacer son père, était retenu par les affaires de son duché de Lorraine. La plupart des territoires acquis furent perdus dans le courant de l'année, et le nouveau trône offert à la maison d'Anjou s'écroula avant d'être consolidé.

Cependant le vieux roi, frappé dans ses affections les plus chères, déçu dans ses rêves de grandeur, ne désespéra pas

Bargemont recule sa mort jusqu'en 1472 et taxe d'erreur ceux qui l'ont mise en 1470 (II, 193). Il est certain que l'office de juge et conservateur des Juifs de Provence, vacant par suite de la mort de Ferry, fut donné au Napolitain Jacques Galiot le 6 décembre 1470. (Arch. des Bouches-du-Rhône, B 16, f° 107 v°.)

[1] Arch. nat., P 1334[3], n° 11, f°s 2 et suiv. (pièces justificatives, n° 77). Cet acte est écrit dans un latin plus recherché que les autres. Il confère au bâtard de Calabre les pouvoirs les plus étendus pour l'administration du pays, la nomination des capitaines, préfets, alcades, etc., et lui enjoint de respecter les antiques *fueros* ainsi que les constitutions des rois d'Aragon.

[2] Bibl. d'Aix, ms. 1061, p. 107, 159 (pièces justificatives, n° 68). Cette concession commençait ainsi : « *Quia magnificus et religiosus vir frater Carolus de Torrelles, capitaneus generalis noster in mari, naves, balanerios, triremes, birremes et alia navigia, ut facultas dabit, jussu nostro armaturus est atque classem ex eisdem quam magnam poterit paraturus, quò faciliùs illam in nostris serviciis sustentare possit, jus quinti et decimi ex quivis predâ nobis et nostre curie pertinente*, etc. » Le même droit fut accordé à un autre officier de la marine du roi de Sicile en Espagne, Antoine Setanti.

[3] Bibl. d'Aix, ms. 1061, p. 82-86 (pièces justificatives, n° 76).

encore des destinées de sa race. Il prit alors une détermination extrêmement grave, celle de quitter l'Anjou et la France, et de se fixer tout à fait dans son comté de Provence, afin de se rapprocher des contrées où ses intérêts étaient le plus compromis. Je touche ici à la plus grave des erreurs commises par les historiens qui se sont occupés de sa personne. Tous ont répété, les uns après les autres, qu'il avait abandonné le duché d'Anjou au moment de la saisie de son apanage par Louis XI, qui eut lieu en 1474, et à cause de cette saisie même, dont il aurait reçu avec impassibilité la nouvelle au château de Baugé; et, à ce propos, l'on ne manque pas de placer la fameuse légende de la bartavelle. « Le vouloir de Dieu soit fait, lui fait dire Bourdigné; le Roy n'aura point de guerre avec moy pour mon duché [1]. » Or, on a pu voir, et l'on verra mieux encore plus loin, combien une telle indifférence à l'égard de la perte de son duché était peu dans son caractère. Le naïf Bourdigné n'est pas, tant s'en faut, une source authentique, et il est cependant la seule d'où découle cette version, qui s'écarte considérablement de la vérité. L'itinéraire de René, des lettres explicites, des faits concordants prouvent qu'il alla pour la dernière fois à Baugé au mois d'octobre 1471, qu'il en partit avant le 27 pour Tarascon, où il arriva dans le courant de novembre, et qu'il ne remit plus jamais le pied en Anjou. C'était chez lui une résolution arrêtée, et dont les motifs, autant qu'on peut en juger par l'ensemble des textes, étaient de différente nature. La reine Jeanne de Laval avait pris en affection le séjour de la Provence, et son mari l'y avait laissée à son dernier voyage, l'année précédente : il aimait toujours tendrement cette princesse, et la mort de son fils ne pouvait qu'augmenter le désir qu'il éprouvait de la rejoindre. Des raisons de santé se joignaient peut-être à celle-là. Mais la décision prise par le roi de Sicile lui fut surtout dictée par des considérations politiques. Dans le royaume de France, sa position devenait difficile : il s'apercevait de jour en jour que

[1] Bourdigné, II, 228. Vill.-Barg., II, 198 et suiv.; de Quatrebarbes, t. I, p. CXXII; etc.

Louis XI, malgré ses démonstrations, ne cherchait qu'à le jouer, et celui-ci, de son côté, commençait à manifester des soupçons fort inquiétants pour le repos de son oncle, qui lui avait été récemment dénoncé comme ayant des intrigues avec les ennemis de la couronne [1]. Il était aisé de voir que l'orage s'amoncelait, et mieux valait se réfugier d'avance en lieu sûr. En Espagne, la bannière d'Anjou était presque tombée : il fallait essayer de la relever et diriger de plus près la campagne. En Italie, la complication des événements, le revirement périodique des esprits paraissaient rendre encore une fois des chances à la dynastie déchue, et son chef témoignait tout haut l'espoir de faire triompher, cette fois, ses droits légitimes, sinon par lui-même, du moins par l'un des siens [2]. Il n'avait, en effet, renoncé ni à la couronne de Naples ni à celle d'Aragon. Le recouvrement de la première était prévu dans chacun de ses testaments. En donnant à Nicolas de Montfort, comte de Campobasso, la seigneurie de Commercy, le 5 juillet 1472, il le félicitait des services rendus par lui et ses enfants dans l'expédition de Catalogne, *bien que celle-ci*, disait-il, *ne fût pas terminée* [3]. Un an auparavant, il chargeait son conseiller Boussille de Juge de se rendre auprès de Galéas-Marie, duc de Milan, pour conclure avec lui, ainsi qu'avec les Génois et ses autres adhérents, une ligue offensive, et en même temps pour

[1] Le duc de Bretagne, qui était lui-même un de ces ennemis, venait de s'accorder avec le Roi, et, sommé de lui révéler tous ses alliés ou complices, avait nommé, pour l'effrayer, une quantité de princes : l'Empereur, le roi d'Angleterre, le roi de Castille, le roi de Portugal, le roi d'Aragon, et enfin le roi de Sicile. C'est alors que Louis, si l'on peut en croire Bourdigné (II, 227), se mit à chercher querelle à son oncle et à choyer les Angevins pour gagner leurs bonnes grâces, dans un but qui ne devait pas tarder à se dévoiler.

[2] « *Quum, ut scitis, res Italice, spondente Deo et benivolencia ergà nos principum ac procerum ejus regionis, et inprimis illustrissimi domini Galeas-Marie Sforcie, ducis Mediolani,... satis ad nostrum favorem accedere et aspirare videntur, ut spem non mediocrem insinuant nobis regna nostra vendicandi, etc.* » Lettre de René à Boussille de Juge, 15 juillet 1471 (Arch. nat., P 1331³, n° 11, f° 18; pièces justificatives, n° 80).

[3] « Jaçoit que ladite entreprise ne soit encore du tout mise à fin. » D. Calmet, preuves, t. III, col. CCXXXIX.

emprunter à ses amis d'Italie jusqu'à cinquante mille ducats d'or, destinés à soutenir la guerre en Aragon. « Vous savez, lui mandait-il, où en sont les affaires de ce pays, puisque vous en venez ; je m'efforce d'y rétablir la paix par la victoire [1]. » Il partait donc de l'Anjou avec des pensées tout autres que celles qu'on lui a supposées, et il comptait bien n'y plus revenir, puisqu'il fit procéder aussitôt à l'inventaire de ses châteaux d'Angers, de la Ménitré, de Reculée, et transporter peu après en Provence sa chapelle, ses livres, ses tapisseries, en un mot, toutes ses richesses mobilières [2]. Ce qui montre encore qu'il avait l'intention d'opérer dans son existence un changement radical, c'est qu'il rédigea, le 14 juillet 1471, à Angers, un nouveau testament, confirmant la plupart des dispositions de celui de 1453, mais instituant pour héritier universel Nicolas, duc de Lorraine, son petit-fils, réglant les cérémonies de ses funérailles, et contenant, pour ainsi dire, ses adieux à la province qui l'avait vu naître [3]. Bien mieux ; dans une lettre adressée d'Aix, l'année suivante, à ses gens des comptes, afin de leur donner décharge des pièces dont il avait eu besoin pour faire ce testament, et qu'il avait gardées par-devers lui, il avoue lui-même son projet en termes clairs et précis : « Et pour ce qu'il a jà ung an ou environ que sommes par deczà, *et est nostre espérance nous y tenir,* et que nosdits gens des comptes

[1] Arch. nat., P 1334[3], n° 11, f°s 18, 19 (pièces justificatives, n°s 79, 80).

[2] *Extraits des comptes et mémoriaux du roi René*, n°s 530-533, 642, 643, 645. L'inventaire d'Angers, daté du 18 décembre 1471, est fait « du commandement d'iceluy seigneur, après son partement de cestuy pays d'Anjou ou pays de Provence. »

[3] Ce testament ordonne encore d'accomplir les volontés de Louis II, de Louis III et de la reine Jeanne au sujet des revenus du royaume de Sicile, « *quando erit in manibus nostris vel heredis nostri.* » En fait de dispositions nouvelles, il ne contient guère, en dehors de celle qui se rapporte à Nicolas, que les trois suivantes : don des châteaux de Dun et Stenay, dans le duché de Bar, à Marguerite, reine d'Angleterre, pour sa résidence ; ratification de tous les dons faits à Jeanne de Laval, accompagnée de l'éloge de ses vertus et de ses services ; ordre d'achever l'établissement de la confrérie de la Paix (*fraternitas religiosa reverendissime Pacis*), fondée par le testateur. (Arch. des Bouches-du-Rhône, B 690.) Cf. le testament de 1453, analysé ci-dessus, t. I, p. 276.

ont acoustumé avoir la garde de nosdites lettres, eux doubtans que d'icelles on leur poust, ou temps avenir, faire aucune demande,... nous les en quictons, etc. [1].» En face d'un texte aussi décisif, le doute n'est plus possible.

Avant de s'éloigner, René ordonna de célébrer pour lui une grand'messe solennelle dans l'église de Saint-Julien d'Angers, à l'autel de saint Lézin, patron spécial des ducs d'Anjou, et d'allumer devant la statue de ce vénéré protecteur un énorme cierge pesant soixante-quatre livres [2]. Cette cérémonie s'accomplit en présence des membres de son conseil et de sa Chambre des comptes, qui restaient chargés de l'administration de son duché. Il s'arracha ensuite, sans éclat, aux nombreuses affections qui l'entouraient; mais il emmenait avec lui une partie de ses officiers, de ses amis les plus dévoués, et il laissait à ses fidèles Angevins la promesse qu'il leur serait rendu après sa mort.

[1] Arch. nat., P 1334[9], f° 185. Cette lettre est du 6 novembre 1472, ce qui prouve une fois de plus que René arriva en Provence au mois de novembre 1471.

[2] Dépense de seize livres, faite le 27 octobre 1471, « pour ung cierge pesant soixante-quatre livres de cire, lequel le roy de Sicile, à son partement de Baugé à aller en Prouvence, ordonna estre présenté et baillé devant l'image de saint Lézin, en l'église de Saint-Julien d'Angiers, et lequel cierge y a esté présenté en la présence de messeigneurs du conseil et des comptes dudit seigneur et servy durant une grant messe solennelle qui y a esté célébrée pour ledit seigneur roy de Sicile. » (Arch. nat., P 1334[8], f° 141 v°.)

CHAPITRE VI.

RENÉ COMTE DE PROVENCE.

(1471-1480)

Louis XI convoite les possessions de René. — Alliance de Nicolas avec Charles de Bourgogne; sa mort. — Démarche de René II en faveur de son aïeul. — Dernier testament du roi de Sicile. — Saisie des duchés de Bar et d'Anjou. — Création de la mairie d'Angers. — Louis fait ajourner son oncle devant le parlement; René maintient ses droits. — Conférences de Lyon : levée de la saisie; règlement anticipé de la succession d'Anjou et de Provence; difficultés nouvelles. Délivrance de la reine Marguerite; sa retraite en Anjou. — Arrentement du duché de Bar; sa réunion à la Lorraine. — Héritage nominal des royaumes de Naples et d'Aragon. — Mort de René; ses funérailles; ses qualités et ses défauts; ses enfants. — Extinction de la maison d'Anjou.

La vieillesse de ce roi, qui avait tenu dans ses mains les duchés de Bar, de Lorraine et d'Anjou, la moitié de l'Italie, une partie de l'Aragon, se trouvait donc confinée dans le comté de Provence. C'est là que la fortune des comtes d'Anjou avait pris son essor; là aussi devait s'ensevelir la puissance de leurs derniers successeurs. Sans doute, René y était arrivé avec la pensée de revendiquer plus efficacement ses deux couronnes royales; mais le poids des ans, le goût de la vie champêtre et des travaux pacifiques, qui le dominait de plus en plus, et surtout la marche des événements extérieurs lui rendirent impossible toute tentative extra-diplomatique. Loin de s'occuper de recouvrer ses domaines perdus, il dut bientôt consacrer son énergie à la défense de ceux qui lui restaient : l'Anjou, dont l'abandon était une mesure de sage précaution, mais peut-être impolitique sous un autre rapport, offrait désormais une proie facile aux convoitises du roi de France; le duché de Bar, déserté par son possesseur depuis plus longtemps encore, était également fait pour tenter le suzerain; enfin la Provence, ou du moins la succession de ce fief indépendant allait devenir, avant même d'être ouverte, l'objet de mille intrigues, le point de mire de toutes les ambitions. C'est à leur résister et à concilier les prétentions de chacun que se borna, dans la dernière période de sa vie, le rôle du roi de Sicile, de ce prince qu'on a représenté si gratuitement comme renonçant de gaieté de cœur à ses États et s'efforçant de les échanger tous contre une rente viagère [1]. Le spectacle d'une pareille lutte est aussi attachant qu'instructif. Si elle eut pour résultat final de faire faire un nouveau pas à l'unité française, et si aux motifs d'intérêt personnel qui guidaient Louis XI se mêlait une idée patriotique, un rêve de grandeur nationale, ce qu'on ne saurait affirmer positivement, il ne faut pas que cette considération nous prévienne en faveur de l'un des adversaires; mais nous devons nous placer au point de vue du droit de l'époque, et ne pas oublier que la souveraineté du but ne justifie jamais les moyens. L'astucieux monarque était malheureusement trop pressé d'en arriver à ses fins pour observer une scrupuleuse équité : on va voir de quelle façon il entreprit d'escompter la part d'héritage qui devait lui revenir.

La conduite du petit-fils de René fournit au Roi un premier prétexte assez plausible. Nicolas d'Anjou, déjà traité à la cour comme le gendre du souverain, le servait sans arrière-pensée, au conseil, à l'armée, lorsque tout à coup le bruit se répandit qu'il s'était retiré dans son duché de Lorraine et qu'il allait épouser la fille du duc de Bourgogne, l'éternel ennemi de la couronne. Un si brusque changement était scandaleux; mais il ne pouvait s'être produit sans cause. Or, cette cause, un biographe du jeune prince nous l'apprend : ayant manifesté à Louis le désir de poursuivre la conquête de l'Aragon, où l'appelaient les Catalans, il n'avait pu obtenir son appui; au contraire, il lui avait fallu entendre des reproches outrageants pour la mémoire de son père, et voir la

[1] Vallet, *Biographie générale*, art. RENÉ D'ANJOU.

princesse Anne, sa fiancée, promise au duc de Bretagne, dans le but d'acheter son alliance [1]. Les partisans du Roi ont naturellement soutenu que Nicolas avait trahi le premier sa promesse, bien qu'il fût lié par un contrat solennel et qu'il eût déjà reçu la dot : c'était « chose moult estrange de ainsi faulser sa foy » et de s'abaisser de la fille du suzerain à la fille d'un vassal [2]. Cependant les ouvertures faites au prince breton, si elles eurent réellement lieu, durent précéder la détermination du duc de Lorraine, puisque le premier était remarié dès le mois de juin 1471 et que le second ne partit de la cour que dans le courant de mai 1472 [3]. Quoi qu'il en soit, un traité formel fut passé, le 25 de ce mois, entre Charles le Téméraire et Nicolas : par cet acte, l'alliance conclue autrefois entre les ducs de Bourgogne et de Calabre était renouvelée, et, par un engagement réciproque, pris le même jour, la main de la princesse Marie, fille de Charles, était accordée à l'héritier d'Anjou. Le 4 juin, celui-ci écrivait de Nancy à son « bon oncle de Bourgogne » pour réclamer l'accomplissement de sa parole ; le 13, il échangeait avec Marie une promesse écrite [4]. L'union des deux puissantes maisons divisées depuis si longtemps par une rivalité héréditaire semblait, pour ainsi dire, contre nature : depuis la mort du duc d'Orléans jusqu'à la captivité de René, mille circonstances avaient creusé l'abîme entre elles. Pourtant, après l'accord ménagé par Charles VII, en 1445, rien n'était venu raviver les anciennes querelles. Marguerite d'Anjou avait, au contraire, trouvé un refuge momentané à la cour de Philippe le Bon, et, un peu plus tard, le bâtard de Bourgogne avait été festoyé, à son passage en

[1] Vie du duc Nicolas, citée par D. Calmet, II, 891.

[2] *Chronique scandaleuse*, coll. Petitot, XIII, 414. Quelques-uns ont même prétendu qu'il avait touché deux fois cette dot (Duclos, II, 6 ; édition de Commines, publiée pour la Société de l'histoire de France, I 224) : un tel excès de libéralité eût été surprenant de la part de Louis XI ; mais on a vu plus haut qu'il s'agissait de payements partiels.

[3] *Chronique scandaleuse, loc. cit.*

[4] Bibl. nat., Lorraine 185, n° 81 ; Arch. nat., KK 1118, f° 664 ; D. Calmet, II, 892, et preuves, t. III, col. CCLXVI, CCLXVIII.

Provence, par les parents et amis du roi de Sicile [1]. Au refroidissement survenu entre le roi de France et la maison d'Anjou correspondait une certaine amélioration dans les rapports de celle-ci avec les princes bourguignons. Un rapprochement plus complet était désirable pour les deux parties, et le mariage de Nicolas pouvait rendre à sa famille une prépondérance plus grande que jamais; mais une telle perspective devenait inquiétante pour la couronne. Louis XI fit alors publier par l'évêque de Chartres des monitoires qui furent notifiés au duc de Lorraine; néanmoins son historien avoue lui-même qu'il se souciait peu de donner à ce prince la main de sa fille, et que tout ce qu'il cherchait, c'était de mettre la maison d'Anjou dans son tort. L'occasion était bonne; mais où le complaisant Duclos s'aventure par trop, c'est lorsqu'il affirme que « René feignait de blâmer le projet de son petit-fils, tandis que c'était lui qui le lui suggérait [2] ». Cette assertion ne concorde guère avec l'aveu qui précède, et aucune preuve, aucun indice ne vient l'appuyer. Le vieux roi de Sicile paraît être resté étranger aux démarches de son héritier, et peut-être même les ignora-t-il : en effet, son nom n'est pas prononcé dans les pièces relatives à la négociation du mariage projeté [3]. L'initiative, d'après quelques historiens, ne serait même pas venue de Nicolas, mais du duc Charles, qui l'aurait fait solliciter secrètement d'abandonner pour lui le roi de France, en l'alléchant par l'espérance d'épouser le plus beau parti de la chrétienté [4].

Vers la fin de l'année 1472, Charles le Téméraire, voyant

[1] Chastelain, V, 50. Ce chroniqueur dit que René lui-même accueillit cordialement le bâtard de Bourgogne; mais l'itinéraire du prince montre qu'il ne pouvait être alors en Provence. Il ajoute que ce même bâtard reçut de lui ou des siens l'avis que Louis XI avait résolu de s'emparer de toute la Bourgogne et de faire mourir le fils légitime du duc : l'origine de cette allégation la rend suspecte, et rien ne la confirme.

[2] Duclos, II, 0, 7.

[3] D. Calmet, *loc. cit.*; D. Plancher, *Hist. de Bourgogne*, t. IV, preuves, col. CCCXXXVI.

[4] D. Calmet, II, 801 et suiv.; Bourdigné, II, 224.

que le jeune duc de Lorraine lui était acquis et lui prêtait le secours de ses armes en Picardie, rêva pour sa fille un époux plus puissant, et, comme il n'était pas plus scrupuleux que son royal adversaire, il reprit à son futur gendre la parole qu'il lui avait donnée et lui rendit la sienne. Nicolas se retira de nouveau en Lorraine; mais, au mois de juin suivant, les pourparlers ayant recommencé, il nomma deux procureurs pour faire en son nom la demande de Marie de Bourgogne. Le mariage paraissait définitivement arrangé, et tout le pays s'attendait à le voir célébrer, lorsque le jeune prince, en revenant de visiter une église de Nancy, fut pris d'un violent mal d'entrailles. Tous les secours de l'art furent impuissants à le guérir : il expira au bout de trois jours, le 27 juillet 1473. Pour la seconde fois en moins de quatre ans, l'héritier des ducs d'Anjou était enlevé à l'improviste : des bruits d'empoisonnement circulèrent encore, et il faut avouer qu'ils étaient justifiés par les apparences. Un individu soupçonné fut arrêté; mais l'affaire fut étouffée, dit Duclos, et l'on n'entendit plus parler du prisonnier[1].

Nicolas était le dernier rejeton de la ligne masculine issue du roi René. Si la perte de Jean avait été pour l'infortuné père un véritable désastre, celle-ci était le coup de grâce. La mort s'abattait sur sa famille avec une sorte d'acharnement. Elle venait encore de lui enlever un autre petit-fils, le jeune prince de Galles, victime des fureurs de la guerre civile d'Angleterre, un gendre dévoué, Ferry de Lorraine, une fille naturelle tendrement aimée, Blanche d'Anjou, épouse de Bertrand de Beauvau; dans le cours de l'année 1473, elle lui ravit, en outre, son frère le comte du Maine. La fatalité semblait s'en mêler. La maison d'Anjou était sapée jusque dans sa racine, et la question de sa succession s'imposait dès lors aux préoccupations de tous les partis politiques. Le vieux roi était condamné, plus impitoyablement que Louis XIV, à ensevelir les débris de sa race décimée, et, ce qui était pire,

[1] D. Calmet, II, 803, 807; Duclos, II, 7.

à voir les lambeaux de cet héritage disputés, de son vivant, par ses parents ou ses alliés. Il ne lui restait plus d'autre descendant légitime que le fils d'Yolande, sa fille aînée, qui portait comme lui le nom de René. Son neveu Charles, fils du comte du Maine, représentait la ligne collatérale masculine; Louis XI, n'étant que le fils de sa sœur, venait en dernier.

La disparition de Nicolas servait doublement le roi de France : au lieu d'un adversaire, il allait maintenant trouver dans le duc de Lorraine un soutien. Effectivement, la possession du duché fut dévolue par l'assemblée des seigneurs à René II, qui réunissait en sa personne les droits de la branche de Vaudemont et ceux de la branche d'Anjou, et ce prince ne tarda pas à manifester des tendances opposées à celles de son prédécesseur. Forcé de maintenir pendant quelque temps l'alliance avec la Bourgogne, il ouvrit néanmoins des négociations avec Louis, qui cherchait à le gagner, et qui fut servi en cette circonstance par deux membres d'une famille notoirement dévouée à son oncle, Charles et Achille de Beauvau [1]. Longtemps avant de traiter ouvertement, et dès le mois de septembre 1473, il transmit au monarque, par trois émissaires, les conditions qu'il entendait mettre à son dévouement et à ses services. Parmi ces conditions figurait notamment le rappel du roi de Sicile : le jeune duc n'oubliait pas son aïeul; il savait qu'il était en butte à d'injustes soupçons; il demandait que le Roi lui écrivît, comme l'exigeait son propre intérêt, pour le prier affectueusement de revenir en France; qu'il lui envoyât vingt ou vingt-cinq mille livres afin de l'aider à ce nouveau déménagement, parce qu'il n'était pas assez riche pour l'instant; enfin qu'il continuât le payement de ses pensions et lui rendît ses bonnes grâces. L'envoi de la somme devait être fait immédiatement, avant que les délégués lorrains ne partissent de la cour [2]. Ces demandes, qui nous sont

[1] D. Calmet, II, 1010 et suiv.

[2] « Il lui escripra bien affectueusement qu'il s'en viengne, pour le bien du Roy, du royaume et de la maison d'Anjou, et doit le Roy desirer sa venue. Et pour ce

révélées par les instructions inédites remises aux négociateurs, prouvent une fois de plus que l'éloignement de René était dû à l'attitude hostile de son neveu; mais celui-ci n'était guère d'humeur à les écouter. Malheureusement le duc de Lorraine y joignait pour lui-même des prétentions exorbitantes, qui devaient faire rejeter le tout : il voulait qu'on lui garantît le duché d'Anjou, le duché de Bar, le comté de Provence, en un mot toute la succession de son grand-père, plus la jouissance du comté de Champagne sa vie durant, et la concession de la sénéchaussée de Champagne pour lui et ses héritiers [1]. Louis XI, attaqué de toutes parts, avait grand besoin de son secours; mais il ne se crut pas obligé de l'acheter aussi cher, et, en effet, il fut assez habile pour l'obtenir, l'année aussi suivante, à des conditions beaucoup moins onéreuses. Il parvint même à persuader le duc que son aïeul était d'intelligence avec Charles le Téméraire, qu'il lui avait promis de lui léguer la Provence, et qu'ainsi il ne méritait plus d'égards [2].

Or, au moment même où cette imputation était lancée contre lui, le 22 juillet 1474, le roi de Sicile, afin de couper court aux compétitions, rédigeait à Marseille son troisième et dernier testament, par lequel il laissait à son petit-fils René II le duché de Bar, afin de l'unir perpétuellement à la Lorraine, comme le réclamait l'intérêt des deux pays, et tout le reste de ses États, c'est-à-dire l'Anjou et la Provence, à

que, par avanture, il ne se trouve pas à présent pourveu de finances pour faire ledit voiage, pour lui monstrer par effect qu'il a bonne et grant affection envers lui, lui envoira par homme propre xx ou xxv[m] livres, et ce avant que les ambassadeurs qui seront devers le Roy partent de la court; et entretendra le Roy au roi de Sicile les dons et pansions que autreffoiz lui a données. » Instructions données à Neufchâteau, le 11 septembre 1473 (Bibl. nat., Lorraine 9, f° 20).

[1] *Ibid.*

[2] D. Calmet, II, 1012. Les traités par lesquels René II renonce pour toujours à l'alliance du duc de Bourgogne, qui était déjà entré à main armée sur ses terres, et se ligue avec Louis XI, qui le prend sous sa protection, sont datés des 9 juillet et 15 août 1474 (Arch. nat., KK 1127, f° 40; D. Calmet, preuves t. III, col. CCLXX et DCLXXV).

son neveu Charles, comte du Maine, institué héritier universel comme seul descendant mâle des fils de Louis II : aucune réserve, aucun legs n'était fait en faveur du duc de Bourgogne; il était seulement déclaré que les biens dont le testateur viendrait à disposer ultérieurement seraient exceptés de la succession, ce qui allait de soi [1]. Il est vrai que Louis XI n'était pas porté non plus au nombre des héritiers; mais il n'y avait strictement aucun droit. Cette exclusion l'exaspéra, de sorte qu'au lieu de prévenir les difficultés, le testament de son oncle mit le feu aux poudres. Il résolut alors de réunir à tout prix les duchés de Bar et d'Anjou au domaine royal, et cela sur-le-champ, sans attendre le dernier jour du vieillard qui en avait la possession légitime. Un moyen violent pouvait seul le conduire d'emblée à ce résultat désiré : ce moyen, c'était la saisie.

[1] Il existe un grand nombre d'exemplaires de ce testament (Arch. nat., J 932, nº 14; J 1039, nº 13; etc. Bibl. nat., ms. lat. 6010, fº 175. Arch. des Bouches-du-Rhône, B 18, fº 275; B 168, en tête; B 693; etc.). Il a, du reste, été imprimé en entier par D. Calmet (preuves, t. III, col. DCLXXVI), par Vignier (*Hist. de Lorraine*, p. 195) et par M. de Quatrebarbes (*Œuvres du roi René*, I, 83). Les autres clauses contiennent le règlement des funérailles du testateur, de nombreux dons aux pauvres ou aux églises, l'ordre de maintenir les fêtes qu'il a fondées, d'achever les peintures et les constructions qu'il a fait commencer, d'exécuter les dernières volontés de ses prédécesseurs au royaume de Sicile ainsi que dans les duchés de Bar et de Lorraine, etc. Il lègue à sa fille Marguerite, reine d'Angleterre, une somme de mille écus d'or, et, si elle revient en France, une rente de deux mille livres sur le duché de Bar, avec le château de Kœurs pour son habitation; à Yolande, son autre fille, duchesse douairière de Lorraine, une pareille somme de mille écus d'or, outre le douaire qui lui a été assigné; à Jean, son fils naturel, le marquisat du Pont avec les villes de Saint-Remi et Saint-Canuat. Tous les dons faits à Jeanne de Laval sont ratifiés et énumérés. Cette princesse est nommée en tête des exécuteurs testamentaires; les autres sont Charles d'Anjou et René de Lorraine, Guillaume d'Harcourt, comte de Tancarville, Gui de Laval, sire de Loué, Jean de la Vignolle, président de la Chambre des comptes d'Angers, Jean Perrot, confesseur du roi de Sicile, Pierre Le Roy dit Benjamin, son vice-chancelier, Jean Binel, juge d'Anjou, et Guillaume Tourneville, archiprêtre d'Angers; le grand sénéchal de Provence et l'archevêque d'Aix sont adjoints aux précédents pour le cas où René mourrait en Provence. Quant au reste, les dispositions des deux testaments antérieurs sont reproduites, sauf, bien entendu, ce qui concerne les personnages décédés dans l'intervalle. (V. ci-dessus, p. 276 et 382.)

Le gouvernement de l'Anjou avait déjà donné lieu, depuis le dernier départ du duc, à certaines difficultés. En 1472, le Roi ayant envoyé Pierre de Cerisay, conseiller au parlement, prendre possession de la seigneurie de Saint-Laurent-des-Mortiers, qu'un arrêt enlevait au sire de Précigny pour l'adjuger à Jacques de Bueil, le conseil ducal s'y était opposé énergiquement, par la raison que ce fief dépendait de l'apanage et ne pouvait être aliéné[1]. Au mois de juillet de la même année, Louis XI fit un nouvel acte d'autorité en réclamant du gouverneur du château d'Angers des pierres à bombardes, des canons et des étendards qui s'y trouvaient. Le gouverneur, qui était alors Jean de Lorraine, frère de Ferry, se vit obligé de les livrer au maître de l'artillerie royale[2].

René, son neveu, qui lui succéda à sa mort, en janvier 1473, s'entremit auprès du souverain pour plaider les intérêts généraux du roi de Sicile, son aïeul, qui l'en chargea d'une manière expresse ; mais Louis était déjà décidé à pousser les choses jusqu'au bout : il cherchait à s'attacher par des faveurs, par des largesses les bourgeois d'Angers, et organisait avec leur concours une milice urbaine, sur le dévouement de laquelle il pensait pouvoir compter[3]. Le nouveau gouverneur, proclamé presque aussitôt après duc de Lorraine, fut remplacé à son tour par Guillaume d'Harcourt, comte de Tancarville, son parent, qui ne jouissait pas d'une aussi

[1] Arch. nat., P 1334⁹, f° 164 v°.

[2] Arch. nat., K 71, n° 20 *bis*; P 1334⁹, f° 178 v°. Inventaire du musée des Archives, p. 282. Marchegay, *les Fontaines du roi René*, p. 3. Jean de Lorraine avait été nommé capitaine d'Angers, sénéchal et gouverneur d'Anjou en 1469, après la mort du sire de Beauvau, ce qui ne l'empêcha pas de prendre part à l'expédition de Catalogne. René l'avait choisi comme un personnage de grande autorité, capable de défendre les habitants contre tous ceux qui tenteraient de les vexer. (Arch. nat., P 1334⁹, f°s 37 et 38 v°.)

[3] Il écrivait au sire de Loué, le 12 mars 1473 : « Et au regard de ce que m'escripvez touchant ceulx de la ville d'Angiers, je suis content qu'ilz demeurent en la ville et qu'ilz la gardent bien ; mais faictes-en la monstre, pour veoir en quel habillement ilz sont et s'ilz sont armez ainsi qu'il appartient. » (Arch. nat., P 1334⁹, f°s 100 v°, 102 v°.)

grande influence [1]. Les empiétements augmentèrent : le Roi s'ingéra dans la nomination des élus d'Angers, qui, comme celle des autres offices royaux, était expressément réservée au duc. René vit bien dès lors ce qui l'attendait. Il ordonna à son conseil de tenir ferme ; « car qui ne résistera au commencement, écrivit-il, faisons doubte que, par succession de temps, le Roy vueille donner lesdits offices royaux plainement sans nominacion, et ainsi nous priver de nos prérogatives [2]. » Pourtant Louis venait de lui demander une grâce pour Philippe de Commines, son protégé, et, sur la prière du monarque, il avait concédé au célèbre historiographe les droits de rachat de la terre de Berry, dépendant de Loudun, que son maître lui avait donnée en propriété [3]. Mais rien ne peut apaiser la convoitise du plus fort quand elle est déchaînée. Quelques jours après l'apparition du testament dont nous venons de parler, les deux duchés de Bar et d'Anjou étaient saisis, tous les revenus du prince mis dans la main du Roi, et Guillaume Cerisay, greffier au parlement, était commis au gouvernement de la place d'Angers. René, qui se trouvait encore à Marseille, ne put être informé de ce coup d'État qu'après son entière consommation. Il expédia des messagers à son neveu, réclama, fit agir différentes influences; mais il était trop tard [4].

On vit alors se dessiner dans l'opinion des Angevins deux courants opposés : l'un fidèle à l'ancien régime, c'est-à-dire à l'autorité séculaire des ducs d'Anjou, l'autre favorable aux *no-*

[1] Arch. nat., KK 1116, f° 538 v°.

[2] Lettre du 4 mars 1474. (*Ibid.*, P 1334[9], f° 241 v°.)

[3] Arch. nat., P 1334[10], f° 14 v°.

[4] C'est sans doute à cet événement que se rattache la mission donnée par René au sire d'Entravenes, grand-maître de son hôtel, et au sire de Solliès, grand président de Provence, qui furent chargés, le 28 août (l'année n'est pas désignée), d'aller supplier et requérir le Roi au sujet des affaires des pays d'Anjou et de Barrois. (Bibl. nat., ms. fr. 2907, f° 42.) Cf. *Chronique scandaleuse*, coll. Petitot, XIII, 449; Papon, III, 396; etc. Le roi de Sicile toucha encore le terme de sa pension sur les finances du Languedoc au mois de juin 1474. (Bibl. nat., ms. fr. 20384, n° 41.)

vations, c'est-à-dire au gouvernement direct du suzerain. Cette division n'est pas nettement accusée ; elle transparaît cependant à travers la sécheresse des documents officiels. Le conseil, la Chambre des comptes, les autres officiers du roi de Sicile et tous ceux de ses sujets qui lui étaient liés par la reconnaissance ou l'intérêt se trouvèrent en opposition avec les gens du Roi et avec une partie de la bourgeoisie ; opposition latente, car le respect de la majesté royale était profond, mais se révélant à la moindre occasion. On annonça que la ville d'Angers allait avoir sa mairie et s'administrer elle-même : l'autonomie, la liberté, ces grands mots avec lesquels on a de tout temps abusé le peuple, furent l'appât jeté aux habitants par Louis XI, et servirent, selon sa tactique ordinaire, à voiler ses projets de domination absolue. Dès le mois de décembre 1474, avant l'établissement régulier de la municipalité, un maire et des échevins étaient en fonctions de fait et donnaient des ordres plus ou moins écoutés. Ils défendirent notamment de passer aucun contrat sous un autre sceau que celui de la mairie, et interdirent au juge d'Anjou, institué par René, la connaissance des causes des particuliers. Quelques-uns de leurs suppôts abattirent même, pendant la nuit, l'écriteau appendu à la porte du garde des sceaux d'Anjou, maître André Paré, écriteau qui portait ces mots : « Céans sont les seaulx du tabelionnaige d'Angiers. » Le conseil ducal, qui n'avait pas cessé de se réunir, enjoignit au garde de rétablir son enseigne, de continuer à passer les contrats et obligations dans sa maison, et de tenir, comme par le passé, « boutique ouverte [1] ». Ces conflits pouvant devenir dangereux, le Roi fit réparer et fortifier en toute diligence le château. Il en nomma capitaine Antoine de Sourches, dit Malicorne, sire de Maigny, le chargea de prendre pour ces travaux deux mille livres sur le produit des impositions locales, et lui adjoignit deux écuyers, les frères Grany, afin de mieux assurer la garde de la forteresse [2]. Puis, au mois de février suivant (1475), il octroya la fa-

[1] Arch. nat., P 1334[10], f° 15 v°.

[2] Arch. nat., *ibid.*, f° 21. Bibl. nat., ms. fr. 20493, f° 61.

meuse charte qui organisait officiellement la mairie d'Angers.

Les considérants de cet acte important n'étaient qu'un réquisitoire peu déguisé contre l'administration du dernier duc, et une flatterie plus visible encore à l'adresse des citoyens. Leur cité, qui comptait parmi les plus grandes, les plus anciennes, les plus notables du royaume, tombait depuis assez longtemps dans la décadence et l'appauvrissement, faute de police, de conseils et d'une communauté délibérante. Leurs fossés, leurs murailles, leurs boulevards étaient tellement dégradés, l'intérêt général tellement négligé, que le pays entier allait être ruiné, si l'on n'y mettait bon ordre. Ils méritaient bien qu'on leur rendît ce service; car, dans toutes les guerres précédentes, ils avaient servi le Roi avec une inviolable fidélité, et récemment, dans la révolte entreprise sous prétexte du bien public, ils avaient résisté aux sollicitations, aux séductions de ses ennemis, sans vouloir jamais leur livrer passage. Il leur concédait donc comme une faveur insigne les priviléges dont voici la substance :

Un corps municipal composé d'un maire, de dix-huit échevins, de trente-six conseillers, d'un procureur et d'un clerc est institué à Angers. Le maire qui ne pourra résider continuellement dans la ville établira un sous-maire ayant la même autorité que lui. Guillaume de Cerisay, greffier du parlement, élu maire par les habitants, remplira cette fonction jusqu'à sa mort, et après lui lesdits habitants choisiront un maire dans leur sein tous les trois ans. Les échevins, conseillers, procureur et clerc sont également élus, pour cette fois, à perpétuité. Les émoluments du maire seront fixés par eux.

Ces divers officiers et leurs successeurs sont anoblis, ainsi que leur postérité.

Tout habitant possédant mille livres tournois de bien pourra acquérir des fiefs dans l'étendue du royaume, sans payer les droits de franc-fief et de nouvel acquêt.

Les personnes et les propriétés des citoyens sont mises sous la protection du roi de France, et le maire est constitué leur gardien.

Tous contribueront aux réparations et aux charges de la ville, quelles que soient les exemptions dont ils jouissent.

Ils ne pourront être cités en justice, en première instance, hors de leur cité.

Ils sont dispensés de l'ost et chevauchée, du ban et arrière-ban, excepté quand un mandement exprès du Roi les y contraindra, et pourvu qu'ils se tiennent continuellement armés et équipés.

Ils pourront lever les droits de cloison, de barrage et de pavage, et d'autres aides jusqu'à concurrence de mille livres par an, pour l'entretien et la défense de la ville.

Ils se réuniront quand bon leur semblera dans leur hôtel commun ou partout ailleurs, sans être tenus d'appeler aucun officier royal ou autre.

Ils éliront, chaque année, l'un d'eux en qualité de receveur des deniers de la communauté; ce receveur distribuera les fonds et en rendra compte aux maire et échevins.

Ils auront deux foires franches, qui dureront chacune huit jours entiers; l'une commencera le 29 août, l'autre le 12 février.

Ils jouiront de tous les autres priviléges dont jouissent les bourgeois de la Rochelle, et ils feront faire de ces priviléges un double authentique pour leur gouverne.

Ils feront des règlements de police, notamment contre les blasphémateurs.

Le maire ou le sous-maire connaîtra des causes personnelles et possessoires de la ville et des quintes (banlieue), y compris les Ponts-de-Cé. Il aura également sur les métiers, et sur le commerce en général, la juridiction qu'avait auparavant le prévôt d'Angers, sous le ressort du seul parlement de Paris. Toutefois les criminels arrêtés par lui seront remis au sénéchal d'Anjou ou à son lieutenant, qui poursuivra leur procès, à moins qu'ils ne soient coupables de lèse-majesté.

Le maire ou le sous-maire aura le droit de correction et de révocation sur tous les officiers de la ville.

Il tiendra les clefs des *porteaux et chesnes* de la cité, avec l'autorité dont jouissait ci-devant le capitaine d'Angers.

Il aura de grands sceaux pour les actes du municipe, des sceaux moindres pour l'exercice de la justice, et d'autres pour les contrats et les obligations des marchands.

Le maire cumulera la charge de conservateur des privilèges de l'Université d'Angers, afin de maintenir l'union entre cette corporation et les habitants. Cette charge est séparée du sénéchalat d'Anjou, auquel elle était annexée, et il est défendu au sénéchal actuel de l'exercer.

Aucun officier ne pourra appréhender un citoyen d'Angers avant d'avoir exhibé au maire son mandat et l'enquête faite sur la matière, excepté dans le cas de crime de lèse-majesté.

Les maire, échevins et conseillers pourront faire abattre toutes les maisons qu'il leur plaira pour y établir des places publiques destinées à la vente des menues marchandises, en indemnisant raisonnablement les propriétaires; et cela pour l'accroissement de la ville, « en laquelle par cy devant a eu très petit ordre et police ».

Un droit de deux sols six deniers sera prélevé sur chaque pipe de vin étranger à l'Anjou qui entrera dans la ville ou dans la quinte d'Angers, pour être vendue en gros ou en détail, et personne ne vendra de ce vin étranger sans l'autorisation de la mairie.

Le corps municipal prendra pour s'installer les maisons et places qui lui conviendront, en indemnisant les propriétaires, mais sans payer d'amortissement ni d'impôt.

Il pourra recevoir des dons et des legs, acquérir des biens et des rentes pour l'entretien de la ville, jusqu'à concurrence de deux mille livres de rente, lesquelles sont amorties d'avance.

Il pourra faire le commerce du sel dans le grenier d'Angers, sans que personne autre s'en mêle, et en appliquer le produit aux besoins de la ville.

Il pourra obliger les particuliers à enlever les immondices

et à faire poser du pavé devant leurs maisons, sous peine d'amende.

Il aura enfin l'aunage des draps de laine, la surveillance des poids et mesures et celle des corps de métiers, dont tous les membres devront être assermentés [1].

Ces priviléges, dont l'énumération était allongée à dessein, étaient moins nouveaux et moins libéraux qu'ils ne le semblaient au premier abord : la plupart étaient déjà en vigueur à Angers, comme le montrera la seconde partie de cet ouvrage, et le plus important de tous, celui qui consistait pour les habitants à prendre part à l'administration de la ville, existait depuis longtemps. Le conseil des bourgeois s'assemblait avec les officiers du roi de Sicile dans la Chambre des comptes ou dans une salle du château appelée la *Bourjoisie*, et non-seulement il donnait son avis sur les affaires locales, mais il élisait avec ces mêmes officiers certains hauts fonctionnaires, tels que le juge d'Anjou et le lieutenant d'Angers [2]. Si les Angevins gagnaient quelque chose à la nouvelle charte, ils y perdaient aussi : le Roi, tout en leur concédant la nomination de leur maire, commençait par installer en cette qualité un homme à lui et un étranger; il leur imposait un supplément de contributions et un service militaire permanent, fruits ordinaires des révolutions. Ils passaient, par le fait, sous un régime plus autoritaire, de sorte que, par un singulier renversement des choses, on vit les plus libéraux combattre la charte communale et les agents du pouvoir central la défendre. Elle ne se maintint que sous l'empire de la crainte inspirée par Louis XI; de son vivant même, il s'éleva chez les

[1] Arch. nat., K 186, n° 215 (pièces justificatives, n° 82). La charte de la mairie d'Angers a été imprimée à différentes époques. Elle fut confirmée successivement par Charles VIII, Louis XII, Henri II, etc. (*Ibid.*, K 186, n°s 216, 217.)

[2] Arch. nat., P 1334³, f°s 68-70; *Extraits des comptes et mémoriaux du roi René*, p. 250; Port, *Notes et notices*, p. 147 et suiv.; *Dict. hist. de Maine-et-Loire*, p. 38. En 1453, Jean Duvau fut élu juge d'Anjou à la majorité par dix-sept conseillers, sept gens d'église, treize bourgeois ou marchands et douze justiciers; René confirma ensuite l'élection. La nomination du lieutenant Pierre de la Poissonnière fut proposée de même par les bourgeois. (Arch. nat., *ibid.*, f°s 70, 77.)

Angevins « plusieurs sédicions, tumultes et murmuracions » auxquels ils ne l'avaient point habitué, et, lorsqu'il fut mort, sa constitution excita un *tolle* si général, que son successeur eut beaucoup de peine à la sauver du naufrage et n'y arriva qu'en la modifiant. Tous les ordres de la cité et les officiers royaux eux-mêmes écrivirent à Charles VIII pour empêcher la confirmation de la mairie, prétendant que le roi Louis s'était repenti de l'avoir instituée. Il leur répondit que son père ne faisait jamais rien que de sage, et qu'il eût défait son œuvre s'il l'eût trouvée mauvaise. Néanmoins, à force d'instances, ils obtinrent la révision des priviléges, la modération des articles excessifs et le remplacement de Guillaume de Cerisay par un maire élu, qui fut Guillaume de Lespine. Trop heureux d'avoir conservé son existence à ce prix, le corps municipal témoigna sa gratitude à MM. de Maigné et du Plessis-Bourré, qui s'étaient entremis en sa faveur auprès de la toute-puissante dame de Beaujeu, et le calme se rétablit insensiblement [1].

La fondation d'un pouvoir local aussi fort aggravait considérablement le régime de la saisie sous lequel était placé le duché d'Anjou : René et ses conseils avaient maintenant affaire à deux classes d'adversaires également jalouses, les gens du Roi et les gens de la mairie. Les empiétements et les conflits devinrent journaliers; diviser pour régner, c'était la maxime mise en pratique par Louis XI, et son application lui réussissait. Malgré toute sa philosophie, le vieux roi de Sicile en conçut un dépit violent. Il paraît avoir écouté alors les suggestions de quelques amis intéressés, qui l'engagèrent à se rejeter du côté du duc de Bourgogne, seul prince capable de le protéger, et à lui léguer le comté de Provence. On n'a pas la preuve formelle du fait; mais Commines, ordinairement assez impartial, malgré l'intimité qui l'unissait à son maître, raconte qu'il en était question à l'époque de la bataille de Granson, au mois de mars 1476; que René était en pourparlers

[1] Bibl. nat., mss. fr. 2908, f° 41; 20488, f° 54; 20493, f°s 14 et suiv. Arch. nat., P 1334[11], f°s 105, 106. Port, *loc. cit.* Marchegay, *Notices*, p. 140.

avec le duc Charles et lui transmettait les messages qu'il recevait du Roi ; qu'enfin le sire de Château-Guyon (Hugues de Châlon, fils du prince d'Orange) s'était rendu en Provence avec d'autres émissaires bourguignons pour prendre possession du pays, lorsque l'échec de leur prince les avait fait fuir [1]. Il ne pouvait s'agir, toutefois, d'une prise de possession immédiate, car René n'avait nulle envie de céder son comté avant sa mort, comme la suite le fera voir. Selon d'autres contemporains, son projet en faveur de Charles n'était qu'une appréhension ou même qu'une invention du Roi [2]. En tout cas, il fournit à celui-ci un prétexte pour aller plus loin. Espérant couvrir sa violence du masque de la justice, il ne craignit pas de demander au parlement, par une lettre datée du 6 du même mois, la mise en accusation et le jugement de son oncle. Il souhaitait, disait-il, que le roi de Sicile fût trouvé moins coupable qu'on ne prétendait ; mais, l'intérêt de l'État devant l'emporter sur tout, il voulait que la cour prononçât [3].

Aussitôt, tous les soupçons, tous les griefs antérieurs furent réveillés et prirent un corps : il fallut arriver à convaincre du crime de haute trahison le plus ancien et le plus constant défenseur du trône. Les alliances de son fils et de son petit-fils avec les ennemis du Roi, dans lesquelles il n'avait été pour rien, la dénonciation du duc de Bretagne, qui l'avait compris, en 1468, parmi ses complices fictifs, et même sa conduite dans la guerre du Bien public, où il avait si loyalement soutenu la cause royale, devinrent autant de charges contre lui. Le connétable de Saint-Pol, condamné récemment pour sa félonie, l'avait aussi désigné comme un de ses alliés :

[1] Commines, II, 12, 16 et suiv.

[2] Basin, II, 302. Ce chroniqueur dit ailleurs que le duc de Bourgogne, en marchant contre les troupes de René II, avait traversé les terres du roi de Sicile « *cum quo amicitias copulerat* ». (II, 372.) Le fait peut être vrai, quoique le roi René fût encore plus l'ami de son petit-fils que celui du duc Charles. Mais il y a loin de là à la donation de la Provence. Les écrivains qui ont affirmé l'existence de cette donation, comme D. Plancher (IV, 420, 425), ont eux-mêmes voulu parler d'un legs testamentaire, et non d'une cession immédiate.

[3] Bibl. nat., ms. Dupuy 339, f° 205. Duclos, II, 93.

on prétendit que c'était lui qui avait impliqué le comte du Maine, son neveu, dans les intrigues de ce seigneur [1]. Ses accointances avec le duc de Bourgogne formèrent le couronnement de cet échafaudage, et on les fit remonter à une époque plus éloignée. On semblait, du reste, y être autorisé par une déposition assez grave, que le parlement avait recueillie, dès l'année précédente, de la bouche d'un de ses anciens secrétaires, nommé Jean Bressin. Cet individu, qui s'était fait des ennemis parmi les officiers du duché de Bar, dans le temps qu'il y exerçait ses fonctions, était venu révéler, pour se venger, certains complots ourdis, prétendait-il, par les ducs d'Anjou et de Bourgogne, dans le but de mettre en tutelle la personne du roi de France et de confier à quatre grands seigneurs les rênes du gouvernement. Louis XI ne lui avait pas d'abord prêté grande attention, et, livré aux rancunes de quelques-uns des courtisans de son maître, notamment de Saladin d'Anglure, le malheureux secrétaire avait expié par la torture, et par trente-neuf mois de captivité au fond d'une tour humide, la faute d'avoir voulu semer la discorde entre deux puissants personnages; enfin, l'occupation du château d'Angers par les officiers royaux était venue lui rendre la liberté [2]. Mais quelle était la valeur d'un pareil témoignage? Bressin exagérait tout au moins les faits, et cette exagération même devait rendre sa parole suspecte. Nulle autre voix accusatrice ne paraît s'être jointe à la sienne. Néanmoins le parlement répondit docilement aux désirs du souverain, et rendit, le 6 avril suivant, un arrêt conçu en ces termes :

« Attendu la gravité des cas dont le roy de Sicile est trouvé « chargé, qui sont trop grands crimes de lèze-majesté contre

[1] Duclos paraît accepter cette imputation comme fondée (II, 93) : elle n'est pas autrement justifiée.

[2] La longue déposition de Bressin est reproduite dans l'*Histoire de Bourgogne* de D. Plancher, t. IV, preuves, col. CCCXLII et suiv. Ce serviteur infidèle exerçait sa charge dans le duché de Bar au mois d'août 1468, date à laquelle il fut chargé de remettre à l'évêque de Verdun la somme nécessaire pour construire le tombeau du cardinal, oncle de René. (Arch. nat., KK 1117, f° 805.)

« le Roy et la chose publique du royaume, dont les aucuns, « selon les informations, sont advenus tant paravant les divi- « sions secrètes après l'advénement du Roy à la couronne « comme depuis icelles divisions, et encores puis naguières,... « l'advis et délibération de ladite cour a esté et est qu'il y a « trop grand et suffisant matière, selon termes de justice, de « procedder contre ledit roy de Sicile par la prise de corps; « et quand, pour considération de prochaineté du lignage « dont attient au Roy nostre seigneur ledit roy de Sicile, et « des autres qualitez qui sont en luy, tant de son ancien « aage que autrement, le plaisir du Roy ne seroit que on pro- « cédast par prise de corps, a semblé que pour tout le mieux « l'on doit adjourner ledit roy de Sicile à comparoir en per- « sonne..., sous peine de bannissement de ce royaume, de « confiscation de corps et de biens, etc. [1]. »

Ainsi, l'on accordait à René comme une grâce de ne pas être jeté en prison, si toutefois Louis trouvait que son caractère, sa position, ses cheveux blancs méritaient tant d'égards. Il avait donc eu raison de se retirer à l'avance dans un domaine indépendant, hors de la portée de son redoutable neveu. On se demandait s'il sortirait de son refuge pour répondre à l'ajournement lancé contre lui, et si l'on aurait cet étrange spectacle d'un septuagénaire, d'un pair de France, d'un prince du sang, d'un roi, traîné devant des juges par un proche parent, jaloux des lambeaux de sa grandeur. Il est impossible d'affirmer, il est même improbable que ce dernier songeât à laisser aller les choses jusqu'au bout. Dans tous les cas, ses dispositions paraissent avoir été modifiées subitement, ainsi que celles des autres princes et de René lui-même, par la nouvelle de la journée de Granson, arrivée sur ces entrefaites [2]. Cette bataille mémorable, où Charles le Téméraire avait été vaincu pour la première fois, mais d'une façon complète, par les Suisses et leurs alliés, présageait la chute définitive de la puissance bourguignonne, qui, depuis si long-

[1] Bibl. nat., ms. Dupuy 330, f° 205. Cf. Arch. nat., Parlement, U 524, p. 252.

[2] Commines, II, 13 et suiv.

temps, empêchait la royauté de dormir. Louis XI voyait s'évanouir ses terreurs; ses soupçons devenaient sans objet. Le jeune René II, battu hier par le terrible duc, reprenait aujourd'hui l'avantage, et demain serait un vainqueur à ménager : il importait d'épargner son aïeul. Celui-ci, de son côté, sentait s'écrouler l'unique appui capable de le protéger contre la colère royale : mieux valait pour lui faire quelques sacrifices, et finir ses jours en paix. L'un et l'autre en vinrent à désirer un accommodement.

Qui fit les premiers pas? Duclos prétend que René envoya d'abord son neveu Charles, appelé dès lors duc de Calabre, supplier le Roi d'arrêter les procédures commencées [1]. Il semblerait cependant, d'après les mémoires de Commines, que l'initiative ne fut pas prise par lui. Les pièces officielles confirment plutôt cette version, et jettent une lumière nouvelle sur les démarches et les sentiments des deux princes. Au moment même où paraissait la sentence d'ajournement, Louis dépêchait vers son oncle, retiré au manoir de Pertuis, trois ambassadeurs : Gui de Puisieu, archevêque de Vienne, Jean de

[1] Duclos, II, 94. Cette démarche ne doit faire qu'une avec celle dont parle M. de Villeneuve-Bargemont (III, 109) et qui eut lieu deux mois plus tôt, avant le commencement des procédures et dans le but de les empêcher. L'incident est puisé dans Nostredame, qui cite une lettre de René à Charles en date du 18 février 1475. Mais il se lie à plusieurs erreurs du vieil historien provençal, qui avance (p. 635 et suiv.) que, le Roi s'étant plaint de ne pas figurer parmi les héritiers de son oncle, celui-ci lui aurait fait communiquer son testament par le duc de Calabre, et *qu'après une lecture en parlement* Louis l'aurait trouvé satisfaisant; c'est pourquoi la publication en aurait été faite le 22 juillet. Mais on a vu que le testament avait été publié le 22 juillet de l'année précédente (1474) et qu'il ne contenait aucune satisfaction pour le monarque. M. de Villeneuve-Bargemont, qui raconte en détail tout ce différend, embrouille également les faits, par suite de l'erreur générale sur l'époque de la retraite du roi de Sicile en Provence. (*Ibid.*, et II, 199-205.) L'entretien qu'il rapporte à cette dernière page comme ayant eu lieu en 1473 entre Jean Cossa et le roi de France, et la menace proférée par celui-ci de faire jeter l'ambassadeur de son oncle à la rivière, menace qui aurait mis en fuite le sénéchal de Provence et fait avancer le départ de son maître (effectué depuis deux ans), paraissent peu authentiques. Le même auteur semble croire que le duché d'Anjou avait seul été saisi et que celui de Bar était simplement menacé de l'être; c'est une erreur que l'acte de main-levée suffit à démontrer.

Blanchefort, chevalier, maire de Bordeaux, et Garcias Faure, président de la cour de Toulouse. Ils avaient une double mission : lui demander de reconnaître les faits accomplis dans les duchés de Bar et d'Anjou, et d'abandonner tous ses droits sur ces deux pays ; lui faire jurer de ne pactiser avec aucun des adversaires de la couronne. A ces conditions, il rentrerait en grâce et recevrait une pension de soixante mille francs ; sinon, il devait s'attendre à *tout*. René accorda volontiers le second point. Les ambassadeurs avaient apporté avec eux la fameuse croix de Saint-Laud : il prêta dessus le serment de n'avoir de sa vie aucune intelligence, aucune alliance, soit avec le duc de Bourgogne, soit avec les autres ennemis du Roi, de ne leur livrer ni le comté de Provence ni aucune place en dépendant, mais de se conduire toujours vis-à-vis de Louis comme son « bon oncle ». Cette promesse fut mise en écrit, signée et scellée à Pertuis, le 11 avril. Le prince remit en même temps aux commissaire royaux des engagements analogues pris par les principales villes de Provence, Aix, Arles, Marseille, et par les premiers personnages de sa cour, Jean Cossa, grand sénéchal, l'archevêque d'Aix, Honorat de Berre, Fouquet d'Agout, Baptiste de Pontevez, sire de Cotignac, Arnaud de Villeneuve, sire de Trans, Saladin d'Anglure, Jean Martin, chancelier, Vivant Boniface, juge-mage, Jean Jarente, Benjamin, conseillers, et le président Palamède de Forbin, qui devait jouer un rôle important dans les rapports ultérieurs du comté avec le royaume de France[1]. Mais, loin d'accéder à la première demande, René déposa, le même jour, entre les mains d'un notaire de la localité, une protestation en forme contre les *novations* opérées dans ses duchés de Bar et d'Anjou et contre la prétention qu'on émettait de les lui faire ratifier. Il n'avait pas, disait-il dans cette pièce, la puissance nécessaire pour empêcher de pareilles entreprises ; mais ce qui était accompli par la violence n'avait ni valeur ni efficacité : il protestait

[1] Arch. nat., J 257, nos 10-20 et 91 ; Arch. des Bouches-du-Rhône, B 273, f° 154 v° (pièces justificatives, n° 84). Cf. Lenglet, III, 302. Duclos a placé à Arles et à la date du 7 avril la prestation de ce serment (II, 95).

donc de toutes ses forces, réclamant l'intégrité de ses droits pour lui et ses héritiers [1]. On voit s'il cherchait à céder ses domaines au prix d'une rente viagère, comme l'a avancé M. Vallet [2] : non-seulement il ne le désirait pas, mais il en repoussait énergiquement la proposition, au risque de subir jusqu'au bout les effets de la colère royale.

Louis XI, satisfait du serment, mais peu content du reste, fit comme il lui arrivait souvent en pareil cas : il renonça à l'intimidation pour employer la douceur et la séduction. Il envoya prier son oncle de venir le trouver à Lyon, l'assurant qu'il serait bien traité, qu'ensemble ils s'accorderaient parfaitement, et lui-même l'attendit dans cette ville. « Tant fut *conduict* le roy de Secille, dit Commines, qu'il vint devers le Roy à Lyon (le 4 mai), et luy fut faict très grant honneur et bonne chière [3]. » Le témoignage de cet historien acquiert ici une valeur toute particulière, car il assista à la première entrevue des deux princes. Suivant lui, ce fut le sénéchal Cossa qui prit la parole : « Sire, dit-il à Louis, ne vous esmerveillez « pas si le roy mon maître a offert au duc de Bourgongne de « le faire son héritier, car il s'en est trouvé conseillé par ses « serviteurs, et par espécial par moy, veu que vous, qui estes « filz de sa sœur et son propre nepveu, luy avez faict les tors « si grans que de lui avoir prins les châteaulx d'Angiers et « de Bar et si mal traicté en tous ses aultres affaires. Nous « avons bien voulu mettre en avant ce marchié avec ledict « duc affin que vous en ouyssiez les nouvelles, pour vous « donner envie de nous faire raison et congnoistre que le roy « mon maistre est vostre oncle ; mais nous n'eusmes jamais « envie de mener ce marchié jusqu'au bout [4]. » Cette déclaration était-elle sincère? Commines a l'air de le croire, car il ajoute que Cossa parlait « tout au vray » et qu'il conduisit fort bien la négociation. Dans ce cas, le projet de donation

[1] Arch. des Bouches-du-Rhône, B 695.
[2] *Biographie générale*, art. RENÉ D'ANJOU.
[3] Commines, II, 17. Itinéraire.
[4] Commines, II, 18.

en faveur du duc de Bourgogne aurait été beaucoup moins sérieux que l'historiographe royal ne le dit plus haut. Lui-même paraît avoir pris une part active aux pourparlers qui s'engagèrent alors. Le sénéchal de Provence et le sire d'Argenton furent les interprètes de la pensée de leurs maîtres respectifs, et s'efforcèrent de trouver les bases d'une transaction acceptable pour tous deux.

L'affaire était encore plus compliquée et plus délicate à traiter qu'elle ne semble à première vue. Louis voulait garder l'Anjou et acquérir des droits sur la Provence ; René voulait garder la Provence et recouvrer la pleine possession de l'Anjou. Aux prétentions des deux parties se joignaient celles de Charles, duc de Calabre, qui faisait valoir auprès du Roi sa qualité d'héritier légitime de la succession de son oncle. Il demandait que René conservât jusqu'à sa mort la jouissance de toutes ses seigneuries, mais qu'ensuite le comté de Provence fût dévolu entièrement à lui Charles, et le duché d'Anjou partagé entre son royal cousin et lui : le souverain aurait la ville d'Angers et sa banlieue, et lui laisserait le reste ; ou bien, s'il tenait à avoir davantage, il constituerait à son profit un *comté* d'Anjou, qui dépendrait du duché et se composerait de Saumur, Loudun, Champtoceaux, Mirebeau et la Roche-sur-Yon, de façon à ce que le nom et les armes de sa famille ne disparussent pas tout à fait [1]. On était bien forcé d'admettre que Charles devait hériter de l'Anjou, puisqu'il était le représentant de son père, frère du roi René, et que le roi René lui-même avait recueilli l'apanage de Louis III en qualité de plus proche collatéral : si l'un avait été reconnu comme héritier naturel, l'autre devait l'être à son tour. Que fit alors Louis XI ? Il nia non-seulement que le duc de Calabre dût succéder à son oncle, mais que celui-ci lui-même eût succédé légitimement à son frère : s'il avait joui de l'apanage, c'était par tolérance, et l'Anjou appartenait de droit à la couronne depuis la mort du fils aîné de Louis II ; cela était « tout cler et no-

[1] Arch. nat., J 257, n° 80.

toire [1] ». Le monarque oubliait la teneur de l'acte de fondation de l'apanage, qui investissait Louis I du duché pour lui et sa postérité masculine jusqu'à l'extinction de celle-ci. Il méconnaissait, de plus, le partage solennel de 1440, partage réglé, comme nous l'avons vu, avec l'intervention de la reine Marie et l'approbation de Charles VII, et stipulant que, si René mourait sans descendants mâles, Charles, comte du Maine, ou ses fils, deviendraient ducs d'Anjou [2]. Néanmoins, pour désarmer ce nouvel adversaire, il lui offrit le comté de Beaufort, Mirebeau, Sablé et la Roche-sur-Yon, s'il voulait renoncer à toute prétention sur le reste. Il fit même rédiger la minute d'une donation en règle [3]; mais cet acte ne paraît pas avoir été rendu, et le souverain, à force d'habileté, parvint à s'assurer pour plus tard la possession intégrale du duché, en sacrifiant pour le présent une partie de l'autorité qu'il y avait usurpée. Au bout de quelques jours, on tomba d'accord sur les points suivants : la saisie qui avait frappé les terres de René serait levée, et ce prince recouvrerait immédiatement la jouissance de tous ses biens; en retour, il céderait à Louis le droit de nommer capitaine du château et de la place d'Angers qui bon lui semblerait, et confirmerait le choix fait par lui; il promettrait de laisser subsister la mairie d'Angers avec tous les avantages et tous les revenus à elle octroyés; ses revenus à lui se trouvant diminués d'autant, il recevrait une compensation pécuniaire, *jusqu'à ce qu'un autre accord intervînt au sujet de la mairie;* il ne percevrait pas les produits de ses fiefs avant le 1er octobre, le Roi en ayant déjà disposé pour

[1] Arch. nat., J 257, n° 93.

[2] V. ci-dessus, p. 252, et pièces justificatives, n° 2. Le testament de Louis II contenait aussi cette disposition. (V. p. 35.) Dupuy, dans son traité des *Droits du Roi* (p. 097), interprète naturellement comme Louis XI la constitution de l'apanage d'Anjou ; toutefois il semble admettre que le retour de cet apanage s'effectua en dehors des conditions ordinaires. Par exemple, il se trompe complètement lorsqu'il affirme que Charles, neveu de René, « ne pensa jamais à luy succéder au duché d'Anjou, qui fut réuni à la couronne, ayant eu ledit Charles le comté du Maine pour son partage. »

[3] Arch. nat., J 257, n° 93.

l'exercice courant, mais il toucherait, d'ici là, une indemnité de deux mille francs par mois; enfin, les receveurs et autres officiers de finances institués dans le duché d'Anjou par l'autorité royale demeureraient en fonctions jusqu'au même terme, et la nomination de leurs successeurs serait rendue au duc [1]. Toutefois, ces différentes clauses ne furent exécutées que les unes après les autres. Le 21 mai, René signa la reconnaissance de la mairie, à titre provisoire, comme il avait été dit, et l'abandon de ses revenus jusqu'à la fin de l'exercice [2]. Le 24, il remit à Louis son consentement formel à l'installation d'un capitaine royal dans le château d'Angers, capitaine qui devait prêter serment au suzerain et « ne bailler la place en autres mains que es siennes, pour endurer la mort [3] ». Le lendemain 25, le Roi remplit à son tour la principale de ses promesses, et rendit des lettres-patentes ordonnant la main-levée de l'Anjou, y compris Loudun, Beaufort, Mirebeau et la Roche-sur-Yon, des terres de Chailly et Longjumeau, et des domaines que René possédait à Paris ou aux environs [4]. Il déclarait, dans cet acte réparateur, que son désir était plutôt d'augmenter et d'accroître l'état de son oncle que de lui ravir son bien; il rappelait ses anciens services et ses bonnes dispositions, révoquait tous les dons, toutes les collations d'offices faits depuis la saisie contrairement à ses droits ou à ceux de la reine de Sicile, lui rendait, enfin, la libre administration de toutes ses affaires [5].

Tels furent les résultats ostensibles et immédiats des conférences de Lyon; mais elles en eurent d'autres, plus importants peut-être, et encore mal connus. Le retour de l'Anjou à la cou-

[1] La minute de cette convention est signée de René (Arch. nat., J 257, n° 87).

[2] *Ibid.*, n° 9.

[3] C'est-à-dire qu'il devait la défendre jusqu'à la mort. (Arch. nat., J 750, n° 3; pièces justificatives, n° 85.)

[4] L'hôtel de Bar, à Paris, fut cédé alors par le roi de Sicile à Gilles Dorin, conseiller au parlement, sa vie durant. (Arch. des Bouches-du-Rhône, B 274, f° 8 v°.)

[5] Arch. des Bouches-du-Rhône, B 605.

ronne après la mort de René fut certainement le prix, stipulé à l'avance, de sa rentrée en grâce. Il ne paraît pas qu'il y ait eu de sa part autre chose qu'un acquiescement verbal; mais il y eut au moins entre le Roi et Charles d'Anjou, qui était le plus intéressé dans la question, une convention écrite [1]. Moyennant cette grave concession, le duc de Calabre obtint l'assurance qu'on lui laisserait la paisible possession du comté de Provence, à la charge de le léguer à la couronne quand lui-même viendrait à mourir. Louis XI se vit donc forcé de patienter. Pourtant il avait réellement songé à opérer sur-le-champ l'annexion de la Provence; car, à peu près vers cette époque, le roi Ferdinand de Naples envoya son fils à Marseille prévenir les gens de René qu'il savait pertinemment que le Roi voulait renverser leur maître et lui prendre son comté : l'idée de voir la France s'étendre jusqu'à la Méditerranée et jusqu'à l'Italie l'effrayait tellement, qu'il offrait au prince persécuté, malgré la vieille rivalité de leurs maisons, son secours, celui du roi d'Aragon et celui du roi de Castille, pour le défendre « comme s'il s'agissait d'un père ». Gaspard Cossa, qui reçut cette étrange confidence, répondit sagement que les choses n'en étaient pas là, et communiqua la proposition à René, qui ne fit aucune réponse, mais envoya Philippe de Lénoncourt répéter tout au sire d'Argenton [2]. Ainsi, il ne tint qu'à un fil que le territoire provençal fût occupé de vive force, et que les ennemis mortels du roi de Sicile devinssent ses auxiliaires contre celui qui devait être son protecteur naturel : tant la complication des luttes politiques déplace les intérêts et fausse les consciences! Louis essaya encore, un peu plus tard, de

[1] Cette convention est mentionnée dans plusieurs actes rendus par le Roi après le décès de René : « Comme, par le trespas de feu nostre très chier et très amé oncle, en son vivant roy de Sicile et duc d'Anjou, ledit païs et duchié d'Anjou nous soit advenu et escheu, tant par droit de retour de appanage que *par certain traicté et appoinctement fait entre nous et nostre très chier et très amé cousin le duc de Calabre*, à présent roy de Sicile, et autres raisonnables moyens, etc. » V. aussi Bibl. nat., ms. fr. 20101, f° 27.

[2] La note remise à Commines contient le récit détaillé de l'affaire. (Arch. nat., J 257, n° 92.)

faire valoir les droits qu'il prétendait avoir sur la Provence du chef de Marie d'Anjou, sa mère. Il émit même la théorie que le tiers de ce pays lui revenait légitimement. Mais le vieux roi protesta par-devant notaire contre une telle interprétation des lois de succession, et son neveu Charles demeura légataire de la totalité du comté[1].

Il ressort de tous ces faits que l'opinion reçue au sujet de la réunion de l'Anjou et de la Provence au royaume de France n'est pas exacte en tout point. La première de ces provinces ne revint pas à la couronne, comme on l'a dit quelquefois, au moyen d'une confiscation opérée en 1474 par Louis XI : la confiscation ne fut qu'une saisie temporaire, et, moins de deux ans après, ses effets furent complétement annulés, sauf quelques modifications dans les attributions du duc et du suzerain. Le duché ne rentra même pas dans le domaine royal en raison de la mort du possesseur et de l'extinction de sa lignée : la descendance masculine de Louis I n'avait pas disparu, et Charles, duc de Calabre, la représentait. Mais ce retour se produisit, en 1480, par suite d'un accord avec la maison d'Anjou, et du consentement de l'héritier naturel. Quant à la Provence, il y a tout lieu de croire que, si René refusa énergiquement de l'aliéner de son vivant, il en prévit et en autorisa la cession ultérieure. Plusieurs auteurs contemporains ont prétendu qu'il avait fait lui-même cette cession, et qu'il en avait remis à Louis XI l'acte authentique, enluminé de sa main ; d'autres ont cru qu'il avait rédigé en sa faveur un nouveau testament[2]. Ce sont des erreurs évidentes ; mais cela montre aussi que le bruit en courait, et ce bruit puisait sa raison d'être dans certains faits alors ignorés ou mal compris du public, tels que les conventions de Lyon. Charles d'Anjou était faible et maladif ; chacun pressentait qu'il n'aurait pas d'enfants

[1] Arch. des Bouches-du-Rhône, B 701.

[2] *Chronique scandaleuse*, éd. Lenglet, II, 131 ; Basin, II, 302 ; Nostredame, p. 635. Cf. Vill.-Barg., III, 117. M. Kervyn de Lettenhove, dans son édition des *Lettres et négociations de Commines* (I, 135), et Bodin dans ses *Recherches sur l'Anjou* (I, 571), ont également attribué à René la cession de la Provence.

et mourrait jeune. La substitution du roi de France à cet héritier, pour n'avoir pas été stipulée dans le testament de son oncle, comme l'a dit un récent historien[1], n'en devint pas moins l'objet d'un accord tacite. Il paraît même que cette substitution fut dès lors garantie par le célèbre Palamède de Forbin, l'un des conseillers du roi de Sicile qui furent le plus choyés à Lyon. Son maître le savait si bien, que, lorsqu'il vit, un peu plus tard, son petit-fils René II disputer au duc de Calabre la succession du comté, il leur adressa à tous deux, assure-t-on, un apologue rappelant la fable de *l'Huître et les plaideurs*, en ajoutant ces mots significatifs : « Vous vous arrachez ce qu'un plus fort que vous emportera[2]. »

La main-levée du duché de Bar fut le dernier point obtenu à Lyon par le roi de Sicile. Elle lui fut accordée sans conditions, et dans les mêmes termes que celle de l'Anjou, à la date du 9 juin 1476. Le Roi avait fait arrêter plusieurs officiers du Barrois et les détenait à Sainte-Menehould ; leur délivrance fut ordonnée. Mais, les revenus du fief ayant reçu également leur destination jusqu'à la fin de l'exercice, la jouissance n'en fut rendue au duc qu'à partir du 1er octobre[3]. Aussitôt cette question tranchée, René prit congé de son neveu, non sans avoir été festoyé par lui et « traicté en toutes choses selon sa nature », dit Commines. Les deux Rois furent vus ensemble à la foire, avec les plus belles dames de la ville, et parurent parfaitement réconciliés. Ils échangèrent des cadeaux et des gracieusetés ; leurs serviteurs en profitèrent, et il n'est pas jusqu'au maître-queux de Louis XI qui n'éprouvât les effets de la reconnaissance de son hôte : ce chef des cuisines, appelé Jean Pasquier, fut nommé segrayer de Bouldré en Anjou ; mais, comme il n'y pouvait résider à cause de ses fonctions, il fut autorisé à se faire remplacer par le receveur du duché, Pierre Bouteiller[4]. Les personnages

[1] De Cherrier, *Hist. de Charles VIII*, I, 31.
[2] Mathieu, *Hist. de Louis XI*, p. 497 ; Vill.-Darg., III, 120.
[3] D. Calmet, preuves, t. III, col. CCLXXXII.
[4] Commines, II, 18 ; *Chron. scand.*, coll. Petitot, XIV, 36 ; Arch. nat.,

de la suite du roi de Sicile furent l'objet d'attentions non moins empressées, mais plus intéressées peut-être, de la part du roi de France. Palamède de Forbin reçut des deux côtés la récompense de ses bons offices, car son maître lui fit ordonner avant de partir quatre mille florins de pension annuelle [1]. En revanche, les diplomates provençaux contribuèrent avec leur prince à rétablir l'accord entre Louis et le pape Sixte IV, qui, menacé de voies de fait à l'occasion des agissements du cardinal de la Rovère, son neveu et son légat, avait envoyé une ambassade à Lyon, en faisant appuyer ses réclamations par René. Dès le 11 juin, celui-ci avait quitté la cour et repris le chemin de la Provence : aucune assurance d'amitié ne pouvait désormais ébranler sa résolution de ne plus retourner en Anjou.

Il avait raison, car les changements qu'il eût trouvés dans ce pays cher à son cœur l'eussent péniblement affecté. Même après la main-levée, les gens du Roi et ceux de la mairie continuèrent à poursuivre les siens de leurs tracasseries, et jamais l'harmonie ne put régner entre eux. Cette fois encore, la réconciliation n'était que superficielle. Soit mauvais vouloir, soit incurie, les ordres donnés pour faire remettre le duc d'Anjou en possession de ses droits ne furent exécutés que lentement et comme à regret. Il fallut, pour y arriver, de nombreuses démarches et une lutte persévérante. L'archevêque d'Aix, le sire de la Jaille, le conseiller Benjamin, l'écuyer Jarret, l'argentier Antoine de la Croix furent d'abord envoyés sur les lieux avec maître Jean des Fougerais, conseiller au parlement de Paris, afin de procéder au rétablissement de l'autorité ducale [2]. Un nouveau mandement royal fut néces-

P 1334[10], f° 40. « Et eut le roy de Secille de l'argent, et tous ses serviteurs, » rapporte Commines. Cet argent doit s'entendre des deux mille francs de provision mensuelle accordés à René à titre d'indemnité, et non des soixante mille francs que les ambassadeurs royaux lui avaient offerts contre l'abandon de ses droits, comme l'a conjecturé l'éditeur du célèbre historien.

[1] Arch. des Bouches-du-Rhône, B 273, f° 158.

[2] Bibl. nat., ms. lat. 22450, p. 123; Arch. des Bouches-du-Rhône, B 696. Ils se trouvaient à Angers au commencement de juillet 1476.

saire pour contraindre les receveurs du fisc à délivrer au roi de Sicile la part qui lui revenait sur la traite des vins et l'imposition foraine [1]. Plusieurs mémoires furent remis au sire d'Argenton, tendant à obtenir le payement des indemnités convenues et de la pension sur les finances du Languedoc, la cessation de la perception des impôts par voie de commissaires, au détriment des fermiers en titre, la répression des empiétements de quelques tyranneaux qui opprimaient les libertés locales, notamment à la Roche-sur-Yon, etc. [2]. En 1477, les gens des comptes d'Angers adressèrent à René différents rapports sur les vexations dont il continuait à être victime en son absence : on refusait à un de ses vieux serviteurs la jouissance du logis qu'il lui avait concédé dans les dépendances du château ; le Roi lui-même, venu récemment aux Ponts-de-Cé, avait interdit d'affermer la traite des vins pour cette année, et commis de nouveaux agents pour la lever en son nom ; le bruit courait que, loin de prendre les intérêts du duc à la Roche-sur-Yon, il songeait à saisir cette terre pour la donner à un autre. Ils adjuraient, en conséquence, leur maître d'apporter un prompt remède à une situation qui empirait tous les jours, s'il ne voulait assister à la ruine complète de son pouvoir [3]. L'année suivante, la mairie recommença ses agressions, et le sous-maire, Thomin Jamelot, s'empara violemment des deniers du *minage*, d'accord avec l'autorité royale. Les conseillers ducaux réclamèrent, et firent de nouvelles instances pour provoquer le règlement des sommes promises en compensation de la saisie [4]. Deux ans s'écoulèrent encore avant que cette dernière affaire pût être liquidée. En fin de compte, après de longues opérations, et sur le rapport de ses agents comptables, René se déclara satisfait sans avoir reçu ce qu'il avait droit d'at-

[1] Arch. nat., P 1334[10], f° 54 v°; pièces justificatives, n° 87.

[2] Arch. nat., J 257, n° 90; Bibl. nat., ms. fr. 2907, f° 47 ; Commines, III, 352.

[3] Arch. nat., P 1334[10], f°s 80, 102, 110.

[4] *Ibid.*, f°s 170, 187 v°.

tendre, et donna à Louis, le 3 juin 1480, une quittance générale de tout ce qui lui avait été retranché, soit sur ses pensions, soit sur ses finances de Bar et d'Anjou [1].

Un autre motif, dont nous n'avons pas encore parlé, avait contribué au rapprochement des deux rois. La reine Marguerite d'Angleterre, encore plus malheureuse dans ses tentatives depuis son alliance avec le comte de Warwick, avait vu périr son époux et son fils à la suite de la funeste bataille de Tewkesbury. Elle-même, enfermée par le roi Édouard dans la tour de Londres, y languissait sans pouvoir espérer, cette fois, un retour de fortune. Louis XI, sollicité d'intervenir en sa faveur, racheta sa personne au vainqueur, moins par générosité que par calcul. Une première convention fut échangée à ce sujet le 2 octobre 1475 [2]. Pour recouvrer sa liberté, Marguerite dut préalablement renoncer, par un acte en règle, à toute prétention sur la couronne d'Angleterre. Le roi de France s'engagea, de son côté, à ne rien réclamer à raison du mariage ni du douaire de sa cousine; moyennant quoi Édouard lui abandonna tous les droits qu'il avait sur elle. Ces conditions remplies, la reine, amenée à Rouen par le chevalier Thomas Mongommery, délégué spécial du souverain anglais, fut remise aux commissaires français, Jean d'Hangest, capitaine de la ville, et Jean Raguier, receveur général de Normandie, le 29 janvier 1476 [3]. Une somme de cinquante mille écus d'or fut payée pour sa rançon. Mais, dès le 7 mars suivant, Louis XI, qui avait voulu acquérir par là une hypothèque sur les successions d'Anjou et de Lorraine, se faisait céder par Marguerite tout ce qu'elle pouvait avoir à revendiquer, soit dans le présent, soit dans l'avenir, des biens de ses père et mère. Cette part était fort limitée, d'après

[1] Arch. nat., J 586, n° 8; pièces justificatives, n° 91.

[2] *Documents inédits*, *Lettres des rois, reines, etc.*, publiées par M. Champollion-Figeac (II, 493).

[3] Arch. nat., J 910, n°s 22-24; J 648, n°s 8-10, 13. Rymer, t. V, 3e partie, p. 68.

les conventions et les arrangements antérieurs ; mais l'ambitieux monarque se proposait bien de réclamer davantage, et désirait seulement pouvoir se prévaloir d'un titre formel. En réunissant aux droits qu'il disait tenir de sa mère Marie d'Anjou ceux que lui vendait sa cousine, il espérait asseoir solidement ses prétentions sur le Barrois, la Lorraine, l'Anjou et la Provence. En effet, dans l'acte de cession fait en sa faveur par l'infortunée reine d'Angleterre, ces quatre pays sont nominativement désignés [1]. La reconnaissance d'une part, l'intérêt de l'autre, unissaient donc désormais cette princesse et son libérateur. Mais, malgré le renouvellement du même acte en 1479 et en 1480, malgré le testament rédigé par Marguerite en 1482 au profit du roi de France, celui-ci ne put retirer de sa spéculation tous les avantages qu'il s'était promis [2]. Quant à l'illustre exilée, elle finit ses jours dans la détresse et l'abandon. A la mort de son père, elle écrivit au sire du Bouchage, conseiller intime de Louis XI, et à ce prince lui-même, pour se remettre entre ses mains comme étant le seul appui qui lui restait [3] : mais elle n'obtint de lui que des secours insuffisants, et son dénûment, son état de consomption devinrent légendaires dans le pays d'Anjou. C'est là, en effet, qu'elle s'était retirée : l'hostilité de sa sœur Yolande, duchesse douairière de Lorraine, à laquelle elle avait intenté (d'accord avec le Roi) un procès pour la succession de leur mère, l'avait sans doute éloignée du Barrois, où la volonté paternelle lui avait assigné un domaine pour sa ré-

[1] Arch. nat., J 582, n° 31 ; pièces justificatives, n° 83. L'auteur de la *Chronique scandaleuse* (coll. Petitot, XIV, 36) et César de Nostredame (p. 638) ont prétendu que le rachat de Marguerite avait été fait par Louis XI en retour de la cession de la Provence ; c'est une erreur manifeste, ou tout au moins de l'amplification. La délivrance de la reine eut lieu avant les conférences de Lyon. Nostredame émet encore une autre assertion invraisemblable, quand il dit, sur la foi d'un docteur provençal, que René avait légué le duché de Bar à sa fille par un acte spécial rédigé à Saint-Remi, d'après les conseils de l'évêque de Toulon : on ne trouve nulle part la trace de ce prétendu testament.

[2] Arch. nat., P 1370¹, n° 3122 ; pièces justificatives, n° 95. Le testament de la grande reine est simple et touchant ; on le lira avec intérêt.

[3] Bibl. nat., ms. fr. 2909, f° 34.

sidence. Le manoir de Reculée, puis le château de Dampierre, près Saumur, où elle fut recueillie par pitié, servirent d'asile ou plutôt de tombeau à sa grandeur déchue [1]. Une de ses consolations fut de lire l'intéressant traité composé à sa requête et à son intention par le chroniqueur Chastelain : le *Temple de la ruine de quelques nobles malheureux*. C'est une galerie des princes et princesses qui ont eu à se plaindre des rigueurs du sort, comprenant plusieurs des contemporains et des parents de Marguerite, Charles VII, Marie d'Anjou, le duc d'Orléans, le duc de Calabre, et le roi René lui-même. Cette reine tombée, cette veuve délaissée espérait que le tableau de tant de célèbres infortunes amoindrirait à ses yeux l'horreur de sa propre situation. Voici dans quels termes l'auteur lui propose en exemple l'héroïque sérénité de son père :

« Vuelz-tu encores vir, et de plus près, ung autre exemple « qui te devra férir au cuer? Prens recours doncques à ton « père le roy Regnier, et droit là regarde et escrutine médi- « tamment en sa vertu et en la manière de soy compourter « depuis XL ans en çà, que, lui cheu en fortune de battaille et « de dure perte, mené en dangier de ses villes et fermetez, « et depuis mis au délivre du corps et devenu roy de Naples, « compédité toutesvoyes d'un roy d'Arragon, Alphonse, et « impugné de forte main, devint constraint enfin d'aban- « donner sa royale cité, d'eslongier Naples, son vray héritage, « délaissant couronne et sceptre et possession en la main de « fortune, de revenir sur le sien en France atout nom de roy « sans royaume. Mais que as-tu perceu en lui depuis d'un tel « sy grant maleur atout lez et en sy haulte noble personne, « ne quelle mutation en as veu en sa chière, par quoy sa vertu « s'en treuve moins clére? N'a il porté sa première perte cons- « tamment, sa seconde répulsion, submise au divin plaisir et « autrui force qui prévaloit sur la sienne, portée enduram-

[1] Bibl. nat., ms. fr. 2909, f° 34, *ibid.*, et Lorraine 26, f° 36. Bodin, *Recherches sur l'Anjou*, II, 20. M. Vallet n'est donc pas très-exact en disant que Marguerite fut la seule compagne des vieux jours de son père (*Biographie générale*, art. cité); il est même probable qu'elle ne le revit pas.

« ment jusques aujourd'hui en immobilité d'espérance? Oïl « voir, et en quoy il a gloire. »

Et l'historien philosophe termine ce nouveau *de Consolatione* par des exhortations à la patience[1]. Ainsi René avait transmis à sa fille cadette ses goûts littéraires, et ces deux grandes victimes de l'adversité cherchaient en même temps dans les livres un adoucissement à leurs peines.

Nous avons dit que la saisie du duché de Bar avait été levée sans conditions. Mais Louis XI n'avait pas, pour cela, renoncé à disputer la possession de ce fief. Depuis 1470, le roi de Sicile en avait confié le gouvernement à René de Vaudemont, son petit-fils, qui, en son absence, était suppléé par Philippe de Lénoncourt, lieutenant du prince et son grand écuyer[2]. L'avénement du même René au duché de Lorraine et le testament de 1474, qui lui promettait la succession de Bar, resserrèrent encore le lien qui unissait les deux pays. Aussi le jeune duc, faisant dès lors acte d'héritier, nomma des commissaires pour mettre en ses mains toutes les places du Barrois, et bientôt il sembla y régner en maître[3]. Louis vit d'abord d'un bon œil l'établissement de son autorité : c'est, du moins, ce que donne à entendre une lettre de son oncle écrite vers cette époque, lettre dont la teneur atteste à la fois la satisfaction du suzerain et la soumission absolue du vassal[4].

[1] Ce traité se trouve, sans nom d'auteur, et avec le titre que j'ai reproduit, dans le ms. fr. 1220 de la Bibl. nat. M. Kervyn de Lettenhove l'a rencontré ailleurs sous le nom de Chastelain, et l'a inséré dans son édition des œuvres de cet écrivain (tome VII), en l'intitulant *le Temple de Boccace*. Il a été composé vers 1471, puisque l'auteur, dans le passage ci-dessus, parle de la bataille de Bulgnéville comme ayant eu lieu quarante ans auparavant (f° 51). Cf. Villeneuve-Bargemont, II, 372.

[2] Arch. nat., KK 1123, f° 482; P 1334[4], n° 11, f° 32.

[3] *Ibid.*, KK 1117, f° 151 v°. Le roi de Sicile, en guise d'adieu, affranchit les bourgeois de Bar de toute taille pendant cinq ans. (Acte du 25 février 1474 ; Bibl. nat., Lorraine 68, f° 127.)

[4] « Et quant à ce que m'escrivez que le Roy vous a fait dire, que, si de ma part j'estoye content que le gouvernement de mes ville et duchié de Bar vous fust remis et baillié en main, il en estoit aussy content, mon filz, je suis pour tousjours

René II était l'allié de la couronne ; sa domination avait l'avantage de garantir cette partie du royaume contre les entreprises des Bourguignons. Mais, quand il eut terrassé Charles le Téméraire et qu'il fut devenu un vainqueur puissant, le Roi, tout en le ménageant, commença à se défier de lui. Après avoir juré solennellement de ne lui porter aucun préjudice, ni sur ses propres terres ni dans le duché de Bar[1], il s'alarma d'un arrentement des revenus de ce fief que lui fit pour six ans son aïeul, le 31 juillet 1479, et il en prit texte pour formuler auprès de celui-ci de nouvelles réclamations. Cet acte n'apportait aucun changement essentiel à la situation du Barrois : il rendait seulement officiel ce qui était jusque-là officieux, en investissant le duc de Lorraine de pleins pouvoirs pour l'administration du domaine et le gouvernement des places ; il lui imposait, en retour, l'obligation de payer au roi René la somme de quatre mille écus d'or par an, aux officiers et aux receveurs leurs appointements ordinaires, et à Marguerite de Savoie la rente de deux mille écus à elle assignée sur les finances du duché. Les raisons de cette amodiation étaient les grandes charges et les maux de toute sorte endurés par le pays depuis six ou sept ans par suite des guerres, l'éloignement forcé du duc régnant et le voisinage des États de son petit-fils, qui le rendait plus capable que tout autre de protéger efficacement les habitants[2].

Louis XI fut néanmoins très-mécontent d'un pareil arrangement, et le fit savoir à son oncle par Jean Blanchefort, son

me contenter de ce qu'il plaira au Roy qu'il en soit fait, et, s'il en est content, et moy aussi, et l'auray pour agréable. » Lettre de René au duc de Lorraine (Bibl. nat., Lorraine 11, nº 4). « Au regart de mon duchié de Bar et des places d'iceluy, mandait encore le roi de Sicile à son petit-fils, gardez-les bien tousjours en ma bonne obéissance, car le cas vous touche après moy. » (*Ibid.*, Lorraine 8, nº 69.)

[1] Arch. nat., KK 1121, fº 293 vº.

[2] Arch. nat., KK 1117, fº 78 vº. Arch. des Bouches-du-Rhône, B 274. D. Calmet, preuves, t. III, col. DCLXXXVIII. Ce même acte fut suivi d'un mandement de René, en date du 20 août, ordonnant à tous ses sujets du Barrois d'obéir au duc de Lorraine durant les six années de l'amodiation. (Arch. nat., KK 1127, fº 121 vº.)

maréchal des logis. Il osa même lui demander la rupture pure et simple du contrat signé et exécuté, et son remplacement immédiat par un traité analogue à son profit. En attendant, il envoya des gens d'armes sur plusieurs points du duché. René, désireux d'en débarrasser le pays, et craignant de réveiller le différend apaisé avec tant de peine à Lyon, consentit à tout. Il fit répondre au Roi, par l'évêque de Marseille et le sire d'Entrevennes, que son mécontentement n'était pas fondé, mais que cependant, pour lui complaire, il voulait bien lui affermer le Barrois aux mêmes conditions et pour le même temps qu'au duc de Lorraine. Il paraît que ce dernier s'y prêta d'assez bonne grâce, car, le 8 janvier 1480, le bail passé avec lui cinq mois plus tôt était annulé par un autre, qui transférait à Louis le revenu des ville, château, halle et prévôté de Bar, moyennant six mille livres par an et pour six années, réserve faite de l'autorité et des prérogatives du duc, de la collation des bénéfices et de tous les offices autres que les charges militaires. Le 12, ce traité fut ratifié par le Roi; le 17, les habitants reçurent l'ordre de lui prêter serment de fidélité, et, le 21, Pierre de la Jaille fut chargé d'aller procéder à l'installation de ses commissaires. Toutefois, ce ne fut pas avant le 14 mars que le serment fut reçu et que la prise de possession eut lieu [1].

Ainsi le roi de France avait déjà un pied dans le duché de

[1] Arch. nat., KK 1118, f° 40 v°; P 2570, f° 347. Arch. des Bouches-du-Rhône, B 702; B 274, f° 124 v°. D. Calmet, preuves, t. III, col. DCLXXXVI. Cf. Urbain Legeay, *Hist. de Louis XI*, II, 381 et suiv. Peut-être est-ce cette amodiation du duché de Bar qui a fait supposer que le roi de Sicile cherchait à se défaire de tous ses États contre une rente viagère. Suivant D. Calmet (II, 1083), le traité conclu avec le Roi n'aurait pas complètement annulé celui qui avait été passé antérieurement avec le duc de Lorraine; mais le premier aurait eu la jouissance de la ville de Bar et des environs, tandis que le second aurait conservé le reste du duché. Cette interprétation est assez plausible; elle contrarie cependant le sens de plusieurs des documents cités ici et dans l'ouvrage de D. Calmet lui-même. M. de Villeneuve-Bargemont (III, 154) émet une assertion moins vraisemblable en disant que l'arrentement concédé au Roi fut révoqué, le 15 décembre 1479, par le legs du duché de Bar au duc René II; à cette date, l'acte n'était pas même signé, et il y avait cinq ans que le legs en question était fait.

Bar, et croyait n'avoir plus à redouter l'héritier légitime. Pour s'y implanter davantage, il acheta aussitôt après, le 15 avril, au prix de soixante mille livres, l'hommage, le ressort et la juridiction de Châtel-sur-Moselle, qui en dépendait. Cette acquisition intéressait la sûreté du royaume, et c'est pourquoi René y consentit encore : Henri de Neufchâtel, seigneur de Châtel-sur-Moselle, suivait le parti de Maximilien, duc d'Autriche, le prétendant à la succession de Bourgogne; pour le séduire, Louis XI lui avait offert de l'argent, des honneurs, mais en vain ; toutes ses propositions étaient transmises à Maximilien, qui poussait *secrètement son allié à la rébellion.* Henri refusait obstinément l'hommage au Roi, sous prétexte qu'il ne relevait que du duc de Bar : mais, une fois le domaine direct de sa seigneurie passé aux mains du premier, il devenait forcément son vassal et devait obéissance à lui seul [1]. Du reste, l'annexion du Barrois entier était si bien dans les vues du souverain, qu'immédiatement après le décès de son oncle, il s'y fit reconnaître comme seul maître et seigneur, en qualité de représentant de Marie d'Anjou, sa mère, et d'autres intéressés [2]. Le duc de Lorraine essaya, de son côté, d'en prendre possession [3]. Il n'en vint à bout qu'après la mort de Louis XI. Pour mettre un terme à ses réclamations persistantes sur la succession de son aïeul et de Charles d'Anjou, le nouveau Roi, Charles VIII, finit par lui laisser, moyennant finance, la libre jouissance de tout le duché : Commines, qui rapporte cette transaction, était présent au conseil où elle fut résolue, et contribua peut-être à la faire adopter [4]. Ainsi force resta, sur ce point, à la légalité, c'est-à-dire au testament du vieux roi de Sicile.

Nous venons d'examiner, d'un coup d'œil rapide, comment

[1] Arch. nat., J 580, nos 1-9; KK 1119, fo 107.

[2] Bibl. nat., Lorraine 11, no 90.

[3] Arch. nat., KK 1117, fo 79.

[4] Commines, II, 204. Cf. l'*Histoire de Louis XI*, par M. Urbain Legeay, qui, tout en présentant les choses sous un jour exclusivement favorable au Roi, donne des détails circonstanciés sur les difficultés occasionnées par la succession d'Anjou (II, 389 et suiv.).

se trouva réglé le partage des domaines réels de ce prince. Il nous reste à dire quelques mots des royaumes de Naples et d'Aragon, héritage purement nominal, mais excitant néanmoins plus d'une convoitise. En Italie, le revirement de la politique française inauguré après la défaite de Jean d'Anjou n'avait fait que s'accuser davantage : le Roi non-seulement était devenu l'allié de Ferdinand, mais lui avait fait demander par Laurent de Médicis la main de sa fille pour le Dauphin, afin d'obtenir son appui contre la branche de sa famille qui régnait en Espagne. Il offrait, en retour, de renoncer pour jamais à soutenir le parti de la maison d'Anjou, qui l'avait trahi, qui le trahissait encore; bien plus, il se disait prêt à prendre contre elle la défense du prince aragonais [1]. C'est au moment même où il reprochait si amèrement au duc Nicolas d'abandonner son alliance pour celle d'un ennemi de la couronne, que Louis XI cherchait à s'unir par des liens de parenté aux usurpateurs de Naples : ainsi, les deux princes étaient quittes. Sans doute, la conduite du fils et du petit-fils de René légitimaient, dans une certaine mesure, de pareilles avances; mais le chef de la maison, à la fidélité duquel on rendait de si éclatants hommages, devait-il payer pour eux? La proposition parut monstrueuse à Ferdinand lui-même : il répondit qu'elle dépassait les prévisions de son ambition, mais qu'il ne pouvait songer à porter les armes contre le roi d'Aragon, son oncle; qu'il était lié par un traité d'alliance avec le duc de Bourgogne; que, d'ailleurs, le Roi devait et pouvait parfaitement sacrifier les princes d'Anjou pour se venger d'eux [2].

Alors se produisit l'anomalie que nous avons déjà signalée : craignant de voir la France s'étendre jusqu'aux frontières d'Italie par l'occupation de la Provence, le roi de Naples

[1] « *Que, si contrà quoscumque inimicos suos, ac preserlim contrà domum Andegavensem, que nobis etiam infida fuit et est, adjumento et favori erit, speramus etiam quòd, hac conjunctione mediante, rex ipse contrà regem Aragonum nobis prestabit auxilium.* » Lettre du 19 juin 1473. (Desjardins, *op. cit.*, I, 161.)

[2] *Ibid.*, 163.

chercha à se rapprocher de son ennemi capital. La communication officieuse de son fils n'eut aucun succès, comme l'on sait. Mais, quand il apprit que l'annexion était chose convenue, et que la monarchie française était appelée à hériter un jour, non-seulement du territoire provençal, mais des droits de la branche d'Anjou sur le royaume de Sicile, ce qui menaçait la dynastie aragonaise d'une compétition beaucoup plus redoutable que celle d'un simple prince du sang, il recommença auprès de René des démarches pressantes, dans l'espoir de faire avorter les projets arrêtés. Au mois de janvier 1478, il lui adressa, par un émissaire secret, deux propositions qu'il jugeait des plus séduisantes : il lui demandait d'abord de conclure une trêve et un accord amical, sous prétexte d'intérêts commerciaux, offrant en retour une bonne somme d'argent; en second lieu, il le priait de lui céder tout simplement ses droits au trône de Naples, et, pour cela, il *offrait une montagne d'or*. René était pauvre, et son titre de roi légitime semblait n'avoir plus grande valeur; mais il ne lui vint pas un moment à l'esprit d'en trafiquer. Il congédia l'ambassadeur sans vouloir lui répondre, déclarant que sa cause était juste et que Dieu la ferait triompher, sinon de son vivant, du moins au profit de ses héritiers, auxquels il ne voulait pour rien au monde porter préjudice. Puis il instruisit de cette curieuse tentative de corruption la république de Venise, devenue l'adversaire de Ferdinand [1]. Doublement indisposé contre ce dernier, Louis XI fit mine de vouloir provoquer le réveil du parti angevin en Italie. Commines s'y rendit de sa part, dans le courant de la même année, mais ne trouva d'empressement chez aucune des puissances de la péninsule : on savait qu'il ne s'agissait plus de la domination du roi René, mais de celle du roi de France, ce qui était bien différent. « Je croyais, objecta au sire d'Argenton un diplomate milanais, que le duc d'Anjou avait abandonné au Roi tous ses droits sur Naples. — C'est vrai, répondit le digne *compère* de Louis; mais cet abandon

[1] Arch. de Venise, *Libri partium secretarum consilii Rogatorum*, t. XXVII, f° 74; pièces justificatives, n° 90.

n'est pas valable, ayant été fait par crainte [1]. » La cession ultérieure de la Provence, qui entraînait celle du royaume de Sicile, avait été convenue en effet ; nous l'avons dit, et en voilà bien la preuve. On niait aujourd'hui sa régularité, sauf à l'affirmer au moment opportun. Les Italiens ne pouvaient se laisser prendre à de pareils stratagèmes. Du reste, cette velléité de Louis XI ne fut pas de longue durée : le pape Sixte IV lui ayant fait offrir, en 1480, de renverser Ferdinand, brouillé avec le saint-siége, il laissa passer l'occasion sans en profiter.

Un troisième prétendant à la succession de Naples surgit alors à l'horizon. René II, devenu redoutable à la suite de ses victoires, était allé trouver son aïeul en Provence, dans l'espoir de lui faire modifier en sa faveur son testament. Il avait un parti dans le pays. Le vieux roi fut, dit-on, un moment ébranlé : mais l'influence de quelques conseillers dévoués à Louis XI, et notamment de Palamède de Forbin, l'empêcha de rien retrancher à la part de Charles d'Anjou, qui était la part future de la couronne. Le duc de Lorraine, déçu dans son attente, prit le parti de passer en Italie, où Palamède de Forbin l'accompagna, et d'aller secourir contre Ferrare la république de Venise, qui l'appelait. Cette puissance rémunéra ses services en le reconnaissant, le 16 avril 1480, comme l'héritier présomptif du royaume de Naples, et en lui promettant des troupes pour entreprendre sa conquête ; mais, quand il s'agit de les mettre en campagne, elle recula, faisant valoir que la Sicile était envahie par les Turcs et qu'on ne pouvait, sans un véritable scandale, profiter d'un pareil moment pour attaquer Ferdinand. Elle s'était aussi engagée à aider le duc dans la revendication du comté de Provence. Mais tous les efforts de ce prince échouèrent devant la politique de Charles VIII, qui le désarma, comme on l'a vu, en lui rendant la libre possession du duché de Bar, et reprit bientôt pour son propre compte la poursuite des droits de la maison d'Anjou [2].

[1] Kervyn de Lettenhove, *Lettres et négociations de Commines*, I, 175 et suiv.

[2] Arch. des Bouches-du-Rhône, B 18, f° 180. Arch. nat., KK 1120, f°s 544 v°, 546 v°, 118 ; P 2301, f° 199. Arch. de Venise, *Libri partium*, etc., t. XXIX,

Quant aux prétentions de la même maison sur la couronne d'Aragon, la soumission des Catalans au roi Jean II ôta aux héritiers de René toute chance de les faire revivre. D'ailleurs, elles n'avaient guère de raison d'être que chez les descendants mâles de la reine Yolande, et le dernier de ces descendants, Charles d'Anjou, devait les emporter avec lui dans la tombe. Le roi de Sicile se borna, dans les dernières années de sa vie, à établir entre la Provence et l'Aragon un *modus vivendi* de nature à sauvegarder les intérêts du commerce et de la marine. Une trêve à longue échéance fut conclue à cet effet par les délégués de Jean II et les siens, le 19 janvier 1479. Grâce à son entremise, les Génois furent admis à bénéficier de la suspension des hostilités, et purent trafiquer en toute liberté avec les Catalans comme avec les Provençaux [1].

L'enchaînement des faits nous a conduit à parler de quelques événements postérieurs à la mort du roi René avant d'avoir rapporté cette mort elle-même. Dès le mois de novembre 1479, elle paraissait imminente, et l'ambassadeur milanais écrivait de Valence à son maître que les jours du vieux roi se trouvaient en danger [2]. Depuis la fin d'août, il n'avait pas quitté son château d'Aix, où le retenaient des infirmités trop communes à son âge, aggravées par ses récents malheurs ; il n'en sortit plus que pour aller, au printemps suivant, goûter dans sa bastide le charme réparateur de quelques belles journées. C'est à peine s'il était parvenu, sur l'extrême limite de sa vie, à jouir de cette paix qu'il avait si longtemps rêvée et de cette tranquillité recueillie que recherchent les vieillards. La reine Jeanne de Laval fut jusqu'au bout sa consolatrice dévouée. Son neveu Charles d'Anjou lui tenait souvent compagnie. Il paraît aussi que la jeune Marguerite de Lorraine, sa petite-fille, sœur de René II, fut élevée auprès de lui

f° 129. Cf. Vill.-Barg., III, 143 et suiv.; de Cherrier, *Hist. de Charles VIII*, I, 32, 201, 288, 304.

[1] Arch. des Bouches-du-Rhône, B 18, f°s 134, 150.

[2] *Lettres et négociations de Commines*, I, 309.

en Provence et partagea ses dernières affections : elle représentait, avec son frère, le seul rameau vert d'une tige desséchée[1]. Les Provençaux, qui adoraient leur souverain, firent partout des prières solennelles pour la conservation de sa santé ; une neuvaine publique fut célébrée. Mais son heure était fixée : elle sonna dans l'après-midi du 10 juillet 1480. Bourdigné et après lui M. de Villeneuve-Bargemont ont retracé les détails de sa fin, et les leçons qu'il dut adresser de son lit de mort à son héritier, avec une complaisance qui en diminue beaucoup l'authenticité. Combien est préférable, dans sa brièveté, la note simple et touchante inscrite par l'archiviste Honorat de la Mer sur le mémorial de la Chambre d'Aix ! « L'illustre roi René, ce prince de paix et de miséricorde, a rendu son âme à Dieu au milieu des pleurs et des sanglots de tout son peuple, et surtout des habitants de sa capitale[2]. » Et ce n'est pas là l'expression de la flatterie ; c'est uniquement la constatation officielle d'un fait notoire. Il n'est pas douteux non plus que les moments suprêmes d'un prince aussi pieux aient été entourés des plus tendres consolations que l'Église puisse prodiguer à ses enfants. Un religieux, Elzéar Garnier, a raconté qu'après lui avoir administré les sacrements, il lui avait fait, sur sa demande, la lecture des psaumes, et qu'il l'avait entendu se livrer jusqu'à la fin aux réflexions les plus édifiantes sur le texte sacré[3].

René avait soixante et onze ans et demi lorsqu'il rendit son

[1] Bourdigné, II, 240 et suiv.; Hilarion de Coste, II, 260 ; Vill.-Barg., III, 61, 150.

[2] « *Anno incarnationis Domini nostri Jhesu Christi millesimo* IIII^{c} LXXX°, *die lune, decimâ mensis julii, horâ secundâ post meridiem vel circà, serenissimus et inclitus dominus noster rex Renatus, cujus anima in requie sempiternâ permaneat, amen, princeps pacis et misericors, cum plausu et ploratu Provincialium et insuper Aquensium, obiit et suos dies clausit extremos ; cujus viscera in capellâ suâ regali Nostre Domine de Monte Carmelli, ejusdem civitatis Aquensis, ante altare ejusdem capelle, cepelliuntur; corpus verò ad latus majoris altaris ecclesie Sancti Salvatoris, ad manum dexteram respiciendo corum ecclesie predicte, honorificè et regaliter humatur. — De Mari.* » Arch. des Bouches-du-Rhône, B 18, en tête.

[3] Vill.-Barg., III, 164. Cf. une curieuse complainte écrite en 1480 sur la mort de René, dans Papon, t. III, p. LXXV.

âme à Dieu. Il avait ordonné, dans son testament, qu'on l'ensevelît dans le tombeau élevé par ses soins à Saint-Maurice d'Angers, et qui renfermait déjà les restes de sa première épouse. Les Provençaux voulurent garder sa dépouille mortelle, et la conduisirent solennellement à l'une des chapelles de la métropole d'Aix, en attendant qu'un monument spécial lui fût érigé dans cette ville. Le prieur de Saint-Maximin prétendit même avoir le droit de la conserver, en vertu d'une modification que le prince avait faite de vive voix, disait-il, à son testament. Le chapitre de Saint-Maurice, informé de la chose par Charles d'Anjou, réclama auprès de lui et de Jeanne de Laval, qui répondit, le 18 mars 1481, que les dernières volontés de son mari n'avaient pas été modifiées, et qu'elle entendait les faire exécuter de point en point [1]. Toutefois ce ne fut que cinq mois plus tard qu'elle put y parvenir, et encore fut-elle obligée de recourir à la ruse. Jean du Pastis, un de ses huissiers de salle, alla trouver de sa part le comte de Provence et obtint de faire enlever secrètement le corps. L'archevêque fut prévenu et s'entendit avec ceux des chanoines de Saint-Sauveur qui paraissaient les plus sûrs ; ainsi cet enlèvement, quoique mystérieux, ne fut pas aussi ignoré qu'on l'a généralement dit [2]. La bière fut dissimulée parmi les effets de la garde-robe de la reine, puis embarquée sur le Rhône et dirigée sur l'Anjou par la voie ordinaire. Les porteurs avaient ordre de prendre les plus grandes précautions et de ne s'arrêter qu'en dehors des villes. Leur précieux fardeau fut reçu par le clergé de Saint-Laud d'Angers, le 18 août, au milieu de la nuit [3]. Son identité fut vérifiée, et le roi de Sicile fut reconnu « aussi fraiz que si n'y eust eu que cinq ou six jours qu'il eust été trespacé ». N'ayant plus rien à craindre, on le transporta au grand jour à Saint-Maurice, avec une pompe

[1] Délibérations du chapitre d'Angers (Bibl. nat., ms. fr. 22450, p. 141 et suiv.).

[2] Cf. Vill.-Barg., III, 175.

[3] Conclusions du chapitre (Bibl. nat., ms. fr. 24108, p. 10 et suiv.). De Quatrebarbes, I, 110.

extraordinaire. Le cercueil était recouvert d'un drap d'or sur lequel était « la représentation dudit roy, vestu d'ung abillement royal de velours cramoysy obscur, fourré de hermines ; laquelle représentation avoit sur la teste une couronne moult riche, en sa main dextre tenoit ung sceptre doré de fin or, et en la senestre tenoit une pomme en laquelle avoit eslevé une petite croix pareillement dorée ; et avecques ce, avoit es mains gans, chausses et soulliers, ainsy qu'il est de coustume es royaulx à avoir ; pareillement avoit ung grant palle tout de velours noir, lequel palle portoient sur ledict corps et représentation six des chanoines de la grant église [1]. » On pourra lire à la fin de cet ouvrage, dans le procès-verbal rédigé le 26 octobre 1481, la description détaillée des obsèques célébrées à Saint-Maurice et à Saint-Bernardin [2]. Louis XI fit également célébrer des services funèbres pour l'âme de son oncle, tant à Angers qu'à Paris, et rendit à sa mémoire plus d'honneurs qu'il ne lui en avait accordé de son vivant [3]. Les Provençaux se livrèrent au désespoir lorsqu'ils apprirent qu'on leur avait soustrait la dépouille d'un maître aussi cher ; mais ils gardèrent toujours ses entrailles, qui avaient été données aux Carmes d'Aix.

La voix publique décerna sur-le-champ au roi René ce surnom de *bon*, sous lequel il est encore connu aujourd'hui [4]. Cette qualification est assez justifiée par le caractère paternel et pacifique de son gouvernement, caractère que Bourdigné résume d'un mot : « Oncques prince n'ayma tant subjectz qu'il ayma les siens, et ne fut pareillement mieulx aymé et

[1] Arch. des Bouches-du-Rhône, B 108.

[2] Pièces justificatives, n° 93. Cet intéressant document a été publié assez inexactement par MM. de Villeneuve-Bargemont (III, 373) et de Quatrebarbes (I, 126) ; ce dernier ne s'est servi que d'une copie conservée à Paris dans les manuscrits de Dupuy. J'ai cru devoir le reproduire de nouveau dans son intégrité, d'après l'expédition originale de la Chambre des comptes d'Aix.

[3] Arch. nat., KK 248, f° 22. Bibl. nat., ms. fr. 22450, p. 130.

[4] Il lui est appliqué dans une délibération du chapitre d'Angers en date du 10 octobre 1480 (Bibl. nat., ms. fr. 22450, p. 141). Il lui aurait même été donné de son vivant, s'il faut en croire Nostredame (p. 648).

bien voulu qu'il estoit d'eulx [1]. » Ici le panégyriste est d'accord avec les faits : on en trouvera des preuves assez nombreuses dans le cours de ce livre. Divers exemples de la bonté d'âme et de la générosité du roi de Sicile ont été déjà cités par ses précédents historiens. On se rappelle le pauvre pêcheur d'Angers, père de six enfants, qu'il exonéra de tout cens, à la seule condition de lui apporter tous les ans un plat d'ablettes [2]. Il serait inutile de reproduire une fois de plus les traits de ce genre qui sont dans le domaine public, et qui n'ont peut-être pas tous la même authenticité. Mieux vaut en signaler quelques autres, dont la trace s'est conservée dans ses archives, et qui offrent, par conséquent, toutes les garanties désirables. Tantôt on le voit recommander à ses officiers de favoriser la délivrance de certains Espagnols, faits prisonniers dans la guerre de Catalogne ; tantôt il prend contre l'archevêque d'Aix la défense de trois orphelins de Gaëte, auxquels il avait donné une capitainerie en Provence et que le prélat voulait déposséder. Trois Anglais se rendant en pèlerinage à Rome s'étaient fait dépouiller par des voleurs de grand chemin : en passant par sa cour, ils lui exposent leur cas ; il remplit aussitôt leurs escarcelles. Une autre fois, ce sont de petits enfants venant d'Yères et s'acheminant vers le Mont-Saint-Michel qui reçoivent ses encouragements et ses secours. Dans les temps de disette, il interdit de saisir sur les laboureurs endettés leurs instruments de travail et leurs blés de semence, et charge un de ses conseillers de parcourir « les villes, chasteaulx et lieux du pays de Provence, pour donner ordre aux vituailles pour le bien des pouvres subjectz ». A Angers, il institue un médecin public, qu'il astreint à visiter les pauvres malades de la ville et des environs, en lui assignant une pension de cent livres tournois. A chaque instant, les misères du peuple sont l'objet de sa sollicitude. Ses comptes sont surchargés d'aumônes de toute

[1] Bourdigné, II, 231.

[2] M. Marchegay a raconté ce trait d'après les pièces originales (*Notices*, p. 113 et suiv.). Cf. Arch. nat., P 1334[4], f° 26.

sorte : c'est pour un vieillard « qui a autreffoiz esté juif » ; c'est pour une fille qui a subi les dernières violences, et qui se trouve perdue d'honneur et de ressources ; c'est pour de vieux serviteurs, pour d'anciens soldats qui ont participé jadis aux glorieuses campagnes des Abruzzes ou au rude échec de Bulgnéville. Outre ces libéralités, qui sont considérées comme exceptionnelles par ses trésoriers, mais qui, en fait, constituent la règle, une somme de trente florins est allouée chaque mois à son aumônier pour ses aumônes ordinaires. Dans le carême et la semaine sainte, cette dépense prend un développement beaucoup plus considérable : pendant quarante jours consécutifs, treize pauvres viennent s'asseoir à la table du prince ; exerçant avec ferveur une des plus touchantes prérogatives de la souveraineté, il les sert de sa main, leur remet, après le repas, un cadeau en argent, et, le jour de Pâques, les fait habiller de drap neuf. Il lui en coûte, chaque année, près de quatre cents florins, sans compter les suppléments que reçoit, à la même époque, son aumônier et le *mandé* des pauvres du jeudi *absolu*. On peut dire que, ruiné à l'avance par ses malheurs politiques, René se ruinait de nouveau par ses prodigalités ; à tel point qu'elles lui ont été reprochées comme un défaut, car elles dépassaient de beaucoup les proportions de son budget et le forçaient parfois à se procurer de l'argent au moyen d'expédients onéreux. C'est ce qu'un de ses contemporains, qui était loin d'être son favori, exprime sous une autre forme, quand il l'appelle « plus riche en haut vouloir que fortune en pouvoir donner [1] ». La complainte écrite au moment de sa mort contient un mot qui le dépeint encore mieux :

« Il donnoit tout, il n'avoit rien ;
« Autant avoit hier comme hui [2]. »

[1] Chastelain, éd. Kervyn de Lettenhove, VII, 45.

[2] Papon, *loc. cit.* Pour les traits qui précèdent, v. Arch. nat., P 1334[9], f° 250 ; P 1334[11], 1re partie, f° 58, et 2e partie, f°s 74 v°, 81 ; Arch. des Bouches-du-Rhône, B 17, f° 50 v° ; B 215, f°s 19, 57 v°, et B 216, f° 9 (pièces justificatives, n°s 88, 89) ; B 273, f° 108 v° ; Bibl. d'Aix, ms. 1061, p. 8, 139 ; etc. Cf., sur la

La qualification qui lui fut donnée était donc réellement bien méritée. Lui-même, dans le préambule d'une de ses chartes, a érigé en principe cette bonté, ce régime paternel qui lui a valu tant de popularité. Il est vrai qu'un préambule n'est le plus souvent qu'un assemblage de vaines paroles ; mais celles-ci, prononcées au début de son règne et du fond de sa prison, prennent dans sa bouche la portée d'un programme, et, dans tous les cas, elles résument parfaitement l'idée de la royauté chrétienne : « Défendre les orphelins, les veuves, les malheureux, soulager ceux que la violence opprime, châtier les criminels, rendre à chacun la justice qui lui est due, tel est, à nos yeux, le rôle du souverain ; celui à qui est confié le salut de l'État tout entier a le devoir de passer ses nuits dans l'insomnie pour ménager aux autres la tranquillité, d'entendre par lui-même les causes importantes et généralement toutes celles qui intéressent la chose publique, de pourvoir, enfin, au bien-être de son peuple, comme un chef et comme un père [1]. » Théorie admirable, que le bon roi mit bien souvent en pratique, en Italie comme en France.

A côté de cette qualité dominante, il en avait d'autres, non moins précieuses, que nous a fait connaître suffisamment le récit de sa vie : une droiture, une loyauté à l'épreuve ; une piété démonstrative ; une bravoure poussée jusqu'à la témérité ; un entrain communicatif, sous les armes comme dans les fêtes ; et par-dessus tout, peut-être, une constante sérénité dans la mauvaise fortune. L'ensemble de ces dons natu-

générosité du roi de Sicile, Port, *Notes et notices*, p. 66 et suiv. ; Papon, III, 303 et suiv. ; Vill.-Barg., III, 62-65 ; 196-229 ; etc.

[1] « *Regnanti in solio pupilos et viduas ac miserabiles personas defendere, vi oppressos sublevare, in facinorosos homines avertere ac suppremam potestatem jure proprio exercere, et generaliter unicuique justiciam facere proprié proprium est ; et ad eum cui salus totius reipublice commissa dinoscitur, ut aliis quietem preparet, noctes insomnes pertransire, causasque maximas per se audire et generaliter totius ipsius reipublice, ac ejus perseverationi, defensioni, tuitioni ac protectioni principaliter, tanquam patri et capiti ipsius reipublice, pertinet et spectat providere.* » Préambule de la nomination d'Isabelle de Lorraine à la lieutenance-générale, faite à Dijon, le 4 juin 1435 (Arch. de Gênes, *Materie politiche*, mazzo 12).

rels faisait de lui la personnification de la chevalerie expirante et le représentant du vieil honneur français, déjà sur son déclin. Ses contemporains l'invoquèrent plus d'une fois à ce titre, et Louis XI lui-même, son vivant antipode, était heureux de s'abriter derrière son honnêteté proverbiale. Quant à son esprit, à ses talents, à son amour pour les lettres et les arts, pour la vie rustique, et, en général, pour les occupations paisibles, nous en ferons, dans la suite de cet ouvrage, une étude intime et détaillée. C'est par là qu'il devançait véritablement son siècle et que sa figure se rattache à un type plus récent, plus rapproché de nos mœurs et de nos goûts; car on peut dire que, s'il fut le dernier des rois chevaliers, il fut aussi le premier des gentilshommes modernes.

Mais, comme tous les hommes, il avait les défauts de ses qualités. Sa bonté familière dégénérait quelquefois en faiblesse, et cette faiblesse le mettait à la merci des habiles, des intrigants, des solliciteurs. Pourtant il n'eut jamais en politique l'indécision qu'on lui a souvent attribuée; s'il se laissait parfois entraîner, le sentiment inné de la justice lui montrait la bonne voie et l'y ramenait aussitôt. Il déploya même dans la revendication de ses droits une fermeté, une obstination inébranlables, et c'est là, je crois, le côté de son caractère le plus nouveau, le plus inattendu qu'ait mis en lumière l'examen critique de sa vie. Il était moins bon général que soldat : payant partout de sa personne, courant au-devant des aventures, il ignorait l'art de la stratégie et de la temporisation, et cette ignorance lui fut fatale. Ses goûts recherchés l'entraînèrent à déployer un luxe au-dessus de ses moyens, sinon de son rang; mais, vers la fin de son règne, l'éclat et l'animation de sa cour avaient fait place à la simplicité, au calme, aux plaisirs de l'intimité. Enfin, il avait le cœur trop sensible aux attraits des femmes. La galanterie était un des attributs du parfait chevalier; il lui arriva de la pousser au-delà des limites permises. Et cependant, il faut répéter ici une observation importante : presque tous les princes de son temps affichaient des mœurs plus libres que les siennes;

Charles VII, notamment, prit la fâcheuse initiative de ces amours adultères publiquement avouées et honorées, dont ses successeurs ne craignirent plus d'étaler, après lui, le scandale. La cour de Bourgogne était le théâtre journalier de désordres plus cyniques encore : les comptes de Philippe le Bon sont remplis des noms de ses maîtresses et de ses bâtards, désignés comme tels sans scrupule, et formant un véritable troupeau, entretenu avec faste. Chez le roi de Sicile, rien de tel : on sait, par quelques actes relatifs à leur personne, qu'il eut des enfants naturels; mais on ignore jusqu'au nom de leur mère. Ses archives sont muettes à ce sujet, et les chroniqueurs sérieux également; les autres n'émettent que des suppositions. Mieux vaut ne pas les suivre sur un terrain si peu solide, et laisser bénéficier le prince de cette pudeur relative qu'il a su conserver dans ses faiblesses [1].

René, à qui Jeanne de Laval ne donna pas d'enfants, en avait eu un assez grand nombre de sa première femme Isabelle de Lorraine. M. de Villeneuve-Bargemont en compte jusqu'à neuf; mais il n'est pas démontré que tous aient réellement existé. Plusieurs erreurs ont été commises, d'ailleurs, sur leurs noms, sur l'ordre et l'époque de leurs naissances, soit par cet écrivain, soit par les auteurs de l'*Art de vérifier les dates* et les autres biographes. Les indications fournies par les textes originaux, bien qu'elles ne soient pas toujours concordantes, permettent de les rectifier et d'établir ainsi l'état-civil de ces enfants :

1. Jean, duc de Calabre et de Lorraine, né le 2 août 1426, décédé le 16 décembre 1470.

2. Louis, marquis du Pont, né le 16 ou le 18 octobre 1427, décédé en 1443.

[1] René a reconnu, dans un de ses livres, qu'il avait aimé « damoiselles et bourgeoises », mais « sans nulle nommer ». (De Quatrebarbes, III, 122.) Chevrier, d'après les mémoires apocryphes de Ricodi, cite une damoiselle noble qui lui aurait donné trois enfants. D'autres auteurs, non moins suspects, parlent d'une jeune Provençale et d'une dame de la Chapelle ou Capelet. (Vill.-Barg., II, 313; III, 189, 348.)

3. Yolande, épouse de Ferry de Vaudemont ou de Lorraine, née le 2 novembre 1428, décédée en 1483.

4. Marguerite, reine d'Angleterre, née le 23 mars 1430, décédée en 1482.

Trois autres fils, Nicolas, Charles et René, et deux autres filles, Anne et Isabelle, seraient encore nés du même mariage, et seraient morts en bas âge ; rien de certain à leur égard[1].

De toute cette postérité, Yolande seule eut des enfants qui survécurent à leur aïeul. C'est par cette branche que la race d'Anjou s'est perpétuée. Elle survit encore dans la personne des princes de la maison d'Autriche, issus des ducs de Lorraine ; l'empereur François-Joseph II est le descendant direct du roi René.

Les enfants naturels de ce dernier sont les suivants :

1. Blanche, dont nous avons déjà parlé, et qui, après avoir été élevée en Provence, devint, en 1467, la quatrième femme de Bertrand de Beauvau, sire de Précigny, l'ami intime de son père. René, qui affectionnait particulièrement cette fille, lui confirma, en la mariant, le don qu'il lui avait déjà fait de la seigneurie de Mirebeau ; son mari, reconnaissant l'honneur et l'avantage que cette alliance lui procurait, lui assigna un douaire de cinq cents livres de rente sur la terre de Ternay, la dîme de Loudun et quelques autres biens. Elle était née vers 1438, et mourut le 17 avril 1471[2].

2. Jean, appelé le bâtard d'Anjou, qui eut pour gouverneur René de Matheron, et à qui son père donna, en 1473, le marquisat du Pont, vacant par la mort de Nicolas, duc de Calabre,

[1] Bibl. nat., mss. lat. 1150[a] et 17332, calendriers ; ms. Dupuy 651, f° 55. Cf. D. Calmet, II, 892 ; *Art de vérifier les dates*, X, 420 ; Vill.-Barg., I, 70 ; II, 333 ; III, 188 ; etc. Ce dernier place successivement la naissance de Jean d'Anjou au 2 août et au 2 avril 1427 ; il fait naître Marguerite en 1429 et son frère Louis sept mois après elle, ce qui ne serait même pas possible.

[2] Arch. nat., P 1334[6], f° 196 ; P 1334[14], *passim*. L'*Art de vérifier les dates* donne à tort à cette fille le nom de Marguerite (X, 420). M. de Villeneuve Bargemont la fait mourir à l'âge de 21 ans (II, 190) ; mais elle figure déjà dans les comptes du roi de Sicile, sous la simple désignation de « madame Blanche », en 1447 ; elle pouvait avoir alors une dizaine d'années.

ainsi que les seigneuries de Saint-Remi et de Saint-Cannat en Provence. Il épousa, en 1500, Marguerite, fille de Raimond de Glandèves, seigneur de Faulcon et gendre de Palamède de Forbin. Il écrivit son testament le 23 juillet 1524, et mourut douze ans plus tard[1].

3. Madeleine, que Charles VIII fit épouser à son chambellan Louis de Bellenave, en lui accordant une dot de douze mille livres[2].

D'après les synchronismes qu'on peut tirer de ces faits, il est très-probable que les deux derniers enfants naquirent longtemps après Blanche et d'une autre mère que la sienne. Peut-être le roi de Sicile les eut-il durant son veuvage. Les comptes de l'année 1476 mentionnent une toute jeune fille nommée Hélène, à qui René faisait des cadeaux assez fréquents et que plusieurs ont pensé devoir être également son enfant naturel. Aucun indice ne corrobore cette supposition, et « le petit bâtard » désigné dans les mêmes comptes paraît encore moins lui avoir appartenu[3].

La reine Jeanne de Laval, beaucoup plus jeune que son époux, lui survécut longtemps. Les dons et legs qu'il lui avait faits furent ratifiés par Charles d'Anjou, son héritier principal, le 19 juillet 1480. Mais elle quitta la Provence pour revenir administrer son comté de Beaufort, dont l'usufruit, malgré l'opposition de la famille de Turenne, lui fut confirmé par le Roi, ainsi que celui de Mirebeau, repris dès 1474 au sire de Précigny, puis échangé avec elle contre la baronnie d'Aubagne. Elle fut également maintenue en possession de ses terres de Provence après que Louis XI eut réuni ce pays à la couronne. René II fit quelques difficultés pour la laisser jouir des biens qui lui avaient été assignés dans le duché de Bar; mais, au bout de quatre ans, pour terminer toute contestation,

[1] Arch. nat., KK 1123, f° 38 v°; KK 1178, f° 301. D. Calmet, II, 1006; preuves, t. III, col. CCCXXVI.

[2] Bibl. nat., ms. fr. 20384, n° 51. Arch. nat., KK 247, f° 10.

[3] Arch. des Bouches-du-Rhône, B 215; pièces justificatives, n° 88. Le « petit bâtard » était un page; on appelait aussi de ce nom un fils naturel de Jean d'Anjou.

il consentit à régler définitivement son douaire et lui accorda l'entière jouissance des châteaux d'Étain, Bouconville et Morley, plus une somme de mille livres tournois à prendre pour une fois sur les revenus du duché, renonçant en même temps pour elle à ses prétendus droits sur les fiefs de Launay, du Palis et de Chanzé en Anjou, dont la moitié lui avait été donnée par son mari. Jeanne fit sa demeure tantôt à Saumur, tantôt à Beaufort, vivant des souvenirs de son heureuse union et cherchant dans l'affection de ses vassaux la consolation de son veuvage. Charles VIII l'honora d'une façon toute particulière. Elle mourut en 1498, laissant un testament daté du 25 août de cette année, par lequel elle choisissait sa sépulture à côté de la reine Marie, épouse de Louis I d'Anjou, dans l'église de Saint-Maurice d'Angers, ordonnait que son cœur fût réuni à celui de son mari dans la chapelle de Saint-Bernardin, défendait de mettre sur son tombeau ni couronne, ni dais, ni ornement quelconque, et léguait une partie de ses biens à l'église de Saint-Thugal de Laval. Ainsi, le dernier acte de la dernière reine de Sicile était une affirmation des goûts simples et des sentiments pieux qu'elle avait partagés avec son époux[1].

Le testament de René et les conventions de Lyon reçurent leur pleine exécution, bien qu'on ait prétendu que plusieurs traités ultérieurs fussent venus les modifier[2]. La succession d'Anjou fut partagée comme on l'a vu ci-dessus. Le duché d'Anjou fut immédiatement réuni au domaine royal, non de plein droit, mais en vertu du consentement de l'héritier. Toutefois le comté du Maine, qui en était un démembrement, fut laissé à son possesseur naturel, Charles II, dont le père l'avait reçu en partage pour lui et ses descendants. Le duché de Bar, d'abord occupé par Louis XI, revint à la Lorraine au début du règne de son successeur; c'est seulement depuis lors, et non, comme on l'a dit souvent, depuis l'avénement de René,

[1] Arch. nat., J 846, n° 7; KK 1116, f° 550; KK 1123, f° 21; P 1334⁹, f° 245 v°. Bibl. nat., ms. lat. 17179, n°s 6, 7, 10. Arch. des Bouches-du-Rhône, B 168. D. Calmet, preuves, t. III, col. CCCXIX. De Quatrebarbes, I, 105.

[2] Duclos, *Hist. de Louis XI*, II, 230.

que ces deux pays suivirent les mêmes destinées. Enfin le décès de Charles d'Anjou, arrivé le 11 décembre 1481, dix-huit mois à peine après celui de son oncle, amena les importantes modifications territoriales qui devaient former le corollaire des précédentes. Cette mort, quoique prématurée, était prévue; cependant elle répondait si bien aux aspirations de Louis XI, qu'elle fut regardée par quelques-uns comme peu naturelle, et que celle de René lui-même inspira des soupçons rétrospectifs[1]. Ils n'étaient pas fondés; mais ils paraissaient l'être, car l'avide monarque témoignait un tel contentement de l'extinction de la maison d'Anjou, que son fidèle Commines n'a pu s'empêcher de le constater dans ses mémoires[2]. C'est que la couronne réalisait par là un magnifique héritage : deux provinces nouvelles, le Maine et la Provence, lui étaient acquises pour toujours. La seconde surtout, complétement indépendante jusque-là, donnait à la France, outre un territoire considérable, des frontières sûres, des droits en Italie et l'empire de la Méditerranée. Le testament du dernier comte de Provence, rédigé la veille de sa mort, assurait la possession de tous ses domaines, seigneuries, terres, biens meubles et immeubles, au roi Louis, son cousin, après lui au Dauphin Charles, et ensuite à leurs successeurs quels qu'ils fussent[3].

Ainsi la maison d'Anjou voulut, en disparaissant, assurer la grandeur du royaume. Ce fut la dernière pensée politique de cette illustre famille qui, durant les cent vingt ans de son existence, avait rendu à l'État de si éclatants services, et c'est une des gloires posthumes du roi René d'avoir, lorsque sa décision pouvait imprimer aux événements une direction tout opposée, contribué pour une large part à la fondation de l'unité française.

[1] V. le dialogue composé par Jean du Lud, ancien secrétaire du roi de Sicile, et cité par M. de Villeneuve-Bargemont (III, 320).

[2] Commines, II, 79.

[3] Arch. nat., J 404, n° 41; P 1334[17], n° 51. Arch. des Bouches-du-Rhône, B 22. On trouvera dans les pièces justificatives (n° 94) la principale clause de ce testament.

DEUXIÈME PARTIE.

ADMINISTRATION.

CHAPITRE I.

ADMINISTRATION CIVILE.

Conseil ducal d'Anjou. — Chambre des comptes d'Angers; archives. — Organisation financière. — Impôts. — Commerce ; industrie. — Agriculture; forêts. — Chancellerie ; sceaux. — Maison du roi de Sicile.

L'administration des différents États du roi René, malgré quelques divergences tenant à la nature et à la constitution de chacun d'eux, offre une grande analogie. L'Anjou, le Barrois, vastes fiefs relevant de la couronne, ressentent dans une certaine mesure l'action du pouvoir central. Au contraire, la Lorraine, la Provence et son annexe italienne, le royaume de Naples, sont complétement indépendants, et l'autorité suprême n'y est point partagée. Néanmoins un même esprit, une même pensée dirige le gouvernement de tous ces pays, séparés par la distance, mais reliés ensemble par l'unité du sceptre. Partout où la maison d'Anjou implante sa domination, elle établit un régime administratif à peu près identique, avec les mêmes bases, les mêmes noms, les mêmes formules. Le type originaire de ce régime se retrouve dans le premier de ses domaines, c'est-à-dire dans l'apanage assigné à son fondateur par le suzerain. C'est donc le duché d'Anjou qui doit faire de préférence l'objet de notre étude, ce qui ne nous empêchera pas de pousser une reconnaissance dans les autres possessions du roi de Sicile, lorsque le sujet nous fournira des points de comparaison intéressants. Mais, si l'administration de l'apanage servait de modèle, elle était elle-même calquée sur celle du royaume de France ; de sorte que le tableau de l'une fait connaître à la fois l'autre. On remarquera cependant que l'initiative de René introduisit dans ses États plus d'un perfectionnement. Ce prince, qui avait contribué aux plus heureuses réformes du règne de Charles VII, devait travailler davantage encore au bien-être de ses sujets particuliers, et son caractère de paternelle mansuétude leur assurait une ère de prospérité, de liberté, de justice, dont ils avaient soif depuis longtemps. Son gouvernement, c'était la paix, et c'était en même temps l'autonomie, chère à beaucoup de nos vieilles provinces ; double cause de popularité, dont la réalité ressortira de l'examen que nous allons entreprendre.

L'administration supérieure du duché d'Anjou comprenait deux rouages essentiels : le Conseil ducal et la Chambre des comptes. Le Conseil existait, sans constitution définitive, depuis la création de l'apanage. Son action se manifesta surtout durant l'absence de Louis II et la minorité de Louis III, et il fut d'un grand secours à la régente Yolande. Après la mort de cette princesse, René en régularisa la composition et les fonctions : mais, comme il était fixé lui-même en Anjou et qu'il avait pour le suppléer la reine Isabelle, il n'éprouva pas encore le besoin d'en faire une assemblée permanente et résidente ; ses conseillers l'accompagnaient souvent dans ses voyages [1]. Ce fut seulement à l'époque de son expédition de Lombardie qu'il lui donna ce caractère, afin que, si son éloignement venait à se prolonger ou à se renouveler, les Angevins, qui avaient perdu leur habile duchesse, ne demeurassent pas sans direction. Par son ordonnance du 8 mai 1453, il institua un « conseil ordinaire et résident en la ville d'Angiers », dont les membres titulaires furent Bertrand de Beauvau, sire de Précigny, nommé président ou principal conseiller, Jean de Beauvau, évêque d'Angers, le président de la chambre des comptes, les chancelier, juge,

[1] Arch. nat., P 1334[11], 2e partie, f° 85, et *passim*.

trésorier, avocat et procureur d'Anjou, et Guillaume Provost, chargé du rôle de maître des requêtes. Plusieurs membres auxiliaires, Jean Duvau, élu d'Angers, Pierre Richomme, Jean Breslay, furent adjoints aux précédents pour les affaires importantes; Jean Alardeau, receveur d'Anjou, et Guillaume Rayneau, clerc des comptes, furent désignés en qualité de secrétaires [1]. Mais le Conseil eut la faculté d'appeler dans son sein autant de conseillers extraordinaires qu'il le jugerait à propos. Ces membres supplémentaires étaient en nombre indéterminé. La plupart des personnages qui avaient rendu au prince des services tant soit peu notables, évêques, clercs, chevaliers, chambellans, serviteurs, recevaient de lui une retenue de conseiller *ad honores*; des étrangers même étaient honorés de ce titre [2]. Les gens des comptes faisaient presque

[1] Arch. nat., P 1331[5], f° 177; pièces justificatives, n° 29.

[2] Voici les principaux conseillers dont le nom se rencontre dans les actes du roi René : Jean, duc de Calabre, Ferry de Lorraine, Bernard, marquis de Bade, Jacques de Sierk, protonotaire apostolique, Jean Bernard, archevêque de Tours, Philippe de Lévis, archevêque d'Arles, Jean de Beauvau, évêque d'Angers, Guillaume d'Haraucourt, évêque de Verdun, Henri de Ville, évêque de Toul, Jean Alardeau, évêque de Marseille, Jean Huet, administrateur de l'église de Toulon, Guillaume Tourneville, archiprêtre d'Angers; Jean Cossa, grand sénéchal, Louis et Bertrand de Beauvau, Charles de Castillon, sire d'Aubagne, Vital de Cabanis, Gui de Laval, sire de Loué, Philibert de la Jaille, Philippe de Lénoncourt, Thomas de Sernon, Charles et Jacques d'Haraucourt, Saladin d'Anglure, sire d'Estoges et de Nogent. Jean de la Salle, maître de l'hôtel, Ferry de Savigny, chevalier, Jean Blandin, sire de Revesson, Robert de Montalais, sire du Moulin, Louis de Bournan, maître de l'hôtel, Pierre de Brézé, sire de la Varenne, Ferry de Peroye, chevalier, Los (sire du Houssay), roi d'armes, Jean de Bueil, amiral de France, Hardouin de la Touche, sire des Roches, Guillaume de l'Essart, Antoine de Boys, viguier de Marseille, Jean de la Forest, connétable, Pierre de la Poissonnière, lieutenant d'Angers, Clérambault de Proisy, Lépart de la Jumelière, chevalier, le sire de Martigné, Benoît Doria, de Gênes, Nicolas de Montfort, comte de Campobasso; Étienne et Jean Bernard, trésoriers, Guillaume Bernard, grenetier d'Angers, Pierre Le Roy, dit Benjamin, Jean Legay, Jean Breslay, juge d'Anjou, Pierre Damours, Hardouin et Jean Fournier, Jean Hardouin, Robert Jarry, René Breslay, Antoine Pagan ou Payen, Jean Bruillon, Nicolas et Jean Muret, Guillaume Gauquelin, James Louet, Guillaume Augier, Raoulet Lemal, Jean Errart, Pierre Richomme, Guillaume Provost, Jean Duvau, Guillaume Delacroix, avocat fiscal, Pierre Guiot, lieutenant d'Angers, Jean Le Rouge, argentier, Raymond Puget, Jean Leloup, Jean Duvergier, Jean Binel; Baptiste Guérin, ambassadeur du marquis de Ferrare.

toujours partie du Conseil. Les bourgeois, les marchands étaient admis, dans certains cas, à prendre part à ses délibérations : on les convoquait pour procéder avec lui à l'élection du juge d'Anjou et de son lieutenant, à la réduction ou à la modification des impôts, etc. Ainsi l'élément populaire, comme nous l'avons déjà observé, intervenait dans les affaires publiques bien avant la fondation de la mairie d'Angers. Une sorte d'assemblée communale paraît, d'ailleurs, avoir existé dans cette ville dès le siècle précédent : alors et depuis, ses habitants, aussi bien que ceux de Saumur et d'autres lieux de l'Anjou, contribuèrent à l'assiette des aides et se réunirent plus d'une fois pour traiter de leurs intérêts. Les plus humbles citoyens étaient associés par là au gouvernement local, et leur opinion avait dans le Conseil autant d'autorité que celle des membres ordinaires, car les décisions étaient prises à la majorité des voix de tous les assistants : système libéral, dont l'application n'était pas si rare qu'on le croit et ne saurait être trop signalée [1].

Le pouvoir de réunir le Conseil fut donné au chancelier. Mais, dès 1451, il y eut des séances fixes qui se tinrent le mardi et le jeudi de chaque semaine, à huit heures du matin. Deux ans plus tard, les conseillers furent astreints à se présenter, chacun des jours indiqués, à sept heures et demie du matin et à deux heures après midi, sans qu'il y eût besoin de convocation. En 1470, les jours furent changés : les séances se tinrent le mercredi et le vendredi, à huit heures et à deux heures [2]. Elles avaient lieu d'ordinaire dans une salle du château d'Angers, appelée « la chambre du Conseil » et située « au bout de la grande salle du jeu de paume, sur la rivière », ou dans une autre pièce qui portait le même nom et qui dépendait du bâtiment de la Chambre des comptes. Ces locaux étaient garnis de bancs et de grandes tables ; ils étaient décorés de tapisseries et d'une *chaière* ou trône à l'usage du roi de Si-

[1] Arch. nat., P 1334[5], f°s 68, 70, 85 v°, 91 ; JJ 194, n° 143. Port, *Dict. hist. de Maine-et-Loire*, p. 38. *Extraits des comptes et mémoriaux du roi René*, n° 201.

[2] Arch. nat., P 1334[5], f°s 24 v°, 62 ; P 1334[5], f° 120 v° ; P 1334[9], f° 51.

cile, qui assistait régulièrement aux délibérations lorsqu'il résidait dans son duché[1]. Mais le Conseil se réunissait aussi partout où le chancelier jugeait bon de le convoquer, dans « la chambre près l'auditoire des halles », devant l'église Saint-Maurice ou ailleurs, suivant la nature des affaires à traiter[2].

Le Conseil partageait avec le duc l'autorité supérieure, et, en son absence, l'exerçait tout entière, mais toujours d'après ses instructions. On le voit prendre une quantité de mesures administratives dont l'ensemble indique un pouvoir presque illimité : il impose et remet des peines pécuniaires ; il arrête et élargit des prisonniers; il ordonne des dépenses; il accorde des sursis d'hommages, des immunités d'impôts ; il fixe les droits et les priviléges des marchands ; il règle les différends du prince avec les autres seigneurs ; il prononce même sur des questions d'ordre privé, comme sur la validité d'un mariage, etc. Il use du droit de remontrances, non-seulement à l'égard du duc, mais à l'égard du suzerain, pour défendre les intérêts du pays. Ainsi, quand Charles VII projette l'établissement d'un parlement à Poitiers, il lui adresse des représentations sur les inconvénients de ce dédoublement de la cour suprême, sur la perturbation qui en résulterait pour l'Anjou, dont une moitié serait du ressort de Poitiers et l'autre du ressort de Paris. Il intervient auprès des officiers de justice pour faire baisser le prix du pain, et témoigne, à cette occasion, d'une véritable sollicitude pour le bien du peuple : « Nous appartenons tous à un même prince, dit-il, et nous avons une même chose publique en main ; nous serions inexcusables devant Dieu et devant le monde, si nous ne faisions cesser tout larcin ou dommage à son préjudice[3]. » Mais les principales prérogatives du Conseil consistent dans l'attache ou vérification qui donne force de loi aux mandements ducaux, et dans la faculté de rendre lui-même des lettres-patentes au nom du prince durant son absence. Ces

[1] *Extraits des comptes et mémoriaux du roi René*, n°s 72-80, 642, etc.

[2] Arch. nat., P 1334[3], *passim*.

[3] *Ibid.*, f°s 17, 23, 43 v°, 62, 81, 86 v°, 152, 196, etc.; P 1334[10], f° 228 v°; K 504, n° 1 ; pièces justificatives, n° 45 ; etc.

lettres sont revêtues de la même autorité que celles qui portent la signature du roi de Sicile, et n'en diffèrent que par la formule finale *Par le conseil du roy*, substituée aux mots *Par le roy*, etc. Toutefois chaque membre est responsable des lettres collectives écrites en sa présence, et doit, sous peine de destitution, les signer de sa propre main, « afin que nous saichons, dit René, à qui nous en prendre [1] ». La signature autographe de l'un des secrétaires est ajoutée à celles des conseillers ; celle de Guillaume Rayneau se lit au bas de presque toutes les expéditions jusqu'en 1478, époque de sa mort [2]. Un registre spécial, tenu par le même officier, renferme le procès-verbal de toutes les délibérations et la minute des lettres dont la rédaction a été adoptée en séance [3].

En Provence, un *conseil éminent* avait été institué par Louis III ; il remplissait de même le rôle d'assemblée souveraine, et ce fut lui qui, à la mort de ce prince, en 1434, prit l'initiative des démarches faites auprès de Jeanne II et du prisonnier de Dijon pour assurer la transmission du trône. La Lorraine et le Barrois eurent d'abord un conseil commun, dont le pouvoir s'exerça surtout pendant la captivité de René. Mais, dans le premier de ces États, la noblesse presque entière s'était liguée, comme on l'a vu, pour défendre et gouverner le pays avec les lieutenants du duc et ses conseillers. La cession de la Lorraine amena une séparation complète dans l'administration des deux duchés [4].

Le Conseil d'Anjou survécut à la réunion de cette province au domaine royal. Ses membres, maintenus d'abord officieuse-

[1] Arch. nat., P 1334^{4}, f° 49 v°.

[2] « Le XIIe jour de may mil IIIIc LXXVIII, trespassa Guillaume Rayneau, clerc des comptes de céans et aussi clerc du conseil du roy de Sicile, à qui Dieu doint très bonne vie et longue, et audit Rayneau la joye de paradis. » Arch. nat., P 1334^{10}, f° 111 v°.

[3] Nous ne possédons plus de ce registre que les années 1450 à 1457 (Arch. nat., P 1334^{3}). Mais beaucoup de délibérations du Conseil sont rapportées dans les mémoriaux de la Chambre des comptes

[4] Nostredame, p. 592 ; Vill.-Barg., I, 430. Bibl. nat., Lorraine 8, n° 45 ; D. Calmet, preuves, t. III, col. CCXXI ; etc.

ment dans leurs fonctions, obtinrent de Louis XI, le 10 août 1483, des lettres de confirmation ou de nouvelle création qui consacraient tous leurs droits antérieurs. Par ce même acte, la présidence, que le Roi avait donnée, sept jours après la mort de René, à un des contrôleurs de la dépense de son propre hôtel, Hervé Regnault, avec un traitement de douze cents livres, était rendue à l'un des plus anciens conseillers du dernier duc, Jean de la Vignolle, doyen d'Angers; Pierre Guiot, Émery Louet, Jean Préau, René du Houssay, maître des requêtes de l'hôtel royal, et Jean Lohéac étaient nommés conseillers ordinaires; les sénéchal, juge, procureur et avocat d'Anjou, les gens des comptes et tous les officiers du Roi à Angers étaient appelés à compléter l'assemblée[1]. Cette mesure, dont la prompte expédition des affaires locales était le prétexte, avait pour but de rendre l'annexion moins brusque, et de préparer les Angevins par un régime transitoire, qui, du reste, ne devait pas se prolonger beaucoup, à la complète suppression de leur ancienne autonomie.

La Chambre des comptes d'Angers, qui passait pour avoir été fondée par Louis II en 1400[2], remonte, en réalité, à l'origine de la maison ducale d'Anjou. Louis II lui donna une organisation plus complète; mais, dès la constitution de l'apanage, son prédécesseur dut reconnaître l'utilité de ce rouage administratif et en établir au moins les éléments. On ne voit pas que la création de la Chambre ait fait l'objet d'un acte spécial de ce prince, ce qui vient à l'appui de cette conjecture qu'elle fonctionna immédiatement et s'installa peu à peu. Mais on trouve une trace certaine de son existence en 1377, date à laquelle un premier dépôt de titres lui fut confié, pour être gardé dans le château d'Angers[3]. Trois ans plus tard, elle donne un nouveau signe de vie en ouvrant un registre que l'on peut regarder comme le début de ses mémo-

[1] Arch. nat., P 1334[11], f°s 17 v°, 100; pièces justificatives, n° 96.

[2] Bodin, *Recherches sur l'Anjou*, I, 483.

[3] Arch. nat., P 1334[2], n° 7.

riaux : c'est une sorte de recueil ordonné par le duc pour conserver la mémoire de tous les faits, le texte authentique de toutes les pièces intéressant directement son domaine [1]. En 1382 et 1392, elle est encore mentionnée à propos de différents versements de titres [2]. Yolande d'Aragon, chargée de l'administration au nom de son fils, fait entreprendre, en 1397, un journal plus régulier des actes de la Chambre, des délibérations du Conseil ducal et des procès domaniaux : neuf secrétaires ou notaires sont adjoints aux gens des comptes pour opérer les transcriptions, et prêtent serment en cette qualité [3]. Enfin, au mois de mars 1400, le roi de Sicile, à peine revenu d'Italie, s'occupe avec la reine de déterminer les fonctions de ce corps d'État, et, le 31 mai, il promulgue à Angers le règlement qu'on a pris pour l'acte de fondation, et dont la teneur est restée jusqu'à présent ignorée.

Voici les principales dispositions de cette ordonnance, qui comporte plusieurs réformes financières :

Les hommages des vassaux du duché d'Anjou et du comté du Maine seront enregistrés sur deux livres, dont l'un sera déposé au château d'Angers et l'autre en la Chambre des comptes, installée dans le même château.

Il en sera fait autant pour les aveux, qui seront déclarés tout au long, comme il a été prescrit dans les domaines du roi de France.

Les cens, rentes et redevances desdits pays seront diligemment recherchés, vérifiés, et enregistrés de même.

Ces revenus seront perçus à part par les receveurs et portés

[1] « Le pappier ordonné en la Chambre des comptes de mons^r Loys, duc d'Anjou et de Touraine et conte du Maine, en l'an mil CCC IIII^xx, pour mectre par manière de mémoire plusieurs choses qui pevent toucher le fait dudit seigneur, ausquelles choses l'en peut foy adjouster. » Arch. nat., P 1334[1] et 1334[2] (en double).

[2] Arch. nat., P 1334[2], n° 7.

[3] « Papier journal pour escripre par manière de mémoire les procès et autres actes faiz à Angiers en la Chambre des comptes de la royne de Jherusalem et de Sicile et du roy Loys, son filz, duc d'Anjou et conte de Provence et du Maine, commencé au terme de la Toussains l'an M CCC IIII^xx XVII. » Arch. nat., P 1334[4].

en détail sur leurs comptes, au lieu d'être compris, comme auparavant, dans le bail à ferme des prévôtés, qui elles-mêmes ne pourront plus être affermées, quant à l'exercice de la justice et au recouvrement des droits pécuniaires.

Le nombre des procureurs du duc dans le duché d'Anjou est porté à trois au lieu d'un : le premier résidera à Angers et aura cinquante livres d'appointements annuels ; les deux autres se partageront les ressorts de Saumur et de Loudun, et toucheront chacun vingt-cinq livres seulement.

Les élus et les receveurs chargés de percevoir les aides au nom du roi de France présenteront leurs comptes à la Chambre d'Angers après les avoir fait vérifier par celle de Paris, parce que le produit de cet impôt a été cédé au duc d'Anjou.

Le grand nombre des commissaires et des sergents employés au recouvrement des aides étant une lourde charge pour les populations, il sera réduit par le Conseil ducal.

L'évêque d'Angers (Hardouin de Bueil), chancelier du roi de Sicile, l'abbé de Saint-Aubin, maître Jean Le Bègue, messire Jean d'Escherbaye (ou de Cherbaye), Guillaume Aygnan, maître Denis du Brueil, Étienne Buynart, maître Lucas Lefèvre, messire Briend Prieur sont institués pour gouverner la Chambre des comptes en qualité de conseillers ; Gillet Buynart et Jean Fromont leur sont adjoints comme clercs, et Jean Duvivier comme huissier de ladite Chambre.

Quatre des conseillers, ou même trois, suffiront pour procéder valablement en l'absence des autres [1].

Comme on le voit, la Chambre n'avait pas encore de président, et se composait de neuf conseillers, deux clercs et un huissier. Ce règlement demeura en vigueur jusqu'à l'époque où René entra en possession de l'Anjou. Il prit alors et depuis différentes mesures qui eurent pour effet de réorganiser l'institution et de lui donner une allure plus régulière, un rôle plus défini. Ces mesures portèrent sur le personnel, sur

[1] Arch. nat., P 1334[1], n° 12 ; pièces justificatives, n° 3.

le travail et sur les attributions de la Chambre ; trois points que nous allons examiner rapidement.

A sa première visite, en 1437, René, sur le point de partir en Italie, songeait plutôt à réduire le personnel et les frais de son administration : il décida qu'il n'y aurait plus que trois conseillers ou maîtres auditeurs, Jean Lohéac, Guillemin Gorelle et Jean de la Teillaie, deux clercs, Jean Buynart et Jean Le Royer, et un huissier, Briend Buynart. Mais, après son retour de Naples et son installation définitive à Angers, il sentit la nécessité d'augmenter l'importance de ce corps d'officiers et de lui donner une tête. Un président fut créé : le premier fut Alain Lequeu, archidiacre d'Angers, à qui ses longs services sous les règnes précédents valurent cet honneur. Ses appointements annuels furent fixés à trois cents livres, tandis que les auditeurs n'en avaient que cent. Vers le même temps, le nombre de ces derniers fut augmenté par l'adjonction de Pierre Le Roy, l'un des secrétaires intimes du prince, qui ne fut reçu, toutefois, qu'en qualité d'auditeur extraordinaire et ne toucha que soixante-dix livres par an [1]. Alain Lequeu étant décédé en 1450, il fut remplacé par le plus ancien des gens des comptes alors en fonctions, Guillaume Gauquelin, dit Sablé [2]. Mais, lorsque celui-ci mourut à son tour, le 18 juin 1464, les autres membres de la Chambre, inspirés soit par un sentiment de jalousie, soit par un zèle véritable pour les intérêts de leur maître, lui exposèrent que l'office de président était une nouveauté irrégulière, contraire à l'ordre de choses primitivement constitué par lui, qu'il avait été créé en vue de rémunérer les services d'un individu et sur sa requête, enfin qu'il occasionnait une grosse dépense, à peu près inutile. René, dont les finances étaient toujours obérées, consentit à le supprimer, en stipulant que la charge de Benjamin deviendrait une charge ordinaire, emportant les mêmes émoluments que les autres, et que l'un des deux offices de

[1] Arch. nat., P 1334^{5}, f° 123 ; P 1334^{6}, f°s 61 v°, 81 (pièces justificatives, n°s 49, 50).

[2] Arch. nat., P 1334^{5}, f° 1.

clerc, inoccupé depuis quelque temps, serait laissé vacant : de cette façon, le nombre des gens des comptes demeurait le même ; celui des clercs seul était réduit [1]. Les opérations de la Chambre furent dirigées comme autrefois par le plus ancien des auditeurs. Mais l'expédition des affaires souffrit de la suppression du président ; le duc reconnut bientôt qu'il avait été mal conseillé, que la mesure adoptée était « à son grant préjudice et en ravalement et diminucion des droiz, prérogatives, préhéminences et auctoritez de son pays et duchié d'Anjou », et que l'administration de ses autres domaines, qui étaient pourvus d'un président des comptes, en allait beaucoup mieux [2]. Aussi, dès le 1er décembre 1467, il revint sur sa décision et rétablit la charge en faveur de Jean de la Vignolle, son conseiller, doyen de l'église d'Angers, avec les mêmes privilèges que par le passé. Ce titulaire l'exerça durant dix années ; accaparé ensuite par le service du roi de France, il fut remplacé, le 8 août 1477, par le trésorier James Louet, qui n'en jouit pas longtemps, car il ne vécut que deux ans après son installation. Jean Legay, autre financier, promu ensuite à la présidence, mourut lui-même avant d'avoir pu entrer en fonctions, et la place fut donnée, le 19 septembre 1479, à Pierre Guiot, lieutenant d'Angers, sénéchal d'Anjou, qui avait servi le roi de Sicile dès son jeune âge ; seulement il ne reçut d'abord que deux cents livres, le prince ayant provisoirement réservé le reste du traitement pour Macé Gauvain, son secrétaire, nommé auditeur extraordinaire en attendant la vacance d'un des offices d'auditeur ordinaire [3].

[1] Arch. nat., P 1834^{5}, f° 81 (pièces justificatives, n° 50).

[2] Arch. nat., P 1334^{5}, f° 192. La Chambre des comptes d'Aix, notamment, avait toujours un grand président à sa tête. Ce président fut, à partir de 1470, le célèbre Palamède de Forbin, qui, étant parti pour Venise avec René II au commencement de l'année 1480, fut alors remplacé par son fils Louis de Forbin. (Arch. des Bouches-du-Rhône, B 16, f° 76 v°; B 18, f° 186.)

[3] Arch. nat., P 1334^{10}, f°s 95, 239. Les appointements du président, pendant la vacance de 1479, furent attribués en partie aux Frères Mineurs d'Angers, « en considération du beau service solennel qui se faisoit continuelment en leur église. » Arch. des Bouches-du-Rhône, B 274, f° 48.)

Gulot fut le dernier président institué par René. Parmi les autres personnages auxquels il accorda des charges d'auditeur figurent Guillaume Bernard, parent de son ami Jean Bernard, l'archevêque de Tours; un autre Jean Bernard, appartenant sans doute à la même famille, et qui fut autorisé à cumuler cet emploi avec celui de trésorier; Jean Alardeau, devenu plus tard évêque de Marseille; Nicolas Muret, qui, étant tombé malade, obtint la faveur exceptionnelle de se décharger de ses fonctions au profit de son fils; Thibauld Lambert, que ses confrères qualifiaient de « très-bon homme et joyeulx compaignon »; Guillaume Tourneville, archiprêtre d'Angers et secrétaire du prince, initié depuis sa jeunesse aux questions financières; Raoulet Lemal, maître de la chambre aux deniers. L'élément ecclésiastique était, on le voit, assez largement représenté dans la Chambre des comptes; cela tenait surtout à la difficulté de trouver dans les autres classes de la société un nombre suffisant d'hommes éclairés et capables. L'office de clerc fut rempli pendant fort longtemps par Guillaume Rayneau, qui était déjà clerc du Conseil, et dont la signature se lit au bas des actes de la Chambre jusqu'au mois de mai 1478. Il eut pour successeur Guillaume Chevalier, puis Thomin Guiteau, ancien surveillant des travaux du château d'Angers. L'huissier, Jamet Thibault, fut autorisé à se faire suppléer par Jean Lepeletier, auquel il laissait la moitié de ses gages, montant à cinquante livres; mais, comme il ne résidait pas, il dut résigner tout à fait son emploi, et le suppléant devint titulaire en 1463 [1].

Le travail de la Chambre des comptes fut organisé d'une manière fixe par un règlement arrêté le 19 avril 1459. Il y eut dès lors deux séances tous les jours non fériés : l'une de huit heures du matin à dix, l'autre de trois heures à cinq. La première s'ouvrait par une messe, celébrée dans la chapelle de la Chambre. Quiconque arrivait en retard était passible

[1] Arch. nat., P 1334[?], f°s 22 v°, 121 v°, 144 v°, 166 v°; P 1334[7], f° 12 v°; P 1334[8], f° 21; P 1334[9], f° 211 v°; P 1334[10], f°s 141 v°, 148 v°, 205; P 1334[11], f° 4 v°.

d'une amende de vingt deniers tournois. Les gens des comptes, une fois réunis, se communiquaient les uns aux autres les affaires qui réclamaient leur attention, et examinaient celles qui leur étaient soumises par les clercs des trésoriers ou des receveurs, *admis à travailler à leur « petit bureau[1] »*. Leurs séances se tenaient dans un des bâtiments du château d'Angers, spécialement affecté à leur usage et sur lequel nous reviendrons ailleurs. Ils ne chômaient pas, excepté dans les cas de force majeure, comme aux époques de grande inondation ou d'épidémie, et encore, lorsque la peste les chassa d'Angers, en 1463, continuèrent-ils leurs opérations aux Ponts-de-Cé[2].

Les attributions de la Chambre étaient multiples. Elle remplissait le rôle d'un conseil supérieur des finances ; mais elle prenait aussi part au gouvernement général, et elle avait la haute main sur les officiers ducaux de tout ordre. En 1451, René ayant décidé de réformer son administration, ce fut le président Gauquelin qui manda aux juges, lieutenants, sénéchaux, receveurs, procureurs et autres fonctionnaires de remplir leurs charges avec la plus grande exactitude, de ne pas empiéter sur leurs droits réciproques, de fournir les cautions nécessaires, etc.; ils lui répondirent en le remerciant de ses

[1] « Le XIXe jour d'avril IIII^c LIX après Pasques, a esté conclud que chascun des gens des comptes se rendra en la Chambre, à chascun jour de besogne, à telle heure que le grox de Sainct-Maurice sonne, à l'eure de huit heures, et à celle heure se commencera la messe, et ainsi sera ordonné au chappellain. Et après midi, se rendront au coup de nonne ; et pour chascun deffault, qui ne vendra ou envoyera aux heures dessusdites paiera la somme de XX d. t. Et se continuera la messe dessusdite, les gens présens ou absens. Item, que aucun des clercs du trésorier, du receveur ne d'autres ne viendront en ladite Chambre et ne se asseiront au petit bureau pour y besongner sans le congié de mess^{rs} des comptes, et qu'ilz déclairent la matière en quoy ilz vouldront besongner. Item, a esté conclud et appoincté que chascun desdits gens des comptes, quant il entrera en la Chambre, luy sera demandé s'il a aucune chose advisé qui touche le fait de la Chambre, pour y besongner. Item, que quant dix heures seront sonnées devers le matin, et cinq heures sonnées devers le soir, chascun s'en yra incontinent. Présens maistres Guillaume Gauquelin, président des comptes, R. Jarry, Guillaume Tourneville, Guillaume Bernard, Jehan Muret, conseilliers et audicteurs, et moy G. Rayneau. » (Arch. nat., P 1334^7, f° 40.)

[2] Arch. nat., P 1334^6, f° 38; P 1334^{10}, f° 248 v°.

bons avis et en promettant de s'y conformer [1]. Le président avait encore le privilége de garder par-devers lui des blancs-seings du duc et même d'autres grands personnages. Il assistait souvent, ainsi que la plupart des gens des comptes, aux séances du Conseil ducal, où ils avaient voie délibérative [2]. La Chambre d'Angers avait, comme celle de Paris, la surveillance des intérêts du domaine, le droit d'opposition aux lettres du prince qui lui semblaient de nature à compromettre ces intérêts, droit dont elle usait avec un zèle jaloux ; en un mot, elle exerçait, en matière financière et domaniale, une juridiction souveraine. C'était là le côté le plus relevé et le plus varié de ses attributions ; mais elle avait, en outre, des fonctions journalières et déterminées. En premier lieu, elle devait examiner la comptabilité des agents fiscaux, vider les difficultés qui pouvaient se produire à ce sujet, et poursuivre le versement des reliquats. Chaque année, il lui fallait apurer les comptes des trésoriers d'Anjou, des receveurs d'Angers, de Baugé, de Mirebeau, de Loudun, des argentiers du roi et de la reine de Sicile, des segrayers, des entrepreneurs de travaux publics, des grenetiers, et une quantité d'autres dont on peut voir l'énumération complète dans une des pièces reproduites à la fin de notre travail [3]. Ceux des receveurs de la cloison d'Angers étaient rendus et vérifiés en présence de douze commissaires choisis parmi les bourgeois et négociants de la ville ; et c'est encore là un remarquable exemple de l'intervention des citoyens dans la gestion des affaires publiques [4]. Les comptables en défaut étaient assignés par l'huissier de la Chambre et comparaissaient devant elle. Après avoir donné leurs explications, ils étaient condamnés, s'il y avait lieu, au remboursement des différences constatées et à des peines sévères : Jean

[1] Arch. nat., P 1334[5], f° 50 v°.

[2] Arch. nat., P 1334[3], f°s 34 v°, 69 v°, etc.; P 1334[5], f° 2 v°.

[3] Arch. nat., P 1334[5], f° 14 (pièces justificatives, n° 20). Cette liste fut dressée en 1450. Dès 1437, René avait établi la même règle dans son duché de Bar. (Bibl. nat., Lorraine 68, f° 218.)

[4] V. pièces justificatives, n° 45.

Payen, receveur de Mirebeau, fut suspendu de son office, Guillaume Grignon, receveur des aides d'Angers, eut tous ses biens confisqués pour des infidélités ou des retards dans la reddition de certains comptes[1]. Le budget ou l'état des finances du prince était aussi remis chaque année à la Chambre, qui, d'après ses commandements, assignait les dépenses sur telle ou telle recette, fixait aux trésoriers l'emploi de leurs fonds, ordonnait les payements extraordinaires. C'était encore elle qui faisait vendre ou affermer les places ou terrains appartenant au domaine, et nul contrat intéressant la seigneurie, vente, bail, rachat ou autre, ne pouvait être passé sans la présence de quelques-uns de ses membres[2]. Ainsi elle ne s'occupait pas seulement de régulariser la comptabilité des exercices écoulés, mais d'établir l'ordre dans l'exercice courant et d'améliorer par tous les moyens la situation financière.

Une autre tâche, non moins compliquée, lui incombait : l'enregistrement et la conservation de tous les actes émanés de l'autorité ducale. Nous avons vu que, dès 1380, elle avait ouvert un registre d'expéditions authentiques, continué sous une forme plus développée à partir de l'an 1397. Sous le règne de René, ce mémorial prit une importance et une régularité nouvelles ; il devint un répertoire complet des titres et des événements intéressant le roi de Sicile. A la transcription des chartes officielles furent ajoutés des documents de toute espèce, des devis, des marchés, des notes intimes, de nature à doubler la valeur de la collection. Plus heureux que les mémoriaux des rois de France, qui ont péri par le feu en 1737, ceux du duc d'Anjou se sont conservés presque intacts, et l'on n'a qu'à les ouvrir pour avoir sous les yeux, jour par jour, l'histoire politique, administrative et même privée du prince et de ses sujets. C'est là qu'ont été puisés, en grande partie, les éléments du présent ouvrage. Il nous manque seulement un ou deux volumes, répondant aux premières années de l'administration de René ; mais, à partir du 1er mai 1450 jusqu'au

[1] Arch. nat., P 1334⁷, f° 125 v°; P 1334⁸, f° 38; etc.
[2] Arch. nat., P 1334⁶, f° 75 v°, et *passim* ; pièces justificatives, nos 26, 92.

14 janvier 1484, la série est complète et forme aujourd'hui sept énormes registres, dont chacun est muni d'une table et porte en titre : « Papier journal et ordinaire de la Chambre des comptes à Angiers pour le roy de Jherusalem et de Sicile, duc d'Anjou, per de France, commanczant le... [1]. » Indépendamment de ces livres d'enregistrement, la Chambre tenait les livres d'aveux, d'hommages, de cens et rentes prescrits par l'ordonnance de Louis II, et qui forment une série beaucoup plus considérable [2]. René interdit à son chancelier, en 1452, de délivrer aux particuliers aucune lettre d'hommage, de finance ou autre avant qu'elle n'ait été envoyée à ses gens des comptes et enregistrée par eux [3].

La mission de conserver, au moyen de transcriptions authentiques, tous les actes du pouvoir ducal entraînait avec elle la garde des archives. En Provence et en Italie, les comtes d'Anjou avaient ordonné de bonne heure qu'un exemplaire des actes publics passés dans leurs domaines fût déposé à leur Chambre des comptes [4]. A Aix, les officiers de cette Chambre, appelés maîtres rationaux, étaient à la fois *archivaires*. Il en fut de même lorsque Louis I organisa son administration à Angers : une partie de ses titres fut dès lors confiée, comme on l'a vu, à ses gens des comptes. Les archives furent installées dans le

[1] Voici les cotes de ces registres aux Archives nationales :
1° P 1334^{5}, commencé le 1er mai 1450; 203 folios.
2° P 1334^{6}, appelé autrefois le *livre rouge*, commencé le 1er mai 1454 ; 247 f^os.
3° P 1334^{7}, commencé le 1er juin 1458; 236 f^os.
4° P 1334^{8} (*livre vert*), commencé le 3 août 1462 ; 231 f^os.
5° P 1334^{9} (*livre velu*), commencé le 5 décembre 1468 ; 263 f^os.
6° P 1334^{10} (*livre mi-parti*), commencé le 23 août 1474; 252 f^os.
7° P 1334^{11}, commencé le 23 septembre 1480 ; 203 f^os. Ce dernier est intitulé : « Premier journal royal ordinaire de la Chambre des comptes du Roi nostre sire à Angiers. »

[2] Arch. nat., P 1133-1351 ; etc.

[3] Arch. nat., P 1334^{5}, f° 119.

[4] D'après un ordre de Bernard de Baux, sénéchal royal et capitaine général en Italie, en date du 3 mai 1341, les sujets du royaume de Sicile étaient même tenus de faire déposer un exemplaire de tous leurs actes à Naples, un autre à Aix et un troisième à la cour de justice à laquelle ils ressortissaient. (Arch. nat., J 992, n° 3.)

portail du château tourné vers la ville, et l'appartement qu'elles occupaient s'appela la *chambre du trésor*. Les chartes originales, les aveux et autres titres importants étaient renfermés dans des coffres ou des armoires fermant à plusieurs serrures, dont le président avait les clefs. Le prince lui-même n'avait pas la libre disposition des pièces; mais il pouvait encore se les procurer plus facilement qu'en Lorraine, où ni lui ni ses mandataires ne pouvaient pénétrer dans le trésor des chartes, ouvert seulement au prévôt et à deux des chanoines de l'église de Saint-Georges[1]. Avait-il besoin d'un document? Il en avertissait les maîtres auditeurs, qui le lui communiquaient moyennant une décharge signée de lui, et en opéraient ensuite la réintégration. Eux-mêmes empruntaient de cette façon, et pour un nombre de jours très-limité, les titres nécessaires à leurs travaux. Mais la plupart des communications se faisaient sans déplacement; même dans ce cas, elles étaient considérées comme une faveur, et n'étaient accordées aux personnes du dehors que lorsqu'elles étaient accréditées par de puissants princes ou des amis particuliers du duc, tels que Dunois ou Charles d'Orléans. Louis XI ayant voulu, après la mort de son oncle, se procurer les chartes qui pouvaient appuyer ses prétentions sur le Roussillon, la Cerdagne et le royaume de Majorque, les gens des comptes ne lui livrèrent point les originaux, mais en firent faire une copie exacte, qu'ils lui transmirent. En Provence, les communications et les *expéditions de documents* étaient aussi entourées de grandes précautions : le lieutenant-général Jean Cossa avait défendu aux maîtres rationaux d'en laisser sortir un seul du dépôt confié à leur garde, sous peine de destitution; aucune copie ne devait être délivrée sans la présence de l'avocat et du procureur du roi de Sicile, qui avait prescrit lui-même ces mesures[2]. Les gens des comptes d'Angers fouillaient assez souvent leurs archives, soit pour aider au jugement d'un procès, soit pour élucider un point de droit administratif, soit enfin pour satisfaire la curiosité éru-

[1] V. le testament du duc Charles II (D. Calmet, *preuves*, t. III, col. CLXXXVII).

[2] Arch. des Bouches-du-Rhône, B 15, f° 224 v°.

dite de leur maître, quand il leur demandait, par exemple, des matériaux sur l'histoire des anciens comtes d'Anjou [1]. Les actes du roi de France et des princes étrangers, les bulles pontificales, les testaments et les contrats de mariage des membres de la maison d'Anjou, etc., étaient déposés dans des coffres spéciaux à mesure qu'ils arrivaient, et la mention de ce dépôt était inscrite sur le mémorial de la Chambre. La chancellerie ducale, les greffes, les procureurs étaient astreints à verser périodiquement leurs registres ou leurs dossiers, et, lorsqu'un haut fonctionnaire venait à décéder, les auditeurs faisaient saisir chez lui et transporter aux archives tout ce qui, dans ses papiers, se rapportait aux affaires publiques [2]. Enfin l'on conservait, avec les documents écrits, différents objets précieux par leur caractère officiel, tels que des sceaux, des marques d'orfévres, des étalons de poids ou de mesures. Cette diversité n'allait pas encore aussi loin que dans les archives de la ville du Mans, où l'on voyait, à côté de coffres pleins d'anciens parchemins, des nouveautés d'un voisinage assez dangereux, telles que des barils de poudre, des bombardes, et tous les engins de l'artillerie municipale [3].

Le retour de l'Anjou à la couronne amena nécessairement la suppression de la Chambre des comptes et du dépôt d'archives d'Angers. Toutefois cette suppression ne fut pas immédiate : la Chambre, comme le Conseil ducal, fut maintenue, malgré l'antagonisme de la mairie, par Louis XI lui-même, qui reconnut, à sa première visite dans le duché, l'utilité de cette institution locale, aussi bien pour les intérêts de son trésor que pour ceux des particuliers. La commodité et la bonne tenue des archives furent aussi, à ses yeux, un motif de conserver l'ordre de choses établi ; il avait le sentiment de cet

[1] Arch. nat., P 1334⁵, f° 144 ; P 1334⁶, f° 178 v° ; P 1334⁹, f°s 75, 185 ; P 1334¹⁰, f°s 85 v°, 157, 200 v° ; P 1334¹¹, f° 18 v° ; etc.

[2] Arch. nat., P 1334⁵, f°s 144, 172 ; P 1334⁶, f°s 35 v°, 154, 217 ; P 1334⁹, f° 62 v° ; etc.

[3] Arch. nat., P 1334⁶, f° 156 v° ; P 1334⁹, f°s 79 v°, 217 v° ; P 1343, n° 500, f° 9.

axiome, aujourd'hui reconnu par les plus habiles archivistes, que les mutations et les changements de système engendrent surtout la confusion, et il le dit en propres termes dans le préambule des lettres-patentes rendues à cette occasion. Par ces lettres, datées du mois d'octobre 1480, il créait à Angers une Chambre des comptes royale; mais c'était, en réalité, l'ancienne qui était confirmée dans ses prérogatives, ses attributions et ses fonctions multiples [1]. La Chambre de Paris reçut l'ordre de ne pas s'ingérer dans les affaires financières de l'Anjou. Dans son dépit, elle suscita mille difficultés à l'entérinement de l'acte du Roi, que le parlement refusa obstinément, menaçant d'enfermer à la Conciergerie les délégués angevins chargés de poursuivre l'affaire. Le prétexte mis en avant par ces puissants adversaires était que les lettres n'avaient pas été rédigées comme il le fallait, et qu'elles contenaient une formule défectueuse. Louis dut les refaire, au mois de janvier 1482; mais on laissa à cette seconde édition la date de la première [2]. Le personnel même de la Chambre d'Angers fut en grande partie conservé; cependant l'office de président fut donné à un nouveau titulaire, Jean Bréhier, dont le traitement annuel fut porté à mille livres [3]. La Chambre du Mans, après la mort de Charles d'Anjou, comte du Maine, et celle d'Aix, après l'annexion de la Provence, furent également maintenues. Mais Charles VIII, pour des motifs difficiles à apprécier, prononça, au mois d'octobre 1483, la suppression des deux premières et leur réunion à celle de Paris [4]. La Chambre

[1] Arch. nat., JJ 208, n° 83; P 1334¹¹, f° 1 (pièces justificatives, n° 92).

[2] Arch. nat., P 1334¹¹, f°ˢ 40 v°, 93. Cf. les registres du parlement, Conseil, 28 juin 1481. La formule rectifiée était celle-ci : « Si donnons en mandement à noz amez et féaulx conseilliers les chancelier et gens de nostre grant conseil, trésoriers de France, généraulx par nous ordonnés sur le fait et gouvernement de toutes noz finances, senneschal d'Anjou ou son lieutenant, et à tous noz justiciers et officiers, etc. » Cf. la formule correspondante dans le texte primitif (pièces justificatives, n° 92).

[3] *Ibid.*, f°ˢ 8, 64 v°.

[4] La proximité des villes d'Angers et du Mans est la seule raison alléguée par l'auteur de cette suppression : « Et en oultre, pour ce que nos pays d'Anjou et du Maine sont plus proches de notre bonne ville et cité de Paris que plusieurs au-

d'Angers fonctionna jusqu'au commencement de l'année suivante, puisque son dernier mémorial s'arrête au 14 janvier 1484 [1]. En février 1485, une partie de ses archives, notamment la comptabilité, fut transportée à Paris par Imbert Luillier et Jean Guillart, clercs délégués par les gens des comptes; un inventaire en fut dressé au mois de mai 1487 [2]. Le reste ne fut amené qu'en 1492, par le maître auditeur Léonard Baronnat et le clerc Guillaume de Sailly [3]. Cette dernière partie, beaucoup plus considérable, fut inventoriée en détail, en 1541, par Michel Tambonneau, conseiller du Roi et maître ordinaire des comptes [4]. Mais le travail fut fait sans aucune méthode : on prit les pièces les unes après les autres, telles qu'elles avaient été empaquetées; on en fit une analyse sommaire et souvent inexacte; on les numérota, et on les remit en liasses dans le même ordre, ou plutôt dans le même désordre. Ces liasses, au nombre de soixante, remplirent, avec les registres de la même provenance, treize armoires installées

tres dont les receveurs ont accoustumé compter en notredite Chambre des comptes à Paris, et que nous avons supprimé et aboli les Chambres des comptes que notre feu seigneur et père avoit établies es villes et cités d'Angers et du Mans,... nous, pour aucunement relever les dessus nommés des grandes charges et affaires qu'ils auront dorénavant à cause de nos pays d'Anjou et du Maine, avons fait et créé deux maîtres de nos comptes, etc. » (Édit du 24 octobre 1483.

[1] P 1334[11]. Une seule pièce postérieure a été ajoutée à la fin du registre, mais longtemps après.

[2] P 1334[10]. Cet inventaire, précédé d'une table, de la liste des élections d'Anjou et de celle des recettes répondant à la Chambre d'Angers, comprend beaucoup de comptes aujourd'hui disparus.

[3] P 1334[16], note finale. Avant d'opérer ce transport, Léonard Baronnat dressa au château d'Angers, le 27 janvier 1492, un inventaire spécial des titres concernant le royaume de Sicile, inventaire qui ne se trouve plus aux Archives nationales, mais dont il existe une copie dans le n° 902 des mss. Harley conservés au Musée britannique. (V. *Bibl. de l'École des chartes*, 4e série, I, 100.)

[4] PP 33. Les comptes inventoriés en 1487 ne figurent pas sur ce second inventaire, qui comprend un seul livre de dépenses, et, pêle-mêle, les mémoriaux, les registres de chancellerie, les aveux, les hommages, et tout le trésor des chartes de la maison d'Anjou. Tambonneau dressa également, pour servir aux réclamations du roi de France, un inventaire des pièces relatives au royaume de Naples, disparu comme celui de Baronnat. (P 1354[2], n° 801.)

dans une salle de la Chambre de Paris, salle qui porta depuis le nom de *chambre d'Anjou*. C'est seulement de nos jours, en 1871, que le riche fonds d'archives formé primitivement au château d'Angers, et conservé maintenant aux Archives de France, a été trié, classé, et que les titres historiques composant l'ancien trésor des chartes des ducs d'Anjou ont été l'objet d'un inventaire raisonné qui permet de les consulter facilement [1].

Si chacun des États du roi de Sicile avait sa Chambre des comptes particulière, il avait de même son administration financière, son budget, ses trésoriers ; cependant la dépense personnelle du prince et celle de sa maison, les dons, les pensions, et en général tous les frais extraordinaires étaient ordonnés indifféremment sur les revenus de l'Anjou, de la Provence ou du Barrois. Chaque année, au mois d'octobre, il arrêtait avec le trésorier d'Anjou l'état des finances du duché, comprenant les recettes et les dépenses de l'exercice qui s'ouvrait. En 1456-57, ce budget partiel s'élevait à 18,225 livres tournois du côté de l'actif, et à 19,812 livres tournois du côté du passif [2]. Lorsqu'il y avait, comme dans ce cas, un excédant de dépense, il était pris sur l'exercice suivant. Il était difficile de prévoir au juste le total auquel devaient monter certaines recettes, et alors on calculait par à peu près ; mais, comme les plus importantes étaient affermées ou *baillées à main ferme*, cet inconvénient n'existait pas pour elles. La ferme était adjugée aux enchères, soit pour une, soit pour plusieurs années, ordi-

[1] Ce fonds, réuni en trente-neuf portefeuilles portant les cotes P 1334[1] à P 1354[7], comprend une foule de documents de première importance pour l'histoire de France, d'Espagne et d'Italie, depuis 1103 jusqu'en 1534. On peut en voir l'indication sommaire dans l'*Inventaire méthodique* des Archives nationales, col. 339 ; l'inventaire particulier, dressé récemment, n'est pas publié. Il est intéressant de comparer toute cette organisation de la Chambre des comptes d'Angers et de ses archives avec celle de la Chambre de Paris, que vient de mettre en lumière l'excellent travail de M. de Boislisle (*Chambre des comptes, Notice préliminaire*).

[2] Arch. nat., P 1334[6], f° 172 v°. Dans cet actif n'est pas comprise la part allouée au duc d'Anjou sur les aides levées par le Roi dans son duché, part qui était de la moitié.

nairement à un habitant du pays offrant des garanties suffisantes, ou à quelque créancier du duc, qui se trouvait remboursé de cette manière. Les enchères avaient lieu en présence de gens des comptes et d'autres officiers; les chandelles ou torches, que l'on éteignait au moment où était prononcée l'adjudication, étaient tenues par ces agents et portées au compte du dernier enchérisseur. Pour les fermes qui se baillaient de trois en trois ans (et c'était le plus grand nombre), on procédait par *doublement* et *tierçoiement*, c'est-à-dire qu'à la fin de la première année on établissait une surenchère pour la seconde, et à la fin de celle-ci une nouvelle surenchère pour la troisième. Lorsque, par exception, aucun adjudicataire ne se présentait, la recette était perçue « en la main du roi de Sicile » par ses délégués. Le fermier qui ne réglait pas son compte au bout de l'année ne devait pas être admis à continuer l'exercice de sa ferme. Ce système de perception était, paraît-il, fort avantageux; car, malgré l'ordonnance de Louis II, qui le désapprouvait, il fut étendu successivement à tous les genres d'impôts et de revenus, et jusqu'au produit des greffes des différentes juridictions de l'Anjou, dont René commanda la mise en adjudication en 1457, à l'exemple du roi de France, qui venait d'en faire autant dans tout son royaume[1]. Les principales recettes auxquelles il était appliqué sont les greniers à sel, la traite des vins, l'imposition foraine d'Anjou, le *trespas de Loire*, les sceaux et le tabellionnage, les entrées et les étalages des foires, les poids des halles, le minage, les péages et pavages. A Beaufort, on affermait même le produit des « devoirs nobles », tels qu'épées, éperons dorés, gants blancs, longes de soie, pains, fromages, etc., dus au duc par des gens d'église ou des chevaliers, ainsi que la « nuitée des anguilles » et d'autres droits sur les ports et pêcheries. Les herbages, les coupes de bois, le *forestage* des ardoisières étaient dans le même cas[2]. On se rappelle que Jeanne de

[1] Arch. nat., P 1334⁵, fos 2 v°, 101; P 1334⁶, f° 116; P 1334⁸, f° 140; etc. Cf. pièces justificatives, n° 3.

[2] Arch. nat., P 1334⁵, fos 3-13.

Laval afferma une fois tout le comté de Beaufort en bloc, et que son mari, vers la fin de sa vie, acensa de même tous les revenus du duché de Bar. Les fermiers, s'ils réalisaient souvent des bénéfices, se trouvaient quelquefois ruinés par les événements politiques. Ainsi, durant la guerre de Bretagne, Louis XI ayant occupé militairement l'Anjou et fait venir une quantité de marchandises dispensées de tout droit, le produit des prévôtés et péages fut réduit à rien, et René se vit obligé d'accorder une modération aux adjudicataires [1].

Les fermiers versaient le montant de leur bail entre les mains des receveurs ordinaires du duc, établis aux résidences suivantes : Angers, Saumur, Baugé, Loudun, Mirebeau et Beaufort. Les deux premières recettes furent réunies, sous le règne du roi René, entre les mains d'un même titulaire, qui prit la qualification de receveur ordinaire d'Anjou. Les terres qui ne dépendaient pas de l'apanage avaient leur receveur particulier, portant aussi le titre de châtelain. Chacun de ces officiers fournissait, avant d'entrer en fonctions, un cautionnement assez élevé (de 500 à 1,000 livres tournois), et retenait sur son compte de l'année le montant de ses gages, quand les besoins du prince ne le forçaient pas à en reporter la moitié sur l'exercice suivant. Sa mission consistait à « cuillir, lever et recevoir, ou faire cuillir, lever et recevoir tous les deniers, cens, rentes et autres droiz quelzconques appartenans au duc, et à contraindre ou faire contraindre par toutes voyes deues et raisonnables touz fermiers et autres qui devront les deniers, devoirs, cens et rentes dessusdits, à les paier aux termes et en la manière acoustumée [2] ». Les fonds réunis par les receveurs ordinaires étaient centralisés par un trésorier général. Le roi de Sicile avait un trésorier pour son duché d'Anjou et ses autres terres françaises, et un second trésorier pour la Provence. Le premier fut d'abord Étienne Bernard, dit Moreau, puis James Louet, dont la comptabilité défectueuse donna lieu

[1] Arch. nat., P 1334⁹, f° 255 v°. Marchegay, *Revue de l'Anjou*, II, 195; *Notices*, p. 113-125.

[2] Arch. nat., P 1334⁵, f° 121 v°.

à un long procès par-devant la Chambre d'Angers, et qui, menacé de la destitution, ne l'évita que par une faveur spéciale de son maître, après s'être avoué coupable. Jean Bernard, receveur de Baugé, le remplaça en 1477, et versa une somme de 2,000 livres pour sa caution. Autorisé d'abord à cumuler, il dut cependant résigner sa recette au bout de deux ans. René avait en Provence un trésorier beaucoup plus fidèle que James Louet : cet officier, Jean Hardouin, qui avait eu pour prédécesseur Pierre de Trongnon, s'était enrichi dans l'exercice de sa charge, et, devenu vieux, avait conçu des scrupules sur la manière dont il s'était acquitté de ses devoirs; aussi légua-t-il au prince plusieurs maisons, jardins et boutiques qu'il possédait à Tours, à côté de l'hôtellerie des Trois-Rois, legs qui fut accepté et que son fils reconnut après quelques difficultés [1]. Le trésorier n'encaissait pas seulement les versements des receveurs ordinaires, mais encore le montant des aides, dons ou pensions octroyés par le suzerain au duc d'Anjou, et, en général, tous les fonds touchés par celui-ci. Il prenait directement ses ordres au sujet de leur emploi; il payait la plupart des dépenses à la charge de l'État, en dressait le compte annuel en regard de celui des recettes, et, après l'examen des pièces, recevait, s'il y avait lieu, une décharge. Les receveurs ne pouvaient disposer d'aucune somme sans son autorisation. Si les gens des comptes lui ordonnaient un payement, leur mandement devait porter la signature du président de la Chambre et de plusieurs membres du Conseil ducal. Enfin, les officiers de finances commissionnés par le souverain dans le duché d'Anjou devaient eux-mêmes lui soumettre leurs états et leurs opérations [2].

La dépense personnelle du roi de Sicile, tant ordinaire qu'extraordinaire, était réglée par un argentier unique, qui recevait des trésoriers les sommes fixées pour cet objet. L'office d'argen-

[1] Arch. nat., P 1334[7], f°s 29 v°, 32 ; P 1334[9], f° 99 v°; P 1334[10], f°s 94 v°, 193; etc.

[2] Arch. nat., P 1334[5], f° 51; P 1334[7], f° 1 v°; P 1334[10], f° 94 v°; etc.

tier, auquel était attribué un traitement de cent livres, eut pour premiers titulaires Jean de Charnières, Jean Le Rouge, Olivier Haloret et Jacques Chabot. Celui-ci, ayant été condamné par la Chambre des comptes à restituer un excédant de recettes de 1,064 livres dont il n'avait pas fait emploi, et ayant ensuite quitté la cour, fut remplacé en 1464 par Antoine Delacroix, maître des requêtes de l'hôtel, qui fournit un cautionnement de 1,000 livres[1]. La dépense du prince passait avant toute autre ; lui-même prescrivit que les mandements de finances ne fussent scellés par son chancelier que s'ils portaient cette clause : « Pourveu que ce soit après le paiement fait des sommes ordonnées et à ordonner par ledit seigneur pour le fait de sa despense[2]. » Par la même lettre, il enjoignait à ses agents financiers d'évaluer toutes les sommes en livres tournois lorsqu'elles étaient assignées sur son duché d'Anjou, en florins s'il s'agissait de la Provence, et en écus francs ou en florins du Rhin s'il s'agissait du Barrois[3].

[1] Arch. nat., P 1334^{6}, f° 30 ; P 1334^{7}, f°s 129, 132 ; P 1334^{1}, f° 91 v°.

[2] Arch. nat., P 1334^{8}, f° 218.

[3] Les monnaies qui avaient cours en Anjou étaient uniquement celles du roi de France. Philippe le Long, en 1319, avait racheté à son oncle Charles de Valois, comte d'Anjou, le privilége de battre monnaie ; mais Angers avait conservé un établissement monétaire. L'écu d'or angevin ou français valait, en 1451, 27 sols tournois ; en 1471, 27 sols 6 deniers ; en 1474, 30 sols 3 deniers. Cet écu était usité dans le duché de Bar concurremment avec le florin du Rhin, monnaie lorraine et allemande, que le duc de Lorraine avait le droit de fabriquer à son coin, comme le montre l'acte d'investiture de 1434. En Provence, on se servait de florins d'or valant 16 sols tournois en 1447, 15 sols en 1452, de gros d'argent valant 15 deniers, et de patacs en billon valant 2 deniers environ. René avait dans ce pays deux ateliers monétaires, l'un à Aix, l'autre à Tarascon, dirigés chacun par plusieurs maîtres et gardiens. Mais plusieurs monnaies étrangères avaient cours dans le comté. La valeur respective des unes et des autres fut fixée par le conseil du roi de Sicile le 2 janvier 1479. A Naples, ce prince forgea des carlins et d'autres pièces d'argent semblables à celles des rois précédents ; en Aragon également. On trouvera la description de ces différentes monnaies et des renseignements sur leur valeur dans Papon (III, 614) et dans les *Extraits des comptes et mémoriaux* (n°s 465, 683, etc.). Le cabinet des médailles de Paris en conserve cinq spécimens : un demi écu ou florin provençal, un gros, frappé à Tarascon, et trois douzains ou patacs, portant tous son nom, ses titres et ses armes. (Arch. nat., K 166, n° 135 ; KK 1116, f° 535 ; P 1334^{10}, f° 5 v°, etc. ; Arch. des Bouches-du-Rhône, B 273, f° 193 v° ; B 18, f° 181 v°. *Cab. des médailles*, n°s 2725-2729.)

La reine de Sicile avait son argentier particulier : Jean Garnot, qui était pourvu de cette fonction, passa ensuite au service de son mari, et eut pour successeurs Jean Legay, puis Jean Bréhier. La dépense ordinaire de cette princesse était fixée, en 1448, à 1,250 florins par mois; celle du roi s'élevait à la même somme. La dépense extraordinaire n'était que de 850 florins; l'argentier en soumettait le compte à la signature de son maître tous les samedis, et chaque article de ce compte devait être certifié, selon son objet, par un chambellan, un maître d'hôtel ou un des écuyers de service. Enfin le roi et la reine avaient chacun leur chambre aux deniers, composée d'un maître, d'un contrôleur et de plusieurs clercs, et chargée de tenir la comptabilité spéciale de leur hôtel, embrassant les gages des employés et serviteurs, les fournitures, etc. [1].

Au-dessus de tout le personnel qui vient d'être énuméré, et pour assurer l'intégrité de son administration, René avait placé une sorte d'inspecteur général appelé à surveiller la gestion des finances de ses divers États. Ce fonctionnaire avait le titre de « général conseiller », emprunté à l'administration royale. Il devait contrôler la réception et la distribution des deniers, provoquer la reddition des comptes et le recouvrement des reliquats, examiner les lettres ou mandements obtenus par les particuliers au préjudice du domaine, ajouter à ces actes une attache en parchemin revêtue de son sceau et de sa signature, et renfermant son consentement avec ou sans conditions, fixer enfin les indemnités et les frais de voyage des gens de la cour. En 1458, Jean Huet, protonotaire du saint-siége, administrateur de l'église de Toulon, fut choisi pour exercer cet emploi supérieur, tant à cause de ses relations intimes avec le roi de Sicile qu'en raison de sa clairvoyance et de son expérience en matière financière [2]. Huit ans après, Jean Alardeau, évêque de Marseille, ancien secrétaire du même prince, fut nommé à son tour « général des

[1] Arch. nat., P 1334⁶, f° 103; P 1334¹⁰, f° 174; P 1334¹⁴, f°s 3 4, 17, etc.

[2] Arch. nat., P 1334⁷, f° 12; pièces justificatives, n° 12.

finances » avec des attributions analogues. Les actes soumis à sa vérification durent porter, avec son attache, la signature d'un secrétaire spécial, seul autorisé à les rédiger; ce secrétaire fut Pierre Le Roy, dit Benjamin, conseiller intime[1].

Il ne suffisait pas à René de mettre l'ordre dans ses finances; il songeait à organiser d'une manière plus équitable la répartition des impôts et à diminuer les lourdes charges que le pays d'Anjou avait à supporter. Lui-même y était intéressé; car, suivant la maxime qu'il professait, « de tant que le peuple est plus riche, le trésor du roy en est plus grant[2] ». Ces paroles, dignes de Sully, se trouvent dans un long rapport qu'il rédigea, en 1450, avec ses gens des comptes, pour demander à Charles VII l'allégement des contributions qui pesaient sur son duché; mémoire des plus importants, qui nous montre à la fois la triste situation de l'Anjou et du Maine à son avénement, la part d'autorité et de profits que le suzerain conservait dans les pays d'apanage, et les efforts réitérés tentés par le bon roi de Sicile pour soulager ses sujets. Les principaux points de sa requête portent sur la traite des vins, les aides et les tailles. Chacun de ces impôts était perçu pour le compte du roi de France, qui, par pure faveur, en abandonnait une partie au duc d'Anjou. Celui-ci avait, de plus, le droit de nommer aux offices royaux du duché, notamment aux offices d'élus; mais ce droit n'était pas toujours respecté par le pouvoir central, qui déléguait parfois des commissaires étrangers, peu disposés à la modération. Les Angevins étaient presque ruinés depuis l'invasion anglaise, qui s'était arrêtée à leurs portes; leur province, devenue pays de frontière, avait eu à endurer tous les maux de la guerre, les *appatis*, le pillage, le dépeuplement. Avant ces malheurs, elle ne payait au fisc, année moyenne, que 20 ou 25,000 francs de tailles, levés par les élus; depuis, par suite de l'établissement de contributions extraordinaires, elle avait à payer chaque année, malgré sa misère, 120,000 francs, sans compter

[1] Arch. nat., P 1334[8], f° 150; pièces justificatives, n° 57.

[2] Arch. nat., P 1334[7], f° 42 v°.

les gabelles[1]. La plus onéreuse de ces contributions était la traite des vins, droit d'exportation qui frappait tous les vins sortant de l'Anjou, et fixé à vingt sols par *pipe* (charge de quatre chevaux). Elle avait été imposée par le Roi, du consentement de la reine Yolande, au moment de la plus grande détresse de la monarchie, mais pour un temps limité, et avec promesse de la supprimer bientôt. Elle subsista cependant; il en résulta que les vignobles, qui formaient déjà la principale richesse de cette contrée, furent laissés à moitié en friche, que la production diminua, que l'exportation devint nulle, que le vin se vendit à vil prix, sans aucun profit pour les propriétaires et cultivateurs, et que le produit de la traite elle-même tomba de 30 ou 35,000 francs à 15 ou 20,000. La perte causée aux habitants par cette malencontreuse mesure est évaluée à 100,000 francs par an dans le mémoire du roi de Sicile; aussi demande-t-il avec insistance que la traite soit abattue et ne soit plus levée que jusqu'à la fin de l'année courante. Au sujet des aides ordinaires, il prie le Roi de remplacer cet impôt mal réparti, mal perçu, par une taille régulière, ou sinon de le limiter à un maximum déterminé : en effet, les fermiers, les sergents commis à son assiette et à son recouvrement vivaient aux dépens du peuple, vexaient les pauvres laboureurs, leur faisaient perdre leur temps en procès, les induisaient à prêter de faux serments, pratique abominable, mais qui leur semblait, en pareille matière, une légère peccadille. Quant aux tailles, il réclame que le soin de les imposer soit réservé aux élus, à l'exclusion des commissaires et des gens de finances qui, pour une heure de vérification dans chaque élection, prélèvent sur le duché, à leur profit, au moins 2,000 francs par an; que ces tailles soient réduites, et que nul surcroît ne soit ajouté au principal; que les cotes et portions des différentes élections soient réparties équitablement et en sa présence; que les receveurs soient pris parmi ses sujets et parmi les individus « ayant l'œil à supporter et à entendre

[1] Sur ces 120,000 francs, 18,000 seulement étaient laissés au duc, quoiqu'il eût le droit d'en prendre davantage.

gracieusement le pouvre pueple » ; qu'enfin la part allouée à ses prédécesseurs sur cet impôt, aussi bien que sur les aides, lui soit exactement remise. Pour mieux toucher le cœur du Roi, il lui trace un tableau attendrissant des misères qu'il a sous les yeux : la mortalité, l'émigration, ont enlevé au pays la meilleure portion de ses habitants ; ceux qui restent couchent sur la paille, vont à moitié nus, meurent de faim et s'assemblent en grandes compagnies pour aller mendier par les villes ; devant son château d'Angers, il en vient tous les jours près d'un millier, « en si piteux estat que chascun en devroit avoir compassion » ; les marchés sont encombrés d'instruments de travail, dont les ouvriers, les cultivateurs se sont défaits pour un peu d'argent. Émus de tant d'infortunes, le clergé, la noblesse, la bourgeoisie l'ont supplié d'intervenir auprès du souverain ; il leur a promis de le faire et de tout mettre en œuvre pour obtenir gain de cause. Que le Roi se souvienne de la loyauté, du dévouement qu'il a rencontré chez les membres de la maison d'Anjou ; qu'il considère que cette province est celle qui a opposé une barrière infranchissable à l'invasion, et qu'il ne laisse pas consommer sa ruine. « En ce faisant, dit-il pour terminer, le Roy fera raison et justice, ce qu'il est tenu et doit faire, acquitera sa conscience envers le peuple du pays, ainsi destruit que dit est, dont non seulement les pouvres, esquelx doit estre pitié et compassion, mais touz bons catholiques pour charité doivent estre dolens et desplaisans. Et quant ledit paîs d'Anjou sera mieulx en point et plus aysé qu'il n'est, toujours s'en pourra aider le Roy à son plaisir, comme il a fait jusques ycy [1]. »

[1] Arch. nat., P 1334[5], f°s 38-42. Le texte du mémoire a été publié par M. Marchegay (*Archives d'Anjou*, II, 305). Cet érudit a reproduit en même temps quelques extraits des comptes de la cloison d'Angers montrant que les doléances de René furent écrites par Pierre Guyot, lieutenant de la ville, qui reçut pour sa peine une somme de quinze livres ; que la rédaction fut soumise au prince dans son château de Saumur ; que la minute fut mise au net par Guillaume Rayneau, clerc de la Chambre des comptes, moyennant un salaire de dix livres ; enfin qu'une indemnité de trois cent vingt livres fut allouée aux personnages qui se joignirent au roi de Sicile pour aller remontrer à Charles VII l'état de l'Anjou.

Ce ferme langage n'obtint qu'un demi-succès. La situation du royaume, à la fin de l'année 1450, commençait à peine à se consolider; les finances royales n'étaient pas rétablies, et la guerre continuait encore à les épuiser. René, qui s'était rendu à Tours auprès de Charles VII, pour appuyer, avec l'élite de ses conseillers, les conclusions de son mémoire, reçut d'abord une réponse peu satisfaisante. Le grand conseil royal décida qu'on ouvrirait une enquête au sujet des inconvénients de la traite; que le remplacement des aides par une taille équivalente serait plus nuisible qu'utile; que ces tailles seraient réduites de moitié pour l'année courante, en Anjou comme dans tous les autres pays de Languedoil, mais que les élus seraient assistés comme auparavant par des commissaires, et que, ces élus étant nommés par le roi de Sicile et possédant, par conséquent, sa confiance, la répartition des cotes pouvait se faire sans lui [1]. Le prince répliqua et développa de nouveau ses raisons. Il déclara, au sujet des tailles, que, puisque l'on se contentait d'en supprimer une moitié, il renonçait, lui, à l'autre moitié, qui lui revenait par don du Roi, afin de venir en aide à son peuple; «car il aimeroit mieulx fort endurer qu'il ne donnast, à son povoir, soullégement à ses pouvres subgiects [2]. » Si l'on songe aux embarras financiers créés au duc d'Anjou par les événements, ce trait prend des proportions véritablement grandes : aucun de ceux que l'histoire a jusqu'à présent répétés à sa louange ne démontre avec autant d'évidence sa générosité, sa bonté légendaire. Non content de répliquer, il proposa au Roi une nouvelle combinaison pour la perception des sommes imposées sur le duché, et lui prouva par des chiffres que, si elle était adoptée, les habitants auraient neuf mille francs de moins à payer, sans que la recette du fisc fût diminuée d'un denier. Il demanda aussi que la taille des gens d'armes, qui était de cinquante-trois mille francs, correspondant à cent quarante lances, fût levée gratuitement par les élus et les commissaires, offrant de donner à

[1] Arch. nat., P 1334[5], f° 43 v°.
[2] *Ibid.*, f°s 43, 47 v°, 48.

chacun d'eux, sur sa propre cassette, une indemnité de cent écus d'or. On pouvait au moins, pour diminuer les frais, percevoir cette taille en même temps que la taille ordinaire ou taille du Roi. C'est ce qui eut lieu, en effet, et l'impôt direct se trouva ainsi allégé de plusieurs façons pour l'année 1451 [1].

Quant aux aides et à la traite, malgré de nouvelles requêtes formulées par les trois états de la province, malgré les démarches du sire de Loué et du chancelier Fournier, que René députa au Roi en 1452, avec une délégation de clercs et de marchands, malgré les promesses de Charles VII, qui répondit directement à son beau-frère en l'assurant de sa bonne volonté [2], ils subsistèrent. René, en poursuivant leur suppression, montrait d'autant plus de désintéressement, que la moitié de leur produit lui revenait également. La totalité de la traite lui ut cédée plus tard par Louis XI, ainsi qu'on l'a vu plus haut. Cet impôt fut affermé comme les autres; mais les nombreux passages francs accordés par le Roi ou par le duc, les guerres de Bretagne, qui supprimaient toute exportation du côté de ce pays, en firent tomber la valeur si bas, que les fermiers devinrent difficiles à trouver, et qu'il fallut, en 1477, le lever « en la main du Roi », par l'entremise d'un contrôleur spécial. La traite des vins d'Anjou fut perçue pendant fort longtemps; François I et ses successeurs en ordonnèrent plusieurs fois le maintien [3].

Trois autres contributions indirectes d'un caractère local frappaient en même temps les habitants de l'Anjou, et portaient, non plus sur un produit, mais sur le commerce en

[1] Arch. nat., P 1334^{5}, f°s 47, 48. Les tailles de l'Anjou s'élevèrent, cette année-là, à 61,000 livres, réparties comme il suit :

Élection d'Angers.	Taille des gens d'armes.	33,500
	Taille du Roi	4,000
Élection de Saumur.	Taille des gens d'armes.	5,900
	Taille du Roi	1,600
Élection de Loudun.	Taille des gens d'armes.	13,600
	Taille du Roi	2,400
		61,000

[2] Arch. nat., P 1334^{5}, f° 31; P 1334^{5}, f° 132. Marchegay, *loc. cit.*

[3] Arch. nat., P 1334^{10}, f°s 105, 116; J 747, n°s 1-5; K 1144; etc.

général : la cloison, le *trespas* de Loire, l'imposition foraine. La cloison, qui était un droit d'octroi, avait été établie en 1373 par Pierre d'Avoir, sénéchal de Louis I, pour aider à l'entretien et à la réparation des remparts de la cité d'Angers, menacée par les Anglais. Les bourgeois avaient eux-mêmes concouru à l'organiser et à tarifer les marchandises qui entraient dans leurs murs[1]. Cette taxe, imposée d'abord pour un an, fut prolongée et finit par prendre racine ; mais le revenu qu'elle produisait n'était pas toujours employé au même usage. Elle était prélevée à Angers par trois receveurs, dont l'un avait dans son arrondissement les portes de Saint-Aubin, de Saint-Michel, de la Toussaint, et la partie de la quinte ou banlieue la plus rapprochée; le second, la porte de Saint-Nicolas et la porte Léonnaise, avec le reste de la quinte ; le troisième, l'important passage des Ponts-de-Cé. Les chevaux et le poisson d'eau douce payaient un octroi à part; le poisson de mer frais était exempt[2]. Certaines catégories de personnes, comme les officiers et ouvriers de la monnaie d'Angers, ne devaient aucun droit d'entrée pour les denrées qu'ils introduisaient dans la ville[3]. En 1459, les marchands et d'autres habitants présentèrent au conseil ducal une requête tendant à faire intervenir une délégation de douze d'entre eux dans la perception et la répartition des deniers de la cloison, ainsi que dans l'examen des comptes des receveurs. Ces demandes furent accordées avec d'autant plus de facilité, que la Chambre avait déjà l'habitude d'ouïr les comptes en présence des gens de la ville; seulement on n'admit que deux commissaires en titre, et l'on autorisa tous les autres à les assister à leurs dépens. Effectivement, dans les années suivantes, la ferme de la cloison fut adjugée devant un grand nombre d'habitants et de leur consentement. Ils réclamaient en même temps l'immunité pour les produits de leurs héritages et l'application de

[1] M. Marchegay a publié, d'après les registres de la cloison d'Angers, le tarif de cet impôt et plusieurs textes qui s'y rapportent. (*Notices*, p. 421 et suiv.

[2] Arch. nat., P 1334[1], f° 80.

[3] *Ibid.*, f° 146 v°.

tout le revenu des octrois, montant à peu près à quarante-cinq mille livres par an, aux réparations de la cité : mais, sur ces deux points, ils n'obtinrent que des promesses, comme on peut le voir par les réponses du conseil [1]. La cloison d'Angers fut maintenue par la charte communale concédée en 1475. La ville de Saumur avait aussi sa cloison, affectée à l'entretien des fortifications. René en fit saisir la recette, parce qu'il ne pouvait se faire payer d'une rente de cent livres que lui devaient les bourgeois du lieu, et qu'ils refusaient de faire des réparations à la citadelle : il s'ensuivit un procès au parlement, qui se termina, en 1462, par un accord amiable, moyennant le remboursement d'une somme de trois cents écus d'or au trésor ducal [2].

Le *trespas* de Loire était un subside ordonné par le connétable du Guesclin, en 1370, dans le but de fournir les deniers nécessaires au rachat du fort de Saint-Maur,× occupé par les Anglais. Toutes les marchandises montant, descendant ou traversant le fleuve entre Candes et Champtoceaux y étaient soumises [3]. Les marchands qui fréquentaient la Loire se chargèrent, peu après, de payer la somme qui restait due par le connétable, et qui montait à seize mille francs d'or; ils perçurent alors le *trespas* eux-mêmes, afin de recouvrer leurs avances. Mais ensuite la reine de Sicile obtint d'eux la prolongation de cet impôt, en vue de l'entretien de ses châteaux-forts et de la défense du pays. Elle le leva désormais pour son compte, en réduisant, toutefois, les tarifs antérieurs. Bientôt les mar-

[1] Arch. nat., P 1334^{7}, f° 68 (pièces justificatives, n° 45); P 1334^{9}, f° 107 v°.

[2] Arch. nat., P 1334^{7}, f° 121; P 1334^{8}, f° 111.

[3] « Mémoire que l'an CCC LXX, ou mois de décembre, mons^r Bertrand de Guesclin, connestable de France et lieutenant du Roy nostre sire, ordonna certain subside, trespas ou acquict sur les marchandises montans, descendans et traversans par la rivière de Loire entre Cande et Chasteçaux, pour paier certaine somme promise et accordée à Jehan Le Ersoualle, anglois, et à ses compaignons, ennemis du royaume, pour rendre et délivrer le fort de Saint-Mor sur ladite rivière de Loire, qu'ilz tenoient alors, lequel acquict ou subside fut tel. » Suivent le tarif et l'historique du *trespas*. (Arch. nat., P 1334^{7}, n° 7, f°s 40 v° et suiv. Marchegay, *Archives d'Anjou*, II, 287.)

× ce n'était pas un fort, mais un couvent fortifié au cours des invasions anglaises, sur les bords mêmes de la Loire.

chands ne voulurent plus entendre parler d'aucun droit de transit et se firent donner à deux reprises, en 1438 et 1448, des lettres d'abolition signées de Charles VII. La seconde fois, le *trespas* l'échappa belle : Pierre Godeau, lieutenant du Roi à Tours, se transporta à Angers pour faire exécuter l'ordonnance de son maître; cependant, comme elle ne proscrivait que les taxes établies depuis moins de soixante-dix ans, le procureur d'Anjou et les gens des comptes prouvèrent que l'origine de celle-ci était de quelques années plus ancienne, et leur opposition triompha. Le lieutenant voulut se venger sur la cloison et la déclara supprimée, sous prétexte qu'elle était trop jeune; mais il se trompait, et les deux contributions furent maintenues[1]. Les marchands se réunirent, quelque temps après, en assemblée générale, et leur procureur, Étienne Lebreton, octroya de leur part au roi de Sicile la faculté de continuer à percevoir l'une et l'autre. Seulement il leur fut servi une pension de six cents livres sur les deniers du *trespas*, et le reste fut appliqué à la réparation des ponts[2]. Cet impôt était si bien entré dans les habitudes du pays, qu'il a subsisté jusqu'à la Révolution française.

L'imposition foraine était un droit exigé « de toutes denrées et marchandises menées, tant par eau que par terre, es pays où le Roy ne prend nulles aydes[3] », c'est-à-dire traversant l'Anjou pour sortir de France. Elle fut d'abord baillée à ferme par les élus, plus tard par les gens de René, à qui elle avait été donnée par Charles VII, puis par ceux de Jeanne de Laval, à qui son mari la céda à son tour. L'imposition foraine se percevait au profit du roi de Sicile jusque dans le Maine, même après la cession de cette province à Charles d'Anjou. Les princes amis de René étaient quelquefois dis-

[1] Arch. nat., P 1335, n° 121.

[2] Arch. nat., P 1334[5], f° 117 v°. Le consentement des marchands fut renouvelé à différentes époques, ce qui ne les empêcha pas de chercher des difficultés et d'intenter des procès à ce sujet. Cf. *ibid.*, f° 151; P 1334[3], f°s 40 v°, 77, 105; etc.

[3] Arch. nat., P 1334[5], f° 198 v°.

pensés de l'acquitter : ainsi le duc de Bretagne obtint de passer en franchise une charge de draps de soie et de laine qu'il faisait venir de France pour la garde-robe de sa femme. Des marchands espagnols, revenant de Paris et s'en retournant dans leur patrie, reçurent une faveur du même genre, en considération de l'alliance des rois de Castille et de Sicile. Cette contribution survécut aussi très-longtemps à l'annexion du duché d'Anjou [1].

Indépendamment de ces impôts indirects, un droit de patente atteignait le commerce de l'Anjou comme celui des autres provinces. Il faisait partie des recettes des prévôts établis dans chaque seigneurie, et portait le nom de droit de *fenestrage*, parce que tout habitant tenant fenêtre ouverte pour étaler des marchandises y était soumis. Ce droit fixe, qui était, dans plusieurs localités, d'une maille par semaine, se compliquait de droits supplémentaires payés pour la visite annuelle des poids et mesures, l'étalage aux halles, la sortie des denrées vendues, etc. Chacun des étaux des halles d'Angers était frappé d'une taxe proportionnée à la nature des marchandises qu'on y exposait ; cette taxe était minime, mais elle était souvent doublée à l'époque des foires [2]. Enfin, notre troisième genre de contributions, l'enregistrement, était aussi repré-

[1] Arch. nat., P 1334[3], f°s 62, 116, 191 v°; P 1334[7], f°s 156, 205.

[2] Arch. nat., P 1334[1], f°s 73, 90 v°. Le tarif « des estallaiges du poys des halles d'Angiers » peut donner l'idée de ce qu'était généralement cette redevance, et en même temps de la variété des marchandises qui se débitaient là. Les drapiers, pelletiers, changeurs, poivriers, marchands de cire, cordonniers, savetiers, merciers, marchands d'oint, de suif, de chair salée, payaient, chaque jour, 1 denier par étal, et 2 aux foires; les savetiers en vieux, corroyeurs, boursiers, marchands de ferraille et de menue mercerie, 1 obole par étal, et 1 denier aux foires; les vendeurs de pain, de gruau, de fruits, de laine, de lin, de chanvre, de fil, d'aulx, d'oignons, de fromages, 1 denier par sommier, et 2 aux foires; les marchands de peaux de basane et de cuirs non tannés, 1 denier par douzaine; les marchands de cuirs cordouans, 2 deniers par douzaine. La taxe était de 4 deniers pour une voiture de harengs, de 12 deniers pour un millier de sèches. Les tanneurs du dehors devaient 2 deniers pour cinq cuirs; ceux de la ville, 1 denier chaque samedi. Les boulangers du dehors payaient 1 denier le samedi, et 2 aux foires; ceux de la ville, 1 obole, et 1 denier aux foires. On voit que les commerçants de la localité étaient favorisés, comme presque toujours.

senté par un équivalent : la Chambre des comptes d'Angers tenait un « livre des finances et compositions des ventes » sur lequel étaient inscrites toutes les ventes d'immeubles faites par les particuliers, avec la mention du droit prélevé à cette occasion sur l'acquéreur [1].

Telles étaient les charges ordinaires du duché; je ne parle pas de la multitude des petites redevances féodales qui se retrouvent partout. Mais, trop souvent, des aides extraordinaires venaient s'y ajouter. René, malgré son désintéressement, fut forcé de faire plus d'un appel à la bonne volonté de ses sujets, pour parvenir à couvrir les frais de sa rançon ou de ses expéditions. Le souverain, dans ce cas, invitait les bourgeois à s'assembler et à faire eux mêmes l'assiette de l'aide ou du don gratuit qu'ils consentaient à octroyer. D'autres fois, c'étaient des officiers royaux qui venaient percevoir à leur profit certaines impositions accidentelles. A l'avénement de Louis XI, Antoine du Lau, grand bouteiller de France, et Louis de Crussol, grand panetier, furent autorisés, suivant la coutume, à prendre cinq sols « sur chaque ouvroir ou boutique de pain et de vin » dans toute l'étendue du royaume. Ils envoyèrent des procureurs en Anjou. René les repoussa d'abord, en alléguant les immunités de son apanage; cependant il dut céder, et n'eut d'autre moyen de sauvegarder son autorité que de faire recueillir les cinq sols par un agent à lui [2]. On voit, en somme, que ses sujets, tout en ayant de lourdes charges à supporter par suite des événements antérieurs, trouvaient une ample compensation dans sa libéralité et dans sa protection empressée. S'il accordait aisément des immunités aux malheureux, il les supprimait volontiers aux riches et aux puissants. En Pro-

[1] Ce livre subsiste pour les années 1400-1478 (Arch. nat., P 1334[17], n° 30). Voici dans quelle proportion le droit d'enregistrement était perçu : pour une vente faite au prix de 9 livres, 15 sols; pour 15 livres, 25 sols; pour 42 livres et 10 sols, 70 sols et 10 deniers; pour 52 livres, 4 livres et 6 sols; pour 80 livres, 6 livres et 13 sols; etc.

[2] Arch. nat., P 1334[6], f° 216 v°.

vence, le haut clergé contribuait, par son ordre, aux tailles et aux subsides militaires [1]. En Anjou, le fardeau pesait principalement sur les corporations marchandes, qui accaparaient presque toute la fortune publique. Il était difficile, à une pareille époque, d'approcher plus près de l'idéal de répartition équitable dont nous sommes encore si éloignés aujourd'hui.

Mais, si le commerce et l'industrie étaient grevés d'impôts, ils recevaient en même temps une impulsion efficace. Le commerce intérieur de l'Anjou fut encouragé par la concession ou la confirmation de plusieurs priviléges. La foire de Saumur fut déclarée franche de tout droit [2]. Les *parageurs* qui approvisionnaient la poissonnerie d'Angers, déjà exemptés de l'ost et chevauchée et même des tailles, les pâtissiers de la même ville, les bouchers et les cordonniers de Saumur virent leurs statuts renouvelés [3]. Une jurande de onze bouchers fut établie aux Ponts-de-Cé, et un emplacement fut ménagé pour leur installation dans la grande rue de l'île [4]. La reine de Sicile, le duc de Calabre, à leur première venue en Anjou, distribuèrent des faveurs à différents corps de métiers et augmentèrent le nombre des ouvroirs [5]. Toutefois René

[1] Arch. de Tarascon, CC 4.

[2] Arch. nat., JJ 190, n° 58.

[3] Arch. nat., JJ 208, n° 197; 213, n° 5; 220, n° 120; P 1334[1], f° 111. Les poissonniers d'Angers avaient, entre autres priviléges, celui d'élire eux-mêmes les remplaçants de leurs confreres défunts. Une ordonnance du conseil ducal, rendue en leur présence le 26 octobre 1469, leur réserva exclusivement le droit de vendre à la poissonnerie et d'autres avantages qu'on trouvera énumérés dans le texte reproduit par M. Marchegay, d'après les registres de la Chambre des comptes (Archives d'Anjou, II, 293 et suiv.).

[4] Arch. nat., P 1334[6], f° 52.

[5] Voici un exemple assez curieux des permissions de tenir boutique accordées dans ces occasions. René confirme une patente de rôtisseur donnée par son petit-fils Nicolas et la motive ainsi : « Comme nostre bien amé Jehan Le Burelier, natif de ceste nostre ville d'Angiers, eust obtenu lettres de nostre très cher et très amé filz le duc de Calabre, qui de présent est, de exercer meistier de roustisserie en ceste nostredite ville d'Angiers, et depuis luy ait esté dit et adverti par aucuns que les autres dudit meistier luy en pourroient faire procès, et luy seroit obicé que feu nostre très cher et très amé filz aisné le duc de Calabre, père de cestuy, en

s'occupa surtout de régler les rapports des négociants avec leur clientèle, et de détruire les abus qui pouvaient nuire aux uns comme aux autres. Les jurés des principaux corps furent convoqués, en 1473, devant la Chambre des comptes, qui examina la manière dont ils exerçaient leur monopole et les soumit à une surveillance scrupuleuse. C'est elle aussi qui leur faisait prêter le serment professionnel. Le Conseil ou la Chambre arrêtaient le prix courant du blé, du pain, du bois et de quelques autres denrées essentielles, après s'être informés de leur valeur réelle dans plusieurs localités du duché. Les débitants qui n'observaient pas le tarif étaient mis en prison, et leurs marchandises confisquées[1]. La qualité du pain, du poisson, de la viande, était vérifiée par des sergents spéciaux. Le poisson gâté pouvait être rendu par l'acheteur, même s'il était cuit, et avec la sauce, et le vendeur était tenu de restituer l'argent. Les poids et mesures étaient également visités et remplacés, s'il y avait lieu, par des modèles conformes à l'étalon d'Angers, déposé dans les armoires do la

créa en son temps ung autre en cestedite ville ; doubtant ledit Burelier que oudit procès il ne peust obtenir, et aussi que il n'avoit de quoy plaidoier, il ait baillé suplicacion aux gens de nostre Conseil, contenant en effect que dès son jeune eage il a esté nourry et instruict à appareiller à menger et y a employé son temps jusques à présent, tellement que, parce qu'il y est instruict, il a esté appellé et est par les queux savans en iceluy mestier presque à toutes les grans nopces, festes de docteurs et autres qui se sont faictes depuis longtemps en cestedite ville, re-*quérant humblement qu'il nous pleust luy donner noz lettres de congié et luy* permectre de lever et tenir ouvrouer dudit mestier de roustisserie en ceste nostredite ville d'Angiers, par quoy il peust vivre et nourrir sa pouvre mère qu'il a sur ses braz, pour ce qu'elle n'a de quoy vivre ne autre à qui elle puisse avoir reffuge; etc. » (Arch. nat., P 1334^{9}, f° 153.)

[1] En 1453, le pain d'un denier devait peser 11 onces 6 esterlins et deux tiers. Quarante ans auparavant, il pesait seulement 6 onces 10 esterlins en première *qualité, et 1 livre 1 once en qualité inférieure.* Le setier de froment valait 17 sols 6 deniers en 1451, 20 sols en 1452, 30 sols en 1483. La pipe de vin d'Anjou, blanc ou *claret*, coûtait 3 livres en 1454 et en 1463. Le bois de chauffage, par ordonnance du Conseil, se vendait 10 livres le millier en 1472, 11 et 12 livres en 1473. Généralement le prix des denrées suivait, alors comme aujourd'hui, une marche ascendante. (Arch. nat., P 1334^{1}, f°s 54 v°, 73; P 1334^{5}, f°s 131 v°, 161 ; P 1334^{6}, f° 21 ; P 1334^{8}, f° 10 v°; P 1334^{9}, f°s 171 v°, 218 ; P 1334^{11}, f° 128 v°.)

Chambre. En 1462, des instructions détaillées furent données au sergent des foires et marchés, appelé aussi « sergent des poys à crochet, balances, aunes, etc. ». Il devait se transporter chez tous les commerçants avec les modèles officiels, destinés à ajuster les autres, tenir un registre exact de ses visites, sous peine d'être mis lui-même à l'amende, faire citer dans chaque ressort les « mal usans », et, en cas d'absence du sergent ordinaire, exercer directement la police [1]. L'institution de la mairie d'Angers fit passer des mains du prévôt dans celles du maire la surveillance des poids et mesures et la juridiction des corps de métiers.

Dans le duché de Bar, l'intérêt du public n'était pas sauvegardé avec moins de sollicitude. Les tanneurs, les cordonniers, les corroyeurs, furent soumis, en 1430, à des règlements nouveaux. La plus curieuse des ordonnances du duc, dans ce genre, est celle qu'il rendit, le 21 novembre de la même année, au sujet des barbiers et chirurgiens du Barrois. Ceux qui se livrent à cette profession, dit-il, se mêlent de saigner et de curer les corps humains sans avoir la moindre connaissance du métier et sans avoir été jamais à l'école d'aucun maître. Quelques-uns exercent à la fois le métier de tisserand, de bûcheron, de vigneron, « où ils endurcissent leurs mains, qui n'est pas chose licite ne à souffrir, et à l'occasion desquelles choses sont plusieurs accidents et inconvéniens survenus en icelle ville et prévôté ». Les barbiers sont, en conséquence, invités à s'assembler tous les ans et à choisir parmi eux un maître capable, qui visitera les compagnons, les outils, et interdira l'exercice de la profession à tout artisan inhabile, sous peine de vingt sols d'amende [2].

Mais c'est en Provence que le commerce avait le plus d'importance et qu'il atteignit, sous le règne de René, le plus grand développement ; et il ne s'agit pas uniquement ici du commerce intérieur : il s'agit d'un négoce continuel avec les pays étrangers, les plus reculés comme les plus voisins. L'une

[1] Arch. nat., P 1334[3], nº 7, fºs 66 vº, 68 vº ; P 1334[4], nº 13 ; P 1334[5], fº 49 vº.
[2] Arch. nat., KK 1118, fº 51 vº. Bibl. nat., Lorraine 68, fº 227.

des entreprises les plus utiles auxquelles ce prince se soit associé est le percement du mont Viso, essai hardi qui devançait de quatre cents ans une des grandes idées de notre époque, et dont le but était de faciliter le transit entre la Provence et le Dauphiné d'une part, le Piémont et la Lombardie de l'autre, en évitant le passage du mont Cenis, du mont Saint-Bernard ou du mont Genèvre. Un traité fut passé à ce sujet, au mois de décembre 1478, entre le roi de Sicile et le marquis de Saluces, à la suite d'une conférence avec le roi de France. Le projet fut exécuté : un souterrain, mesurant soixante-douze mètres en longueur, deux mètres et demi en largeur et en élévation, traversa un des rochers de la montagne, situé à deux mille neuf cents mètres au-dessus du niveau de la mer, et à cinq cent vingt mètres au-dessous du sommet. Ce curieux tunnel, qui existe encore, a été attribué aux Sarrasins, à Annibal, à un marquis de Saluces du treizième siècle : il est dû, en réalité, à l'initiative du successeur de ce dernier, Louis II, et à la coopération empressée du comte de Provence [1].

La prospérité de Marseille s'accrut, en 1472, par la faculté donnée pour un an à tous les marchands de l'univers, chrétiens ou infidèles, d'entrer librement dans son port et d'y trafiquer à leur gré [2]. Déjà l'opulente cité commençait à devenir le caravansérail de tous les peuples méridionaux : le Génois, le Florentin, le Vénitien, le Catalan, y coudoyaient le Turc et l'Africain. C'est de là que partaient les vaisseaux de Jacques Cœur et de son lieutenant Jean de Village, qui rapportaient à Charles VII et à René les produits les plus estimés du Levant. Le roi de Sicile entretenait surtout des rapports suivis avec Bône, Tunis et Bougie. Ces deux dernières villes étaient depuis longtemps unies par des traités de commerce avec les

[1] Arch. des Bouches-du-Rhône, B 18, f° 113 v°. Cf. Vill.-Barg., III, 336, 337; *Du Mont-Viso et de son souterrain*, notice adressée par M. Ladoucette à l'Académie des inscriptions en 1810.

[2] V. la charte des archives municipales citée par M. de Quatrebarbes, t. I, p. CXXX.

ports provençaux [1]. Leurs relations se multiplièrent sous l'influence du goût particulier du prince pour les objets de provenance orientale. Il envoyait des présents aux autorités locales, c'est-à-dire aux émirs, et ses délégués obtenaient en échange la liberté de recueillir dans le pays des armes, des étoffes, des tapis, des chevaux, des curiosités de toute espèce. Une pensée d'humanité se joignait au mobile intéressé de ces expéditions : les Sarrasins détenaient en esclavage un grand nombre de chrétiens enlevés par leurs pirates; René profitait de ses ambassades pour en racheter quelques-uns. Nicolas Ginot et Jean de Logres, ses familiers, s'étant rendus de sa part auprès du roi ou émir de Tunis, en 1470, ramenèrent avec eux un prêtre sarde qui leur avait été remis en considération de la personne de leur maître, moyennant cinq cents écus doubles de Mauritanie : le malheureux clerc fut encore arrêté, au retour, par les Génois, et ne dut son entière délivrance qu'aux réclamations énergiques du roi de Sicile, transmises par son consul à Gênes [2]. Charles de Torreilles, un de ses capitaines de marine, retenu captif à Bougie depuis de longues années, et soumis aux traitements les plus rudes, dut pareillement la liberté à ses bons offices. En 1471, deux nouveaux envoyés, Antonello de Rosan et Antoine Falconieri, portent au roi de Tunis une lettre signée de sa main et se font donner l'autorisation d'explorer la régence. A la même époque, un négociant catalan, se rendant en Barbarie avec une cargaison d'or, d'argent et de joyaux, est chargé d'offrir en son nom à ce même prince divers objets précieux [3]. Le roi de Bône, fils de celui de Tunis, avait conclu avec René un accord pour la sûreté de la navigation de leurs sujets respectifs [4]. Il reçut de lui, entre autres cadeaux, une haquenée à poil fauve, achetée quarante écus, que le trésorier

[1] De Mas-Latrie, *Traités entre chrétiens et Arabes*, et *Bibl. de l'École des chartes*, 1re série, II, 388.

[2] Bibl. d'Aix, ms. 1064, p. 170; pièces justificatives, n° 72.

[3] Bibl. d'Aix, ms. 1064, p. 46, 169; pièces justificatives, n° 68.

[4] V. Papon, III, 381.

Jean de Vaulx eut mission de lui conduire. Le vaisseau qui les portait vint échouer sur la côte africaine; mais l'émir n'y perdit rien, car il en profita pour saisir toutes les épaves. Louis XI lui écrivit, quelque temps après, pour le prier de restituer du moins les effets personnels de Jean de Vaulx, et de continuer avec le roi de France le commerce amical qu'il entretenait précédemment avec le roi de Sicile, auquel il succédait. La lettre du monarque atteste l'importance de ce commerce et le prestige que son oncle avait su attacher à l'influence française en Afrique [1]. La Méditerranée tout entière était sillonnée par les navires provençaux, et leur pavillon était généralement respecté. Au moment des guerres avec l'Aragon, la navigation devint moins sûre ; mais la générosité du prince savait indemniser les particuliers des sinistres occasionnés par les événements politiques. Ainsi Jean Botaric, damoiseau d'Aix, ayant perdu une caravelle chargée de provisions sur la côte de Valence, où les sujets du roi Jean II l'avaient attaquée, et n'ayant pu, par suite de l'état de guerre, exercer le droit de représailles, fut dédommagé sur les biens pris à l'ennemi en Catalogne. La marine marchande de cette dernière contrée, pendant la courte domination de la maison d'Anjou, n'obtint pas une protection moins efficace. Un orfévre

1 « Nous avons délibéré, o l'aide de Dieu omnipotent, d'eslever en nostre païz de Prouvence la navigation et fréquenter la marchandise de noz subgectz avecques les vostres, par manière qui s'en ensuive utilité et proffit d'une partie et d'autre, et que la bénivolence accoustumée entre la majesté du roi de Thunys, vostre père,... et celle de bonne mémoire du roy de Sicille, nostre oncle, non pas seullement soit conservée, mais accroissée ; dont vous avons bien voulu advertir, en vous priant bien affectueusement qu'il vous plaise à noz subjetz, lesquelz viendront pratiquer et troquer de par delà, les traicter favorablement, tout ainsi que fesiez par le temps que nostredit oncle vivoit ; car aussi ferons-nous aux vostres subjetz, quant le cas adviendra. » Cette lettre, publiée par M. de Mas-Latrie (*Traités entre chrétiens et Arabes*, p. 104), n'est pas datée ; mais l'affaire qui la motiva se passa en 1480, et elle doit avoir été écrite dès l'année suivante. (V. *Extraits des Comptes et mémoriaux*, n° 677.) Des lettres de Jean de Chambes, ambassadeur de Charles VII à Venise, et de la seigneurie de Florence, mentionnent aussi l'envoi de galères provençales sur les côtes barbaresques en 1459 et 1461. (*Bibl. de l'École des chartes*, 1re série, III, 185-196 ; Desjardins, *op. cit.*, I, 109 et suiv.)

de Barcelone, dépouillé dans les eaux de Gaëte par le patron d'un navire portugais, rentra en possession de sa fortune grâce aux instances de René auprès du roi de Portugal. Un autre négociant de la même ville reçut, malgré la guerre qui sévissait, la permission de trafiquer librement avec la Sicile et la Sardaigne, à la condition, toutefois, de n'exporter ni or, ni argent, ni armes, ni munitions, et de ne transmettre aucune correspondance suspecte [1]. J'aurai, dans la troisième partie de ce livre, l'occasion de revenir sur les relations commerciales du roi de Sicile avec l'étranger, particulièrement avec le Levant.

Parmi les industries qu'il encouragea, il faut citer en première ligne la fabrication des draps, qu'il importa, pour ainsi dire, en Anjou; car les procédés des drapiers normands, réputés les plus habiles du métier, y furent introduits à la suite de la campagne de 1450, durant laquelle il avait été à même d'apprécier leur savoir-faire. Des priviléges spéciaux furent accordés, pour les attirer, « à tous Normans ouvriers de draperie venans de nouvel demeurer en la ville d'Angiers ». Le nombre de ceux qui s'y établirent vers cette époque, et dont la Chambre des comptes reçut le serment professionnel, est relativement considérable [2]. En 1461, la corporation des marchands et fabricants de draps d'Angers obtint de nouvelles faveurs : de peur qu'ils ne changeassent de résidence, on exempta de tout droit les matières premières qu'ils faisaient venir pour les besoins de leur industrie, telles que « voide, garence, alun, laines, chardon, escardes, gresses de sain et autres espèces de marchandises appartenans au fait de la drapperie ». Une légère taxe fut seulement maintenue sur les draps qu'ils faisaient sortir de l'Anjou, et sur ceux qu'ils menaient vendre

[1] Bibl. d'Aix, ms. 1004, p. 112, 201; pièces justificatives, nos 64, 67. De Quatrebarbes, I, 32.

[2] Arch. nat., P 1334[5], fos 21 vo, 80 vo, 87. Citons entre autres Jean Pinel, natif de Rosay; Jean Augot, de Saint-Lô; Guillaume Hazart, de Thorigny; Thomas Foucquaut, de Moncoq; Thomas Hamonel, de Belleville; tous admis au serment en 1451.

aux foires et marchés du pays. Ils furent en même temps autorisés à étendre leur fabrication à une nouvelle espèce de tissus, savoir aux « draps de bonne layne, tant gris que de couleurs, en vingt et deux cens ou dix huit cens pour le moins ». Tous leurs produits furent soumis à la visite d'un *vérificateur*, nommé par eux et chargé de revêtir chaque pièce d'étoffe d'une marque authentique, au moyen d'un sceau spécial [1]. L'exploitation des ardoisières d'Anjou prit également un essor nouveau, par suite de la multitude de constructions entreprises sous le gouvernement de René : aussi le *forestage* de l'ardoise était-il affermé, tous les trois ans, à des prix assez élevés. Une verrerie fut établie, en 1456, à la Roche-sur-Yon : trois habitants du lieu en devinrent concessionnaires, et le prince leur conféra, malgré l'opposition de ses officiers, le droit d'usage dans les bois domaniaux, « considérans la gentillesse et noblesse qui est en l'ouvraige de verrerie, et que aussi c'est le bien du pays et de la chose publique [2] ». Il créa un établissement semblable à Goult, en Provence, où la tradition rapporte qu'il venait lui-même surveiller le travail des ouvriers, dans une chambre à laquelle son nom resta longtemps attaché. Nicolas Ferré, qui en était le directeur, reçut, en 1476, le titre de verrier du roi. Tous les verriers de Goult furent exemptés d'impôts, et les autres manants de la localité eurent une réduction de dix florins sur leur quote-part annuelle. Ils reconnurent les largesses de leur bienfaiteur en fabriquant pour lui des ouvrages de verre « estranges », qu'ils lui portèrent à Marseille et qu'il rémunéra largement [3].

L'agriculture n'eut pas en lui un protecteur moins éclairé. Deux de ses États, l'Anjou et le Barrois, se distinguaient déjà par un genre de culture qui n'a fait que s'y développer depuis : ils étaient couverts de vignobles, qui faisaient la fortune de la

[1] Arch. nat., P 1334[7], f° 219 ; pièces justificatives, n° 47.

[2] Arch. nat., P 1334[6], f° 134. Marchegay, *Recherches historiques sur la Vendée*, p. 3 et suiv.

[3] Arch. des Bouches-du-Rhône, B 18, f°s 30, 41 ; B 216, pièces justificatives, n° 80. Vill.-Barg., III, 32, 202.

contrée. Aussi, dans l'un comme dans l'autre, il était interdit d'importer du vin du dehors. En Anjou, cette mesure avait été prise dès le siècle précédent par Philippe et Charles de Valois, afin de détruire la concurrence[1]. René s'efforça, mais en vain, de lui donner son corollaire par l'abolition de la traite des vins, dont l'établissement avait porté le plus grand préjudice à la viticulture. Dans son duché de Bar, il défendit lui-même l'importation, par lettres du 20 mars 1437, à cause de l'abondance des produits du cru, et parce que certains habitants allaient s'approvisionner en Bourgogne, à Joinville, à Bar-sur-Aube et autres lieux, ce qui faisait délaisser les vignes du pays et sortir de ses domaines une quantité considérable d'argent[2]. Nous le verrons plus loin étendre par la pratique les progrès agricoles, établir des manoirs ruraux avec des espèces de fermes-modèles, créer des jardins pourvus de plantes nouvelles et soigneusement entretenus. Bourdigné parle du goût personnel de son héros pour « planter et enter arbres, édiffier tonnelles, pavillons, vergiers, etc. ». Il désigne, parmi les espèces qu'il naturalisa en Anjou, et qui se répandirent de là dans la partie septentrionale du royaume, les œillets de Provence, les roses dites de Provins, les raisins muscats. René paraît s'être également occupé d'encourager dans ses domaines du midi la plantation des mûriers[3]. Toutefois les textes officiels ne fournissent sur ces points particuliers aucune indication précise. En revanche, ils nous le montrent plein de sollicitude pour la conservation et la prospérité de ses forêts, qui l'intéressaient au point de vue agricole et financier comme au point de vue de la chasse, dont il était grand amateur[4]. Son administration forestière était dirigée par Gui de Laval, sire de Loué, qui avait le titre de grand maître et général réformateur des eaux et

[1] « Pour la grant habondance des bons vins qui ont accoustumé à y croistre par communs ans, dont tout l'estat du païs et environ est soustenu ; et, se d'autres lieux vins y venoient, ledit païs seroit empiriez et désert. » Charte du 13 décembre 1331, confirmée par le roi Jean en 1356 (Arch. nat., P 1335, n° 252).

[2] Arch. nat., KK 1117, f° 108. D. Calmet, preuves, t. III, col. CCCLXXXV.

[3] Bourdigné, II, 229. Cf. Papon, III, 385 ; Bodin, I, 575.

forêts d'Anjou, et qui fut remplacé, après l'annexion, par Mathurin de Montalais, chambellan de Louis XI. Cet officier était payé sur le produit des forêts mêmes, à raison de trois cents livres par an. Il avait sous ses ordres cinq *segraiers*, remplissant les fonctions de receveurs et de conservateurs dans les cinq grandes forêts du duché : celle de Mounois, près de Moulilierne, celle de Baugé et Chandelois, celle de Beaufort, celle de Bouldré, et celle de Bellepoule, qui couvrait l'île située entre l'Authion et la Loire, près des Ponts-de-Cé. Chacun d'eux visitait les bois de sa circonscription, contrôlait l'exercice des droits d'usage, percevait les amendes encourues par les délinquants et le produit des coupes. Généralement, les *segrairies* n'étaient point affermées. Dans chacune, le grand maître tenait, trois ou quatre fois l'an, des assises forestières, où il réglait les procès, les enquêtes, les réformes relatives aux bois domaniaux. Il recevait le serment des segrayers; mais ce droit lui fut longtemps contesté par la Chambre des comptes, sous prétexte qu'ils étaient gens de recette, c'est-à-dire agents comptables. Des sergents spéciaux étaient préposés à la police des forêts. Ils veillaient à l'entretien des arbres, qui consistaient principalement en chênes, en frênes et en ormes, et à celui du gibier, double objet des recommandations du prince. Les bêtes sauvages foisonnaient dans les bois de Bellepoule et de Bouldré : René y ordonnait des battues à l'époque des grandes fêtes et faisait faire, à leur occasion, des distributions de gibier dans la ville d'Angers[1]. Parfois il y chassait en personne et en noble compagnie ; car la chasse était un plaisir exclusivement réservé aux grands personnages, et lui-même, malgré son libéralisme, érigeait cette théorie en loi, défendant au commun des gens de s'y livrer, sous peine d'une amende qui s'élevait, en Provence, jusqu'à cent marcs d'argent[2].

Un des plus importants services de l'administration civile était celui de la chancellerie. Les chanceliers de René avaient

[1] Arch. nat., P 1334[5], f° 110; P 1334[7], f°s 60, 147 v°; P 1334[9], f° 236; etc.

[2] « *Quia personis nobilibus aut in dignitate constitutis, ex more antiquo et ab*

un pouvoir si étendu, qu'ils n'étaient pris que parmi les personnages éminents ou d'un dévouement à l'épreuve. Étant duc de Lorraine, il avait confié cet office à Jacques de Sierk, protonotaire apostolique, archevêque de Trèves et son conseiller intime, qui l'assista dans ses affaires les plus difficiles, et dans sa captivité à Dijon. Il l'emmena avec lui à Naples, où il continua d'exercer ses fonctions. Mais, à son retour en Provence, il choisit pour chancelier général un autre prélat distingué, Alain de Coëtivy, évêque d'Avignon, plus tard cardinal. Peu de temps après, l'office fut dédoublé : il y eut un chancelier spécial pour l'Anjou, et un pour la Provence. Le premier fut Jean Bernard, archevêque de Tours ; le second, Jean Martin ou des Martins, juge-mage et maître rational de la Chambre d'Aix. L'archevêque ne pouvant continuer, en raison de son éloignement, à remplir des fonctions qui exigeaient une résidence continuelle auprès du roi de Sicile, supplia celui-ci de le remplacer. Jean de Beauvau, évêque d'Angers, lui fut donné pour successeur, le 24 mars 1451. A sa mort, en 1467, la chancellerie d'Anjou demeura vacante près de six mois, et les sceaux demeurèrent dans la main du prince ; mais il reconnut vite les difficultés qu'un tel état de choses apportait à la prompte expédition de ses actes, et, pour y remédier, il demanda à son frère le comte du Maine un de ses meilleurs conseillers, dont il avait apprécié le zèle et l'honorabilité. Ce personnage, appelé Jean Fournier, était seigneur de la Guérinière et fils d'un ancien serviteur de la maison d'Anjou ; lui-même cumulait les charges de président du conseil du comte, de garde des sceaux de la justice et de juge ordinaire du Maine. René

evo per universum observato, datum est et congruit cum avibus et canibus, causâ recreationis et spatii, ad perdices et lepores venari. » René défend par cette raison à ses viguiers d'Arles, d'Aix, de Tarascon et de Marseille, le 27 mars 1451, de laisser le public chasser « *ad perdices cum igne, tonâ, cum garrono, seu perdice aut balistâ, seu cum canibus, dum perdices juvenes et pulli sunt, nec ad lepores cum retibus seu albalistâ.* » (Arch. des Bouches-du-Rhône, B 14, f° 69 v°.)

lui demanda de ne plus quitter sa personne, et d'être son *alter ego* auprès de tous ceux qui auraient affaire à lui ; il lui donna une position prépondérante, et lui accorda, outre le produit des droits de sceau, une pension de huit cents livres. Pierre Le Roy dit Benjamin, membre du Conseil et de la Chambre des comptes, lui fut adjoint par la suite en qualité de vice-chancelier, mais fut dépossédé de ses biens et de ses titres en 1479, pour forfaiture. Fournier, transféré en Provence avec son office, mourut la même année, et le dernier chancelier du vieux roi fut Jean Jarante, seigneur de Toulon, maître rational, nommé le 23 mai, avec le traitement de son prédécesseur [1].

Le chancelier avait la garde et l'usage des sceaux, et le privilége d'expédier des lettres au nom du roi de Sicile, toutefois avec la signature d'un de ses secrétaires. Il assemblait le Conseil ducal où et quand il lui plaisait, en faisait partie de droit, se transportait lui-même auprès du roi de France ou du parlement pour traiter les affaires du prince. Il exerçait même une sorte de juridiction sur tous les officiers, recevait le serment des plus élevés d'entre eux, et, à partir de 1468, les nommait directement [2]. René, en se déchargeant sur lui de ce soin, avait pour but de se débarrasser des importunités qui l'assiégeaient, et qui parfois lui faisaient commettre des passe-droits au préjudice des plus méritants. Il dressa la liste de tous ceux qui lui demandaient des emplois, avec leurs états de services et leurs aptitudes en regard, remit cette liste à Jean Fournier, et lui prescrivit de se baser uniquement sur son contenu, *sans avoir égard à la qualité des personnes*. Une seule distinction était établie : les capitaineries, les vigueries, les bailliages et autres offices considérés comme nobles de-

[1] Arch. nat., P 1334[8], f°s 193, 194 ; P 1334[10], f° 197, etc. Bibl. nat., Lorraine 8, n° 63. Jean Binel, trésorier d'Anjou, refusa par désintéressement la charge de chancelier de Provence, que René lui offrit à la mort de Jean des Martins, vers 1475 : c'est alors, sans doute, que les deux chancelleries furent réunies dans la main de Fournier. Cf. Vill.-Barg., III, 65.

[2] Arch. nat., P 1334[5], f° 120 v° ; P 1334[9], f° 194 v° ; P 1334[14], f° 172 v° ; etc.

vaient être réservés aux gentilshommes ; les élections, grèneteries, contrôleries, greffes, judicatures, lieutenances devaient être données aux « serviteurs de la plume » ; les sous-vigueries, sergenteries et autres fonctions subalternes, aux serviteurs non lettrés[1]. Ainsi la faveur et la recommandation, ces éternels ennemis d'une administration équitable, perdirent presque tout pouvoir à la cour de Sicile, et le chancelier eut la mission délicate de faire régner l'impartialité. Ne fallait-il pas à un souverain le vif sentiment de la justice pour se lier les mains de la sorte, et pour se prémunir à l'avance contre les faiblesses de son propre cœur ?

La chancellerie tenait un registre différent pour les actes passés sous chacun des sceaux du prince, sceaux dont nous parlerons tout à l'heure. Les droits perçus par le chancelier y étaient mentionnés, et faisaient l'objet d'un compte soumis annuellement à la Chambre. Ces droits étaient peu élevés : le total d'un des trois registres monta, dans l'espace de deux ans, en 1472 et 1473, à la somme de quarante-deux livres. Les administrations publiques étaient exemptes des frais de chancellerie, et souvent les particuliers eux-mêmes en obtenaient la remise ; dans ce cas, la pièce portait les mots *gratis pro curiâ*, *gratis pro Deo*, ou simplement *gratis*[2]. Les sceaux du tabellionnage de chaque ville d'Anjou formaient autant de recettes à part, ne dépendant en rien du chancelier, mais ordinairement baillées à ferme, jusqu'à l'époque où la mairie d'Angers apporta dans ce service les modifications signalées plus haut. Les notaires ou tabellions étaient seulement astreints au serment et au dépôt de leur seing[3].

Les usages de la chancellerie de René pour la confection des actes étaient à peu près les mêmes que ceux de la chancellerie royale. Les lettres émanées de ce prince se réduisent à trois catégories : la lettre patente, le *de par le roy*, et la lettre close ou missive. Les deux dernières ont exactement la

1 Arch. nat., P 1334⁹, f° 52 ; pièces justificatives, n° 63.
2 Arch. nat., P 1334³, n° 11, f° 42.
3 Arch. nat., P 1334⁵, f° 130 ; P 1334⁷, f°ˢ 172 et suiv.

forme des lettres du roi de France ; elles portent uniquement la signature du roi de Sicile et celle d'un secrétaire. La lettre patente débute par une formule initiale où tous les titres du prince sont énoncés ; à partir du mois d'octobre 1466, date à laquelle cette énumération acquiert son dernier accroissement, elle est ordinairement conçue ainsi : « Nous, René, roy d'Aragon, de Jhérusalem et de Sicile, de l'isle de Sicile (ou des Deux-Siciles, ou de Sicile *citrà et ultrà Farum*), Valence, Maillorques, Sardaigne et Corseigue, duc d'Anjou, de Bar, etc., comte de Barcelonne, de Prouvence, de Forcalquier, de Pimont, etc. » Dans le cours de l'acte, certaines formules spéciales sont prescrites, outre les formules générales, pour préserver les droits ou les intérêts du prince ; ainsi le chancelier a l'ordre de ne sceller aucun mandement de finances s'il ne porte ces mots : « Pourveu que ce soit après le paiement fait des sommes ordonnées et à ordonner par ledit seigneur pour le faict de sa despense[1]. » Dans les dates placées à la fin, le commencement de l'année n'est pas toujours pris, comme dans les chartes royales, de la fête de Pâques. Ce système est bien suivi à la chancellerie d'Anjou ; mais les actes donnés en Provence et à Naples font commencer l'année à Noël ou au 1er janvier. Toutefois cette double règle souffre d'assez nombreuses exceptions. Dans les lettres qu'il adresse d'Angers en Espagne ou en Italie, René adopte parfois le comput de ces pays ; en revanche, certains actes rendus en Provence sont datés conformément à l'usage français. Alors même que l'année est prise à *nativitate Domini*, ces mots n'ont pas toujours la même signification : tantôt ils désignent la Nativité réelle, c'est-à-dire le jour de Noël ; tantôt, et c'est le cas le plus fréquent, ils sont synonymes de la formule *ab incarnatione Domini*. L'emploi de telle ou telle méthode dépendait surtout de la nationalité du chancelier ou du secrétaire. Il résulte de cette diversité que les dates véritables ne sont pas toujours faciles à discerner, lorsqu'elles ne sont pas indiquées par la

[1] Arch. nat., P 1334[5], f° 218.

place des pièces dans les registres ou par des synchronismes.

La signature du roi de Sicile vient d'ordinaire après la date. Mais il faut noter ici une particularité remarquable, qu'on rencontre dans plusieurs mandements de la chancellerie de Provence et dans la plupart de ceux de la chancellerie de Naples, d'où elle paraît originaire. La signature autographe est intercalée dans la formule même de la date, qui est ainsi conçue : *Datum per manus nostri predicti regis Renati, anno*, etc. Les mots *regis Renati* sont tracés de la main du prince, sur un espace blanc réservé à cet endroit par le scribe. Le même système est appliqué dans les actes émanés de la reine Isabelle, qui signe dans ce cas *Ysabelis regine* [1]. L'acte se termine par la mention des conseillers présents, et par la signature du chancelier ou du secrétaire rédacteur. S'il est rendu en l'absence du roi de Sicile, sa signature personnelle n'y figure pas, et à la formule *par le roy en son conseil* est substituée celle-ci : *par le conseil*, etc. Les conseillers devaient, en vertu d'un ordre formel du prince, signer de leur main les lettres qu'ils lui écrivaient en commun. Les gens des comptes, et notamment le président, étaient tenus d'en faire autant pour tous les mandements de finances commandés par la Chambre [2].

Les sceaux apposés par la chancellerie de René diffèrent suivant les époques et suivant la nature des actes. Lorsqu'il n'était que duc de Bar, comte de Guise et héritier présomptif du duc de Lorraine, il usait d'un grand sceau équestre à ses armes, décoré des initiales R Y (René, Isabelle) surmontées d'une couronne, portant au revers un écu écartelé d'Anjou ancien et de Bar, avec l'écusson de Lorraine brochant sur le tout ; ou bien d'un petit sceau ou *scel secret*, représentant l'écu écartelé d'Anjou et de Bar, avec les armes de Lorraine posées en abîme sur le tout, écu penché, timbré d'un heaume et supporté d'un côté par un lion, de l'autre par une aigle.

[1] Arch. de Naples, *Coventi soppressi*, reg. 73, 74, *passim* ; pièces justificatives, nos 11, 14, etc.

[2] Arch. nat., P 1334[7], f° 1 v° ; P 1334[8], f° 49 v°.

Les légendes portaient : SIGILLUM MAGNUM ou CONTRASIGILLUM RENATI, DUCIS BARRENSIS, MARCHIONIS PONTIS, COMITIS GUISIE [1]. Devenu roi de Sicile, duc d'Anjou, il se fit faire un sceau de majesté d'un dessin fort soigné, et dont il nous reste des empreintes bien conservées. Il y est figuré la couronne sur la tête, vêtu d'un manteau bordé d'orfroi, tenant le sceptre d'une main et le globe de l'autre, assis sur un trône à têtes de lion; au fond, une draperie semée de fleurs de lis ; de chaque côté un écusson, l'un aux armes anciennes de Hongrie, l'autre portant en chef celles de Hongrie (modernes), d'Anjou-Sicile et de Jérusalem, en pointe celles d'Anjou, de Bar et de Lorraine. Ce sceau royal, de cent quinze millimètres, se rencontre avec deux contre-sceaux différents : le premier représente le roi à cheval, coiffé d'un casque couronné, armé de toutes pièces, avec les écussons de la face sur la housse et la targe ; le second, les armes de Hongrie, Sicile, Jérusalem, Anjou, Bar et Lorraine, couronnées et supportées par deux aigles. Les légendes du sceau et des contre-sceaux contiennent, réunies, les titres de roi de Sicile, duc d'Anjou, de Bar et de Lorraine, comte de Provence, du Maine et de Piémont. Jusqu'en 1469, l'empreinte est généralement sur cire vermeille, appendue à des lacs de soie jaune, blanche et cramoisie [2].

En 1451, trois types de petits sceaux furent adoptés pour l'administration du duché d'Anjou. Le premier, *scel de secret,* s'employa de deux façons : sur queue pendant, pour les mandements de finances; plaqué, pour les retenues ou nominations d'officiers de la maison, les commissions, les lettres en papier. Le second, portant les mots *Sigillum litterarum justicie,* fut destiné à sceller les lettres de grâce et de justice. Le troisième servit pour tous les autres actes, collations de

[1] V. la description de ces deux types dans la *Collection de sceaux des Archives nationales*, par M. Douet d'Arcq, nos 809-811.

[2] Demay, *Inventaire des sceaux de la Flandre*, n° 46. La plus belle empreinte de ce grand sceau a été rapportée de Lille par M. Demay; on n'en connaissait auparavant que des exemplaires mutilés. Cf. Douet d'Arcq, *Collection*, n° 11781; De Quatrebarbes, III, 207 et frontispice. Arch. nat., KK 1126, f° 535 v°.

bénéfices ou d'offices, confirmations, concessions, etc. [1]. Lorsque le trône d'Aragon fut offert au roi de Sicile et accepté par lui, il fit détruire ses anciens sceaux et en fit fabriquer de nouveaux, avec les armes d'Aragon posées sur le tout dans chacun des écussons. Cette modification fut inaugurée au mois de février 1467 [2]. Deux ans plus tard, René obtint, comme il a été dit, la faveur de sceller ses actes en cire jaune, à l'instar des rois de France. Cette double modification se reconnaît dans tous les sceaux d'une date postérieure. En même

[1] « Advis touchant les seaulx du roy de Sicille en Anjou, fait au chasteau d'Angiers, le VI[e] jour d'avril mil IIII[c] cinquante avant Pasques. Semble que pour ledit pays d'Anjou suffist d'avoir troys seaulx dudit seigneur. Du seel de secret, qui est en la garde de mons[r] le séneschal d'Anjou, premier chambellan dudit seigneur, se pourront seeller toutes lettres et mandemens de finances, et en queue pendant; toutes retenues des familiers, domestiques et commensaulx dudit seigneur, et toutes certifficacions, commissions et lettres en pappier, en seel plaqué. Ainsi en ont fait user les roys Loys, père, et Loys, frère dudit seigneur par aucun temps, et n'en pevent estre les finances que plus restraintes. Du seel ordonné pour la justice, et ou ront duquel est escript *Sigillum litterarum justicie*, seront seellées toutes lettres de justice, c'est assavoir *debitis*, graces à plaideer, abréviacions et telles semblables; et si le roy ordonnoit que, avant le seel mis esdites lettres, elles feussent veues par l'un de troys, c'est assavoir l'advocat, le procureur ou maistre Jehan Trepigni, et y mectre ung visa, semble que ce seroit bien. Du tiers seel se pourront seeller toutes autres lettres généralement, c'est assavoir offices, bénéfices, rémissions, confirmacions et toutes autres que les dessusdites sans excepcion. Semble oultre que le roy doit ordonner que de chascun desdits troys seaulx se face registre particulier, et qu'il soit mis en la fin de chascun au en la Chambre des comptes, pour charger le trésorier de l'esmolument desdits seaulx et iceluy déduire sur les gaiges de mons[r] le chancelier, comme se doit et est accoustumé de faire. Ainsi signé : René. Par le commandement du roy, le président des comptes et trésorier d'Anjou présens, Alardelli. » (Arch. nat., P 1334[5], f° 93.) L'un de ces petits sceaux est peut-être le n° 11782 de l'inventaire de M. Douet d'Arcq, dont la légende est détruite et dont la face comme le revers représentent seulement des écussons.

[2] « Aujourd'hui, XIe jour de février MCCCCLXVI, le roy estant en son chastel d'Angiers, es présences de l'évesque de Masseille, le séneschal d'Anjou, l'abé de Rumpo (Ripoll), en Cathelongne, le prothonotaire de Cathelongne, messire Bernart de Maurnont et autres, furent rompuz et mis en presses les seaulx dudit seigneur desquelx on avoit acoustumé seeller] toutes lettres de grâce, et fut commancé à seller des seaulx neufs que ledit seigneur a fait faire, ou milieu desquelx sont les armes d'Arragon; et d'iceulx fut, es présence des dessusdits, sellée la premiere lettre, contenant la puissance que ledit seigneur donne à monseigneur son filz oudit royaume. » (Arch. nat., P 1334[5], f° 106 v°.)

temps, leur légende est allongée des titres de roi d'Aragon, de Valence, etc ; en revanche, le nom et l'écu de Lorraine ont disparu [1]. Quelques-uns des sceaux de René offrent au revers un double croissant, emblème de l'ordre de chevalerie créé par ce prince, et qui avait, du reste, ses sceaux particuliers [2].

Lorsqu'une empreinte était par trop oblitérée, le chancelier ou les gens des comptes, à la requête des intéressés, constataient l'état de la pièce qui en avait été revêtue et les débris de cire qui restaient, interrogeaient des témoins ayant vu le sceau dans son intégrité, et faisaient resceller. Quelquefois les matrices des sceaux des autorités locales étaient elles-mêmes données ou renouvelées par le roi de Sicile. Ainsi le tabellionnage de la Marche, dans le duché de Bar, ayant perdu la sienne au milieu des troubles de la guerre, le duc lui en accorda une autre, munie d'un signe distinctif, pour éviter qu'on abusât de l'ancienne : la croix qui se voyait sur celle-ci, au-dessus des deux barbeaux de l'écu de Bar, était remplacée par une fleur de lis. Le droit de sceau était conféré comme une grande faveur aux vassaux du prince, lorsqu'ils exerçaient le droit de justice [3].

A la chancellerie était attaché un corps de secrétaires assez nombreux. René recherchait les plus intelligents et les plus habiles, les logeait dans ses châteaux, ou du moins dans leurs dépendances, afin de les avoir sous la main, et souvent faisait d'eux ses hommes de confiance. Celui qui dut à sa protection

[1] On a deux exemples de ces nouveaux sceaux dans les n°s 11784 et 11785 de la *Collection* de M. Douet d'Arcq. La croix de Lorraine, que le savant archiviste a cru reconnaître sur leur contre-sceau, est la croix de Jérusalem. Les lettres I R, ajoutées de chaque côté du heaume, signifient non pas *Jerusalem*, mais *Jeanne-René* ; les initiales du roi et de la reine de Sicile sont souvent reproduites ainsi. Cf. Arch. nat., KK 1116, f° 536.

[2] Les deux sacs ou les deux bourses superposées dont parle M. Douet d'Arcq (n° 11783) paraissent bien être deux croissants. La légende du même sceau doit être ainsi complétée : *S. Renati primi, regis Jherusalem et Sicilie, ducis Andegavie et Barri, comitis Provincie, Forcalquerii et Pedimontis.* (L'acte auquel il est appendu est antérieur à 1467.) Sur les sceaux du Croissant, voir plus loin, ch. III.

[3] Arch. des Bouches-du-Rhône, B 274, f° 75 v°. Arch. nat., P 1334^{8}, f° 28 ; P 1334^{16}, f° 201.

la fortune la plus éclatante est Jean Alardeau, devenu successivement chanoine d'Aix, prévôt de Marseille, puis évêque de cette ville en 1466. Élevé dans la maison de son maître, choisi pour son confident intime, il écrivit et contre-signa durant de longues années la plupart de ses lettres closes, et fut nommé en dernier lieu administrateur général de ses finances, charge qu'il exerça en même temps que les fonctions épiscopales. René entreprit encore de lui faire donner l'abbaye de Saint-Victor de Marseille, que le titulaire voulait résigner en faveur d'un candidat difficile à agréer ; il écrivit à ce sujet au pape Paul II, le 18 juillet 1468, une lettre pleine d'éloges sur les mérites et les services de son protégé : mais ses instances demeurèrent sans effet, la résignation n'ayant pas eu lieu. Alardeau fut chargé, par la suite, de différentes missions auprès du roi de France, qui le prit à son service après la mort de son oncle ; il vécut jusque vers l'année 1494. On l'a quelquefois confondu avec son frère, qui était receveur d'Anjou et qui portait le même prénom que lui ; mais celui-ci était mort dès 1465[1]. Les secrétaires prêtaient serment entre les mains du chancelier. Quelques-uns étaient détachés en service extraordinaire auprès des lieutenants ou des principaux officiers du roi de Sicile. Il y avait parmi eux des Italiens et des Espagnols pour les relations avec leur pays respectif, quoique René employât de préférence la langue latine dans sa correspondance avec l'étranger. Antonello Payen ou Pagano, Pierre Puig étaient ses secrétaires *in ditione Aragonum*. Il accrédita aussi en Catalogne le Sicilien Andreossi de Andreossis, qui avait tenu le même emploi auprès du duc Jean de Calabre, durant son

[1] Arch. nat., P 1334[5], f° 121 v°; K 504, n° 1, f° 33. *Extraits des comptes et mémoriaux*, n° 738. Le roi de Sicile disait dans sa lettre au pape : « *Is namque Massiliensis episcopus totus ab adolescencià suà nobis est cognitus; in nostrà quidem domo ferè est educatus; ut primùm enim nos sui ingenii virtutumque prestantiam intelleximus, in secretarium eum accepimus, eoque pro secretario multos annos usi fuimus. Deinde, ubi summam illius in nos tum fidem, tum integritatem, tum omnibus in rebus diligentiam et probitatem cognovimus, non modò ea que ad secretarii munus pertinent, sed etiam omnia penè negotia et res nostras, dum adest, committere sibi non dubitamus.* » (Bibl. d'Aix, ms. 1084, f° 128.)

expédition au royaume de Naples, et qu'il admit pour cette raison dans son propre secrétariat. Mais la plupart faisaient partie de sa maison, et, comme nous l'avons dit, résidaient avec lui. Tous ceux qui demeuraient au dehors furent révoqués en 1456, à l'exception de Guillaume Rayneau : depuis, ce ne fut plus qu'à titre exceptionnel, et sur la désignation du chancelier, qu'il fut nommé des secrétaires à l'extérieur [1].

La maison du roi de Sicile comprenait, avec les secrétaires, un grand nombre d'officiers et de familiers de toute catégorie ; elle était montée à peu près sur le même pied que celle du roi de France. Tout son personnel était nourri, en Provence, à raison de deux gros et deux patacs par jour et par tête ; une somme égale était allouée pour l'entretien des chevaux de chaque officier. La dépense de bouche de l'hôtel royal était réglée par le maître de la chambre aux deniers ; pour un espace de six semaines, du 15 février au 31 mars 1477, elle s'éleva à la somme de 4,350 florins, 3 gros et 4 patacs, gens et chevaux compris, ce qui suppose environ cinq cents bouches [2]. Dans l'impossibilité de retracer l'historique de chacun des offices de la maison, nous donnerons au moins l'énumération des plus importants, avec les noms et les qualités des principaux personnages qui les occupèrent.

Grands maîtres de l'hôtel : Bertrand de Beauvau, sire de Précigny (Précigné), de Saint-Laurent-des-Mortiers et autres lieux, président du Conseil ducal, sénéchal d'Anjou, capitaine

[1] Bibl. d'Aix, ms. 1464, p. 71, 100, etc. ; pièces justificatives, n° 74. Arch. nat., P 1334[1], f° 200 v°. On trouve dans les actes du roi René la signature ou la mention de beaucoup d'autres secrétaires : Guillaume Bernard, Raoulet Lemal, Girardin Boucher, maîtres de la chambre aux deniers ; Thomas de la Grée, bachelier ès lois ; Benjamin, conseiller intime ; Jean de Disy, qui devint garde du scel du tabellionnage de Bar ; Jean Huet, protonotaire, général des finances ; Jean de Lude ; Jean du Rocher ; Jean de Charnières ; Guillaume Tourneville, archiprêtre d'Angers ; Jean Legay, argentier de la reine ; Jean Bressin ; Geoffroy Talamer, négociateur du traité avec le roi Jean d'Aragon en 1462 ; Hervé Giellin ; Jean Dauphin ; Cotignon du Pont ; Olivier Haloret ; Boursier ; Bruneau ; Merlin Pierre Breslay, bachelier ès lois ; Jean Dupuis, clerc de Bar, etc. Ces deux derniers étaient secrétaires *ad honores*.

[2] Arch. des Bouches-du-Rhône, B 698.

d'Angers, conseiller du roi de France, bailli de Touraine, etc., marié en quatrièmes noces à Blanche d'Anjou, fille naturelle de René; Honorat de Berre, sire d'Entravernes (Entrevennes), ambassadeur du roi de Sicile auprès de Louis XI, plus tard chambellan de ce dernier et de son successeur Charles VIII.

Maîtres ordinaires de l'hôtel : Gilles de Bourmont, conseiller, nommé capitaine de Bouconville et de Morley en 1453; Philibert (de Laigue?); Spinola de Spinolis, Génois, marié à Odile, gardienne des joyaux du roi et de la reine; Jean de la Salle, conseiller, ambassadeur en Bretagne, nommé châtelain des Ponts-de-Cé en 1475; Louis de Bournan, sire du Coudray, conseiller, capitaine des Ponts-de-Cé, qui reçut de son maître une maison à Saumur, rue d'Enfer; Thomas de Senas, conseiller, ambassadeur en Lorraine; Louis de Clermont, conseiller, gouverneur de Champtoceaux, capitaine de Mirebeau; Robert de Montalais, sire du Moulin, conseiller, nommé capitaine de Mirebeau à la mort du précédent, en 1477; Balthazar de Gérente, baron de Monclar; Jean d'Arle ou Arlatan, fils d'un conseiller de Louis III; Jean de Varennes ou de Varannes; Ambroise de Poulevain, maître d'hôtel honoraire.

Chambellans : Louis de Beauvau, seigneur de Champigné, de Casenove et autres lieux, conseiller, sénéchal d'Anjou, puis de Provence, ambassadeur à Rome, etc., et Gui de Laval, sire de Loué, premiers chambellans; Jean de Beauvau, sire des Rochettes, sénéchal d'Anjou; Pierre de Brézé, sénéchal d'Anjou; Saladin d'Anglure, sire de Nogent, d'Estoges et de Mouliherne, conseiller; Philibert de Laigue, conseiller, sénéchal de Bar; Jean de Bueil, sire de Chéneché, amiral de France, conseiller; Palamède de Forbin, président du Conseil éminent, etc.; Boniface de Castellane, sire de Foz, conseiller; Arnauld de Villeneuve, sire de Trans, conseiller; Gabriel Valori, chevalier du Croissant, qui avait fait les campagnes d'Italie; Louis de Beaumont, sire du Plessis-Macé, conseiller; Baptiste de Pontevez, sire de Cotignac, conseiller; Hélion de Glandèves, sire de Faulcon, conseiller; Pierre de Meuillon, sire de Ribiers; Louis de Clermont; le sire de Mison, conseiller.

Grands écuyers : Philippe ou Philibert de Lénoncourt, conseiller, lieutenant du roi de Sicile dans le duché de Bar, plus tard conseiller et chambellan de Louis XI; Pierre de Meuillon, sire de Ribiers.

Écuyers de l'écurie : Jean de Séraucourt, capitaine de Tarascon; Gabriel Valori; Philibert de Laigue; Jean Beuzelin, dit Jarret; Alain de Montalais, gouverneur de Champtoceaux; le sire de Mallelièvre; Jean Crespin, capitaine de Baugé; Jean Luc Scaffa, seigneur de Taleru, au comté de Pallas, capitaine de Tarraga en Catalogne.

Chevaucheurs et varlets d'écurie : Pierre Jarriel, tabourin; Henriet des Bordes; Guillaume Hérien, concessionnaire d'un logis aux halles d'Angers; Perrot; François.

Roi d'armes : Sicile.

Poursuivants ou hérauts d'armes : Jean de Maslives, dit Fleur de Pensée; Pierre de Hurion, dit Ardent Désir; Provence; Viennois; Romarin.

Huissiers d'armes : Henri Desperch, dit Haine, premier huissier; Jean de Logres; Jean de Morancé; Jacobo Antoine.

Maréchaux-des-logis : Imbert Dauville, dit Imbelot, ancien sergent des cens et redevances d'Anjou; Joannuce Zizo Atino, napolitain, nommé en 1469.

Valets de chambre : Cotignon du Pont (appelé Colignon par M. de Villeneuve-Bargemont) et Charlot Pierre, gardes des joyaux, premiers valets de chambre; Alain Léaut ou Le Haut, sire de la Vimiane et de Petrarva, maître des pavages et barrages d'Anjou, donataire d'une maison à Angers, acquéreur des thermes d'Aix, autorisé avec sa femme Olivette, qui, comme lui, avait soigné René de jour et de nuit, à conférer l'office de viguier d'Arles; Noël Boutaut, tailleur, propriétaire d'une maison à Angers, rue Baudrière; Louis Foucher, ou Souchier, capitaine-clavaire de Barjols et de Saint-Maximin; Thomas Lamy; Jacquemin Paulus; Nicolas Jenot, gouverneur du verger d'Aix, donataire d'une maison et d'un jardin dans cette ville; Jean Bernard; Roger; Jean Le Page, portier des halles d'Angers; Zizo Atino; Jean d'Auvergne et Micheau Sifflet, valets de la garde-robe; plus un certain nombre de valets de chambre honoraires.

Valets tranchants : Bertrand Fresneau, sire du Bouchet; Alain de Montalais; Jacques de Vaugirault, donataire du produit des *fiefs anciens* de Montfaucon.

Échansons : Spinola de Spinolis; Jean Amenart; René Crespin; Honorat de Castellane.

Panetiers : Simon d'Anglure, premier panetier; Gaspard de Créanges; Ferrand de Silva, Portugais; Jean Contenet; Jean Quidance, sommelier de la paneterie.

Maître-queux : Guillaume Réal, dit Courcoul, donataire d'une maison à Saumur.

Écuyer de cuisine : Geoffroy Haloret, prévôt de Saint-Généroux.

Fruitiers : Pierre Perroteau, ciergier de Saumur; Jean Le Breton; Fabrice.

Pourvoyeur de l'hôtel : Jacques Boulle.

Fourriers : Jean de Cadriac, premier fourrier; Bertault Le Bègue, nommé segrayer de Baugé en 1476; Jacobello Préselot; Pierre Aycart; Pierre Boys; Girardin.

Des familiers de différent ordre étaient, en outre, attachés à la cour du roi de Sicile, mais n'y faisaient pas tous leur résidence continuelle. Ils appartenaient particulièrement aux catégories suivantes :

Chapelains et confesseurs : Jean Perrot, prieur de Jumelles et du Val des Écoliers, abbé de la Toussaint d'Angers; Bérenger Solsona, franciscain, maître en théologie et conseiller du prince, qui le chargea d'administrer la chapelle royale de Saint-Louis de Marseille, et demanda pour lui l'abbaye de Saint-Félix de Girone en 1469, puis la dignité épiscopale en 1470; Bernardin de Sienne, franciscain, mort vers 1444, canonisé sur les instances de René; Pierre Marini, religieux italien, devenu évêque de Glandèves, et mort en 1467; Simon Terrien; frère Éléazar, dominicain, prieur de Notre-Dame-de-Nazareth à Aix ; frère Raoulin Franquet ; frère Jean Geffroy, dominicain ; messire Trousse ; Philippe Papot, chapelain de la Ménitré ; Jean Boyer, Guillaume Potin, dominicain, et Macé Bergier, chapelains honoraires.

Aumôniers : Pierre de Mante ; Pierre Donnel.

Médecins : Pierre Robin, qualifié de *famosissimus*, demeurant jour et nuit auprès de René, qui le nomma son conseiller, lui donna les châteaux de Saint-Marc et de Vauvenargues, plusieurs maisons à Angers, rue de la Poissonnerie, deux cents livres de tailles à prendre tous les deux ans sur la ville de Saumur, et conféra à son fils Tristan l'office de garde de la monnaie de Provence ; Jean Esquavard, devenu évêque de Sisteron ; Jacquemin de Blandrate, physicien du roi et de la reine, qui habitait à Angers une maison louée à leurs frais, et qui était sans doute originaire du Milanais, car il y possédait une terre, que René l'aida à recouvrer en lui donnant des lettres de recommandation pour le duc et la duchesse de Milan ; Jean de Bonia, originaire du royaume de Valence ; Antonello d'Aversa, qui touchait une pension sur le trésor royal ; Séguin de Cohardy, sire d'Athenay dans le Maine, physicien de la reine et médecin public de la ville d'Angers, fonction qui lui valait cent livres par an ; Jean Bonnet, qui soigna sans doute René dans sa dernière maladie, car une rente de trois cents écus lui fut assignée au mois de mars 1480 pour le retenir à son service.

Chirurgiens : Michel de Vienne, qui avait le titre de valet de chambre du roi et ne quittait pas sa personne ; Hervien de Vienne, doyen de Saint-Martin d'Angers ; Guillaume *de Peliciis*, à qui fut assignée, en 1476, une pension de quatre cents écus[1].

[1] Arch. nat., P 1334³, P 1334¹⁰ et P 1334¹⁴, *passim*. Arch. des Bouches-du-Rhône, B 17, f° 30 ; B 274, f°ˢ 150, 159, 204 v°, etc. Bibl. d'Aix, ms. 1004, p. 21, 23, 44, 53, 91, etc. Pièces justificatives, n° 98. Vill.-Barg., III, 201-203 ; 356-359. *Extraits des comptes et mémoriaux du roi René*, *passim*. On peut rapprocher ce tableau de la maison de René du travail de M. Lepage sur les *Offices des duchés de Lorraine et de Bar et de la maison des ducs de Lorraine*, Nancy, 1869, in-8°. La troisième partie du présent ouvrage contiendra des renseignements sur une foule d'autres personnages attachés à la cour de Sicile, artistes, fabricants, littérateurs, etc.

CHAPITRE II.

ORGANISATION JUDICIAIRE.

Sénéchaux et lieutenants. — Juge d'Anjou; juges des prévôtés. — Procureur et avocat fiscal. — Grands jours. — Révision et rédaction des coutumes d'Anjou. — Réformes judiciaires en Provence. — Police générale. — Police sanitaire. — Police des Juifs.

Le duc d'Anjou, comme apanagiste et pair de France, possédait tout droit de justice sur son duché. L'autorité judiciaire, dans ce pays comme en Provence, était placée entre les mains d'un grand sénéchal, qui avait sous ses ordres des lieutenants, des sénéchaux particuliers, des juges, des procureurs, des prévôts. La juridiction du sénéchal d'Anjou s'étendait à toutes les dépendances de l'apanage, et même au comté de Vendôme, comme il résulte d'un arrêt rendu en 1446 entre le duc et le comte, son vassal [1]; au-dessus d'elle, il n'y avait que celle du parlement de Paris. Cette charge importante fut exercée, sous le règne de René, par Pierre de Brézé, qui devint grand sénéchal de Poitou et de Normandie, puis par Louis de Beauvau, dont le père l'avait déjà possédée sous le roi Louis II. René voulut donner en même temps au second le sénéchalat de Provence; mais ce cumul fut bientôt reconnu impossible, à cause de la distance qui séparait les deux contrées : Jean de Beauvau, sire des Rochettes, frère de Louis, fut nommé sénéchal d'Anjou à sa place, le 14 avril 1458, en considération de ses services antérieurs, dit l'acte, et parce que « ceulx de la maison dont il est yssu ont esté et sont princi-

[1] Arch. nat., P 1342, nos 542-544. Le comte de Vendôme était tenu à la foi et hommage envers le duc d'Anjou, bien que son comté ne fît point partie de l'apanage.

paulx serviteurs de la nostre, en laquelle ilz ont servy moult grandement et louablement [1] ». Jean remplit pour son maître plusieurs missions de confiance auprès du Roi et d'autres princes. Il ne quitta ses hautes fonctions qu'avec la vie, et fut remplacé, le 21 janvier 1469, par Jean de Lorraine, frère de Ferry de Vaudemont et cousin du roi de Sicile, à qui fut également confié le gouvernement de l'Anjou [2]. Ce nouveau « chef de justice » prêta serment devant la Chambre des comptes le 20 juillet suivant, et reçut, pour son double office, une pension de douze cents écus; mais l'expédition de Catalogne le détourna longtemps de ses occupations administratives. A sa mort, arrivée au commencement de l'année 1473, René de Vaudemont lui succéda et comme gouverneur et comme sénéchal; puis, étant devenu duc de Lorraine, il céda la place à un autre membre de sa famille, Guillaume d'Harcourt, comte de Tancarville, auquel fut substitué, dès 1474, Gui de Laval, sire de Loué. Lorsque René fut décédé, Louis XI maintint la charge de sénéchal d'Anjou comme il avait maintenu le Conseil et la Chambre des comptes, et la donna à son chambellan Jean de la Gruthuyse, sire d'Ussé [3]. Mais la charte communale octroyée en 1475 avait réduit ses attributions en conférant au maire d'Angers des pouvoirs judiciaires; elle lui avait notamment enlevé le titre de conservateur des privilèges de l'Université, uni jusqu'alors à celui de sénéchal.

En Provence, le grand sénéchalat fut occupé successivement par le célèbre Tanneguy du Châtel, ancien prévôt de Paris, par Louis de Beauvau, par Ferry de Lorraine et par Jean Cossa, comte de Troya, cet ami dévoué qui était la plus précieuse conquête faite en Italie par le roi René. Cossa avait été nommé également grand sénéchal du royaume de Sicile par le duc Jean, au mois d'août 1460 : il mourut peu de temps après les conférences de Lyon, où il avait déployé tant d'énergie pour la cause de son maître. Les appointements

[1] Arch. nat., P 1334^7, f° 11 v°.

[2] Arch. nat., P 1334^9, f° 37 v°.

[3] Arch. nat., KK 1116, f°s 535, 530 v°; P 1334^9, f° 243 v°.

du sénéchal de Provence étaient considérables (deux mille quatre cents florins par an); ses pouvoirs avaient été augmentés par une ordonnance de la reine Yolande, à la suite d'un vœu des trois états du comté [1].

Les seigneuries qui, sans faire partie intégrante du duché d'Anjou, lui avaient cependant été annexées, comme Loudun, Mirebeau, Champtoceaux, Beaufort, avaient leurs sénéchaux particuliers, nommés par le roi de Sicile. La terre de Chailly et Longjumeau, près Paris, avait aussi le sien, qui portait à la fois le titre de bailli et qui était également institué par le prince. Le sénéchal d'Anjou nommait lui-même ses lieutenants, établis l'un à Angers, l'autre à Saumur. Ces différents officiers tenaient tous les ans des assises, dont le greffe était affermé et dont les frais dépassaient quelquefois le produit des amendes, ce que René leur enjoignit d'éviter. En cas d'appel, et lorsque leurs sentences étaient révoquées par le parlement, ils étaient quelquefois condamnés à l'amende pour *mal jugé;* cependant ce cas était très-rare, et lorsqu'il se présenta pour le lieutenant de Saumur, en 1474, la Chambre des comptes d'Angers « s'en merveilla fort » et fit payer par le trésorier d'Anjou la plus grosse part de l'amende (quarante-cinq livres sur soixante-quinze). Les lieutenants se trouvaient souvent en conflit d'attributions avec les juges des prévôtés locales : René, après avoir pris l'avis de son Conseil et du sénéchal, décida, en 1451, que chacun de ces deux ordres de magistrats connaîtrait uniquement des causes criminelles et civiles à lui attribuées par la coutume du pays, sans empiéter sur l'autre, sous peine de destitution [2].

Un troisième officier, le juge d'Anjou, partageait avec les précédents l'administration de la justice ducale. Celui-là était un magistrat élu : les conseillers du prince, les gens d'église, les bourgeois, les marchands et les autres justiciers

[1] Arch. des Bouches-du-Rhône, B 15, f°s 41, 43 ; Arch. de Tarascon, FF 2; Arch. nat., P 1334[14], 1re partie, f° 61.

[2] Arch. nat., P 1334[3], f° 65 ; P 1334[6], f° 198 v°; P 1334[10], f°s 7 v°, 84 v°.

le nommaient à la majorité des voix, ainsi que son lieutenant, et le choisissaient d'ordinaire parmi les élus d'Angers ou les juges des prévôtés. Cette intervention des citoyens renfermait en germe l'idée du jury moderne et reposait sur le même principe. Loudun, Mirebeau, Champtoceaux, Beaufort, possédaient leurs juges particuliers comme leurs sénéchaux; mais, dans ces seigneuries, les deux fonctions étaient souvent réunies entre les mêmes mains. Les juges siégeaient aux assises à côté des sénéchaux. Ils étaient assistés par des *enquesteurs,* qu'ils avaient le droit d'instituer et de suspendre. Enfin les prévôtés, chargées de la justice et de la police commerciales, avaient, comme on l'a vu, des juges spéciaux. Les cours de prévôtés, établies dans les principales villes de l'Anjou, se tenaient tous les quinze jours[1]. Celle d'Angers avait pour siége une salle du bâtiment des halles, appelée l'Auditoire; mais l'institution de la mairie lui enleva ses attributions et son local. Son produit fut donné par Louis XI, pour un tiers au moins, à l'un de ses panetiers, nommé Théolde de Halbic, ce qui engendra de longues difficultés avec le maire. Afin d'arriver à un accord, le concessionnaire fut obligé d'affermer sa part à la ville pour trois ans, moyennant quatre cents écus d'or. Les revenus de cette prévôté formaient, au dire des gens des comptes, le membre le plus important de la recette ordinaire d'Anjou : aussi étaient-ils baillés à ferme à des prix très-élevés[2]. Le prévôt et ses gens prêtaient le serment de sauvegarder les droits du roi de Sicile et les intérêts de la chose publique. Ils recevaient de la Chambre des comptes des

[1] Arch. nat., P 1334[3], f°s 68, 77; P 1334[10], f° 132. Arch. des Bouches-du-Rhône, B 274, f°s 6 v°, 39 v°.

[2] Arch. nat., P 1334[10], f°s 123 v°, 147; P 1334[11], f°s 8 v°, 61, 78 v°, 201. La part cédée à Théolde de Halbic sur la prévôté comprenait « les estallaiges de la poissonnerie, les quatre estaulx de ladite poissonnerie, deux dedans et deux dehors, le planchaige des mareschaux, le savataige des courdouenniers et basanniers, le chevretaige des tanneurs, le boutaige d'iceulx tanneurs, le guitonnaige des maistres varletz desditz tanneurs, le cordouennaige, le vergeaige des peletiers, l'aguillaige des cousturiers, chaussetiers et autres poignans d'aguilles, les guetz de touz et chascuns les mestiers de la ville ».

instructions écrites sur la manière de lever les taxes ou les amendes qui leur étaient dues : il leur était surtout recommandé de ne faire d'eux-mêmes aucun arrangement avec les particuliers, mais de laisser la décision de tous les cas au juge de la prévôté. Les prévôts-fermiers étaient tenus de présenter, à l'expiration de leur bail, un compte-rendu détaillé de leur gestion et de leurs recettes. Ils avaient le droit de prendre une part sur les amendes des assises ordinaires, et celui d'Angers partageait, de plus, avec le sénéchal la connaissance des causes des écoliers de l'Université [1].

Le pouvoir ducal était représenté, dans toutes les affaires judiciaires, par deux magistrats : le procureur général d'Anjou et l'avocat fiscal. Le premier de ces offices, divisé sous Louis II, mais ramené depuis à l'unité originelle, fut exercé, à partir de l'avénement de René jusqu'en 1469, c'est-à-dire pendant plus de trente ans, par Louis Delacroix, qui, en récompense de ses longs services, obtint la faveur de transmettre sa charge à son fils François, dont il avait fait de bonne heure son auxiliaire. Jean Binel, juge d'Anjou, leur succéda à tous deux, et conserva ses fonctions sous Louis XI. Le procureur général avait le pouvoir de « se présenter en jugement et ailleurs pour le roi de Sicile, de citer, avouer et désavouer, appléger et contrappléger, opposer, demander, garantir, pacifier, accorder, requérir, recevoir principal et dépens, etc. [2]. » Un procureur particulier était établi dans chacune des seigneuries du duc indépendantes de l'ancien domaine. En Provence, cette représentation du fisc avait son contre-poids dans le procureur des pauvres, chargé de défendre les intérêts du faible et de l'indigent : cette institution de la charité intelligente de nos pères s'est maintenue dans certains pays jusqu'aux temps modernes [3]. Les procureurs de René venaient souvent « besogner » au parlement de Paris, afin d'activer le

[1] Arch. nat., P 1334⁵, f°s 119, 179 v°; P 1334⁶, f°s 33, 121 v°, 122 v°; P 1334⁸, f° 57.

[2] Arch. nat., P 1334⁹, f° 41; P 1334¹¹, f° 10 v°.

[3] Arch. nat., P 1334⁵, f° 20 v°; P 1334⁶, f° 237, etc.

jugement de ses procès ou des appels interjetés par ses sujets ; mais il blâmait leurs allées et venues continuelles, qui finissaient par devenir onéreuses pour son trésor. Afin de les rendre moins fréquentes, il entretenait auprès de cette cour, pour le même objet, des mandataires spéciaux, qui avaient le titre de solliciteurs des causes du roi de Sicile. Ces mandataires étaient souvent pris dans le sein du parlement lui-même : ils recevaient des indemnités variant de dix à cent livres par an. En 1451, les avocats ou magistrats ainsi subventionnés et accrédités par lui étaient maîtres Henri Boileaue, Jean Barbin, Jean Simon, Jean Rapiot, Gui Billet, Arnoul Boucher, Jacques Ferrand et André Couraud, dont les services lui coûtèrent, cette même année, la somme de cinq cent vingt-trois livres. Les solliciteurs envoyaient périodiquement l'état des causes du prince en parlement, avec des mémoires explicatifs, au Conseil ducal d'Anjou, qui les retournait accompagnés de notes sur la marche à suivre, les délais à demander, etc. [1].

Malgré les avantages de cette organisation, l'exercice de l'autorité judiciaire était assez difficile, par suite de l'enchevêtrement des juridictions et de la complication qui résultait des droits de justice laissés à certaines communautés, à certains seigneurs. Les officiers du roi de France venaient encore augmenter la confusion, en empiétant parfois sur les attributions des magistrats ducaux. René résistait énergiquement à ces entreprises : ainsi, le président et les conseillers royaux qui tenaient les grands jours à Thouars, en 1455, ayant pris connaissance des appels interjetés par plusieurs de ses sujets d'Anjou, il défendit de donner aucune suite à leurs sentences et leur écrivit pour en réclamer la révocation, les Angevins n'étant tenus de plaider hors du duché qu'en la

[1] Arch. nat., P 1334[5], f°s 52, 53 v°, 55 ; P 1334[9], f° 238. En 1470, René donna à l'un de ses solliciteurs en parlement, Gilles Dorin, qui n'avait pas de maison à Paris, la jouissance de l'hôtel de Bar, sis dans cette ville, occupé précédemment par maître Jean Boulart, décédé. (Arch. des Bouches-du-Rhône, B 274, f° 8 v°.)

cour du parlement [1]. Lui-même avait le droit de tenir chaque année ses grands jours, en vertu d'un privilége concédé par le Roi à son aïeul Louis I, et d'y faire expédier toutes les causes des parties qui appelaient des jugements de ses magistrats. Ces appels étaient l'occasion de plusieurs abus graves, qui tournaient au préjudice de l'équité et à la ruine de son peuple : il entreprit, en 1467, de les réformer radicalement. Les parties, dans l'intervalle des sessions, confiaient la mission d'ouïr et de juger leur procès à deux ou trois « gens de conseil » à leur dévotion, ayant déjà défendu leurs intérêts, ou possédant l'art de traîner les choses en longueur et d'augmenter indéfiniment les frais. Un conseiller spécial et compétent fut chargé d'accueillir leurs requêtes, d'instruire les causes et de prononcer les jugements, avec deux officiers de justice d'une impartialité notoire : il prit le titre de président des grands jours. Cette charge honorable eut pour premier titulaire Jean de la Vignolle, déjà président de la Chambre des comptes, qui fut autorisé à cumuler les deux offices le 30 octobre 1467 [2].

D'autres réformes, plus importantes encore, furent réalisées par le roi de Sicile en matière de législation coutumière. Les coutumes d'Anjou avaient été déjà revisées et corrigées dans les grands jours tenus à Angers au mois d'octobre 1391 [3]; mais elles offraient toujours des parties contradictoires : il les soumit à un examen plus approfondi et en ordonna la codification. Charles VII venait de prendre la même mesure pour la Touraine et pour ses autres provinces de droit coutumier; on commençait à s'apercevoir des fruits qu'elle produisait. René s'empressa d'en faire jouir ses sujets, et par une première lettre, datée du 17 octobre 1457, il prescrivit à son Conseil de rassembler tous les avocats du duché, tous les *anciens,* tous les individus au courant des coutumes, et d'arrêter en leur présence la rédaction de chaque article,

1 Arch. nat., P 1334³, f°s 148, 150 v°.

2 Arch. nat., P 1334⁶, f° 192 v°; pièces justificatives, n° 60.

3 Arch. nat., P 1334⁷, n° 7, f° 20.

pour former un texte authentique et sûr, qui pût lever sur-le-champ les difficultés. Le 8 mars suivant, l'exécution de cet ordre fut confiée à Jean Breslay, juge d'Anjou, qui tenait les assises d'Angers. Mais l'esprit de routine, l'égoïsme des avocats du pays, qui craignaient de voir leur intervention devenir moins nécessaire et leurs affaires décliner, opposèrent la plus redoutable des résistances, celle qui s'appuie sur la force d'inertie. Un an après son injonction, le 6 octobre 1458, le prince, reconnaissant qu'on n'avait absolument rien fait, promulgua une ordonnance solennelle, adressée à son sénéchal, à ses gens des comptes, au juge d'Anjou, à maîtres Hugues Péan, Lucas Lefèvre, Pierre Hocquedé, Jean Depinée et Jean Binel, et, sans dissimuler son mécontentement, les chargea de la manière la plus expresse d'exécuter sa volonté : le soulagement de son peuple, écrasé tous les jours par des dépens exagérés, la prompte administration de la justice exigeaient qu'on procédât au plus vite à l'interprétation des coutumes et à leur rédaction ; toute autre affaire devait être laissée de côté. Le nouveau texte, une fois arrêté, devait lui être communiqué, pour être autorisé, s'il lui semblait bon, et appliqué sur-le-champ [1]. Cette fois, l'on fit semblant de se mettre à la besogne : la Chambre écrivit que les commissaires désignés entreprendraient leurs travaux dans les premiers jours du prochain carême. Toutefois, au mois de février 1460, la révision n'était pas encore commencée, et René se voyait obligé de recourir aux menaces. Dans un nouveau mandement, rendu à cette date, il démasquait ces « avocats et praticiens en cour laye, qui, par le moyen d'icelle refformacion, doubtoient perdre grant partie de leurs pratiques et prouffiz particuliers », et qui, profondément indifférents au bien général, apportaient toutes les entraves imaginables aux opérations de ses mandataires. « Laissez de côté, disait-il au sénéchal, tous les gens hostiles ; prenez avec vous les plus sages du pays, ceux qui aiment réellement le bien du peuple, et

[1] Arch. nat., P 1334[6], f° 216 v° ; P 1334[7], f° 13 v° ; pièces justificatives, n° 43.

travaillez en leur compagnie le plus diligemment que vous pourrez; car aucune matière ne m'est plus à cœur. Intimez ma volonté absolue aux juge, avocat et procureur d'Anjou, et faites-leur craindre les effets de mon indignation [1]. » En même temps, il recommandait de réunir les coutumes corrigées en un beau volume sur parchemin, « relié et couvert de velours cramoisi, à beaux clous bien dorés », et de laisser en tête cinq ou six feuillets blancs, pour y mettre certaines *histoires;* détail charmant, trahissant toute sa sollicitude pour le texte de la loi et l'importance qu'il attachait à l'exécution de son utile projet. Enfin l'opposition céda, et la lourde tâche, entreprise sérieusement, fut menée à bonne fin en moins de deux ans. Approuvée aux grands jours d'Angers en 1462, la nouvelle coutume d'Anjou, dont la teneur est connue, fut déposée aux archives de la Chambre et conservée avec les titres les plus précieux. On peut donc dire que cette réforme législative est due à l'initiative personnelle du roi René, qui la poursuivit à travers mille obstacles avec une ténacité digne des plus grands zélateurs de la justice [2].

En Provence, le perfectionnement de l'organisation judiciaire fut aussi de sa part l'objet d'efforts réitérés. Il rétablit à Aix, en 1437, le tribunal suprême transporté peu de temps auparavant à Marseille, et dota plus tard cette dernière cité d'une cour de prud'hommes pêcheurs, chargée de régler les différends de cette importante corporation. Ses biographes ont déjà signalé les statuts qu'il édicta, à différentes reprises, pour astreindre le grand sénéchal à des visites périodiques; pour obliger les juges à la résidence et au serment; pour régler le salaire des procureurs, dont la rapacité ruinait les familles, la nomination des tuteurs et la protection efficace

[1] Arch. nat., P 1334[7], f°s 20 v°, 105 v°; pièces justificatives, n° 46.

[2] L'exemplaire original de la coutume arrêtée du temps de René, enlevé une première fois des armoires de la Chambre, puis remis en place, a disparu depuis; il formait un registre de 129 feuillets sur parchemin. Cette coutume fut corrigée sur un seul point par le grand conseil royal en 1483, et réformée de nouveau en 1508. (Arch. nat, inventaire PP 33, n° 126.)

des intérêts des mineurs, la liberté des donations, qui, au-dessus de dix florins, durent être faites en présence de magistrats, le partage des successions et les substitutions d'héritier ; enfin pour supprimer l'emprisonnement préalable des accusés [1]. La plupart de ces dispositions étaient prises dans les assemblées des trois états du comté, qui délibéraient avec le prince ou ses conseillers sur les plus hautes questions de jurisprudence. Quelques autres mesures du même ordre, mais plus ignorées, sont marquées au coin de la générosité et de l'équité qui distinguaient si éminemment le roi de Sicile. Il défendit, en 1446, de poursuivre le payement des dettes usuraires, interdit le cumul aux magistrats provençaux, réduisit la durée des procédures. Les délits de ses propres officiers furent soumis à une répression sévère, et le sénéchal fut expressément chargé de les punir, *sublato quocunque velamine indebito*. L'avocat et le procureur des pauvres eurent la mission de visiter quatre fois par an les prisons, et de faire relâcher les prisonniers qui le mériteraient. Les clercs mêmes n'échappèrent pas à la vigilante action du législateur : des amendes furent décrétées contre ceux qui mèneraient une conduite scandaleuse ou qui exerceraient une profession indigne de leur habit. Une ordonnance plus singulière interdit l'accès des offices judiciaires de Tarascon aux gens du pays. Les étrangers seuls offraient, paraît-il, assez de garanties d'impartialité pour exercer dans cette ville les fonctions de juge et de viguier, ce qui prouverait peu en faveur du caractère de ses anciens habitants ; toutefois cette interdiction avait été reconnue nécessaire par eux-mêmes, et le comte de Provence ne l'imposait qu'en exécution de leurs statuts municipaux [2].

[1] Vill.-Barg., III, 46 et suiv., 265-270 ; de Quatrebarbes, tome I, p. xcv. Ces statuts se trouvent reproduits dans plusieurs registres de la Chambre des comptes d'Aix. (Arch. des Bouches-du-Rhône, B 14, f° 29 v° ; B 15, f° 69 ; B 49, f°s 253, 273, 326, etc. ; B 664 et 669.)

[2] Arch. nat., P 1334[14], 1re partie, f°s 65, 66. Arch. des Bouches-du-Rhône, B 14, f° 29 v° ; B 21, f° 117. Arch. de Tarascon, BB 53. Il faut croire que la

L'exécution des arrêts de la justice et la sûreté publique étaient garanties, en Anjou comme en Provence, par un nombreux personnel de sergents, placé directement sous les ordres des magistrats. Chaque cour, chaque juridiction avait sa police particulière : la sénéchaussée, les prévôtés, la maîtrise des forêts, les recettes financières même étaient pourvues de sergents, sans compter ceux qui étaient chargés d'un service à part, comme la visite des poids et mesures, des moulins, etc. Ces agents étaient ordinairement à la nomination du prince et de son conseil. On trouve cependant en Anjou quelques sergenteries inféodées ou *fayées*, c'est-à-dire tenues à foi et hommage, et pouvant être vendues ou affermées par leurs possesseurs comme une simple rente ; elles constituaient, en effet, une source assez productive de revenus [1]. D'autres abus résultaient de la multiplicité de ces charges : des conflits d'attributions éclataient parfois entre les différentes catégories de sergents ; ils se livraient, dans certaines localités, à des extorsions véritables. On en vit une fois trois ou quatre cents se réunir en bande armée, se déguiser sous l'habit militaire, envahir la Vallée, et lever sur ce petit pays une somme de trois ou quatre mille livres, sous prétexte qu'on leur faisait payer des aides dont ils devaient être exempts. Mais ces singuliers protecteurs de l'ordre furent ajournés devant le conseil ducal, et punis comme il convenait [2]. Les habitants avaient, du reste, le droit de refuser les redevances que les sergents leur réclamaient, lorsque ceux-ci voulaient bien les recevoir à opposition ; leur différend était alors tranché par le magistrat compétent, et le plus souvent par les prévôts, car ces recours se produisaient surtout en matière de police commerciale [3].

La police générale fut réglementée plusieurs fois sous le

conduite des magistrats provençaux n'était guère exemplaire, puisque René défendit aussi aux sous-viguiers et aux officiaux de tenir dans leurs maisons des établissements suspects. (Arch. de Tar., FF 2.)

[1] Arch. nat., P. 1334[10], f° 25.

[2] Arch. nat., P 1334[3], f° 96.

[3] Arch. nat., P. 1334[6], f° 40 v° ; P. 1334[9], f° 171 v°.

gouvernement de René. Lui-même rendit à ce sujet des ordonnances d'une sévérité qui serait presque étonnante chez lui, si l'on n'avait déjà reconnu qu'il joignait, comme saint Louis, à la bonté du père la roideur du justicier. Il est un genre de délits qu'à l'exemple de ce pieux monarque il poursuivit avec une sorte d'acharnement : c'est le blasphème. En Lorraine, dès les premières années de son règne, il condamna les renieurs et blasphémateurs à payer, la première fois, une forte amende; la seconde, une somme double ou triple; la troisième, à être mis au pilori; la quatrième, à avoir la langue percée d'un fer rouge. Ce règlement fut renouvelé en 1445, durant son séjour à Nancy, avec une clause remarquable, établissant sous l'apparence de l'inégalité une équité réelle : l'amende des gentilshommes, qui devaient l'exemple à leurs inférieurs, fut fixée à soixante livres, tandis que celle des gens du peuple n'était que de soixante sols. A Angers, des mesures analogues furent appliquées, jusqu'au jour où la répression des blasphèmes fut dévolue, avec la police de la ville, au maire et aux échevins. Après son installation en Provence, le roi de Sicile déploya dans ce pays la même rigueur : une décision adoptée dans l'assemblée des états, en 1473, des lettres patentes données à Aix, en 1479, soumirent à des peines graves non-seulement ceux qui se rendraient coupables du délit, mais ceux qui l'occasionneraient. En même temps, René proscrivait d'autres usages scandaleux, tellement répandus dans son comté, disait-il, qu'on devait leur attribuer la série de guerres et d'épidémies déchaînées sur ses habitants depuis nombre d'années. Aux fêtes de Noël, au carnaval, les Provençaux se livraient avec tant de frénésie aux jeux de hasard, qu'ils y passaient le jour et la nuit, et qu'on ne voyait plus, sur les places comme dans les maisons, que cartes et trinquets; les offices religieux étaient oubliés, des luttes homicides éclataient, des familles se ruinaient, le nom de Dieu, de la Vierge, des saints était continuellement blasphémé. Pour arrêter un pareil débordement, il fut défendu de vendre ou d'acheter de ces jeux, de s'en servir et de tenir des tripots, sous peine d'une amende considérable ou d'arrestation pour les insolvables. La dénonciation des délinquants fut même encouragée : leur dépouille était promise d'avance au dénonciateur [1]. Ces prohibitions eurent-elles toute l'efficacité qu'en attendait leur auteur ? Il est permis d'en douter ; car le goût du jeu, et celui des cartes en particulier, ne fit que se développer par la suite. Le bon roi lui-même, d'après certains articles de ses comptes personnels, ne fuyait pas toujours cette distraction : il est vrai que les comptes en question sont antérieurs à son ordonnance, et, dans tous les cas, il n'entendait proscrire que l'abus. La débauche, le proxénétisme, qui s'étaient propagés des bas-fonds de la société provençale jusque dans les classes élevées, trouvèrent en lui un adversaire encore plus énergique : dans les constitutions de 1456, signées de lui et de son fils Jean, qui gouvernait en son nom, le bannissement immédiat et la confiscation des biens furent ordonnés contre tous ceux qui s'y livreraient. Il fit aussi la guerre à quelques « folles coutumes » du même pays, plus innocentes peut-être, mais troublant trop souvent la tranquillité publique, telles que les *pelotes* et les *charivaris*. Ces derniers avaient si bien pris racine dans les mœurs des Marseillais, qu'ils se maintinrent chez eux contre tous les efforts, et qu'un peu plus tard le sénéchal du roi de France, ne pouvant les extirper, les organisa d'une façon honnête et modérée par l'intermédiaire du *prince d'amour* [2].

Les délits contre les mœurs semblent avoir été moins communs en Anjou qu'en Provence ; mais le vagabondage, le vol,

[1] Arch. nat., KK 1124, f° 877 v°. Arch. des Bouches-du-Rhône, B 17, f° 216 ; B 49, f° 354. Vill.-Barg., I, 114, 360.

[2] Arch. des Bouches-du-Rhône, B 29, f° 219 v° ; B 49, f° 345 v°. Arch. de Tarascon, FF 2. Le *prince d'amour*, élu par les habitants de Marseille, avait la mission d'organiser les danses, les réjouissances publiques, *et alia honesta, jocosa, delectabilia*. En 1484, Aymar de Poitiers, sire de Saint-Vallier, grand sénéchal de Provence, confirma cet office à Pierre de Monteulx, à la requête de la jeunesse de la ville, en spécifiant que tout se passerait suivant les règles de l'honnêteté. « Nous ne condamnons pas l'antique usage, disait le lieutenant du Roi, *nos qui sanctissimas amoris leges nusquam infringere intendimus.* »

les violences, les injures y étaient plus répandus et donnèrent lieu à diverses mesures de répression. Le Conseil astreignit, en 1451, les hôteliers d'Angers à remettre, chaque semaine, au capitaine de la cité ou à son lieutenant un rapport sur les « gens vacabons et incongneuz » descendus chez eux, et cela sous peine d'amende arbitraire. Quelque temps après, l'expulsion de tous les individus de cette catégorie fut décrétée. Les environs de Saumur étaient particulièrement infestés de crocheteurs. « On dit, écrivait le président des comptes aux officiers de cette ville, au mois de juillet 1459, que vous avez le grant caym (le grand khan) de la crocheterie ; vous le saurez mieulx entre cy et quinze jours que ceux qui en parlent. Monsieur le procureur en dit rage de ce qu'il en a sceu. » Il fallut organiser contre cette bande une véritable chasse. Deux de ses affiliés, enfermés dans les prisons de Saumur, furent reconnus pour des clercs ; l'autorité ecclésiastique les fit réclamer : mais, après s'être entendue avec l'official et le promoteur d'Angers, la justice laïque obtint de garder ses prisonniers, et le conflit fut évité [1]. Malheureusement des guerres trop fréquentes favorisaient le développement de ces plaies sociales en empêchant les mœurs de s'adoucir. La guerre de Bretagne, entre autres, sema dans le pays des haines et des discordes locales qui se traduisirent en luttes passionnées. René fit publier à Angers, en 1468, une admonition succincte, annonçant que tous ceux qui prendraient part à ces querelles encourraient une amende arbitraire et la prison, mesure qui, appliquée à propos, eût prévenu en d'autres temps bien des troubles politiques [2].

La police des chemins, la sûreté et le bon état des rues, la salubrité publique étaient également l'objet d'une surveillance

[1] Arch. nat., P. 1334[3], f°s 24 v°, 70 v°; P 1334[7], f°s 55, 56.

[2] « De par le roy de Sicile, d'Arragon, etc., duc d'Anjou, etc. On deffend à touz les manans et habitans de ceste ville et forsbourgs d'Angiers, de quelque estat, nacion ou condicion qu'ilz soient, toutes parolles injurieuses des ungs aux autres, et aussi toutes voyes de fait, et ce sur paine de prison et d'amende arbitraire. Fait au chastel d'Angiers, le XXIII[e] jour de juillet, l'an mil IIII[c] soixante-huit. — G. Rayneau. » Arch. nat., P 1334[8], f° 218.

attentive. Peu de villes étaient alors aussi bien partagées, sous ce rapport, que la capitale de l'Anjou. Il est telle des ordonnances du Conseil pour la propreté et le nettoyage des différents quartiers de la cité, qui ferait honneur à plus d'une édilité moderne : tous les détails y sont réglés avec un soin minutieux ; cinq employés spéciaux sont commis à l'entretien des voies, et les sergents « de la grant verge » sont chargés de surveiller l'exécution journalière des précautions prescrites[1]. Au moindre symptôme d'épidémie, René intervient lui-même et fait ouvrir des enquêtes. En 1450, durant son séjour à Launay, une maladie de bouche, le scorbut sans doute, se propage dans le pays. Il mande à ses officiers d'Angers de réunir une conférence de médecins et de lui adresser un rapport ; Maurice Le Peletier, Jacques Le Prévost, Yves Pelaut et Jacques Marais, docteurs en médecine, sont interrogés, ainsi que les apothicaires, les barbiers, les curés des différentes paroisses : le mal est reconnu sans gravité et combattu avec succès. Peu de temps après, une contagion plus étrange se déclare dans la même ville : c'est une maladie inconnue, qui frappe jusqu'aux gens « de bon gouvernement », leur fait perdre entièrement la parole et les emporte. Le roi de Sicile, cette fois, institue un médecin et un chirurgien publics, payés cent livres par an, pour arrêter l'invasion du fléau et soigner continuellement les habitants[2]. On reconnaît à ce trait le père plein de sollicitude qui, se préoccupant du « bien et sûreté des corps des créatures », contraignait les chirurgiens du Barrois à connaître leur métier avant de l'exercer, frappait d'une taxe les bouchers de Naples vendant des viandes malsaines, envoyait porter des secours aux moindres localités de Provence éprouvées par la peste ou la famine. Louis XI, en alléguant dans l'acte d'institution de la mairie d'Angers, l'insuffisance de l'ordre et de la sécurité procurés par le régime antérieur, pouvait-il choisir un plus mauvais argument? Ses propres administrateurs se chargèrent de lui donner un démenti ; car, dès

[1] Arch. nat., P 1334[4], f° 76 ; pièces justificatives, n° 51.

[2] Arch. nat., P 1334[7], f°s 13 v°, 67 v°.

le premier hiver qui suivit la mort du bon roi, les gelées ayant sévi d'une manière extraordinaire, ils laissèrent la ville manquer de bois, faute de prévoyance et de police, et tout le monde, d'après une note des mémoriaux, faillit mourir de froid [1]. Ainsi les Angevins purent reconnaître qu'en dépit des plus belles promesses, on ne gagne pas toujours à passer sous le sceptre d'un souverain puissant.

Il y avait, parmi les sujets du roi de Sicile, une caste assez nombreuse soumise à des règlements exceptionnels : c'étaient les Juifs. Le comte Charles II les avait autrefois bannis de l'Anjou, du Maine et de la Provence, ainsi que les Lombards, les Cadurcins et toute la gent des usuriers, parce qu'ils ruinaient et scandalisaient les chrétiens [2]. Mais ils y étaient revenus et ils avaient pullulé, en Provence surtout. L'opinion publique, au quinzième siècle, commençait à s'adoucir à leur égard. René fut un des princes qui les protégèrent le plus, tout en punissant sévèrement leurs méfaits. Sa piété éclairée le portait à les traiter avec humanité ; car il est à remarquer que les Juifs ont toujours trouvé une condition plus douce sous les gouvernements vraiment religieux. L'intérêt le poussait peut-être aussi à la tolérance : son trésor était pauvre, et leurs épargnes entassées étaient inépuisables ; aussi se faisait-il souvent aider par eux, soit par voie d'emprunts, soit par voie d'impôts. Les Juifs de Provence lui payaient une pension ou contribution annuelle de 21,000 florins, sans compter les subsides extraordinaires ou dons gra-

[1] Arch. nat., P 1334[11], f° 21. Du 27 décembre 1480 au 7 février 1481, la Loire, la Sarthe, le Loir, l'Authion, la Mayenne et les autres cours d'eau « furent pris sans rompre, en manière que gens, chevaulx, charrectes chargées de bois et de pippes de vin y passèrent, et de ceste Chambre des comptes furent veuz plus de dix mil personnes aller, venir, biller et bouller par dessus ladite rivière de Mayenne, depuis le Port-Linier jusques au Pré de la Savate, qui fut le penultime jour du moys de janvier, l'an dessus dit. » (*Ibid.*)

[2] « *Et quia cum multis mulieribus christianis se nefariè commiscebant.* » (Arch. nat., P. 1334[2], n° 7, f° 9.) Cf. une ordonnance du même prince expulsant les Juifs des emplois qu'ils occupaient à Tarascon, « attendu qu'il ne faut point les élever par la faveur, mais les rabaisser comme blasphémateurs du nom chrétien. » (Arch. de Tarascon, GG 40.)

cieux [1]. Il leur accordait, en retour, des immunités et des priviléges précieux. En 1443, reconnaissant qu'ils ne respiraient « que sous le bouclier de sa tutelle », il confirma les lettres de protection qui leur avaient été octroyées par sa mère Yolande, et qui garantissaient leur liberté individuelle contre toute vexation injuste [2]. Onze ans plus tard, il adoucit les anciens statuts qui les régissaient et qui leur rendaient l'existence pénible. Ainsi la large rosace d'étoffe jaune ou rouge qu'ils devaient porter sur la partie la plus apparente de leurs vêtements, et dont le but était de les signaler à l'animadversion publique, fut remplacée par un petit rond de fil de la largeur d'un gros d'argent, placé sur la ceinture, au côté gauche, et cette marque ne fut même plus obligatoire que dans les villes et les lieux fermés. Il fut défendu en même temps de rien attenter contre les Juifs des deux sexes, de les inquiéter dans l'exercice de leurs offices, de leur commerce, et notamment de la médecine, qu'un grand nombre d'entre eux pratiquaient; de les molester dans les *carrières* ou les rues qu'ils occupaient, dans leurs synagogues, dans leurs cimetières; de les forcer à entrer dans les églises; d'exciter le peuple contre eux du haut de la chaire. Les officiers du comte furent chargés de les défendre contre quiconque enfreindrait cette ordonnance [3]. Ce n'était pas assez : une charge de conservateur et juge des Juifs fut créée ou rétablie, pour mieux assurer la distribution de la justice à leur égard et le maintien de leurs priviléges, charge qui fut occupée successivement par des personnages touchant de près à la personne du souverain, comme le sire de Précigny, Philippe de Lénoncourt, Ferry de Lorraine et le Napolitain Jacques Ga-

[1] Arch. des Bouches-du-Rhône, B 14, f° 185; B 16, f° 140 v°; etc.

[2] « *Sub solo nostre deffensionis clipeo respirare.* » Arch. des Bouches-du-Rhône, B 13, f° 30.

[3] Arch. des Bouches-du-Rhône, B 14, f° 152 v°. Il parait que les états de Provence obtinrent, en 1472, le rétablissement de la roue ou rosace rouge, par la raison que le signe porté par les Juifs était devenu si petit et se dissimulait si facilement dans les plis de leur habit, qu'on ne les distinguait plus. (Vill.-Barg., III, 52.)

liotto[1]. Les comptes du roi de Sicile montrent qu'il trouva chez ses protégés une certaine reconnaissance, et qu'ils lui rendirent des services fort appréciés, dont ils savaient, du reste, se faire bien payer. Il prenait parmi eux des courriers, des péagers, des tailleurs, des couturières, des tapissiers, des fournisseurs de toute espèce. Ceux qui se distinguaient par leur science ou leur mérite étaient largement récompensés. Ainsi un médecin juif d'Aix, appelé Cohen, qui avait été exempté de toute taille, obtint, en 1477, la confirmation de cette faveur, par la raison qu'il était vieux, chargé d'enfants, et qu'il paraissait digne d'être élevé au-dessus de sa caste. Déjà Louis II avait utilisé les lumières de plusieurs de ses pareils et s'était fait soigner par eux dans sa dernière maladie. Plus anciennement encore, la reine Jeanne avait eu pour médecin un juif arabe, appelé Ben-dig-Ahym, qui habitait la ville d'Arles. Il est probable que René suivit leur exemple, bien que ses actes ne le disent pas formellment. Nostredame parle d'un autre individu de la même race qu'il favorisa pour son habileté dans l'art de la médecine, et qu'il dispensa également de l'impôt judaïque, Abraham Salomon. Cet historien lui-même appartenait à la famille d'un médecin israélite, converti par l'influence du bon roi et devenu, pour cette raison, son familier : car, s'il s'intéressait au sort des endurcis et des persécutés, sa bienveillance recherchait plus encore ceux qui se faisaient baptiser, et il suffisait, pour mériter ses libéralités, *d'avoir été autrefois* de la secte juive[2].

Peut-être une si grande condescendance envers les Juifs eut-elle l'inconvénient de faciliter leurs pratiques usuraires ; car elles atteignirent, bientôt après, de telles proportions, que le peuple provençal se souleva contre eux et obtint de Char-

[1] Arch. des Bouches-du-Rhône, B 15, f° 129 ; B 16, f° 107 v°. Arch. nat., P 1334[11], 2e partie, f° 87 v°. M. de Villeneuve-Bargemont nomme encore, parmi les titulaires de cet emploi, Charles de Castillon, Jean de Matheron et Jean de Forbin, frère de Palamède de Forbin (III, 369).

[2] Arch. nat., *ibid.*, fos 21, 30 v°, 54, 72, 84, etc. Arch. des Bouches-du-Rhône, B 273, f° 179, etc. Pièces justificatives, n° 88. *Comptes et mémoriaux*, nos 349, 512, 624, etc. Nostredame, p. 618.

les VIII un nouveau décret d'expulsion. Ces malheureux n'échappaient point cependant à la justice du comte ; il savait, comme je l'ai dit, les châtier à l'occasion avec une rigueur inflexible. On en a une preuve plus que suffisante dans le trait suivant, rapporté par Bourdigné. Un juif d'Aix, nommé Asturge (ou Astruc), dont les blasphèmes publics avaient excité jadis une sédition violente contre le tribunal suprême, accusé d'un excès d'indulgence à son égard et transféré peu après à Marseille pour ce fait même, recommença, dans les dernières années du règne de René, à vomir contre la foi chrétienne les imprécations les plus horribles. Le prince essaya d'abord de le faire venir à résipiscence par la douceur mais, voyant tous ses efforts inutiles, il finit par l'abandonner aux juges, qui le condamnèrent à être écorché vif. Le juif lui fit offrir clandestinement, pour obtenir sa grâce, une somme de vingt mille florins : sa proposition fut repoussée avec horreur, et l'arrêt fut exécuté [1].

[1] Bourdigné, II, 237 et suiv. L'historien de René a reproduit tout au long cette anecdote, en révoquant en doute, avec raison, certains embellissements imaginés ou accueillis avec trop de confiance par le crédule chroniqueur (III, 148-152).

CHAPITRE III.

AFFAIRES MILITAIRES.

Appatis et *payes* imposés à l'Anjou ; leur remplacement par la taille des gens d'armes. — Vexations des troupes royales. — Corvées et redevances militaires. — Fortifications. — Capitaines et lieutenants des places fortes. — Garde du roi de Sicile. — Marine militaire. — Ordre du Croissant : sa fondation ; ses statuts ; ses dignitaires. — Extinction de l'ordre.

L'autorité militaire, dans le duché d'Anjou, était partagée, comme les impôts, entre le roi de France et le duc. L'invasion des Anglais, leurs tentatives réitérées sur cette province, et surtout l'occupation du Mans, avaient décidé Charles VII à fortifier les garnisons des principales places du pays en y envoyant des compagnies de gens d'armes et de trait à son service : une fois installées, elles y demeurèrent. Ces compagnies furent payées au moyen d'un *appatis* ou contribution de guerre, levée par les capitaines dans les différentes paroisses, avec des frais et des surcroîts considérables, qui retombaient à la charge du peuple. La misère à laquelle était réduit le duché d'Anjou, les plaintes continuelles qui s'élevaient sur le fardeau imposé par la présence des troupes royales [1], finirent par émouvoir le souverain, qui, après quel-

[1] Si l'on veut avoir une juste idée de ce fardeau, il faut lire le passage suivant du mémoire que René adressait au Roi en 1450, et dont il a été question plus haut :

« Depuis la prinse et perdicion du Mans, qui fut XXVI ans a ou environ, ledit païs d'Anjou, d'un cousté, devers la frontière, a tousjours esté barrière et boulevart de l'autre pays de par deçà, a porté et soustenu entièrement le fes et la charge de la guerre et le paiement des gens establiz es places de la frontière, en la plus grant confusion et désordonnance des gens d'armes dont jamais fut mémoire ; car ils tauxoient le pouvre peuple à leur voulenté, les prenoient prisonniers,

ques essais de réforme, rendit, au mois de mai 1442, à Limoges, une ordonnance régularisant leur solde et diminuant leur effectif. L'Anjou et le Maine réunis n'eurent plus à fournir que cinq cent trente-trois *payes*, c'est-à-dire l'entretien de cinq cent trente-trois gens d'armes, de leur suite et de leurs chevaux. Deux ans plus tard, le duc, étant venu résider à Angers, y reçut la visite de son beau-frère : les habitants des campagnes profitèrent de leur entrevue pour solliciter une nouvelle réduction. Les deux princes purent constater de leurs yeux le triste état de la contrée, les vexations, les extorsions, les maux de toute sorte qu'occasionnait encore la taxe militaire. Un pareil tableau et les observations de René,

ranczonnoient, et faisoient presque toux exploictz que peussent faire les Angloys; et n'estoit point regardé que une paroesse ne payast seulement que à une forteresse, mais à X ou à XII, le tout par la mauvaise et dampnable exaction que on appelloit les appastilz, qui povoit monter, selon l'estimacion qui s'en povoit faire et comprins sauvegardes baillées, cédulles, courses, croissements, commissiohs, quictances et telles autres pilleries, qui se montent par an, pour le party du Roy, à plus de C mil livres, ainsi que le Roy peut savoir et qu'il lui fut monstré bien au cler huit ans a ou environ, luy estant au chastel d'Angiers.

« Item, en oultre, a porté la charge de toutes les armes, entreprinses et journées qui se sont tenues en cette marche de païs et grant partie du païs de Normandie, tout sans ordre ne aucun paiement, mais à voulenté et à la destruction et charge dudit pays.

« Item, au regart de la porcion dudit païs d'Anjou de devers Poictou, Loire entre deux, chascun scet communéement [que] les grosses armées sont venues et descendues oudit pays, pour ce qu'il estoit le plus prouchain de la frontière, et y ont vescu et séjourné par tant de foiz que à peine se porroit nombrer, en destruiant, pillant et robant le pays, vivant sans ordre et à voulenté ranczonnant, brulant églises et maisons, tuant les bestes de labour et autres, et faisans toux exploictz que à pou eussent fait ou peu faire les Angloys.

« Item, en ladite porcion de pays sont sans nombre de foiz venus raurières gens de compaignies et destruieurs de peupple, qui se sont gouvernez en la manière que faisoient les gens d'armes par le royaume, c'est assavoir prendre, ravir et emporter tout ce qu'ilz povoient trouver.

« Item, soit noté que la cause qui plus les a tenu et fait séjourner oudit pays a esté la cause des entreprinses de la frontière, et qu'ilz disoient avoir charge, commission et congié du Roy, laquelle dissolucion a duré à poy près depuis la descense des Angloys en Normandie jusques à la nouvelle ordonnance faicte par le Roy de l'establissement de gens d'armes par le royaume. »

(Arch. nat., P 1334[5], f° 40.)

dont le cœur souffrait de la détresse de ses sujets, ne furent pas étrangers, sans doute, aux résolutions qui se traduisirent, bientôt après, par la transformation des milices françaises, la constitution des compagnies d'ordonnance et le remplacement des appatis par un impôt moins arbitraire, appelé la taille des gens d'armes. On a vu que le roi de Sicile avait été l'âme de cette réforme générale; son mémoire de 1450, dans lequel il expose les inconvénients du système antérieur, confirmerait le fait s'il en était encore besoin. Mais, dès l'entrevue d'Angers, au mois de janvier 1444, il obtint pour les populations de son duché un second allégement. Au lieu d'être levées par les capitaines des frontières, dont la rapacité n'était retenue par aucun scrupule, les payes furent perçues en la main du Roi, par des commissaires spéciaux; c'est-à-dire que leur assiette se fit régulièrement, comme celle d'un impôt fixe, et en même temps elles furent ramenées du chiffre de cinq cent trente-trois au chiffre de quatre cent deux et demie, ce qui faisait cent trente payes et demie de moins à la charge des pays d'Anjou et du Maine [1]. Ainsi les vassaux de René jouirent les premiers d'un régime plus doux, et recueillirent à l'avance le bénéfice de la nouvelle organisation militaire.

Les ordonnances de 1445 les firent rentrer dans le droit commun : ils n'eurent plus alors à supporter que la taille uniforme des gens d'armes. Cette contribution s'éleva, pour l'Anjou, aux environs de soixante mille livres, somme représentant l'entretien de cent quarante *lances fournies*, avec les frais d'assiette et de perception. Sur ces cent quarante lances, soixante étaient attribuées à la partie du duché située au nord de la Loire (côté *devers frontière*), et quatre-vingts à l'autre partie (côté *devers Poitou*). Mais cette répartition parut inégalement faite au roi René : il demanda et il obtint, en 1450, que la distinction en deux régions fût supprimée, et que l'ensemble de la taille, ou la valeur des cent quarante lances, fût

[1] Arch. nat., P 1335, n° 123; pièces justificatives, n° 19.

levé simplement par élection et par paroisse, c'est-à-dire proportionnellement au nombre des habitants, ce qui était, en effet, beaucoup plus juste. L'élection d'Angers eut à payer environ trente-quatre mille livres; celle de Saumur, dix mille; celle de Loudun, treize mille. René parvint encore à alléger la taille des gens d'armes en la faisant percevoir, comme il a été dit, en même temps que la taille du Roi, ce qui diminuait de moitié les frais de recouvrement de l'une et de l'autre. Aucune part ne lui revenait sur la première : elle entrait tout entière dans le trésor royal[1].

Ces réformes ne mirent cependant pas un terme définitif aux vexations des gens de guerre. Elles se renouvelèrent, en cette même année 1450, à l'occasion du siége de Fresnay-le-Vicomte, entrepris par les troupes royales. Les commissaires chargés de faire contribuer aux frais des opérations les localités voisines étendirent leur mandat jusqu'à la banlieue d'Angers, quoique cette ville fût à une grande distance de Fresnay : leurs exactions causèrent plus de tort au pays que tous les autres impôts réunis. En l'absence de René, qui combattait avec Charles VII en Normandie, le Conseil ducal se plaignit amèrement[2], à plusieurs reprises, et dut exiger la restitution de l'aide perçu injustement sur la paroisse de Grez. De soi-disant capitaines continuèrent encore, les années suivantes, à rançonner les marchands, les paysans; on vit même une de leurs bandes incendier une église des environs de Baugé : les coupables furent poursuivis, arrêtés, et le roi de Sicile les fit

[1] Arch. nat., P 1334[5], f°s 44-48.

[2] « Il nous semble que le Roy n'entendit oncques que, pour ledit siége de Fresnay, les paroesses de ce païs d'Anjou, si loingtaines de ladite place de Fresnay, fussent ainsi traictées, et ne croyons pas que vous ayez commission de vous eslargir si avant ne de faire ainsi rigoureusement traicter les pouvres subjetz du roy de Sicile nostre maistre, qui par autre part sont en la misère et neccessité que vous povez savoir. Véritablement, il est plus grant cry et plaincte des exploictz qui se font par vertu de voz commissions que de tous les autres deniers qui se liévent pour le Roy en tout ce païs d'Anjou. Toutesfois, pour le présent, nous vous prions que en faveur de nostredit maistre, et jusqu'à ce que en ceste matière il ait peu avoir du Roy la provision qui y appartient, vous vueilliez différer et faire sourceoir. » *Lettre du Conseil, en date du 12 juillet 1450.* (Arch. nat., P 1334[5], f° 11 v°.)

juger en sa présence, à cause de l'énormité de leur crime. Les gens d'armes du Roi ne devaient séjourner qu'une nuit dans chaque logis : ils enfreignaient souvent cette règle, et se faisaient payer par les habitants pour ne pas loger chez eux. Le souverain lui-même autorisait parfois des compagnies de cinquante lances à s'installer dans quelques petits villages, épuisés par la guerre et la stérilité. A chaque instant, il fallait que René ou son conseil intervinssent pour réprimer ces abus et réclamer auprès du pouvoir central. Entre autres mesures protectrices, ils prirent, en 1453, une décision qui obligeait les francs-archers à remettre leurs armes et leurs équipements aux mains des procureurs des paroisses où ils étaient logés, pour les reprendre seulement en cas de besoin : cette remise devait être provoquée par les élus, et s'effectuer en présence du curé ou chapelain, assisté de deux de ses paroissiens les plus notables [1]. Mais ces remèdes partiels n'avaient pas grande efficacité ; ce n'est qu'au bout de longtemps et après de nombreux tâtonnements que l'administration militaire du royaume pouvait se régulariser.

En dehors des contributions de guerre qui leur étaient imposées par le roi de France, les sujets du duc d'Anjou devaient à celui-ci les services du guet, de garde et de chevauchée, ou l'indemnité pécuniaire qui les remplaçait. Dans certaines places, comme à la Roche-sur-Yon, cette indemnité montait à vingt-cinq livres par an. Les procureurs du duc étaient chargés d'en poursuivre le payement et de faire punir les retardataires. En 1454, Charles VII défendit de contraindre les bonnes gens de son royaume à faire le guet plus d'une fois par mois, et d'exiger des défaillants une amende de plus de dix deniers. La plus grande partie du territoire français était alors reconquise ; la garde des places fortes était devenue d'une nécessité moins rigoureuse. René accorda depuis l'immunité du guet à quelques-uns de ses vassaux, notamment aux habitants du Bouchet, qui devaient cette corvée au

[1] Arch. nat., P 1334⁵, f°s 14 v°, 20, 28 v°, 76 v°, 80 v°.

château de Mirebeau [1]. Dans le duché de Bar, la situation du pays, les troubles incessants auxquels l'exposait le voisinage des ducs de Bourgogne exigeaient une surveillance plus sévère. Tous les individus domiciliés dans la prévôté de Bar furent astreints, en 1438, à contribuer au guet du château et de la ville de Bar. Au moment de la guerre du Bien public, ce service fut encore renforcé, et les *guettables* durent, de plus, travailler journellement aux réparations de la place [2].

L'entretien des fortifications retombait aussi, en Anjou, à la charge des citadins : on a vu que les impôts du *trespas* et de la cloison étaient destinés en principe à y subvenir. Les villes sollicitaient quelquefois d'elles-mêmes la permission d'établir des taxes spéciales afin de pouvoir se fortifier : une gabelle fut demandée dans ce but par les habitants de Longwy en Barrois, qui l'obtinrent au mois de juin 1456 [3]. Les seigneurs particuliers qui voulaient construire sur leurs terres une forteresse, des tours, des fossés, des ponts-levis, devaient de même se munir de l'autorisation du prince ; elle leur était ordinairement accordée par dérogation à la règle générale, qui voulait que le droit d'*emparement* fût inhérent au droit de haute justice, et moyennant certaines conditions explicitement déclarées, comme de faire faire les guets et gardes à leurs dépens, de démolir leurs remparts à la première réquisition du roi de Sicile, si l'ennemi approchait et qu'ils ne fussent pas de force à lui résister, etc. [4].

Chaque place de guerre, en Provence comme dans les duchés de Bar et d'Anjou, était confiée à la garde d'un capitaine et d'un lieutenant, nommés directement par René. Ces

[1] Arch. nat., P 1334⁵, f° 108 v°; P 1334⁶, f° 100; P 1334⁷, f° 20; P 1340, n° 507.

[2] Bibl. nat., Lorraine 98, f°s 102, 207.

[3] Arch. nat., P 1334³, f° 192.

[4] Jacques du Plessis, seigneur de la Bourgonguère, dans la châtellenie de Saint-Florent, Charles de Montecler, seigneur de la Bigeotière, sur les marches de Bretagne, Jean Dosdefer, seigneur de la Turbille, dans la paroisse de Beaulandry, près de Baugé, furent ainsi autorisés par René à bâtir des maisons-forts dans leurs seigneuries respectives. (Arch. nat., P 1334⁵, f° 91 ; P 1334⁹, f°s 33, 35 v°.)

officiers étaient choisis parmi les chevaliers de son entourage; ils prêtaient serment, soit entre les mains du chancelier, soit en la Chambre des comptes. La capitainerie d'Angers avait une importance toute particulière, puisque Louis XI n'eut de repos qu'après s'en être assuré la libre disposition. Le titulaire de cette charge avait la mission de défendre les habitants contre toute mauvaise entreprise, c'est-à-dire qu'il était le chef militaire de la capitale de l'Anjou, et, par suite, de tout le duché. Aussi ne fut-elle occupée que par des personnages considérables, tels que Bertrand de Beauvau, Jean de Lorraine, comte d'Harcourt, René de Vaudemont, Guillaume de Tancarville. Les trois derniers, nommés après la retraite du roi de Sicile en Provence, exerçaient en même temps les pouvoirs de gouverneur d'Anjou. Antoine de Sourches, sire de Maigné, dit Malicorne, qui leur succéda, touchait une indemnité de douze cents livres par an sur l'imposition foraine, outre les gages ordinaires des capitaines, qui ne s'élevaient, dans les autres places du duché, qu'à cent ou même qu'à cinquante livres. Le sire de Maigné, qui était l'homme de Louis XI, fut assisté de deux écuyers, Regnauld et Briend Grany, dont chacun reçut trois cents livres d'appointements. C'est ce même capitaine qui fit ravitailler et fortifier à nouveau le château d'Angers, par ordre de son maître, et qui fut chargé d'habituer les bourgeois de la ville au service militaire permanent dont la charte municipale de 1475 leur avait procuré l'avantage. Après la réunion de l'Anjou à la couronne, il conserva son office et sa pension [1].

Indépendamment de ce personnel militaire, et sans parler des compagnies d'archers ou de gens d'armes qu'il organisait à grands frais pour ses expéditions, René entretenait, vers la fin de sa vie, une garde royale, composée seulement de quarante « compagnons » et d'un capitaine, qui s'appelait, en 1478, Jean de Bidos. Cette petite troupe d'élite, qui avait la mission de l'escorter et de veiller à la sûreté de sa personne,

[1] Arch. nat., P 1334[9], fos 38 vo, 171; P 1334[10], fos 21, 119 vo; P 1334[11], fo 26. V. ci-dessus, p. 395.

lui coûtait la somme de quatre mille florins par an; elle était habillée de jaquettes uniformes et armée de *vouges* (espèce de hallebarde). Un autre corps spécial fut formé à Marseille, en 1479, pour assurer la sécurité du pays provençal : il comprenait trois cents soldats et marins, levés dans cette contrée par le sire de Cotignac ; ils avaient pour armes des « bâtons à feu », c'est-à-dire, sans doute, des fusils très-rudimentaires, et plusieurs barques leur étaient affectées pour la surveillance des côtes [1].

Cette garde côtière paraît avoir été la seule force maritime organisée d'une manière permanente par le roi René. La marine marchande reçut de lui, comme on l'a vu, une protection et des encouragements efficaces ; mais sa marine militaire paraît avoir eu peu d'importance. Lorsqu'il avait besoin de navires, soit pour défendre ses ports de Provence, soit pour transporter ses troupes en Italie, en Catalogne, il se bornait, la plupart du temps, à acheter ou à louer des galères génoises. Au royaume de Naples également, la guerre navale était faite pour son compte par des Génois. La marine française était loin d'être à sa disposition, surtout sous le règne de Louis XI, dont il s'attira la colère pour avoir voulu employer un bâtiment royal au ravitaillement de Barcelone. Il lui fallait donc recourir à l'étranger. Les Catalans, les Florentins lui fournirent aussi des vaisseaux. En 1449, il donnait deux cents florins d'appointements à Philippe de Johanne, de Florence, patron d'une *galée* engagée à son service. Il achetait à Gênes, par l'entremise des marchands de Marseille, les agrès nécessaires à l'équipement de sa flotte : quatre cent soixante-treize rames de galères, qu'il se procura ainsi dans cette même année, lui coûtèrent sept cent dix-sept florins. Il faisait recouvrir ces navires d'écussons à ses armes et de tentures à ses couleurs. C'est au port de Marseille que se faisaient ordinairement ces préparatifs, ainsi que les armements. La tour et les

[1] Arch. des Bouches-du-Rhône, B 273, f°s 102 v°, 204. On trouvera plus haut (p. 180) et dans le tome II (p. 127) des indications sur la part prise par René au développement de l'artillerie et au perfectionnement des armes de son temps.

fortifications qui le protégeaient en faisaient la principale place de guerre de la côte provençale. Aussi René poursuivit-il avec sollicitude la reconstruction de ces ouvrages, dont il confia la garde à des officiers éprouvés, comme Ferry de Lorraine. Bouc, Toulon, Yères venaient au second rang, et formaient une ligne de défense trop souvent insuffisante contre les attaques des Aragonais [1].

Les capitaines de la marine provençale n'étaient guère que des patrons de navires marchands, investis d'un commandement par la confiance de leur prince. Jean de Village lui-même, ce neveu de Jacques Cœur que le roi de Sicile refusa si énergiquement de livrer aux agents de la cour de France, et qui était son capitaine général sur la mer, n'entreprenait que des expéditions commerciales : il louait ou prêtait ses propres vaisseaux à son maître quand un service militaire les réclamait. Charles de Torreilles, qui avait la même qualité à l'époque de la guerre de Catalogne, et qui appartenait vraisemblablement à l'ordre de Saint-Jean de Jérusalem [2], était chargé d'armer lui-même sa flotte et de se procurer des baleiniers, des trirèmes, des birèmes. René l'avait intéressé directement au succès de ses expéditions en lui concédant le droit de quint, c'est-à-dire la cinquième partie de toutes les prises qu'il ferait sur mer ; il lui accorda même une décime en plus sur les prises faites dans les eaux de Provence, afin de mieux assurer la protection des côtes. Antoine Setanti, ainsi que d'autres patrons ou capitaines à son service, jouissaient des mêmes priviléges. Mais cette faveur avait de graves inconvénients ; elle les excitait à commettre des actes de piraterie, que le prince avait beaucoup de peine à réprimer. L'un d'eux ayant capturé, en 1469, un navire monté par Jean Ruiz Iracabal, Castillan,

[1] Arch. nat., P 1334[14], 2e partie, fos 60, 62 v°, 79, etc. Arch. des Bouches-du-Rhône, B 11, f° 201 ; B 14, f° 67 v°. V. ci-dessus, p. 135, 328, et tome II, p. 54.

[2] « *Magnificus et religiosus vir frater Carolus de Torrelles, capitaneus generalis noster in mari.* » (Bibl. d'Aix, ms. 1064, p. 107.) C'est ce même capitaine qui fut longtemps en captivité chez les Sarrasins de Bougie, et que René fit délivrer par son frère Jean de Torreilles, comte d'Iscla.

qui passait en vue des îles d'Yères, René faillit avoir une querelle à ce sujet avec le roi de Castille, et même avec le roi de France, vu que l'agresseur s'était fait aider par des marins languedociens : heureusement la restitution fut ordonnée à temps. Huit ans auparavant, le gouvernement de Florence avait dû réclamer contre les déprédations d'un corsaire appelé Scarinei, qui, naviguant sous le pavillon du roi de Sicile, avait assailli et rançonné des galères florentines sur les côtes de Barbarie. Mais il y avait là, sans doute, une supercherie; trop souvent les corsaires couvraient leurs rapines de l'autorité d'un nom qu'il ne leur appartenait nullement d'invoquer. Malgré ces abus, René montrait envers ses marins une extrême indulgence : ceux qui étaient pauvres étaient presque sûrs d'obtenir le pardon de leurs méfaits. Plusieurs d'entre eux avaient une fois commis des violences dans la rade de Marseille; sur le point de subir une condamnation, ils lui adressèrent une supplique. Aussitôt le bon roi, « considérant qu'ils étaient marins et qu'ils avaient beaucoup de charges, » écrivit à l'évêque de cette ville pour lui demander si ce n'était pas là un cas de miséricorde. « Quant à nous, ajoutait-il, nous désirons que tout leur soit remis et pardonné [1]. »

Le caractère et les idées du roi René se reflètent admirablement dans une institution à la fois militaire et religieuse, par laquelle il semble avoir voulu réveiller et vivifier la chevalerie expirante. L'ordre du Croissant, qui précéda d'une vingtaine d'années le premier ordre de chevalerie créé par les rois de France, celui de Saint-Michel, fut son œuvre personnelle; il paraît en avoir caressé longtemps le projet, et, une fois qu'il

[1] Arch. nat., P 1334[3], f° 7 v°; Bibl. d'Aix, ms. 1061, p. 107, 206; Mémoires de Basin, IV, 362; Desjardins, *Négociations avec la Toscane*, I, 112; *Œuvres du roi René*, I, 1, 0. Signalons en passant la méprise de M. de Quatrebarbes, qui, dans l'affaire du Castillan Iracabal (qu'il appelle Nacabal), croit voir l'enlèvement d'un bâtiment provençal par Louis XI : c'est à peu près le contraire de ce que dit la lettre reproduite par lui. Pour ce qui concerne la marine militaire de l'époque, cf. l'intéressant mémoire de M. Vallet sur les institutions de Charles VII (*Bibl. de l'École des chartes*, XXXIII, 78).

l'eut réalisé, il soutint sa fondation avec un amour de père. Peut-être l'idée lui en avait-elle été suggérée par l'établissement de la Toison d'or, qu'il avait vu naître, pour ainsi dire, à la cour de Bourgogne. D'après Claude Ménard, qui a rassemblé, au dix-septième siècle, des matériaux sur ce sujet, il l'aurait empruntée à l'ordre du Navire, fondé par saint Louis et par son frère Charles d'Anjou, ordre dont l'insigne était un collier composé de coquilles et de croissants entrelacés deux par deux. L'une et l'autre institution étaient, en effet, un souvenir de l'Orient : celle du treizième siècle avait été imaginée en commémoration de la croisade ; celle du quinzième rappelait par son nom et son emblème le goût prononcé du roi de Sicile pour tout ce qui venait du Levant. Mais c'est là une ressemblance de pure forme, et les statuts de la nouvelle compagnie n'ont aucun rapport ni avec le Navire, ni avec le croissant turc. Ces statuts, plusieurs fois reproduits [1], portent la date du 11 août 1448; ainsi ce n'est pas à Angers, comme on l'a toujours dit, que l'ordre fut fondé, mais en Provence, où René résidait alors. Toutefois c'est sous le patronage de saint Maurice qu'il fut placé, et c'est dans l'église qui lui était dédiée, à Angers, que durent avoir lieu ses réunions. Il existait, par le fait, depuis l'année précédente ; car, dès le mois de septembre 1447, l'orfèvre Charlot Raoulin confectionna « ung collier de l'ordre du roy », et plusieurs mentions semblables se rencontrent dans les comptes de la même époque [2] ; mais il n'avait pas encore d'organisation régulière. Voici sur quelles bases il fut constitué par les règlements de 1448, que René et son fils ratifièrent en conseil le 23 septembre 1451 :

[1] D. Calmet, preuves, t. III, col. CXCIX ; Papon, III, 363 ; de Quatrebarbes, I, 51. Trois manuscrits de la Bibliothèque nationale renferment les statuts du Croissant : fr. 25204, ms. du XVe siècle ; fr. 5005 et 24108, reproductions faites par Claude Ménard, d'après un exemplaire qui lui avait été communiqué par MM. de Sainte-Marthe. Un quatrième manuscrit de la même bibliothèque (fr. 5225) contient les armoiries coloriées des chevaliers de l'ordre, et dans un cinquième (lat. 15077) on lit une courte notice sur ses origines, assez inexacte d'ailleurs, écrite au XVIIe siècle.

[2] *Extraits des comptes et mémoriaux*, n°s 501, 548, etc.

L'ordre du Croissant se composera de cinquante chevaliers au plus. Chacun d'eux sera gentilhomme de quatre lignées et pur de tout « vilain cas ». Ils jureront sur les saints évangiles de se conformer aux statuts. Ils entendront tous les jours la messe; *quand ils ne le pourront pas, ils payeront un prêtre pour* la célébrer, ou sinon, ils s'abstiendront de vin ce jour-là. Ils réciteront quotidiennement les heures de Notre-Dame, ou, s'ils ne savent lire, ils réciteront quinze fois le *Pater* et l'*Ave*. Ils observeront entre eux la paix et la charité, ne porteront pas les armes contre leur souverain, et obéiront au chef de l'ordre. Ils porteront au bras droit, tous les dimanches, un croissant d'or émaillé, où sera tracée en lettres bleues la devise *Los en croissant*, suivant le modèle joint aux statuts, et sous peine de payer une pièce d'or chaque fois qu'ils y manqueront[1]. Ils ne seront rayés du livre de l'ordre que s'ils sont infidèles à la foi catholique, s'ils s'adonnent aux maléfices, s'ils désertent leur bannière sur un champ de bataille, s'ils sont convaincus de trahison ou de félonie. Ils s'assembleront tous les ans à la fête de saint Maurice, pour tenir un chapitre général, dans le local qui leur sera assigné.

D'autres articles leur imposaient l'obligation de secourir les veuves et les enfants mineurs de leurs confrères défunts, de se visiter et de s'assister réciproquement en cas de maladie ou de captivité, d'avoir toujours pitié et compassion du pauvre peuple, de respecter les dames et de ne jamais médire d'elles sous aucun prétexte. Toutes leurs actions devaient être dirigées par la même pensée : croître en honneur et en bonne renommée ; *los en croissant!* Ainsi la fondation de René présentait le triple caractère d'une distinction honorifique, d'une société de secours mutuels et d'une confrérie vouée à l'application des principes chevaleresques. Ce programme était complet ; bien appliqué, il eût suffi peut-être à retenir la noblesse sur la pente

[1] Outre cet insigne, René fit faire pour son ordre plusieurs colliers d'or et des croissants brodés, tant à son usage qu'à celui des autres chevaliers. Des manteaux d'écarlate furent aussi confectionnés pour servir aux dignitaires dans les cérémonies. (*Extraits des comptes et mémoriaux*, nos 539, 548, 550, 570, 639, 640.)

de l'individualisme et de la corruption. Mais les vertus dont on commence à réglementer l'exercice sont déjà bien affaiblies, et lorsqu'on éprouve le besoin de les faire entrer dans les lois, c'est qu'elles ne sont plus dans les mœurs. La tendance de l'esprit public devait être plus forte que la généreuse volonté du roi-chevalier.

Les premiers gentilshommes honorés des insignes du Croissant furent, dans l'ordre de leur réception : Louis de Beauvau ; Ferry de Lorraine ; Pierre de Meuillon ; Jean Cossa ; René d'Anjou, qui ne voulut figurer d'aucune façon au premier rang ; Hélion de Glandèves ; Louis de Clermont ; Tanneguy du Châtel ; Louis de Bournan ; Pierre de Glandèves ; Gui de Laval ; Foulque et Raimond d'Agout ; Gilles de Maillé-Brézé ; Guillaume de la Jumelière ; François Sforza, duc de Milan ; Jacques-Antoine Marcello, de Venise ; Jean de la Haye ; Pierre de Champagne ; Gérard d'Haraucourt ; Simon d'Anglure ; Jean d'Anjou ; Thierry de Lénoncourt ; Jean du Bellay ; Jean Amenard, sire de Chanzé ; Bertrand de Beauvau ; Antoine du Plessis ; Jean de Fénestrange ; Gérard de Ligneville. Tous ces chevaliers, qui composaient l'élite de l'entourage du roi de Sicile, furent admis de 1448 à 1452. Parmi ceux qui furent créés depuis figurent Charles d'Anjou, comte du Maine, Gaspard Cossa, Saladin d'Anglure, Philippe de Lénoncourt, Jean de Beauvau, Jacques de Brézé, Jacques de Pazzi, de Florence, Robert de San-Severino, Jean, comte de Nassau, etc.[1].

L'ordre fut placé sous la direction d'un chef choisi chaque année dans son sein, et qui porta le titre de sénateur. De 1448 à 1454, cette charge fut successivement occupée par Gui de Laval, René d'Anjou, Jean Cossa, Louis de Beauvau, Bertrand de Beauvau, Jean, duc de Calabre, et Ferry de Lorraine. Les chevaliers eurent de plus un chapelain, un chancelier, un trésorier, un greffier, un roi d'armes et un poursuivant. Le chapelain devait avoir la dignité épiscopale. Cette fonction fut dévolue à l'évêque d'Orange, qui, ayant demandé au chapitre

[1] Mss. cités ; D. Calmet, II, 845 ; Papon, III, 308 ; Vill.-Barg., II, 289 ; de Quatrebarbes, I, 78.

d'Angers, de la part du prince, l'érection d'un autel spécial dans une chapelle de la cathédrale (appelée depuis chapelle des Chevaliers), y célébra un premier office solennel, en présence de l'ordre assemblé, le 16 septembre 1451. Quatre ans après, René fonda au même autel une messe quotidienne du Croissant, pour laquelle il assigna une somme de cent livres sur le revenu du minage d'Angers, et dont la célébration perpétuelle fut recommandée par lui à différentes reprises avec beaucoup d'insistance [1]. Le chancelier fut Charles de Castillon, et ensuite Jean Breslay, juge ordinaire d'Anjou. Après la mort de ce dernier, en 1473, les sceaux et les statuts de l'ordre, qu'il avait en garde, furent rendus à la Chambre des comptes et déposés dans ses archives [2]. Ces sceaux étaient au nombre de deux : leurs matrices, en argent, furent gravées au mois de septembre 1448 par l'orfèvre Charlot Raoulin; mais celle du plus grand dut subir une refonte, parce qu'il y avait mis une légende en français au lieu d'une légende latine. Le sceau représentait la figure de saint Maurice; le contre-sceau devait porter les armes du sénateur de l'année, accompagnées, comme celles de tous les autres membres, de l'insigne et de la devise de l'ordre [3]. Étienne Bernard, conseiller du roi de Sicile, et Benjamin, son vice-chancelier, furent nommés successivement

[1] Arch. nat., P 1334^6, f° 233; P 1334^7, f°s 53 v°, 93 v°, 147; P 1335, n° 167.

[2] René Breslay, son fils, remit à la Chambre, le 15 octobre 1473, le sceau du Croissant « ouquel sont gravez les armes de monsieur sainct Maurice, avec ung petit pappier en parchemin contènant XXVIII feillez, commanczant ou premier feillet : Ou nom du père, du filz, etc.; lesquelx seel et pappier estoient en la garde dudit feu juge, comme chancelier dudit ordre. » (Arch. nat., P 1334^9, f° 217 v°.) Le sceau, qui était une matrice en argent, demeura assez longtemps dans les archives d'Anjou, enveloppé d'une bourse blanche. Le volume conservé et inventorié est peut-être celui qui porte aujourd'hui, à la Bibl. nat., le n° 25204, et qui renferme les statuts de l'ordre, suivis des armoiries de plusieurs chevaliers. On aurait là, dans ce cas, l'exemplaire original des statuts, sinon le *Livre des blasons des chevaliers et écuyers de l'ordre* commandé par René le 23 juillet 1448 (*Extraits des comptes et mémoriaux*, n° 501).

[3] *Extraits des comptes et mémoriaux*, n°s 557, 561. Statuts du Croissant (de Quatrebarbes, I, 61).

trésoriers du Croissant. Ils payaient directement aux divers officiers de l'ordre le montant de leur rétribution. Jean de Charnières, secrétaire du même prince, remplit la charge de greffier. Le roi d'armes fut le sire du Houssay, conseiller, qui prit le nom de *Los*. Le héraut ou poursuivant, connu seulement sous celui de *Croissant*, paraît avoir joui d'une grande faveur auprès de son maître, qui lui donna l'intendance du château d'Angers et l'envoya en mission à Barcelone; il le servit avec un véritable dévouement, et finit ses jours longtemps après lui dans la capitale de l'Anjou. C'est de ce personnage ou de quelqu'un des siens que Bourdigné tenait une partie des renseignements à l'aide desquels il a retracé la vie du bon roi[1].

A l'époque de la campagne de Jean d'Anjou en Italie, en 1460, le pape Pie II, voyant que ce prince se servait de l'ordre du Croissant comme d'un appât pour attirer à lui les gentilshommes napolitains, s'en prit à l'institution elle-même et, dans un moment de dépit, la déclara supprimée. Le pontife ne paraît cependant pas avoir poursuivi l'exécution de cette mesure. L'ordre continua de subsister, en France du moins, jusqu'à la fin du règne de René, sans aucune tentative de prohibition, et le chapitre d'Angers lui-même n'interrompit pas la célébration des offices réglés par le fondateur. Dans chacun de ses testaments ultérieurs, celui-ci renouvelle à son héritier la recommandation de maintenir sa chevalerie du Croissant, et, sans nul doute, il n'entendait pas s'élever dans ces actes contre les décisions de l'Église. Le roi de France donna même une nouvelle consécration à l'ordre de son oncle, le jour où il l'autorisa, comme on l'a vu, à en porter les insignes avec le collier de Saint-Michel. Il est probable que les successeurs de Pie II, avec lesquels le roi de Sicile entretint de meilleurs rap-

[1] Arch. nat., P 1334[7], f°s 33 v°, 116, 168 v°; Arch. des Bouches-du-Rhône, B 274, f° 52 v°; Bourdigné, II, 240. En considération des services du sire du Houssay, mort avant 1467 René donna à son fils Gilles du Houssay, licencié en lois, le 14 janvier de cette année, le bail à ferme de sa seigneurie de Chailly et Longjumeau, parce qu'il était originaire du pays, jeune et désireux d'aller étudier à Paris. (Arch. nat., P 1334[8], f° 168.)

ports, laissèrent la bulle de suppression à l'état de lettre morte. Les traces de l'existence du Croissant se prolongent, en effet, jusqu'au mois de mai 1480. A cette date, le trésorier Benjamin étant mort, les gens des comptes reprirent à ses héritiers, sur l'injonction du prince, tous les objets appartenant à l'ordre, notamment des habits et tentures de cérémonie que le défunt avait confiés aux chanoines de la cathédrale, et qui comprenaient un vêtement de velours cramoisi aux armes de saint Maurice, servant au roi d'armes, un chapeau couvert de velours noir, dix carreaux armoriés en satin ou en velours, un drap de satin cramoisi destiné à recouvrir le siége du sénateur, et deux écussons brodés aux armes de René[1]. Les archives de la Chambre ne nous ont rien légué de ces précieux monuments d'une noble institution ; les représentations figurées des chevaliers du Croissant, qui ornaient le manuscrit du poëme latin composé en leur honneur par le Vénitien Antoine Marcello, ne nous sont pas parvenues non plus. Il ne nous reste qu'un dessin, reproduit par Montfaucon, qui nous montre vingt-cinq d'entre eux réunis en chapitre autour de leur sénateur, et quelques vestiges trop effacés dans la chapelle qui porte leur nom à Saint-Maurice d'Angers.

[1] Arch. nat., P 1334[10], f° 231 v°. Arch. des Bouches-du-Rhône, B 205, f° 90 ; B 690. Vill.-Barg., II, 44, etc. Claude Ménard, qui rédigeait son mémoire en 1644, dit que l'ordre du Croissant avait cessé d'exister depuis cent soixante ans ; ce qui reporte sa disparition à l'an 1484. (Bibl. nat., ms. fr. 5005 ; de Quatrebarbes, I, 78.)

CHAPITRE IV.

AFFAIRES ECCLÉSIASTIQUES.

Rapports de René avec l'Église. — Rapports avec le saint-siége; nomination des dignitaires ecclésiastiques. — Rapports avec les évêques, avec le clergé séculier et régulier; fondations religieuses. — Université d'Angers. — Écoles publiques. — École du château d'Angers.

Le récit de la vie du roi René a suffisamment fait ressortir, je pense, le caractère amical et presque intime de ses relations avec l'Église. Son rôle actif dans l'extinction du schisme, sa constante orthodoxie, sa piété sincère lui assuraient auprès d'elle un crédit considérable. Cependant leur accord ne fut pas toujours absolu : la politique, les questions personnelles vinrent quelquefois le troubler, et ce prince si dévoué au saint-siége fut amené accidentellement à professer, comme Charles VII, mais d'une façon moins accentuée, les maximes du gallicanisme naissant. Dans la première partie de son règne, et tant que son beau-frère fut sur le trône, ses actes accusèrent plutôt la tendance opposée ; au contraire, sous Louis XI, dont le gouvernement était plus favorable aux idées romaines, les circonstances l'en éloignèrent quelque peu : ainsi l'on ne saurait lui imputer d'avoir été à la remorque du roi de France ou de ses théologiens.

Dès 1438, il manifesta ses vrais sentiments en révoquant toutes les constitutions des comtes de Provence, ses prédécesseurs, qui portaient atteinte aux libertés de l'Église, et en soumettant à un conseil arbitral les différends des clercs avec ses officiers [1]. Deux ans après, Isabelle de Lorraine, son épouse, chargée de la lieutenance générale en Provence, annula en

[1] Arch. des Bouches-du-Rhône, B 11, f° 319.

son nom d'autres statuts contraires aux intérêts du clergé. Charles I, la reine Jeanne, Louis III avaient successivement ordonné que les fiefs tombés aux mains des prêtres ou des religieux fussent vendus dans le délai d'un an, sous peine de saisie. La régente, déclarant que son mari était le protecteur né des priviléges ecclésiastiques et que toutes les églises étaient de droit sous la sauvegarde du prince, amortit ces biens, sans se réserver autre chose que l'hommage et les services féodaux[1]. René lui-même confirma plus tard le mandement d'Isabelle, en étendant ses effets à toute la durée de son règne : on trouve cependant des lettres signées de lui qui prescrivent le transfert en mains laïques des fiefs acquis par les clercs sur le territoire de Tarascon depuis moins de cinquante ans[2]. La pragmatique-sanction, lancée vers cette époque, fut faite sans sa participation, au moment où il était occupé à la conquête du royaume de Naples. Pie II, énumérant un jour tous ses griefs contre lui, l'accusa de n'en avoir pas empêché l'apparition. La réponse était trop facile : il ne pouvait être pour rien dans les décisions prises par le conseil royal en son absence. En effet, Eugène IV, lorsqu'il protesta contre cet acte si grave, n'attribua au roi de Sicile aucune part de responsabilité ; les instructions qu'il remit à ses ambassadeurs en 1442, et dans lesquelles il s'élève avec force contre la déclaration de Bourges, dont le véritable auteur, dit-il, est bien connu, ne font aucune allusion à la coopération de ce prince, quoiqu'elles parlent beaucoup de lui à propos d'autres affaires[3]. Qui sait si la présence et les représentations d'un conseiller si influent n'eussent pas modifié les desseins du Roi ?

Une autre mesure préjudiciable aux intérêts de l'Église fut appliquée, durant son éloignement, dans son propre domaine. L'archevêque de Tours et l'évêque d'Angers ayant promulgué un statut du concile provincial de Nantes, dirigé contre les seigneurs et les juges séculiers qui empêchaient les tribunaux

[1] Arch. nat., J 291, nos 23-25.
[2] Arch. de Tarascon, AA 9.
[3] V. pièces justificatives, no 17.

ecclésiastiques de connaître des causes à eux attribuées par le droit et la coutume, le pouvoir royal s'émut de cette publication : les deux prélats furent cités devant le parlement, qui s'opposa à l'exécution du statut [1]. En pareille matière, le procureur du roi de Sicile dut se joindre à celui du roi de France contre les défendeurs. Il est difficile de croire que la personne de René, alors dans les Abruzzes, ait été mêlée à ce procès. Toutefois il partageait dans une certaine mesure le sentiment de la cour de Paris ; car lui-même interdit à ses sujets du Barrois, quelques années après, de soumettre des causes séculières à la justice ecclésiastique [2].

Ces légers dissentiments ne détruisaient pas la bonne harmonie entre les cours de Rome et de Sicile. La plus grande cordialité présida à leurs relations jusque vers la fin du règne d'Eugène IV ; mais elles se refroidirent sensiblement lorsque ce pontife, pour des raisons de force majeure, eut reconnu la dynastie aragonaise. Après sa mort, René, s'étant fait l'un des agents les plus actifs de la pacification de l'Église, rentra dans les bonnes grâces du saint-siége; Nicolas V rendit hommage à sa fidélité, à son dévouement, et lui accorda en récompense la libre disposition de cent bénéfices, par une bulle du 14 juin 1447, qui fut mise à exécution le 9 mars suivant [3]. L'intimité rétablie dura jusqu'à l'avénement de Pie II, bien que les papes

[1] Voici la teneur de l'article incriminé : « Item, que, pour ce que pluseurs barons, chevaliers, juges, baillis et autres séculiers font souvant pluseurs conspiracions et ligues contre la liberté de l'Église, mesmement en restraignant et diminuant la juridiction ecclésiastique et en défendant à leurs subgiez qu'ilz ne plaident en court d'église es causes de quoy l'Église peut et a coustume cognoistre, selon droit et par raison, le saint concile a ordonné qu'ilz soient admonestez es lieux publiques par les ordinaires soy désister et révocquer ce qu'ilz en ont fait dedans deux mois après la monicion ; autrement, s'ilz ne désistent ou révoquent, ilz sont excommuniez de l'autorité dudit concile et par le commandement et autorité de mons' d'Angiers. Item, ceulx qui font ou font faire statuz et bans en leurs terres contre les libertez de l'Église, et qui les gardent et observent en leur nom ou d'autres, et qui y donnent conseil, faveur et aide, sont excommuniez de l'autorité dudit concile. » (Arch. nat., P 1335, n° 122.)

[2] Arch. nat., KK 1118, f° 51 v°.

[3] Arch. des Bouches-du-Rhône, B 668.

demeurassent liés politiquement au parti d'Alphonse. Dans cette période pourtant, un nouvel incident se produisit. La collation des bénéfices était une question des plus graves pour les intérêts du comte de Provence : il arrivait souvent, en effet, que des canonicats, des prélatures même étaient conférés sans son agrément à des étrangers, dont la fidélité à sa cause n'était nullement assurée ; il était à craindre que, de cette façon, les places fortes du pays, surtout celles qui avoisinaient les côtes, toujours en butte aux agressions de l'ennemi, ne fussent occupées par des gens suspects. C'est pour ce motif qu'il s'était fait octroyer par Nicolas la faveur dont nous venons de parler. Mais après qu'il eut exercé ce privilége, concédé pour une fois seulement, l'état de choses antérieur reparut avec ses inconvénients et ses dangers. Il se décida alors à remettre en vigueur un ancien statut, soumettant les collations faites par le pape à l'approbation du Conseil éminent. Toute bulle conférant un bénéfice de cent florins et au-dessus dut, avant de recevoir son effet, être examinée par les membres du conseil et munie de leur attache ; si le candidat nommé n'était pas agréé, la question devait être immédiatement portée devant la cour de Rome [1]. Les difficultés que pouvaient faire appréhender une pareille mesure ne semblent pas s'être présentées. Calixte III était même sur le point de rendre l'appui du saint-siége à la maison d'Anjou et de déposséder le bâtard d'Alphonse, lorsque ce pontife fut enlevé par une mort imprévue. Nous avons exposé en détail l'attitude de son successeur Pie II, ses efforts contre le parti français, son différend avec le roi de Sicile. Celui-ci, aigri par ses procédés, eut le tort de se laisser aller à son ressentiment ; il ne craignit pas de donner à penser que ses convictions variaient au gré de ses intérêts, que sa soumission envers l'Église romaine était subordonnée à des considérations personnelles, et il en appela du pape au concile. Pie II condamna tout appel de ce genre ; la querelle s'envenima, et la défaite définitive du duc de Calabre, à laquelle le

[1] Acte du 4 décembre 1452 (Arch. des Bouches-du-Rhône, B 14, f° 91).

pontife contribua par ses armes comme par son argent, rendit la rupture à peu près complète. En 1464, la publication des bulles qui demandaient au clergé de France un nouveau subside pour le chef de l'Église rencontra chez le roi René une vive résistance. Il envoya lui-même à ses procureurs en parlement l'injonction de s'opposer pour son compte à l'entérinement, et renouvela à cette occasion ses appels au concile[1]. Cependant, comme il n'interdit la publication que dans le duché d'Anjou et dans les autres terres qu'il possédait sous la suzeraineté du roi de France, il y a lieu de croire qu'il se conformait en cela au mot d'ordre donné par Louis XI; car ce prince, plus que tout autre, suivait dans les questions religieuses un mobile intéressé et mettait la théologie au service de la politique. Encore n'avait-il pas, lorsqu'il faisait de la pragmatique-sanction et de son rétablissement un épouvantail exhibé à tout propos contre la cour de Rome, l'excuse que pouvait avoir son oncle : le pape ne lui avait causé aucun préjudice ni en Italie ni ailleurs.

Pie II étant mort la même année, l'union ébranlée se trouva raffermie aussitôt. René ne pouvait plus espérer une intervention du saint-siége dans les affaires de Naples; mais, ne se voyant plus en face d'une hostilité déclarée, il n'eut pas de peine à reprendre vis-à-vis de Paul II l'attitude bienveillante d'autrefois. Sous son pontificat, il prit une part directe à la nomination des dignitaires ecclésiastiques de Provence et de Catalogne : il présentait les candidats au cardinalat, aux évêchés, aux abbayes, aux canonicats. Comme ses propositions étaient quelque peu entachées de favoritisme, le pape ne les adoptait pas toujours. Il insistait alors avec une

[1] « Au sourplus, nous envoyons présentement à noz soliciteur et procureur en parlement noz lettres de procuration pour eux opposer, en tant que touche nostre duchié d'Anjou et autres terres et seigneuries que tenons soubz mondit seigneur (le Roy), à la publicacion et entérignement des bulles que le pape a discernées pour avoir et exiger grant partie des biens des gens d'église, nobles et laiz, et, se mestier est, d'en appeller au futur concile ou ailleurs, sans préjudice des appellacions par nous et les nostres autresfoiz interjectées dudit pappe. » Post-scriptum d'une lettre du 26 février 1464 (Arch. nat., P 1334[a], f° 18 v°).

fermeté respectueuse, faisant valoir les mérites de ses prétendants, l'intérêt du pays, l'amitié qui l'unissait au pontife. L'archevêque d'Arles, son conseiller et son ambassadeur à Rome, qui briguait le chapeau de cardinal, fut un de ceux pour lequel il adressa les sollicitations les plus fréquentes et les plus chaleureuses : tous les princes, disait-il, avaient obtenu cet honneur pour quelques-uns de leurs sujets, excepté lui ; son clergé ne renfermait il donc pas un prélat qui en fût digne[1] ? Il présentait en seconde ligne, pour le cardinalat, les évêques de Vicence et de Girone. Mais ce n'était pas seulement la faveur qui dictait ses choix ; c'étaient aussi des nécessités politiques. Ainsi, l'évêché de Barcelone étant depuis assez longtemps vacant et gouverné par un administrateur provisoire n'appartenant pas à son parti, il s'efforça de le faire donner à l'abbé de Ripoll, qui était venu, avec d'autres députés catalans, lui offrir la couronne d'Aragon ; un poste aussi important, écrivait-il à Paul II, ne pouvait être occupé que par un homme sûr. Il en était de même du siége de Glandèves, dont le titulaire était décédé. Ce diocèse était situé aux frontières ; c'était en quelque sorte le rempart de la Provence : il voulait, pour ce motif, voir à sa tête un autre de ses conseillers, docteur et chanoine de l'église d'Aix, appelé Monmeyano. L'abbaye de Saint-Victor de Marseille était alors dirigée par un abbé négligent, qui laissait tout tomber en ruines et qui, de plus, menaçait de résigner ses fonctions au profit d'un personnage suspect. La situation du monastère, qui gardait la ville du côté de la mer, commandait de ne le remettre qu'en des mains fidèles ; le pontife fut prié d'y nommer l'évêque Jean Alardeau. Mais ces vœux ne purent être

[1] René ajouta de sa main cette apostille à la lettre qu'il écrivit, le 5 novembre 1470, en faveur de l'archevêque : « Père saint et mon beneoist seigneur, je suplie Vostre Sainctetécy très humblement et de tout mon povoir qu'il plaise à Voustre Sainctié à cette fois, por moustrer l'amor que de vostre grâce Voustre Santité m'a tousjours moutrée et fet dire qu'avés à moy, e sur tous les services que je vous puis fere, com de bon cuer y suis à cette et vul tousjours estre à voustre service, qu'il vous plese et cy le m'otroiez. » (Bibl. d'Aix, ms. 1061 ; de Quatrebarbes, I, 29.)

exaucés. René fut plus heureux pour Michel de Torreilles, fils du comte d'Iscla, son capitaine de marine, auquel l'archidiaconé de Barcelone fut dévolu à sa requête; pour Antoine Conjuncta, fils de l'ancien gouverneur du château de l'OEuf, à Naples, auquel il obtint un canonicat dans la même ville; pour Melchior Cossa, fils du sénéchal Jean Cossa, qui, étant entré dans l'ordre de Saint-Jean de Jérusalem, fut mis par le pape en possession de la préceptorerie de Saint-Paul-Trois-Châteaux [1].

Le cardinal de la Rovère, qui monta sur le trône pontifical en 1471, sous le nom de Sixte IV, paraît avoir souffert avec moins de bonne volonté que son prédécesseur l'ingérence du roi de Sicile dans la nomination des évêques provençaux. Il s'éleva entre eux, au sujet de l'évêché de Fréjus, un désaccord regrettable, qui eut des suites funestes pour les fidèles du diocèse. Le pape ayant promu à ce siége un de ses secrétaires, Urbain de Fiesque, sans même consulter René, celui-ci, qui était habitué à d'autres procédés, s'en offensa : il défendit de reconnaître le nouveau prélat, défense à laquelle les chanoines se conformèrent, et commanda de saisir les revenus diocésains. Sixte IV, justement mécontent, jeta l'excommunication sur les exécuteurs de ces ordres et l'interdit sur l'église de Fréjus. La population se vit obligée d'aller chercher les offices divins dans les paroisses voisines; alors une bande de corsaires barbaresques, profitant d'un moment où la ville était déserte, l'envahirent et la dévastèrent. René était trop sensible aux maux de ses sujets pour ne pas être profondément affligé de ce résultat. Il écrivit au pontife, le 14 novembre 1474, une lettre fort remarquable, montrant à la fois les sentiments de respect qu'il nourrissait, au fond, pour le saint-siége et les idées qu'il professait sur la distinction des pouvoirs spirituel et temporel : « Vous avez les clefs des cieux, disait-il au successeur de saint Pierre après avoir demandé des consolations à la main qui bénit ; mais, dans la conduite des choses péris-

[1] Bibl. d'Aix, ms. 1064, p. 4, 13, 16, 20, 26, 60, 128, 142. De Quatrebarbes, I, 3, 12, 14, 23.

sables, ne faut-il pas aux princes une force dont les effets visibles maintiennent l'ordre en tout lieu et garantissent à Votre Sainteté même la vénération?... En donnant un pasteur à l'église de Fréjus sans nous en avoir informé, et en exigeant ainsi de nos sujets des sacrifices matériels dont nous seul pouvons et devons disposer, Votre Sainteté n'a-t-elle pas confondu ses droits avec les nôtres? » Et il terminait par le tableau du malheur qui avait frappé les habitants, en exprimant l'espoir que le pasteur nommé trouverait un autre troupeau, dont les sympathies ne lui seraient pas enlevées par le souvenir d'un désastre irréparable [1]. Le pape s'expliqua de son côté, et déclara qu'il n'avait voulu excommunier que les chanoines; il leva, en conséquence, toutes les censures qui pouvaient atteindre les officiers royaux, et protesta qu'il n'avait pas eu l'intention de les étendre à la personne du prince [2]. Mais il refusa de transférer Urbain de Fiesque à un autre siége. Au bout de deux ans de résistance, le chapitre se soumit et reçut l'élu de Rome en qualité d'évêque, avec l'assentiment du comte de Provence. Ainsi fut apaisé un conflit qui pouvait prendre des proportions plus graves, si des ménagements, des concessions mutuelles n'en avaient restreint la portée. René prouva, peu de temps après, à Sixte IV qu'il ne lui avait rien retiré de son affection, en se faisant, comme on l'a vu, son médiateur auprès de Louis XI, qui menaçait d'user de violence envers lui.

Les rapports du roi de Sicile avec le clergé de ses États ne furent pas soumis aux mêmes variations. Il ne cessa d'honorer et de favoriser les prélats, les églises, les monastères. L'épiscopat lui fournissait les plus hauts dignitaires de sa cour, ses chanceliers, ses premiers conseillers. Les évêques de Marseille, de Toulon, d'Orange, de Toul, d'Angers furent au nombre de ses familiers intimes. Le dernier, Jean de Beauvau, joua même, ainsi que plusieurs de ses parents, un rôle important dans le gouvernement de l'Anjou. L'amitié du duc

[1] Bibl. d'Aix, ms. 1061; de Quatrebarbes, I, 46.
[2] Arch. des Bouches-du-Rhône, B 17, f° 122.

ne put malheureusement le garantir contre l'ambition et les intrigues du fameux Balue, le favori de Louis XI, qui parvint à le supplanter pour un temps sur son siége, mais non dans les bonnes grâces de son protecteur. La justice épiscopale avait cependant, comme partout, d'assez fréquents débats avec la justice ducale : chacune d'elles disputait à l'autre le droit d'arrêter les clercs dans les rues et dans les lieux publics ; les gens de l'évêque menaçaient les procureurs des foudres de l'excommunication, et ceux-ci leur répondaient par les foudres du parlement, dont plusieurs arrêts avaient tranché la question d'une manière générale : l'intimité personnelle de leurs chefs respectifs faisait généralement avorter le conflit [1]. René ne manquait pas, à chaque entrée de l'évêque dans sa ville épiscopale, de faire élargir les prisonniers qu'on y détenait [2]. L'église cathédrale d'Angers reçut de lui une quantité de faveurs et de donations, dont la plupart ont été signalées plus haut ou le seront ailleurs. Les églises de Saint-Laud, de Saint-Martin, de Saint-Jean, de Saint-Pierre eurent aussi une grande part dans ses libéralités. Cette dernière obtint de lui le rétablissement d'un privilége assez curieux, qui consistait dans l'usage des *échellettes*, c'est-à-dire d'échafauds mobiles que l'on transportait de carrefour en carrefour, pour adresser de là aux fidèles des sermons, des convocations, des annonces de cérémonies : les officiers chargés d'assurer l'ordre public s'étaient opposés, de par le prince, à l'exercice de ce droit traditionnel ; il permit aux chanoines d'en jouir de nouveau, par vénération pour leur église, qui passait pour la plus ancienne de la cité et qui avait été jadis cathédrale [3].

[1] Arch. nat., P 1334[3], f° 4 v° ; P 1334[5], f° 158 ; etc.

[2] Arch. nat., P 1334[5], f° 120.

[3] « René, etc. L'umble supplicacion de noz bien amez les doyen et chappictre de l'église de Sainct Pierre d'Angiers avons receue, contenant que de tout temps et d'anxienneté, et de tel temps qu'il n'est mémoire du contraire, ilz ont eu et ont en leur église les eschelectes o lesquelles ont esté faictes les proclamations par les carrefours de la ville d'Angiers, pour mouvoir le peupple à prier Dieu pour les trespassez, pour assembler le peuple aux processions, aux fraries et aux prédicacions, et ont tousjours commis homme pour ce faire,... auquel avoit esté fait

Les simples prêtres tenaient, comme nous l'avons constaté, une place assez considérable dans les différents services administratifs de l'Anjou et de la Provence. Mais le clergé régulier fut encore mieux partagé. Ces deux contrées comptent bien peu d'établissements religieux qui n'aient été enrichis par quelque fondation ou quelque don du pieux roi. L'abbaye de Saint-Florent de Saumur reçut, en 1458, la concession des droits prélevés sur les voies et attaches des moulins de cette ville, moyennant la célébration d'un anniversaire solennel pour l'âme des ducs d'Anjou. Le monastère de Notre-Dame du Loroux, élevé par les prédécesseurs de ces princes, obtint la confirmation de ses anciens priviléges, qui remontaient à Richard Cœur-de-Lion, et qui lui conféraient notamment le droit d'usage dans les bois du domaine. René autorisa même les religieux à établir une garenne close dans la forêt de Monnois, et augmenta leurs possessions de la métairie de Champdoiseau, provenant de la saisie des biens de Guillaume Grignon, receveur des aides, en leur imposant l'obligation de dire chaque jour certains offices. Il octroya aussi le droit d'usage au prieuré de Jumelles, en faveur de Jean Perrot, son confesseur, qui le dirigeait. Il fonda encore d'autres services à l'abbaye de Notre-Dame du Perray-Neuf, près de Sablé, en amortissant des rentes qui lui avaient été cédées par plusieurs chevaliers pour expier leurs méfaits durant la guerre des Anglais ; au couvent des Carmes de Loudun, dont il agrandit l'église ; chez les Carmes d'Angers, dont il étendit

deffense de par nous de soy en empescher, et par les gens de nostre justice y avoit esté commis homme de par nous, qui, au moien de noz lectres sur ce obtenues, avoit besongné en la charge dessusdite en troublant et empeschant lesdits supplians en leurs droiz dessusdits ;... attendu que, selon la commune renommée, ladite église de Saint-Pierre est la plus ancienne église de nostre ville d'Angiers et estoit d'ancienneté l'église cathédral ; savoir faisons que... avons permis et donné congié ausdits supplians de jouir de leursdits droiz par la manière que dessus, pour tant que touche les proclamations dessusdites seulement et non autres... Donné à Angiers, soubz nostre seel, le XVIIIe jour d'octobre, l'an de grâce mil IIII[c] LXVIII. Par le roy, à la relacion du conseil,... G. Rayneau. » (Arch. nat., P 1334[8], f° 231 v°.) Cf., sur cet usage des prédications en plein air, *la Chaire française au moyen âge*, p. 214-216.

les jardins et reconstruisit le cloître; chez les religieuses de Notre-Dame de la même ville, auxquelles il accorda des amortissements. Mais aucun ordre ne paraît lui avoir été aussi cher que celui de Saint-François, qu'il honorait d'un culte spécial, peut-être parce qu'il était le patron de la pauvreté. Il choisit parmi ses disciples plusieurs chapelains ou confesseurs, dont le plus célèbre est ce bienheureux Bernardin, en l'honneur duquel il fit bâtir une chapelle chez les frères mineurs d'Angers, fondation qui valut à leur maison des revenus et des embellissements dont nous reparlerons; c'est là qu'il voulut que son propre cœur fût enseveli, afin de laisser la meilleure partie de lui-même aux religieux qu'il aimait. La chapelle royale de Saint-Louis de Marseille était aussi desservie par des Franciscains : il s'intéressait tellement à cet établissement, que, voyant la discipline s'y relâcher, il le fit réformer de sa propre initiative par Bérenger Solsona, son confesseur, qu'il demanda au pape et au provincial de mettre à la tête des frères. Parmi les monastères dont il accrut la prospérité, il faut citer encore celui de Saint-Maximin, auquel il donna les gabelles de la ville d'Yères, en considération de sainte Madeleine, « *secretaria et sola apostola Jesu Christi* », plus cent vingt livres de rente pour la célébration d'une messe à la Sainte-Baume, et un legs de six mille six cents florins pour l'achèvement de l'église conventuelle. Les communautés religieuses de Naples, surtout la Chartreuse de San-Martino, eurent également part à ses bienfaits. Il les étendit, en dehors de ses États, sur l'église de Saint-Pierre d'Avignon, sur l'abbaye de Fontevrault, sur l'abbaye de Cluny. La première obtint de lui, en 1438, de nouveaux priviléges, confirmés plusieurs fois depuis. A la seconde, il remettait chaque année une somme de soixante-cinq livres « pour les pelisses des nonnes ». A Cluny, il fonda, en 1475, un anniversaire pour Jeanne de Laval et pour lui, moyennant la cession des terres de Valensolle, d'Albarno et de Villedieu, en Provence; un autre office se célébrait déjà dans ce monastère, depuis 1473, en reconnaissance du don des régales qu'il avait fait au prieuré de Valensolle, dépendant du même ordre[1]. Tant de libéralités lui avaient mérité partout la gratitude du clergé régulier. En Anjou, une touchante coutume permettait à celui-ci de s'acquitter, dans une certaine mesure, envers son bienfaiteur : le prince avait la liberté de placer un de ses gens dans chacune des abbayes du duché, pour y être « alimenté, nourri, vêtu, chaussé et pourvu de toutes choses nécessaires sa vie durant », aux frais de l'abbé. Il en profitait pour procurer à ses vieux serviteurs, quand leurs infirmités le forçaient à se séparer d'eux, une retraite avantageuse et des soins dévoués[2]. Lui-même avait créé une œuvre de bienfaisance ou une confrérie sur laquelle on manque totalement de notions certaines. Ses testaments seuls nous en révèlent l'existence : ils imposent à son héritier le devoir d'achever l'établissement de cette association, appelée « *fraternitas religiosa reverendissime pacis* », et d'obtenir pour elle l'approbation de la cour de Rome. On ignore donc jusqu'au but qu'il s'était proposé en l'instituant ; il est probable, pourtant, que c'était là une manifestation nouvelle de son ardent désir d'étendre les bienfaits de la paix[3].

[1] Arch. nat., P 1334^{3}, f° 14 ; P 1334^{5}, f° 95 ; P 1334^{6}, f°s 22, 108 v° ; P 1334^{7}, f° 4 ; P 1334^{8}, f° 175 v° ; P 1334^{9}, f° 230 v° ; P 1334^{10}, f° 235 ; P 1335, n° 170 ; P 1339, n°s 458, 460 ; P 1344, n° 619 ; J J 211, n° 742. Arch. des Bouches-du-Rhône, B 17, f° 178 ; B 18, f° 212 ; B 25, f° 240 ; B 692. Bibl. d'Aix, ms. 1064, p. 2. Cf. *Extraits des comptes et mémoriaux*, n°s 178, 184, 260, etc. René aimait à régler lui-même, dans ses actes de fondation, les détails des offices qu'il voulait faire célébrer. Ainsi, en cédant une rente aux religieuses de Notre-Dame d'Angers, il stipula que tous les samedis, à l'issue de la messe de prime, on chanterait « à note », au chœur de cette église, le répons suivant : *Sancta et immaculata virginitas, — Quibus te laudibus efferam nescio ; — Quia quem celi capere non poterant — Tuo gremio contulisti. — Benedicta tu in mulieribus. — Et benedictus fructus ventris tui.* Après quoi le prêtre devait chanter ce verset : *Ora pro famulo tuo rege Renato, sancta Dei genitrix ; — Ut digni efficiamur promissionibus Christi ;* puis une oraison ainsi conçue : *Concede famulum tuum regem Renatum, quesumus, Domine Deus, perpetuá mentis et corporis sanitate gaudere, et gloriosá beate Marie semper virginis intercessione à presenti liberari tristiciá et eterná perfrui leticiá ; per Dominum*, etc. Les autres jours, ces prières devaient être seulement récitées par les religieuses. (Arch. nat., P 1334^{8}, f° 122.) On voit que le bon roi prenait ses précautions.

[2] Arch. des Bouches-du-Rhône, B 274, f° 14 v°.

[3] Arch. des Bouches-du-Rhône, B 690 et 693. Cette confrérie n'était pas en-

Un dernier trait est nécessaire pour montrer que, si René protégeait les corps religieux, il n'encourageait pas les abus qui naissaient parfois de leur grand développement. Le royaume était sillonné de frères quêteurs qui, n'ayant souvent du moine que l'habit, faisaient métier de colporter des reliques vraies ou fausses dans le but d'exploiter la générosité des fidèles, sous prétexte d'indulgences. Plusieurs se prévalaient de bulles supposées ou de permissions périmées. Charles VII rendit contre eux, en 1457, des lettres patentes prohibitives, et envoya de différents côtés des commissaires ayant l'ordre d'arrêter tous ceux qu'ils prendraient en faute. Un de ces agents étant venu en Anjou, le conseil ducal ne voulut pas le laisser remplir son mandat, parce que la répression de ce genre de délits appartenait au roi de Sicile ; en effet, ses officiers avaient pris connaissance de l'affaire depuis longtemps déjà, et ils se chargèrent d'empêcher eux-mêmes toutes les supercheries. Aucun frère n'eut plus le droit de quêter dans le pays sans être muni d'une autorisation personnelle, sous peine d'amende et de prison, et cette autorisation ne fut délivrée qu'à bon escient. On l'accorda à un religieux de Saint-Antoine de Viennois parce que les deniers qu'il recueillait étaient destinés à une confrérie « fondée pour bonne cause », et qu'on était habitué à les fournir ; toutefois cet argent dut être déposé entre les mains d'un marchand d'Angers, connu pour son honorabilité, jusqu'à ce que le commandeur de la Foucaudière, de l'ordre de Saint-Antoine, fût venu en réclamer la délivrance au Conseil[1].

L'instruction publique appartenait tout entière à l'Église : nous devons, pour compléter ce chapitre, lui consacrer quelques pages. L'instruction supérieure était représentée, en Anjou, par un corps puissant et privilégié, l'Université d'Angers. Avant la régence d'Yolande d'Aragon, cette institution

core érigée en 1453, car le premier testament de René, rédigé à cette date, n'en parle pas.

[1] Arch. nat., P 1334[1], f°s 200 v°, 213.

ne comprenait que des facultés de droit canon et civil : cette princesse, au nom de son fils Louis III, obtint du pape Eugène IV la permission d'y ajouter des facultés de théologie, de médecine et d'arts, qu'elle pria le roi de France de prendre sous sa sauvegarde. Charles VII, par lettres patentes datées du mois de mai 1433, enregistrées au parlement de Poitiers le 4 janvier 1435, confirma les accroissements et les priviléges conférés antérieurement à l'Université, plaça sous la protection royale tous ses membres, ainsi que leurs familles et leurs biens, et lui reconnut les mêmes droits qu'à celle d'Orléans. Il l'autorisa notamment à faire citer par-devant son conservateur les particuliers de tous les pays, privilége qu'elle ne pouvait exercer précédemment que sur les habitants de l'Anjou et de la Touraine. Deux bedeaux, dont l'élection fut commise au doyen de Saint-Jean-Baptiste, furent attribués à la faculté des arts, un à la faculté de théologie, un à la faculté de médecine. Ces officiers devaient être suffisamment instruits ; ils pouvaient, eux ou leurs femmes, se livrer au commerce, excepté à la vente du papier, des livres et des menus objets désignés sous la dénomination générale de *quincaillerie*. Le sénéchal et le prévôt étaient constitués, par la même ordonnance, gardiens et conservateurs des priviléges de l'Université, avec la juridiction sur les écoliers et les autres avantages inhérents à ces fonctions dans les établissements analogues[1].

Un prince aussi lettré que le roi de Sicile ne pouvait manquer de s'intéresser à la prospérité de cette docte corporation, quoiqu'elle se trouvât en partie sous l'autorité directe du souverain. On a vu avec quelle sollicitude il s'était occupé, dès son arrivée à Naples, de réorganiser l'Université de cette ville et le pouvoir de son grand justicier. Celle d'Angers ne lui fut pas moins chère ; en 1453, il fit convoquer une assemblée de docteurs et de gens d'église pour aviser aux moyens de perfectionner et de développer l'institution. Chacun de ses con-

[1] Arch. nat., K 186^{17}, n° 4 ; *Ordonnances*, XIII, 186.

seillers dut étudier les propositions les plus propres à conduire vers ce but. On s'inquiéta principalement de mettre un terme aux *ribleries* ou débauches qui scandalisaient trop souvent la ville, durant la nuit, et dont les auteurs étaient moins encore des étudiants véritables que des intrus se couvrant de leur costume. Les docteurs réunis demandèrent à n'avoir plus qu'un seul conservateur, le sénéchal ou son lieutenant, à l'exclusion du juge de la prévôté. Cette requête, inspirée sans doute par le désir d'éviter des conflits et de simplifier l'exercice de la justice, ne fut cependant pas écoutée : le Conseil s'y opposa ; on consulta le livre des priviléges universitaires, qui faisait loi, et il fut prouvé que les deux conservateurs devaient être maintenus [1]. René fit respecter scrupuleusement l'autorité de ces magistrats, même à l'encontre des conseillers du Roi, qui, deux ans plus tard, aux grands jours de Thouars, entreprirent de juger certaines causes dont la connaissance leur était réservée. La création de la mairie d'Angers leur enleva leur titre et leur juridiction, pour les unir à la charge de maire. Les conservateurs devaient dresser le compte des amendes imposées par eux et le soumettre à la Chambre ; le produit de ces amendes appartenait au prince. Le greffe de la conservatorerie fut affermé, à partir de 1457, comme les autres greffes du duché ; mais les étudiants et les officiers de l'Université étaient exempts de tous frais de justice [2]. Ils étaient également dispensés des droits de cloison. Chacune des nations dont se composait l'Université avait son hôtel particulier : celui de la nation d'Anjou était situé à la porte d'Enfer ; celui de la nation de Normandie donnait sur la rue Sauveresse et sur une ruelle aboutissant à celle-ci, qui était acensée par les gens des comptes moyennant trois sols quatre deniers. Les écoliers n'étaient pas seulement fournis par les provinces voisines ; il en venait de fort loin, et notamment du duché de Bar. Quelques-uns remplissaient à Angers ou aux environs des fonctions honorables : Germain Colin, par exemple, était

[1] Arch. nat., P 1334[3], f°s 24 v°, 62, 63 v°.
[2] Arch. nat., P 1334[3], f° 150 v° ; P 1334[1], f° 116 ; P 1334[8], f° 57.

chargé de l'administration de l'importante aumônerie de Beaufort, qui lui avait été confiée par la reine Isabelle[1].

L'instruction des jeunes enfants, l'enseignement primaire n'étaient pas aussi négligés dans le pays d'Anjou qu'en certaines parties de la France. La capitale de cette province possédait des écoles placées sous les ordres d'un directeur qui portait un titre tout local, celui de *maître-escole*. Les fonctions de ce maître, dont on retrouve la trace dès 1395, semblent avoir été distinctes de celles du dignitaire ecclésiastique appelé ordinairement écolâtre[2]. Elles furent remplies, au quinzième siècle, par Briend Prieur, par Thomas Giron et par Jean Bonhalle. Ce dernier, qui les exerçait en 1455, était docteur; il plaida plusieurs fois devant le Conseil ducal pour l'évêque d'Angers et pour Guillaume d'Haraucourt, et fut commis par René, en 1457, à l'inspection des *levées* du duché. Des revenus en nature étaient assignés au *maître-escole* pour son entretien, entre autres les dîmes de Reculée[3]. Aux Ponts-de-Cé, bien que cette localité n'eût pas alors une population considérable, des écoles étaient établies dans l'île et fréquentées par un grand nombre d'enfants. Le texte qui les mentionne nous fournit un exemple remarquable des précautions que l'on prenait pour le choix des maîtres et de l'importance qu'on attachait à leur mission. Celui des Ponts-de-Cé se trouvant à nommer, en 1460, le curé du lieu présenta aux gens des comptes, tenant la place du roi de Sicile, un candidat qu'il jugeait « suffisant et idoine ». Ce candidat était maître ès-arts dans l'Université de Paris et s'appelait Jean des Acres ou des Arques. Ayant été agréé, il prêta devant la Chambre le serment de bien enseigner et de bien gouverner

[1] Arch. nat., P 1334[3], f° 150 v°; P 1334[5], f°s 71, 150; P 1334[7], f°s 68, 117. Cf., sur l'Université d'Angers, une notice de M. Port (*Notes et notices*, p. 24) et un mémoire de M. Parrot, publié par la Société académique de Maine-et-Loire, t. XVII, p. 194.

[2] V. Du Cange, au mot *Magiscola*.

[3] Arch. nat., P 1334[4], f°s 47, 133; P 1334[5], f° 124 v°. *Extraits des comptes et mémoriaux*, n° 392.

son école ; après quoi il fut installé[1]. Ainsi le clergé et le pouvoir ducal intervenaient simultanément dans la nomination des prédécesseurs de nos instituteurs communaux : le premier les désignait ; le second les recevait, s'ils apportaient assez de garanties, et les mettait en possession de leur chaire. Cette action combinée, cet accord des autorités ecclésiastique et civile offraient certainement des avantages qu'on a souvent cherchés depuis, et qu'on cherche encore.

Mais ce n'était pas assez, pour un prince ami des lumières, de porter son attention sur les écoles publiques. Son intelligente sollicitude lui suggéra l'idée d'en établir une dans son propre château. Il choisit pour l'installer le logis de l'intendant Huguet Guillot, qui fut chargé, vers 1457, de la surveillance et de l'entretien des enfants. Les aliments de l'esprit et ceux du corps leur étaient à la fois distribués sous les yeux du bon roi et à ses frais. Il leur fournissait lui-même les livres et les instruments de travail. Deux des traités qu'il mit entre leurs mains avaient pour titre *Théodolet* et *Remédie :* il serait difficile de dire quel en était l'objet précis ; mais il est probable que l'un et l'autre appartenaient à la classe de ces compilations morales si répandues au moyen âge et si commodes, malgré leur forme aride, pour un enseignement méthodique. Un des

[1] Voici les lettres d'institution de ce maître d'école : « Les gens des comptes du roy de Sicille, duc d'Anjou, per de France, estans à Angiers, à touz ceulx qui ces lettres verront, salut. Savoir faisons que aujourd'uy messire Jehan Brocier, prebstre, curé de Saint-Aulbin du Pont-de-Sée, nous a présenté, pour et ou nom dudit seigneur roy de Sicille, maistre Jehan des Acres, maistre en ars, pour tenir et excercer les escolles en l'isle du Pont-de-Sée, et y enseigner et doctriner les enffans dudit lieu et d'autres qui ilecques afflueront, comme suffisant et ydone pour ce faire. Et pour ce, après ce que nous avons prins le serment dudit maistre Jehan des Acres de bien et loyaument soy porter et gouverner ou fait desdites escolles et des enffans qui ilecques afflueront, nous avons mis et mectons par ces présentes ledit maistre Jehan des Acres en possession et saisine desdites escolles de ladite ysle du Pont-de-Sée, et mandons à touz les subgez dudit seigneur roy de Sicille luy estre obéy en ce que touchera le fait d'icelle, et ne luy donner empeschement quelconque au contraire. Donné en ladite Chambre des comptes, à Angiers, soubz noz signez, le VII[e] jour de mars l'an mil IIII[c] cinquante neuf. Ainsi signé : Du commandement de mess[rs] des comptes à Angiers. — G. Rayneau. » (Arch. nat., P 1334[7], f° 104.)

soucis de René, quand il quittait l'Anjou, était d'assurer la pension de ses jeunes protégés : on le voit payer pour eux tantôt soixante livres, tantôt cinquante écus, sans que rien, malheureusement, ne nous révèle leur nombre, leur âge ni leur qualité[1]. Mais il nous suffit de connaître cette intéressante fondation pour apprécier le sentiment qui l'avait inspirée, sentiment touchant et bien digne d'un savant couronné. D'après ce que l'on sait d'ailleurs sur ses goûts littéraires et sa familière bonté, il n'est peut-être pas invraisemblable de supposer qu'il se soit parfois mêlé personnellement d'instruire ses pensionnaires. Celui qui se préoccupait tant de garantir les pères contre la misère était bien capable de s'employer à préserver les fils des maux de l'ignorance. Est-il un trait plus propre à faire honorer la mémoire d'un prince? Est-il une meilleure conclusion au tableau d'une administration dont la pensée dominante fut le soulagement et le bien-être du peuple?

[1] « A Huguet, l'un des portiers du chastel d'Angiers, tant pour la pension des enfans que le roy lui a baillez à gouverner et faire aprendre à l'escole, que aussi pour leur achater des livres et autres choses neccessaires, LX livres. » Arch. nat., P 1334[7], f° 33 v°. Cf. *Extraits des comptes et mémoriaux*, n°s 506, 507.

FIN DU TOME PREMIER.

TABLE DES MATIÈRES.

PREMIÈRE PARTIE.

HISTOIRE POLITIQUE.

CHAPITRE I.

RENÉ ENFANT.

CHAPITRE II.

RENÉ DUC DE BAR ET DE LORRAINE.

CHAPITRE III.

RENÉ ROI DE SICILE.

CHAPITRE IV.

RENÉ DUC D'ANJOU

SOUS CHARLES VII.

CHAPITRE V.

RENÉ DUC D'ANJOU

SOUS LOUIS XI.

CHAPITRE VI.

RENÉ COMTE DE PROVENCE.

DEUXIÈME PARTIE.

ADMINISTRATION.

CHAPITRE I.

ADMINISTRATION CIVILE.

CHAPITRE II.

ORGANISATION JUDICIAIRE.

CHAPITRE III.

AFFAIRES MILITAIRES.

CHAPITRE IV.

AFFAIRES ECCLÉSIASTIQUES.

FIN DE LA TABLE DES MATIÈRES.

www.ingramcontent.com/pod-product-compliance
Lightning Source LLC
LaVergne TN
LVHW010521100826
845148LV00001B/60